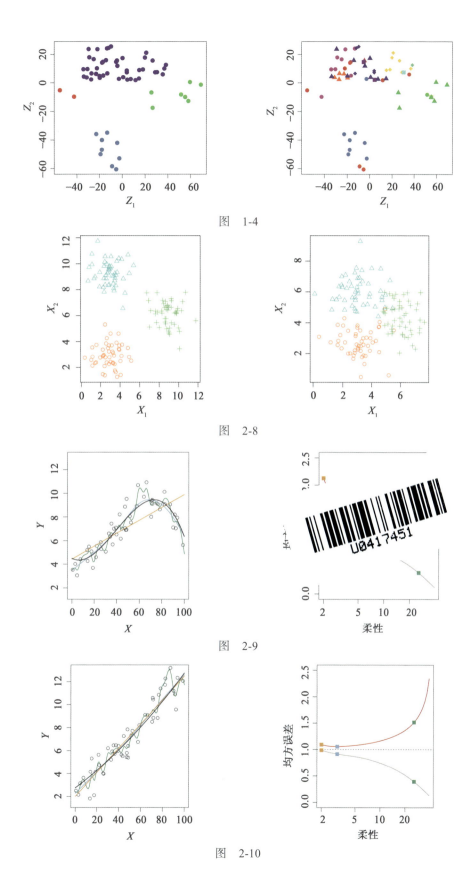

图 1-4

图 2-8

图 2-9

图 2-10

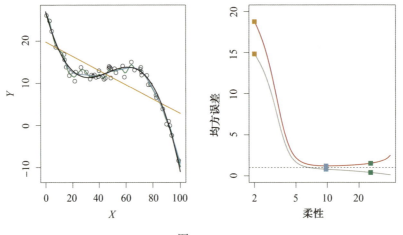

图 2-11

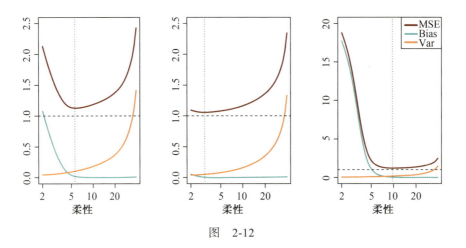

图 2-12

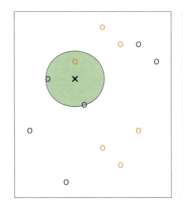

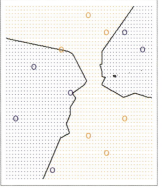

图 2-13   图 2-14

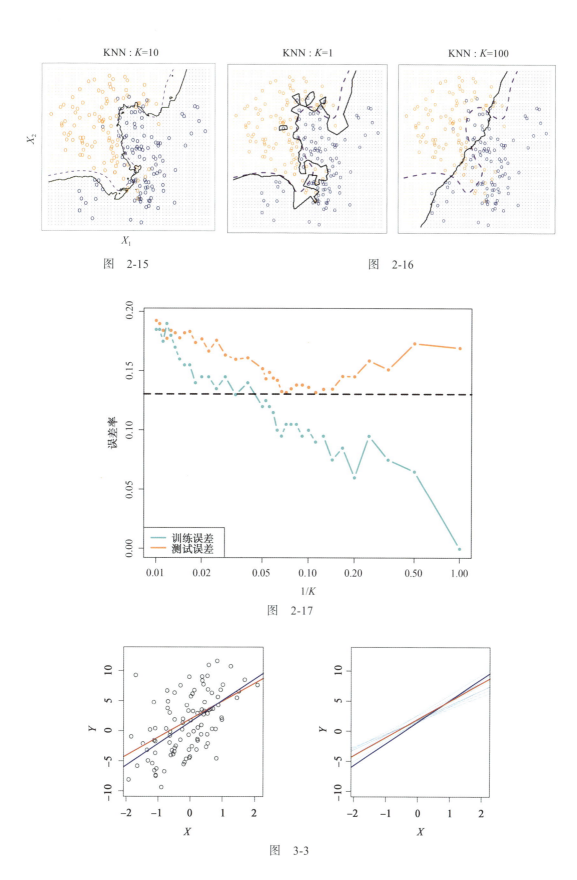

图 2-15

图 2-16

图 2-17

图 3-3

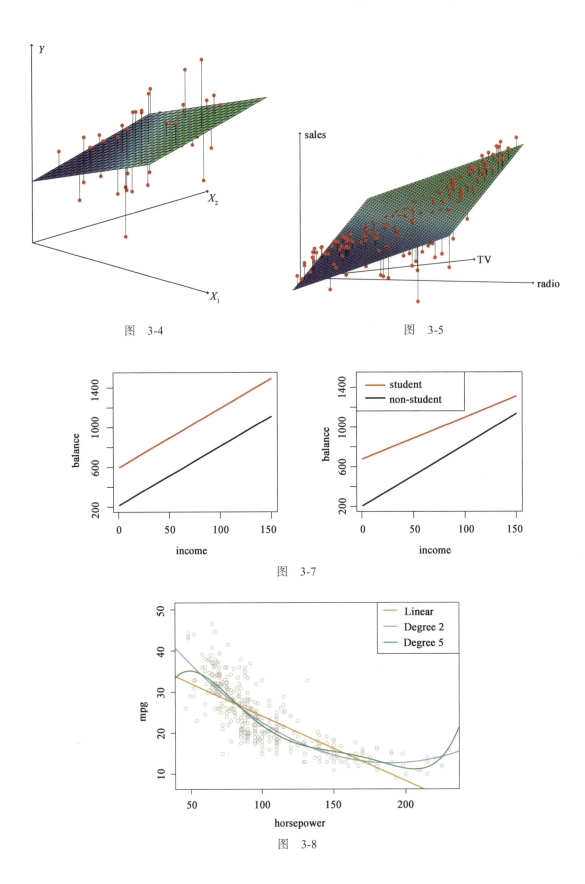

图 3-4

图 3-5

图 3-7

图 3-8

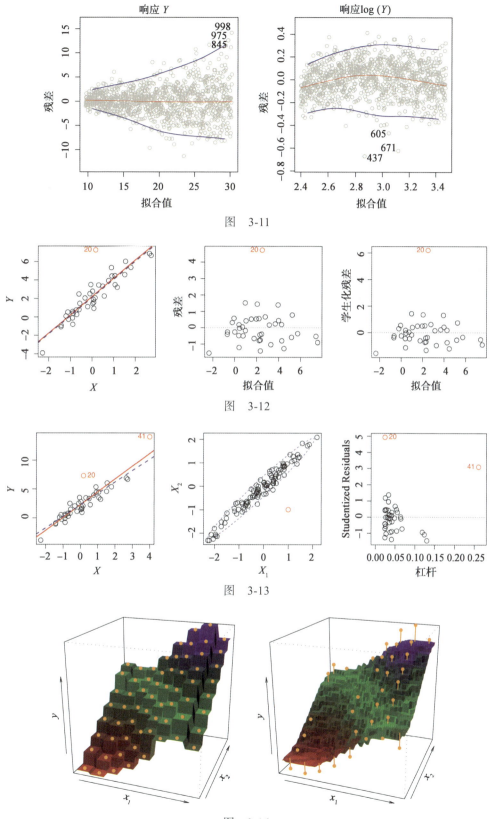

图 3-11

图 3-12

图 3-13

图 3-16

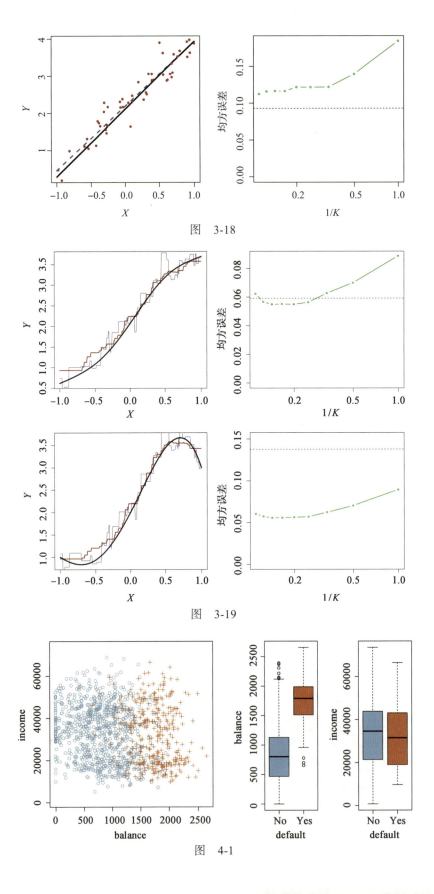

图 3-18

图 3-19

图 4-1

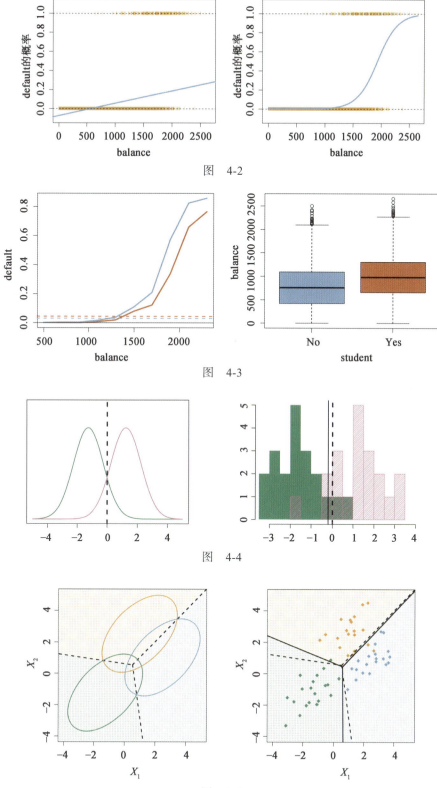

图 4-2

图 4-3

图 4-4

图 4-6

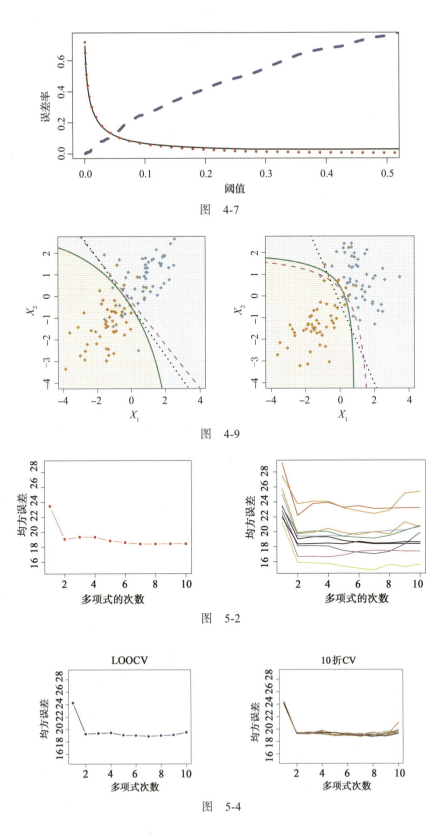

图 4-7

图 4-9

图 5-2

图 5-4

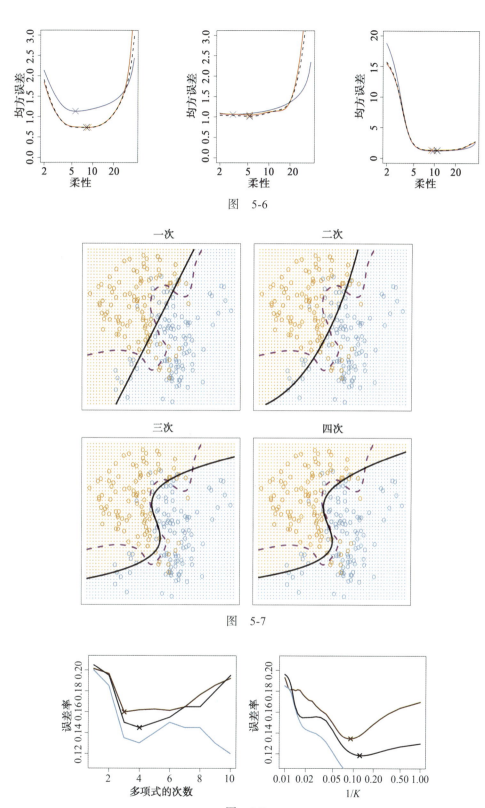

图 5-6

图 5-7

图 5-8

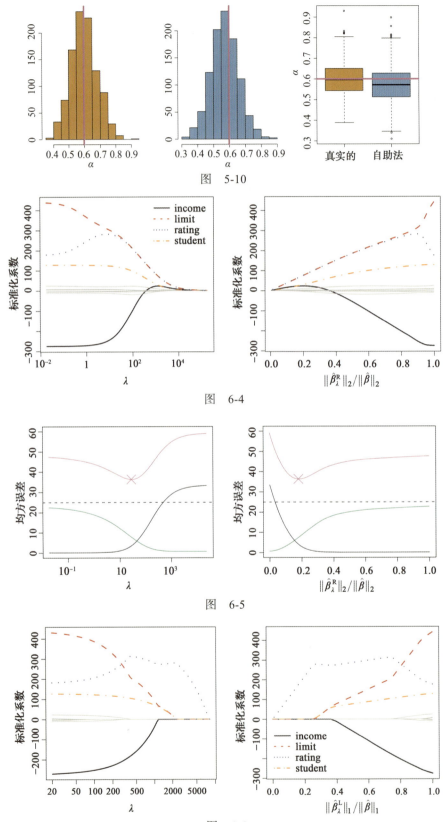

图 5-10

图 6-4

图 6-5

图 6-6

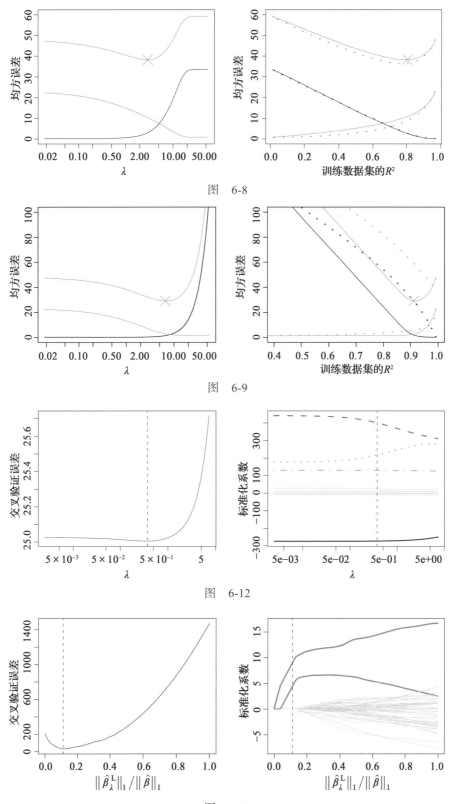

图 6-8

图 6-9

图 6-12

图 6-13

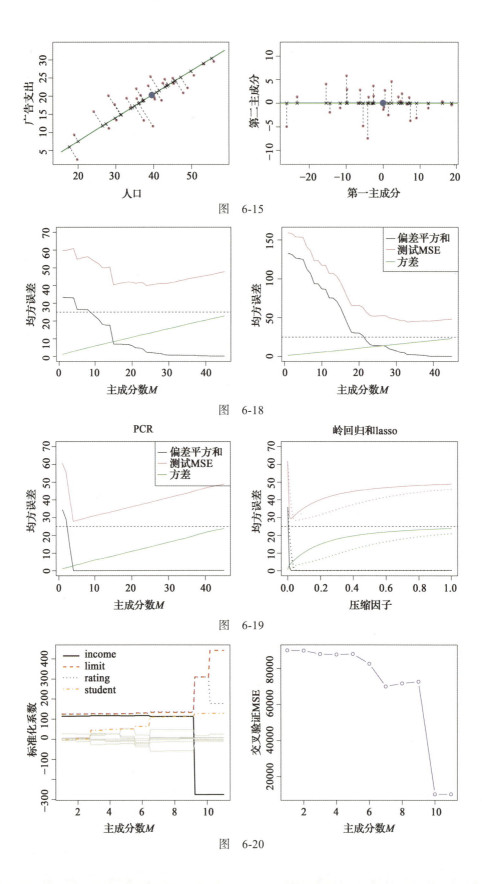

图 6-15

图 6-18

图 6-19

图 6-20

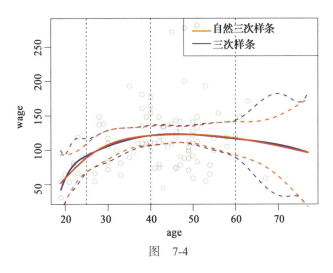

图 7-4

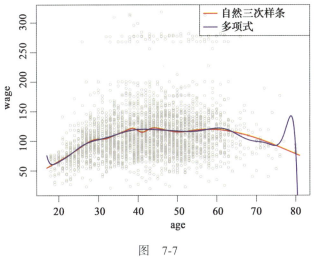

图 7-7

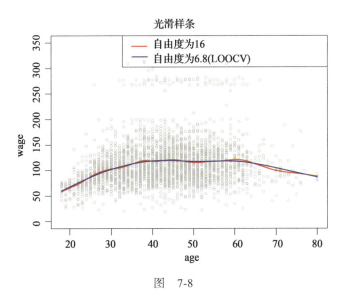

图 7-8

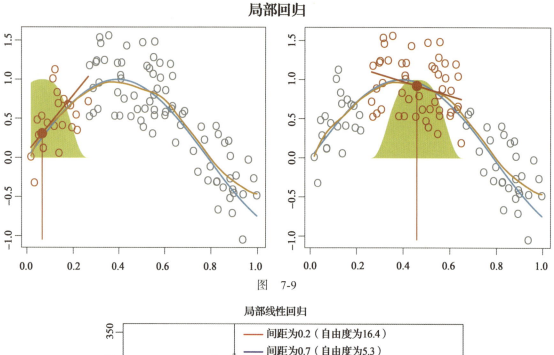

图 7-9

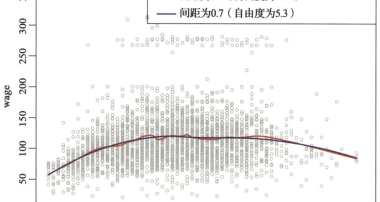

图 7-10

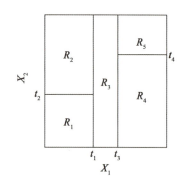

图 8-3

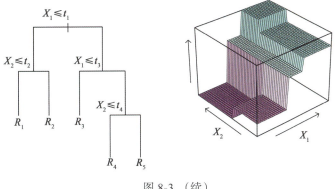

图 8-3 （续）

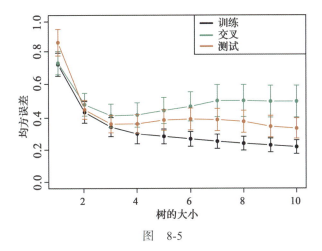

图 8-5

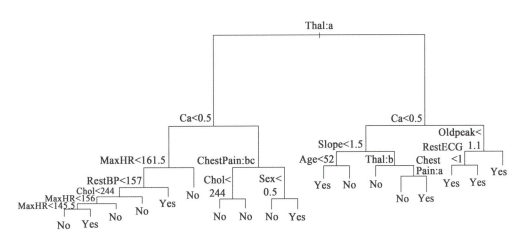

图 8-6

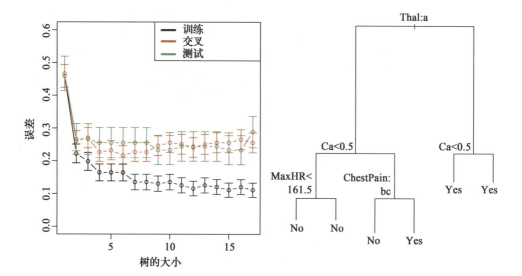

图 8-6 （续）

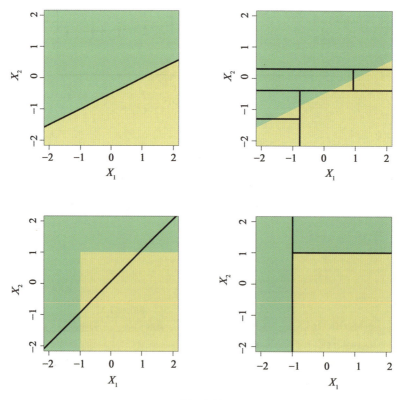

图 8-7

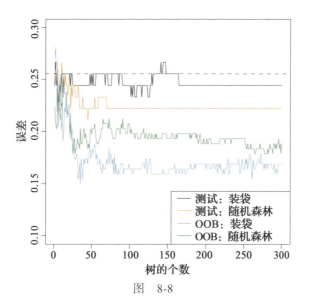

图 8-8

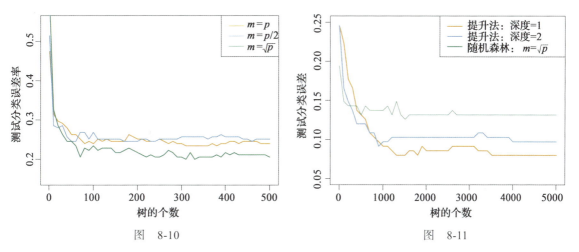

图 8-10

图 8-11

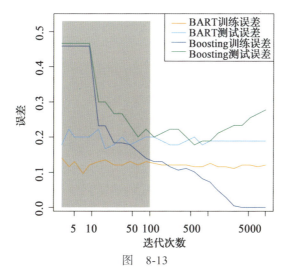

图 8-13

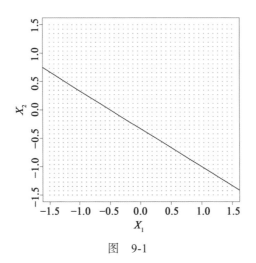

图 9-1

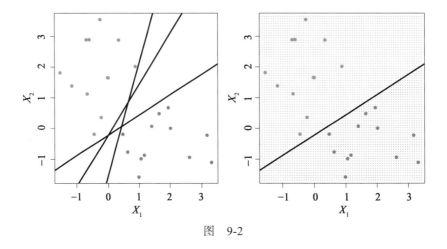

图 9-2

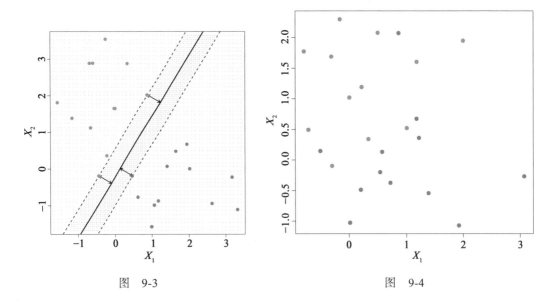

图 9-3

图 9-4

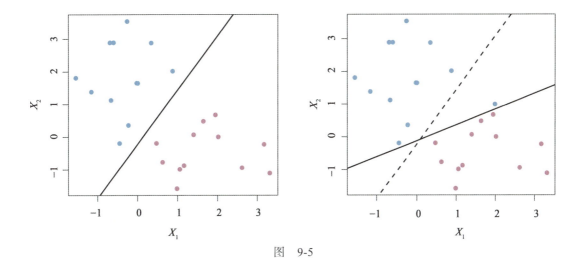

图 9-5

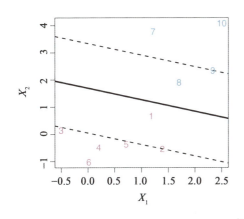
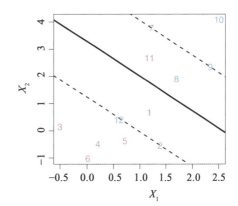

图 9-6

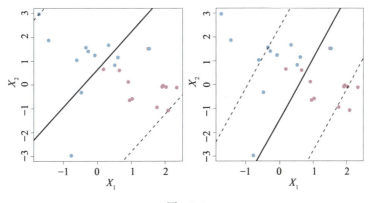

图 9-7

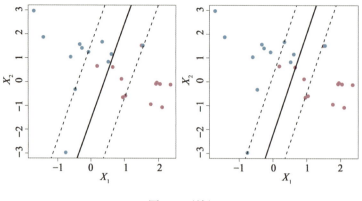

图 9-7 （续）

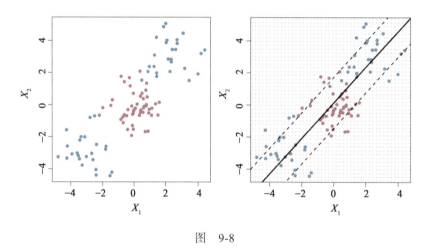

图 9-8

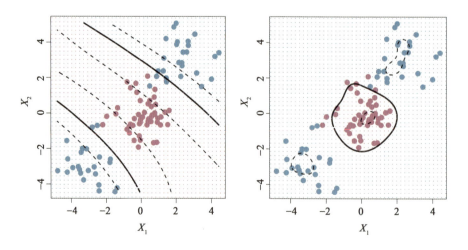

图 9-9

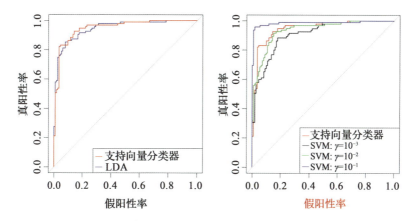

图 9-10

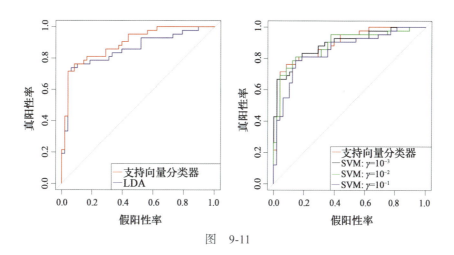

图 9-11

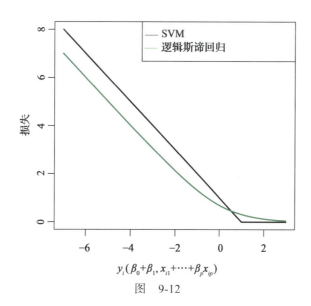

图 9-12

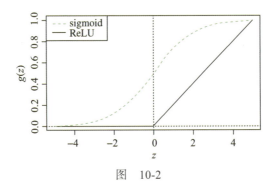

图 10-2

图 10-5

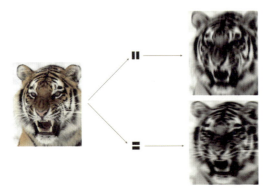

图 10-7

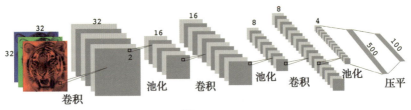

图 10-8

图 10-9

flamingo		Cooper's hawk		Cooper's hawk	
flamingo	0.83	kite	0.60	fountain	0.35
spoonbill	0.17	great grey owl	0.09	nail	0.12
white stork	0.00	robin	0.06	hook	0.07
Lhasa Apso		cat		Cape weaver	
Tibetan terrier	0.56	Old English sheepdog	0.82	jacamar	0.28
Lhasa	0.32	Shih-Tzu	0.04	macaw	0.12
cocker spaniel	0.03	Persian cat	0.04	robin	0.12

图 10-10

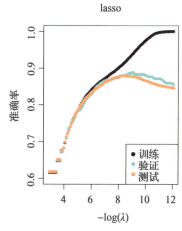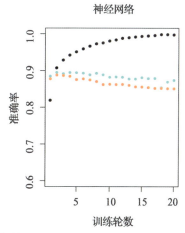

图 10-11

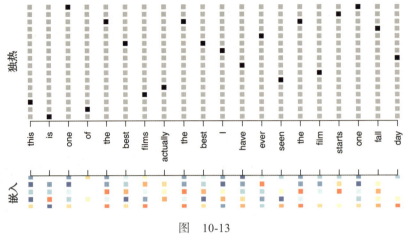

图 10-13

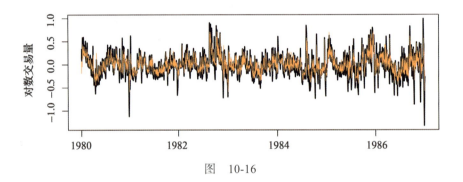

图 10-16

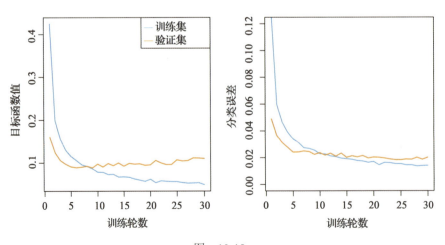

图 10-18

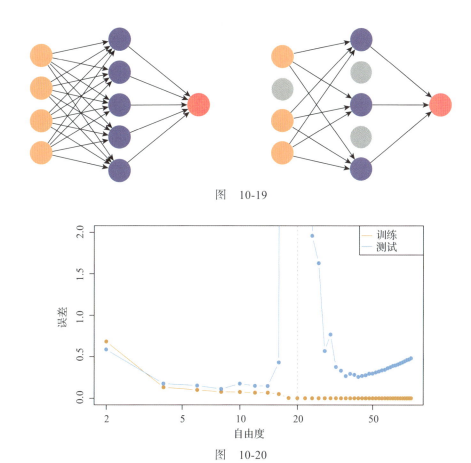

图 10-19

图 10-20

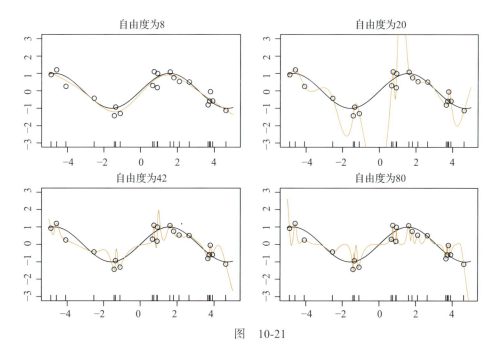

图 10-21

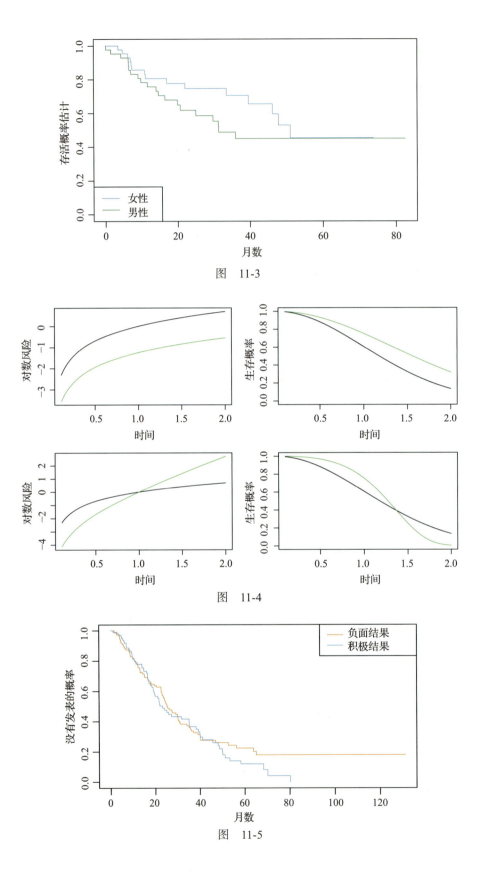

图 11-3

图 11-4

图 11-5

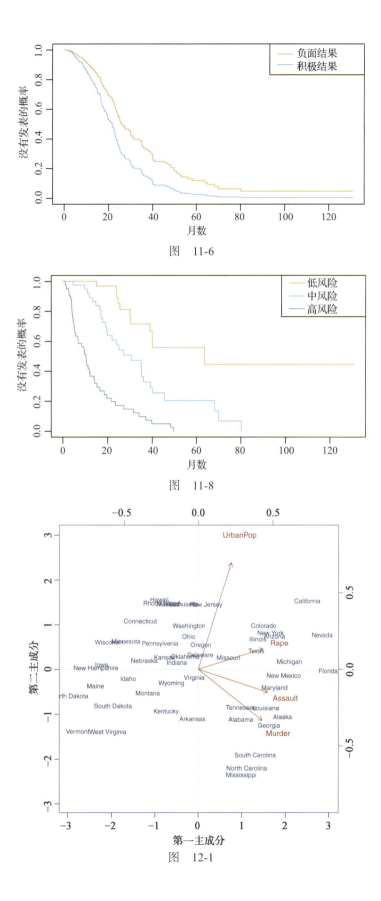

图 11-6

图 11-8

图 12-1

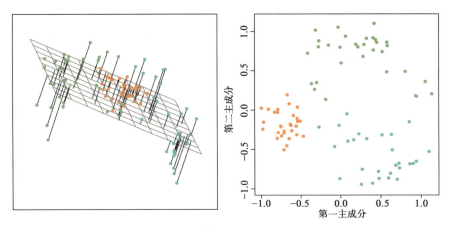

图 12-2

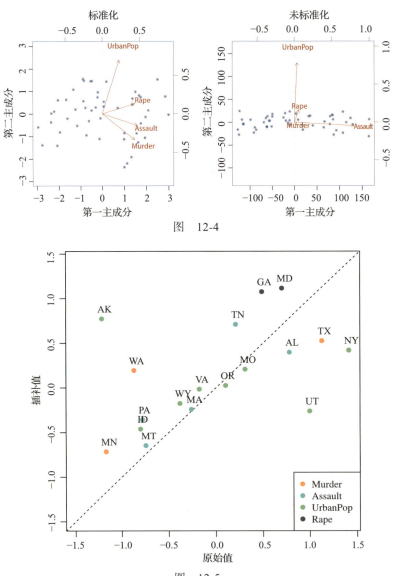

图 12-4

图 12-5

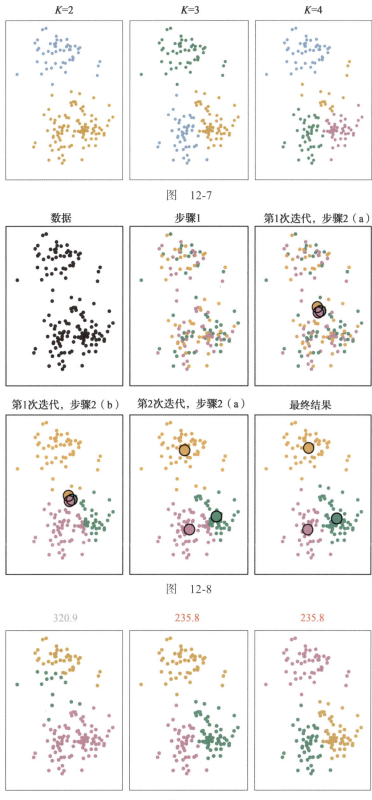

图 12-7

图 12-8

图 12-9

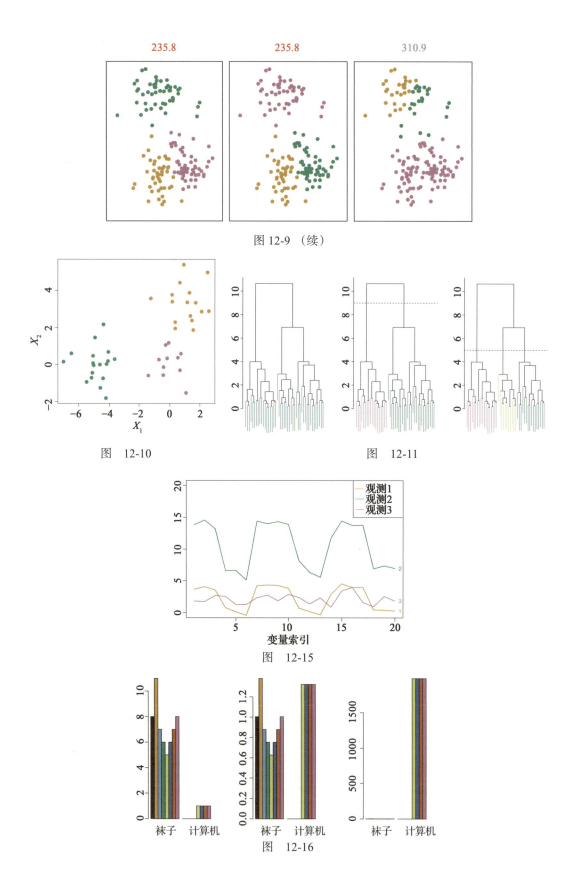

图 12-9 （续）

图 12-10

图 12-11

图 12-15

图 12-16

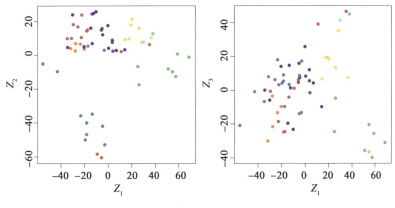

图 12-17

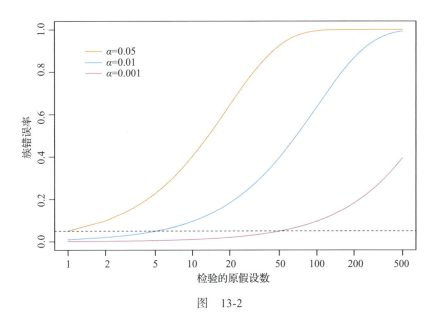

图 13-2

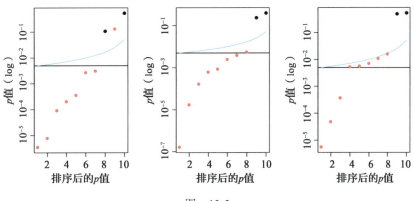

图 13-3

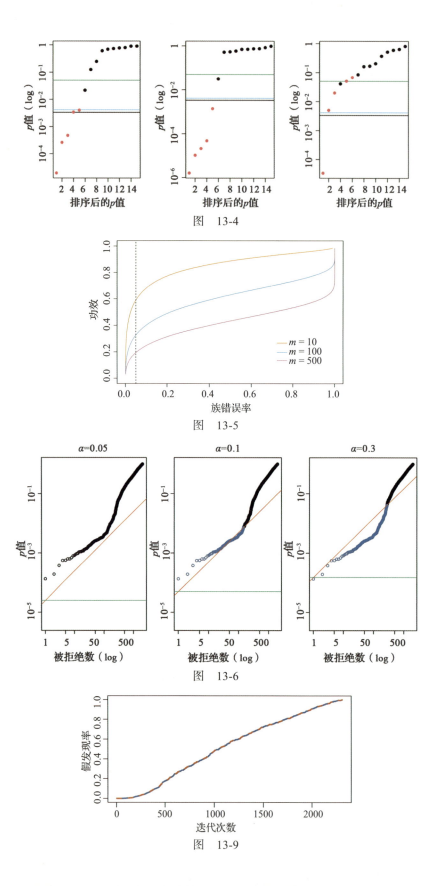

图 13-4

图 13-5

图 13-6

图 13-9

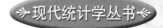

统计学习导论
基于R应用（原书第2版）

An Introduction to Statistical Learning

with Applications in R

(Second Edition)

加雷斯·詹姆斯(Gareth James)
[美] 丹妮拉·威滕(Daniela Witten)   著
特雷弗·哈斯帖(Trevor Hastie)
罗伯特·提布施瓦尼(Robert Tibshirani)

王星 陈志豪 吴宇桓 徐华繁 译

机械工业出版社
CHINA MACHINE PRESS

First published in English under the title

An Introduction to Statistical Learning: *with Applications in R*, *Second Edition*,

by Gareth James, Daniela Witten, Trevor Hastie and Robert Tibshirani

Copyright 1st edition：© Springer Science＋Business Media New York，2013

2nd edition：© Springer Science＋Business Media, LLC, part of Springer Nature 2021

This edition has been translated and published under licence from Springer Science＋Business Media, LLC, part of Springer Nature.

本书中文简体字版由 Springer 授权机械工业出版社独家出版。未经出版者书面许可，不得以任何方式复制或抄袭本书内容。

北京市版权局著作权合同登记　图字：01-2022-2407 号。

图书在版编目（CIP）数据

统计学习导论：基于 R 应用：原书第 2 版 /（美）加雷斯·詹姆斯（Gareth James）等著；王星等译. -- 北京：机械工业出版社，2024. 9. --（现代统计学丛书）. -- ISBN 978-7-111-76176-1

Ⅰ. C8

中国国家版本馆 CIP 数据核字第 2024LP2857 号

机械工业出版社（北京市百万庄大街 22 号　邮政编码 100037）
策划编辑：刘　慧　　　　　　　　责任编辑：刘　慧
责任校对：王小童　李可意　景　飞　责任印制：郜　敏
三河市宏达印刷有限公司印刷
2024 年 10 月第 1 版第 1 次印刷
186mm×240mm・28.5 印张・16 插页・654 千字
标准书号：ISBN 978-7-111-76176-1
定价：109.00 元

电话服务　　　　　　　　　网络服务
客服电话：010-88361066　　机 工 官 网：www.cmpbook.com
　　　　　010-88379833　　机 工 官 博：weibo.com/cmp1952
　　　　　010-68326294　　金　书　网：www.golden-book.com
封底无防伪标均为盗版　　　机工教育服务网：www.cmpedu.com

译 者 序

在这个"大模型爆炸"的时代，我们正在遭遇模型参数的激增与能满足实际需求的优质模型相对匮乏的双重困境。为应对这一挑战，必须培养一支既精通技术又善于将这些技术应用于实践的人工智能人才队伍。本书就是这样一本旨在培养人才并解决实际问题的经典教材。

本书由埃默里大学的 Gareth James 教授、华盛顿大学的 Daniela Witten 教授、斯坦福大学的 Trevor Hastie 教授和 Robert Tibshirani 教授携手撰写，保持了第 1 版的风格。它不仅是统计学习和机器学习课程的理想教材，也是数据挖掘和数据分析等领域专业人士的重要参考书。第 2 版在第 1 版的基础上融入了深度学习、生存分析和多重检验等新内容，并通过 R 语言展示了这些技术的实际应用。在讲解统计学习的核心主题时，本书采用了广泛而浅显易懂的方式，适合所有希望运用现代工具进行数据分析的读者。与 Hastie 和 Tibshirani 等合著的 *The Elements of Statistical Learning* 相比，本书淡化了复杂的数学推导，更加侧重方法的实际应用，是一本理想的入门读物，非常适合初学者。

我和我的团队深感荣幸，再次受出版社的委托，翻译本书。我们在这次翻译中，不仅翻译了书中新增的内容，而且修订了第 1 版中存在的不足，提升了翻译的质量，确保统计学习的核心概念和方法以更精准、更清晰的方式传达给广大读者，以帮助读者更深入地理解和应用统计学习技术。

通过阅读本书，读者能够掌握包括线性回归、分类、重抽样方法、压缩方法、基于树的方法、支持向量机和聚类、降维等在内的多种统计学习方法。本书的案例深入浅出，实验特色鲜明。案例分析将深入探讨因果推断、递进式迭代估计、参数和非参数方法的差异以及模型选择等深层次话题，而实验部分则将引导读者运用 R 语言进行实际操作；书中例子丰富有趣，涉足诸多领域，包括实验结果发表、共享单车、竞技体育、市场营销、金融经济、基因筛查等，具有很高的研究价值和实际意义。本书适用于数据分析、机器学习以及统计学等专业高年级本科生和研究生，同时也可作为非统计学专业数据分析发烧友的工具书。

在这个数据驱动的时代，统计学习技术已成为解决实际问题的关键工具。本书旨在为读者提供一条清晰的学习路径，帮助他们建立起坚实的统计学习基础，以应对"大模型爆炸"时代的挑战，并为人工智能领域的发展做出贡献。

最后，我要衷心感谢所有参与本书翻译和校对工作的团队成员。他们的专业知识和辛勤工作，有效保障了本书的翻译质量。同时，我也要感谢所有支持和鼓励我们的读者，你们的反馈和建议是我们不断进步的动力；希望本书能成为你在人工智能领域的良师益友，陪伴你在大模型爆炸的时代勇往直前，并在数据分析中助你一臂之力。

王　星

wangxing@ruc.edu.cn

2024 年 4 月

前　言

统计学习是一套用于理解和分析复杂数据集的重要工具。近年来，数据收集的应用规模和范围在科学与工业的各个领域都呈现爆炸式增长。在这种背景下，统计学习成为不可或缺的理解数据的工具。如今，越来越多的工作与数据密切相关，因此对统计学习这类关键工具的需求也越来越大。

统计学习领域的开山之作——《统计学习基础》(The Elements of Statistical Learning, ESL, 作者 Hastie、Tibshirani 和 Friedman) 于 2001 年出版，并于 2009 年出版了第 2 版。现在，ESL 已成为统计学界及相关领域的一本非常受欢迎的教材。ESL 之所以深受读者喜爱是因为 ESL 平实易懂的写作风格容易被广大读者接受。但事实上，它更适合接受过高等专业数学训练的读者阅读。

本书的写作初衷是满足那些既希望了解统计学习的关键领域，同时又不希望涉及过多专业细节的读者。相较于 ESL，本书更加注重方法应用而非方法背后的数学细节。从第 2 章开始，每章都包含一个实验部分，展示如何使用 R 软件实现该章涉及的统计学习方法。这些实验能够为读者提供宝贵的实操经验。

本书不仅适合统计学和数据分析领域的高年级本科生及硕士生阅读，也适合那些致力于运用统计学习工具对自己专业的数据进行分析的人群阅读。此外，本书也可作为一本涵盖两个学期课程内容的教材。

上一版介绍过许多统计学习领域的重要主题，包括分类和回归的稀疏方法、决策树、提升法、支持向量机和聚类方法。自 2013 年出版以来，它已经成为全世界本科生和研究生的主流教材，也成为数据科学家的重要参考书。

本书是升级版，对涉及的统计学习主题范围进行了极大扩展。具体而言，新增加了深度学习（第 10 章）、生存分析与删失数据（第 11 章）和多重检验（第 13 章）等主题。同时对第 1 版部分章节进行了扩充，增加了朴素贝叶斯模型和广义线性模型（第 4 章）、贝叶斯加性回归树（第 8 章）以及矩阵补全（第 12 章）等内容。此外，实验部分的 R 代码也进行了相应的更新，以确保其运行的环境与主流版本的 R 软件兼容。

这些改进使得本书成为一本更加全面且具有实用价值的工具书，能够满足读者深入理解统计学习领域的需求。

在此，我们衷心感谢那些曾经阅读过初稿并提出宝贵意见的人：Pallavi Basu、Alexandra Chouldechova、Patrick Danaher、Will Fithian、Luella Fu、Sam Gross、Max Grazier G'Sell、Courtney Paulson、Xinghao Qiao、Elisa Sheng、Noah Simon、Kean Ming

Tan 和 Xin Lu Tan。此外，也要感谢对本书提供宝贵意见的读者：Alan Agresti、Iain Carmichael、Yiqun Chen、Erin Craig、Daisy Ding、Lucy Gao、Ismael Lemhadri、Bryan Martin、Anna Neufeld、Geoff Tims、Carsten Voelkmann、Steve Yadlowsky 和 James Zou。我们还要特别感谢 Anna Neufeld 协助修改本书中的 R 代码。同样，我们非常感谢 Balasubramanian "Naras" Narasimhan 对本书所提供的帮助。

上一版的发行对于统计学习方法应用产生了不可忽视的重要影响，这对我们来说是一项莫大的荣耀。我们希望在这个数据驱动的时代，本书能成为当下以及未来的应用统计学家和数据科学家获得成功所需的有效工具书。

预测之难测，未来更未知。——Yogi Berra

目 录

译者序
前言

第1章 导论 ················ 1
1.1 统计学习概述 ········· 1
1.2 统计学习简史 ········· 4
1.3 关于本书 ············· 4
1.4 本书的读者群 ········· 6
1.5 记号与简单矩阵代数 ··· 6
1.6 本书的内容安排 ······· 8
1.7 用于实验和习题的数据集 ··· 9
1.8 本书网站 ············· 10
1.9 致谢 ················· 10

第2章 统计学习 ············ 11
2.1 什么是统计学习 ······· 11
2.2 评价模型精度 ········· 21
2.3 实验：R语言简介 ······ 31
2.4 习题 ················· 39

第3章 线性回归 ············ 43
3.1 简单线性回归 ········· 44
3.2 多元线性回归 ········· 51
3.3 回归模型中的其他注意事项 ··· 60
3.4 营销计划 ············· 75
3.5 线性回归与K最近邻法的比较 ··· 76
3.6 实验：线性回归 ······· 80
3.7 习题 ················· 89

第4章 分类 ················ 95
4.1 分类问题概述 ········· 95
4.2 为什么线性回归不可用 · 96
4.3 逻辑斯谛回归 ········· 98
4.4 用于分类的生成模型 ··· 104
4.5 分类方法的比较 ······· 116
4.6 广义线性模型 ········· 121
4.7 实验：分类方法 ······· 126
4.8 习题 ················· 141

第5章 重抽样方法 ·········· 146
5.1 交叉验证法 ··········· 146
5.2 自助法 ··············· 154
5.3 实验：交叉验证法和自助法 ··· 157
5.4 习题 ················· 163

第6章 线性模型选择与正则化 ··· 167
6.1 子集选择 ············· 168
6.2 压缩估计方法 ········· 175
6.3 降维方法 ············· 185
6.4 高维问题 ············· 192
6.5 实验：线性模型和正则方法 ··· 196
6.6 习题 ················· 210

第7章 非线性模型 ·········· 214
7.1 多项式回归 ··········· 214
7.2 阶梯函数 ············· 216
7.3 基函数 ··············· 217

7.4	回归样条	218
7.5	光滑样条	223
7.6	局部回归	225
7.7	广义可加模型	227
7.8	实验：非线性建模	230
7.9	习题	239

第 8 章 基于树的方法 242

8.1	决策树基本原理	242
8.2	装袋法、随机森林、提升法和贝叶斯加性回归树	250
8.3	实验：决策树	260
8.4	习题	267

第 9 章 支持向量机 270

9.1	最大间隔分类器	270
9.2	支持向量分类器	274
9.3	狭义的支持向量机	278
9.4	多分类的支持向量机	283
9.5	与逻辑斯谛回归的关系	284
9.6	实验：支持向量机	285
9.7	习题	293

第 10 章 深度学习 297

10.1	单隐层神经网络	297
10.2	多隐层神经网络	300
10.3	卷积神经网络	303
10.4	文本分类	310
10.5	循环神经网络	312
10.6	深度学习适用场景	320
10.7	拟合神经网络	321
10.8	插值和双下降	325
10.9	实验：深度学习	328
10.10	习题	342

第 11 章 生存分析与删失数据 344

11.1	生存时间与删失时间	344
11.2	细说删失	345
11.3	Kaplan-Meier 生存曲线	346
11.4	对数秩检验	348
11.5	生存响应下的回归模型	350
11.6	Cox 模型的压缩	357
11.7	其他主题	359
11.8	实验：生存分析	361
11.9	习题	368

第 12 章 无监督学习 372

12.1	无监督学习的挑战	372
12.2	主成分分析	373
12.3	缺失值与矩阵补全	382
12.4	聚类分析方法	386
12.5	实验：无监督学习	397
12.6	习题	411

第 13 章 多重检验 415

13.1	假设检验的快速回顾	416
13.2	多重检验的挑战	420
13.3	族错误率	421
13.4	假发现率	428
13.5	计算 p 值和假发现率的重采样方法	431
13.6	实验：多重检验	436
13.7	习题	445

第1章 导论

1.1 统计学习概述

统计学习（statistical learning）是一套以**理解数据**（understanding data）为目的的庞大工具集。统计学习的工具可分为两大类：**监督**（supervised）学习和**无监督**（unsupervised）学习。一般而言，监督统计学习工具主要有两种用途：一是面向预测的统计模型的建立，二是对一个或多个给定的**输入**（input）估计某个**输出**（output）。这两类问题普遍存在于商业、医学、天体物理学以及公共政策等领域。在无监督的统计学习问题中，有输入变量但不指定输出变量，建模的主旨是学习数据的关系和结构。为了给读者提供一个对统计学习应用的直观认识，本章首先简要讨论3个来自真实世界的数据例子，有关这些数据的详细讨论将在后面的章节展开。

1.1.1 工资数据

在第一个应用中［我们将在整本书中用 Wage（工资）这个名称表示该数据集］，考察与美国中部大西洋地区男性收入相关的几个因素。具体来说，我们希望理解雇员的 age（年龄）、education（教育水平）、year（年份）与 wage（工资）的关系。仔细观察一下图 1-1，左图绘制了每个人的 wage 与 age 的关系图，该图是如下命题的一条直接证据：年龄的前半段，wage 随雇员 age 的增长而递增，大约 60 岁后 wage 呈明显的下降趋势。曲线给出了每个 age 点处雇员的平均 wage 估计，更清晰地表达了这种趋势。当给定某雇员的 age，可以用这条曲线预测他的 wage。然而，同样可以很明显地从图 1-1 中发现这个平均值具有很大的变异性，所以，如果仅仅使用 age 作为唯一的预测变量则不太可能给出某个人 wage 的精准预测。

所幸的是，在数据中还有另外两个可供研究的变量：每个雇员的 education 以及能挣这个 wage 的 year。图 1-1 的中图和右图分别绘制了 wage 随 year 和 education 变化的函数，两图表明这两个因素都与 wage 有关。在 2003 年和 2009 年之间，工资的增加约为 10 000 美元，大致呈线性（或直线）趋势，虽然工资涨幅较数据变异性并不十分明显。一个人有较高的教育水平，其工资水平一般也较高：教育水平为 1 的人群比教育水平为 5 的人群工资明显低很多。显然，要想准确地预测一个人的 wage，应该结合这个人的 age、education 和 year 来分析。在第 3 章中，将详细讨论如何运用线性回归模型预测雇员的 wage。在理想情况下，还应考虑 wage 和 age 之间的非线性关系，并将这些信息用于预测 wage，在第 7 章深入讨论这类问题的解决方法。

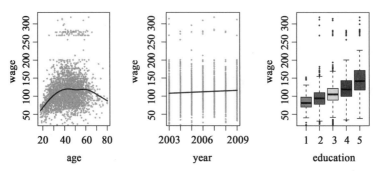

图 1-1 Wage 数据，其中包含美国中部大西洋地区男性收入调查信息。左：wage 与 age 的函数关系，平均来看，随着 age 的增长 wage 是增加的，这种趋势在 60 岁左右终止，之后 wage 开始下降。中：wage 与 year 的函数关系，呈现出缓慢而稳定的增长，2003—2009 年平均 wage 约增加了 10 000 美元。右：箱线图反映了 wage 与 education 的函数关系，其中最低的教育水平取值 1（没有高中文凭），最高的教育水平取值 5（研究生学历），平均来说，wage 随教育水平呈现递增关系

1.1.2 股票市场数据

Wage 数据中的输出变量数据类型是连续的，也称为定量的。这类问题通常称为**回归**（regression）问题。与之不同的是，在某些情况下，我们可能需要预测一个非数值变量，即分类或定性输出。比如，在第 4 章中，我们将研究一个股票市场数据集，该数据集收集了 2001 年至 2005 年 5 年间的标准普尔 500（S&P）股票指数每日股指变动数据。我们以 Smarket 命名这个数据集。目标是用过去 5 天指数的变动比例预测股指的涨跌状态。这个问题中的统计学习模型不是对数值类型的变量预测，而是关注某一天的股市业绩是掉进 Up 桶还是 Down 桶。这类问题称为**分类**（classification）问题，能够精准预测市场变动方向的模型将是非常有用的！

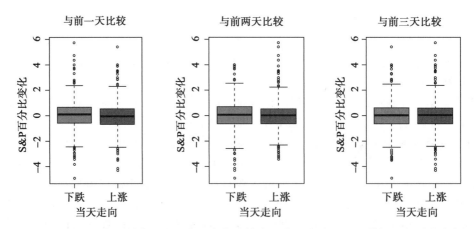

图 1-2 左：前一天标准普尔股指百分比变化，箱线图表示由 Smarket 数据所得到的市场上涨和下跌的情况。中和右：与左图类似，分别显示的是前两天和前三天标准普尔股指百分比变化情况

图 1-2 左侧绘制了两个箱线图，分别是股指相对于前一天的百分比变化情况：一个是 648 天市场股指上涨的分布，另一个是 602 天市场股指下降的情况。两个图比较起来并没有明显的不同，这说明只是简单地使用前一天 S&P 股指变动很难产生预测策略。中图和右图的两张箱线图分别显示了用前两天和前三天股指百分比变化预测当期，同样未能反映出过去和当期回报之间的关联性。其实，这应该是预料之中的，试想如果相连几天的投资回报存在很强的关系，那么通过一个简单的交易策略就可以从市场中赢得利润。然而，在第 4 章中，我们将探索用几种不同的统计学习方法分析这些数据。有趣的是，数据中一些微弱的趋势已经在暗示，至少在这 5 年期间，约有 60% 的时间是可能准确预测市场中股票变动方向的（如图 1-3 所示）。

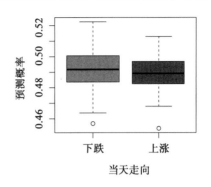

图 1-3 我们用二次判别分析模型拟合 Smarket 数据中 2001—2004 年时间段的数据子集，并用 2005 年的数据预测市场下跌的概率。平均而言，预测下跌的概率高于实际的下跌频率。基于这些数据，我们能够在 60% 的时间可能正确预测市场的变动方向

1.1.3 基因表达数据

上述两个应用的数据集中既有输入变量也有输出变量。然而，还有一类不同的重要问题，即只观察到输入变量却没有相应的输出变量。例如，在营销领域中，可以采集到现有客户或潜在客户的人口统计学信息。建模的目标是希望理解哪些类型的客户在所观察到的属性上彼此相似，并形成一个集群，这就是一个**聚类**（clustering）问题。与前面例子的不同在于，这个问题并不打算预测输出变量。

在第 12 章将重点关注这类缺乏自然输出变量问题的统计学习方法。将以 NCI60（基因表达）数据集为例，其中包含了 64 个癌症细胞系 6 830 个基因表达测量数据。在这个例子中我们并不是要预测一个指定的输出，而是要确定在基因表达测量上的细胞系数据中是否有集群或聚类存在。这是一个比较困难的问题，其中一个原因是每个细胞系上有成千上万的基因表达测量信息，这增加了通过可视化方法分辨不同集群的难度。

图 1-4 的左图有助于理解这个问题，这 64 个细胞系可以通过两个变量 Z_1 和 Z_2 来表达，这两个变量是数据中的前两个**主成分**（principal component），综合了各个细胞系 6 830 个基因表达测量信息。虽然降维可能导致部分信息损失，但却能通过可视化分析验证聚类合理性。聚类问题的难点是聚类数的确定，然而通过观察图 1-4 的左图，至少说明数据中存在 4 个细胞系组，图中以不同颜色区分（见彩插）。

事实上，在这个特定的数据集上，细胞系对应 14 种不同类型的癌症。（实际上，图 1-4 左图中并未使用这个信息。）图 1-4 右图数据的表示方式与左图同理，对 14 种不同的癌症使用了不同的颜色标记出来。图上清晰地表明同类型癌症的细胞系在这两个特定的二维坐标系上位置较为接近。综上所述，即便在没有癌症信息参与的情况下，左图的聚类结果依然能够将右图中实际的癌症类型所蕴含的相似特征诠释出来。这个例子反映出聚类的分析能力。

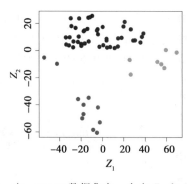 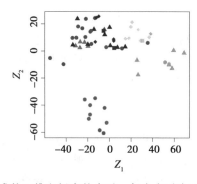

图1-4 左：NCI60 数据集在一个由 Z_1 和 Z_2 构成的二维空间中的表示。每个点对应于 64 个细胞系中的一个。图上显示有 4 组细胞系，我们用不同的颜色表示它们。右：与左图同理，14 个不同类型的癌症每一类使用不同颜色符号表示。对应于同一癌症类型的细胞系在这个二维空间中通常也是相互靠近的

1.2 统计学习简史

统计学习（statistical learning）是一个比较新的名词，但该领域中的许多方法实际上很早以前就已成型。19 世纪初，最小二乘法建立，它的最早形式就是今天大家所熟知的线性回归。该方法首先成功地应用到天文学问题中。线性回归可用于预测定量变量，比如预测一个人的薪资水平。为了预测定性变量，如病人存活或死亡，股市涨或跌，1936 年提出线性判别分析。20 世纪 40 年代，许多学者又提出了替代方法——逻辑斯谛回归。20 世纪 70 年代初，提出了一个新概念——**广义线性模型**（generalized linear model），囊括了统计学习方法中的线性和逻辑斯谛回归。

到了 20 世纪 70 年代末，许多从数据中学习模型的技术获得发展。不过当时主要还是以线性方法为主，因为拟合非线性关系的计算条件当时还尚不成熟。20 世纪 80 年代，计算技术条件具备，非线性模型不再受计算的困扰。80 年代中期，提出了分类回归树，紧接着有了广义可加模型的概念。20 世纪 80 年代神经网络开始流行，20 世纪 90 年代支持向量机出现了。

从 20 世纪 80 年代中后期开始，统计学习发展为一个全新的统计学分支，重点关注监督和无监督的建模和预测。最近几年，统计学习的发展以功能越来越强大且用户界面相对友好的软件为标志，比如现在流行而且免费的 R 系统。统计学家和计算机科学家使用并发展着的 R 语言已体现出强大的应用扩展潜力，必将成为更广大社区的必不可少的工具箱。

1.3 关于本书

2001 年，哈斯帖（Hastie）、提布施瓦尼（Tibshirani）和弗里德曼（Friedman）的著作《统计学习基础》（*The Elements of Statistical Learning*，ESL）出版。该书一出版，就成为统计机器学习的奠基之作。这部作品的成功首先表现为其对统计学习许多重点研究

方向进行了全面而精细的梳理，与一些专门为进阶读者打造的教材不同，它受到来自各个领域普通读者的青睐。事实上，ESL 成功的根本原因正源于其对统计学习本质的理解。该书写作的时间可谓恰逢其时，正值统计学习风生水起。ESL 率先抛出了关于这个新概念的一种清晰而完整的解读。

自 ESL 首次出版以来，统计学习领域蓬勃发展，已呈现出两种发展态势。一种是研发新方法和对原有统计学习方法进行改进，这类统计学习研究增长最快，这些方法旨在回答一系列跨多个学科的科学问题。第二种趋势是，统计学习领域也吸引了大量非专业人士。20 世纪 90 年代，因其在优化计算性能方面的卓越表现使得一批非统计学背景的人对统计学习产生了浓厚兴趣，他们急于使用前沿的统计工具来分析他们的数据。然而，这些方法由于使用了高难度的数学技巧而限制了统计学习的受众范围，目前统计学习的主要用户仍然是由统计学、计算机科学和相关领域受过专业训练，能够理解这些方法并能够实现这些方法的人组成。

近年来，新的以及不断更新的统计软件包的出现极大地降低了统计学习方法的门槛。另一方面，越来越多来自应用领域的反馈增强了我们对统计学习在实践中的认识，这些领域包括商业管理、医疗保健、遗传学以及社会科学等。在这些领域中，统计学习作为一个强大的工具，被许多重要的实践所见证。其结果是，统计学习领域已经由最初的学术小圈子发展壮大为一股拥有广大潜在用户的时代洪流。这一洪流注定将在海量数据的出现和软件分析的需求不断增长的背景下奔腾汹涌。

《统计学习导论》（*An Introduction to Statistical Learning*，ISL）一书的写作目的在于加速统计学习从学术圈向主流领域的融合。无论是在选材的数量上，还是在方法的深度或是在内容表述的细节方面，ISL 都不打算取代 ESL。我们认为 ESL 更适用于专业人士（适用于统计、机器学习或相关领域的研究生），他们需要了解统计学习方法背后的技术细节。然而，统计学习技术的用户社区已扩展至个人，他们有着更广泛的兴趣和背景。因此，我们相信他们现在正需要这样一方土壤——另一个版本的 ESL，可以不那么注重技巧却更引人入胜。

在多年来的教学实践中我们发现，对"统计学习"感兴趣的有来自与统计截然不同的学科，如商业管理、生物学、计算机科学的硕士和博士，以及需要学习定量分析的高年级本科生。关键在于，让这些不同来源的学生能够理解模型，有很好的悟性，精通各种方法的优势和不足。但对于非专业读者，统计学习方法背后的许多技术细节，如优化算法和理论性质，并不是他们的主要兴趣。我们相信，这些读者要想精通各种方法的应用，并使用这些统计学习工具为他们已选择的领域服务，并不需要深入理解方法的方方面面。

本书基于以下四方面的认识。

1. 许多统计学习方法不仅属于统计学科，而且在许多学术和非学术的领域里有广泛的应用。我们相信许多前沿统计学习方法，也应该而且尽可能地像传统的统计方法比如线性回归一样，得到广泛的使用。于是，在本书中，我们并不打算给出每一种可能的方法（实际上这是不可能完成的任务），而是集中呈现那些可能被最广泛应用的方法。

2. 统计学习并非一组黑箱。至今没有任何一种方法能够在所有可能的应用中都表现良好。如果不能了解每一个黑箱中各种齿轮以及这些齿轮之间的相互关系，就不可能选到最好的箱子。为此，我们将尽力详细介绍每一种方法背后的模型、思想、假设和取舍标准。

3. 虽然理解模型构件的运行机制非常必要，但是使用者也要避免陷入技术陷阱！因此，我们将弱化对相关技术细节的讨论，这些细节包括拟合过程和理论性质。我们假设读者能对基本的数学概念驾轻就熟，但不必达到数学研究生水平。例如，我们几乎完全避免了使用矩阵代数语言，并且我们假设读者可以在缺乏矩阵细节描述和向量知识的情况下理解整本书。

4. 本书的预设读者是有志于应用统计学习方法解决现实世界问题的人。为了激发读者并推动技术的进步，我们在每章都设计了一个 R 计算实验。在每个实验中，我们带领读者体验本章所涉及方法在现实中的一个应用。我们在课堂上用这本教材时，为这些实验内容分配大约三分之一的课时，事实证明我们的实验是非常有用的。许多最初对计算非常陌生的学生，一开始会因为需要在一个学季或一个学期内使用 R 窗口命令而担心挂科。我们所使用的 R 是免费软件，功能强大到足以实现书中所列所有方法。它还有可选软件包，这些软件包可以下载到本地以支持数以千计的其他统计方法的运用。最重要的是，R 语言是专业统计学者的首选，统计学者将源源不断地为 R 输送商业软件中还没有出现的新方法。另一方面，ISL 中的实验都是相对独立的，如果读者希望使用其他软件包或不习惯用我们推荐的方法解决实际问题时，那么可以完全跳过这些内容。

1.4 本书的读者群

本书适用于那些希望运用现代统计方法从数据中建模和进行预测的读者，包括科学研究工作者、工程师、数据分析师、数据科学家和定量分析师，甚至也适用于完全没有定量分析经验的社会科学或商业管理领域的技术人员。理想的读者至少修过一门统计学入门课。虽然不强求必备线性回归的应用经验，但了解这些方法会有助于读者理解本书的内容，我们还将在第 3 章中复习线性回归的核心概念。本书对数学的要求适中，读者无须精通矩阵计算。书中提供了 R 统计编程语言的简介，接触过 `MATLAB` 或 `Python` 编程语言也会有助于学习，但这些基础并不是必需的。

本书的第 1 版适用于商务管理、经济学、计算机科学、生物学、地球科学、心理学以及物理学和社会科学等诸多领域的研究生作为教材，也适用于学过线性回归课程的高年级本科生。对于已经使用数学表述更规范的 ESL 作为主要教材的课程，也可以选择将 ISL 作为辅助参考教材，作为各种方法计算方面的补充。

1.5 记号与简单矩阵代数

为教材选用记号不是一件容易的事。本书大部分记号与 ESL 一致。

我们用 n 表示不同数据点或样本观测个数，p 表示用于预测的变量个数。例如，Wage 数据集包含 3 000 个人的 11 个变量信息，那么观测个数 $n=3\,000$，变量［如 year（年份）、age（年龄）、wage（工资）等］个数 $p=11$。在本书中，变量名会用代码字体标示，如 Variable Name（变量名）。

在一些例子中，p 可能会很大，可达上千甚至百万；现实中这种情况经常出现，例如，现代生物数据或基于网络的广告数据的分析。

一般地，x_{ij} 代表第 i 个观测的第 j 个变量值，$i=1,2,\cdots,n$；$j=1,2,\cdots,p$。在本书中，i 用于索引样本或观测（从 1 到 n），j 用于索引变量（从 1 到 p）。$\boldsymbol{X}$ 则是 (i,j) 元素为 x_{ij} 的 $n\times p$ 矩阵，即

$$\boldsymbol{X}=\begin{pmatrix} x_{11} & x_{12} & \cdots & x_{1p} \\ x_{21} & x_{22} & \cdots & x_{2p} \\ \vdots & \vdots & & \vdots \\ x_{n1} & x_{n2} & \cdots & x_{np} \end{pmatrix}$$

对矩阵不熟悉的读者，可以将 $\boldsymbol{X}$ 看成 n 行 p 列的表格。

有时会对 $\boldsymbol{X}$ 的行进行研究，通常将行记为 $x_1,x_2,\cdots,x_n$。这里 x_i 是长度为 p 的向量，是第 i 个观测的 p 个变量测量，即

$$x_i=\begin{pmatrix} x_{i1} \\ x_{i2} \\ \vdots \\ x_{ip} \end{pmatrix} \tag{1.1}$$

（向量默认用列表示。）例如，对于 Wage 数据集，x_i 是一个长度为 11 的向量，包含第 i 个个体的 year（年份）、age（年龄）、wage（工资）和其他变量值。有时也会研究 $\boldsymbol{X}$ 的列，将其写作 $x_1,x_2,\cdots,x_p$。它们都是长度为 n 的向量，即

$$x_j=\begin{pmatrix} x_{1j} \\ x_{2j} \\ \vdots \\ x_{nj} \end{pmatrix}$$

例如，Wage 数据集中，x_1 包含 year（年份）的 $n=3\,000$ 个观测值。

按照这个记号，矩阵 $\boldsymbol{X}$ 可以写成

$$\boldsymbol{X}=\begin{pmatrix} x_1 & x_2 & \cdots & x_p \end{pmatrix}$$

或

$$\boldsymbol{X}=\begin{pmatrix} x_1^{\mathrm{T}} \\ x_2^{\mathrm{T}} \\ \vdots \\ x_n^{\mathrm{T}} \end{pmatrix}$$

右上角记号 T 表示矩阵或向量的**转置**（transpose）。例如，有 $x_i^{\mathrm{T}}=\begin{pmatrix} x_{i1} & x_{i2} & \cdots & x_{ip} \end{pmatrix}$，以及

$$\boldsymbol{X}^{\mathrm{T}}=\begin{pmatrix} x_{11} & x_{21} & \cdots & x_{n1} \\ x_{12} & x_{22} & \cdots & x_{n2} \\ \vdots & \vdots & & \vdots \\ x_{1p} & x_{2p} & \cdots & x_{np} \end{pmatrix}$$

y_i 表示待预测的变量（比如 wage）的第 i 个观测值。待预测变量的全部 n 个观测值的集合用如下向量表示：

$$\boldsymbol{y} = \begin{bmatrix} y_1 \\ y_2 \\ \vdots \\ y_n \end{bmatrix}$$

观测数据集为 $\{(x_1, y_1), (x_2, y_2), \cdots, (x_n, y_n)\}$，其中 $\boldsymbol{x}_i$ 都是长度为 p 的向量。（若 $p=1$，则 x_i 是标量。）

在本书中，长度为 n 的向量均用小写加粗斜体字母表示，例如，

$$\boldsymbol{a} = \begin{bmatrix} a_1 \\ a_2 \\ \vdots \\ a_n \end{bmatrix}$$

但长度不为 n 的向量［例如式（1.1）中长度为 p 的特征向量］则用小写常规字母表示，例如 a。标量用小写常规字母表示，例如 a。在极少数情况下，小写常规字母的两种不同用法会导致含义不明，当出现这一问题时，书中会加以说明。矩阵用加粗大写斜体字母表示，例如 $\boldsymbol{A}$。随机变量不论维数，一律用大写常规字母表示，例如 A。

有时需要指出对象的维数。记号 $a \in \mathbb{R}$ 说明某个对象是标量。$a \in \mathbb{R}^k$ 说明某个对象为向量，其长度为 k。$\boldsymbol{A} \in \mathbb{R}^{r \times s}$ 则说明矩阵的维数是 $r \times s$。

我们尽可能避免矩阵代数的使用。但在少数情况下，完全回避矩阵代数会使计算变得缓慢冗长。在这些情况下，理解矩阵乘法的概念是很重要的。设 $\boldsymbol{A} \in \mathbb{R}^{r \times d}$，$\boldsymbol{B} \in \mathbb{R}^{d \times s}$，则 $\boldsymbol{A}$ 和 $\boldsymbol{B}$ 相乘的结果记为 $\boldsymbol{AB}$。矩阵 $\boldsymbol{AB}$ 的第 (i,j) 个元素等于 $\boldsymbol{A}$ 中第 i 行和 $\boldsymbol{B}$ 中第 j 列的对应元素乘积之和。即 $(\boldsymbol{AB})_{ij} = \sum_{k=1}^{d} a_{ik} b_{kj}$。举例来说，设

$$\boldsymbol{A} = \begin{bmatrix} 1 & 2 \\ 3 & 4 \end{bmatrix}, \quad \boldsymbol{B} = \begin{bmatrix} 5 & 6 \\ 7 & 8 \end{bmatrix}$$

则

$$\boldsymbol{AB} = \begin{bmatrix} 1 & 2 \\ 3 & 4 \end{bmatrix} \begin{bmatrix} 5 & 6 \\ 7 & 8 \end{bmatrix} = \begin{bmatrix} 1 \times 5 + 2 \times 7 & 1 \times 6 + 2 \times 8 \\ 3 \times 5 + 4 \times 7 & 3 \times 6 + 4 \times 8 \end{bmatrix} = \begin{bmatrix} 19 & 22 \\ 43 & 50 \end{bmatrix}$$

注意到运算结果是一个 $r \times s$ 矩阵。仅当 $\boldsymbol{A}$ 的列数与 $\boldsymbol{B}$ 的行数相同时，才能计算 $\boldsymbol{AB}$。

1.6 本书的内容安排

第 2 章主要介绍统计学习的基本术语和概念，还包括了一类原理简单却在许多领域广泛应用的 **K 最近邻**分类方法。第 3 章和第 4 章是经典线性回归模型和分类模型。具体来说，第 3 章主要回顾**线性回归**，这是所有回归方法的基础；第 4 章讨论了两类重要的分类模型：**逻辑斯谛回归**和**线性判别分析**。

统计学习领域的基本问题是为每一个不同的应用给出最恰当的方法。因此，第 5 章重

点介绍**交叉验证**和**自助法**，这些方法可通过估计不同方法的精度选择最优模型。

统计学习最近的研究主要集中在非线性方法。然而，线性方法在结果的解释性和准确性方面还是优势明显，因此，第 6 章介绍了一类集经典与现代于一体的线性模型，这些方法是在标准线性回归基础上的改进，包括**逐步变量选择**、**岭回归**、**主成分回归**和 lasso 回归。

其余章主要是非线性统计学习方法。第 7 章首先介绍一类在一元输入变量问题中颇有成效的非线性方法，之后将说明这些方法如何被运用到多于一个输入变量的非线性**可加模型**中。在第 8 章中，重点考察树类模型，包括**装袋法**、**提升法**和**随机森林**。第 9 章重点介绍**支持向量机**，它是既可以用于线性分类，又可以用于非线性分类的一组方法。第 10 章讲述**深度学习**（deep learning），这是一种用于非线性回归和分类的方法，在近年来受到了广泛关注。第 11 章探讨的主题是**生存分析**（survival analysis），专门针对有**删失**（censor）响应变量（即没有被完全观察）的回归方法。

第 12 章中考虑**无监督**（unsupervised）情况，即只有输入变量而没有输出变量。重点讲述了**主成分分析**（principal components analysis）、**K-means 聚类**（K-means clustering）和**层次聚类**（hierarchical clustering）。最后，第 13 章重点讲述了多重假设检验。

在每一章结束部分，我们将给出一个或几个 R 实验，对这一章所讨论的方法做综合实践。实验可以加深学生对方法优点和不足的认识，并且提供实现各种方法的参考程序语句。读者既可以按照自己的学习节奏参与这些实验，也可以在老师的组织下在课堂上分不同组讨论这些实验。在每一个 R 实验中，我们将在写作本书过程中所输出的结果呈现给读者。随着 R 版本的不断更新，实验中所使用的软件包也在更新。因此，在未来，很有可能读者运行我们书中的程序产生的结果和我们输出给大家的结果不完全一致。责无旁贷，我们将在本书的网站上实时更新程序的结果。

1.7 用于实验和习题的数据集

在本书中，我们将展现统计学习方法在各个领域的应用，这些领域包括市场营销、金融、生物以及其他领域。ISLR2 软件包可以从本书的网站下载，CRAN 包含实验和习题用的大量数据集。其他的数据来自 R 的基础数据。表 1-1 中列出了本书实验和习题所需要的数据集清单。读者也可以从本书的网站上下载这些数据集的文本格式，其中一些将在第 2 章使用。

表 1-1 本书中实验和习题需要的数据集列表。所有的数据集都包含在 ISLR2 软件包中，但是 USArrests（R 基础模块的一部分）除外

名称	描述
汽车数据集（Auto）	主要由家用轿车的性能指标构成，比如油耗和汽车马力等变量
共享单车数据集（Bikeshare）	华盛顿特区共享单车每小时使用情况
波士顿房屋数据集（Boston）	波士顿人口普查区的住宅结构和相关居住环境信息
脑癌数据集（BrainCancer）	被诊断为脑癌的病人的存活时间数据
大篷车数据集（Caravan）	购买大篷车保险的投保人信息

(续)

名称	描述
座椅数据集（Carseats）	400家门店小型轿车座椅销售信息
大学数据集（College）	美国大学人口统计学特征和收费信息
信用卡数据集（Credit）	10 000名客户的信用卡债务信息
违约数据集（Default）	信用卡公司客户违约信息
基金数据集（Fund）	2 000名对冲基金经理在50个月内的收益数据
棒球数据集（Hitters）	棒球运动员的成绩和收入数据
小圆血细胞肿瘤数据集（Khan）	4类癌症的基因表达测量数据
癌症患者基因表达数据集（NCI60）	64个癌症患者基因表达测量数据
纽约股票交易所数据集（NYSE）	纽约证券交易所的回报率、波动率和成交量数据
橘汁销售数据集（OJ）	橘山和美汁源两个品牌橘汁的销售信息
金融资产数据集（Portfolio）	用于投资组合的金融资产价值的历史数据
试验结果发表时长数据集（Publication）	244项临床试验的发表时间数据
股票市场数据集（Smarket）	标准普尔500（S&P500）连续5年日投资回报率
犯罪统计数据集（USArrests）	美国50个州每10万居民犯罪统计数据
工资数据集（Wage）	美国中部大西洋地区男员工收入水平调查数据
周投资回报数据集（Weekly）	21年间1089周股票市场投资回报数据

1.8 本书网站

本书的网站是

www.statlearning.com

其中包含了大量资源，除了以上数据资源，还包含了与本书相关的R软件包和其他的一些数据集。

1.9 致谢

书中的图6-7、图8-3和图12-14来自ESL，其他的图都是本书新增的。

第 2 章 统计学习

2.1 什么是统计学习

为激发读者对统计学习的兴趣,先介绍一个简单的例子。比如受客户委托做统计咨询,调查广告与某产品销量之间的关系。Advertising(广告)数据集记录了该产品在 200 个不同市场的销售情况及该产品在每个市场中 3 类广告媒体的预算,这 3 类媒体分别为:TV(电视)、radio(广播)和 newspaper(报纸)。数据如图 2-1 所示。这几张图并没有提供产品销量增加的直接证据。即便如此,这些信息还是有助于客户控制每个市场在 3 类媒体广告费用上的支出。因此,如果确认广告费用和销售之间存在着关联,那么可以通过关联关系指导客户调整广告预算,从而间接地增加销量。换句话说,这个案例的目标是开发一个基于 3 类广告媒体预算的精准预测销量的模型。

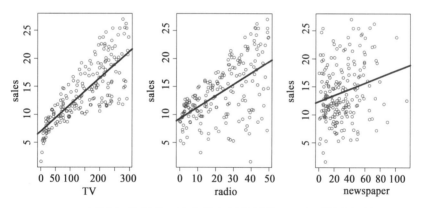

图 2-1 Advertising(广告)数据集。这个散点图绘制了 200 个不同市场的 sales(单位:千)关于 TV、radio 和 newspaper 三种媒体广告预算(单位:千美元)的函数。每个散点图我们都给出了 sales 这个变量通过简单最小二乘法的拟合线,拟合的这个结果将在第 3 章详解。换句话说,在每个图中的实线代表一个简单模型,这条线可以预测用 TV、radio 和 newspaper 的 sales

建模过程中,广告预算是**输入变量**(input variable),sales(销量)为**输出变量**(output variable)。输入变量通常用大写字母 X 表示,用下标区分不同的变量。用 X_1 表示 TV 的广告预算,X_2 表示 radio 的广告预算,X_3 表示 newspaper 的广告预算。输入变量还有其他几个不同的称呼,如**预测变量**(predictor variable)、**自变量**(independent variable)、**属性变量**（feature variable），甚至有时候就称为**变量**（variable）。在这个案例中，输出变量是 sales，我们称它为**响应变量**（response variable）或**因变量**（dependent variable），通常用符号 Y 表示。在本书中，我们经常交替使用术语的不同称谓。

一般情况，假设观察到一个定量响应变量 Y 和 p 个不同的预测变量，记为 $X_1, X_2, \cdots, X_p$。假设这个 Y 和 $X=(X_1, X_2, \cdots, X_p)$ 有一定的关系，可以表达成一个比较一般的形式：

$$Y = f(X) + \varepsilon \tag{2.1}$$

这里的 f 是 $X_1, X_2, \cdots, X_p$ 的函数，它是固定但未知的，ε 是随机**误差项**（error term），与 X 独立，且均值为 0。在这种形式下，f 表达了 X 提供给 Y 的**系统**（systematic）信息。

再看另一个例子，见图 2-2 的左图，该图表示了 Income（收入）数据集中 30 个人的 income（收入）与各自 years of education（受教育年限）的关系。该图显示可以用一个人的 years of education 去预测这个人的 income。然而，其中用于联结输入变量与输出变量的函数 f 一般是未知的。在这种情形下，我们必须基于观测点去估计 f。由于 Income 是一个模拟的数据集，所以 f 实际上是已知的，如图 2-2 右图中的曲线所示，其中的竖线代表误差项 ε。记录的 30 个观测值一部分落在曲线的上方，一部分落在曲线的下方；总体来看，与拟合线的误差均值接近于 0。

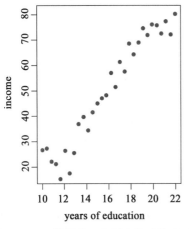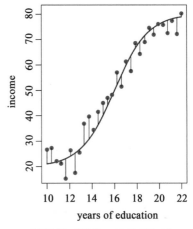

图 2-2 Income 数据集。左图中的点为 30 个人的 income 观测值（单位：千美元）和 years of education。右图中的曲线代表真实的 income 和 years of education 的关系，一般情况下该线是未知的（但这里是已知的，因为数据是模拟的）。竖线表示与每个观测值有关的误差。若观测点落在曲线上方，则误差为正，若观测点落在曲线的下方，则误差为负。总之，误差的均值接近于 0

一般而言，估计函数 f 会涉及多个输入变量，如图 2-3 所示，输出变量 income 与输入变量 years of education 和 seniority（专业资质）的函数 f。这里 f 是一个基于观测值估计的二维曲面。

实际上，统计学习是估计 f 的一系列方法。在本章中我们将集中介绍几个在估计 f 时所需要的关键理论概念，这些概念不仅用于估计 f，还用于对所得估计进行评价。

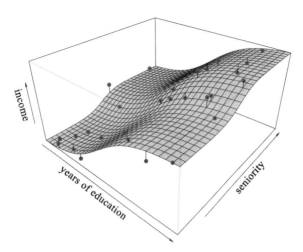

图 2-3 该图表示的是 Income 数据集中 income 关于 years of education 和 seniority 的函数，曲面代表实际的 income 与 years of education 和 seniority 的关系，它是已知的，这是因为这个数据是模拟得到的。图中的点表示 30 个人的模拟观测值

2.1.1 什么情况下需要估计 f

估计 f 的主要原因有两个：**预测**（prediction）和**推断**（inference）。以下将逐一介绍。

预测

许多情形下，输入集 X 是现成的，但输出 Y 是不易获得的。这时，由于误差项的均值是 0，那么可通过式（2.2）预测 Y：

$$\hat{Y} = \hat{f}(X) \tag{2.2}$$

这里 $\hat{f}$ 表示 f 的预测，$\hat{Y}$ 表示 Y 的预测值。在这个式子中，$\hat{f}$ 是**黑箱**（black box），这表示一般意义下，如果该黑箱能提供准确的预测 Y，则并不十分追求 $\hat{f}$ 的确切形式。

先看一个例子，假设 $X_1, X_2, \cdots, X_p$ 是某个病人的血样特征，该样本在实验室很容易测量，Y 表示病人使用某药物后出现严重不良反应的风险。通过 X 预测 Y 是自然的，这样就可以避免将药物用于那些存在高风险不良反应的病人，因为对这类病人而言，这个估计值 Y 是高的。

$\hat{Y}$ 作为响应变量 Y 的预测，其准确性依赖于两个量，一个是**可约误差**（reducible error），另一个是**不可约误差**（irreducible error）。大体上，当所选的 $\hat{f}$ 不是 f 的一个最佳估计时，这种不准确性会引起一些误差，但这个误差是可约的，因为我们实际上有能力提高 $\hat{f}$ 的准确度，只要选择更合适的统计学习方法去估计 f 就可能降低这种误差。然而，即使得到一个 f 的完美估计，对响应变量的估计来自表达式 $\hat{Y} = f(X)$，预测仍然存在误差。这是因为 Y 还是一个关于 ε 的函数。按照定义，ε 是不能用 X 去预测的。因此，与 ε 有关的变量也影响预测的准确性。这部分误差就被称为不可约误差，因为无论我们对 f 估计得多么准确，我们都不能减少 ε 引起的误差。

为什么这个残差会大于 0 呢？ε 可能包含了对预测 Y 有用但却不可直接观测的变量信

息：由于没有测量它们，所以不能使用这些变量去预测 f。ε 也许包含了不可测的变异。例如，某个病人不良反应的风险也许会在一天内很不一样，这取决于药物的药效本身，或者病人当天服药的情绪状态等。

考虑给定的估计 $\hat{f}$ 和一组预测变量 X，将产生预测 $\hat{Y} = \hat{f}(X)$。假设 $\hat{f}$ 和 X 是固定的，于是很容易证明

$$\begin{aligned}E(Y - \hat{Y})^2 &= E[f(X) + \varepsilon - \hat{f}(X)]^2 \\ &= \underbrace{[f(X) - \hat{f}(X)]^2}_{\text{可约误差}} + \underbrace{\text{Var}(\varepsilon)}_{\text{不可约误差}}\end{aligned} \quad (2.3)$$

$E(Y - \hat{Y})^2$ 代表预测量和实际值 Y 的均方误差或期望平方误差值，$\text{Var}(\varepsilon)$ 表示误差项 ε 的方差。

这本书重点关注估计 f 的方法，使 f 有最小的可约误差。需要谨记的是，不可约误差提供了 Y 预测精度的一个上界，这个上界在实践中实际上是未知的。

推断

很多情况下，我们对 $X_1, X_2, \cdots, X_p$ 的变化对 Y 产生怎样的影响比较感兴趣。在这种情形下，我们估计 f 的目标不是为了预测 Y，而是想知道 X 和 Y 的关系。更确切地，我们想理解 Y 作为 $X_1, X_2, \cdots, X_p$ 的函数是怎么变化的。在这种情况下，f 不能当作黑箱看待，因为我们需要知道它的具体形式。此时，可能涉及的问题如下所述。

- 哪些预测变量与响应变量相关？通常情况下用于预测的变量中只有一小部分与 Y 充分相关，从一大组可能的变量中根据应用的需要识别一些重要的预测因子是极其有必要的。
- 响应变量与每个预测变量之间的关系是什么？一些预测变量与 Y 正相关，在这个意义上，较大的预测变量的值与较大的 Y 值相关，而另一些预测变量则与 Y 呈负相关。根据 f 的复杂性，响应变量与某个给定的预测变量之间的关系也可能依赖于其他的预测变量。
- Y 与每个预测变量的关系是否能用一个线性方程表示，还是它们的关系需要更复杂的形式？以往，大多数估计 f 的方法都采用线性形式。在一些情况下，这种假设是合理的，甚至是比较理想的方式。但在更一般的情况下，真正的关系可能更为复杂，这时，线性模型也许不能为输入变量与输出变量之间的关系提供一个精准表达。

在本书中，我们将见到许多建模的例子，这些例子无外乎三类：预测、推断，或者两者混合。

例如，一家公司正在策划一场直销活动。该活动的目标是确定哪些个体消费者会积极响应邮件。基于人口统计学变量得到的观测。在这种情况下，人口统计学变量作为预测变量，对直销活动是否响应作为输出值，响应可以是正的，也可以是负的。这家公司并不准备深入了解每个个体预测变量和响应变量之间的关系，只是想简单地得到一个精准的模型，通过预测变量去预测响应。这就是一个典型的对预测建模的例子。

作为对照，考虑图 2-1 描述的 Advertising 数据。此时，人们或许对下面的问题更感兴趣：

- 哪类媒体与销量有关？
- 哪类媒体能对销售产生最大的促进作用？
- 如果一定要增加电视广告费用，则对销量带来多少程度的提升？

这类问题就是典型的推断问题。除此之外，对客户可能购买的产品品牌建模也是如此，输入变量有价格、商店位置、折扣水平、竞争价格等与客户是否购买有关的变量。在这类问题里，人们更感兴趣的是这些变量与购买可能性的关联。例如，改变一个产品的价格对产品销售会有什么影响？这也是一个典型的推断建模的例子。

最后，一些模型可以对预测和推断同时适用。例如，在房地产中，人们感兴趣的是房子的价值如何受一些输入变量的影响，可能的输入包括犯罪率、片区、与河的距离、空气质量、学校、社区收入水平、房子的大小等。在这种情况下，人们感兴趣的是每个输入变量与房屋价格的关联，也就是说，假如一套河景房，那么这套房子将额外增值多少？这就是一个典型的推断问题。或者，人们仅对有某些特征的房子的价值感兴趣，这套房子的价格是被高估了还是低估了？这是一个典型的预测问题。

根据分析的目标是预测还是推断，还是两者兼具，估计 f 所采用的方法可能是不同的。例如，线性模型适用于相对简单和解释性的推断分析，但可能不能像其他的模型那样能产生准确的预测。相比之下，这本书后面的章节讨论的一些高度非线性的方法可以为 Y 提供更加准确的预测，但选择复杂模型的代价是推断结果的解释性不够明晰，推断问题变得比较棘手。

2.1.2 如何估计 f

在本书中，我们会研究许多估计 f 的线性和非线性方法。然而，这些方法一般都有一些共同的特征。在本节中，我们将概括这些共同特征。假设已观测到一组由 n 个不同的点组成的数据集。例如，在图 2-2 中观测到 30 个数据点。这些观测点称作**训练数据**（training data），因为我们要用这些观测点去训练或引导我们的方法怎样估计 f。令 x_{ij} 表示观测点 i 的第 j 个预测变量或输入变量值，其中 $i=1,2,\cdots,n$ 和 $j=1,2,\cdots,p$。相应地，令 y_i 表示第 i 观测点的响应变量值。训练数据记作 $\{(x_1,y_1),(x_2,y_2),\cdots,(x_n,y_n)\}$，其中 $x_i=(x_{i1},x_{i2},\cdots,x_{ip})^\mathrm{T}$。

目标是对训练数据应用统计学习方法估计未知的 f。换句话说，想找到一个函数关系 $\hat{f}$，对任意观测点 (X,Y) 都有 $Y\approx\hat{f}(X)$。一般而言，这项估计任务的大多数统计学习方法都可分为**参数方法**或**非参数方法**，现在简要讨论这两类方法。

参数方法

参数方法是一种基于模型估计的两阶段方法。

(1) 首先，假设函数 f 具有一定的形式或形状，例如，一个常用的假设是假设 f 是线性的，具有如下形式：

$$f(X) = \beta_0 + \beta_1 X_1 + \beta_2 X_2 + \cdots + \beta_p X_p \tag{2.4}$$

这是**线性模型**（linear model），将在第 3 章展开讨论。一旦假设 f 是线性的，估计 f 的问题就被简化了。不必估计一个 p 维函数，只需要估计 $p+1$ 个系数 $\beta_0,\beta_1,\cdots,\beta_p$。

(2) 一旦模型被选定后，就需要用训练数据集去拟合（fit）或训练（train）模型。在线性模型式（2.4）中，需要估计参数 $\beta_0, \beta_1, \cdots, \beta_p$。也就是说，要确定这些参数的值，满足

$$Y \approx \beta_0 + \beta_1 X_1 + \beta_2 X_2 + \cdots + \beta_p X_p$$

拟合式（2.4）最常用的方法称为（普通）**最小二乘法**（least squares），具体细节将在第3章中讨论。值得注意的是，虽然最小二乘法是拟合线性模型最流行的方法，其实还有其他方法估计式（2.4）中的参数，我们将在第6章讨论。

基于模型的方法统称为**参数**（parametric）**方法**；参数方法把估计 f 的问题简化到估计一组参数。对 f 假设一个具体的参数形式将简化对 f 的估计，因为估计参数是更为容易的，比如线性模型式（2.4）只需要估计 $\beta_0, \beta_1, \cdots, \beta_p$，而不需要拟合一个任意的函数 f。参数方法的缺陷是选定的模型并非与真正的 f 在形式上是一致的。假如我们选择的模型与真实的 f 差距太大，这样估计的 f 效果也会很差。解决此类问题的一种思路是尝试通过选择**柔性**（flexible）模型拟合很多不同形式的函数 f。但一般来说，拟合柔性更强的模型需要估计更多参数。拟合复杂的模型会导致**过拟合**（overfitting）现象的出现，这表示这些模型拟合了误差或**噪声**（noise）。本书将反复讨论这类问题。

图2-4给出了一个参数模型的例子，其中数据来自图2-3中的Income数据。一个线性拟合如下所示：

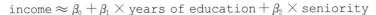

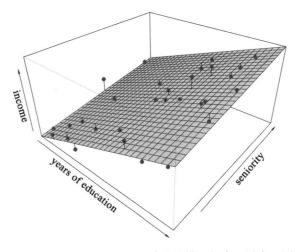

图2-4 对图2-3中的Income数据进行最小二乘线性模型拟合。图中观测值用点标识，平面表示对数据的最小二乘拟合

由于假设响应变量与两个预测变量之间的关系是线性的，整个拟合问题就归为估计参数 β_0，β_1 和 β_2，我们用最小二乘线性回归估计这些参数。比较图2-3与图2-4，我们发现图2-4中的线性拟合不够精确：真正的 f 有一定的曲率，线性拟合无法抓住这些特征。然而，线性拟合仍然看起来是一个比较合理的估计，因为它把握了years of education和income之间的正相关关系，还成功捕获了seniority和income之间微弱且不易察觉的

正相关关系。这样的结果可能是因为观察的数据量较小的缘故,但就模型而言,它已经竭尽所能了。

非参数方法

非参数方法不需要对函数 f 的形式事先做明确的假设。相反,这类方法追求的是接近数据点的估计,估计函数在去粗和光滑处理后尽可能与更多的数据点接近。非参数方法较参数方法的优点表现为:不限定函数 f 的具体形式,于是可能在更大的范围选择更适宜 f 形状的估计。任何参数方法都不能回避这样一个问题,即所估计的 f 在形式上可能与真实的 f 有很大的不同,在这种情况下,模型将不能很好地拟合数据。相反,非参数方法完全避免了这个缺点,因为不需要假设函数 f 的形式。但是非参数方法有一个致命的弱点:无法将估计 f 的问题简化为仅仅对少数参数进行估计的问题;因此,为了获得对 f 更为精准的估计,往往需要大量的观测点(远远超出参数方法所需要的点)。

图 2-5 表示了用非参数方法对 Income 数据应用**薄板样条**(thin-plate spline)估计 f 的拟合结果。这种方法在 f 上不强加任何预设的模型形式,而是尽力输出一个估计 f,它与观测数据尽可能接近,这时称图 2-5 中的曲面是光滑曲面。在这种情况下,非参数拟合输出了对真实 f 相当准确的一个估计,如图 2-3 所示。为拟合一个薄板样条,数据分析师必须指定一个光滑度水平。图 2-6 显示了使用一个较低的光滑度水平用类似的方法所拟合的薄板样条,得到一个折皱不平的拟合。这个估计完整地匹配了每一个观测数据。然而,图 2-6 所示的样条拟合函数与图 2-3 中的拟合相比,在对真实函数 f 进行估计时,具有更多变化。这也是之前讨论过的过拟合数据的例子。过拟合将产生不良影响,因为拟合的函数不能对新的不属于原来训练数据集的观测点给出响应变量的精准估计。第 5 章将讨论如何选择**合适的**(correct)光滑度水平的方法。样条方法将在第 7 章中讨论。

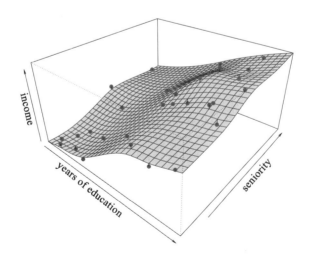

图 2-5 曲面是 Income 数据的一个光滑薄板样条拟合;各个点是观测点。在第 7 章我们将讨论样条方法

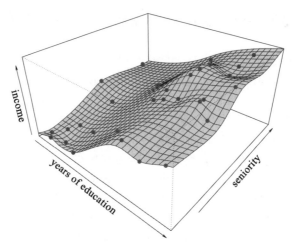

图 2-6 对 Income 数据进行粗糙薄板样条拟合，在训练数据集上拟合的误差结果为 0

如上所述，统计学习中的参数方法和非参数方法各有优点和缺点。我们将在本书中探讨这两种方法。

2.1.3 预测精度和模型解释性的权衡

在本书中所涉及的众多估计方法中，有一些是欠光滑的，或者说形式上受限定的，在这种情况下，这些估计方法只能在一个相对较小的函数形状范围内来估计 f。例如，线性回归是一个相对欠柔性的模型，因为它只能产生线性函数，比如图 2-1 显示的线条或者图 2-4 显示的平面。另外一些估计方法，比如图 2-5 和图 2-6 显示的薄板样条，则是柔性较高的模型，因为这些模型能在一个较广泛的函数形状范围内来产生对 f 估计。

人们可能会理所当然地提出以下疑问：为什么选择一个更受限定的方式而不是柔性模型来建模呢？有以下几种原因导致我们会选择限定性更强的建模方式。如果建模的目的在于推断，那么采用结构限定的模型则模型解释性较强。例如，当推断是建模的主要目标时，线性模型是一种较好的选择，因为使用这类模型更易于理解 Y 与 $X_1, X_2, \cdots, X_p$ 之间的关系。相反，相当复杂的柔性模型，比如第 7 章讨论的方法和图 2-5、图 2-6 显示的样条方法，以及第 8 章讨论的**提升法**（boosting），能够产生对 f 较为复杂的估计，但这些方法却很难解释每一个单独的预测变量是如何影响响应变量的。

图 2-7 比较了本书几种方法在柔性和解释性之间的权衡。第 3 章将讨论的最小二乘线性回归方法是一种柔性较低但解释性较强的方法。第 6 章讨论的 lasso 回归方法建立在线性模型式（2.4）的基础上，但其估计系数 $\beta_1, \beta_2, \cdots, \beta_p$ 的拟合过程是不同的。新的估计过程在估计系数时具有约束性，使得大多数系数的估计正好为 0。因此，在这种情况下，lasso 回归方法相较于线性拟合是一种欠柔性的建模方式；但是，相对于线性模型在解释性上更强，因为在模型的最后一步，响应变量将仅仅与预测变量集的一个小子集有关系，即只与那些非零系数估计量相关。第 7 章讨论的**广义可加模型**（generalized additive model，GAM），与 lasso 方法不同，将线性模型推广至一般的非线性关系上，于是，GAM 比线性拟合更加灵活。它们也不如线性回归模型的解释性好，因为每一个预测变量和响应变量之

间的关系是用曲线来拟合的。最后,完全非线性方法,比如第 8～10 章讨论的**装袋法**(bagging)、提升法、用非线性核函数的支持向量机法和神经网络(深度学习),都是高度柔性却又很难解释的方法。

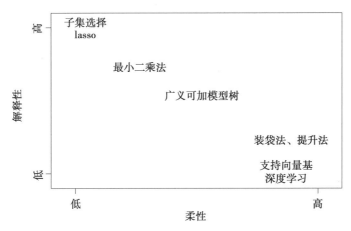

图 2-7　几种统计学习方法在柔性和解释性之间的权衡。一般来讲,当一种方法的柔性增强时,其解释性则减弱

综上所述,当数据分析的目标是推断的时候,运用简单又相对欠柔性的统计学习方法具有明显的优势。然而在另外一些情况下,如果仅仅对预测感兴趣,至于预测模型是否易于解释并不十分关心,比如,试图开发一个算法预测一种股票的价格,对这种算法的唯一需求是预测的准确性,不必关注其解释性。此时,你也许会想当然地认为选择柔性更高的方法才是最优的选择。然而令人诧异的是,事实往往并非如此。事实是更精确的预测常常是在欠柔性的模型上取得的。乍一看,这违反直觉,然而这与高柔性模型的过拟合情况有关。观察图 2-6 中过拟合的例子。我们将会在 2.2 节并且在整本书都会进一步讨论这些重要的概念。

2.1.4　监督学习与无监督学习

大部分统计学习问题分为以下两种类型:监督学习和无监督学习。迄今为止,本章已经讨论过的例子都属于监督学习范畴。对每一个预测变量观测值 $x_i(i=1,2,\cdots,n)$ 都有相应的响应变量的观测 y_i。建模的目标是通过建立预测变量和响应变量之间的关系,精准预测响应变量或更好地理解响应变量与预测变量的关系。许多传统的统计学习方法,比如线性回归和**逻辑斯谛回归**(logistic regression)(第 4 章),以及诸如**广义可加模型**(GAM)、提升法和**支持向量机**(SVM)等比较现代的方法,都属于监督学习范畴。本书大部分内容都与此有关。

相反,无监督学习则在一定程度上更具挑战性,在这种情形中,只有预测变量的观测向量 $x_i(i=1,2,\cdots,n)$,这些向量没有相应的响应变量 y_i 与之对应。对这类问题拟合线性模型是不可能的,因为缺乏预测的响应变量。这时,建模工作在某种程度上来看仿佛是在黑暗中摸索；这种情形就称为**无监督**（unsupervised），因为缺乏一个响应变量来监督数据分析。哪些统计分析可能需要无监督学习呢？比如需要理解变量之间或观测之间的关系。

聚类分析（cluster analysis）是一种典型的统计学习工具，也称聚类。聚类分析的目标是基于 $x_1, x_2, \cdots, x_n$ 将观测归入不同的组。例如，在一个市场细分研究中，能够观察到许多潜在消费者的特征（变量），比如邮政编码、家庭收入和消费习惯等。我们有理由相信消费者来自不同的消费群，比如高消费群和低消费群。如果每个消费者的消费模式是已知的，那么监督分析就是可行的。然而，这种信息实际上是不可获得的，因为，对一个潜在消费者，不可能确切地知道他属于高消费群还是低消费群。在这种情况下，可以用可观测的变量来聚类消费者，以便于我们识别潜在消费者属于哪个群体。区分不同的群体可能是我们感兴趣的，因为用于区分群体的特征极有可能恰恰是我们竭尽全力正在寻找的特征，比如消费习惯。

图 2-8 简要说明了聚类的工作原理（见彩插）。图中将 150 个观测点绘制在由两个变量 X_1 和 X_2 张成的二维坐标系中。每一个观测点对应 3 个组中的一个。为了说明，图上已经用不同的颜色和标志对每一个组的元素进行了标记。然而，实践中，每个点属于哪一个组是未知的，聚类的目的就是确定出每一个观察点属于哪一个组。在图 2-8 的左图，因为组之间被完全分开了，这是一个相对简单的任务。相反，在图 2-8 的右图呈现了一个比较难的问题，组与组之间有重叠。聚类方法无法将所有重叠的点准确地分配到各自的组（蓝、绿、橘黄）。

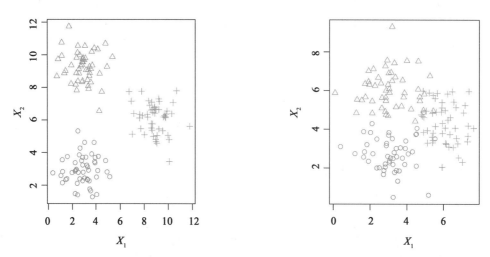

图 2-8 涉及三个组的聚类数据集。每个组使用不同的颜色和标志。左：这三个组已经被分割。这时，聚类方法能成功识别这三个组。右：不同组之间有重叠部分，这是一个较难的聚类任务

图 2-8 所示的例子，仅有 2 个变量，因此可以用图形的方式观察数据点的散点图，简明又直观地区分出不同的组。然而，实际上，我们经常遇到包含多于两个变量的数据集。在这种情况下，不易绘制这些观测点。例如，数据集中有 p 个变量，那么将产生

$p(p-1)/2$ 个不同的散点图，直观的图形检查法不再是一个可行的聚类识别方法。鉴于此，自动聚类方法则显得非常重要。我们将在第 12 章讨论聚类以及其他的无监督学习方法。

大部分方法可以自然地归为监督学习或无监督学习范畴。但是，有时一种分析应被归为监督学习还是无监督学习则欠明了。例如，假设有 n 个观测，其中 m（$m<n$）个观测点可以同时观测到预测变量和响应变量，而其余 $n-m$ 个观测点只能观测到预测变量，但无法观测到响应变量。比如，预测变量的采集相对简单，而相应的响应变量却比较难采集，就会出现这种情况。我们称这种问题为**半监督学习**（semi-supervised learning）问题。在这种情形下，我们希望能够有一种统计学习方法既用到 m 个观测点的预测变量和响应变量的信息，同时又包含了 $n-m$ 个不能获取响应变量的观测值的信息。尽管这也是一类非常有趣的问题，但本书不涉及。

2.1.5 回归与分类问题

变量常分为**定量**和**定性**两种类型（定性变量也称为**分类变量**）。定量变量呈现数值性。例如**年龄**（age）、**身高**（height）、**收入**（income）、**房屋的价值**（the value of a house）以及**股票的价格**（the price of a stock）。相反，定性变量取 K 个不同类的其中一个值。定性变量的例子有性别（男性或女性）、品牌（A、B、C）、是否违约（是或不是），以及癌症诊断（急性骨髓性白血病、急性淋巴细胞白血病、无白血病）。我们习惯于将响应变量为定量的问题称为**回归分析**问题，而将具有定性响应变量的问题定义为**分类**问题。然而，回归和分类的区分并不是绝对的。最小二乘线性回归（第 3 章）经常用于定量响应变量，而逻辑斯谛回归（第 4 章）则是典型的定性响应变量（2 级或者二元）模型。就其本身而言，逻辑斯谛回归通常被认为是一种分类方法。但是由于它还估计了类别概率，于是也可以归为一种回归方法。一些统计学习方法，如 K 最近邻算法（第 2 章和第 4 章）和提升法（第 8 章），既可以回答定性响应变量问题，也可以回答定量响应变量问题。

根据响应变量是定性的还是定量的来选择所需的统计学习方法是数据分析的常规思维；这就是说，当响应变量是定量时，通常选用线性回归模型；当响应变量是定性变量时，用逻辑斯谛回归。然而，预测变量是定性的还是定量的，通常对选择模型并不十分重要。如果在分析之前，所有定性变量的取值都已正确编码，无论预测变量是什么类型，本书讨论的大部分统计学习方法都能够应用。这些建模方法将在第 3 章讨论。

2.2 评价模型精度

本书的重点是为读者广泛地介绍除标准线性回归方法以外的各类统计学习方法。为什么要介绍这么多不同的统计学习方法，而不是只选择介绍一种最优的方法呢？在统计学中没有免费的午餐：没有任何一种方法能在各种数据集里完胜其他所有方法。在某个数据集中，某一种方法的表现也许优于其他方法，但换一个数据集即使形式上变化不大，其他的方法就可能效果更好。因此，对每个数据集，都需要判断哪类方法能产生更好的效果。在实践中，选择最好的方法是统计学习中最具挑战性的内容。

在本节中，我们将讨论一些重要概念，这些概念的目的是为数据集选择统计学习方法。在本书后面的章节中，我们将解释出现在这里的概念如何在实践中应用。

2.2.1 拟合效果检验

为评价统计学习方法对某个数据集的效果，需要一些方法评测模型的预测结果与实际观测数据在结果上的一致性。这时，对一个给定的观测，需要定量测量预测的响应值与真实响应值之间的接近程度。在回归中，最常用的评价准则是**均方误差**（mean squared error，MSE），其表达式如下所示：

$$\text{MSE} = \frac{1}{n}\sum_{i=1}^{n}(y_i - \hat{f}(x_i))^2 \tag{2.5}$$

其中$\hat{f}(x_i)$是第i个观测点上应用$\hat{f}$的预测值。如果预测的响应值与真实响应值很接近，则均方误差会非常小；若预测的响应值与真实响应值存在实质上的差别，则均方误差会非常大。

式（2.5）中的 MSE 是用训练数据计算出来的，而这些训练数据本来就是用来拟合模型的，所以预测的精准程度一般会比较高，我们形象地称它为**训练均方误差**（training MSE）。一般而言，我们并不关心这个模型在训练集中的表现如何，而真正的兴趣在于将模型用于**测试**（test）数据获得怎样的预测精度。为什么这样想呢？假设我们开发一个算法，希望能够根据以往的股票收益来预测未来的股票价格。用过去 6 个月的股票收益建立模型，我们显然不太关心这个模型预测上周的股票价格效果如何，而只在乎它对明天或下个月的股票价格的预测效果如何。一个相似的例子，假设收集了一些病人的临床指标［如**体重**（weight）、**血压**（blood pressure）、**身高**（height）、**年龄**（age）、**家族病史**（family history of disease）等］，以及每个病人是否患有糖尿病。可以使用这些病人的临床指标数据建立一个统计模型，并通过临床数据预测病人患有糖尿病的风险。在实际运用中，我们希望该模型根据病人的临床指标精确地预测其患糖尿病的风险。我们对该模型能否精确地预测训练集中的病人患糖尿病的风险并不在意，因为在训练数据中，哪些病人确实患有糖尿病已被完全掌握。

从数学形式上看，我们对训练集中的观测值$\{(x_1,y_1),(x_2,y_2),\cdots,(x_n,y_n)\}$拟合统计学习模型，输出估计函数$\hat{f}$。于是可以算出$\hat{f}(x_1),\hat{f}(x_2),\cdots,\hat{f}(x_n)$。假如这些值都近似等于$y_1,y_2,\cdots,y_n$，由式（2.5）计算的训练均方误差将比较小。然而，应用中并不在意是否有$\hat{f}(x_i)\approx y_i$，而是关心对于之前没有参与建模的新的观测点(x_0,y_0)，是否有$\hat{f}(x_0)\approx y_0$。于是需要一个方法选择模型，使该模型的**测试均方误差**（test MSE）最小，而训练均方误差不一定最小。换句话说，如果我们掌握了大量的测试数据，可计算如下函数：

$$\text{Ave}(y_0 - \hat{f}(x_0))^2 \tag{2.6}$$

这是测试观测点(x_0,y_0)的均方预测误差，选择的模型应该力图使测试均方误差尽可能小。

如何选择一个使测试均方误差最小的模型呢？在某些情况下，也许能够获得一组合适的测试数据集，比如可以使用一组没有被用于建立统计学习模型的观测数据做测试数据。有了测试数据就比较容易估计式（2.6），选择学习模型使测试均方误差最小。但是，如果遇到了没有测试数据可用的情况,怎么办?在这种情况下,为简便起见,一些观点认为选择使训练均方误差式(2.5)最小的统计学习模型也是可以的。这种想法表面上看起来似乎可行,因为训练均方误差与测试均方误差紧密相关。但事实上,这个想法存在一个致命的缺陷:一个模型的训练均方误差最小,不能保证模型的测试均方误很小。一般而言,许多统计方法在估计模型系数时都以最小化训练集的均方误差作为基准。对于这些方法,训练集的均方误差非常小时,测试均方误差经常会很大。

图 2-9 给出一个描述这类现象的简单例子(见彩插)。图 2-9 的左图,由模型式(2.1)产生观测点,真实的 f 由黑色曲线表示。橙色、蓝色和绿色曲线表示了三种可能的对 f 的估计,三种方法都考虑了估计函数的柔性水平。橙色线是线性回归拟合,它是相对固定的形式。蓝色和绿色曲线是由不同的光滑度产生的**光滑样条**拟合,这将在第 7 章讨论。显然,当柔性水平增加时,拟合的曲线与实际观测的数据更接近,绿色曲线柔性最强,与实际数据匹配最好;然而,我们发现绿色线拟合真正的函数(黑色线)不好,绿线过度曲折了。通过调整光滑样条拟合的柔性水平,对该数据可以产生许多不同的拟合估计。

下面观察图 2-9 的右图,灰色曲线表示的是训练均方误差关于柔性的函数,柔性也称为光滑样条曲线的**自由度**(degree of freedom)。自由度是一个用于描述曲线柔性的量,在第 7 章将给出更详细的介绍。图中橙色、蓝色、绿色的方块所示的均方误差与左图的曲线相对应。限定性强因此更光滑的曲线比锯齿形曲线具有更小的自由度,例如图 2-9 所示,线性回归是限定性较强的模型,只有两个自由度。当拟合函数的柔性增加时,训练均方误差单调递减。该例中真正的 f 是非线性的,所以用橙色线拟合 f 时柔性是不充足的。在三种拟合方法中,绿色曲线具有最小的训练均方误差,因为它对应于左图中的三条曲线中柔性最大的。

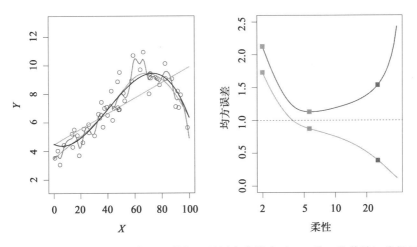

图 2-9　左:由真实函数 f 模拟产生的数据,用黑色曲线表示。f 的三种估计:线性回归拟合(橙色曲线),两条光滑样条拟合(绿色和蓝色曲线)。右:训练均方误差(灰色曲线),测试均方误差(红色曲线),所有方法都已使测试均方误差尽可能小。右图中的方块分别对应左图的三种拟合中的训练均方误差和测试均方误差

在该例中，由于已知真正的函数 f，所以可以在一个非常大的测试集上考察测试均方误差随柔性变化的情况。（当然，一般情况下 f 是未知的，所以这样做是不可能的。）图 2-9 中的右图的红色曲线表示测试均方误差。与训练均方误差类似，一开始测试均方误差随着柔性水平的增加而降低。然而，在某个点测试均方误差开始增加。因此，橙色和绿色曲线都有一个较大的测试均方误差，蓝色曲线有最小的测试均方误差，这并不奇怪，因为在图 2-9 的左图中，这条曲线对 f 的估计看起来是最优的。水平虚线表示的是式（2.3）中的不可约误差 $Var(\varepsilon)$，它对应于所有方法的最小的测试均方误差。因此，蓝色曲线表示的光滑样条是最优的。

图 2-9 的右图，当统计学习方法的柔性增加时，观测到训练均方误差单调递减，测试均方误差呈 U 形分布。这是统计学习的一个基本特征，无论所处理的数据集怎样特殊，也无论使用怎样的统计方法。当模型的柔性增加时，训练均方误差将降低，但测试均方误差不一定会降低。如果所建的模型产生一个较小的训练均方误差，却有一个较大的测试均方误差，则称这种情况为**过拟合**。这种现象的发生，主要是因为统计学习过程在训练数据中很难搜索到一个完整的模式，不得不提取出代表了数据中某些细微结构但与真实函数 f 相距甚远的模型。当过拟合了训练集后，由于训练集支持的模型在测试数据中并不适用，所以导致测试均方误差非常大。值得注意的是，无论过拟合是否发生，我们总是期望训练均方误差比测试均方误差要小，因为大多数统计学习方法要么直接要么间接，其目标都是使训练均方误差最小。过拟合特别指欠柔性的模型会产生更小的测试均方误差的情况。

图 2-10 给出另外一个例子，真实的 f 接近线性（见彩插）。图中观察到随着模型柔性增加，模型的训练均方误差在单调递减，测试均方误差呈 U 形分布。然而，因为真正的函数接近线性，测试均方误差递增之前只出现了小幅的递减，导致橙色最小二乘拟合的模型比高柔性的绿色曲线要好。最后，图 2-11 显示了一个例子，此时 f 是非线性的（见彩插）。训练均方误差和测试均方误差曲线显示出相似的变化模式，无论是训练均方误差还是测试均方误差，都是首先快速递减一段，然后缓慢增加。

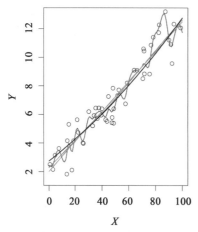 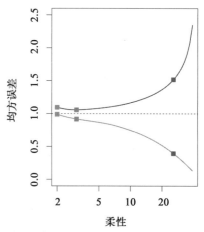

图 2-10 与图 2-9 类似，这里真实的 f 是一条接近线性的函数。于是，线性回归是对于该数据较好的拟合

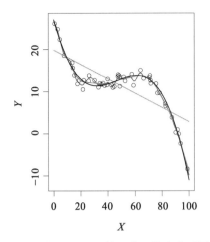
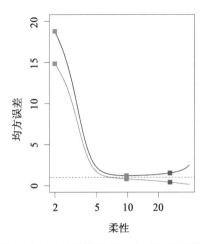

图 2-11 与图 2-9 一样,该函数完全不同于线性函数。这时,线性回归是一个对该数据而言较差的拟合

在实践中,计算训练均方误差相对容易,而估计测试均方误差相对困难,原因是不易预备可用的测试集。刚才介绍的三个例子中,不同柔性水平的模型的最小测试均方误差有很大不同。在本书中,我们会探讨如何在实际问题中估计这个最小点的很多方法。一个重要的方法是**交叉验证**(cross-validation),这方面的内容安排在第 5 章讨论,其基本原理是使用训练集估计测试均方误差。

2.2.2 偏差-方差权衡

测试均方误差 U 形曲线(图 2-9~图 2-11)表明,统计学习方法的两种博弈。尽管数学证明不在本书考虑范围内,但可以证明在给定值 x_0 时,期望测试均方误差能分解成三个基本量的和,分别为 $\hat{f}(x_0)$ 的方差、$\hat{f}(x_0)$ 偏差的平方和误差项 ε 的方差,即

$$E(y_0 - \hat{f}(x_0))^2 = \text{Var}(\hat{f}(x_0)) + [\text{Bias}(\hat{f}(x_0))]^2 + \text{Var}(\varepsilon) \qquad (2.7)$$

这里,$E(y_0 - \hat{f}(x_0))^2$ 是模型在 x_0 处的**期望测试均方误差**(expected test MSE),实际上是用大量训练数据重复估计 f,又在 x_0 处测试所得的**平均测试均方误差**(average test MSE)。期望测试均方误差可由 $E(y_0 - \hat{f}(x_0))^2$ 对测试集中所有可能的 x_0 的平均来计算。

由式(2.7)知,为使期望测试误差达到最小,需要选择一种统计学习方法使方差和偏差同时达到最小。我们知道,方差本身就是一个非负的量,偏差的平方也非负。因此,期望测试均方误差不可能比式(2.3)中的不可约误差 $\text{Var}(\varepsilon)$ 还小。

统计学习方法的**方差**(variance)和**偏差**(bias)指的是什么?方差代表用不同的训练数据集估计 f 时,估计函数的改变量。因为训练数据是用来拟合统计学习方法的,因此不同的数据集将会得到不同的 $\hat{f}$。但是理想情况下,不同的数据集所得到的 f 的估计变化不大。不过,如果一个模型有较大的方差,那么训练数据集微小的变化则会导致 $\hat{f}$ 较大的改变。一般来说,柔性越高的统计模型有更高的方差。考虑图 2-9 中绿色和橙色的曲线,柔性高的绿色曲线与实际观测值很接近,该模型有较高的方差,因为改变其中任何一个数据点将会使估计函数 $\hat{f}$ 有相当大的变化。相反,橙色的最小二乘线相对来说柔性不高,方差

较小,移动某个观测值只会引起拟合线位置的很小的变化。

偏差指的是用一个简单模型逼近可能非常复杂的真实问题而带入的误差。例如,线性回归假设 Y 和 $X_1, X_2, \cdots, X_p$ 之间有线性关系。但任何一个真实的函数不可能有如此简单的线性关系,因此在估计 f 时用线性回归无疑会有一些偏差。在图 2-11 中,真实的 f 实际上是非线性的,因此无论给多少训练观测值,使用线性回归都不可能产生精确的估计。换句话说,在该例中线性回归会引起大的偏差。然而在图 2-10 中,真实的 f 十分接近线性,如果有足够多的点可供研究的话,线性回归能给出一个精确的估计。一般来说,柔性越高的方法所产生的偏差越小。

一般而言,使用柔性更高的方法,所得的模型方差会增加,偏差会减小。方差和偏差的相对变化会导致测试均方误差整体的增加或减小。有的时候,当提高一种方法的柔性时,偏差减小的要比模型方差增加的多。这时,期望测试均方误差会下降。另外一些情况下,增加柔性,对偏差的影响不明显,而模型的方差会显著地增加。当这种情况发生时,测试均方误差会增大。仔细观察图 2-9~图 2-11 的右图,可以看到测试均方误差先减后增的模式。

图 2-12 中的三张图说明了式(2.7)在图 2-9~图 2-11 中每个例子中的表现,蓝绿色实曲线表示在不同柔性水平下的平方偏差,而橙色曲线表示方差,水平虚线表示不可约误差,即 $\text{Var}(\varepsilon)$(见彩插)。最后,表示测试均方误差的红色曲线是三个量的和。在三个例子中,当模型的柔性增加时,模型的方差增加,偏差减小。然而,最优测试均方误差所对应的柔性水平在三个数据集中是不同的。在图 2-12 的左图中,偏差迅速减小,使期望测试均方误差急剧减小。在图 2-12 的中图中,真实的 f 接近于线性,因此当模型的柔性增加时,偏差只发生了微小的变化,而且测试均方误差在由方差增大所引起的迅速增长前仅出现了轻微的下降。最后在图 2-12 的右图中,由于真实的 f 是非线性的,随着所选模型柔性的增加,偏差会急剧减小。随着柔性的增长,方差也有很小幅的增加。这时,测试均方误差在由模型柔性的增加所引起的小增加之前出现了大幅下降。

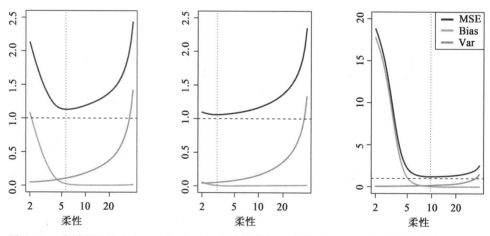

图 2-12 分别表示图 2-9~图 2-11 的三个数据集的平方偏差(Bias)(蓝绿色曲线)、方差(Var)(橙色曲线)、不可约误差(虚线)、测试均方误差(MSE)(红色曲线)。竖直的点线表示最小测试均方误差所对应的柔性

正如式（2.7）所述，图 2-12 中所显示的偏差、方差和测试均方误差之间的关系是**偏差-方差权衡**（bias-variance trade-off）。一个统计学习模型测试性能好，要求该模型有较小的方差和较小的偏差。这就会涉及权衡的问题，因为直觉上我们会选择有极小偏差但可能是很大方差的方法（例如，画一条通过所有训练观测值的曲线）或追求小方差却大偏差的方法（对数据拟合一条水平线）。挑战在于如何找到一个方法使方差和偏差同时很小。两者的权衡是本书的一个重要主题。

在现实问题中，f 一般是未知的，对一个统计学习方法不可能精确地计算测试均方误差、偏差及方差。然而，需要始终铭记偏差和方差的权衡。本书中我们将探讨几种柔性比较高从而有效消除偏差的方法。但是这并不能保证这些方法会胜过一些简单的方法，如线性回归。举一个极端的例子，假设真实的 f 是线性的，这种情况下线性回归没有任何偏差，试图用高柔性的模型去计算就是自讨苦吃。相反，如果真实的 f 是高度非线性的，并且我们也获得了充足的训练观测数据，那么就可以像图 2-11 中描述的那样选择一个高柔性的方法。在第 5 章中将讨论交叉验证，这是一类用训练数据估计测试均方误差的方法。

2.2.3 分类模型评估

迄今为止，对模型精度的讨论主要集中在回归模型上。但是我们前面所讲述的基本概念，比如偏差-方差权衡，只需要略做修改就可以移植到分类模型中，修改的原因是这里的 y_i 不再是定量变量。假设建模的目标是在训练集 $\{(x_1,y_1),\cdots,(x_n,y_n)\}$ 上寻找对 f 的估计，其中 $y_1,\cdots,y_n$ 是定性变量。最常用的衡量估计 $\hat{f}$ 精度的方法是训练**误差率**（error rate），也就是说，对训练数据使用估计模型 $\hat{f}$ 所造成的误差比例，

$$\frac{1}{n}\sum_{i=1}^{n}I(y_i \neq \hat{y}_i) \tag{2.8}$$

其中 $\hat{y}_i$ 是使用 $\hat{f}$ 预测数据的第 i 个值。$I(y_i \neq \hat{y}_i)$ 表示一个**示性变量**（indicator variable），当 $y_i \neq \hat{y}_i$ 时，值等于 1，当 $y_i = \hat{y}_i$ 时，值等于 0。如果 $I(y_i \neq \hat{y}_i)=0$，那么第 i 个观测值用分类模型实现了正确的分类，否则，它被误分了。因此，式（2.8）计算了误分类的比例。

式（2.8）被称为**训练误差**（training error）率，因为它是基于训练分类器的数据所计算的。正如回归模型中，这里我们感兴趣的是用分类器来测试那些不在训练集中的观测所产生的误差率。在一组测试观测值 (x_0,y_0) 上的**测试误差**（test error）率，由以下形式给出：

$$\text{Ave}(I(y_0 \neq \hat{y}_0)) \tag{2.9}$$

其中 $\hat{y}_0$ 是用模型预测的分类标签，它由分类模型作用于测试观测值 x_0 得到。一个好的分类器应使式（2.9）表示的测试误差最小。

贝叶斯分类器

可以证明（该证明超出了本书的范围），式（2.9）给出的测试误差（在平均意义下）存在最小值，通过设计一个非常简单的分类器将每个观测值分配到它最大可能所在类中，将这个类作为它的预测值即可。换句话说，将一个待判的 x_0 分配到下面这个式子最大的那个 j 类上是合理的，

$$\Pr(Y = j \mid X = x_0) \tag{2.10}$$

注意式（2.10）是一个**条件概率**。它是在给定预测值 x_0 的条件下 $Y=j$ 的概率。这类非常简单的分类方法称为**贝叶斯分类器**（Bayes classifier）。在一个二分类问题中，只有两个可能的响应值，一个称为类别 1，另一个称为类别 2。如果 $\Pr(Y=1|X=x_0)>0.5$，则贝叶斯分类器将该观测的类别预测为 1，否则预测为类别 2。

图 2-13 给出了一个由预测变量 X_1 和 X_2 构成的二维空间的一个模拟数据的例子（见彩插）。橙色和蓝色的空心点是分别来自两个不同类别的训练观测值。对 X_1 和 X_2 的每一个观测值，响应变量归为橙色还是蓝色的概率不相等。由于是模拟数据，所以我们事先知道数据的产生机制，于是对 X_1 和 X_2 空间的每个点可以计算条件概率。橙色阴影部分显示的是 $\Pr(Y=\text{orange}|X)$ 大于 50% 的点，而蓝色的区域表示的是概率低于 50% 的点。紫色的虚线表示了那些概率等于 50% 的点，这条线称为**贝叶斯决策边界**（Bayes decision boundary）。贝叶斯分类器的预测由贝叶斯决策边界决定。一个落入橙色区域的观测点将会归为橙色类，同样的道理，落入蓝色部分的观测点将归为蓝色类。

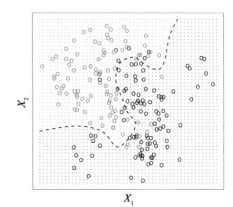

图 2-13 从二分类数据中的每一类中抽取 100 个观测值组成一个模拟数据集。观测点用蓝色和橙色表示。紫色的虚线表示贝叶斯决策边界。橙色阴影背景表示其中的测试观测值将会归到橙色类中，蓝色阴影背景表示其中的测试观测值将会归到蓝色类中

贝叶斯分类器将产生最低的测试误差率，称为**贝叶斯误差率**。因为贝叶斯分类器总是选择使式（2.10）最大的类，在 $X=x_0$ 处的误差率是 $1-\max_j \Pr(Y=j|X=x_0)$。一般来说，总的贝叶斯误差率是

$$1 - E(\max_j \Pr(Y=j|X)) \tag{2.11}$$

其中期望平均了所有 X 可能值上的概率。对于模拟数据，贝叶斯误差率是 0.133，比 0 大，因为这两个类有一部分交叠，所以对某些 x_0，有 $\max_j \Pr(Y=j|X=x_0)<1$。贝叶斯误差率类似于之前探讨过的不可约误差。

K 最近邻方法

在理论上，用贝叶斯分类器预测定性响应变量是一个自然的想法。但对于一个实际的观测数据，其实很难知道给定 X 后 Y 的条件分布，所以有的时候计算贝叶斯分类器是不可能的。因此，贝叶斯分类器相较于其他方法而言就是一种难以达到的黄金标准。许多方法尝试在给定 X 后先估计 Y 的条件分布，然后将一个给定的观测分类到估计分布概率最大的类中。其中一个方法就是 **K 最近邻**（KNN）**分类器**。给一个正整数 K 和一个测试观测值 x_0，KNN 分类器先识别训练集中最靠近 x_0 的 K 个点，用 $\mathcal{N}_0$ 表示这 K 个点的集合，然后每个类 j 的条件概率用 $\mathcal{N}_0$ 中响应值为 j 的点的比例作为估计，

$$\Pr(Y=j|X=x_0) = \frac{1}{K}\sum_{i\in\mathcal{N}_0} I(y_i=j) \tag{2.12}$$

最后，KNN 方法将测试观测值 x_0 分到概率最大的类中。

图 2-14 给出了一个 KNN 方法的例子（见彩插）。在左图中绘制了一个由 6 个蓝色和 6 个橙色观测值组成的小的训练集。问题的目标是对黑色十字标记的点做出预测。假设选取 $K=3$，那么 KNN 首先识别出最靠近十字处的三个观测值。用一个圆来表示这三个点所构成的邻域。它由两个蓝色点和一个橙色点构成，结果估计为蓝色点的概率是 2/3，估计为橙色点的概率是 1/3。于是 KNN 将黑色十字预测为蓝色类。在图 2-14 的右图，当 $K=3$ 时，我们将 KNN 方法用于 X_1 和 X_2 中所有可能的值，绘制出相应的 KNN 决策边界。

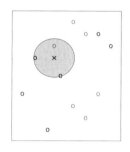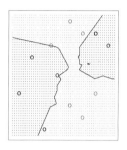

图 2-14　描述了在简单情况下 KNN 方法的实现过程，这里 $K=3$，数据集中只有 6 个蓝色和 6 个橙色观测值。左：一个黑十字测试观测点和其可能的预测类标签。首先对测试观测点附近的三个点进行识别，将测试观测点预测为最可能出现的类，在该例中其预测类为蓝色。右：对该例而言，KNN 决策边界为黑色线。蓝色阴影表示测试观测值将被分配到蓝色类，橙色阴影表示测试观测值将被分配到橙色类

尽管这种方法原理简单，但 KNN 确实能够产生一个与最优贝叶斯分类器近似的分类器。图 2-15 显示了用图 2-13 在一个更大的模拟数据集上用 $K=10$ 的 KNN 方法所生成的决策边界（见彩插）。注意，即使用 KNN 分类器估计的真实分布是未知的，KNN 的决策边界仍然可能近似贝叶斯分类器的边界。在该例中，KNN 方法的测试误差率是 0.136 3，近似于贝叶斯误差率 0.130 4。

K 的选择对获得 KNN 分类器有根本性的影响。图 2-16 显示了对图 2-13 的模拟数据的两种 KNN 拟合，取 $K=1$ 和 $K=100$（见彩插）。当 $K=1$ 时，决策边界很不规则，从数据中拟合的模型不能与贝叶斯决策边界完全契合。这个分类器虽然偏差较小但方差很大。当 K 增加时，模型的柔性减弱，得到一个接近线性的决策边界。该分类器的方差较小但偏差却很大。在模拟数据集中，无论 $K=1$ 或 $K=100$ 都没有产生较好的预测：各自的测试误差率分别为 0.169 5 和 0.192 5。

正如回归中，训练误差率和测试误差率之间没有一个确定的关系。当 $K=1$ 时，KNN 方法的训练误差率为 0，

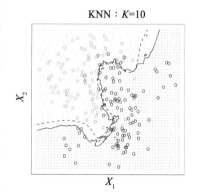

图 2-15　黑色曲线表示将 KNN 方法用于图 2-13 中的数据生成的决策边界，这里 $K=10$。贝叶斯决策边界是一条紫色虚线。图中这两个边界非常接近

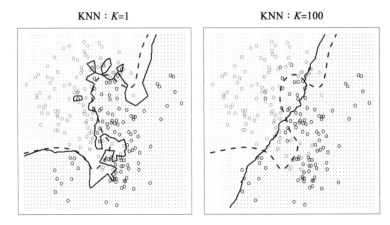

图 2-16 用图 2-13 的数据在 $K=1$ 和 $K=100$ 两种设置下 KNN 决策边界的比较。当 $K=1$ 时，决策边界相当不规则，而 $K=100$ 时，模型的柔性下降。贝叶斯决策边界为紫色虚线

但测试误差率也许相当高。一般而言，当使用柔性较高的分类方法时，训练误差率将减小但测试误差率不一定很小。在图 2-17 中，我们绘制了 KNN 训练误差和测试误差对 $\frac{1}{K}$ 的变化函数（见彩插）。当 $\frac{1}{K}$ 增加时，方法的柔性增强。在回归中，当柔性增加时，训练误差率会持续递减，但是测试误差显示为 U 形，这表明当模型过度柔性和过拟合时，模型的测试误差先递减然后递增（在接近 $K=10$ 最小）。

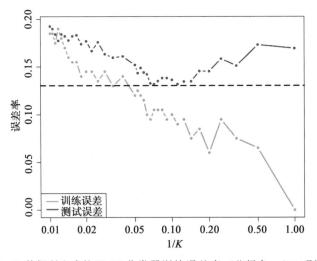

图 2-17 用图 2-13 数据所生成的 KNN 分类器训练误差率（蓝绿色，200 观测点）和测试误差率（橙色，5 000 观测点）对模型柔性的变化曲线，柔性水平（这里用 $1/K$ 近似表示）增加等价于 K 值递减。黑色的虚线表示贝叶斯误差率。曲线的跳跃现象是由于训练数据集的样本量小所造成的

从回归和分类器的建模中，我们发现对任何统计学习方法，选择合适的柔性水平是成功建模的关键。偏差-方差权衡以及测试误差产生的 U 形曲线都使建模成为一项困难的任务。在第 5 章中，我们将重新回到这个主题，讨论估计测试误差率的各种方法，从而对给定的统计学习方法，选择最优的柔性水平。

2.3 实验：R 语言简介

在该实验中，我们将简要介绍一些 R 的基本语言命令。学习一种新语言的最好方法是不断尝试这些命令。R 软件可以从如下网址下载：

$$\text{http://cran.r-project.org/}$$

本书建议在集成开发环境中运行 R，比如 RStudio；RStudio 可以从如下网址下载：

$$\text{http://rstudio.com}$$

RStudio 还提供了一个基于云技术的 R 版本，此版本不需要下载任何软件。

2.3.1 基本命令

R 用函数执行操作。运行一个名称为 funcname 的函数，我们输入 funcname(input1, input2)，其中输入（或参数）input1 和 input2 告诉 R 如何运行一个函数。一个函数可以允许多个输入。例如，建立一个数值向量，我们用函数 c()（"连接"的意思）。这个圆括号里的数将被连在一起。R 中下面的命令是将数字 1，3，2 和 5 连在一起，并将它们保存到一个名为 x 的向量中。

```
> x <- c(1,3,2,5)
> x
[1] 1 3 2 5
```

注意字符> 不是命令的一部分，而是标志符，由 R 打印在屏幕上，表示系统已经准备好接受下一个命令。也可以用= 保存数据，而不用<- ：

```
> x = c(1,6,2)
> x
[1] 1 6 2
> y = c(1,4,3)
```

多次按向上的箭头可以显示前面已输入的命令，用户可以对这些命令重新编辑。这是一项有用的命令，因为一些相似的命令常常需要重复进行。另外，输入?funcname 可以在 R 的窗口里打开一个帮助文件，其中有关于函数 funcname() 的更多信息。

可以用 R 将两个数量集进行求和运算。将 x 的第一个数和 y 的第一个数相加，等等。然而，x 和 y 应该有相同的长度。可以用 length() 函数检查向量的长度。

```
> length(x)
[1] 3
> length(y)
[1] 3
> x+y
[1]  2 10  5
```

ls()函数可以查看所有的对象列表，比如前面刚刚保存的数据和函数。rm()函数可以用来去除那些我们不想要的对象。

```
> ls()
[1] "x" "y"
> rm(x,y)
> ls()
character(0)
```

也可以同时消除所有的对象：

```
> rm(list=ls())
```

matrix()函数可以用来建立一个数值矩阵。在使用这个matrix()函数之前，可以学习更多关于它的用法：

```
> ?matrix
```

这个命令展开一个帮助文件，文件中显示matrix()函数括号里可以设置很多输入参数，假设我们现在只关心前三个：数据（这个矩阵的所有元素）、行数和列数。首先，建立一个简单的矩阵：

```
> x <- matrix(data=c(1,2,3,4), nrow=2, ncol=2)
> x
     [,1] [,2]
[1,]    1    3
[2,]    2    4
```

请注意，可以省略matrix()函数中的data=，nrow=和ncol=等参数名，也就是说，可以如下输入：

```
> x<-matrix(c(1,2,3,4),2,2)
```

省略参数名与不省略的结果一样。然而，有时候这些具体的参数名是必要的，否则R会假定函数参数以帮助文件中默认的顺序传递到函数。这里有一个例子，在默认情况下，R创建矩阵时按列填。使用byrow=TRUE表示按行填。

```
> matrix(c(1,2,3,4),2,2,byrow=TRUE)
     [,1] [,2]
[1,]    1    2
[2,]    3    4
```

注意，输入上面的命令时，我们没有将这个矩阵赋值给一个对象，比如x。如果不赋值就意味着这个矩阵仅仅用于打印在屏幕上而不能为将来计算所用。sqrt()函数可以对一个向量或矩阵中的每个元素开方。命令x^2计算x中每个元素的2次幂；任意次幂都是可能的，包括小数次幂或负次幂。

```
> sqrt(x)
      [,1] [,2]
[1,] 1.00 1.73
[2,] 1.41 2.00
> x^2
     [,1] [,2]
[1,]    1    9
[2,]    4   16
```

rnorm()函数产生一个随机正态变量的向量，函数中的第一个参数 n 是样本量。每次调用这个函数时，都会产生不同的结果。假设创建两个相关的数值变量 x 和 y，然后用 cor()函数计算它们之间的相关系数。

```
> x<-rnorm(50)
> y<-x+rnorm(50,mean=50,sd=.1)
> cor(x,y)
[1] 0.995
```

在默认情况下，rnorm()创建的是标准正态随机变量，其均值是 0，标准差是 1。然而，均值和标准差可以用 mean 和 sd 参数来调整设置，如前所述。有时候我们希望代码产生完全相同的一组随机数，可以用 set.seed()函数去实现。set.seed()函数中的参数可以是任意整数。

```
> set.seed(1303)
> rnorm(50)
[1] -1.1440  1.3421  2.1854  0.5364  0.0632  0.5022 -0.0004
. . .
```

在整个实验中，只要涉及随机数的计算，我们都用 set.seed()进行输出设置。一般而言这表示希望用户重复我们的结果。然而，应该指出的是，随着 R 版本不断更新，书中的输出和 R 中的真实输出之间可能略有差异。

mean()和 var()函数用来计算向量的均值和方差。将 sqrt()应用到 var()的输出可以得到标准差，计算标准差也可以用函数 sd()。

```
> set.seed(3)
> y<-rnorm(100)
> mean(y)
[1] 0.0110
> var(y)
[1] 0.7329
> sqrt(var(y))
[1] 0.8561
> sd(y)
[1] 0.8561
```

2.3.2 图形

R 中的 plot()函数是最常用的给数据绘图的方法。例如，plot(x, y) 产生数据 x 对于数据 y 的散点图。plot()函数有许多可选参数，用户可以自由选择。例如，加入参数 xlab 将改变横坐标的标题。通过?plot 可以找到很多关于 plot()函数的信息。

```
> x<-rnorm(100)
> y<-rnorm(100)
> plot(x,y)
> plot(x,y,xlab="this is the x-axis",ylab="this is the y-axis",
       main="Plot of X vs Y")
```

我们常常需要保存 R 输出的图。我们用什么命令去保存取决于我们想创建的文件类型。例如，用 pdf()函数可以建立一个 pdf 文件，用 jpeg()函数可以建立一个 jpeg 格式的输出文件。

```
> pdf("Figure.pdf")
> plot(x,y,col="green")
> dev.off()
null device
          1
```

函数 dev.off() 指示用 R 创建图形的工作到此为止。另外，有一种比较简单的方式是将这个图形窗口里的图形复制，然后粘贴到一个合适的文件类型里，例如一个 Word 文件。

函数 seq() 可用来创建一个序列。例如，seq(a, b) 是在 a 和 b 之间建立一个整数向量。有许多参数选项：例如，seq(0, 1, length=10) 建立一个在 0 和 1 之间等距的 10 个数的序列。输入 3: 11 是 seq(3:11) 的简写，参数为整数。

```
> x<-seq(1,10)
> x
 [1]  1  2  3  4  5  6  7  8  9 10
> x<-1:10
> x
 [1]  1  2  3  4  5  6  7  8  9 10
> x<-seq(-pi,pi,length=50)
```

现在创建一些更加复杂的图。比如 contour() 函数产生一个等高线图，它用于表示三维数据；形式上就像一幅地形图。它有三个参数：

1. x 值的向量（第一维），
2. y 值的向量（第二维），
3. 一个矩阵，其元素对应于每对(x, y) 坐标的 z 值（第三维）。

除了 plot() 函数，有许多其他的输入可用于调整 contour() 函数的输出。通过学习帮助文件?contour 可以掌握更多用法。

```
> y<- x
> f<-outer(x,y,function(x,y)cos(y)/(1+x^2))
> contour(x,y,f)
> contour(x,y,f,nlevels=45,add=T)
> fa<-(f-t(f))/2
> contour(x,y,fa,nlevels=15)
```

image() 函数与 contour() 函数工作原理相似，只不过它能产生一个有颜色的图形，颜色随 z 值的不同而不同。这就是所谓的**热力图**（heatmap），常常用于绘制天气预报上的温度变化。另外，persp() 函数可用来产生一个三维图。参数 theta 和参数 phi 可以控制观看图形的角度。

```
> image(x,y,fa)
> persp(x,y,fa)
> persp(x,y,fa,theta=30)
> persp(x,y,fa,theta=30,phi=20)
> persp(x,y,fa,theta=30,phi=70)
> persp(x,y,fa,theta=30,phi=40)
```

2.3.3 索引数据

统计学家经常需要考察一组数据的一部分。假设数据保存在一个矩阵 A 中。

```
> A<-matrix(1:16,4,4)
> A
     [,1] [,2] [,3] [,4]
[1,]    1    5    9   13
[2,]    2    6   10   14
[3,]    3    7   11   15
[4,]    4    8   12   16
```

然后，输入如下命令

```
> A[2,3]
[1] 10
```

现在选择的是第 2 行第 3 列所对应的元素。中括号 [] 中的第一个数指示的是行，第二个数指示的是列。我们也可以选择多行多列，通过选择向量作为指标集来实现。

```
> A[c(1,3),c(2,4)]
     [,1] [,2]
[1,]    5   13
[2,]    7   15
> A[1:3,2:4]
     [,1] [,2] [,3]
[1,]    5    9   13
[2,]    6   10   14
[3,]    7   11   15
> A[1:2,]
     [,1] [,2] [,3] [,4]
[1,]    1    5    9   13
[2,]    2    6   10   14
> A[,1:2]
     [,1] [,2]
[1,]    1    5
[2,]    2    6
[3,]    3    7
[4,]    4    8
```

最后的两个例子包含要么只有行没有列的索引，要么只有列没有行的索引。在 R 中这样的设置表示包含所有的列或所有的行。R 中把一个单行或单列称为一个向量。

```
> A[1,]
[1]  1  5  9 13
```

在索引里用一个负号"-"告诉 R 不包含指示的行或列。

```
> A[-c(1,3),]
     [,1] [,2] [,3] [,4]
[1,]    2    6   10   14
[2,]    4    8   12   16
> A[-c(1,3),-c(1,3,4)]
[1] 6 8
```

dim() 函数输出一个矩阵的行数和列数，行数在前，列数在后。

```
> dim(A)
[1] 4 4
```

2.3.4 载入数据

大部分数据分析的第一步，需要先将一个数据集导入 R。read.table() 函数是最基本的方法之一。帮助文件包含有关该函数使用的详细说明。用 write.table() 函数可输出数据。

在试图加载一个数据之前，必须确保 R 知道所要搜寻的数据所在的目录。例如在 Windows 系统里可以在 File 菜单下用 Change dir... 选项去选择目录。然而，详细的步骤由应用操作系统（如 Windows、Mac 和 Unix）决定，这里不再详细叙述。

现在需要载入 Auto（汽车）数据集。该数据在 ISLR2 软件包（在第 3 章将讨论的软件包）中，用 read.table() 函数将该数据从一个文本文件 Auto.data 加载到 R 中。下面的命令将 Auto.data 文件载入 R，储存它并将其命名为 Auto，该数据的格式为**数据框**（data frame）。（文本文件可在本书的网站获得。）当该数据被载入后，用 View() 函数可以开启一个电子表格窗口来浏览数据。head() 函数也可用于浏览数据的前几行。

```
> Auto <- read.table("Auto.data")
> View(Auto)
> head(Auto)
    V1        V2           V3         V4     V5
1  mpg cylinders displacement horsepower weight
2 18.0         8        307.0      130.0  3504.
3 15.0         8        350.0      165.0  3693.
4 18.0         8        318.0      150.0  3436.
5 16.0         8        304.0      150.0  3433.
6 17.0         8        302.0      140.0  3449.
            V6   V7     V8                      V9
1 acceleration year origin                    name
2         12.0   70      1 chevrolet chevelle malibu
3         11.5   70      1       buick skylark 320
4         11.0   70      1      plymouth satellite
5         12.0   70      1           amc rebel sst
6         10.5   70      1              ford torino
```

注意，Auto.data 是一个简单的文本文件，可以选择用一个标准的文本编辑器在个人电脑上打开它。在考虑将数据载入 R 之前，先用一个文本编辑器或其他软件如 Excel 查看数据常常是比较明智的做法。

当某个数据集被正确加载后，因为 R 假定变量名称也是数据的一部分，所以会在数据的第一行列出这些变量名。该数据集还有大量缺失观测值，用问号？表示缺失数据。缺失数据在实际问题中是一种比较普遍的现象。在 read.table() 函数里用选项 header= T（或 header= TRUE）告知 R，文件的第一行包含变量名，用选项 ns.strings 告知 R 在扫描数据的任何位置时，只要遇到指定的字符特征或者一个特征集（如问号标记），应该在数据矩阵中对这条数据做缺失标记。

```
> Auto <- read.table("Auto.data", header = T, na.strings = "?",
      stringsAsFactors = T)
> View(Auto)
```

使用 stringsAsFactors= T 选项告知 R 任何包含字符串的变量都是定性变量，并且不同字符串代表该定性变量的不同类别。Excel 是一种常见的数据存储程序。如果数据被保存成一个

csv 文件（以","分隔的数据文件），那么可以用 read.cav() 函数很容易将数据载入 R。

```
> Auto <- read.csv("Auto.csv", na.strings = "?",
    stringsAsFactors = T)
> View(Auto)
> dim(Auto)
[1] 397   9
> Auto[1:4,]
```

dim() 函数显示了数据有 397 个观测（或行），9 个变量（或列）。有很多种方法处理这些缺失数据。这里行里只有 5 个缺失数据，所以我们选择用 na.omit() 函数简单地剔除这些行。

```
> Auto <- na.omit(Auto)
> dim(Auto)
[1] 392   9
```

当这些数据被正确载入后，可以用 names() 查看该数据的变量名。

```
> names(Auto)
[1] "mpg"          "cylinders"     "displacement"  "horsepower"
[5] "weight"       "acceleration"  "year"          "origin"
[9] "name"
```

2.3.5 其他的图形和数值汇总

用 plot() 函数产生定量变量的**散点图**（scatterplot）。然而，简单输入变量名将产生一个错误信息，因为 R 不知道从 Auto 数据集调出这些变量。

```
> plot(cylinders, mpg)
Error in plot(cylinders, mpg) : object 'cylinders' not found
```

引用一个变量前，必须在输入的数据集和变量名之间加入 $ 符号。另外，也可以用 attach() 函数来告知 R 可以通过变量名调用指定的数据框里的变量。

```
> plot(Auto$cylinders, Auto$mpg)
> attach(Auto)
> plot(cylinders, mpg)
```

cylinders 变量最初被存储的数据类型为数值型，R 想当然地将其看做一个定量变量。然而 cylinders 只取少量的几个值，因此在分析时更愿意将它当作一个定性变量。可以使用 as.factor() 函数将一个定量变量转换成一个定性变量。

```
> cylinders=as.factor(cylinders)
```

如果要绘制在 x 轴上的变量是定性的，**箱线图**（boxplot）将自动通过 plot() 函数产生。如前所述，将要通过许多选项来绘制特定的图形。

```
> plot(cylinders, mpg)
> plot(cylinders, mpg, col="red")
> plot(cylinders, mpg, col="red", varwidth=T)
> plot(cylinders, mpg, col="red", varwidth=T,horizontal=T)
> plot(cylinders, mpg, col="red", varwidth=T, xlab="cylinders",
    ylab="MPG")
```

hist() 函数可以用来绘制直方图。注意 col=2 与 col="red" 两条语句效果是一样的。

```
> hist(mpg)
> hist(mpg,col=2)
> hist(mpg,col=2,breaks=15)
```

pairs()函数可用于建立散点图矩阵,即一对变量的散点图。我们也可以为这些变量的子集产生一个散点图。

```
> pairs(Auto)
> pairs(~ mpg + displacement + horsepower + weight +
    acceleration,data=Auto)
```

与plot()函数相结合,identify()函数提供了一个有用的交互识别方法,可以对图上的每个点指定某个变量值。例子中在identify()输入了三个参数:x轴变量,y轴变量,以及我们希望在屏幕上为每个数据点打印出的变量。单击图上的某个点或几个点,R将打印出指定变量在这些点的值。右击这个图将退出identify()函数。在默认情况下,在identify()函数下显示的数字代表这个点的行号。

```
> plot(horsepower,mpg)
> identify(horsepower,mpg,name)
```

在一个指定数据集中,summary()函数对每个变量给出一个数值汇总(描述统计信息)。

```
> summary(Auto)
      mpg          cylinders      displacement
 Min.   : 9.00   Min.   :3.000   Min.   : 68.0
 1st Qu.:17.00   1st Qu.:4.000   1st Qu.:105.0
 Median :22.75   Median :4.000   Median :151.0
 Mean   :23.45   Mean   :5.472   Mean   :194.4
 3rd Qu.:29.00   3rd Qu.:8.000   3rd Qu.:275.8
 Max.   :46.60   Max.   :8.000   Max.   :455.0

   horsepower       weight      acceleration
 Min.   : 46.0   Min.   :1613   Min.   : 8.00
 1st Qu.: 75.0   1st Qu.:2225   1st Qu.:13.78
 Median : 93.5   Median :2804   Median :15.50
 Mean   :104.5   Mean   :2978   Mean   :15.54
 3rd Qu.:126.0   3rd Qu.:3615   3rd Qu.:17.02
 Max.   :230.0   Max.   :5140   Max.   :24.80

      year          origin                      name
 Min.   :70.00   Min.   :1.000   amc matador       :  5
 1st Qu.:73.00   1st Qu.:1.000   ford pinto        :  5
 Median :76.00   Median :1.000   toyota corolla    :  5
 Mean   :75.98   Mean   :1.577   amc gremlin       :  4
 3rd Qu.:79.00   3rd Qu.:2.000   amc hornet        :  4
 Max.   :82.00   Max.   :3.000   chevrolet chevette:  4
                                 (Other)           :365
```

对于定性变量如name,R将列出那些落在每个类别里的观测值数。也可以对单个变量产生一个汇总统计如下所示。

```
> summary(mpg)
   Min. 1st Qu.  Median    Mean 3rd Qu.    Max.
   9.00   17.00   22.75   23.45   29.00   46.60
```

当用 R 完成分析时,可以输入 q() 关闭它,或者退出。当退出 R 时,可以选择保存当前工作区,这样下次就可以使用这次 R 会话里已经创建的所有对象(如数据集)。在退出 R 之前,可以用 savehistory() 函数将最近会话里输入的所有命令都保存成一个记录;下次进入 R 时,可以用 loadhistory() 函数载入这些历史记录。

2.4 习题

概念

1. 对下面 (a)~(d) 所列的各种情况,指出一个柔性高的统计学习模型比一个柔性低的模型的性能更好或更差,给出判断的依据。
   (a) 当样本量 n 非常大,预测变量数 p 很小时。
   (b) 预测变量数 p 非常大,观测个数 n 很小时。
   (c) 预测变量与响应变量之间的关系是高度非线性的。
   (d) 误差项的方差 $\sigma^2 = \text{Var}(\varepsilon)$ 极其大。

2. 辨析下面问题是分类问题还是回归问题,然后分析这个问题中我们最感兴趣的是推断还是预测。最后,假设 n 和 p 是给定的。
   (a) 我们收集了美国 500 强公司的数据。每个公司都记录了利润、员工人数、产业类型和 CEO 的工资。我们感兴趣的是什么因素影响 CEO 的工资。
   (b) 考虑研发一个新产品,希望知道它会成功还是失败。我们收集了先前研发的 20 个相近产品的数据,对每个产品都已记录了它成功或失败的状态,以及产品的价格成本、市场预算、竞争价格和其他 10 个变量。
   (c) 我们的兴趣在于预测美元兑欧元汇率的百分比变化随全球股市周变动的变化规律。为此我们收集了 2012 年所有的周数据,每周数据中记录了美元兑欧元汇率的百分比变化、美国股市百分比变化、英国股市百分比变化、德国股市百分比变化。

3. 本题是关于偏差-方差分解的。
   (a) 将偏差(一般是平方)、方差、训练误差、测试误差和贝叶斯(或不可约)误差曲线画在一张图上,考察从柔性较低的统计学习方法到柔性较高的统计学习方法,它们的变化情况。用 x 轴表示方法的柔性水平,y 轴代表每个曲线的值。应有 5 条曲线,并为每条曲线制作标签。
   (b) 解释为什么会出现 (a) 中的 5 条曲线的形状。

4. 现在试想一些在真实生活中统计学习的应用。
   (a) 描述三个实际生活中分类可能有用的例子,描述其中的响应变量和预测变量。每个应用的目标是推断还是预测?给出答案的依据。
   (b) 描述三个实际生活中回归模型可能有用的例子,描述其中的响应变量和预测变量。每个应用的目标是推理还是预测?给出答案的依据。
   (c) 描述三个实际生活中聚类分析有用的例子。

5. 一个柔性高(或柔性低)的回归模型或者分类模型的优点和缺点是什么?分析在什么情况下更需要一个柔性高的方法,什么情况下一个柔性较低的模型更适合?

6. 比较参数模型和非参数模型之间的不同。一个回归模型或分类模型的非参数方法的优点是什么？缺点是什么？

7. 下面的表格给出一个训练数据集，有 6 个观测值、3 个预测变量和一个定性响应变量。

Obs.	X_1	X_2	X_3	Y
1	0	3	0	Red
2	2	0	0	Red
3	0	1	3	Red
4	0	1	2	Green
5	−1	0	1	Green
6	1	1	1	Red

假设当 $X_1=X_2=X_3=0$ 时，用 K 最近邻方法利用这个数据集对 Y 预测。
(a) 计算每个观测值和测试点 $X_1=X_2=X_3=0$ 之间的欧几里得距离。
(b) 当 $K=1$ 时，预测结果是什么？为什么？
(c) 当 $K=3$ 时，预测结果是什么？为什么？
(d) 假如在这个问题中贝叶斯决策边界是高度非线性的，那么我们期望最优的 K 值是大还是小呢？

应用

8. 本题与 College 数据集相关，数据集可在本书网站的文件夹 College.csv 中找到，其中包含了美国 777 所大学和专科院校的变量信息。这些变量如下：
- Private：公立校/私立校指示变量（public/private indicator）
- Apps：收到的申请数（number of applications received）
- Accept：申请获批数（number of applicants accepted）
- Enroll：新生注册数（number of new students enrolled）
- Top10perc：从排名前 10% 的高中毕业的新生数（new students from top 10% of high school class）
- Top25perc：从排名前 25% 的高中毕业的新生数（new students from top 25% of high school class）
- F.Undergrad：全日制学生数（number of full-time undergraduates）
- P.Undergrad：走读制学生数（number of part-time undergraduates）
- Outstate：非本州学生学费（out-of-state tuition）
- Room.Board：食宿费（room and board costs）
- Books：图书费估计值（estimated book costs）
- Personal：个人消费估计值（estimated personal spending）
- PhD：具有博士学位教师比例（percent of faculty with Ph.D.'s）
- Terminal：具有本学科最高学位教师比例（percent of faculty with terminal degree）
- S.F.Ratio：生师比（student/faculty ratio）

- perc.alumni：捐赠校友比例（percent of alumni who donate）
- Expend：人均教育支出（instructional expenditure per student）
- Grad.Rate：毕业率（graduation rate）

将该数据读入 R 之前，可以在 Excel 或文本编辑器里查看数据的基本情况：

(a) 用 read.csv() 函数将该数据读进 R，将载入的数据命名为 college，确保目录设置为该数据在计算机的正确位置。

(b) 用 View() 函数观察数据。注意，第一列为每所大学的名字，并不要求 R 也将这些变量名视为数据。然而，这些变量名为以后的分析提供方便。尝试下面的命令：

```
> rownames(college) <- college[, 1]
> View(college)
```

可以观察到 row.names 列记录了每一所大学的名字。这就意味着 R 已经为每行每所大学分配了一个名字。R 不会试图在行名称上执行计算。然而，分析数据时仍然需要剔除存储大学名字的第 1 列，其中这个名字已经被存储。运行下面的命令：

```
> college <- college[, -1]
> View(college)
```

现在可以看到这个数据的第 1 列是 Private。注意，另外有一个列也同时被载入，名称为 row.names，出现在 Private 列前。然而，它不是一个数据列而是 R 给每个行的名字。

(c) i. 在该数据集中使用 summary() 函数对这些变量给出一个汇总统计信息。

ii. 用 pairs() 函数对前 10 列或变量产生一个散点图矩阵。回想一下，可以用 A[, 1:10] 提取矩阵 A 的前 10 列。

iii. 用 plot() 函数产生 Outstate 对 Private 变量的并排箱线图。

iv. 通过合并（binning）Top10perc 变量，创建一个新的定性变量，名为 Elite。根据是否有超过 50% 的学生来自排名前 10% 的高中将大学分成两组。

```
> Elite <- rep("No", nrow(college))
> Elite[college$Top10perc > 50] <- "Yes"
> Elite <- as.factor(Elite)
> college <- data.frame(college, Elite)
```

用 summary() 函数了解其中有多少个精英大学。用 plot() 函数产生 Outstate 对 Elite 的并排箱线图。

v. 用 hist() 函数对其中的定量变量用不同的组数制作直方图。可以用命令 par(mfrow = c(2,2))：该命令将打印窗口分成四个矩形区域，以便同时在一个图形窗口上绘制四个图形。修改函数的参数将改变屏幕的划分方式。

vi. 继续探索数据，对所观察到的发现做简要汇总。

9. 该实验将对 Auto 数据集进行研究。首先确认有缺失数据的行已经从该数据中删除了。

(a) 哪些预测变量是定量的，哪些是定性的？

(b) 每个定量预测变量的取值范围是什么？可以用 range() 函数回答。

(c) 每个定量预测变量的均值和标准差是多少？

(d) 现在剔除第 10 个和第 85 个观测值。剔除后数据的子集中的每个预测变量的取值范围、均值、标准差是多少？

(e) 用原始数据集，用图形的方式研究预测变量的性质，自选散点图或其他图形工具。创建一些能够直观反映预测变量之间关系的图形，讨论你的发现。

(f) 假设需要一些变量预测 mpg（每加仑汽油可行驶公里数）。图中是否提供了一些可用来预测 mpg 的预测变量的线索？证实你的回答。

10. 本题是关于 Boston 房屋数据集的。

(a) 开始载入 Boston 数据集。Boston 数据集是 ISLR2 软件包中的一部分。

```
> library(ISLR2)
```

现在这个软件包含有数据对象 Boston。

```
> Boston
```

了解这个数据：

```
> ?Boston
```

这个数据有多少行？多少列？行和列分别代表什么？

(b) 在该数据集里对预测变量（列）做一些配对散点图，结合图描述你的发现。

(c) 是否有一些预测变量与人均犯罪比例有关？如果有，请解释这个关系。

(d) 波士顿人口普查区的犯罪率会特别高吗？税率高吗？生师比高吗？对每个预测变量的取值范围进行讨论。

(e) 该数据集里的人口普查区有多少在查尔斯河岸附近？

(f) 该数据集里城镇生师比的中位数是多少？

(g) 业主自用住房的中位数最小的波士顿人口普查区是哪个？该地区其他预测变量的取值是多少，这些预测变量在各自总体的分布上是什么水平？对所发现的现象进行评论。

(h) 在该数据集里，有多少个人口普查区居民平均居住房间数量超过 7？超过 8 个房间的人口普查区有多少？讨论居民平均居住房间数超过 8 个的人口普查区特征。

第 3 章 线性回归

本章的主要内容是**线性回归**（linear regression），一类简单易学的监督学习方法。具体而言，线性回归是预测定量响应变量的一个有用工具。读者对线性回归并不陌生，专门论述它的图书铺天盖地。尽管与本书后面所描述的一些更现代的统计学习方法相比，本章所关注的主题可能会令读者感到有点乏味，但线性回归仍是一种有效并得到广泛应用的统计学习方法。此外，许多新方法以它为基础：在后面的章中，我们将发现许多神奇的统计学习方法，实际上都可以看作线性回归的推广或扩展。因此，在学习更为复杂的学习方法之前，有必要不厌其烦地强调对线性回归深入理解的重要性。在本章中，我们将回顾线性回归模型的主要思路以及最常用于拟合模型的最小二乘法。

回顾第 2 章的 Advertising 数据。如图 2-1 所示，sales（单位：千）作为 TV、radio 和 newspaper 的广告预算（单位：千美元）的函数，假设我们的角色是统计咨询师，需要根据这一数据提出一份营销计划，提高明年的产品销量。为准备这样一份建议，需要哪些有用的信息呢？下面列出一些我们可能需要解决的重要问题。

(1) 广告预算和销量有关吗？

我们的首要目标是明确该数据是否提供了广告开支和销量之间有关联的证据。如果证据不足，那么我们可能会主张不应该将钱花在广告上！

(2) 广告预算和销量间的关系有多强？

假设广告预算和销量之间有关系，我们想知道两者关系的强度。广告预算能否提供销量的很多信息？

(3) 哪种媒体能促进销售？

全部 3 类媒体——电视、广播和报纸都促进销售，还是仅有一种或两种媒体能对销量有贡献？要回答这类问题，必须找到一种方法，当在这三种媒体上都投放广告时，分离出每种媒体的单独影响。

(4) 每种媒体与销量的关联有多强？

在某种特定媒体上，每增加一美元广告投入，销量将增加多少？我们对增加值的预测精度如何？

(5) 对未来销量的预测精度如何？

对于任意给定的在电视、广播和报纸广告的投入水平，销售预测是多少？这一预测的准确性是多少？

(6) 这种关系是否为线性的？

如果各种媒体的广告开支和销售间的关系是近似线性的，那么线性回归是合适的工具。如果不是，仍可以通过对预测变量或响应变量进行变换，使线性回归模型变得可行。

（7）广告媒体间是否存在协同效应？

也许在电视广告和广播广告上各花费 5 万美元比单独在电视广告或广播广告上花费 10 万美元能带来更好的销售业绩。在营销领域，这被称为协同效应，而在统计中则被称为交互效应。

事实证明，线性回归模型可以用来回答这些问题。我们首先在一般情况下讨论所有这些问题，然后在特定背景下，在 3.4 节中再次讨论它们。

3.1 简单线性回归

简单线性回归（simple linear regression）恰如其名：它是一种非常简单的根据单一预测变量 X 预测定量响应变量 Y 的方法。它假定 X 和 Y 之间存在线性关系。在数学上，可以将这种线性关系记为

$$Y \approx \beta_0 + \beta_1 X \tag{3.1}$$

"$\approx$" 可视作"近似建模"。我们有时会将式（3.1）描述为 **Y 对 X 的回归**（regressing Y on X）（或 Y 到 X）。例如，X 可能代表 TV 广告而 Y 代表 sales。可以通过拟合模型进行 sales 对 TV 的回归：

$$\text{Sales} \approx \beta_0 + \beta_1 \times \text{TV}$$

在式（3.1）中，β_0 和 β_1 是两个未知常量，它们分别表示线性模型中的截距和斜率。β_0 和 β_1 被称为模型的**系数**（coefficient）或**参数**（parameter）。一旦使用训练数据估计出模型系数 $\hat{\beta}_0$ 和 $\hat{\beta}_1$，我们就可以根据给定的电视广告费，通过计算

$$\hat{y} = \hat{\beta}_0 + \hat{\beta}_1 x \tag{3.2}$$

来预测未来的销量，其中，$\hat{y}$ 表示在 $X=x$ 的基础上对 Y 的预测。这里我们用帽子符号"^"表示对一个未知的参数或系数的估计值，或表示响应变量的预测值。

3.1.1 估计系数

在实践中，β_0 和 β_1 都是未知的。所以在用式（3.1）做预测之前，我们必须根据数据集估计系数。令

$$(x_1, y_1), (x_2, y_2), \cdots, (x_n, y_n)$$

表示 n 组观测，每组都包括 X 的一个观测值和 Y 的一个观测值。在 Advertising 例子中，数据集包括 $n=200$ 个不同市场上的电视广告预算和产品销量数据。（回忆图 2-1 中的数据。）我们的目标是获得系数估计 $\hat{\beta}_0$ 和 $\hat{\beta}_1$，以使线性模型较好地拟合现有数据，也就是说，对 $i=1$，$2, \cdots, n$，有 $y_i \approx \hat{\beta}_0 + \hat{\beta}_1 x_i$。换句话说，我们希望找到截距 $\hat{\beta}_0$ 和斜率 $\hat{\beta}_1$，使由此产生的直线尽可能地接近这 $n=200$ 个数据点。测量**接近程度**（closeness）的方法有很多。不过到目前为止，最常用的方法是残差平方和最小化准则，本章就采取这种方法。第 6 章中将考虑其他的方法。

根据变量 X 的第 i 个值，用 $\hat{y}_i = \hat{\beta}_0 + \hat{\beta}_1 x_i$ 来估计 Y。$e_i = y_i - \hat{y}_i$ 代表第 i 个残差——第 i 个观测到的响应值和第 i 个用线性模型预测出的响应值之间的差。定义**残差平方和**（residual sum of square，RSS）为

$$\mathrm{RSS} = e_1^2 + e_2^2 + \cdots + e_n^2$$

或等价地定义为

$$\mathrm{RSS} = (y_1 - \hat{\beta}_0 - \hat{\beta}_1 x_1)^2 + (y_2 - \hat{\beta}_0 - \hat{\beta}_1 x_2)^2 + \cdots + (y_n - \hat{\beta}_0 - \hat{\beta}_1 x_n)^2 \quad (3.3)$$

最小二乘法选择 $\hat{\beta}_0$ 和 $\hat{\beta}_1$ 来使 RSS 达到最小。通过微积分运算可知，使 RSS 最小的参数估计值为

$$\hat{\beta}_1 = \frac{\sum_{i=1}^{n}(x_i - \overline{x})(y_i - \overline{y})}{\sum_{i=1}^{n}(x_i - \overline{x})^2}$$

$$\hat{\beta}_0 = \overline{y} - \hat{\beta}_1 \overline{x} \quad (3.4)$$

这里 $\overline{y} \equiv \frac{1}{n}\sum_{i=1}^{n} y_i$ 和 $\overline{x} \equiv \frac{1}{n}\sum_{i=1}^{n} x_i$ 是样本均值。也就是说，式（3.4）定义了简单线性回归系数的**最小二乘估计**（least squares coefficient estimate）。

图 3-1 显示了对 Advertising 数据的简单线性回归拟合，其中 $\hat{\beta}_0 = 7.03$，$\hat{\beta}_1 = 0.0475$。换言之，根据估计，在电视广告上每增加一千美元投入，销量就增加约 47.5 单位。在图 3-2 中，把 sales 作为响应变量，TV 作为预测变量，我们计算了与一系列 β_0 和 β_1 相对应的 RSS。每张图中的红点代表一对由式（3.4）得到的最小二乘估计 $(\hat{\beta}_0, \hat{\beta}_1)$。这些估计使 RSS 最小化。

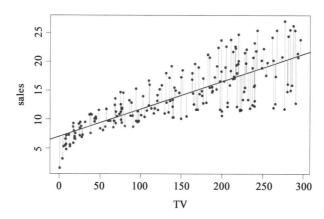

图 3-1 对于 Advertising 数据集，最小二乘法拟合 sales 关于 TV 的回归。这种拟合是通过最小化残差平方和得到的。每条竖线段代表一个残差。这里的线性拟合抓住了变量间关系的本质，尽管它对图中左侧区域的拟合稍有不足

3.1.2 评估系数估计值的准确性

回忆式（2.1），我们假设 X 和 Y 之间的真实关系的形式为 $Y = f(X) + \varepsilon$，其中 ε 是均值为零的随机误差项，f 为某未知函数。如果 f 可用线性函数近似，那么可以将这种关系记为

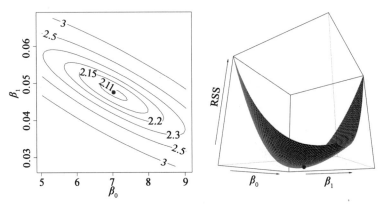

图 3-2 将 sales 作为响应变量，TV 作为预测变量得到的 Advertising 数据集的残差平方和 (RSS) 的轮廓图和三维图。图中的点代表由式 (3.4) 得到的最小二乘估计 $(\hat{\beta}_0, \hat{\beta}_1)$

$$Y = \beta_0 + \beta_1 X + \varepsilon \tag{3.5}$$

这里 β_0 是截距项——也就是当 $X=0$ 时 Y 的值，而 β_1 是斜率——当 X 增加一个单位时 Y 的平均增幅。误差项包括在这个简单的模型中我们没有考虑的因素：真实的关系可能不是线性的，可能是其他变量导致了 Y 的变化，也可能存在测量误差。我们通常假设误差项是独立于 X 的。

由式 (3.5) 给出的模型定义了**总体回归直线** (population regression line)，它是对 X 和 Y 之间真实关系的最佳线性近似⊖。最小二乘回归系数估计式 (3.4) 描述了**最小二乘线** (least squares line) 式 (3.2) 的特征。图 3-3（见彩插）中的左图在一个简单的模拟例子中画出了这两条线。我们随机生成 100 个 X，并用下面的模型得到 100 个相应的 Y：

$$Y = 2 + 3X + \varepsilon \tag{3.6}$$

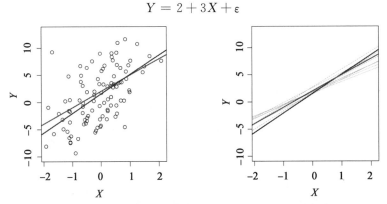

图 3-3 一个模拟数据集。左：红线代表真实的关系 $f(X)=2+3X$，它被称为总体回归直线。深蓝色线是最小二乘线，它是根据观测数据（显示为黑色）得到的 $f(X)$ 的最小二乘估计。右：总体回归线仍显示为红色，深蓝色的为最小二乘线。淡蓝色的 10 条为最小二乘线，每条都是根据一个独立的随机观测集计算出的。各条最小二乘线是不同的，但平均而言，最小二乘线相当接近总体回归直线

⊖ 线性假设往往是很有用的工作模型。然而，与许多教科书告诉我们的不同，我们很少认为真实的关系是线性的。

上式中的 ε 服从零均值的正态分布。图 3-3 的左图中的红线显示了**真实**（true）关系 $f(X)=2+3X$，而蓝线是根据观测数据得到的最小二乘估计。在实际数据中，真实关系一般是未知的，但根据式（3.4）给出的系数估计，最小二乘线总是可以计算的。换言之，在实际应用中，我们可以得到一组观测数据，用它们计算最小二乘线；但总体回归直线是观察不到的。在图 3-3 的右图中，通过式（3.6）给出的模型，我们生成了 10 个不同的数据集，并绘制了 10 条相应的最小二乘线。请注意，由同一真实模型产生的不同的数据集对应的最小二乘线略有不同，但是未观察到的总体回归直线不变。

乍看之下，总体回归直线和最小二乘线之间的差异可能显得微妙且令人疑惑。数据集只有一个，而预测变量和响应变量之间的关系却被两条不同的直线所描述，这应该如何理解？从根本上说，这两条线的概念是对标准统计方法（即利用样本信息估计一个较大总体的特征）的一种自然延伸。例如，假设我们对随机变量 Y 的总体均值 μ 感兴趣。问题在于 μ 是未知的，但我们有 n 个关于 Y 的观测值，记为 $y_1, y_2, \cdots, y_n$，可以用它们来估计 μ。一个合理的估计是 $\hat{\mu} = \bar{y}$，其中 $\bar{y} = \frac{1}{n} \sum_{i=1}^{n} y_i$ 为样本均值。样本均值和总体均值的含义是不同的，但一般来说，样本均值能提供对总体均值的良好估计。线性回归中的未知系数 β_0 和 β_1 以同样的方式定义了总体回归直线。我们用式（3.4）给出的 $\hat{\beta}_0$ 和 $\hat{\beta}_1$ 来估计这些未知系数。这些系数估计值定义了最小二乘线。

基于**偏差**（bias）对线性回归和随机变量的均值估计进行类比是恰当的。如果用样本均值 $\hat{\mu}$ 来估计 μ，这个估计是无偏的，即平均而言，我们期望 $\hat{\mu}$ 等于 μ。这意味着，对一组特定的观测值 $y_1, y_2, \cdots, y_n$ 而言，$\hat{\mu}$ 可能会高估 μ，而在另一组观测值上，$\hat{\mu}$ 可能低估 μ。但如果我们能够从大量观测数据集中得到许多对 μ 的估计，则它们的均值正好等于 μ。因此，一个无偏估计不会**系统地**（systematically）高估或低估真实参数。这种无偏性同样适用于式（3.4）的最小二乘系数估计：如果在特定数据集的基础上估计 β_0 和 β_1，则估计值不会恰好等于 β_0 和 β_1。但是，如果我们对从大量数据集上得到的估计值求平均，它们的均值将恰为真值！事实上，我们可以从图 3-3 的右图中看到，许多最小二乘线的平均（每条从一个单独的数据集估计得到）非常接近于真实总体回归直线。

我们对随机变量 Y 的总体均值 μ 继续进行类比。一个自然的问题是：样本均值 $\hat{\mu}$ 作为 μ 的估计有多准确？我们已经确定，许多数据集的 $\hat{\mu}$ 的平均将非常接近 μ，但是一个单一的估计值 $\hat{\mu}$ 可能大大低估或高估 μ。单一的估计值 $\hat{\mu}$ 偏离真值会有多远？在一般情况下，我们通过计算 $\hat{\mu}$ 的**标准误差**[standard error，写作 SE($\hat{\mu}$)] 来回答这个问题。一个著名的公式是

$$\text{Var}(\hat{\mu}) = \text{SE}(\hat{\mu})^2 = \frac{\sigma^2}{n} \tag{3.7}$$

其中，σ 是变量 Y 的每个实现 y_i 的标准差。⊖ 粗略地说，标准误差告诉我们估计 $\hat{\mu}$ 偏离 μ 的实际值的平均量。式（3.7）也告诉我们这种偏离随着 n 的增大而减小——我们的观测值越

⊖ 这个公式假设这 n 个观测值是互不相关的。

多，$\hat{\mu}$ 的标准误差越小。同样，我们可以探究 $\hat{\beta}_0$ 和 $\hat{\beta}_1$ 与真实值 β_0 和 β_1 的接近程度。要计算 $\hat{\beta}_0$ 和 $\hat{\beta}_1$ 的标准误差，可以使用下列公式：

$$\text{SE}(\hat{\beta}_0)^2 = \sigma^2 \left[\frac{1}{n} + \frac{\overline{x}^2}{\sum_{i=1}^{n}(x_i - \overline{x})^2} \right], \quad \text{SE}(\hat{\beta}_1)^2 = \frac{\sigma^2}{\sum_{i=1}^{n}(x_i - \overline{x})^2} \tag{3.8}$$

其中 $\sigma^2 = \text{Var}(\varepsilon)$。要使这些公式严格成立，我们需要假设每个观测值的误差项 ε_i 独立，并具有相等的方差 σ^2。显然，这一假设在图 3-1 中不成立，但该公式仍然是一个很好的近似。注意，当 x_i 的取值更分散时，$\text{SE}(\hat{\beta}_1)$ 更小；直观来看，在 x_i 取值更分散的情况下，我们就有更多的**杠杆值**（leverage）可以估计斜率，因而会有上述现象。我们还能看出，若 $\overline{x}=0$（在这种情况下，$\hat{\beta}_0$ 等于 $\overline{y}$），则 $\text{SE}(\hat{\beta}_0)$ 将与 $\text{SE}(\hat{\mu})$ 相等。在一般情况下，σ^2 是未知的，但可以从数据中估计出来。对 σ 的估计被称为**残差标准误差**（residual standard error，RSE），由公式 $\text{RSE} = \sqrt{\text{RSS}/(n-2)}$ 所定义。严格来讲，当式（3.8）中的 σ^2 是从数据中得到的估计值时，应将公式中的 $\text{SE}(\hat{\beta}_1)$ 写作 $\widehat{\text{SE}}(\hat{\beta}_1)$ 以表明这一点，但为了表达的简洁性，我们将放弃这一额外的"帽子"。

标准误差可用于计算**置信区间**（confidence interval）。95% 置信区间被定义为一个取值范围：该范围有 95% 的概率会包含未知参数的真实值。此范围是根据从样本数据计算出的上、下限来定义的。95% 置信区间有如下性质：如果我们重复抽样，并为每个样本构造置信区间，则这些区间的 95% 将包含真正的参数值。对于线性回归模型，β_1 的 95% 置信区间约为

$$\hat{\beta}_1 \pm 2 \cdot \text{SE}(\hat{\beta}_1) \tag{3.9}$$

也就是说，区间

$$\left[\hat{\beta}_1 - 2 \cdot \text{SE}(\hat{\beta}_1), \ \hat{\beta}_1 + 2 \cdot \text{SE}(\hat{\beta}_1) \right] \tag{3.10}$$

有约 95% 的可能会包含 β_1 的真实值[⊖]。同样，β_0 的 95% 置信区间约为

$$\hat{\beta}_0 \pm 2 \cdot \text{SE}(\hat{\beta}_0) \tag{3.11}$$

在广告数据的例子中，β_0 的 95% 置信区间为 [6.130, 7.935]，β_1 的 95% 置信区间为 [0.042, 0.053]。因此，我们可以得出结论，在没有任何广告的情况下，销售平均会下降 6 130 到 7 940 个单位。此外，电视广告每增加一千美元，销售的平均增加值将在 42 到 53 个单位之间。

标准误差也可以用来对系数进行假设检验。最常用的假设检验包括对**零假设**（null hypothesis）

$$H_0: X \text{ 和 } Y \text{ 之间没有关系} \tag{3.12}$$

⊖ 大约有以下几个原因。式（3.10）依赖于误差服从高斯分布的假设。另外，根据线性回归中的观测数 n，$\text{SE}(\hat{\beta}_1)$ 前面的倍数 2 会略有不同。更精确地说，式（3.10）中应该包含的是自由度为 $n-2$ 的 t 分布的 97.5% 分位数，而非数字 2。本章的后面将详细介绍如何在 R 中精确计算 95% 置信区间。

和**备择假设** (alternative hypothesis)

$$H_a: X \text{ 和 } Y \text{ 之间有一定的关系} \tag{3.13}$$

进行检验。从数学上来说，这就相当于检验

$$H_0: \beta_1 = 0 \text{ 和 } H_a: \beta_1 \neq 0$$

因为如果 $\beta_1 = 0$，则模型式（3.5）简化为 $Y = \beta_0 + \varepsilon$，且 X 与 Y 不相关。为了检验零假设，需要确定 $\hat{\beta}_1$（β_1 的估计值）距离零足够远，从而能够确信 β_1 是非零的。多远足够呢？这取决于 $\hat{\beta}_1$ 的精确性，也就是说，它依赖于 $\text{SE}(\hat{\beta}_1)$。如果 $\text{SE}(\hat{\beta}_1)$ 很小，那么即使 $\hat{\beta}_1$ 较小，也可能为 $\beta_1 \neq 0$ 提供强有力的证据，证明 X 和 Y 是相关的。相反，如果 $\text{SE}(\hat{\beta}_1)$ 很大，那么 $\hat{\beta}_1$ 的绝对值必须很大才能拒绝零假设。在实践中，我们计算 t 统计量：

$$t = \frac{\hat{\beta}_1 - 0}{\text{SE}(\hat{\beta}_1)} \tag{3.14}$$

它度量了 $\hat{\beta}_1$ 偏离 0 的标准偏差。如果 X 和 Y 无关，那么我们预期式（3.14）将服从自由度为 $n-2$ 的 t 分布。t 分布有钟形结构，且当 n 值大于约 30 时，它很类似于标准正态分布。因此，假设 $\beta_1 = 0$，计算任意观测值大于等于 $|t|$ 的概率就十分简单了，我们称这个概率为 **p 值**（p-value）。粗略地说，p 值可以解释如下：一个很小的 p 值表示，在预测变量和响应变量之间的真实关系未知的情况下，不太可能完全由于偶然而观察到预测变量和响应变量之间的强相关。因此，如果看到一个很小的 p 值，就可以推断预测变量和响应变量间存在关联。如果 p 值足够小，我们便**拒绝零假设**（reject the null hypothesis），也就是声明 X 和 Y 之间存在关系。典型的拒绝零假设的临界 p 值是 5% 或 1%，这个主题我们将在第 13 章中深入讨论。当 $n = 30$ 时，这两个 p 值相对应的 t 统计量式（3.14）分别约为 2 和 2.75。

表 3-1 提供了 Advertising 数据集中销量对电视广告预算的最小二乘回归模型的系数。可以看出，与它们的标准误差相比，系数 $\hat{\beta}_0$ 和 $\hat{\beta}_1$ 的值很大，所以 t 统计量也很大。如果 H_0 为真，出现这样的值的概率几乎为零。因此，我们可以得出结论 $\beta_0 \neq 0$ 和 $\beta_1 \neq 0$。[○]

表 3-1 对于 Advertising 数据，销量对电视广告预算的最小二乘回归模型的系数。电视广告预算每增加一千美元，销量增加约 50 个单位（sales 变量以一千为单位，而 TV 变量以一千美元为单位）

	系数	标准误差	t 统计量	p 值
Intercept	7.032 5	0.457 8	15.36	<0.000 1
TV	0.047 5	0.002 7	17.67	<0.000 1

3.1.3 评价模型的准确性

一旦我们拒绝零假设式（3.12）并倾向于接受备择假设式（3.13），就会很自然地想

○ 在表 3-1 中，截距的 p 值小表示可以拒绝零假设 $\beta_0 = 0$。TV 变量的 p 值小则表示可以拒绝零假设 $\beta_1 = 0$。拒绝后一个零假设可得出结论：TV 变量和 sales 变量相关。拒绝前一个零假设可得出结论：在没有 TV 广告开支的情况下，sales 是非零的。

要量化**模型拟合数据的程度**（the extent to which the model fits the data）。判断线性回归的拟合质量通常使用两个相关的量：**残差标准误差**（residual standard error，RSE）和 R^2 统计量。

表 3-2 显示销量对电视广告预算的线性回归中的残差标准误差、R^2 统计量和 F 统计量（将在 3.2.2 节中描述）。

表 3-2 关于 Advertising 数据集上销量对电视广告预算的最小二乘回归模型的更多信息

量	值
残差标准误差	3.26
R^2 统计量	0.612
F 统计量	312.1

残差标准误差

从模型式（3.5）可知，每个观测都与误差项 ε 有关。由于这些误差项的存在，即使我们知道真正的回归线（比如 β_0 和 β_1 已知），我们也不能用 X 对 Y 做出完美预测。RSE 是对 ε 的标准偏离的估计。大体而言，它是响应值偏离真正的回归直线的平均量，使用下面的公式计算：

$$\mathrm{RSE} = \sqrt{\frac{1}{n-2}\mathrm{RSS}} = \sqrt{\frac{1}{n-2}\sum_{i=1}^{n}(y_i - \hat{y}_i)^2} \tag{3.15}$$

请注意，RSS 在 3.1.1 节中由下式定义：

$$\mathrm{RSS} = \sum_{i=1}^{n}(y_i - \hat{y}_i)^2 \tag{3.16}$$

可以从表 3-2 的线性回归输出中看到，广告数据例子的 RSE 是 3.26。换句话说，每个市场中的实际销量平均偏离真正的回归直线约 3 260 个单位。从另一方面理解，即使模型正确，且系数 β_0 和 β_1 的真实值已知，任何基于电视广告对销量的预测仍将平均偏离约 3 260 个单位。当然，3 260 个单位的预测误差是否可以接受取决于问题的具体情境。在广告数据集中，所有市场上的 sales 的均值约为 14 000 个单位，所以误差百分比是 3 260/14 000≈23%。

RSE 是对模型式（3.5）**失拟**（lack of fit）的度量。如果用该模型得到的预测值都非常接近真实值，也就是说，如果对 $i=1,2,\cdots,n$，有 $\hat{y}_i \approx y_i$，那么式（3.15）的值将会很小，即可得出结论，该模型很好地拟合了数据。另一方面，如果在一个或多个观测中，$\hat{y}_i$ 与 y_i 相差很大，那么 RSE 可能是相当大的，这表明该模型未能很好地拟合数据。

R^2 统计量

RSE 提供了一个模型式（3.5）对数据失拟的绝对度量方法。但是因为它是以 Y 的单位度量的，所以并不清楚构成良好的 RSE 的要素有哪些。R^2 统计量是衡量拟合度的另一个标准。R^2 统计量采取**比例**（proportion）（被解释方差的比例）形式，所以它的值总在 0 和 1 之间，与 Y 的量级无关。

R^2 用下列公式计算：

$$R^2 = \frac{\text{TSS} - \text{RSS}}{\text{TSS}} = 1 - \frac{\text{RSS}}{\text{TSS}} \tag{3.17}$$

TSS=$\sum(y_i - \overline{y})^2$是**总平方和**（total sum of squares），而 RSS 由式（3.16）定义。总平方和度量响应变量 Y 的总方差，可以认为是在执行回归分析之前响应变量中的固有变异性。相反，RSS 度量的是进行回归后仍无法解释的变异性。因此，TSS－RSS 度量的是响应变量进行回归之后被解释的（或被消除）的变异性，而 R^2 度量的是 Y 的变异中能被 X 解释的部分所占比例（proportion of variability in Y that can be explained using X）。R^2 统计量接近 1 说明回归可以解释响应变量的大部分变异。R^2 统计量接近 0 说明回归没有解释太多响应变量的变异，这可能因为线性模型是错误的，也可能因为固有误差项 σ^2 较大，抑或两者兼有。在表 3-2 中，R^2 为 0.61，说明以 TV 为预测变量的线性回归仅能对 sales 不到三分之二的变异做出解释。

R^2 统计量式（3.17）与 RSE 式（3.15）相比，更易于解释，因为它总是在 0 到 1 之间，RSE 则不然。然而，确定何为"好"（good）的 R^2 值仍是很有挑战性的，一般情况下，这取决于具体应用。例如在某些物理学问题中，我们可以知道数据实际上来自一个残差很小的线性模型。在这种情况下，我们预期 R^2 值将非常接近 1，R^2 值较小则可能表明生成数据的实验存在严重问题。另一方面，在生物学、心理学、市场营销和其他领域的典型应用中，线性模型式（3.5）最多是对数据的一个极其粗糙的近似，受其他不可测因素影响，残差往往也很大。在此情况下，我们预期只有很小一部分响应变量的方差可以被预测变量所解释，所以远低于 0.1 的 R^2 值可能更现实。

R^2 统计量度量了 X 和 Y 之间的线性关系。回忆前文可知，**相关系数**（correlation）的定义为

$$\text{Cor}(X, Y) = \frac{\sum_{i=1}^{n}(x_i - \overline{x})(y_i - \overline{y})}{\sqrt{\sum_{i=1}^{n}(x_i - \overline{x})^2} \sqrt{\sum_{i=1}^{n}(y_i - \overline{y})^2}} \tag{3.18}$$

相关系数也度量了 X 和 Y 之间的线性关系[⊖]。这意味着 $r = \text{Cor}(X, Y)$ 可以代替 R^2 评估线性模型的拟合度。事实上，在简单线性回归模型中，$R^2 = r^2$。换言之，相关系数的平方与 R^2 统计量相等。然而，在下一节中，我们将讨论多元线性回归问题，使用多个预测变量来预测响应变量。预测变量和响应变量之间的相关系数这一概念并没有自动扩展到多元情景中，因为相关系数度量的是一对变量之间的关系，而不是更多数目的变量之间的关系。我们将看到 R^2 在多元回归中承担起了评价线性回归的模型拟合度的任务。

3.2 多元线性回归

简单线性回归是用单个预测变量预测响应变量的一种有用的方法。然而在实践中，常

[⊖] 我们注意到，事实上式（3.18）右侧部分是样本相关系数，因此应该写作 $\widehat{\text{Cor}(x,y)}$，但是我们省略了"帽子"，以利于符号的简洁性。

常有不止一个预测变量。例如,在 Advertising 数据集中,我们已经检查了销量与电视广告之间的关系。同时,我们还有广播广告和报纸广告的花费数据,我们可能想知道这两个媒体是否分别与销售相关。如何扩展对广告数据集的分析,来将这两个额外的预测变量纳入模型呢?

一种选择是建立 3 个独立的简单线性回归模型,每一个都用不同的广告媒体作为预测变量。例如,可以用广播广告预算建立简单线性回归模型以预测销量,结果如表 3-3(上表)所示。模型显示,每增加一千美元广播广告费,销售增长约 203 个单位。表 3-3(下表)包含了报纸广告预算对销售的简单线性回归的最小二乘系数。每增加一千美元报纸广告费,销售增长约 55 个单位。

表 3-3 广告(Advertising)数据集的更多简单线性回归模型。简单线性回归模型的系数,上表:广播广告预算,下表:报纸广告预算。每增加一千美元广播广告费,销售增长约 203 个单位,而同样的报纸广告支出增加使销售增长约 55 个单位[请注意,销量(sales)的单位是一千,广播(radio)和报纸(newspaper)的单位都是一千美元。]

sales 关于 radio 的简单线性回归				
	系数	标准误差	t 统计量	p 值
Intercept	9.312	0.563	16.54	<0.0001
radio	0.203	0.020	9.92	<0.0001

sales 关于 newspaper 的简单线性回归				
	系数	标准误差	t 统计量	p 值
Intercept	12.351	0.621	19.88	<0.0001
newspaper	0.055	0.017	3.30	0.00115

然而,这种为每个预测变量单独建立一个简单回归模型的方法是不能完全令人满意的。首先,若给定三个广告媒体的预算,我们并不清楚如何对销量做出一个单一的预测,因为每种广告媒体预算都有一个单独的回归方程。其次,在形成对回归系数的估计时,每个回归方程都忽略了其他两种媒体。我们即将看到,如果在构成数据集的 200 个市场上,三种媒体的预算有相关性,那么我们对销量受某种媒体的影响的估计可能是极有误导性的。

与单独为每个预测变量建立简单线性回归模型相比,更好的方法是扩展简单线性回归模型式(3.5),使其可以直接包含多个预测变量。为此,我们可以在一个单一的模型中给每个预测变量一个单独的斜率系数。在一般情况下,假设有 p 个不同的预测变量,则多元线性回归模型的形式为

$$Y = \beta_0 + \beta_1 X_1 + \beta_2 X_2 + \cdots + \beta_p X_p + \varepsilon \qquad (3.19)$$

其中 X_j 代表第 j 个预测变量,β_j 代表第 j 个预测变量和响应变量之间的关联。β_j 可解释为**在所有其他预测变量保持不变**(holding all other predictors fixed)的情况下,X_j 增加一个单位对 Y 产生的**平均**(average)效应。以广告数据集为例,式(3.19)即为

$$\text{sales} = \beta_0 + \beta_1 \times \text{TV} + \beta_2 \times \text{radio} + \beta_3 \times \text{newspaper} + \varepsilon \qquad (3.20)$$

3.2.1 估计回归系数

与简单线性回归中的情况类似,式(3.19)中的回归系数 $\beta_0, \beta_1, \beta_2, \cdots, \beta_p$ 是未知的,需要进行估计。对于给定的 $\hat{\beta}_0, \hat{\beta}_1, \hat{\beta}_2, \cdots, \hat{\beta}_p$,可以用如下公式进行预测:

$$\hat{y} = \hat{\beta}_0 + \hat{\beta}_1 x_1 + \hat{\beta}_2 x_2 + \cdots + \hat{\beta}_p x_p \tag{3.21}$$

与简单线性回归中相同,多元线性回归中的参数也用最小二乘法进行估计。选择 $\beta_0, \beta_1, \beta_2, \cdots, \beta_p$ 使残差平方和

$$\begin{aligned} \text{RSS} &= \sum_{i=1}^{n}(y_i - \hat{y}_i)^2 \\ &= \sum_{i=1}^{n}(y_i - \hat{\beta}_0 - \hat{\beta}_1 x_{i1} - \hat{\beta}_2 x_{i2} - \cdots - \hat{\beta}_p x_{ip})^2 \end{aligned} \tag{3.22}$$

最小。使式(3.22)最小的 $\hat{\beta}_0, \hat{\beta}_1, \hat{\beta}_2, \cdots, \hat{\beta}_p$ 即为多元回归系数的最小二乘估计。不同于式(3.4)中的简单线性回归估计,多元回归的系数估计形式稍为复杂,用矩阵代数表示最为简便。出于这个原因,这里不提供具体的估计形式。所有统计软件包都可以用来计算这些系数的估计值,本章的后面我们将展示如何用 R 做到这一点。图 3-4 是用 $p=2$ 个预测变量对玩具数据集进行最小二乘拟合的一个例子(见彩插)。

表 3-4 显示了在 Advertising 数据中,用电视、广播和报纸广告预算预测产品销量的多元回归系数估计值。我们对这些结果的解释如下:在电视和报纸广告预算给定的情况下,在广播广告上多投入一千美元将使销量增加约 189 个单位。将这些系数估计值与表 3-1 和表 3-3 中的相比较,可以看出,TV 和 radio 两变量的多元回归系数估计与简单线性回归系数估计非常相似。然而,newspaper 在表 3-3 中的回归系数估计值是显著不为零的,但在多元

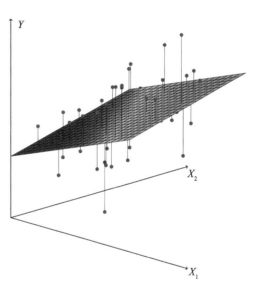

图 3-4 这个三维图中有两个预测变量和一个响应变量,最小二乘回归直线变成了一个平面。这个平面使得每个观测值(以红色显示)与平面之间的竖直距离的平方和尽可能小

回归模型中的系数估计值却接近于零,相应的 p 值显著,约为 0.86。这说明简单回归系数和多元回归系数可能差异极大。这种差异的根源在于:简单回归中的斜率表示在忽略其他预测变量(如 TV 和 radio)的情况下,报纸广告费用增加一千美元的平均效果。而在多元回归模型中,newspaper 的系数表示在 TV 和 radio 保持不变的情况下,报纸广告费用增加一千美元所产生的平均效果。

表 3-4　Advertising 数据集中，sales 关于 radio，TV 和 newspaper 的多元线性回归的最小二乘估计系数

	系数	标准误差	t 统计量	p 值
Intercept	2.939	0.311 9	9.42	<0.000 1
TV	0.046	0.001 4	32.81	<0.000 1
Radio	0.189	0.008 6	21.89	<0.000 1
newspaper	−0.001	0.005 9	−0.18	0.859 9

多元回归的结论表明 sales 与 newspaper 无关，而简单线性回归得出了相反的结论，多元回归的结论是否还有意义呢？答案是肯定的。考虑由响应变量和三个预测变量构成的相关矩阵，见表 3-5。表中可见 radio 和 newspaper 之间的相关系数为 0.35。这表明在报纸广告费更高的市场上，对广播广告的投入也趋于更高。现假设多元回归是正确的，报纸广告对销售没有直接影响，但广播广告能增加销量。那么在广播广告费较高的市场上，商品销量将趋于更高，而相关矩阵显示，我们在这些市场上的报纸广告投入往往也会更高。因此，尽管报纸广告实际上并不影响销售，由于简单线性回归中只检查 sales 和 newspaper 之间的关系，于是导致了在简单线性回归中观察到商品的高销量（sales）与报纸广告（newspaper）的高投入之间的相关关系。因此，newspaper 是 radio 的一个替代品，newspaper 通过 radio 对 sales 的影响来获得"认可"。

表 3-5　Advertising 数据中，TV, radio, newspaper 和 sales 的相关矩阵

	TV	radio	newspaper	sales
TV	1	0.054 8	0.056 7	0.782 2
radio		1	0.354 1	0.576 2
newspaper			1	0.228 3
sales				1

这种有些违反直觉的结果在现实生活中是很常见的。用一个荒诞的例子来说明这一点：根据一段时间内收集的某海滩社区的数据，建立鲨鱼攻击量对冰淇淋销售的回归，二者之间将表现出正相关，类似于 newspaper 和 sales 之间的关系。显然，没有人建议（至少到目前为止）通过禁止在海滩销售冰淇淋减少鲨鱼攻击量。事实上，高温会吸引更多的人来到海滩，进而导致更多的冰淇淋销售和更多的鲨鱼袭击。在将温度变量纳入模型之后，同时用冰淇淋销量和温度对鲨鱼攻击量建立多元回归模型，与直觉相符的结论才能产生出来，冰淇淋销量这一预测变量变得不再显著了。

3.2.2　一些重要问题

在进行多元线性回归时，我们通常有兴趣回答一些重要的问题。

(1) 预测变量 $X_1, X_2, \cdots, X_p$ 中是否至少有一个可以用来预测响应变量？
(2) 所有预测变量都有助于解释 Y 吗？或仅仅是预测变量的一个子集对预测有用？
(3) 模型对数据的拟合程度如何？
(4) 给定一组预测变量的值，响应值应预测为多少？预测的准确程度如何？

现在我们依次解决这些问题。
1. 响应变量和预测变量之间是否有关系？

在简单线性回归中，为确定响应变量和预测变量是否相关，我们可以简单地检验 β_1 是否为 0。在有 p 个预测变量的多元回归模型中，我们要问的是所有的回归系数是否均为零，即 $\beta_1 = \beta_2 = \cdots = \beta_p = 0$ 是否成立。与简单线性回归类似，我们用假设检验回答这个问题。检验零假设

$$H_0: \beta_1 = \beta_2 = \cdots = \beta_p = 0$$

对应的备择假设是

$$H_a: 至少有一个 \beta_j 不为 0$$

这个假设检验需要计算 F 统计量

$$F = \frac{(\text{TSS} - \text{RSS})/p}{\text{RSS}/(n-p-1)} \tag{3.23}$$

和在简单线性回归中一样，上式中的 $\text{TSS} = \sum(y_i - \bar{y})^2$，$\text{RSS} = \sum(y_i - \hat{y}_i)^2$。如果线性模式假设是正确的，可知

$$E\{\text{RSS}/(n-p-1)\} = \sigma^2$$

进一步地，若 H_0 为真，则有

$$E\{(\text{TSS} - \text{RSS})/p\} = \sigma^2$$

因此，若响应变量与预测变量无关，F 统计量应该接近 1。另一方面，如果 H_a 为真，那么 $E\{(\text{TSS} - \text{RSS})/p\} > \sigma^2$，所以我们预计 F 大于 1。

由 sales 对 radio，TV 和 newspaper 回归得到的多元线性模型的 F 统计量如表 3-6 所示。在这个例子中，F 统计量是 570。由于 F 统计量远大于 1，它提供了令人信服的证据以拒绝零假设 H_0。换句话说，一个较大的 F 统计量表明，至少有一个广告媒体与 sales 相关。但如果 F 统计量很接近 1 呢？F 统计量需要多大才能拒绝 H_0，并得出相关性存在的结论呢？事实证明，这些问题的答案取决于 n 和 p 的值。如果 n 很大，即使 F 统计量只是略大于 1，可能仍然提供了拒绝 H_0 的证据。相反，若 n 较小，则需要较大的 F 统计量才能拒绝 H_0。当 H_0 为真，且误差项 ε_i 服从正态分布时，F 统计量服从 F 分布㊀。对于任何给定的 n 和 p，无论哪种统计软件包都能根据 F 分布计算出 F 统计量的 p 值。基于这个 p 值，我们可以决定是否拒绝 H_0。在广告数据集中，表 3-6 中的 F 统计量的 p 值几乎为零，因此有极强的证据表明，至少有一个广告媒体与 sales 的增加相关。

表 3-6 有关 sales 对 TV，newspaper，radio 的最小二乘回归模型的更多信息，在 Advertising 数据集中。此模型的其他信息显示在表 3-4 中

量	值
残差标准误差	1.69
R^2 统计量	0.897
F 统计量	570

㊀ 即使误差项不服从正态分布，当样本量 n 足够大时，F 统计量也近似服从 F 分布。

式（3.23）中待检验的零假设 H_0 是所有系数均为零。而有时我们想要检验的是：q 个为零的系数的特定子集。这一检验问题所对应的零假设是：

$$H_0: \beta_{p-q+1} = \beta_{p-q+2} = \cdots = \beta_p = 0$$

为方便起见，这里把选择忽略的变量放在了列表末尾。在这种情况下，我们用除最后 q 个变量之外的所有变量建立第二个模型。假设该模型的残差平方为 RSS_0，则相应的 F 统计量是

$$F = \frac{(\text{RSS}_0 - \text{RSS})/q}{\text{RSS}/(n-p-1)} \tag{3.24}$$

请注意，表 3-4 列出了每个预测变量的 t 统计量和 p 值。这些统计量提供的信息表明了在控制所有其他预测变量之后，每个预测变量与响应是否相关。事实证明，每个变量的 t 检验都等价于不含该变量，但包含所有其他变量的模型的 F 检验[○]，即在式（3.24）中令 $q=1$。因此，它反映了该变量加入模型所产生的**偏效应**（partial effect）。以前面的讨论为例，变量 t 检验的 p 值表明 TV 和 radio 与 sales 是相关的，但是，没有任何证据表明当前两个变量出现在模型中时，newspaper 与 sales 相关。

既然已得到各个变量的 p 值，为什么还需要看整体 F 统计量呢？毕竟现在看来似乎是这样：如果任一变量的 p 值很小，那么**至少有一个预测变量与响应变量相关**（at least one of the predictors is related to the response）。然而，这种逻辑是有缺陷的，特别是当预测变量的数目很大的时候。

例如，考虑一个例子，其中 $p=100$，且零假设 $H_0: \beta_1 = \beta_2 = \cdots = \beta_p = 0$ 为真，因此事实上没有任何预测变量与响应变量相关。在这种情况下，与每个变量相对应的 p 值（见表 3-4）中，有约 5% 将碰巧小于 0.05。换句话说，即使预测变量与响应变量之间没有任何关联，我们仍预期能看到约 5 个**小的**（small）p 值。[○] 事实上，我们几乎肯定能观察到至少一个碰巧小于 0.05 的 p 值！因此，如果我们用单独的 t 统计量及相应的 p 值确定预测变量与响应变量是否相关，很有可能错误地得出有相关性的结论。而 F 统计量就没有这个问题，因为它会根据预测变量的个数进行调整。因此，如果 H_0 为真，那么无论预测变量个数或观测个数是多少，F 统计量的 p 值小于 0.05 概率只有 5%。

当 p 相对较小，肯定与 n 相比相对较小的情况下，使用 F 统计量检验预测变量和响应变量是否相关可行。然而有时候变量数非常大。若 $p > n$，则待估系数 β_j 的个数比可用于估计的观测个数还多。在这种情况下，我们甚至不能用最小二乘法拟合多元线性模型，所以 F 统计量无法使用，本章中的其他大多数概念也不行。当 p 很大时，可以使用下一节中的一些方法，如**向前选择**（forward selection）。在第 6 章中会更详细地讨论这种**高维**（high-dimensional）情形。

2. 选定重要变量

正如上一节中讨论的，多元回归分析的第一步是计算 F 统计量并检查相应的 p 值。如果我们根据 p 值得出至少有一个预测变量与响应变量相关的结论，那么自然就想知道**哪些**

○ 每个 t 统计量的平方就是相应的 F 统计量。

○ 这与一个重要的概念——多重检验——有关，我们将在第 13 章讨论它。

(which)变量是和响应变量相关的。我们可以查看如表3-4所示的各个 p 值。但正如前面讨论的，如果预测变量数 p 很大，我们很有可能得出一些错误的结论。

所有的预测变量都与响应变量相关是可能的，但更常见的情况是响应变量仅与预测变量的一个子集相关。确定哪些预测变量与响应变量相关，以建立只包含相关预测变量的模型的任务被称为**变量选择**（variable selection）。变量选择问题在第 6 章中有进一步研究，所以这里只简要介绍一些经典方法。

在理想情况下，我们希望通过尝试很多不同的模型来进行变量选择，每种模型包含预测变量的不同子集。例如，若 $p=2$，则可以考虑四种模型：模型不含任何变量，模型只包含 X_1，模型只含有 X_2，模型同时包含 X_1 和 X_2，并从中选出最优模型。如何确定哪种模型是最好的？有很多统计指标可以用来判断一个模型的质量。这些标准包括 Mallow's 统计量 C_p、**赤池信息量准则**（Akaike information criterion，AIC）、**贝叶斯信息准则**（Bayesian information criterion，BIC）和**调整 R^2**（adjusted R^2）。在第 6 章中对这些问题有更详细的讨论。我们也可以通过绘制各种模型输出（如残差）来判断哪种模型最好，目的是搜索数据中隐含的模式。

不幸的是，包含 p 个变量的模型共有 2^p 个。这意味着即使 p 大小适中，尝试预测变量的每一个可能的子集也是不现实的。例如，若 $p=2$，则需要考虑 $2^2=4$ 种模型。但如果 $p=30$，就必须考虑 $2^{30}=1\,073\,741\,824$ 种模型！这是不可行的。因此，除非 p 非常小，否则不可能考虑全部 2^p 个模型，我们需要一种自动、高效的方法来选出少量待考虑的模型。有三种经典方法可以完成这个任务：

- **向前选择**（forward selection）。我们从**零模型**（null model）——只含有截距但不含预测变量的模型——开始。然后建立简单线性回归模型，并把使 RSS 最小的变量添加到零模型中。然后再加入一个新变量，得到新的双变量模型，加入的变量是使新模型的 RSS 最小的变量。这一过程持续到满足某种停止规则为止。
- **向后选择**（backward selection）。我们先从包含所有变量的模型开始，并删除 p 值最大的变量——统计学上最不显著的变量。拟合出包含 $p-1$ 个变量的新模型后，再删除 p 值最大的变量。此过程持续到满足某种停止规则为止。例如，当所有剩余变量的 p 值均低于某个阈值时，我们会停止删除变量。
- **混合选择**（mixed selection）。这是对向前选择和向后选择的综合。与向前选择相同，我们从不含变量的模型开始，向模型中添加拟合最好的变量，然后依次增加变量。当然，正如我们在 Advertising（广告）例子中看到的，向模型中加入新的预测变量后，已有变量的 p 值可能会变大。因此，一旦模型中的某个变量的 p 值超过一定的阈值时，就从模型中删除该变量。我们不断执行这些向前或向后的步骤，直到模型中所有变量的 p 值都足够小，且模型外的任何变量加入模型后都将有较大的 p 值。

当 $p>n$ 时，不能使用向后选择，而向前选择在各种情况下都能使用。向前选择是一种贪婪的方法，它可能在前期将后来变得多余的变量纳入模型。混合选择可以修正这个问题。

3. 模型拟合

两个最常见的度量模型拟合优劣的指标是 RSE 和 R^2（方差的解释比例）。它们在多元回归中的计算和解释与在简单线性回归中相同。

在简单回归中，R^2 是响应变量和预测变量的相关系数的平方。在多元线性回归中，R^2 等于 $\text{Cor}(Y, \hat{Y})^2$，是响应值和线性模型拟合值的相关系数的平方。事实上，线性拟合模型的一个特性就是：在所有可能的线性模型中，它使上述相关系数最大。

若 R^2 值接近 1，则表明该模型能解释响应变量的大部分方差。以根据 Advertising 数据得到的表 3-6 为例，用三个广告媒体预测 sales 的模型的 R^2 统计量为 0.897 2。另一方面，仅含 TV 和 radio 两个预测变量的模型的 R^2 统计量为 0.897 19。换句话说，如果在已经包含了 TV 和 radio 的模型中添加 newspaper 这一变量，R^2 将会有很小的（small）的增加，虽然如我们在表 3-4 中看到的，newspaper 的 p 值并不显著。这一事实表明，当更多的变量进入模型时，即使新加入的变量与响应变量的关联很弱，R^2 也一定会增加。这是因为在最小二乘方程中添加变量必然会使我们能更准确地拟合训练数据（尽管对测试数据未必如此）。因此，根据训练数据计算出的 R^2 统计量也必然增加。事实上，在只含电视广告支出和广播广告的模型中加入了报纸广告只能使 R^2 值有极小的增加，这一证据充分表明，newspaper 这一变量可以从模型中删去。从本质上讲，newspaper 变量没有真正地改善模型对训练样本的拟合，将其纳入模型很可能导致模型出现过拟合，从而在独立测试样本上效果不佳。

与此相反，只含 TV 这一预测变量的模型的 R^2 为 0.612（见表 3-2）。将 radio 加入模型后，R^2 大幅改善。这意味着，使用电视广告支出和广播广告支出构建的销售预测模型远优于只使用电视广告的模型。我们可以通过查看改进后的模型中 radio 系数的 p 值来进一步量化这种改进。

只含 TV 和 radio 两个预测变量的模型的 RSE 为 1.681，向其中加入 newspaper 后，模型的 RSE 为 1.69（见表 3-6）。然而，仅包含 TV 的模型的 RSE 为 3.26（见表 3-2）。这证实了之前的结论，即用电视广告支出和广播广告支出构建的销售预测模型远比只用电视广告支出的模型准确（基于训练数据）。此外，当预测变量是电视广告支出和广播广告支出时，把报纸广告支出作为预测变量加入模型是没有意义的。细心的读者可能想知道为什么当报纸广告支出进入模型时，在 RSS 必然减少的情况下，RSE 反而会增加。RSE 一般被定义为

$$\text{RSE} = \sqrt{\frac{1}{n-p-1}\text{RSS}} \tag{3.25}$$

在简单线性回归模型中，可简化为式（3.15）。因此，如果相对于 p 的增加来说，RSS 的减少量较小，则变量较多的模型可能有更高的 RSE。

除了查看刚刚讨论的 RSE 和 R^2 统计量，对数据进行绘图也是很有用的。图形汇总可以揭示模型中不能被数值统计量所反映的问题。例如，图 3-5 是一张 sales 对 TV 和 radio 的三维图（见彩插）。我们看到有些观测点在最小二乘回归平面上方，另一些在最小二乘回归平面下方。特别地，当某一媒体（电视或广播）独占大部分广告费用时，线性模型似乎高估了 sales。而当广告预算被分别使用在两种媒体上时，模型低估了 sales。线性回归模型不能准

确地反映这种明显的非线性模式。上述现象表明广告媒体间存在**协同**（synergy）**效应**或**交互**（interaction）**效应**，因而同时在两种媒体上投放广告将比只在一种媒体上投放广告更能刺激销售。在 3.3.2 节中，我们将讨论通过使用交互项扩展线性模型来考虑这种协同效应。

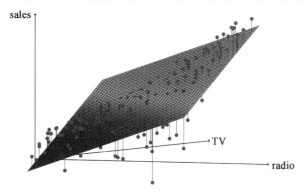

图 3-5 根据 Advertising 数据，用 TV 和 radio 作为预测变量对 sales 的线性回归拟合。从残差的模式来看，数据中有明显的非线性关系。正残差（出现在回归面上方的残差）倾向于沿着 45 度线，这条线将 TV 和 radio 均匀地分开。而负残差（出现在回归面下方，大多数不可见）则倾向于远离这条线，偏离中心。

4. 预测

一旦拟合出多元回归模型，应该根据预测变量 $X_1, X_2, \cdots, X_p$ 直接用式（3.21）预测响应变量 Y。但是，预测也有三类不确定性。

（1）系数估计值 $\hat{\beta}_0, \hat{\beta}_1, \hat{\beta}_2, \cdots, \hat{\beta}_p$ 是对 $\beta_0, \beta_1, \beta_2, \cdots, \beta_p$ 的估计。也就是说，**最小二乘平面**（least squares plane）

$$\hat{Y} = \hat{\beta}_0 + \hat{\beta}_1 X_1 + \hat{\beta}_2 X_2 + \cdots + \hat{\beta}_p X_p$$

只是对**真实总体回归平面**（true population regression plane）

$$f(X) = \beta_0 + \beta_1 X_1 + \beta_2 X_2 + \cdots + \beta_p X_p$$

的一个估计。系数估计的不准确性与第 2 章中的**可约误差**（reducible error）有关。我们可以计算**置信区间**（confidence interval）以确定到 $\hat{Y}$ 与 $f(X)$ 的接近程度。

（2）当然，实践中假设的线性模型 $f(X)$ 几乎总是对现实的一种近似，所以存在改进可约误差的机会，线性模型假设是可约误差的一种来源，我们将这类误差称为**模型偏差**（model bias）。所以在使用线性模型时，我们其实是在对真实平面进行最佳线性近似。但在这里我们将忽略这种差异，并假定线性模型是正确的。

（3）即使 $f(X)$ 已知——也就是说，$\beta_0, \beta_1, \beta_2, \cdots, \beta_p$ 的真实值已知——也不能对响应值做出完美的预测，因为模型中存在随机误差 ε，见式（3.20）。在第 2 章中，我们将其称为**不可约误差**（irreducible error）。$\hat{Y}$ 与 Y 会相差多少呢？我们用**预测区间**（prediction interval）来回答这个问题。预测区间总是比置信区间宽，因为预测区间既包含 $f(X)$ 的估计误差（可约误差）也包含单个点偏离总体回归平面程度的不确定性（不可约误差）。

我们使用置信区间对大量城市的**平均** sales 的不确定性进行量化。例如，已知 TV 支出为 10 万美元，radio 支出为 2 万美元，则 95% 置信区间为 [10 985，11 528]。我们对这一结果的解释是这个区间有 95% 的概率包含 $f(X)$ 的真实值⊖。另一方面，预测区间可以用来量化**特定**（particular）城市的 sales 的不确定性。假设某个城市的 TV 支出为 10 万美元，radio 支出为 2 万美元，则 95% 置信区间为 [7 930，14 580]。我们认为，这意味着这个区间有 95% 的概率包含这座城市的真实值 Y。注意：这两个区间的中心都是 11 256，但是预测区间比置信区间宽，这反映了给定一个城市的 sales 的不确定性比给定一些城市的平均 sales 的不确定性增加。

3.3 回归模型中的其他注意事项

3.3.1 定性预测变量

到目前为止，我们一直假设线性回归模型中的所有变量都是**定量的**（quantitative）。但在实践中，这并不一定，往往有些预测变量是**定性的**（qualitative）。

举例如下，如图 3-6 所示的 Credit（信用卡）数据集记录了信用卡持有人的一些变量信息。balance（个人平均信用卡债务）为响应变量，age（年龄）、cards（信用卡数量）、education（受教育年限）、income（收入，单位为千美元）、limit（信用额度）和 rating（信用评级）等为定量变量。在图 3-6 中，每个分图是一对变量的散点图，变量名见相应的行列标签。例如，"Balance" 右侧的 balance 和 age 的散点图，而 "Age" 右侧的散点图则与 cards 和 age 相对应。除了这些定量变量，数据集中还有四个定性变量：gender（性别）、student（学生）、status（婚姻状况）和 region（地区：东方、西方、南方）。

二值预测变量

假设我们希望暂时忽略其他变量，调查有房人和没房人的信用卡债务差异。如果一个定性预测变量［也被称为**因子**（factor）］只有两个**水平**（level）或可能的取值，那么将它纳入回归模型是非常简单的。我们只需要给二值变量创建一个指标，或称**哑变量**（dummy variable）。⊖ 例如，可以基于 own 变量创建一个新变量：

$$x_i = \begin{cases} 1, & \text{第 } i \text{ 个人有房} \\ 0, & \text{第 } i \text{ 个人没房} \end{cases} \tag{3.26}$$

并在回归方程中使用这个变量作为预测变量。从而有以下模型：

$$y_i = \beta_0 + \beta_1 x_i + \varepsilon_i = \begin{cases} \beta_0 + \beta_1 + \varepsilon_i, & \text{第 } i \text{ 个人有房} \\ \beta_0 + \varepsilon_i, & \text{第 } i \text{ 个人没房} \end{cases} \tag{3.27}$$

β_0 可以解释为没房人的平均信用卡债务，$\beta_0 + \beta_1$ 为有房人的平均信用卡债务，所以 β_1 是有房人和没房人的信用卡债务的平均差异。

表 3-7 列出了系数估计值和与模型式 (3.27) 相关的其他信息。没房人的平均信用卡

⊖ 换句话说，如果我们收集了大量的数据，比如 Advertising 数据集，并且我们为每个数据集构造一个置信区间（假设 TV 支出为 10 万美元，radio 支出为 2 万美元），将有平均 95% 的这些置信区间包含销售额 sales 的真正值。

⊖ 在机器学习领域，创建哑变量来处理定性预测称为"独热编码（one-hot encoding）"。

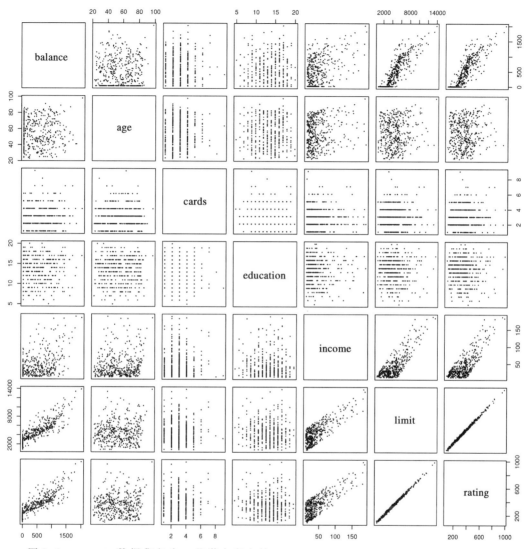

图 3-6 Credit 数据集包含一些潜在客户的 balance、age、cards、education、income、limit 和 rating 等信息

债务估计值为 509.80 美元,而有房人的债务估计值比没房人多 19.73 美元,共为 19.73 美元+509.80 美元=529.53 美元。然而,我们注意到哑变量的 p 值是非常高的。这表明,两者之间的平均信用卡债务差异并无统计学证据。

表 3-7 Credit 数据集中 balance 对 own 回归的最小二乘估计系数。线性模型见式 (3.27)。也就是说,如式 (3.26) 所示,性别被编码为一个哑变量

	系数	标准误差	t 统计量	p 值
Intercept	509.80	33.13	15.389	<0.000 1
own[Yes]	19.73	46.05	0.429	0.669 0

在式（3.27）中，有房人的编码为1，无房人的编码为0，是任意的，且对回归拟合没有任何影响，但它改变了系数的解释。若无房人的编码为1，有房人的编码为0，则 β_0 和 β_1 的估计值分别为529.53和-19.73，导致无房人信用卡债务为529.53美元-19.73美元=509.80美元和有房人信用卡债务为529.53美元。若不想使用0/1编码方案，我们还可以创建如下虚拟变量

$$x_i = \begin{cases} 1, & 第 i 个人有房 \\ -1, & 第 i 个人无房 \end{cases}$$

并在回归方程中使用这个变量。由此可得以下模型：

$$y_i = \beta_0 + \beta_1 x_i + \varepsilon_i = \begin{cases} \beta_0 + \beta_1 + \varepsilon_i, & 第 i 个人有房 \\ \beta_0 - \beta_1 + \varepsilon_i, & 第 i 个人无房 \end{cases}$$

这里的 β_0 可以解释为总的平均信用卡债务（忽略房子效应），β_1 衡量有房人的信用卡债务高于平均水平和无房人的信用卡债务低于平均水平的量。在这个例子中，β_0 的估计值为519.665美元，是无房人（529.53美元）和有房人（509.80美元）信用卡债务的平均。β_1 的估计值为9.865美元，是19.73美元的1/2，表示有房人信用卡债务和无房人信用卡债务之间的平均差异。需要注意的重点是，无论使用哪种编码方式，在最后的预测中，有房人和无房人的信用卡债务是不变的。不同编码方式的唯一区别在于对系数的解释不同。

定性预测变量有两个以上的水平

当一个定性预测变量有两个以上的水平时，一个单一的哑变量不能代表所有可能的值。在这种情况下，我们可以创建更多的哑变量。例如，我们对于**地区**（region）变量创建两个哑变量。第一个哑变量是

$$x_{i1} = \begin{cases} 1, & 第 i 个人是南方人 \\ 0, & 第 i 个人不是南方人 \end{cases} \tag{3.28}$$

第二个哑变量是

$$x_{i2} = \begin{cases} 1, & 第 i 个人是西方人 \\ 0, & 第 i 个人不是西方人 \end{cases} \tag{3.29}$$

这两个变量都可以用于回归方程中，得到如下模型：

$$y_i = \beta_0 + \beta_1 x_{i1} + \beta_2 x_{i2} + \varepsilon_i = \begin{cases} \beta_0 + \beta_1 + \varepsilon_i, & 第 i 个人是南方人 \\ \beta_0 + \beta_2 + \varepsilon_i, & 第 i 个人是西方人 \\ \beta_0 + \varepsilon_i, & 第 i 个人是东方人 \end{cases} \tag{3.30}$$

现在 β_0 可以解释为东方人的平均信用卡债务，β_1 可以解释为南方人和东方人的平均信用卡债务差异，β_2 可解释为西方人和东方人的平均信用卡债务差异。哑变量个数总是比水平数少1。没有相对应的哑变量的水平——本例中的东方人——被称为**基准水平**（baseline）。

从表3-8中可以看到，基准水平（东方人）的债务估计值为531.00美元。据估计，南方人的债务比东方人少18.69美元，西方人的债务比东方人少12.50美元。然而，两个哑变量系数估计的 p 值非常大，这意味着信用卡债务的地区差异无统计学证据。[⊖] 这里基准水

[⊖] 理论上存在地区差异，但这里的数据不能说明任何差异。

平类的选择也是任意的，不管如何选择基准，对每一类人的最终预测是一定的。但变量的系数及相应的 p 值依赖于哑变量的编码。我们可以用 F 检验而不是基于系数对 H_0：$\beta_1 = \beta_2 = 0$ 进行检验，F 检验的结果与编码方式无关。此 F 检验的 p 值是 0.96，这表明我们不能拒绝 balance 和 region 无关的零假设。

表 3-8 Credit 数据集中，balance 对 region 回归的最小二乘估计系数。线性模型见式 (3.30)。也就是说，地区变量通过两个哑变量式 (3.28) 和式 (3.29) 来编码

	系数	标准误差	t 统计量	p 值
Intercept	531.00	46.32	11.464	<0.000 1
region[South]	−18.69	65.02	−0.287	0.774 0
region[West]	−12.50	56.68	−0.221	0.826 0

当定性预测变量和定量预测变量同时存在时，应用哑变量的方法也毫无困难。例如，要用一个定量变量（如 income）和一个定性变量（如 student）作为预测变量对 balance 进行回归，只需要为 student 创建一个哑变量，然后用这个哑变量和 income 对信用卡债务拟合多元回归模型。

除了哑变量之外，还有许多不同的方式可以编码定性变量。由这些编码方式得到的模型拟合都是等价的，但这些模型的系数不同，对系数的解释也不同，不同的编码方式被设计用于衡量特定的**对比**（contrast）。这个主题超出了本书的范围，因此不做进一步讨论。

3.3.2 线性模型的扩展

标准线性回归模型式 (3.19) 提供了可解释的结果，并且能被应用到许多现实问题中。但是，它有一些高限制性的假设，这些假设在实践中经常被违背。两个最重要的假设是预测变量和响应变量的关系是**可加**（additive）的和**线性**（linear）的。可加性假设是指预测变量 X_j 的变化对响应变量 Y 产生的影响与其他预测变量的取值无关。线性假设是指无论 X_j 取何值，X_j 变化一个单位引起的响应变量 Y 的变化是恒定的。本书的后面将考察一些复杂的模型来放宽这两个假设。在这里，我们对几种常见的扩展线性模型的经典方法进行简要介绍。

去除可加性假设

在之前对 Advertising 数据集的分析中，我们得出的结论是 TV 和 radio 都与 sales 相关。线性模型假设一种媒体的广告支出增加引起的 sales 变化与其他媒体的广告支出无关。例如，无论在 radio 上花多少钱，线性模型式 (3.20) 表明 TV 增加一个单位对 sales 的平均效应总是 β_1。

然而，这个简单的模型可能并不正确。假设对广播广告的投入事实上增强了电视广告的有效性，这时 TV 的斜率项应随着 radio 的增加而增加。在这种情况下，给定 10 万美元的预算，在两种媒体上均分预算可能比将资金全部投入其中一种媒体更能增加销售。这种现象在营销中被称为**协同**（synergy）效应，而在统计学中被称为**交互作用**（interaction）。图 3-5 表明，在广告数据中可能存在这样的效应。注意，当 TV 或 radio

其中之一较低时，真实 sales 总是低于线性模型的预测。但当两种媒体共享广告费时，模型往往会低估 sales。

考虑含两个变量的标准线性回归模型
$$Y = \beta_0 + \beta_1 X_1 + \beta_2 X_2 + \varepsilon$$
根据这个模型，如果 X_1 增加一个单位，那么 Y 平均增加 β_1 个单位。请注意，X_2 的存在不改变这个结论，也就是说，无论 X_2 的值是多少，X_1 增加一个单位将导致 Y 增加 β_1 个单位。一种扩展该模型的方法是，使其包含第三个预测变量，名为**交互项**（interaction term），交互项由 X_1 和 X_2 的乘积构成。由此可以得到模型：
$$Y = \beta_0 + \beta_1 X_1 + \beta_2 X_2 + \beta_3 X_1 X_2 + \varepsilon \tag{3.31}$$
交互项的加入如何放宽可加性假设呢？注意式（3.31）可以改写为
$$\begin{aligned}Y &= \beta_0 + (\beta_1 + \beta_3 X_2) X_1 + \beta_2 X_2 + \varepsilon \\ &= \beta_0 + \tilde{\beta}_1 X_1 + \beta_2 X_2 + \varepsilon\end{aligned} \tag{3.32}$$
其中 $\tilde{\beta}_1 = \beta_1 + \beta_3 X_2$。因为 $\tilde{\beta}_1$ 随 X_2 变化，所以 X_1 对 Y 的效应不再是常数：调整 X_2 的值将改变 X_1 对 Y 的影响。同样，X_1 的改变将改变 X_2 对 Y 的影响。

举个例子，假设我们想研究工厂的生产力。我们希望根据 lines（生产线数）和 workers（工人总数）预测生产的 units（商品产量）。直观上看，生产线数量增加对总产量的影响依赖于工人的数量，因为如果没有工人操作生产线，那么增加生产线是无法提高产量的。这表明，应该用包含 lines 和 workers 之间交互项的线性模型来预测 units。依照上述条件构建的拟合模型是

$$\begin{aligned}\text{units} &\approx 1.2 + 3.4 \times \text{lines} + 0.22 \times \text{workers} + 1.4 \times (\text{lines} \times \text{workers}) \\ &= 1.2 + (3.4 + 1.4 \times \text{workers}) \times \text{lines} + 0.22 \times \text{workers}\end{aligned}$$

换句话说，增加一条生产线将使产量增加 $3.4 + 1.4 \times \text{workers}$ 单位。因此，workers 越多，lines 的增加对产量的影响越大。

现在回到 Advertising 的例子中。用包含 radio、TV 以及两者之间交互项的线性模型来预测 sales，
$$\begin{aligned}\text{sales} &= \beta_0 + \beta_1 \times \text{TV} + \beta_2 \times \text{radio} + \beta_3 \times (\text{radio} \times \text{TV}) + \varepsilon \\ &= \beta_0 + (\beta_1 + \beta_3 \times \text{radio}) \times \text{TV} + \beta_2 \times \text{radio} + \varepsilon\end{aligned} \tag{3.33}$$
β_3 可以解释为广播广告费用增加一个单位时，电视广告效用的增量（反之亦然）。模型式（3.33）的拟合系数由表 3-9 给出。

表 3-9 中的结果有力地表明，含有交互项的模型优于仅包含主效应的模型。交互项 TV×radio 的 p 值是非常低的，这强有力地证明了 $H_a: \beta_3 \neq 0$。换言之，真正的关系明显是不可加的。模型式（3.33）的 R^2 为 96.8%，而不含交互项的模型只有 89.7%。这意味着交互项解释了拟合可加性模型之后 sales 剩余变异的 $(96.8 - 89.7)/(100 - 89.7) = 69\%$。表 3-9 中的系数估计表明，电视广告费用每增加一千美元，销量将增加 $(\hat{\beta}_1 + \hat{\beta}_3 \times \text{radio}) \times 1\,000 = 19 + 1.1 \times \text{radio}$ 个单位。广播广告费用每增加一千美元，销量将增加 $(\hat{\beta}_2 + \hat{\beta}_3 \times \text{TV}) \times 1\,000 = 29 + 1.1 \times \text{TV}$ 个单位。

表 3-9 Advertising 数据集中，sales 关于 TV、radio 和交互项的回归模型式 (3.33) 的最小二乘系数估计

	系数	标准误差	t 统计量	p 值
Intercept	6.750 2	0.248	27.23	<0.000 1
TV	0.019 1	0.002	12.70	<0.000 1
radio	0.028 9	0.009	3.24	0.001 4
TV×radio	0.001 1	0.000	20.73	<0.000 1

在这个例子中，TV、radio 和交互项的 p 值都是统计显著的（表3-9），因此所有三个变量显然都应包括在模型中。但在少数情况下，交互项的 p 值很小，而相关的主效应（本例中的 TV 和 radio）的 p 值却不然。**实验分层原则**（hierarchical principle）规定，如果模型中含有交互项，那么即使主效应的系数的 p 值不显著，也应包含在模型中。换句话说，如果 X_1 和 X_2 之间的交互作用是重要的，那么即使 X_1 和 X_2 的系数估计的 p 值较大，这两个变量也应该被包含在模型中。这一准则的合理性在于，如果 $X_1 \times X_2$ 与响应变量相关，则 X_1 或 X_2 的系数不论是否为零，意义都不大。而且 $X_1 \times X_2$ 通常与 X_1 和 X_2 相关，因此删除它们将改变交互作用的意义。

在前面的例子中，我们考虑了 TV 和 radio 之间的交互作用，二者都是定量变量。然而，交互作用的概念也同样适用于定性变量，或定量和定性皆有的情况。事实上，定量变量和定性变量之间的交互作用有很好的可解释性。考虑 3.3.1 节中的 Credit 数据集，假设我们希望用 income（定量）和 student（定性）预测 balance。在没有交互项的情况下，模型是

$$\text{balance}_i \approx \beta_0 + \beta_1 \times \text{income}_i + \begin{cases} \beta_2, & \text{第 } i \text{ 个人是学生} \\ 0, & \text{第 } i \text{ 个人非学生} \end{cases}$$

$$= \beta_1 \times \text{income}_i + \begin{cases} \beta_0 + \beta_2, & \text{第 } i \text{ 个人是学生} \\ \beta_0, & \text{第 } i \text{ 个人非学生} \end{cases} \tag{3.34}$$

请注意，这等于为数据拟合了两条平行线，一条反映学生的情况，另一条反映非学生的情况。如图 3-7（见彩插）的左图所示，两条直线有不同的截距，分别是 $\beta_0 + \beta_2$ 和 β_0，但它们有相同的斜率 β_1。事实上，两条线平行意味着 income 增加对 balance 的影响不依赖于信用卡持有者是否为学生。这意味着模型可能有严重的局限性，因为事实上对学生与非学生来说，income 变化对信用卡债务的影响可能大有不同。

这一模型局限可以通过增加交互项来解决，交互项是用 student 的哑变量乘以 income 得到的。这样模型就变为

$$\text{balance}_i \approx \beta_0 + \beta_1 \times \text{income}_i + \begin{cases} \beta_2 + \beta_3 \times \text{income}_i, & \text{第 } i \text{ 个人是学生} \\ 0, & \text{第 } i \text{ 个人非学生} \end{cases}$$

$$= \begin{cases} (\beta_0 + \beta_2) + (\beta_1 + \beta_3) \times \text{income}_i, & \text{第 } i \text{ 个人是学生} \\ \beta_0 + \beta_1 \times \text{income}_i, & \text{第 } i \text{ 个人非学生} \end{cases} \tag{3.35}$$

我们再一次对学生和非学生生成两条不同的回归直线。但现在两条回归直线有不同的截距 $\beta_0 + \beta_2$ 与 β_0，以及不同的斜率 $\beta_1 + \beta_3$ 与 β_1。收入变动可能对学生和非学生的信用卡债务产

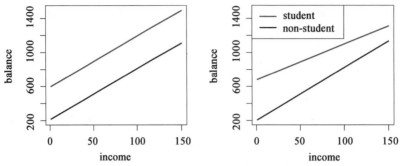

图 3-7 在 Credit 数据集上，用 income 预测学生（student）和非学生（non-student）的 balance 的最小二乘线。左：模型式（3.34）的拟合结果。模型不含 income 和 student 之间的交互项。右：模型式（3.35）的拟合结果。模型含有 income 和 student 之间的交互项

生不同的影响。图 3-7 的右图展示了模型式（3.35）中对学生及非学生的 income 和 balance 之间关系的估计。我们注意到，学生回归线的斜率小于非学生回归线的斜率。这表明与非学生群体相比，收入增加在学生群体中引起的信用卡债务增加会更小。

非线性关系

如前所述，线性回归模型式（3.19）假设响应变量和预测变量之间有线性关系。但在某些情况下，响应变量和预测变量的真实关系可能是非线性的。这里，我们给出一个非常简单的方法来直接扩展线性模型，使之能对非线性关系进行拟合，这就是**多项式回归**（polynomial regression）。在后面的章节中，我们将提出更复杂的方法，以在更一般的情况下建立非线性拟合模型。

图 3-8 显示了 Auto（汽车）数据集中一些汽车的 mpg（油耗）和 horsepower（马力）（见彩插）。橙色的线代表线性回归拟合。mpg 和 horsepower 无疑是相关的，但它们的关系明显是非线性的：数据呈现出一种曲线关系。使用预测变量的转换形式是一种将非线性因素纳入线性模型的简单方法。例如，图 3-8 中的点似乎有**二次方**（quadratic）的形状特征，这表明模型

$$\text{mpg} = \beta_0 + \beta_1 \times \text{horsepower} + \beta_2 \times \text{horsepower}^2 + \varepsilon \qquad (3.36)$$

可能会提供更好的拟合。式（3.36）用 horsepower 的非线性函数预测 mpg。但它仍然是一个线性模型！也就是说，式（3.36）其实是一个多元线性回归模型，其中 $X_1 = $ horsepower，$X_2 = $ horsepower^2。因此，我们可以用标准线性回归软件来估计 β_0、β_1 和 β_2 以得到非线性拟合。图 3-8 中的蓝色曲线显示了由此得到的二次拟合。二次拟合显得大大优于线性拟合模型。二次拟合的 R^2 为 0.688，线性拟合的 R^2 只有 0.606，而且表 3-10 中二次项的 p 值是高度显著的。

表 3-10 Auto 数据集中，mpg 对 horsepower 和 horsepower^2 的回归的最小二乘估计

	系数	标准误差	t 统计量	p 值
Intercept	56.900 1	1.800 4	31.6	<0.000 1
horsepower	−0.466 2	0.031 1	−15.0	<0.000 1
horsepower^2	0.001 2	0.000 1	10.1	<0.000 1

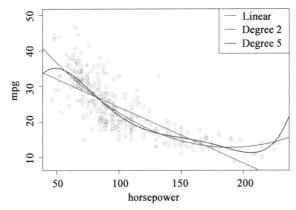

图 3-8 Auto 数据集。一些汽车的油耗（mpg）和马力（horsepower）。线性回归拟合线是橙色线（Linear）。包含马力（horsepower）平方项的线性回归拟合线是蓝色线（Degree 2）。包含马力（horsepower）的所有五次以内项的线性回归拟合线是绿色线（Degree 5）

如果将 horsepower 的平方项纳入模型能带来如此大的改进，为什么不将 horsepower 的三次项、四次项甚至五次项也纳入模型呢？图 3-8 中的绿色曲线表示在模型式（3.36）含有 horsepower 的不超过五次项的拟合结果。由此产生的拟合似乎有不必要的波动，也就是说，目前还不清楚添加的项是否会带来更好的数据拟合。

前面描述的方法被称为**多项式回归**，因为在回归模型中加入了预测变量的多项式函数而得此名。我们将在第 7 章进一步探索这种方法以及线性模型的其他非线性扩展方式。

3.3.3 潜在的问题

当我们用线性回归模型对某个数据集进行拟合时，可能遇到很多问题，其中最常见的有以下几种：

(1) 非线性的响应-预测关系（non-linearity of response-predictor relationship）。
(2) 误差项相关（correlation of error term）。
(3) 误差项方差非恒定（non-constant variance of error term）。
(4) 离群点（outlier）。
(5) 高杠杆点（high-leverage point）。
(6) 共线性（collinearity）。

在实践中，识别和解决这些问题是一门科学，也是一门艺术。无数的书用大量的篇幅讨论这个话题。由于线性回归模型不是这里的关注要点，我们只提供一些关键点的概要。

1. 数据非线性

线性回归模型假定预测变量和响应变量之间有直线关系。如果真实关系是非线性的，那么我们得出的几乎所有结论都是不可信的，而且模型的预测精度也可能显著降低。

残差图（residual plot）是一种很有用的图形工具，可用于识别非线性。给定一个简单线性回归模型，我们就可以绘制残差 $e_i = y_i - \hat{y}_i$ 和预测变量 x_i 的散点图。在多元回归中,因为有多个预测变量,我们转而绘制残差与预测值(或**拟合值**)$\hat{y}_i$的散点图。在理想情况下,残差图显示不出明显的规律。若存在明显规律,则表示线性模型的某些方面可能有问题。

图3-9中的左图展示了图3-8中Auto数据集mpg对horsepower的线性回归的残差图。实线是对残差的一个光滑的拟合,让我们更容易找出残差中可能存在的趋势。残差呈现明显的U形,这为数据的非线性提供了强有力的证据。相比之下,图3-9的右图展示了含有一个二次项的模型式(3.36)的结果。图中的残差似乎没有规律,这表明二次项的加入提升了模型对数据的拟合度。

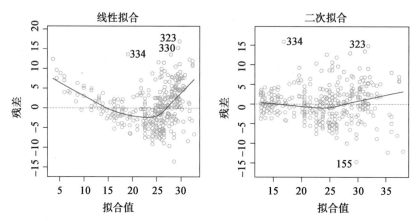

图3-9 Auto数据集中预测值(或拟合值)的残差图。在每张图中,实线是对残差的一个光滑的拟合,目的是更易于识别趋势。左: mpg对horsepower的线性回归。残差有较强的模式,这表示数据是非线性的。右: mpg对horsepower和$horsepower^2$的线性回归。残差图几乎没有规律

如果残差图表明数据中存在非线性关系,那么一种简单的方法是在模型中使用预测变量的非线性变换,例如$\log X$、$\sqrt{X}$和X^2。在本书后面的章节中,我们将讨论用其他更先进的非线性方法解决这个问题。

2. 误差项相关

线性回归模型的一个重要假设是误差项$\varepsilon_1, \varepsilon_2, \cdots, \varepsilon_n$不相关。这是什么意思呢?举个例子,如果误差项不相关,那么ε_i为正这一事实完全不能(或几乎不能)为判断ε_{i+1}的符号提供任何信息。回归系数和拟合值的标准误差的计算都基于误差项不相关的假设。如果误差项之间有相关性,那么估计标准误差往往低估了真实标准误差。因此,置信区间和预测区间比真实区间窄。例如,95%置信区间包含真实参数的实际概率将远低于0.95。此外,与模型相关的p值也会更低,这可能导致我们得出错误的结论,认为参数是统计显著的。总之,如果误差项相关,那么模型的置信度可能是无法保证的。

举一个极端的例子,假设我们不小心把数据重复了一遍,导致相同的观测和误差项成对出现。如果忽略这一点,那么我们似乎是在计算一个大小为$2n$的样本的标准误差,但事实上,样本量仅为n。我们对$2n$个样本的参数估计和对n个样本的估计是相同的,但后者

置信区间的宽度是前者的$\sqrt{2}$倍!

为什么误差项之间会有相关性?这种相关性经常出现在**时间序列**(time series)数据中,即在离散时间点测量得到的观测构成的数据中。在很多情况下,在相邻的时间点获得的观测的误差有正相关性。为了确定某一给定的数据集是否有这种问题,我们可以根据模型绘制作为时间函数的残差。如果误差项不相关,那么图中应该没有明显的规律。但是,如果误差项是正相关的,那么我们可能在残差中看到**跟踪**(tracking)现象,也就是说,相邻的残差可能有类似的值。图 3-10 提供了一个例证。在上方的图中,我们看到了对误差项不相关的数据进行线性回归拟合得到的残差。没有证据表明残差有与时间相关的趋势。与此相反,下方的图中的残差来自一个相邻点误差项相关性为 0.9 的数据集。这里的残差有清晰的模式——相邻残差倾向取类似的值。最后,中间的图显示了更温和的情况,残差的相关系数为 0.5。图中的残差仍有跟踪的迹象,但其中的模式不像下图那么明显。

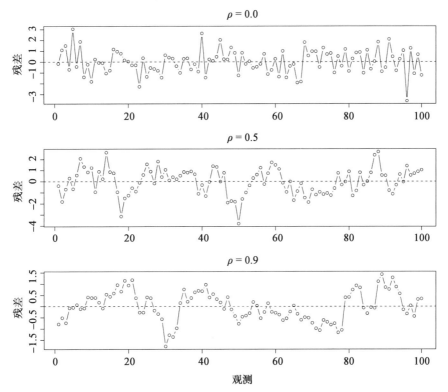

图 3-10 根据模拟的时间序列数据集生成的残差图,相邻时间点的误差项有着不同的相关性水平 ρ

到目前为止,我们已经开发出很多方法以解决时间序列数据中的误差相关问题。相关也可能出现在时间序列以外的数据中。例如,考虑一项用个人体重预测身高的研究。如果研究中有些人来自同一家庭,或吃同样的饮食,或暴露于同样的环境因素下,误差不相关的假设就可能被违反。一般情况下,假设误差项不相关对线性回归和其他的统计方法来说是非常重要的,要降低误差项相关带来的风险,良好的实验设计是至关重要的。

3. **误差项方差非恒定**

线性回归模型的另一个重要假设是误差项的方差是恒定的,$\text{VAR}(\varepsilon_i) = \sigma^2$。线性模型中的假设检验和标准误差、置信区间的计算都依赖于这一假设。

不幸的是,通常情况下,误差项的方差不是恒定的。例如,误差项的方差可能会随响应值的增加而增加。如果残差图**呈漏斗形**(funnel shape),说明误差项方差非恒定或**存在异方差性**(heteroscedasticity)。如图 3-11(见彩插)的左图所示,残差随拟合值增加而增加。在面对这样的问题时,一个可能的解决方案是用凹函数对响应值 y 做变换,比如 $\log Y$ 和 $\sqrt{Y}$。这种变换使得较大的响应值有更大的收缩,降低了异方差性。图 3-11 的右图中展示了对 Y 进行对数变换后的残差图。残差现在似乎有恒定的方差,虽然有一些证据表明数据中有轻微的非线性关系。

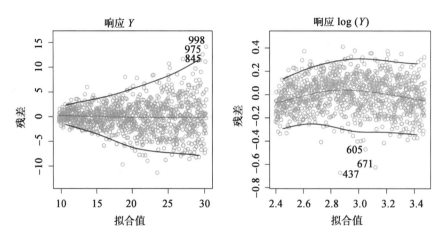

图 3-11 残差图。在每张图中,红线是对残差的光滑拟合,目的是使其中的趋势更易于识别。蓝线描绘了残差的外分位数并强调了残差的模式。左:漏斗状残差表示存在异方差。右:经过对数变换的预测变量,异方差证据不明显

有时我们可以估计每个响应值的方差。例如,第 i 个响应值可能是 n_i 个原始观测值的平均值。如果每个原始观测都与方差 σ^2 无关,那么它们均值的方差是 $\sigma_i^2 = \sigma^2 / n_i$。在这种情况下,一个简单的补救办法是用加权最小二乘法拟合模型,即权重与方差的倒数成比例——在本例中,也就是 $w_i = n_i$。大多数线性回归软件可以给观测值赋予权重。

4. **离群点**

离群点(outlier)是指 y_i 远离模型预测值的点。产生离群点的可能原因有很多,如数据收集过程中对某个观测点的错误记录。

图 3-12(见彩插)左图中的红点(观测值 20)是一个典型的离群点。红色实线是最小二乘回归拟合,而蓝色虚线是去除离群点后的最小二乘法拟合。在这个例子中,去除离群点对最小二乘线的影响很小:斜率几乎没有改变,截距也只有微不足道的减小。预测变量

的离群点通常对最小二乘拟合几乎没有影响。然而，即使离群点对最小二乘拟合没有太大的影响，它仍可能导致其他问题。比如，在本例中，含有离群点的回归的 RSE 是 1.09，但去除离群点后，RSE 仅为 0.77。由于 RSE 是计算所有的置信区间和 p 值的依据，单个数据点造成的 RSE 急剧增加可能影响对拟合的解释。同样，加入离群点导致 R^2 从 89.2% 下降到 80.5%。

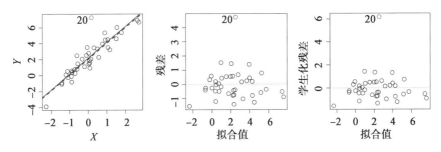

图 3-12 左：最小二乘回归线为红线，而删除离群点后的回归线用蓝色表示。中：残差图清楚地识别出了离群点。右：离群点的学生化残差大于 6，通常的学生化残差在 -2 至 2 之间

残差图可以用来识别离群点。在这个例子中，如图 3-12 中间的残差图所示，离群点是清晰可见的。但在实践中，确定残差多大的点可以被认为是一个离群点会十分困难。为了解决这个问题，我们可以绘制**学生化残差**（studentized residual）而不是残差，学生化残差由残差 e_i 除以它的估计标准误差得到。学生化残差绝对值大于 3 的观测点可能是离群点。图 3-12 的右图中，离群点的学生化残差大于 6，而其他所有观测点的学生化残差均在 -2 和 2 之间。

如果能确信某个离群点是由数据采集或记录中的错误导致的，那么一个解决方案是直接删除此观测点。但是我们应该小心，因为一个离群点可能不是由失误导致的，而是暗示模型存在缺陷，比如缺少预测变量。

5. 高杠杆点

刚才看到，离群点是指对于给定的预测值 x_i 来说，响应值 y_i 异常的点。相反，**高杠杆**（high leverage）表示观测点 x_i 是异常的。例如，图 3-13（见彩插）左图中的观测点 41 具有高杠杆值，因为它的预测变量值比其他观测点都要大。（请注意，图 3-13 中的数据与图 3-12 中的数据完全相同，只是添加了一个高杠杆观测点。）红色实线是对数据的最小二乘拟合，而蓝色虚线是删除观测点 41 后的拟合。比较图 3-13 和图 3-12 的左图，我们观察到，去除高杠杆点比去除离群点对最小二乘线的影响更大。事实上，高杠杆的观测点往往对回归直线的估计有很大的影响。如果一些观测点对最小二乘线有重大影响，那么它们值得特别关注，这些点出现任何问题都可能使整个拟合失效。因此找出高杠杆观测点是十分重要的。

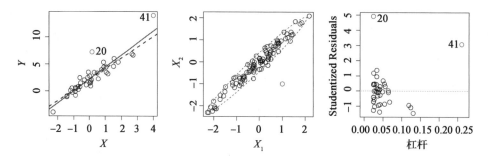

图 3-13 左：观测点 41 是一个高杠杆点，而点 20 不是。红线是对所有数据的最小二乘拟合，蓝线是去掉观测点 41 后的拟合。中：红色观测点的 X_1 值或 X_2 值并非不寻常，但它仍落在数据主体之外，因此是高杠杆点。右：观测点 41 具有高杠杆值和高残差

在简单线性回归中，高杠杆观测点是很容易辨认的，我们可以简单地找到预测变量的取值超出正常范围的观测点。但是，在有许多预测变量的多元线性回归中，可能存在这样的观测点：单独来看，它的各个预测变量的取值都在正常范围内，但从整个预测变量集的角度来看，它却是不寻常的。图 3-13 中间的图就是一个例子，它反映了一个有两个预测变量 X_1 和 X_2 的数据集。其中大多数观测的预测变量值都在蓝色虚线划出的椭圆范围内，而红色的观测点在椭圆之外。但红色点的 X_1 和 X_2 的值都是正常的。因此，如果我们只检查 X_1 或 X_2，将无法发现这种高杠杆点。在有两个以上的预测变量的多元回归中，这个问题更加明显，因为这种情况下没有简单的方法可以同时绘制数据的所有维度。

为了量化观测的杠杆作用，可以计算**杠杆统计量**（leverage statistic）。一个大的杠杆统计量对应一个高杠杆点。对于简单线性回归，有

$$h_i = \frac{1}{n} + \frac{(x_i - \overline{x})^2}{\sum_{i'=1}^{n}(x_{i'} - \overline{x})^2} \tag{3.37}$$

从方程中可以看出 h_i 随着 $x_i - \overline{x}$ 的增加而增加。杠杆统计量 h_i 可以扩展到多预测变量的情况，但这里不提供公式。杠杆统计量 h_i 的取值总是在 $1/n$ 和 1 之间，且所有观测的平均杠杆值总是等于$(p+1)/n$。因此，如果给定观测的杠杆统计量大大超过$(p+1)/n$，那么我们可能会怀疑对应点有较高的杠杆作用。

图 3-13 的右图提供了 h_i（Leverage）与学生化残差（Studentized Residuals）的关系图，所用的是图 3-13 左图中的数据。观测点 41 脱颖而出是因为它的杠杆统计量和学生化残差都很高。换句话说，它既是离群点，又是高杠杆点。这是一个特别危险的组合！此图还揭示了观测点 20 在图 3-12 中对最小二乘拟合的相对影响不大的原因：它具有较低的杠杆值。

6. 共线性

共线性（collinearity）是指两个或更多的预测变量高度相关。共线性的概念在图 3-14 中由 Credit 数据集表示。在图 3-14 的左图中，两个预测变量 limit（信用额度）和 age（年龄）没有明显的关系。相反，在图 3-14 的右图中，limit 和 rating（信用评级）有很高的相关性，即它们是**共线的**（collinear）。在回归中，共线性的存在可能会引发问题，因

为可能难以分离出单个变量对响应值的影响。换句话说，因为 limit 和 rating 往往同时增加或减少，所以很难确定每一个变量与响应变量 balance 的相关性。

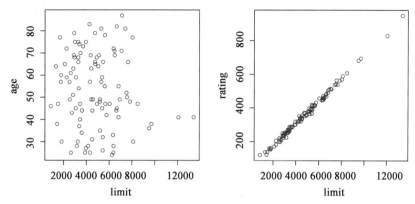

图 3-14 Credit 数据集观测值的散点图。左：age 与 limit 的图。这两个变量没有共线性。右：rating 与 limit 的图。这两个变量有很高的共线性

图 3-15 显示了一些共线性可能导致的问题。图 3-15 左侧的是 balance 对 age 和 limit 回归的不同系数估计的 RSS [式 (3.22)] 的等高线图。每个椭圆代表与相同的 RSS 对应的一组估计系数，越接近椭圆中心，RSS 的值越低。黑点和相应的虚线代表可能令 RSS 最小的系数估计，换句话说，也就是最小二乘估计。limit 轴和 age 轴经过了标准化，以使该图包括最小二乘估计的正、负 4 个标准误差范围内的可能的系数估计。因此，该图包括了所有可能的系数值。例如，我们看到 limit 的系数几乎可以肯定是在 0.15 和 0.20 之间。

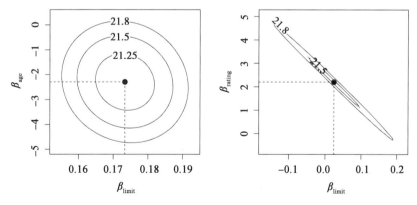

图 3-15 Credit 数据集上多种回归的 RSS 值的等高线图，RSS 是参数 β 的函数。每张图中的黑点代表最小 RSS 对应的系数。左：balance 对 age 和 limit 回归的 RSS 的等高线图。最小值被很好地定义。右：balance 对 rating 和 limit 回归的 RSS 的等高线图。由于共线性的存在，许多系数对 (β_{Limit}, β_{Rating}) 都有类似的 RSS

相比之下，图 3-15 的右图显示了 balance 对 rating 和 limit 的回归的不同系数估计的 RSS 的等高线图，这两个预测变量有高度共线性。现在等高线沿着一条狭窄的山谷。

很多系数估计值都有同样的 RSS 值。因此，数据的微小变化可能导致使 RSS 最小的系数估计——最小二乘估计——沿着这条山谷的任何地方移动。这导致系数估计有很大的不确定性。请注意，现在 limit 的系数大约在 -0.2 到 0.2 之间，这是与 age 一起回归时的系数范围的 8 倍。有趣的是，即使现在 limit 和 rating 各自系数的不确定性增加了，它们也几乎一定会位于这个等高线山谷中。例如，我们不会期望 limit 和 rating 的真实系数分别为 -0.1 和 1，即使它们有可能取到上述值。

由于共线性降低了回归系数估计的准确性，它会导致 $\hat{\beta}_j$ 的标准误差变大。回想一下，每个预测值的 t 统计量是由 $\hat{\beta}_j$ 除以其标准误差得到的。所以共线性导致 t 统计量的下降。因此，如果存在共线性，我们可能无法拒绝 $H_0: \beta_j = 0$。这意味着，假设检验的**效力**（power）——正确地检测出非零系数的概率——被共线性减小了。

表 3-11 比较了两个独立的多元回归模型的系数估计。第一个是 balance 对 age 和 limit 的回归，第二个是 balance 对 rating 和 limit 的回归。在第一个回归中，age 和 limit 都是高度显著的，p 值非常小。在第二个回归中，limit 和 rating 之间的共线性使 limit 系数估计值的标准误差增加了 12 倍而且 p 值增加到了 0.7012。换句话说，由于共线性的存在，limit 变量的重要性被掩盖了。为了避免这样的情况，在拟合模型时识别和解决潜在的共线性问题是十分必要的。

表 3-11　Credit 数据集的两个多元回归模型。模型 1 是 balance 对 age 和 limit 的回归，模型 2 是 balance 对 rating 和 limit 的回归。由于共线性的存在，第二个回归中 $\hat{\beta}_{\text{limit}}$ 的标准误差是第一个的 12.8 倍

		系数	标准误差	t 统计量	p 值
Model 1	Intercept	-173.411	43.828	-3.957	<0.0001
	age	-2.292	0.672	-3.407	0.0007
	limit	0.173	0.005	34.496	<0.0001
Model 2	Intercept	-377.537	45.254	-8.343	<0.0001
	rating	2.202	0.952	2.312	0.0213
	limit	0.025	0.064	0.384	0.7012

检测共线性的一个简单方法是看预测变量的相关系数矩阵。该矩阵中出现绝对值大的元素表示有一对变量高度相关，因此数据中存在共线性问题。不幸的是，并非所有的共线性问题都可以通过检查相关系数矩阵检测到：即使没有某对变量具有特别高的相关性，也有可能有三个或更多变量之间存在共线性。我们把这种情况称为**多重共线性**（multicollinearity）。一种更好的评估多重共线性的方式是计算**方差膨胀因子**（variance inflation factor，VIF）。VIF 是拟合全模型时的系数 $\hat{\beta}_j$ 的方差除以单变量回归中 $\hat{\beta}_j$ 的方差所得的比例。VIF 的最小可能值是 1，表示完全不存在共线性。在通常情况下，在实践中总有少数预测变量间存在共线性。一个经验法则是，VIF 值超过 5 或 10 就表示有共线性问题。可用以下公式计算每个变量的 VIF：

$$\text{VIF}(\hat{\beta}_j) = \frac{1}{1 - R^2_{X_j | X_{-j}}}$$

其中 $R^2_{X_j|X_{-j}}$ 是 X_j 对所有预测变量回归的 R^2。如果 $R^2_{X_j|X_{-j}}$ 接近 1，那么存在共线性，且 VIF 会很大。

在 Credit 数据集中，balance 对 age、rating 和 limit 的回归表明预测变量的 VIF 值分别为 1.01，160.67 和 160.59。正如我们所怀疑的，数据中有相当严重的共线性！

共线性问题有两种简单的解决方案。第一种是从回归中剔除一个问题变量。这通常并未对回归拟合做出太多的妥协，因为共线性的存在意味着在其他变量存在的前提下，此变量提供的有关响应的信息是多余的。比如，如果我们做 balance 对 age 和 limit 的回归，不包含 rating 预测变量，得到的 VIF 值十分接近最小可能值 1，而且 R^2 从 0.754 下降到 0.75。所以剔除预测变量 rating 有效地解决了共线性问题，而且不需要对拟合妥协。第二种解决方案是把共线变量组合成一个单一的预测变量。例如，我们可能会对标准化的 limit 和 rating 求平均以创建一个新的变量来衡量信誉。

3.4 营销计划

本节将对本章开篇提出的关于 Advertising 数据集的 7 个问题做出回答。

（1）广告预算和销量有关吗？

可以通过拟合 sales 对 TV、radio 和 newspaper 的多元回归模型［如式（3.20）］，再检验假设 H_0：$\beta_{\text{TV}} = \beta_{\text{radio}} = \beta_{\text{newspaper}} = 0$ 来回答这个问题。在 3.2.2 节中我们发现，F 统计量可用于确定是否应该拒绝零假设。表 3-6 列出了本例中的 F 统计量，其对应的 p 值是非常低的，这表示有明确的证据支持广告投入和销量间存在相关性。

（2）广告预算和销售间的关系有多强？

3.1.3 节讨论了两种测量模型精度的方法。其一，RSE 估计了响应偏离总体回归直线的标准差。Advertising 数据集的 RSE 为 1.69 个单位，而响应变量的平均值为 14.022，误差百分比约为 12%。其二，R^2 统计量记录了预测变量解释的响应变量变异性的百分比。该预测解释几乎 90% 的 sales 的方差。RSE 和 R^2 统计量列在表 3-6 中。

（3）哪种媒体能促进销售？

要回答这个问题，可以检查每个预测变量的 t 统计量（3.1.2 节）的 p 值。如表 3-4 所示，在多元线性回归中，TV 和 radio 的 p 值很小，但 newspaper 的 p 值则不然。这表明，只有 TV 和 radio 与 sales 相关。在第 6 章中，我们将探讨这个问题的更多细节。

（4）每种媒体与销售的关联有多强？

我们在 3.1.2 节中看到，$\hat{\beta}_j$ 的标准误差可以用来构造 β_j 的置信区间。Advertising 数据集中，可以使用表 3-4 中的结果计算将所有三种媒体预算作为预测变量的多元回归模型中系数的 95% 置信区间。置信区间如下：TV 的 95% 置信区间是（0.043，0.049），radio 的 95% 置信区间是（0.172，0.206），newspaper 的 95% 置信区间是（−0.013，0.011）。TV 和 radio 的置信区间都很窄且远离零点，这证明这两种媒体都与 sales 相关。但是，newspaper 的置信区间包括了零，这表明当 TV 和 radio 的值给定时，报纸广告是统计不显著的。

我们在 3.3.3 节中看到共线性可能会导致标准误差很大。共线性是 newspaper 的置信区间如此之宽的原因吗？TV、radio 和 newspaper 的 VIF 得分分别为 $1.005, 1.145$, 1.145，没有证据表明存在共线性。

为了评估每个媒体对销量的影响，我们可以建立三个独立的简单线性回归。结果见表 3-1 和表 3-3，有证据表明 TV 和 sales 之间、radio 和 sales 之间有非常强的相关性。在忽略 TV 和 radio 两个变量的前提下，newspaper 和 sales 之间有适度的关联。

（5）对未来销量的预测精度如何？

响应变量可使用式（3.21）来预测。估计的准确性取决于我们想预测的是单个响应值 $Y = f(X) + \varepsilon$ 还是平均响应 $f(X)$（见 3.2.2 节）。如果是前者，我们使用预测区间，如果是后者，我们使用置信区间。预测区间永远比置信区间宽，因为预测区间解释了不可约误差 ε 的不确定性。

（6）这种关系是否为线性的？

在 3.3.3 节中，我们看到可以用残差图识别非线性。如果该关系是线性的，那么残差图应该显示不出规律。在 Advertising 数据集的例子中，我们在图 3-5 中观察到了非线性效应，这种效应也可以在残差图中被观察到。在 3.3.2 节中，我们讨论了包含预测变量的转换形式以适应非线性关系的线性回归模型。

（7）广告媒体间是否存在协同效应？

标准线性回归模型假设预测变量和响应变量之间的关系是可加的。可加性模型是很容易解释的，因为每个预测变量对响应变量的影响与其他预测变量无关。然而，对某些数据集来说，可加性假设可能是不现实的。在 3.3.2 节中，我们展示了如何在回归模型中加入交互项以适用于非可加性关系。交互项的 p 值小表示存在协同效应。图 3-5 表明 Advertising 数据可能是不可加的。把交互项纳入模型将使 R^2 统计量从 90% 大幅增加到 97%。

3.5 线性回归与 K 最近邻法的比较

正如第 2 章中讨论的，线性回归是**参数**（parametric）方法的一个特例，因为它将 $f(X)$ 假设为线性函数形式。参数方法有几个优点：因为需要估计的系数较少，它们往往很容易拟合。在线性回归中，系数有简单的解释，而且可以很容易进行统计显著性检验。但参数方法也有一个缺点：在建立模型的过程中对 $f(X)$ 的形式提出了很强的假设。当我们的目标是追求预测的准确性时，如果所指定的函数形式与实际相差太远，那么参数方法将表现不佳。比如，若假设 X 和 Y 之间是线性关系，但真实关系远非线性的，那么所得的线性回归模型对数据的拟合将会很差，来自它的任何结论都值得怀疑。

与此相反，**非参数**（non-parametric）方法并不明确假设一个参数化的形式 $f(X)$，从而提供了一种更灵活的替代方法来进行回归。本书将讨论多种非参数方法。在这里，我们考虑一种最简单而知名的非参数方法，**K 最近邻回归**（K-nearest neighbors regression，KNN 回归）。K 最近邻回归与第 2 章中讨论的 KNN 分类器密切相关。给定 K 值和预测点 x_0，K 最近邻回归首先确定 K 个最接近 x_0 的训练观测，记为 $\mathcal{N}_0$。然后用 $\mathcal{N}_0$ 中所有训练数据的平均值来估计 $f(x_0)$。也就是说，

$$\hat{f}(x_0) = \frac{1}{K} \sum_{x_i \in \mathcal{N}_0} y_i$$

图 3-16 显示了对预测变量数 $p=2$ 的数据集的两个 KNN 拟合（见彩插）。左图是 $K=1$ 的拟合，右图对应 $K=9$。我们看到，当 $K=1$ 时，KNN 拟合完美地插值了训练观测，产生了阶梯函数的效果。$K=9$ 时，KNN 拟合仍是一个阶梯函数，但对 9 个观测求均值导致有同一预测的区域更小，从而使拟合更加平滑。在一般情况下，最优 K 值的选择依赖于我们在第 2 章中介绍的**偏差-方差的权衡**（bias-variance trade-off）。小的 K 值提供了最灵活的拟合，这将导致低偏差和高方差。高方差的产生是由于特定的区域上的预测完全依赖于唯一一个观测。相比之下，更大的 K 值提供的拟合更平滑、方差更小；对一个区域的预测是几个点的平均值，所以改变一个观测值的影响较小。然而，平滑可能会隐藏 $f(X)$ 的部分结构而导致偏差。在第 5 章中，我们将介绍多种方法来估计测试误差率，这些方法可以确定 KNN 回归的最优 K 值。

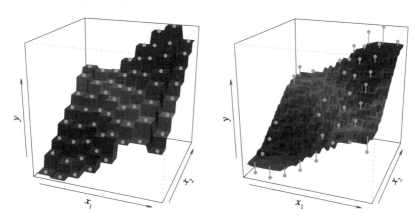

图 3-16 对一个含 64 个观察值（橙色点）的二维数据集进行 KNN 回归得到的 $\hat{f}(X)$ 拟合图。
左：取 $K=1$ 可得到一个粗略的阶梯函数拟合。右：取 $K=9$ 产生更平滑的拟合

在什么情况下，参数方法（如最小二乘线性回归）会优于非参数方法（如 KNN 回归）？答案很简单：如果选定的参数形式接近 f 的真实形式，则参数方法更优。图 3-17 提供了一个一维线性回归模型的例子。较粗直线表示 $f(X)$，而较细曲线对应当 $K=1$ 和 $K=9$ 时的 KNN 拟合。在这种情况下，$K=1$ 的预测过于灵活，而更平滑的 $K=9$ 拟合更接近 $f(X)$。然而，由于真正的关系是线性的，所以非参数方法很难与线性回归竞争：非参数方法会使方差增加，并且不能被偏差的减少所抵消。图 3-18（见彩插）左图中的蓝色虚线表示对同一数据集的最小二乘拟合。它几乎是完美的。图 3-18 的右图表明线性回归优于 KNN。绿色实线是 $1/K$ 的函数，表示 KNN 的测试均方误差（MSE）。KNN 回归的均方误差远高于黑色虚线（线性回归的测试 MSE）。若 K 值较大，那么就 MSE 而言 KNN 只稍逊于最小二乘回归。当 K 很小时，KNN 的表现比最小二乘回归差多了。

在实践中，X 和 Y 的真实关系很少是完全线性的。图 3-19 对比了当 X 和 Y 间的非线性水平逐渐提高时最小二乘回归和 KNN 回归的相对表现（见彩插）。第一行的图中，真实关系是近似线性的。在这种情况下，线性回归的测试 MSE 优于 K 值较小的 KNN。但是当 $K \geqslant 4$ 时，KNN 优于线性回归。第二行的图显示出较大幅度的偏离线性的情况。此时所有

K 值的 KNN 基本都优于线性回归。注意，随着非线性的增加，非参数 KNN 方法的测试集 MSE 变化很小，但线性回归的测试集 MSE 大幅增加。

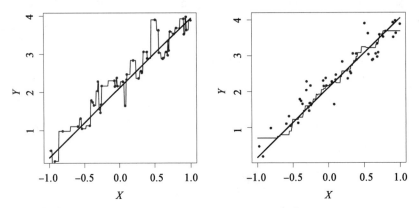

图 3-17 对一个含 100 个观测的一维数据集进行 KNN 回归的 $\hat{f}(X)$ 拟合图。真实关系由较粗直线表示。左：较细曲线对应 $K=1$，它插入（即直接穿过）了训练数据。右：较细曲线对应 $K=9$，代表了更光滑的拟合

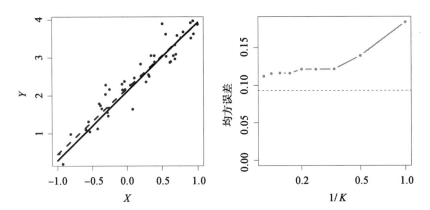

图 3-18 对图 3-17 中数据集的进一步研究。左：蓝色虚线是对数据的最小二乘拟合。因为 $f(X)$ 实际上是线性的（用黑线表示），最小二乘回归直线提供了非常好的 $f(X)$ 的估计。右：水平虚线代表的最小二乘测试集的 MSE，而绿色的实线对应 KNN 的均方误差（MSE），MSE 是 $1/K$（对数）的函数。线性回归的 MSE 比 KNN 回归低，这是因为真实的 $f(X)$ 是线性的。对 KNN 回归来说，最好的结果对应的 K 值很大，与之相对应的 $1/K$ 较小

如图 3-18 和图 3-19 所示，当真实关系为线性时，KNN 略逊于线性回归，但在非线性情况下，KNN 大大优于线性回归。在现实生活中真实关系未知的情况下，人们可能会得出 KNN 应该比线性回归更受欢迎的结论，因为如果真实关系是线性的，KNN 最坏也只比线性回归略逊一筹，但如果真实关系是非线性的，KNN 的结果可能比线性回归好得多。但在现实中，即使真实关系是高度非线性的，KNN 的结果仍有可能比线性回归更差。特

别是图 3-18 和图 3-19 都描绘了预测变量个数 $p=1$ 时的情况。在更高维的情况下，KNN 的表现往往不如线性回归。

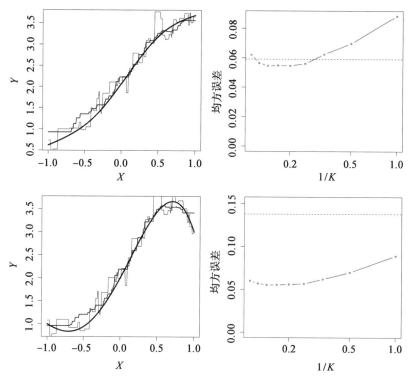

图 3-19　左上：用 $K=1$（蓝色）和 $K=9$（红色）的 KNN 回归对有轻微非线性关系的 X 和 Y（黑色实线）的拟合。右上：对于轻微非线性数据，最小二乘回归的测试集 MSE（水平黑线）和取不同 $1/K$ 值的 KNN 回归的测试集 MSE（绿线）。左下和右下：含义与上一行图相同，但 X 和 Y 之间的非线性关系很强

图 3-20 考虑了和图 3-19 第二行一样的强非线性情况，不同之处在于，我们添加了额外的与响应变量不相关的**噪声**（noise）预测变量。当 $p=1$ 或 $p=2$ 时，KNN 优于线性回归。但当 $p=3$ 时，结果是不确定的，当 $p \geqslant 4$ 时，线性回归优于 KNN。事实上，维度的增加只给线性回归的 MSE 带来很小的负面影响，但它使 KNN 的 MSE 增加了超过十倍。预测效果随着维数的增加而恶化是 KNN 一个普遍问题，这是因为在高维中样本量大大减少。在这组数据中，有 50 个训练观测值。当 $p=1$ 时，这些点提供了足够的信息来准确估计 $f(X)$。然而，当这 50 个观测值分布在 $p=20$ 个维度上时，将使得给定的观测值附近没有**邻点**（nearby neighbours）——这就是所谓的**维数灾难**（curse of dimensionality）。当 p 很大时，与观测值 x_0 最接近的 K 个观测值可能在 p 维空间中距 x_0 很远，导致对 $f(x_0)$ 的预测非常差，从而产生一个很差的 KNN 拟合。一般规则是，若每个预测变量仅有少量观测值，参数方法往往优于非参数方法。

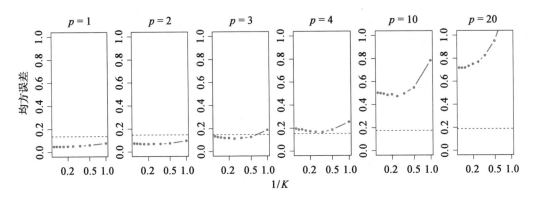

图 3-20 随着变量个数 p 的增加,线性回归(水平虚线)和 KNN(曲线)的 MSE。与图 3-19 中的下图相同,第一个变量的真实函数在是非线性的且不依赖于其他变量。随着噪声变量的加入,线性回归的拟合效果逐渐变差,但 KNN 的拟合效果随着 p 的增加恶化得更快

即使在低维问题上,从可解释性的角度来看,与 KNN 相比我们也会更倾向于线性回归。如果 KNN 的测试集 MSE 仅略低于线性回归,我们可能放弃一些预测精度,转而建立能被几个系数描述,且这些系数的 p 值都可知的简单模型。

3.6 实验:线性回归

3.6.1 库

library()函数用于加载**库**(library)——一组不包含在基础 R 配置内的函数和数据集。最小二乘线性回归和其他简单的分析功能是基础配置里的标配,但要实现更奇特的功能需要另外的库。这里我们加载 MASS 程序包,它是一个非常大的集合,包含数据集和函数。我们还需要加载 ISLR2 数据包,其中包含了与本书相关数据集。

```
> library(MASS)
> library(ISLR2)
```

如果加载这些库时收到错误消息提示,可能表明相应的库尚未被安装到系统上。某些库是 R 自带的,比如 MASS,不需要单独进行安装。然而,其他的包,如 ISLR2,第一次使用时必须下载。下载可以直接在 R 中完成。以 Windows 系统为例,选择 Package 选项卡上的 Install package 选项。选择任意镜像站点,就会出现一个可用软件包列表。只需要在列表中选择你想安装的软件包,R 软件就会自动下载该软件包。此外,还可以通过 R 命令 install.packages("ISLR2")下载包。安装只需要在第一次使用包时执行。但是每次使用特定的包时都必须调用 library()函数。

3.6.2 简单线性回归

MASS 库中包含 Boston(波士顿房屋)数据集,它记录了波士顿周围 506 个街区的 medv(房价中位数)。我们将设法用 12 个预测变量如 rm(每栋住宅的平均房间数)、age(平均房龄)、lstat(社会经济地位低的家庭所占比例)等来预测 medv(房价中位数)。

```
> head(Boston)
     crim zn indus chas   nox    rm  age    dis rad tax
1 0.00632 18  2.31    0 0.538 6.575 65.2 4.0900   1 296
2 0.02731  0  7.07    0 0.469 6.421 78.9 4.9671   2 242
3 0.02729  0  7.07    0 0.469 7.185 61.1 4.9671   2 242
4 0.03237  0  2.18    0 0.458 6.998 45.8 6.0622   3 222
5 0.06905  0  2.18    0 0.458 7.147 54.2 6.0622   3 222
6 0.02985  0  2.18    0 0.458 6.430 58.7 6.0622   3 222
  ptratio lstat medv
1    15.3  4.98 24.0
2    17.8  9.14 21.6
3    17.8  4.03 34.7
4    18.7  2.94 33.4
5    18.7  5.33 36.2
6    18.7  5.21 28.7
```

要了解关于此数据集的更多信息，可以输入?Boston。

我们从用lm()函数拟合一个简单线性回归模型开始，将lstat作为预测变量，medv作为响应变量。基本句法是lm(y~x, data)，其中y是响应变量，x是预测变量，data是这两个变量所属的数据集。

```
> lm.fit <- lm(medv ~ lstat)
Error in eval(expr, envir, enclos) : Object "medv" not found
```

该命令会产生错误，因为R不知道哪里可以找到变量medv和lstat。下一行命令告诉R，变量在Boston数据集中。如果绑定Boston数据集，R就能识别变量，此时第一行语句可以正常工作。

```
> lm.fit <- lm(medv ~ lstat, data = Boston)
> attach(Boston)
> lm.fit <- lm(medv ~ lstat)
```

如果我们输入lm.fit，则会输出模型的一些基本信息。用summary(lm.fit)了解更多详细信息。运行这条命令将输出系数的p值和标准误差，以及模型的R^2统计量和F统计量。

```
> lm.fit

Call:
lm(formula = medv ~ lstat)

Coefficients:
(Intercept)        lstat
      34.55        -0.95

> summary(lm.fit)

Call:
lm(formula = medv ~ lstat)

Residuals:
   Min     1Q Median     3Q    Max
-15.17  -3.99  -1.32   2.03  24.50
```

```
Coefficients:
            Estimate Std. Error t value Pr(>|t|)
(Intercept)  34.5538     0.5626    61.4   <2e-16 ***
lstat        -0.9500     0.0387   -24.5   <2e-16 ***
---
Signif. codes:  0 *** 0.001 ** 0.01 * 0.05 . 0.1   1

Residual standard error: 6.22 on 504 degrees of freedom
Multiple R-squared: 0.544,     Adjusted R-squared: 0.543
F-statistic:  602 on 1 and 504 DF,  p-value: <2e-16
```

可以使用 names() 函数找出 lm.fit 中存储的其他信息。虽然可以用名称提取这些量（例如 lm.fit$ coefficients），但用提取功能如 coef() 访问它们会更安全。

```
> names(lm.fit)
 [1] "coefficients"  "residuals"       "effects"
 [4] "rank"          "fitted.values"   "assign"
 [7] "qr"            "df.residual"     "xlevels"
[10] "call"          "terms"           "model"
> coef(lm.fit)
(Intercept)        lstat
      34.55        -0.95
```

为了得到系数估计值的置信区间，可以使用 confint() 命令。

```
> confint(lm.fit)
             2.5 %  97.5 %
(Intercept) 33.45  35.659
lstat       -1.03  -0.874
```

在根据给定 lstat 的值预测 medv 时，predict() 函数可以计算置信区间和预测区间。

```
> predict(lm.fit,data.frame(lstat=(c(5,10,15))),
+     interval="confidence")
    fit   lwr   upr
1 29.80 29.01 30.60
2 25.05 24.47 25.63
3 20.30 19.73 20.87
> predict(lm.fit,data.frame(lstat=(c(5,10,15))),
+     interval="prediction")
    fit    lwr    upr
1 29.80 17.566  42.04
2 25.05 12.828  37.28
3 20.30  8.078  32.53
```

例如当 lstat 等于 10 时，相应的 95% 置信区间为 (24.47, 25.63)，相应的 95% 预测区间为 (12.828, 37.28)。正如预期的那样，置信区间和预测区间有相同的中心点（当 lstat 等于 10 时，medv 的预测值是 25.05），但后者要宽得多。

现在，我们用函数 plot() 和 abline() 绘制 medv 和 lstat 的散点图以及最小二乘回归直线。

```
> plot(lstat,medv)
> abline(lm.fit)
```

有一些证据表明 lstat 和 medv 的关系是非线性的。之后我们会探讨这个问题。

abline() 函数可以用来绘制任意直线，而不只是最小二乘回归直线。输入 abline(a, b) 可以画一条截距为 a，斜率为 b 的直线。下面尝试一些用于绘制线和点的附加设置。lwd=3 命令将使回归直线的宽度增加到 3 倍，这一设置在 plot() 和 lines() 函数中也可使用。我们还可以用 pch 选项创建不同的图形符号。

```
> abline(lm.fit,lwd=3)
> abline(lm.fit,lwd=3,col="red")
> plot(lstat,medv,col="red")
> plot(lstat,medv,pch=20)
> plot(lstat,medv,pch="+")
> plot(1:20,1:20,pch=1:20)
```

接下来我们检查一些诊断图，其中几种在 3.3.3 节中曾讨论过。对 lm() 的输出直接用 plot() 命令将自动生成四幅诊断图。一般情况下，这个命令每次生成一幅图，按下**回车键**（Enter）将生成下一幅图。然而，同时查看所有四幅图通常比较方便。可以用函数 par() 和 mfrow() 做到这一点，它指示 R 将显示屏分割成独立的面板，所以可以同时查看多个图。例如，par(mfrow= c (2, 2)) 把绘图区域划分成 2×2 的网格面板。

```
> par(mfrow=c(2,2))
> plot(lm.fit)
```

也可以用 residuals() 函数计算线性回归拟合的残差。函数 rstudent() 可计算学生化残差，我们也可以用这个函数绘制残差对拟合值的散点图。

```
> plot(predict(lm.fit), residuals(lm.fit))
> plot(predict(lm.fit), rstudent(lm.fit))
```

残差图中的一些证据表明数据有非线性。杠杆统计量可以由 hatvalues() 函数为任意多个预测变量来计算。

```
> plot(hatvalues(lm.fit))
> which.max(hatvalues(lm.fit))
375
```

which.max() 函数可识别出向量中最大元素的索引。在本例中，它告诉我们哪个观测值具有最大的杠杆统计量。

3.6.3 多元线性回归

为了用最小二乘法拟合多元线性回归模型，再次调用 lm() 函数。语句 lm(y~x1+x2+x3) 用于建立有三个预测变量 x1, x2, x3 的拟合模型。summary() 函数输出所有预测变量的回归系数。

```
> lm.fit<-lm(medv~lstat+age,data=Boston)
> summary(lm.fit)

Call:
lm(formula = medv ~ lstat + age, data = Boston)
```

```
Residuals:
    Min      1Q  Median      3Q     Max
 -15.98   -3.98   -1.28    1.97   23.16

Coefficients:
            Estimate Std. Error t value Pr(>|t|)
(Intercept)  33.2228     0.7308   45.46   <2e-16 ***
lstat        -1.0321     0.0482  -21.42   <2e-16 ***
age           0.0345     0.0122    2.83   0.0049 **
---
Signif. codes:  0 *** 0.001 ** 0.01 * 0.05 . 0.1   1

Residual standard error: 6.17 on 503 degrees of freedom
Multiple R-squared: 0.551,    Adjusted R-squared: 0.549
F-statistic:  309 on 2 and 503 DF,  p-value: <2e-16
```

Boston 数据集包含 12 个变量，所以在用所有的预测变量进行回归时，一一输入会很麻烦。可以使用下面的快捷方法：

```
> lm.fit <- lm(medv ~ ., data = Boston)
> summary(lm.fit)

Call:
lm(formula = medv ~ ., data = Boston)

Residuals:
    Min       1Q   Median       3Q      Max
 -15.130   -2.767   -0.581    1.941   26.253

Coefficients:
             Estimate Std. Error t value Pr(>|t|)
(Intercept)  41.61727    4.93604    8.43  3.8e-16 ***
crim         -0.12139    0.03300   -3.68  0.00026 ***
zn            0.04696    0.01388    3.38  0.00077 ***
indus         0.01347    0.06214    0.22  0.82852
chas          2.83999    0.87001    3.26  0.00117 **
nox         -18.75802    3.85135   -4.87  1.5e-06 ***
rm            3.65812    0.42025    8.70  < 2e-16 ***
age           0.00361    0.01333    0.27  0.78659
dis          -1.49075    0.20162   -7.39  6.2e-13 ***
rad           0.28940    0.06691    4.33  1.8e-05 ***
tax          -0.01268    0.00380   -3.34  0.00091 ***
ptratio      -0.93753    0.13221   -7.09  4.6e-12 ***
lstat        -0.55202    0.05066  -10.90  < 2e-16 ***
---
Signif. codes:  0 *** 0.001 ** 0.01 * 0.05 . 0.1    1

Residual standard error: 4.8 on 493 degrees of freedom
Multiple R-squared: 0.734,    Adjusted R-squared: 0.728
F-statistic:  114 on 12 and 493 DF,  p-value: < 2e-16
```

可以用它们的名字访问 summary 对象的各个组成部分（输入 ?summary.lm 查看可用项）。因此，summary(lm.fit)$r.sq 可输出 R^2，summary(lm.fit)$sigma 可给出 RSE。vif() 函数是 car 包的一部分，可用于计算方差膨胀因子。此数据集中大多数变量的

VIF 值是低到中等。Car 包不是 R 基本配置的一部分，因此第一次使用必须通过 R 中的 install.packages() 函数下载。

```
> library(car)
> vif(lm.fit)
   crim     zn   indus    chas     nox      rm     age     dis
   1.77   2.30    3.99    1.07    4.37    1.91    3.09    3.95
    rad    tax ptratio   lstat
   7.45   9.00    1.80    2.87
```

如果想用除某一变量之外的所有其他变量进行回归，该如何操作？例如，在上面的回归结果中，age 变量有很高的 p 值。所以我们不妨进行不包括年龄变量的回归。下面的语句就是用除 age 之外的所有预测变量进行回归。

```
> lm.fit1<-lm(medv~.-age,data=Boston)
> summary(lm.fit1)
...
```

或者使用 update() 函数。

```
> lm.fit1<-update(lm.fit, ~.-age)
```

3.6.4 交互项

用 lm() 函数使线性模型包括交互项是很容易的。语句 lstat:black 命令 R 将 lstat 和 black 的交互项纳入模型。语句 lstat*age 将 lstat、age 和交互项 lstat×age 同时作为预测变量，它是 lstat+age+lstat:age 的简写形式。

```
> summary(lm(medv~lstat*age,data=Boston))

Call:
lm(formula = medv ~ lstat * age, data = Boston)

Residuals:
    Min     1Q Median     3Q    Max
 -15.81  -4.04  -1.33   2.08  27.55

Coefficients:
              Estimate Std. Error t value Pr(>|t|)
(Intercept)  36.088536   1.469835   24.55  < 2e-16 ***
lstat        -1.392117   0.167456   -8.31  8.8e-16 ***
age          -0.000721   0.019879   -0.04    0.971
lstat:age     0.004156   0.001852    2.24    0.025 *
---
Signif. codes:  0 *** 0.001 ** 0.01 * 0.05 . 0.1   1

Residual standard error: 6.15 on 502 degrees of freedom
Multiple R-squared: 0.556,  Adjusted R-squared: 0.553
F-statistic:  209 on 3 and 502 DF,  p-value: <2e-16
```

3.6.5 预测变量的非线性变换

lm() 函数也可以容纳预测变量的非线性变换。例如，给定预测变量 X，我们可以用 I(X^2)

创建预测变量 X^2。函数 I() 是必要的，因为^在公式中有特殊的含义；这是 R 软件里把 X 转换成其二次方的标准方法。现在建立 medv 对 lstat 和 lstat^2 的回归。

```
> lm.fit2 <- lm(medv ~ lstat + I(lstat^2))
> summary(lm.fit2)

Call:
lm(formula = medv ~ lstat + I(lstat^2))

Residuals:
    Min      1Q  Median      3Q     Max
 -15.28   -3.83   -0.53    2.31   25.41

Coefficients:
              Estimate Std. Error t value Pr(>|t|)
(Intercept) 42.86201    0.87208     49.1   <2e-16 ***
lstat       -2.33282    0.12380    -18.8   <2e-16 ***
I(lstat^2)   0.04355    0.00375     11.6   <2e-16 ***
---
Signif. codes:  0 *** 0.001 ** 0.01 * 0.05 . 0.1   1

Residual standard error: 5.52 on 503 degrees of freedom
Multiple R-squared: 0.641,  Adjusted R-squared: 0.639
F-statistic:  449 on 2 and 503 DF,  p-value: < 2e-16
```

二次项的 p 值接近零表明它使模型得到了改进。我们用 anova() 函数进一步量化二次拟合优于线性拟合的程度。

```
> lm.fit <- lm(medv ~ lstat)
> anova(lm.fit, lm.fit2)
Analysis of Variance Table

Model 1: medv ~ lstat
Model 2: medv ~ lstat + I(lstat^2)
  Res.Df   RSS Df Sum of Sq    F Pr(>F)
1    504 19472
2    503 15347  1      4125  135 <2e-16 ***
---
Signif. codes:  0 *** 0.001 ** 0.01 * 0.05 . 0.1   1
```

这里的模型 1 代表只包含一个预测变量 lstat 的线性子模型，模型 2 则对应具有两个预测变量 lstat 和 lstat^2 的二次模型。anova() 函数通过假设检验比较两个模型。零假设是这两个模型对数据的拟合同样出色，备择假设是全模型更优。这里的 F 统计量是 135，相应的 p 值几乎为零。这提供了非常明确的证据表明包含预测变量 lstat 和 lstat^2 的模型远远优于只包含预测变量 lstat 的模型。这并不奇怪，因为之前我们看到了 medv 和 lstat 之间有非线性关系的证据。如果我们输入

```
> par(mfrow=c(2,2))
> plot(lm.fit2)
```

就可以看到当模型包含 lstat^2 时，残差中可识别的规律很少。

要创建一个三次拟合我们可以向模型中加入一个形如 I(X^3) 的预测变量。然而，这种

方法对于高阶多项式就会变得烦琐。更好的方法是用 poly() 和 lm() 函数创建多项式。例如，下面的命令会产生一个五阶多项式拟合：

```
> lm.fit5 <- lm(medv ~ poly(lstat, 5))
> summary(lm.fit5)

Call:
lm(formula = medv ~ poly(lstat, 5))

Residuals:
     Min      1Q  Median      3Q     Max
 -13.543  -3.104  -0.705   2.084  27.115

Coefficients:
                 Estimate Std. Error t value Pr(>|t|)
(Intercept)        22.533      0.232   97.20  < 2e-16 ***
poly(lstat, 5)1  -152.460      5.215  -29.24  < 2e-16 ***
poly(lstat, 5)2    64.227      5.215   12.32  < 2e-16 ***
poly(lstat, 5)3   -27.051      5.215   -5.19  3.1e-07 ***
poly(lstat, 5)4    25.452      5.215    4.88  1.4e-06 ***
poly(lstat, 5)5   -19.252      5.215   -3.69  0.00025 ***
---
Signif. codes:  0 *** 0.001 ** 0.01 * 0.05 . 0.1   1

Residual standard error: 5.21 on 500 degrees of freedom
Multiple R-squared: 0.682,  Adjusted R-squared: 0.679
F-statistic:  214 on 5 and 500 DF,  p-value: < 2e-16
```

这表明，在模型中加入五阶以下的多项式改善了模型拟合！然而，进一步考察数据表明，五阶以上的多项式在回归拟合中的 p 值不显著。

poly() 函数会自动对预测函数进行正交化：这意味着该函数输出的特征不是参数的幂次序列。然而，应用于 poly() 函数输出的线性模型将与应用于原始多项式的线性模型具有相同的拟合值（尽管系数估计、标准误差和 p 值会有所不同）。为了从 poly() 函数中获得原始的多项式，必须使用参数 raw = TRUE。

当然，我们并非仅能对预测变量进行多项式变换。在这里，我们尝试对数变换。

```
> summary(lm(medv~log(rm),data=Boston))
...
```

3.6.6 定性预测变量

现在，我们将研究 Carseats（汽车座椅）数据，它是 ISLR2 库的一部分。我们试图根据一些预测变量预测 400 个地区的 sales（儿童座椅销量）。

```
> head(Carseats)
  Sales CompPrice Income Advertising Population Price
1  9.50       138     73          11        276   120
2 11.22       111     48          16        260    83
3 10.06       113     35          10        269    80
4  7.40       117    100           4        466    97
5  4.15       141     64           3        340   128
6 10.81       124    113          13        501    72
```

```
  ShelveLoc Age Education Urban  US
1       Bad  42        17   Yes Yes
2      Good  65        10   Yes Yes
3    Medium  59        12   Yes Yes
4    Medium  55        14   Yes Yes
5       Bad  38        13   Yes  No
6       Bad  78        16    No Yes
```

Carseats 数据含有定性预测变量，如 Shelveloc（每个地区货架位置的质量指标），即在每个地区汽车座椅在商店内的展示空间。预测变量 Shelveloc 有三个可能的取值：**坏**（bad），**中等**（medium），**好**（good）。给出定性变量如 Shelveloc，R 将自动生成哑变量。下面构建一个含有交互项的多元回归模型。

```
> lm.fit <- lm(Sales~.+Income:Advertising+Price:Age,data=Carseats)
> summary(lm.fit)

Call:
lm(formula = Sales ~ . + Income:Advertising + Price:Age, data =
    Carseats)
Residuals:
   Min     1Q  Median     3Q    Max
-2.921 -0.750   0.018  0.675  3.341

Coefficients:
                    Estimate Std. Error t value Pr(>|t|)
(Intercept)         6.575565   1.008747    6.52  2.2e-10 ***
CompPrice           0.092937   0.004118   22.57  < 2e-16 ***
Income              0.010894   0.002604    4.18  3.6e-05 ***
Advertising         0.070246   0.022609    3.11  0.00203 **
Population          0.000159   0.000368    0.43  0.66533
Price              -0.100806   0.007440  -13.55  < 2e-16 ***
ShelveLocGood       4.848676   0.152838   31.72  < 2e-16 ***
ShelveLocMedium     1.953262   0.125768   15.53  < 2e-16 ***
Age                -0.057947   0.015951   -3.63  0.00032 ***
Education          -0.020852   0.019613   -1.06  0.28836
UrbanYes            0.140160   0.112402    1.25  0.21317
USYes              -0.157557   0.148923   -1.06  0.29073
Income:Advertising  0.000751   0.000278    2.70  0.00729 **
Price:Age           0.000107   0.000133    0.80  0.42381
---
Signif. codes:  0 *** 0.001 ** 0.01 * 0.05 . 0.1 1

Residual standard error: 1.01 on 386 degrees of freedom
Multiple R-squared: 0.876,    Adjusted R-squared: 0.872
F-statistic: 210 on 13 and 386 DF,  p-value: <2e-16
```

contrasts() 函数返回 R 哑变量的编码。

```
> attach(Carseats)
> contrasts(ShelveLoc)
       Good Medium
Bad       0      0
Good      1      0
Medium    0      1
```

使用?contrasts命令了解其他编码方式以及设置方法。

R创建了一个哑变量ShelveLocGood，如果货架位置好，它的值为1，否则为0。R还创造了一个哑变量ShelveLocMedium，如果货架位置属于中等水平，它的值为1，否则为0。坏的货架位置则对应两个哑变量均为0。在回归输出中，若变量ShelveLocGood的系数为正，则表明好的货架位置与高销售额相关（与坏位置相比）。若变量Shelve-LocMedium的系数为较小的正值，则表明中等水平的货架位置的销量比坏位置高，但比一个好位置差。

3.6.7 编写函数

正如我们已经看到的，R配备了许多有用的函数，通过R库还可以获得更多函数。然而，我们往往有兴趣执行一个操作但没有函数可用。这种情况下，我们可能需要自己写函数。举个例子，下面我们提供一个名为LoadLibraries()的简单函数，它的作用是读取ISLR2和MASS库。在创建函数之前，如果我们尝试调用它，R将返回一个错误。

```
> LoadLibraries
Error: object 'LoadLibraries' not found
> LoadLibraries()
Error: could not find function "LoadLibraries"
```

现在我们创建函数。请注意，符号+是由R输出的，不应被输入。符号{告诉R有多个命令将被输入。输入符号{后按下回车键将使R输出符号+。然后，我们可以输入不限量的命令，每条命令结束后按下回车键可以继续添加命令。最后用符号}告知R我们将不再输入更多命令。

```
> LoadLibraries <- function() {
+   library(ISLR2)
+   library(MASS)
+   print("The libraries have been loaded.")
+ }
```

现在输入LoadLibraries，R将输出函数的内容。

```
> LoadLibraries
function() {
  library(ISLR2)
  library(MASS)
  print("The libraries have been loaded.")
}
```

如果调用函数，将会加载库并打印如下语句。

```
> LoadLibraries()
[1] "The libraries have been loaded."
```

3.7 习题

概念

1. 描述表3-4中的p值所对应的零假设。说明基于这些p值可以得出什么结论。请用

sales，TV，radio 和 newspaper 等变量描述结论，而不是仅仅给出线性模型的系数。
2. 详细说明 KNN 分类和 KNN 回归之间的差异。
3. 假设一个数据集有 5 个预测变量，$X_1=$GPA，$X_2=$IQ，$X_3=$Level（1 代表大学，0 代表高中），$X_4=$GPA 和 IQ 之间的交互作用，$X_5=$GPA 和 Level 之间的交互作用。响应变量是毕业后的起薪（单位：千美元）。假设我们用最小二乘法拟合模型，并得到 $\hat{\beta}_0=50$，$\hat{\beta}_1=20$，$\hat{\beta}_2=0.07$，$\hat{\beta}_3=35$，$\hat{\beta}_4=0.01$，$\hat{\beta}_5=-10$。

   (a) 下列选项哪个是正确的，为什么？
      i. 当 IQ 和 GPA 一定时，高中毕业生的平均收入高于大学毕业生。
      ii. 当 IQ 和 GPA 一定时，大学毕业生的平均收入高于高中毕业生。
      iii. 当 IQ 和 GPA 一定时，在 GPA 足够高的情况下，高中毕业生的平均收入高于大学毕业生。
      iv. 当 IQ 和 GPA 一定时，在 GPA 足够高的条件下，大学毕业生的平均收入高于高中毕业生。

   (b) 估计一名智商为 110，GPA 为 4.0 的大学毕业生的收入。

   (c) 请判断真假：由于 GPA 与 IQ 交互项的系数很小，所以没有证据表明二者之间存在交互作用。解释你的答案。

4. 收集一组包含单个预测变量和定量响应变量的数据（观测数 $n=100$）。然后用线性回归模型对数据进行拟合，再用三次回归，即 $Y=\beta_0+\beta_1 X+\beta_2 X^2+\beta_3 X^3+\varepsilon$ 对数据进行拟合。

   (a) 假设 X 和 Y 满足线性关系，即 $Y=\beta_0+\beta_1 X+\varepsilon$。考虑线性回归的训练残差平方和（RSS）以及三次回归的训练 RSS。可以判断两个 RSS 之间的大小关系，或者根据已知条件无法判断？请给出理由。

   (b) 用测试 RSS 回答问题（a）。

   (c) 假设 X 和 Y 的真实关系并非线性，也无法判断其非线性程度。考虑线性回归的训练残差平方和（RSS），以及三次回归的训练 RSS。可以判断两个 RSS 之间的大小关系，或者根据已知条件无法判断？请给出理由。

   (d) 用测试 RSS 回答问题（c）。

5. 考虑不含截距的线性回归的拟合值。在此情况下，第 i 个拟合值的形式是
$$\hat{y}_i = x_i \hat{\beta}$$
其中
$$\hat{\beta} = \left(\sum_{i=1}^n x_i y_i\right) \bigg/ \left(\sum_{i'=1}^n x_{i'}^2\right) \tag{3.38}$$
证明上式可以写成如下形式：
$$\hat{y}_i = \sum_{i'=1}^n a_{i'} y_{i'}$$
并给出 $a_{i'}$。

   注意：我们将这种结果描述为线性回归拟合值是响应值的线性组合。

6. 用式（3.4）证明在简单线性回归中，最小二乘线始终通过点 $(\bar{x}, \bar{y})$。

7. 请证明正文中提到的下述命题：在 X 到 Y 的简单线性回归中，R^2 统计量式（3.17）等于 X 和 Y 之间的相关系数式（3.18）的平方。为了简单起见，可以假设 $\bar{x}=\bar{y}=0$。

应用

8. 用 Auto（汽车）数据集进行简单线性回归。
   (a) 使用 lm() 函数完成一个简单线性回归，其中 mpg（油耗）是响应变量，horsepower（马力）是预测变量。用 summary() 函数输出结果并分析所得结果。
   例如：
   i. 预测变量和响应变量之间有关系吗？
   ii. 预测变量和响应变量之间的关系有多强？
   iii. 预测变量和响应变量是正相关还是负相关？
   iv. 当马力是 98 时，mpg（油耗）的预测值是多少？相应的 95% 置信区间和预测区间分别是什么？
   (b) 绘制响应变量和预测变量的关系图。用 abline() 函数显示最小二乘回归线。
   (c) 用 plot() 函数生成最小二乘回归拟合的诊断图。分析你发现的拟合中的问题。

9. 使用 Auto 数据集进行多元线性回归。
   (a) 画出数据集中的所有变量的散点图矩阵。
   (b) 用 cor() 函数计算变量之间的相关系数矩阵。需要排除定性变量 name。
   (c) 使用 lm() 函数进行多元线性回归，用除了 name 之外的所有变量作为预测变量，mpg 作为响应变量。用 summary() 函数输出结果并分析所得结果。
   例如：
   i. 预测变量和响应变量之间有关系吗？
   ii. 哪个预测变量与响应变量在统计上具有显著关系？
   iii. year（车龄）变量的系数说明什么？
   (d) 用 plot() 函数生成线性回归拟合的诊断图。分析拟合中的问题。残差图表明有异常大的离群点吗？杠杆图识别出了有异常高杠杆作用的点吗？
   (e) 使用符号 * 和符号 : 来进行有交互作用的线性回归模型拟合。是否存在统计显著的交互作用？
   (f) 对预测变量尝试不同的变换，如 $\log X$, $\sqrt{X}$ 和 X^2 并分析结果。

10. 以下问题需要使用 Carseats（汽车座椅）数据集回答。
    (a) 用多元回归模型进行拟合，使用 Price, Urban 以及 US 对 sales 进行预测。
    (b) 解释模型中的各个系数。注意模型中的定性变量。
    (c) 把模型写成方程的形式，注意正确处理定性变量。
    (d) 哪些预测变量可以拒绝零假设 $H_0: \beta_j = 0$？
    (e) 在上题答案的基础上，用与输出结果相关的预测变量拟合一个更小的模型。
    (f) (a) 和 (e) 中的模型对数据的拟合度如何？
    (g) 利用 (e) 中的模型，计算系数的 95% 置信区间。
    (h) 模型 (e) 中是否有离群点或高杠杆点？

11. 本题中，在不含截距的简单线性回归中，用零假设 $H_0: \beta = 0$ 对 t 统计量做假设检验。首先，我们用如下方法生成预测变量 x 和响应变量 y。

```
> set.seed(1)
> x<-rnorm(100)
> y<-2*x+rnorm(100)
```

(a) 建立 y 对 x 的不含截距的简单线性回归。报告估计系数 $\hat{\beta}$ 及其标准误差、t 统计量和与零假设 $H_0: \beta = 0$ 相关的 p 值。分析这些结果。[使用 lm(y~x+0) 实现没有截距的简单线性回归。]

(b) 建立 x 对 y 的不含截距的简单线性回归。报告估计系数 $\hat{\beta}$ 及其标准误差、t 统计量和与零假设 $H_0: \beta = 0$ 相关的 p 值。分析这些结果。

(c) (a) 和 (b) 所得到的结果之间有什么关系？

(d) 对于 y 对 x 的不含截距的简单线性回归，零假设 $H_0: \beta = 0$ 的 t 统计量具有 $\hat{\beta}/\text{SE}(\hat{\beta})$ 的形式，其中 $\hat{\beta}$ 由式 (3.38) 给出，其中

$$\text{SE}(\hat{\beta}) = \sqrt{\frac{\sum_{i=1}^{n}(y_i - x_i \hat{\beta})^2}{(n-1)\sum_{i'=1}^{n} x_{i'}^2}}$$

(这些公式与 3.1.1 节和 3.1.2 节中的略有不同，因为这里进行的是没有截距的回归。) 用代数方法证明 t 统计量可以写成如下形式，并在 R 中计算确认。

$$\frac{(\sqrt{n-1})\sum_{i=1}^{n} x_i y_i}{\sqrt{\left(\sum_{i=1}^{n} x_i^2\right)\left(\sum_{i'=1}^{n} y_{i'}^2\right) - \left(\sum_{i'=1}^{n} x_{i'} y_{i'}\right)^2}}$$

(e) 用 (d) 的结果证明 y 对 x 回归的 t 统计量与 x 对 y 回归的 t 统计量相等。

(f) 在 R 中证明在有截距的回归中，零假设 $H_0: \beta_1 = 0$ 的 t 统计量在 y 对 x 的回归中和 x 对 y 的回归中是一样的。

12. 关于没有截距的简单线性回归。

(a) 不含截距的 Y 对 X 的线性回归估计系数由式 (3.38) 给出。在什么情况下 Y 对 X 回归的系数估计与 X 对 Y 回归的系数估计相等？

(b) 在 R 中产生一个观测数 $n = 100$ 的样本，要求 Y 对 X 回归与 X 对 Y 回归的系数估计不同。

(c) 在 R 中产生一个观测数 $n = 100$ 的样本，要求 Y 对 X 回归与 X 对 Y 回归的系数估计相同。

13. 创建一些模拟数据，并用简单线性回归模型对数据进行拟合。为确保结果的一致性，一定要在问题 (a) 之前使用 set.seed (1)。

(a) 用 rnorm() 函数创建一个向量 x，包含 100 个服从 $N(0, 1)$ 分布的观测。即为变量 X。

(b) 用 rnorm() 函数创建一个向量 eps，包含 100 个服从 $N(0, 0.25)$（即平均值为 0，方差为 0.25 的正态分布）分布的观测值。

(c) 使用向量 x 和 eps，根据以下模型生成一个向量 y，
$$Y = -1 + 0.5X + \varepsilon \tag{3.39}$$
向量 y 的长度是多少？这个线性模型中的 β_0 和 β_1 是多少？

(d) 创建一个散点图表示 x 和 y 之间的关系。分析你观察到的结果。

(e) 采用最小二乘线性模型拟合数据，用 x 来预测 y。分析得到的模型。$\hat{\beta}_0$ 和 $\hat{\beta}_1$ 与 β_0 和 β_1 相比如何？

(f) 在 (d) 中得到的散点图上绘制最小二乘线。在图上用不同的颜色绘制总体回归线。用 legend() 命令创建一个适当的图例。

(g) 采用多项式回归模型拟合数据，用 x 和 x^2 来预测 y。结果能否表明二次项提高了拟合度？请给出理由。

(h) 修改生成数据的过程，减小数据里的噪声，并重复步骤 (a)~(f)。模型式 (3.39) 保持不变。可以通过减小用于生成(b)中的误差项 ε 的正态分布的方差。描述你得到的结果。

(i) 修改生成数据的过程，增加数据里的噪声，并重复步骤 (a)~(f)。模型式 (3.39) 保持不变。为此，你可以通过增大用于生成 (b) 中的误差项 ε 的正态分布的方差。描述你得到的结果。

(j) 分别根据原始数据集、高噪声的数据集以及低噪声的数据集求 β_0 和 β_1 的置信区间。评论你得到的结果。

14. 此问题的重点是共线性问题。

(a) 在 R 中执行以下命令：

```
> set.seed(1)
> x1<-runif(100)
> x2<-0.5*x1+rnorm(100)/10
> y<-2+2*x1+0.3*x2+rnorm(100)
```

最后一行对应创建 y 为 x1 和 x2 的函数的线性模型。写出线性模型的函数形式。回归系数是多少？

(b) x1 和 x2 之间的相关系数是多少？画出变量的散点图。

(c) 利用这些数据，用 x1 和 x2 拟合最小二乘回归来预测 y。描述你获得的结果。$\hat{\beta}_0$，$\hat{\beta}_1$ 和 $\hat{\beta}_2$ 是多少？估计值与真正的 β_0，β_1 和 β_2 是什么关系？你能拒绝零假设 $H_0: \beta_1 = 0$ 吗？你能拒绝零假设 $H_0: \beta_2 = 0$ 吗？

(d) 只用 x1 拟合最小二乘回归来预测 y。评论你的结果。你能拒绝零假设 $H_0: \beta_1 = 0$ 吗？

(e) 只用 x2 拟合最小二乘回归来预测 y。评论你的结果。你能拒绝零假设 $H_0: \beta_1 = 0$ 吗？

(f) (c)~(e) 的结果相互矛盾吗？解释你的答案。

(g) 现在假设我们得到一个新的观测，很不幸它是由错误测量得到的。

```
> x1<-c(x1, 0.1)
> x2<-c(x2, 0.8)
> y<-c(y,6)
```

用这个新数据重新拟合线性模型（c）～（e）。这个新观测对各个模型有什么样的影响？在各个模型中，这个观测是否为离群点？高杠杆作用的点？或两者兼有？解释你的答案。

15. 这个问题涉及我们在本章实验中看到的 Boston 数据集。现在，我们尝试用这组数据中的其他变量预测人均犯罪率。换句话说，人均犯罪率是响应变量，其他变量是预测变量。

   (a) 对于每一个预测变量，拟合简单线性回归模型来预测响应变量。描述你的结果。在哪个模型预测和响应之间统计学显著？创建一些图来支持你的观点。

   (b) 拟合一个多元回归模型，使用所有的预测变量来预测响应变量。描述你的结果。哪个预测变量可以拒绝零假设 $H_0: \beta_j = 0$？

   (c) 那么（a）的结果与（b）相比较如何？创建一幅图，x 轴表示模型（a）的单变量回归系数，y 轴表示模型（b）的多元回归系数。也就是说，每个预测变量在图上是一个点。简单线性回归模型的系数在 x 轴上示出，多元线性回归模型的系数估计值在 y 轴上示出。

   (d) 预测变量和响应变量之间有非线性关系吗？要回答这个问题，对于每个预测变量 X，拟合模型的形式为

$$Y = \beta_0 + \beta_1 X + \beta_2 X^2 + \beta_3 X^3 + \varepsilon$$

第 4 章 分类

第 3 章所讨论的线性回归模型中假设响应变量 Y 是定量的，但很多情况下，响应变量却是**定性的**（qualitative）。例如，眼睛的颜色是定性变量，取值蓝色、棕色或绿色。定性变量也称为**分类**（categorical）变量，两者的统计含义是一样的。这一章将学习预测定性响应变量的方法及**分类**（classification）的过程。预测一个观测的定性响应值也指对观测**分类**，因为它涉及将观测分配到一个类别中。而且，大部分的分类方法先从预测观测属于定性变量不同类别的概率开始，作为分类的基础。从这个角度上看，分类与回归方法有许多类似之处。

已经有许多分类技术或**分类模型**（classifier）被开发出来用于预测定性响应变量值。在 2.1.5 节和 2.2.3 节我们已接触了一些。这一章将讨论几种应用最广泛的分类方法：**逻辑斯谛回归**（logistic regression）、**线性判别分析**（linear discriminant analysis）、**二次判别分析**（quadratic discriminant analysis）、**朴素贝叶斯法**（naive Bayes）和 **K 最近邻**（K-nearest neighbor）。在后面章节将会讨论更多的数据密集型计算方法，例如广义可加模型（第 7 章）、树方法、随机森林、提升法（第 8 章）以及支持向量机（第 9 章）。

4.1 分类问题概述

现实中分类问题是比较常见的，甚至比回归问题还要多，下面举几个例子。

(1) 某人来到急诊室，医生通过该病人的一系列症状将病人归到三类可能的病症中的一类。

(2) 网上银行服务需要基于用户的 IP 地址、历史交易记录等信息辨别一个在线网上交易是否存在诈骗。

(3) 一位生物学家对一定数量患先天疾病的患者和未患病的人进行 DNA 排列信息分析，辨别哪些 DNA 突变是致病的，哪些是不致病的。

与回归一样，在分类中假定有一系列训练观测 $(x_1, y_1), (x_2, y_2), \cdots, (x_n, y_n)$，可以根据训练数据建立一个分类模型，使模型不仅较好地拟合训练数据，而且在测试集上也能有较好的效果。

这一章将会通过一个模拟的 Default（违约）数据集来阐述分类模型的概念。在该问题中，我们希望基于用户的年收入和月信用卡负债预测其违约的状态，数据集如图 4-1 所示（见彩插）。图 4-1 的左图展示了 10 000 个样本构成的子集绘出的 income（年收入）和 balance（月信用卡负债）的关系图。图中橙色表示某个月份出现违约的个体用户，蓝色表示未构成违约的个体用户。（总体违约率大约为 3%，只绘出一小部分未构成违约的个体。）

图中表明违约的个体用户比未违约的个体用户倾向于拥有更多信用卡负债。中图和右图显示了两对箱线图。第一对根据 default 变量的两个状态显示 balance 的分布；第二对是类似的做法，表示的是 income 的分布图形。这一章将学习如何通过建立模型，使用任意给定的负债变量 balance(X_1) 与年收入 income(X_2) 来预测违约状态 default(Y)。由于变量 Y 不是定量的，所以第 3 章介绍的简单线性回归模型就不适用了，我们将在 4.2 节中进一步阐述这些问题。

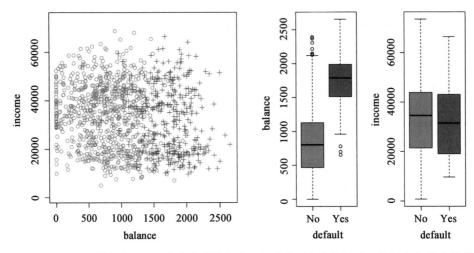

图 4-1　Default 数据集。左：部分个体的年收入与月信用卡负债关系。信用卡负债违约的标示为加号"＋"，未违约的标示为圈"○"。中：default 关于 balance 的箱线图。右：default 关于 income 的箱线图

由图 4-1 非常直观地发现预测变量 balance 与响应变量 default 关系显著。在大多数应用中，预测变量与响应变量之间的关系并没有这么强。这里所举的例子故意夸大了预测变量和响应变量之间的关系，是为了对本章要讨论的分类过程有一个直观的认识。

4.2　为什么线性回归不可用

上一节已经说明线性回归在定性响应变量情况下是不适用的，但为什么会这样呢？

假设现在要通过一个急救室病人的症状来预测他的患病情况。在这个简化的例子中，有三种可能的诊断：stroke（中风）、drug overdose（服药过量）和 epileptic seizure（癫痫发作）。考虑用一个定量的响应变量 Y 对这些值编码，如下：

$$Y = \begin{cases} 1, & \text{stroke} \\ 2, & \text{drug overdose} \\ 3, & \text{epileptic seizure} \end{cases}$$

根据这些编码，结合一系列预测变量 $X_1, X_2, \cdots, X_p$ 通过最小二乘法建立线性回归模型来预测 Y。这样做的一个问题是这样编码实际默认了一个有序的输出，把 drug overdose 放在 stroke 和 epileptic seizure 之间，表明 stroke 和 drug overdose 的差距与 drug overdose 和 epileptic seizure 的差距是一样的。实际上并没有特别的原因必须这样。比如，可以另选一个同样合理的编码表示，

$$Y = \begin{cases} 1, & \text{epileptic seizure} \\ 2, & \text{stroke} \\ 3, & \text{drug overdose} \end{cases}$$

这个编码给出了一个完全不同的关系。每种编码都会产生完全不同的线性模型，导致测试观测产生不同的预测结果。

如果响应变量值确实有一个自然的程度顺序，例如温和、中等和剧烈，我们认为温和和中等间的差距与中等和剧烈的差距是相近的，那么 1,2,3 的编码就是合理的。需要注意的是，通常不能将一个定性响应变量自然地转化为两个以上水平的定量变量来建立线性回归模型。

对一个（两水平）**二值**（binary）定性响应变量而言，这样做不会对结果有影响。例如，病人的身体状况只有两种可能 stroke 和 drug overdose，那么就可以利用 3.3.1 节的**哑变量**（dummy variable）方法对响应变量编码，具体如下所示：

$$Y = \begin{cases} 0, & \text{stroke} \\ 1, & \text{drug overdose} \end{cases}$$

然后对二值响应变量建立合适的线性回归模型，如果 $\hat{Y} > 0.5$，那么就预测为 drug overdose，反之则为 stroke。不难看出，在二值的情况中，即使调换编码的顺序，线性回归最后依然会产生相同的预测。

对一个如上 0/1 编码的二值响应变量，最小二乘回归是有意义的：在本例中，由线性回归产生的估计 $X\hat{\beta}$ 实际上是 Pr（drug overdose | X）的估计。如果使用线性回归，这个估计值可能会在 [0, 1] 范围外 [见图 4-2（见彩插）]，这个数值很难被当作概率来解释数据！尽管如此，估计值可视为一个预测概率大小顺序的粗略估计，仍然有一定的解释作用。巧合的是，使用线性回归预测二值响应变量的结果和在 4.4 节讨论的线性判别分析（LDA）的结果一致。

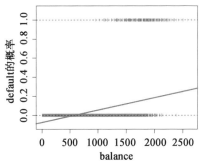
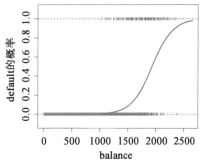

图 4-2 Default 数据分类。左：线性回归估计的 default 概率。在一些数据上估计的概率是负的！橙色记号表示按 0/1 编码的 default 值（No 或 Yes）。右：逻辑斯谛回归预测的 default 概率，所有估计的概率均落在 0 和 1 之间

总而言之，避免使用回归方法来处理分类问题的原因至少有如下两个：(a) 回归方法

无法适用于多值定性响应变量；(b) 回归方法无法给出 $\Pr(Y|X)$ 的有意义的估计。因此，需要找到真正适合定性响应变量的方法处理分类问题。下一节将讨论的逻辑斯谛回归就是一种真正适用于二值定性响应变量的方法；后面还将讨论适用于二值或多值定性响应变量的其他分类方法。

4.3 逻辑斯谛回归

考虑 Default 数据集，响应变量 default 只取两个值 Yes（违约）或 No（不违约）。逻辑斯谛回归对 Y 属于某一类的概率建模而不直接对响应变量 Y 建模。

对 Default 数据而言，逻辑斯谛回归建立违约概率模型。例如，给定 balance 时，违约的概率可以记为

$$\Pr(\text{default} = \text{Yes} \mid \text{balance})$$

$\Pr(\text{default}=\text{Yes} \mid \text{balance})$ 的值，简记为 $p(\text{balance})$，取值范围在 0 到 1 之间。那么任给一个 balance 值，就可以根据这个概率对 default 预测。例如，如果某人的 $p(\text{balance}) > 0.5$，可以预测这个人的 default=Yes。另外，如果一家公司希望对预测一个人的违约风险持谨慎态度，那么预测模型应该选择一个更低的阈值，比如 $p(\text{balance}) > 0.1$。

4.3.1 逻辑斯谛模型

那么该怎样建立 $p(X)=\Pr(Y=1|X)$ 与 X 之间的关系呢？（为方便起见，本节的响应变量按常规 0/1 编码取值。）4.2 节已经讨论过使用线性回归模型表示这些概率：

$$p(X) = \beta_0 + \beta_1 X \tag{4.1}$$

根据该方法用变量 balance 预测 default=Yes 的概率，结果如图 4-2 左图所示。观察图能够了解该方法存在的问题：当信用卡负债接近零时，会产生一个负值违约概率；当负债非常大时，得到一个大于 1 的违约概率。这些预测值是没有意义的，因为无论怎样的信用卡负债，正确的违约概率值一定是落在 0 到 1 之间。这个问题不只出现在信用违约数据上。用一条直线拟合一个编码为 0 或 1 的二值响应变量，原则上总可以找到 X 的一些值，使预测的 $p(X) < 0$，而对 X 的另一些值 $p(X) > 1$（除非 X 的范围是限定的）。

为避免这类问题，必须找到一个函数建立针对 $p(X)$ 的模型，使对任意 X 值该函数的输出结果都在 0 和 1 之间。有许多函数满足这项要求。在逻辑斯谛回归中，使用**逻辑斯谛函数**（logistic function），

$$p(X) = \frac{e^{\beta_0 + \beta_1 X}}{1 + e^{\beta_0 + \beta_1 X}} \tag{4.2}$$

下一节将讨论如何用**极大似然**（maximum likelihood）方法拟合模型式 (4.2)。图 4-2 右图显示了对 Default 数据应用逻辑斯谛回归模型拟合的情况。注意到信用卡负债越低，预测的违约概率就越接近零，但违约概率不会小于零。同样，信用卡余额越高，预测的违约概率将越接近 1，但不会高于 1。由此逻辑斯谛函数产生一个 S 形的曲线，并且无论 X 取何值，总能得到一个合理的预测。另外，逻辑斯谛回归模型对概率取值范围的捕获能力也优于左图的线性回归。两种情况的平均拟合概率为 0.033 3（在训练数据中），这和数据中

违约者占总体的比例是相同的。

通过整理式 (4.2), 可得

$$\frac{p(X)}{1-p(X)} = e^{\beta_0 + \beta_1 X} \quad (4.3)$$

$p(X)/[1-p(X)]$ 称为**发生比**或**几率**（odds），取值范围为 0 到 ∞, 其值接近于 0 表示违约概率非常低，接近于 ∞ 则表示违约概率非常高。例如平均 5 个人当中有 1 个人违约的发生比为 1/4, 这是因为当 $p(X)=0.2$ 时，发生比为 $\frac{0.2}{1-0.2}=1/4$。同样，平均 10 个人中有 9 个人违约，这时发生比为 9, 因为当 $p(X)=0.9$ 时，发生比为 $\frac{0.9}{1-0.9}=9$。在赛马比赛中，常常计算发生比而不是概率，因为发生比更能帮助人们采取正确的投注策略。

对式 (4.3) 两边同时取对数，得到

$$\log\left(\frac{p(X)}{1-p(X)}\right) = \beta_0 + \beta_1 X \quad (4.4)$$

等式的左边称为**对数发生比**（log-odds, logit），于是，逻辑斯谛回归模型式 (4.2) 可以视为分对数变换下关于 X 的一个线性模型。

回顾第 3 章，在一个线性回归模型中，β_1 表示 X 值每增加一个单位 Y 的变化量。相比之下，在一个逻辑斯谛回归模型中，X 每增加一个单位，对数发生比的变化为 β_1 [式 (4.4)] 或者说发生比要乘以 e^{β_1} [式 (4.3)]。但是，在式 (4.2) 中 $p(X)$ 和 X 的关系并不是线性的，β_1 不是当 X 增加一个单位时 $p(X)$ 的变化量，$p(X)$ 随 X 增加一个单位的改变量取决于 X 现在的取值。但是如果不考虑 X 的取值，若 β_1 是正的，$p(X)$ 随 X 的增加而增加；若 β_1 是负的，$p(X)$ 则随 X 的增加而减小。观察图 4-2 的右图也可以发现 $p(X)$ 与 X 不呈线性关系，$p(X)$ 每单位变化率依赖于 X 的当前值。

4.3.2 估计回归系数

式 (4.2) 中的系数 β_0, β_1 是未知的，必须通过有效的训练数据估计这些参数。在第 3 章，我们运用最小二乘法估计线性模型中的未知系数。虽然也可以用（非线性）最小二乘拟合模型式 (4.4)，但由于极大似然有更好的统计性质，所以一般采用极大似然方法估计系数。极大似然法拟合逻辑斯谛回归模型的基本思想是：寻找 β_0, β_1 的一个估计，使得由式 (4.2) 得到的每个人的违约预测概率 $\hat{p}(x_i)$ 最大可能地与违约的观测情况接近。换句话说，将求出的估计 $\hat{\beta}_0$, $\hat{\beta}_1$ 代入式 (4.2) 给出的模型中，对所有违约人该值接近于 1, 而对于未违约人该值接近于 0。这个思想可以表达为数学方程的**似然函数**（likelihood function），形式如下：

$$\ell(\beta_0, \beta_1) = \prod_{i:y_i=1} p(x_i) \prod_{i':y_{i'}=0} (1 - p(x_{i'})) \quad (4.5)$$

所估计的系数 $\hat{\beta}_0$、$\hat{\beta}_1$ 应使似然函数值最大。

极大似然方法是拟合非线性模型的一种常见方法，在本书中也会经常用到。在线性回归下，最小二乘法实际是极大似然方法的特例。极大似然的数学细节在本书不做详解。一一般情况下，逻辑斯谛回归和其他一些模型可以很容易通过统计软件的宏软件包拟合，如 R 软件，所以不再关注极大似然拟合过程的细节。

表 4-1 显示了在 Default 数据中，用 balance 预测 default＝Yes 概率的逻辑斯谛回归模型的系数估计和其他相关信息。从表中可以看出 $\hat{\beta}_1 = 0.0055$，这表示信用卡负债（balance）越多，发生违约（default）的概率就越大。更准确地说，balance 每增加一个单位，default 的对数发生比就增加 0.0055 个单位。

表 4-1 在 Default 数据中，用 balance 预测 default=Yes 概率的逻辑斯谛回归模型的系数估计和其他相关信息。balance 每增加一个单位，default 对数发生比增加 0.0055 个单位

	系数	标准误差	z 统计量	p 值
Intercept	−10.6513	0.3612	−29.5	<0.0001
balance	0.0055	0.0002	24.9	<0.0001

表 4-1 中逻辑斯谛回归模型的输出结果与第 3 章线性回归输出的结果是类似的。例如，系数估计的准确性可通过计算标准误差来衡量。表 4-1 中的 z 统计量和线性回归模型输出的 t 统计量（3.1.2 节的表 3-1）的作用是一样的，如 β_1 的 z 统计量等于 $\hat{\beta}_1/\mathrm{SE}(\hat{\beta}_1)$，当 z 统计量的绝对值很大时说明零假设 $H_0: \beta_1 = 0$ 不成立。零假设也就是 $p(X) = \frac{e^{\beta_0}}{1+e^{\beta_0}}$，表示 default 概率不依赖于 balance。由于表 4-1 中 balance 的 p 值很小，因此拒绝 H_0，表明 default 概率与 balance 之间确实存在关系。表 4-1 中的截距项估计通常意义不大，主要作用是调节平均拟合概率使之与真实数据中的比例（在本例中，即整体违约率）更接近。

4.3.3 预测

模型中的系数估计结束后，对任意给定的信用卡负债计算 default 概率就比较容易了。例如，用表 4-1 中的系数估计，当某个人的 balance 为 1 000 美元时，预测他违约的概率为

$$\hat{p}(X) = \frac{e^{\hat{\beta}_0 + \hat{\beta}_1 X}}{1 + e^{\hat{\beta}_0 + \hat{\beta}_1 X}} = \frac{e^{-10.6513 + 0.0055 \times 1000}}{1 + e^{-10.6513 + 0.0055 \times 1000}} = 0.00576$$

可见违约概率小于 1%。但是若一个人的信用卡负债为 2 000 美元，预测其违约的概率等于 0.586，即 58.6%，远远超过之前的概率。

在逻辑斯谛回归中可以根据 3.3.1 节哑变量的方法分析定性预测变量。举一个例子，Default 数据集中包含了 student（学生）这一定性变量。为拟合模型设立一个哑变量：设学生为 1，非学生为 0。表 4-2 列出了用学生身份预测违约概率的逻辑斯谛回归模型结果，可以看出哑变量的系数值是正的，它的 p 值也是显著的。这表明学生比非学生更容易违约。

$$\widehat{\Pr}(\mathtt{default} = \mathtt{Yes} \mid \mathtt{student} = \mathtt{Yes}) = \frac{e^{-3.5041 + 0.4049 \times 1}}{1 + e^{-3.5041 + 0.4049 \times 1}} = 0.0431$$

$$\widehat{\Pr}(\mathtt{default} = \mathtt{Yes} \mid \mathtt{student} = \mathtt{No}) = \frac{e^{-3.5041 + 0.4049 \times 0}}{1 + e^{-3.5041 + 0.4049 \times 0}} = 0.0292$$

表 4-2 在 Default 数据集中，用学生身份预测 default 概率的逻辑斯谛回归模型的系数估计。学生身份用一个哑变量编码，1代表学生，0代表非学生。表中用变量 student[Yes] 表示

	系数	标准误差	z 统计量	p 值
Intercept	−3.504 1	0.070 7	−49.55	<0.000 1
student[Yes]	0.404 9	0.115 0	3.52	0.000 4

4.3.4 多元逻辑斯谛回归

现在考虑预测一个二值响应变量受多因素影响的情况。类似于第 3 章推广至多元线性回归的情况，可以对式（4.4）做如下推广：

$$\log\left(\frac{p(X)}{1-p(X)}\right) = \beta_0 + \beta_1 X_1 + \cdots + \beta_p X_p \tag{4.6}$$

这里 $X=(X_1,\cdots,X_p)$ 是 p 个预测变量。式（4.6）可以重新写成

$$p(X) = \frac{e^{\beta_0+\beta_1 X_1+\cdots+\beta_p X_p}}{1+e^{\beta_0+\beta_1 X_1+\cdots+\beta_p X_p}} \tag{4.7}$$

和 4.3.2 节一样，根据极大似然方法估计 $\beta_0,\beta_1,\cdots,\beta_p$。

表 4-3 列出的是用 balance，income（千美元）和 student 三个预测变量对 default 概率建立的逻辑斯谛回归模型的系数估计，得出的结果令人大吃一惊。其中 balance 和哑变量 student 的 p 值很小，意味着两者对 default 概率是有影响的。然而哑变量的系数是负的，这就说明了学生比非学生更不容易违约。但在表 4-2 中学生哑变量的系数却是正值。为什么在表 4-2 中学生身份会增加违约的概率而在表 4-3 中学生身份会降低违约概率？图 4-3（见彩插）中左图对这个看似矛盾的问题从图像上给予解释。其中橙色和蓝色的折线分别表示学生身份和非学生身份的平均违约率关于信用卡负债的函数。在这个多元逻辑斯谛回归模型中，哑变量 student 的系数是负的说明考虑到 balance 和 income 两个因素的作用，学生相较于非学生更不易发生违约。实际上，从图 4-3 的左图可以看出无论 balance 取什么值，学生违约率始终不高于非学生违约率。但是图中接近底端的水平虚线代表着对所有 balance 和 income，学生的平均违约率和非学生的平均违约率，结果相反：学生总体违约率比非学生高。所以在建立单个哑变量 student 的逻辑斯谛回归模型输出（见表 4-2）时，student 的系数是正的。

表 4-3 对 Default 数据集，结合 balance、income、student 三个预测变量建立的预测 default 概率的逻辑斯谛回归模型的系数估计，学生身份用一个哑变量 student [Yes] 进行编码，1代表学生，0代表非学生。在模型中，income 的单位为千美元

	系数	标准误差	z 统计量	p 值
Intercept	−10.869 0	0.492 3	−22.08	<0.000 1
balance	0.005 7	0.000 2	24.74	<0.000 1
income	0.003 0	0.008 2	0.37	0.711 5
student[Yes]	−0.646 8	0.236 2	−2.74	0.006 2

图 4-3 中的右图解释了这一看似矛盾的结果，变量 student 和 balance 之间是相关

的。学生更倾向于持有更多债务,反过来说具有更高的违约概率。换句话说,学生更可能持有大笔的信用卡负债,从图 4-3 的左图看出,从而有很高的违约概率。所以即使单个学生在给定信用卡负债时比非学生在同样信用卡负债下违约概率更小,但却因为总体上学生更倾向持有更多的信用卡负债,所以学生的违约率比非学生的要高。这点对信用卡公司决定应该对谁提供信用是非常重要的。如果不考虑任何关于学生信用卡负债信息,贷款给一个学生的风险要比贷款给非学生的要大,但对于同等信用卡负债而言,学生的风险要比非学生的小。

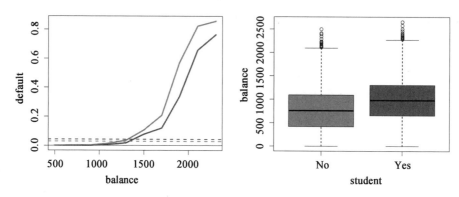

图 4-3 Default 数据集的混淆现象。左:学生(橙色)与非学生(蓝色)的违约率。实线表示了违约率与 balance 的函数关系,水平虚线是考虑所有变量时的违约率。右:学生(橙色)与非学生(蓝色)balance 的箱线图

这个简单的例子表明在使用一个预测变量做逻辑斯谛回归时,如果其他预测变量与之有关系,那么预测模型会存在风险。与线性回归一样,只用一个预测变量得到的结果可能与用多个预测变量得到的结果完全不一样,尤其是当这些预测变量之间存在相关性时更是如此。通常图 4-3 出现的现象称为**混淆现象**(confounding)。

将表 4-3 中回归系数的估计值代入式 (4.7),可以根据模型做预测。例如,一个信用卡负债为 1 500 美元,收入 40 000 美元的学生的违约率为

$$\hat{p}(X) = \frac{e^{-10.869+0.005\,74\times1\,500+0.003\times40-0.646\,8\times1}}{1+e^{-10.869+0.005\,74\times1\,500+0.003\times40-0.646\,8\times1}} = 0.058 \tag{4.8}$$

一个有同样负债和收入但不是学生的人,其违约率为

$$\hat{p}(X) = \frac{e^{-10.869+0.005\,74\times1\,500+0.003\times40-0.646\,8\times0}}{1+e^{-10.869+0.005\,74\times1\,500+0.003\times40-0.646\,8\times0}} = 0.105 \tag{4.9}$$

(这里用 40 替代 40 000 乘以从表 4-3 中获取的 income 的系数,是因为拟合模型中 income 的单位是千美元。)

4.3.5 多类逻辑斯谛回归

有时响应变量取值多于两类。例如,4.2 节在急诊室里患者的患病情况分成了三类:stroke(中风)、drug overdose(服药过量)和 epileptic seizure(癫痫发作)。然而,本节前面讨论的逻辑斯谛回归模型只适用于响应变量的分类数 $K=2$ 的情况。

事实上，将逻辑斯谛回归方法推广到 $K>2$ 的情况是完全可能的。这个推广也被称作**多元逻辑斯谛回归**。为了实现它，首先选择一个类作为**基类**（baseline），不失一般性，选择第 K 类为基类，此后将模型式（4.7）替换为

$$\Pr(Y=k\,|\,X=x) = \frac{e^{\beta_{k0}+\beta_{k1}x_1+\cdots+\beta_{kp}x_p}}{1+\sum_{l=1}^{K-1}e^{\beta_{l0}+\beta_{l1}x_1+\cdots+\beta_{lp}x_p}} \tag{4.10}$$

对于 $k=1,2,\cdots,K-1$，同时有

$$\Pr(Y=K\,|\,X=x) = \frac{1}{1+\sum_{l=1}^{K-1}e^{\beta_{l0}+\beta_{l1}x_1+\cdots+\beta_{lp}x_p}} \tag{4.11}$$

不难得出，对于 $k=1,2,\cdots,K-1$，都有

$$\log\!\left(\frac{\Pr(Y=k\,|\,X=x)}{\Pr(Y=K\,|\,X=x)}\right) = \beta_{k0}+\beta_{k1}x_1+\cdots+\beta_{kp}x_p \tag{4.12}$$

注意式（4.12）与式（4.6）十分相似。式（4.12）又一次表明了任意类之间的对数发生比是线性可加的。

上述结果表明，在式（4.10）~式（4.12）中，基类的选取是不重要的。例如，将急诊室里的患者分为 stroke, drug overdose, epileptic seizure 时，假设建立了两个多元逻辑斯谛回归模型：一个选择 stroke 作为基类，另一个选择 drug overdose 作为基类。这两个模型的回归系数由于基类的选择将变得不同，但预测的结果，即任意两个类之间的对数发生比，以及模型的其他重要结果都还是保持不变的。

尽管如此，对于多元逻辑斯谛回归模型中系数的解读仍然需要谨慎，因为系数与基类的选取有关。例如，当选取 epileptic seizure 为基类时，就可以将 $\beta_{\text{stroke}0}$ 看作中风（stroke）和癫痫发作（epileptic seizure）的对数发生比回归系数（给定 $x_1=\cdots=x_p=0$）。另外，当 X_j 增长一个单位时，stroke 相对 epileptic seizure 的对数发生比的增长为 $\beta_{\text{stroke}j}$。换一种说法，如果 X_j 增长一个单位，那么

$$\frac{\Pr(Y=\text{stroke}\,|\,X=x)}{\Pr(Y=\text{epileptic seizure}\,|\,X=x)}$$

增长 $e^{\beta_{\text{stroke}j}}$。

接下来将简要介绍一个简单的多元逻辑斯谛回归的替代建模方法——softmax 方法。softmax 方法的思想与前文提到的"被解释变量的对数发生比回归系数和其他重要结果与建模方法无关"的思想相同。但是 softmax 方法在机器学习的部分领域应用非常广泛（该方法会在第 10 章中再次使用），所以值得读者关注。softmax 方法并不选取一个类作为基类，而是对所有 K 类同等处理，并假设对于 $k=1,2,\cdots,K$，

$$\Pr(Y=k\,|\,X=x) = \frac{e^{\beta_{k0}+\beta_{k1}x_1+\cdots+\beta_{kp}x_p}}{\sum_{l=1}^{K}e^{\beta_{l0}+\beta_{l1}x_1+\cdots+\beta_{lp}x_p}} \tag{4.13}$$

于是，不是估计 $K-1$ 类的系数，而是直接估计了所有 K 类的系数。不难看出，由式（4.13）的结果，第 k 类和第 k' 类间的对数发生比满足

$$\log\left(\frac{\Pr(Y=k\mid X=x)}{\Pr(Y=k'\mid X=x)}\right) = (\beta_{k0}-\beta_{k'0}) + (\beta_{k1}-\beta_{k'1})x_1 + \cdots + (\beta_{kp}-\beta_{k'p})x_p$$
(4.14)

4.4 用于分类的生成模型

在二值响应变量的情况下，用式 (4.7) 给出的逻辑斯谛函数直接建立 $\Pr(Y=k\mid X=x)$ 的模型。用统计语言说，即给定预测变量 X 下，建立响应变量 Y 的条件分布模型。现在考虑另外一类间接估计这些概率的方法。在这类方法中，分别对每种响应分类（给定的 Y）建立预测变量 X 的分布模型，然后运用贝叶斯定理反过来估计 $\Pr(Y=k\mid X=x)$。当假设这些分布是正态分布时，模型在形式上与逻辑斯谛回归很相似。

问题是：为什么有了逻辑斯谛回归，还要用另一类方法呢？有如下几个方面的原因：

(1) 当类别的区分度高的时候，逻辑斯谛回归模型的参数估计不够稳定。在本节介绍的方法中，这种困扰是不存在的。

(2) 如果样本量比较小，而且在每一类响应分类中预测变量 X 近似服从正态分布，那么本节的方法比逻辑斯谛回归模型更稳定。

(3) 本节的方法可以自然扩展到响应分类多于两类的情况。（正如 4.3.5 节提到的，响应分类多于两类时，也可以使用多元逻辑斯谛回归。）

假设观测分成 K 类，$K\geqslant 2$。换句话说，定性响应变量 Y 可以取 K 个不同的无序值。设 π_k 为一个随机选择的观测来自第 k 类的**先验**（prior）概率。设 $f_k(X)\equiv\Pr(X|Y=k)$⊖ 表示第 k 类观测的 X 的**密度函数**（density function），如果第 k 类的观测在 $X\approx x$ 附近有很大可能性，那么 $f_k(x)$ 的值很大，反之 $f_k(x)$ 的值则很小。**贝叶斯定理**（Bayes theorem）可以表述为

$$\Pr(Y=k\mid X=x) = \frac{\pi_k f_k(x)}{\sum_{l=1}^{K}\pi_l f_l(x)}$$
(4.15)

根据之前的标记，记 $p_k(x)=\Pr(Y=k\mid X=x)$，称 $p_k(x)$ 为 $X=x$ 的观测属于第 k 类的**后验**（posterior）概率，即给定观测的预测变量值时，观测属于第 k 类的概率。因此，这是一种将 π_k，$f_k(x)$ 代入式 (4.15) 中来替代 4.3.1 节中直接计算 $p_k(x)$ 的方法。通常 π_k 的估计是容易求得的，从总体中取一些随机样本，计算属于第 k 类的样本占总样本的比例。对 $f_k(x)$ 的估计要更复杂些，除非假设它们的密度函数形式简单。

从第 2 章可知，贝叶斯分类器将一个观测分到 $p_k(x)$ 最大的一类中，它在所有分类器中错误率最小。[只有当式 (4.15) 中的各项假设是正确的情况下，这个结论才是对的。] 因此，如果找到一个估计 $f_k(x)$ 的方法，那么我们可以将 $f_k(x)$ 代入式 (4.15) 来近似贝叶斯分类器。

⊖ 严格地说，只有当 X 是定性随机变量时这个定义才有意义。若 X 是定量变量，那么 $f_k(x)\mathrm{d}x$ 表示 X 落入 x 附近一小片区域 $\mathrm{d}x$ 的概率。

接下来将讨论三种使用不同方法估计 $f_k(x)$ 从而近似贝叶斯分类器的分类方法，包括**线性判别分析**（linear discriminant analysis）、**二次判别分析**（quadratic discriminant analysis）和**朴素贝叶斯法**（naive Bayes）。

4.4.1 $p=1$ 的线性判别分析

假设 $p=1$，即只有一个预测变量。首先要获取 $f_k(x)$ 的估计，然后代入式（4.15），从而估计出 $p_k(x)$。我们将观测分到 $p_k(x)$ 值最大的一类中。为了估计 $f_k(x)$，首先对其做一些假设。

特别地，假设 $f_k(x)$ 是**正态的**（normal）或**高斯的**（Gaussian）。在一元的情况下，正态密度函数的形式为

$$f_k(x) = \frac{1}{\sqrt{2\pi}\sigma_k}\exp\left(-\frac{1}{2\sigma_k^2}(x-\mu_k)^2\right) \tag{4.16}$$

其中 μ_k 和 σ_k^2 是第 k 类的均值和方差。再假设 $\sigma_1^2=\cdots=\sigma_K^2$，即所有 K 个类的方差是相同的，简记为 σ^2。将式（4.16）代入式（4.15），得到：

$$p_k(x) = \frac{\pi_k \frac{1}{\sqrt{2\pi}\sigma}\exp\left(-\frac{1}{2\sigma^2}(x-\mu_k)^2\right)}{\sum_{l=1}^{K} \pi_l \frac{1}{\sqrt{2\pi}\sigma}\exp\left(-\frac{1}{2\sigma^2}(x-\mu_l)^2\right)} \tag{4.17}$$

[注意，在式（4.17）中，π_k 指观测属于第 k 类的先验概率，不要与常数 $\pi \approx 3.14159$ 混淆。]贝叶斯分类器⊖将观测 $X=x$ 分到式（4.17）最大的一类。对式（4.17）取对数，整理式子，不难看出这也等价于将观测分到

$$\delta_k(x) = x \cdot \frac{\mu_k}{\sigma^2} - \frac{\mu_k^2}{2\sigma^2} + \log\pi_k \tag{4.18}$$

最大的一组。⊖例如，假设 $K=2$ 且 $\pi_1=\pi_2$，当 $2x(\mu_1-\mu_2)>\mu_1^2-\mu_2^2$ 时，贝叶斯分类器把观测分入第一类，否则分入第二类。此时贝叶斯决策边界对应的点为[满足 $\delta_1(x)=\delta_2(x)$]

$$x = \frac{\mu_1^2 - \mu_2^2}{2(\mu_1 - \mu_2)} = \frac{\mu_1 + \mu_2}{2} \tag{4.19}$$

图 4-4（见彩插）的左图显示了两个正态密度函数 $f_1(x)$，$f_2(x)$，代表两个不同的分类。两个密度函数的均值与方差分别为 $\mu_1=-1.25$，$\mu_2=1.25$，$\sigma_1^2=\sigma_2^2=1$。这两个密度函数有重叠部分，所以给定 $X=x$，观测归入哪一类具有不确定性。如果假设观测来自每一类的概率是相等的——$\pi_1=\pi_2=0.5$——那么根据式（4.19），可以得到如果 $x<0$，则把观测分到第一类，否则分到第二类。但是在该例中，事先知道每一类 X 都服从高斯分布，且分布中参数都已知，因此能直接计算贝叶斯分类器，但在实际情况中往往不能计算。

⊖ 回想一下，贝叶斯分类器将一个观测分到使 $p_k(x)$ 最大的那一类中。这与式（4.13）中的贝叶斯定理不一样：贝叶斯定理是用来计算条件分布的。
⊖ 参见本章习题 2。

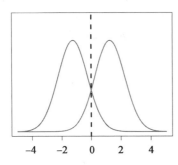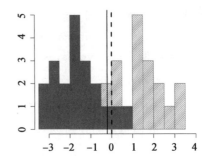

图 4-4 左：两个一维正态密度函数，竖直的虚线代表贝叶斯决策边界。右：分别来自两类 20 个观测的直方图。竖直的虚线为贝叶斯决策边界。竖直的实线为从训练数据得到的 LDA 决策估计边界

在实际中，即使确定每一类 X 服从高斯分布，但仍需要估计参数 $\mu_1, \mu_2, \cdots, \mu_K, \pi_1, \pi_2, \cdots, \pi_K, \sigma^2$。**线性判别分析**（linear discriminant analysis，LDA）方法与贝叶斯分类器相似，将 π_k, μ_k, σ^2 代入式（4.18）中。特别地，常常使用如下参数估计：

$$\hat{\mu}_k = \frac{1}{n_k} \sum_{i: y_i = k} x_i$$
$$\hat{\sigma}^2 = \frac{1}{n-K} \sum_{k=1}^{K} \sum_{i: y_i = k} (x_i - \hat{\mu}_k)^2 \tag{4.20}$$

其中 n 为观测的总数，n_k 为属于第 k 类的观测数。μ_k 的估计即为第 k 类观测的均值，而 $\hat{\sigma}^2$ 可以视为 K 类样本方差的加权平均。有时我们可以掌握并直接使用每一类的先验概率 $\pi_1, \pi_2, \cdots, \pi_K$；当信息不全时，LDA 用属于第 k 类观测的比例估计 π_K，即

$$\hat{\pi}_k = n_k / n \tag{4.21}$$

LDA 分类器将式（4.20）和式（4.21）中的估计值代入式（4.18），并将观测 $X = x$ 分到使

$$\hat{\delta}_k(x) = x \cdot \frac{\hat{\mu}_k}{\hat{\sigma}^2} - \frac{\hat{\mu}_k^2}{2\hat{\sigma}^2} + \log \hat{\pi}_k \tag{4.22}$$

最大的一类。分类器名称中的"线性"一词是由于**判别函数**（discriminant function）式（4.22）中 $\hat{\delta}_k(x)$ 是 x 的线性函数（而不是 x 的一个复杂函数）。

图 4-4 的右图显示了每个类取 20 个随机观测样本的直方图。做线性判别分析之前首先根据式（4.20）和式（4.21）估计 π_k, μ_k, σ^2。计算出决策边界，如图中黑色的实线，观测分到使式（4.22）的值最大的类中。所有在实线左侧的点都分入绿色类，而实线右侧的点则分入紫色类。在该例中，因为 $n_1 = n_2 = 20$，所以 $\hat{\pi}_1 = \hat{\pi}_2$。因此两类的样本均值的中点 $(\hat{\mu}_1 + \hat{\mu}_2)/2$ 即为决策边界。图 4-4 说明 LDA 决策边界比优化的贝叶斯决策边界略偏左，贝叶斯边界是 $\frac{\mu_1 + \mu_2}{2} = 0$。那么 LDA 分类器到底对数据分类的效果如何呢？由于是模拟的数据，可以通过生成大量测试观测来计算贝叶斯错误率和 LDA 测试错误率。计算得出两个概率分别为 10.6% 和 11.1%，也就是说，LDA 分类器的错误率只比最小可能的错误率

高 0.5%！这说明了 LDA 对数据分类的效果是相当不错的。

重申一遍，LDA 分类器的结果是建立在每一类中的观测都来自一个均值不同、方差相同（均为 σ^2）的正态分布假设上的。将这些参数估计代入贝叶斯分类器中得到 LDA 分类器。4.4.3 节所考虑的假设会有所放松，允许第 k 类观测的方差是不同的，为 σ_k^2。

4.4.2 $p>1$ 的线性判别分析

这一节将 LDA 分类器推广至多元预测变量的情况。假设 $X=(X_1, X_2, \cdots, X_p)$ 服从一个均值不同、协方差矩阵相同的**多元高斯分布**（multivariate Gaussian）（或多元正态分布）。下面先对这个分布做一个简要的回顾。

多元高斯分布假设每一个预测变量服从如式（4.16）所示的一元正态分布且每两个预测变量之间都存在一些相关性。图 4-5 显示的是 $p=2$ 时的两个多元高斯分布密度函数，其曲面任何一点的高度代表的是 X_1, X_2 落在那一点附近一小片区域内的概率。在两个图中，如果沿着 X_1 轴或沿着 X_2 轴去切这个曲面，得到的截线是一个一元正态分布的形状。图 4-5 中的左边绘制的是一个 $\text{Var}(X_1)=\text{Var}(X_2)$，$\text{Cor}(X_1, X_2)=0$ 的二元高斯分布，曲面呈现钟形特征。但如果预测变量之间存在相关性或方差不相等，钟的形状就会变形，如图 4-5 右图所示。在这种情况下，钟的底部是一个椭圆而不是圆。

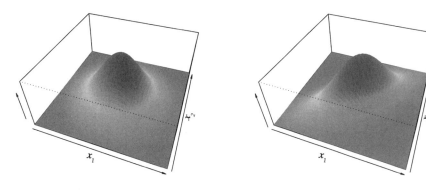

图 4-5 图中显示的是两个多元高斯分布密度函数，$p=2$。左：两个预测变量之间是不相关的。右：两个变量之间的相关系数为 0.7

若 p 维随机变量 X 服从多元高斯分布，则记为 $X \sim N(\mu, \boldsymbol{\Sigma})$，其中 $E(X)=\mu$ 是 X（p 个元素组成的向量）的均值，$\text{Cov}(X)=\boldsymbol{\Sigma}$ 是 X 的 $p\times p$ 的协方差矩阵。多元高斯分布密度函数形式上可以定义为

$$f(\boldsymbol{x}) = \frac{1}{(2\pi)^{p/2}|\boldsymbol{\Sigma}|^{1/2}} \exp\left(-\frac{1}{2}(x-\mu)^{\mathrm{T}}\boldsymbol{\Sigma}^{-1}(x-\mu)\right) \tag{4.23}$$

在预测变量的维度 $p>1$ 的情况下，LDA 分类器假设第 k 类观测服从一个多元高斯分布 $N(\mu_k, \boldsymbol{\Sigma})$，其中 μ_k 是一个均值向量，$\boldsymbol{\Sigma}$ 是所有 K 类共同的协方差矩阵。将第 k 类的密度函数 $f_k(X=x)$ 代入式（4.15）中，通过一些代数知识，可以知道贝叶斯分类器将观测 $X=x$ 分入

$$\delta_k(x) = x^\mathrm{T} \boldsymbol{\Sigma}^{-1} \mu_k - \frac{1}{2} \mu_k^\mathrm{T} \boldsymbol{\Sigma}^{-1} \mu_k + \log \pi_k \tag{4.24}$$

最大的那类。这也是式（4.18）的向量或矩阵形式。

图4-6（见彩插）的左图显示了一个例子。三类样本量相同，分别服从均值不同、协方差矩阵相同的高斯分布。三个椭圆都覆盖了其所属分布95%的数据。虚线是贝叶斯决策边界。也就是说，这些边界上的x满足$\delta_k(x)=\delta_l(x)$，即

$$x^\mathrm{T} \boldsymbol{\Sigma}^{-1} \mu_k - \frac{1}{2} \mu_k^\mathrm{T} \boldsymbol{\Sigma}^{-1} \mu_k = x^\mathrm{T} \boldsymbol{\Sigma}^{-1} \mu_l - \frac{1}{2} \mu_l^\mathrm{T} \boldsymbol{\Sigma}^{-1} \mu_l \tag{4.25}$$

其中$k \neq l$。［式（4.24）中的$\log\pi_k$没有出现在上式中的原因是每一类中的观测数量是一样的，所以每一类的π_k值是一样的。］注意到这里有三条线表示贝叶斯决策边界，这是因为三类里有三次的两两比较。换句话说，其中一条贝叶斯决策边界需要区分类1和类2，另一条区分类1和类3，最后一条需要区分类2和类3。三条贝叶斯决策边界将预测变量空间分为三个区域，贝叶斯分类器会根据观测落入哪个区域来对观测进行分类。

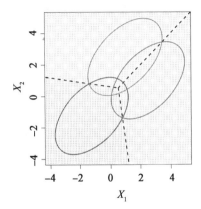
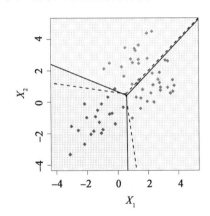

图4-6 一个有三个类的例子。每一类的观测均服从一个均值不同、协方差矩阵相同的多元高斯分布，其中$p=2$。左：显示的是包含每一类的95%概率的椭圆。虚线表示贝叶斯决策边界。右：每一类各自生成20个观测样本，实线表示LDA决策边界，虚线表示贝叶斯决策边界

同样，需要估计未知参数$\mu_1, \mu_2, \cdots, \mu_K, \pi_1, \pi_2, \cdots, \pi_K$和$\boldsymbol{\Sigma}$。估计的公式和式（4.20）一维情况相似。对一个新的观测$X=x$，LDA将这些参数估计值代入式（4.24），并将观测分入使得$\hat{\delta}_k(x)$最大的一类中。注意$\delta_k(x)$是一个关于x的线性函数，也就是说，LDA决策规则只依赖于x与其他元素的线性组合。这也是线性判别分析中**线性**（linear）的由来。

图4-6中右图显示的是从三类中各取的20个观测和用实线表示的LDA决策边界。总的来说，LDA决策边界与虚线代表的贝叶斯决策边界很接近。贝叶斯测试误差率和LDA测试误差率分别为0.0746和0.0770，这表明LDA对数据分类的效果是相当不错的。

将LDA运用于Default数据上，根据一个人的信用卡负债和学生身份预测其违约情况。LDA模型对10 000个训练样本进行拟合，得到**训练**（training）误差率为2.75%。看上去是一个很低的误差率，但有两点需要注意。

(1) 训练误差率往往比测试误差率要低，而后者才是建模的初衷。换句话说，如果用一个分类器去预测一个新个体是否会违约，可能效果会很糟糕。其中的原因是模型参数的调整主要是使模型在训练数据上表现出较好的效果。参数 p 与样本总数 n 的比值越高，模型越容易出现过拟合。在该例中，$p=2$，$n=10\ 000$，所以并不需要担心这个问题。

(2) 在训练样本中，只有 3.33% 的人违约，所以一个简单但可能完全无用的分类器在不考虑一个人的信用卡负债和学生身份⊖变量的影响时，也可能预测一个人不会违约的误差率为 3.33%。也就是说，一个普通的**零**（null）分类器也会达到仅比 LDA 误差率高一点的效果。

事实上，上述二元分类器会产生两种类型的错误：将违约的人分入未违约类，和将未违约的人分入违约类。判定模型所犯错误类型也是一个人们感兴趣的问题。如表 4-4 的 Default 数据所示，混淆矩阵是展示这类信息的一种简易的方法。表中显示 LDA 一共预测了 104 人会发生违约，而在这些人中，事实上只有 81 人违约而 23 人并没有违约。因此没有违约的 9 667 人中只有 23 个没有被正确地标记，这看起来是非常低的错误率，但是违约的 333 人中，通过 LDA 后有 252（75.7%）人漏了。所以虽然总的错误率很低，但在违约的人中错误率非常高。信用卡公司的目标是想辨别出高风险人群，而违约人群 252/333＝75.7% 的错误率很可能不被认可。

表 4-4 对 10 000 个 Default 数据集中的训练观测，LDA 预测与真实违约所组成的混淆矩阵。矩阵中对角线元素为被正确分类的人数，而非对角线上的元素为被错误分类的人数。LDA 误分 23 个没有违约的人和 252 个违约的人

		真实违约情况		
		没有	有	共计
预测违约情况	没有	9 644	252	9 896
	有	23	81	104
	共计	9 667	333	10 000

分类在医学和生物领域也是很重要的，常用**灵敏度**（sensitivity）和**特异度**（specificity）作为分类器或筛查测试能力的评价。在这个例子中，灵敏度就是被正确判别的违约者的比例，即 24.3%；特异度指的是被正确判别的没有违约人的比例，即 $(1-23/9\ 6667)\times 100\% = 99.8\%$。

为什么 LDA 对违约者的分类效果这么差？也就是说，为什么 LDA 的灵敏度这么低？正如我们所看到的，LDA 和所有分类器中错误率最低的贝叶斯分类器（如果高斯分布的假设是成立的）很相似。也就是说，贝叶斯分类器在不考虑错误来源时，产生的被错误分类的观测数是最少的，那么一些被错误分类的观测是源于将没有违约者分入了违约组里，而另外一些则是将违约者分入了没有违约的组。然而，信用卡公司希望避免把违约者错误分

⊖ 细心的读者会注意到"学生身份"是一个定性变量，因此，这个例子明显违背了 LDA 所遵循的正态假设。然而，正如本例所展示的，LDA 对违背假设的情况建模也非常稳定。接下来将在 4.4.4 节中讨论的朴素贝叶斯法则不假定预测变量服从正态分布，因此它是 LDA 的一个替代方案。

类，虽然错误分类没有违约者也是要避免的，但比较起来重要程度不高。于是需要改进LDA使其更好满足信用卡公司的需求。

贝叶斯分类器的原理是将观测分入后验概率 $p_k(X)$ 最大的一类中。在两类情况中，如果
$$\Pr(\text{default} = \text{Yes} \mid X = x) > 0.5 \tag{4.26}$$
那么就将观测分入违约一组。由此，作为 LDA 的一个扩展的贝叶斯分类器，为将观测分入违约一组，采用了 50% 作为后验违约概率的阈值。如果现在更关心的是错误地将违约者判为未违约的概率，那么可以考虑降低阈值。例如可以将后验违约概率在 20% 以上的人纳入违约一组。也就是说，如果
$$\Pr(\text{default} = \text{Yes} \mid X = x) > 0.2 \tag{4.27}$$
则将观测分入违约一组，而不是如式（4.26）那样分类。表 4-5 显示了改进阈值后的错误率。调整阈值的 LDA 预测 430 人会违约，其中 333 个真实违约者中有 138 人没有预测正确，漏掉了 41.4%。对比阈值 50% 时 75.7% 的错误率，这是一个巨大的改进。但这样一个改进也付出了另外一个代价：现在 235 个未违约者被错误地分类了。因此，总的误差率略有增长，达到了 3.73%，但是信用卡公司将总误差率的略微增长看作更精确地判定真实违约者的一个小小的代价。

表 4-5 对违约（Default）数据集中的 10 000 个训练观测，LDA 预测与真实违约比较所构成的混淆矩阵。改进了阈值预测后验违约概率超过 20% 的违约情况

		真实违约情况		
		没有	有	共计
预测违约情况	没有	9 432	138	9 570
	有	235	195	430
	共计	9 667	333	10 000

图 4-7 显示的是改变后验违约概率阈值权衡利弊的结果（见彩插）。各种误差率都可以看作阈值的一个函数。如式（4.26）所示，用 0.5 作为阈值会使总误差率降到最低，如图中黑色实线所示，这一结果符合预期，因为贝叶斯分类器所用阈值为 0.5，它的总误差率是最低的。但当阈值为 0.5 时，错分违约者的误差率却是比较高的（见蓝色虚线）。当阈值下降时，错分违约者的错误率平稳减少，但是错分未违约者的误差率却是增加的。那么究竟怎么决定最优的阈值呢？这一决策取决于**领域知识**（domain knowledge），比如违约成本等信息。

ROC 曲线是一种常用的图像，它可以对所有可能阈值同时展示出两类错误。ROC 来自通信理论，是 receiver operating characteristic 的缩写。图 4-8 表示了训练数据上 LDA 分类器的 ROC 曲线。分类器的性能表现是通过 ROC 曲线下面的面积（area under the ROC curve，AUC）来表示的，该曲线能够涵盖所有可能的阈值。一个理想的 ROC 曲线会紧贴左上角，所以 AUC 越大，分类器越好。在这个数据中，AUC 为 0.95，非常接近最大值，可以认为分类器表现良好。不难理解任意一个建模分类器的 AUC 至少为 0.5（假设在一个独立的测试集而不是在模型训练集上进行评价）。使用 ROC 曲线进行分类器的比较是非常常用的，因为它考虑到各种可能的阈值。可以证实 4.3.4 节中逻辑斯谛回归模型的 ROC 曲线和 LDA 模型是有区别的，在此不做详细说明。

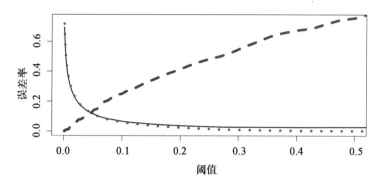

图 4-7 图中显示的是对 Default 数据集，误差率关于分类后验概率的阈值的函数。黑色实线展示的是总的误差率，蓝色虚线代表的是违约者被错误分类的比例，而橙色的点代表的是未违约者被错误分类的比例

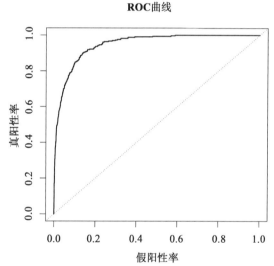

图 4-8 关于 Default 数据的 LDA 分类器的 ROC 曲线。改变后验违约概率的阈值，画出两类错误。真实的阈值没有显示出来。真阳性率（灵敏度）：在给定阈值下，违约者被正确判断的比例。假阳性率（特异度）：在同样阈值下，未违约者被错误判断的比例。理想的 ROC 曲线应该紧贴左上角，即高的真阳性率，低的假阳性率。点线代表"没有信息"的分类器，如果学生身份和信用卡负债对违约概率没有影响，这也是我们所期望的

由上可以看出，不同的分类器阈值会改变真阳性率和假阳性率，也就是灵敏度和1—特异度。由于不同的学术领域对这些概念采用不同的术语表述，比较容易让人迷惑，所以这里先统一这些不同的表述，表 4-6 显示了对一个总体进行分类处理（或是诊断测试）的可能结果。如果用流行病学的表述方式，将"＋"理解为"疾病"，表示需要被检测的，而将"－"理解为"无病"。如果与经典的假设检验进行结合，将"－"看作零假设，而将"＋"看作备择（非零）假设。在 Default 数据的背景下，"＋"表示违约者，而"－"

表示未违约者。

表 4-6 对一个总体进行分类处理或诊断测试得到的可能结果

		真实分类		
		-（零）	+（非零）	总计
预测分类	-（零）	真阴性值（TN）	假阳性值（FP）	N*
	+（非零）	假阴性值（FN）	真阳性值（TP）	P*
	总计	N	P	

表 4-7 总结了文献中常见的评价指标。假阳性率和真阳性率的分母是每一类的实际总数。相比之下，预测阳性率和预测阴性率的分母是每一类的预测数。

表 4-7 分类和诊断测试中重要的评价指标，由表 4-6 中的数据可得

名称	定义	同义词
假阳性率	FP/N	第一类错误，1-特异度
真阳性率	TP/P	1-第二类错误，势，灵敏度，召回率
预测阳性率	TP/P*	精确度，1-假阳性率
预测阴性率	TN/N*	

4.4.3 二次判别分析

正如上面所讨论的，LDA 假设每一类观测服从一个多元高斯分布，其中协方差矩阵对所有的 K 类是相同的。**二次判别分析**（quadratic discriminant analysis，QDA）提供了另一种方法。与 LDA 一样，QDA 分类器也是假设每一类观测都服从一个高斯分布，把参数估计代入贝叶斯定理进行预测。然而，与 LDA 不同的是，QDA 假设每一类观测都有自己的协方差矩阵，也就是说，它假设来自第 k 类的观测形如 $X \sim N(\mu_k, \boldsymbol{\Sigma}_k)$，$\boldsymbol{\Sigma}_k$ 是第 k 类的协方差矩阵。在这种假设下，贝叶斯分类器把观测 $X=x$ 分入

$$\delta_k(x) = -\frac{1}{2}(x-\mu_k)^\mathrm{T} \boldsymbol{\Sigma}_k^{-1}(x-\mu_k) + \log \pi_k$$

$$= -\frac{1}{2} x^\mathrm{T} \boldsymbol{\Sigma}_k^{-1} x + x^\mathrm{T} \boldsymbol{\Sigma}_k^{-1} \mu_k - \frac{1}{2} \mu_k^\mathrm{T} \boldsymbol{\Sigma}_k^{-1} \mu_k + \log \pi_k \tag{4.28}$$

最大的一组。所以 QDA 分类器涉及把 $\boldsymbol{\Sigma}_k, \mu_k, \pi_k$ 的估计代入式（4.28）中，然后将观测 $X=x$ 分入使上式最大的一类里。不像式（4.24），式（4.28）是关于 x 的二次函数。这也是 QDA 名字的由来。

为什么 K 类的协方差矩阵是否相同会有如此大的差异呢？换句话说，为什么有些问题选择 LDA 而不是 QDA，有些问题则选择 QDA 而不是 LDA？如何选择是一个偏差-方差权衡的问题。当有 p 个预测变量时，预测协方差矩阵需要 $p(p+1)/2$ 个参数，QDA 需要对每一类分别估计协方差矩阵，即需要 $Kp(p+1)/2$ 个参数。若有 50 个观测变量，需要 1 275K 个参数。然而通过假设 K 类的协方差矩阵相同，LDA 模型对 x 来说是线性的，这就意味着有 Kp 个线性系数需要估计。因此，LDA 没有 QDA 分类器柔性，但是方差更小。这说明 LDA 模型有改善预测效果的潜力，但这里也需要权衡考虑：如果 LDA 假设 K 类有

相同的方差是一个非常糟糕的假设,那么 LDA 会产生很大的偏差。一般而言,如果训练观测数据量相对较少,LDA 是一个比 QDA 更好的决策,因为降低模型的方差很有必要。相反地,如果训练集非常大,则更倾向于使用 QDA,这时分类器的方差不再是关心的主要问题,或者说 K 类的协方差矩阵相同的假设是站不住脚的。

图 4-9 分两种情况说明了 LDA 和 QDA 的效果(见彩插)。在左图中,两个类 X_1 和 X_2 有相同的相关系数 0.7,且服从高斯分布。因此,贝叶斯决策边界是线性的,而且 LDA 决策边界逼近它。而 QDA 决策边界更差一些,因为其方差较大而偏差没有得到相应的减小。相反地,右图中橙色部分是变量之间相关系数为 0.7 的类,蓝色部分是变量之间相关系数为 -0.7 的类。此时贝叶斯决策边界是二次的,QDA 比 LDA 更接近这个边界。

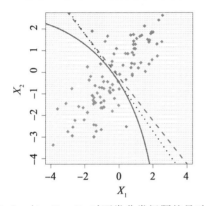
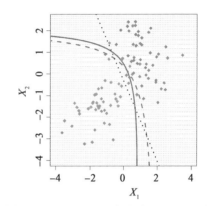

图 4-9 左:$\boldsymbol{\Sigma}_1 = \boldsymbol{\Sigma}_2$ 时两类分类问题的贝叶斯(紫色虚线)、LDA(黑色点线)、QDA(绿色实线)决策边界。橙色阴影为 QDA 决策管辖部分。由于贝叶斯决策边界是线性的,所以 LDA 比 QDA 更加接近它。右:相关说明与左图一致,但 $\boldsymbol{\Sigma}_1 \neq \boldsymbol{\Sigma}_2$。由于贝叶斯决策边界不是线性的,所以 QDA 比 LDA 更加接近它

4.4.4 朴素贝叶斯分类

前面我们用贝叶斯定理式(4.15)建立了 LDA 和 QDA 分类方法。本节将使用贝叶斯定理揭示**朴素贝叶斯**分类器背后的思想。

回顾一下,贝叶斯定理式(4.15)提供了一种在给定 $\pi_1, \pi_2, \cdots, \pi_k, f_1(x), f_2(x), \cdots, f_k(x)$ 后,计算条件概率 $p_k(x) = \Pr(Y=y | X=x)$ 的方法。若要将式(4.15)应用于实践,便需要提前估计 $\pi_1, \pi_2, \cdots, \pi_k, f_1(x), f_2(x), \cdots, f_k(x)$。前面估计先验概率 $\pi_1, \pi_2, \cdots, \pi_k$ 的方法十分直接,例如使用训练样本中第 k 类($k=1,2,\cdots,K$)的占比估计 $\hat{\pi}_k$。

但是,估计 $f_1(x), f_2(x), \cdots, f_k(x)$ 就需要更加精妙的方法。$f_k(x)$ 是一个针对第 k 类样本的 p 维概率密度函数。一般来讲,直接估计 p 维概率密度函数比较困难。在 LDA 中,为大幅降低难度,需要做一个强假设:假设 $f_k(x)$ 是一个给定均值 μ_k 及协方差矩阵 $\boldsymbol{\Sigma}$ 的多元正态密度函数,其中均值向量的取值随类别改变,各类有相同的协方差矩阵 $\boldsymbol{\Sigma}$。相比之下,在 QDA 中假设 $f_k(x)$ 是一个均值 μ_k 和协方差矩阵 $\boldsymbol{\Sigma}_k$ 都依赖于类的多元正态密度函数。通过做出这些强假设,可以将估计 K 个 p 维密度函数的问题简化为估计 K 个 p 维均值向量和估计 1 个(LDA)或 K 个(QDA)p^2 维协方差矩阵。

朴素贝叶斯分类器采用了一种估计 $f_1(x), f_2(x), \cdots, f_k(x)$ 的不同方法。不再假设这些分布函数属于同一个分布族（例如多元正态分布），而是做一个更简单的假设：

在第 k 类中，p 个预测变量是独立的

从数学角度解释，这个假设可表述为，对 $k=1,2,\cdots,K$，

$$f_k(x) = f_{k1}(x_1) \times f_{k2}(x_2) \times \cdots \times f_{kp}(x_p) \tag{4.29}$$

其中 f_{kj} 表示第 k 类中第 j 个预测变量的概率密度函数。

为什么这个假设如此有效？从根本上讲，估计一个 p 维概率密度函数极具挑战性，因为不仅需要估计每个预测变量的**边缘分布**，还要估计这些变量的**联合分布**（joint distribution）。在多元正态分布情况下，这些变量之间的关联通过协方差矩阵的非对角元素获得。然而，一般而言，这种关联可能很难表征，而且估计也极具挑战性。但是通过假设 p 个协变量在每个类中独立，便可以规避 p 个预测变量之间的关联性带来的问题。

但是，真的可以确定朴素贝叶斯关于 p 个协变量的假设（每个类都独立）正确吗？在大多数情况下，没有充足理由证明该假设成立。然而，尽管该假设是为了简化计算，不甚严谨，但是模型最终的结果往往相当不错，尤其当样本量 n 较变量数 p 不够大，无法有效地估计每个类别中预测变量的联合分布时。事实上，由于估计联合分布需要庞大的数据量，在大部分情况下都可以优先考虑朴素贝叶斯模型。实际上，朴素贝叶斯假设引入了一些偏差，但减少了方差，使模型结果在实际使用中在偏差-方差权衡方面表现不错。

在做出朴素贝叶斯假设之后，可以将式（4.29）代入式（4.15），获得一个完整的后验概率公式：

$$\Pr(Y = k \mid X = x) = \frac{\pi_k \times f_{k1}(x_1) \times f_{k2}(x_2) \times \cdots \times f_{kp}(x_p)}{\sum_{l=1}^{K} \pi_l \times f_{l1}(x_1) \times f_{l2}(x_2) \times \cdots \times f_{lp}(x_p)} \tag{4.30}$$

其中 $k=1,2,\cdots,K$。

用训练数据 $x_{1j}, x_{2j}, \cdots, x_{nj}$ 估计一维概率密度函数 f_{kj} 有如下几个方法可供选择。

- 如果 X_j 是定量的，可以假设 $X_j \mid Y=k \sim N(\mu_{jk}, \sigma_{jk}^2)$。换句话说，假设在每个类中，第 j 个预测变量服从（单变量）正态分布。该假设与 QDA 相似，关键区别在于：此处假设预测变量独立。这相当于对 QDA 做了一个额外的假设，即特定于类的协方差矩阵是对角矩阵。
- 若 X_j 为定量变量，还可以使用非参数方法估计 f_{kj}。一个非常简单的方法是为每个类中第 j 个预测变量的观测结果绘制直方图。然后统计第 k 个类中与 x_j 属于同一直方图区间的训练观测值的比例，将其作为 $f_{kj}(x_j)$ 的估计。或者使用平滑化的直方图：**核密度估计**（kernel density estimator）。
- 若 X_j 是定性变量，那么可以简单地计算第 j 个预测变量在样本中的占比。例如，假设 $X_j \in \{1, 2, 3\}$，共有 100 个第 k 类样本，在这些样本中取值为 1、2 和 3 的样本分别为 32 个、55 个和 13 个，由此可以得到如下估计：

$$\hat{f}_{kj}(x_j) = \begin{cases} 0.32, & x_j = 1 \\ 0.55, & x_j = 2 \\ 0.13, & x_j = 3 \end{cases}$$

接下来在一个变量数 $p=3$、类别数 $K=2$ 的虚构数据中展示朴素贝叶斯分类器的用法。前两个预测变量为定量变量,第三个预测变量为三水平定性变量。进一步假设 $\hat{\pi}_1=\hat{\pi}_2=0.5$,$k=1,2$ 和 $j=1,2,3$ 的估计密度函数 $\hat{f}_{kj}$ 显示在图 4-10 中。现在假设希望对新观测 $x^*=(0.4,1.5,1)^T$ 进行分类。事实证明,在这个例子中,$\hat{f}_{11}(0.4)=0.368$,$\hat{f}_{12}(1.5)=0.484$,$\hat{f}_{13}(1)=0.226$,$\hat{f}_{21}(0.4)=0.030$,$\hat{f}_{22}(1.5)=0.130$,$\hat{f}_{23}(1)=0.616$。讲这些估计值代入式(4.30),得到后验概率估计 $\Pr(Y=1|X=x^*)=0.944$ 和 $\Pr(Y=2|X=x^*)=0.056$。

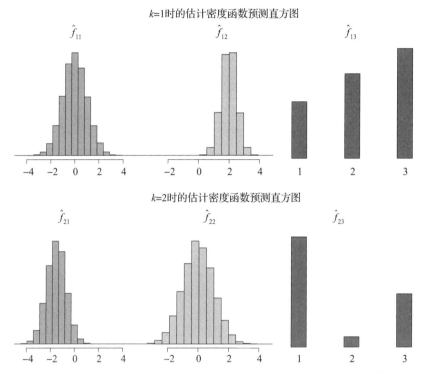

图 4-10　在 4.4.4 节的虚构数据中,生成了含 $p=3$ 个预测变量和 $K=2$ 个分类的数据。前两个预测变量为定量变量,第三个预测变量为三水平定性变量。在每个类里,上图给出了三个预测变量的密度函数估计值。若样本属于两个分类的先验概率相等,则观测样本 $x^*=(0.4,1.5,1)^T$ 属于第一类的后验概率为 94.4%

表 4-8 为在 Default(违约)数据集上使用朴素贝叶斯分类器得到的混淆矩阵,违约的后验概率——$P(Y=\text{default}|X=x)$——超过 0.5 的样本预测为即将发生违约。将此与表 4-4 中 LDA 的结果进行比较,二者互有优劣。LDA 的整体误差率更低,但朴素贝叶斯成功地预测了更多的真实违约者。在朴素贝叶斯模型中,假设所有定量预测变量都服从高斯分布(此外,在每个类中预测变量间相互独立)。

与在 LDA 中一样,可以调整预测违约概率阈值。例如,表 4-9 提供了当 $P(Y=\text{default}|X=x)>0.2$ 判为违约时获得的混淆矩阵。相较于采用相同阈值的 LDA(表 4-5),结果互有优劣。朴素贝叶斯分类器误差率更高,但正确预测了接近 2/3 的真实违约样本。

表 4-8 朴素贝叶斯分类器的分类结果与 Default（违约）数据集中 10 000 个训练样本的真实结果的对比。当 $P(Y=\text{default}\,|\,X=x)>0.5$ 时，认为将发生违约

		真实违约情况		
		没有	有	总计
预测违约情况	没有	9 615	241	9 856
	有	52	92	144
	总计	9 667	333	10 000

表 4-9 朴素贝叶斯分类器与真实违约结果的比较。训练样本数为 10 000，当预测结果 $P(Y=\text{default}\,|\,X=x)>0.2$ 时认为发生违约

		真实违约情况		
		没有	有	总计
预测违约情况	没有	9 320	128	9 448
	有	347	205	552
	总计	9 667	333	10 000

在本例中，无须对朴素贝叶斯没有全面优于 LDA 感到惊讶：该数据集的变量数 $p=4$，却有 $n=10\,000$ 个样本，因此朴素贝叶斯假设减小预测方差的作用并没有得到充分体现。当 p 较大或 n 更小时，减小预测方差更加重要，此时使用朴素贝叶斯相对于 LDA 或 QDA 将得到更好的效果。

4.5 分类方法的比较

4.5.1 解析性分析比较

本节将对 LDA、QDA、朴素贝叶斯和逻辑斯谛回归进行解析性分析比较。假设这些方法都应用于具有 K 个类的数据集，建模的目标是将观测值判给使 $\Pr(Y=k\,|\,X=x)$ 最大的类。还可以将第 K 类设置为**基类**（baseline）并将观测值判给使

$$\log\left(\frac{\Pr(Y=k\,|\,X=x)}{\Pr(Y=K\,|\,X=x)}\right) \tag{4.31}$$

最大的类，其中 $k=1,2,\cdots,K$。接下来将推导各个方法在式（4.31）上的具体形式，并分析其相似与不同之处。

首先，对于 LDA，假设所有变量服从多元正态分布式（4.23），均值不同，协方差矩阵相同，根据贝叶斯定理式（4.15）得到：

$$\log\left(\frac{\Pr(Y=k\,|\,X=x)}{\Pr(Y=K\,|\,X=x)}\right) = \log\left(\frac{\pi_k f_k(x)}{\pi_K f_K(x)}\right)$$

$$= \log\left(\frac{\pi_k \exp\left(-\frac{1}{2}(x-\mu_k)^{\mathrm{T}}\boldsymbol{\Sigma}^{-1}(x-\mu_k)\right)}{\pi_K \exp\left(-\frac{1}{2}(x-\mu_K)^{\mathrm{T}}\boldsymbol{\Sigma}^{-1}(x-\mu_K)\right)}\right)$$

$$\begin{aligned}
&= \log\left(\frac{\pi_k}{\pi_K}\right) - \frac{1}{2}(x-\mu_k)^{\mathrm{T}}\boldsymbol{\Sigma}^{-1}(x-\mu_k) \\
&\quad + \frac{1}{2}(x-\mu_K)^{\mathrm{T}}\boldsymbol{\Sigma}^{-1}(x-\mu_K) \\
&= \log\left(\frac{\pi_k}{\pi_K}\right) - \frac{1}{2}(\mu_k+\mu_K)^{\mathrm{T}}\boldsymbol{\Sigma}^{-1}(\mu_k-\mu_K) \\
&\quad + x^{\mathrm{T}}\boldsymbol{\Sigma}^{-1}(\mu_k-\mu_K) \\
&= a_k + \sum_{j=1}^{p} b_{kj}x_j
\end{aligned} \quad (4.32)$$

式中 $a_k = \log\left(\frac{\pi_k}{\pi_K}\right) - \frac{1}{2}(\mu_k+\mu_K)^{\mathrm{T}}\boldsymbol{\Sigma}^{-1}(\mu_k-\mu_K)$，$b_{kj}$ 为 $\boldsymbol{\Sigma}^{-1}(\mu_k-\mu_K)$ 里的第 k 个元素。LDA 与逻辑斯谛回归类似，将对数后验概率视为关于 x 的线性函数。

同理，对于 QDA，式（4.31）可以推导为

$$\log\left(\frac{\Pr(Y=k\,|\,X=x)}{\Pr(Y=K\,|\,X=x)}\right) = a_k + \sum_{j=1}^{p} b_{kj}x_j + \sum_{j=1}^{p}\sum_{l=1}^{p} c_{kjl}x_j x_l \quad (4.33)$$

式中 a_k，b_{kj} 和 c_{kjl} 是 $\pi_k, \pi_K, \mu_k, \mu_K, \boldsymbol{\Sigma}_k, \boldsymbol{\Sigma}_K$ 的函数。正如名称"二次判别分析"所言，QDA 得到的对数后验概率是关于 x 的二次函数。

最后，考察式（4.31）在朴素贝叶斯模型下的形式。在朴素贝叶斯的假定中，$f_k(x)$ 由 p 个一维密度函数 $f_{kj}(x_j)$（$j=1,2,\cdots,p$）相乘得到。因此，

$$\begin{aligned}
\log\left(\frac{\Pr(Y=k\,|\,X=x)}{\Pr(Y=K\,|\,X=x)}\right) &= \log\left(\frac{\pi_k f_k(x)}{\pi_K f_K(x)}\right) \\
&= \log\left(\frac{\pi_k \prod_{j=1}^{p} f_{kj}(x_j)}{\pi_K \prod_{j=1}^{p} f_{Kj}(x_j)}\right) \\
&= \log\left(\frac{\pi_k}{\pi_K}\right) + \sum_{j=1}^{p} \log\left(\frac{f_{kj}(x_j)}{f_{Kj}(x_j)}\right) \\
&= a_k + \sum_{j=1}^{p} g_{kj}(x_j)
\end{aligned} \quad (4.34)$$

式中 $a_k = \log\left(\frac{\pi_k}{\pi_K}\right)$，$g_{kj}(x_j) = \log\left(\frac{f_{kj}(x_j)}{f_{Kj}(x_j)}\right)$。所以式（4.34）的等号右端可以写成**广义线性可加模型**（generalized additive model）的形式。第 7 章将深入讨论该模型。

观察式（4.32）、式（4.33）和式（4.34），对于 LDA、QDA 及朴素贝叶斯可以得到以下结论：

- LDA 是 QDA 在 $c_{kjl}=0$ 时的特殊情况。（这是顺理成章的，因为 LDA 就是 QDA 在 $\boldsymbol{\Sigma}_1 = \cdots = \boldsymbol{\Sigma}_k = \boldsymbol{\Sigma}$ 下的特殊情况。）
- 任何具有线性决策边界的分类器都是朴素贝叶斯在 $g_{kj}(x_j) = b_{kj}x_j$ 时的特殊情况。这意味着 LDA 也是朴素贝叶斯的一个特例。本章前面对 LDA 和朴素贝叶斯的描述

并没有清晰地体现这一结论,这是因为每种方法采用的假设各不相同:LDA 假设所有特征共享一个类内协方差矩阵,且服从正态分布,而朴素贝叶斯则假设各种特征是独立的。

- 若在朴素贝叶斯分类器下利用一元正态分布 $N(\mu_{kj}, \sigma_j^2)$ 得到 $f_{kj}(x_j)$,那么最终将得到 $g_{kj}(x_j) = b_{kj} x_j$,其中 $b_{kj} = (\mu_{kj} - \mu_{Kj})/\sigma_j^2$。在这种情况下,朴素贝叶斯分类实际上是 LDA 在 $\mathbf{\Sigma}$ 被限制为对角线第 j 个元素等于 σ_j^2 的对角矩阵时的特例。
- QDA 和朴素贝叶斯都不是彼此的特例。朴素贝叶斯可以产生更柔性的拟合,因为对 $g_{kj}(x_j)$ 可以做出任何选择。然而,朴素贝叶斯仅限于纯可加拟合:在式(4.34)中,x_j 的函数与 x_l 的函数为相加而非相乘关系($j \neq l$)。相比之下,QDA 的表达式中包括形式为 $c_{kj} x_j x_l$ 的乘法项。因此,在预测变量交互项对于区分类别很重要时,使用 QDA 可能更加准确。

这些方法中没有一种方法完全优于其他方法:在任何情况下,选择何种方法取决于预测变量在每个类中的真实分布以及其他因素,例如 n 和 p 的值。后者与偏差-方差权衡有关。

接下来观察逻辑斯谛回归在式(4.31)中的形式。根据式(4.12),多逻辑斯谛回归的基本模型形式为

$$\log\left(\frac{\Pr(Y=k \mid X=x)}{\Pr(Y=K \mid X=x)}\right) = \beta_{k0} + \sum_{j=1}^{p} \beta_{kj} x_j$$

该结果与呈线性形式的 LDA 式(4.32)相同:在两种情况中,$\log\left(\frac{\Pr(Y=k \mid X=x)}{\Pr(Y=K \mid X=x)}\right)$ 都是预测变量的线性函数。在 LDA 中,此线性函数的系数是 $\pi_k, \pi_K, \mu_k, \mu_K$ 的函数,$\mathbf{\Sigma}$ 则是通过假设 $X_1, X_2, \cdots, X_p$ 在每个类内服从正态分布而获得的。相比之下,在逻辑斯谛回归中,系数通过最大化似然函数式(4.5)得到。因此,认为当正态性假设(大约)成立时,LDA 优于逻辑斯谛回归,而当正态性假设不成立时,逻辑斯谛回归优于 LDA。

最后,以对 **K 最近邻**(K-nearest neighbor, KNN)的简要讨论来结束本小节。KNN 采用了与本章中介绍的分类器完全不同的分类方法。为了对观测 $X=x$ 进行预测,KNN 需要找出训练样本中最接近 x 的观测值,然后将 x 归为这些观测值中最多观测值所属的类。因此,KNN 是一种完全非参数方法:不对决策边界的形状做出任何假设。KNN 有如下特点。

- 因为 KNN 是完全非参数方法,可以期望这种方法在决策边界高度非线性时远优于 LDA 和逻辑斯谛回归,前提是 n 非常大且 p 非常小。
- 为了得出准确的分类结果,与预测样本量相比,KNN 需要大量观测样本,换言之,n 需要远大于 p。这是由于 KNN 作为非参数方法,在建模过程中倾向于减少偏差、增大方差。
- 在决策边界非线性,但 n 相对 p 不足够大时,QDA 可能比 KNN 更适用。这是因为 QDA 可以用参数模型的形式提供非线性决策边界,相对于 KNN,QDA 只需要更小的样本量就能达成相对精准的分类预测。
- 与逻辑斯谛回归不同,KNN 不能给出预测变量的重要程度:KNN 不能给出类似表 4-3 的系数表。

4.5.2 实际性能比较

接下来比较逻辑斯谛回归、LDA、QDA、朴素贝叶斯和 KNN 的实际（实验）性能。从六个不同的情形中生成数据，每个情形都为二元（两类）分类问题。在其中三个情形中，贝叶斯决策边界是线性的，在其余情况下，它是非线性的。对于每个情形，生成了 100 个随机训练数据集。在每个训练集上，用每种方法拟合数据，并在大型测试集上计算得到的测试误差率。线性情形的结果如图 4-11 所示，非线性情形的结果如图 4-12 所示。KNN 方法需要选择 K，即邻居数（不要与本章前面部分中的类数混淆）。使用两个 K 值执行 KNN：$K=1$，以及通过使用交叉验证法自动选择的 K。选取 K 的方法将在第 5 章中进一步讨论。同时应用朴素贝叶斯假设每个类中的特征具有单变量高斯密度（当然假设预测变量独立，因为这是朴素贝叶斯的关键特征）。

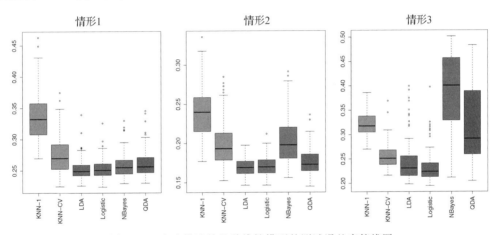

图 4-11 文中描述的几种线性模型的测试误差率箱线图

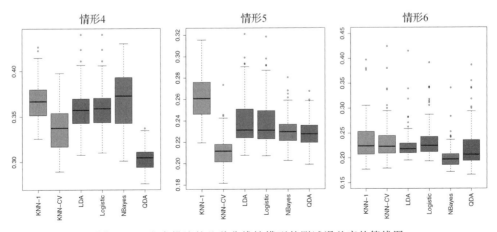

图 4-12 文中描述的几种非线性模型的测试误差率的箱线图

在 6 种情形中，预测变量数 $p=2$。这些情形如下。

情形 1 两类分别有 20 个训练观测。每一类的观测都是不相关的正态随机变量，且两个类变量的均值不同。从图 4-11 中左图可以看出，在这种情况下，LDA 的表现良好，由于这个模型本身假设为 LDA 模型，所以结果与预期的一致。逻辑斯谛回归（Logistic）表现也不错，因为它假设线性决策边界。KNN 效果很差，因为它为了降低方差付出了代价，却没有在偏差上获得相应补偿。QDA 也表现得比 LDA 要差，因为 QDA 适合柔性更高的分类器。朴素贝叶斯（NBayes）的表现比 QDA 的稍微好一些，因为预测变量独立性假设得到了满足。

情形 2 与情形 1 的假设一样，但是在每类中，两个预测变量的相关系数为 -0.5。图 4-11 的中图显示了方法之间的效果比较，这些结果与情形 1 中的大多数情况没有差异。最明显的差别是朴素贝叶斯（NBayes），它的表现很差，因为这种情况违反了预测变量独立性假设。

情形 3 在前面的情形中，预测变量在每个类内有很大的负相关性。然而，这次从 t 分布中产生 X_1，X_2，每类 50 个观测。t 分布在形状上和正态分布上很相似，但是它倾向于产生更多的极值点，也就是说，有更多的点远离均值。在这种情况下，决策边界仍然是线性的，所以逻辑斯谛回归框架是比较适合的。这个分布的假设与 LDA 假设是不符的，由于观测并不来自正态分布，图 4-10 的右图显示逻辑斯谛回归（Logistic）和 LDA 这两种方法明显优于其他方法，但逻辑斯谛回归比 LDA 效果要好一点。特别地，QDA 的效果差可以认为是由非正态分布导致的。朴素贝叶斯（NBayes）的表现差是因为独立性假设没有满足。

情形 4 数据都是由一个正态分布所产生，在第一类中预测变量的相关系数为 0.5，在第二类中预测变量相关系数为 -0.5。这个假设与 QDA 的假设契合，并且产生了二次决策边界。图 4-12 中的左图表明 QDA 优于其他方法。朴素贝叶斯（NBayes）的表现差是因为独立性假设没有满足。

情形 5 数据来自正态分布，预测变量不相关。然而，响应值来自逻辑斯谛函数，逻辑斯谛函数适用于预测函数的复杂非线性函数。图 4-12 的中图表明 QDA 和朴素贝叶斯呈现出较好的效果，更具柔性的 KNN-CV 效果最好，KNN-1 的效果最差。这说明即使当数据有复杂的非线性关系，如果不能正确选择合适的光滑度，非参数方法（如 KNN）仍然会给出很差的结果。

情形 6 观测来自正态分布，每个类有不同的对角协方差矩阵。但是，每个类的样本量 $n=6$ 很小。朴素贝叶斯（NBayes）的效果很好，因为它的前提假设得到了满足。LDA 和逻辑斯谛回归（Logistic）效果很差，因为协方差矩阵不同，真正的决策边界不是线性的。QDA 的效果比朴素贝叶斯（NBayes）稍微差一些，因为样本量很小，在估计类内预测变量间的相关系数时，QDA 的方差太大。

这 6 个例子说明没有任何一种方法可以在各种情况下优于其他方法。当真实决策边界是线性的，则 LDA 和逻辑斯谛回归方法是比较好的。当边界是一般非线性的，QDA 或朴素贝叶斯会给出较好的结果。最后，对更复杂的决策边界，非参数方法如 KNN 可能会更胜一筹，但是应该小心地选择非参数方法的光滑水平。在下一章将会探讨很多种用来选择合适的光滑水平的方法，总而言之，选择压倒一切的最好的方法。

最后，回顾第 3 章，在回归情况下，可以通过对预测变量先做转换再建立回归模型，从而获得预测变量与响应变量的非线性关系。在分类情况下也可以采取类似的办法。例如，可以创建高柔性的逻辑斯谛回归形式，其中可以用 X^2，X^3 甚至 X^4 做预测变量。这能否改善逻辑斯谛回归的效果，取决于由柔性增加而引起模型方差的增大量是否被足够的偏差减少量所补偿了，对 LDA 也可以采取相同的做法。如果将所有可能的二次项和交叉项加到 LDA 上，那么得到的模型形式就是 QDA 模型，虽然两类模型的参数估计不一样，但这并不妨碍 LDA 和 QDA 模型之间相互转化。

4.6 广义线性模型

第 3 章中讨论了响应变量 Y 为定量变量时，如何使用最小二乘线性回归来预测 Y。本章讨论了当 Y 为定性变量时，如何对其进行预测。然而，有时可能会遇到 Y 既不是定性的也不是定量的情况，此时第 3 章的线性回归和本章涉及的分类方法都不适用。

接下来介绍一个具体的例子。考虑 Bikeshare（共享单车）数据集，响应变量为 bikers（骑车人数），即华盛顿特区一个自行车共享项目每小时的用户数量。该响应值既不是定性的也不是定量的，它的取值为非负整数或**计数**（count）。考虑使用协变量 mnth（月份，即一年中的月份）、hr（小时，即一天中的时间，从 0 到 23）、workingday（是否工作日，指示变量，当该天既不是周末也不是假期时取 1）、temp（温度，该天的标准温度，单位为摄氏度）和 weathersit（天气，定性变量，总共有四种可能取值：晴天，雾天或多云，小雨或小雪，大雨或大雪）来预测 bikers（骑车人数）。

在下面的分析中，将把 mnth（月份）、hr（小时）和 weathersit（天气）作为定性变量。

4.6.1 Bikeshare（共享单车）数据的线性回归

首先，考虑使用线性回归模型预测 bikers（骑车人数）。结果如表 4-10 所示。

表 4-10 对于 Bikeshare（共享单车）数据，使用最小二乘线性模型来预测 bikers（骑行人数）的拟合结果。由于空间限制，预测因子 mnth（月份）和 hr（小时）没有在该表中进行展示，这两个变量的结果可见图 4-13。就定性变量 weathersit（天气）而言，基类水平为晴天

	系数	标准误差	z 统计量	p 值
截距	73.60	5.13	14.34	0.00
workingday	1.27	1.78	0.71	0.48
temp	157.21	10.26	15.32	0.00
weathersit（多云或雾天）	−12.89	1.96	−6.56	0.00
weathersit（小雨或小雪）	−66.49	2.97	−22.43	0.00
weathersit（大雨或大雪）	−109.75	76.67	−1.43	0.15

从表中可知，当天气从晴天变为多云时，平均每小时的骑行人数会减少 12.89；当天气进一步发展为小雨或小雪时，每小时的骑行人数会再减少 53.60。图 4-13 显示了变量 mnth（月份）和 hr（小时）对应的系数。由图可知，自行车的使用量在春秋季最高，在冬季最低。此外，自行车在高峰期（早 9 点和晚 6 点）的使用量最高，在夜间最低。因此，对 Bikeshare（共享单车）数据集拟合线性回归模型乍看起来似乎合理且直观。

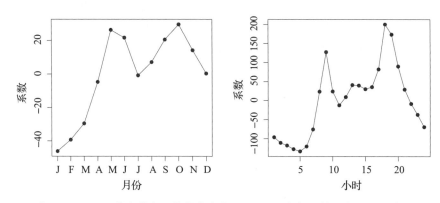

图 4-13 对 Bikeshare（共享单车）数据集中的 bikers（骑车人数）变量，拟合最小二乘线性回归模型来进行预测。左：与月份相对应的系数。自行车使用量在春秋季最高，在冬季最低。右：与小时相对应的系数。自行车使用量在通勤高峰期最高，在夜间最低

但如果仔细观察拟合结果，就会发现使用线性回归存在一些问题。例如，Bikeshare（共享单车）数据集中 9.6% 的拟合值为负值；也就是说，对于该数据集，线性回归模型预测有 9.6% 的时间，自行车的用户数量为负值。这表明使用线性回归不能对数据做出有意义的预测，系数估计、置信区间以及其他输出结果的准确性有待验证。

此外，有理由怀疑，当 bikers（骑车人数）的期望值很小时，bikers（骑车人数）的方差也应该很小。例如，在 12 月一个大雪天的凌晨 2 点，预计很少有人会使用自行车，并且在这样的条件下，骑车人数几乎不会发生变化。数据也证实了这一点：在 12 月、1 月和 2 月的凌晨 1 点到 4 点之间，当此时段内下雨的时候，用户数量的均值为 5.05，标准差为 3.73。相比之下，在 4 月、5 月和 6 月的早上 7 点到 10 点之间，当此时段内为晴天时，用户数量的均值为 243.59，标准差为 131.7。均值与方差的关系如图 4-14 的左图所示，严重违反了线性模型的假定，即在线性模型 $Y = \sum_{j=1}^{p} X_j \beta_j + \varepsilon$ 中，ε 满足均值为 0，方差为常数 σ^2。因此，数据存在异方差性，线性回归模型不再适用。

最后一点，响应变量 bikers（骑车人数）是整数值。但在线性模型 $Y = \sum_{j=1}^{p} X_j \beta_j + \varepsilon$ 下，误差项 ε 是连续值。这意味着在线性模型中，响应 Y 必然是连续值（定量）。因此，响应变量 bikers（骑车人数）的整数性质表明，线性回归模型不完全适用于该数据。

对 Bikeshare（共享单车）数据拟合线性回归模型时出现的一些问题，可以通过变换响应变量来解决。例如，可以拟合如下模型：

$$\log(Y) = \sum_{j=1}^{p} X_j \beta_j + \varepsilon$$

对响应变量进行变换，可以避免出现负预测值，同时还能解决原数据中的异方差性，如图 4-14 的右图所示。但这并不是一个令人满意的方案，因为此时预测和推断都是基于响应变量的对数进行的，因而解释性较差，例如，变量 X_j 增加一个单位，会导致 Y 的对数的均值增加 β_j。此外，响应变量的对数变换不能应用于响应变量取值为 0 的情况。因此，虽然对响应变量的变换拟合线性模型，可以适用于一些计数型数据集，但这种方法往往存在一些不足。在下一小节中，我们将会介绍泊松回归模型，它为这项任务提供了一种更加自然和优雅的方法。

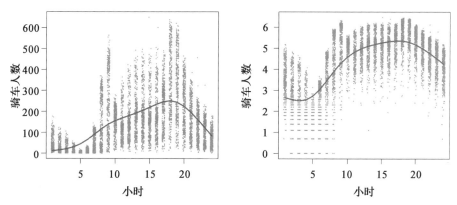

图 4-14 左：基于 Bikeshare（共享单车）数据集，纵轴表示骑车人数，横轴表示小时。为了便于可视化，采用了 Jitter 算法。在图中的大部分区域，随着骑车人数的均值的增加，其方差也增加。绿线为平滑样条的拟合曲线。右：纵轴变为骑车人数的对数值

4.6.2 Bikeshare（共享单车）数据的泊松回归

为了克服线性回归模型在分析 Bikeshare（共享单车）数据集上的不足，接下来引入**泊松回归**（Poisson regression）。在讨论泊松回归之前，先介绍下**泊松分布**（Poisson distribution）。

设随机变量 Y 取非负整数值，即 $Y \in \{0, 1, 2, \cdots\}$。如果 Y 服从泊松分布，那么下式成立

$$\Pr(Y = k) = \frac{\mathrm{e}^{-\lambda} \lambda^k}{k!}, \quad k = 0, 1, 2, \cdots \tag{4.35}$$

式中的 $\lambda > 0$ 是 Y 的期望值，即 $E(Y)$。λ 也等于 Y 的方差，即 $\lambda = E(Y) = \mathrm{Var}(Y)$。这意味着如果 Y 服从泊松分布，则 Y 的均值越大，方差也就越大。［在式（4.35）中，$k! = k \times (k-1) \times (k-2) \times \cdots \times 3 \times 2 \times 1$］。

泊松分布通常用于**计数**（count）模型，选择该分布有很多原因，其中一点是计数与泊松分布都取非负整数值。为了演示如何在实际应用中使用泊松分布，设 Y 表示该共享单车项目在特定月份特定天气下的一个特定小时内的用户数量。对 Y 建立泊松分布模型，均值

为 $E(Y)=\lambda=5$。这意味着在这个特定小时内没有用户的概率为 $\Pr(Y=0)=\dfrac{e^{-5}5^0}{0!}=e^{-5}=0.0067$（按惯例 $0!=1$），恰好有一个用户的概率为 $\Pr(Y=1)=\dfrac{e^{-5}5^1}{1!}=5e^{-5}=0.034$，恰好有两个用户的概率为 $\Pr(Y=2)=\dfrac{e^{-5}5^2}{2!}=0.084$，依此类推。

当然，在现实中，预计共享单车项目的用户的平均数量 $\lambda=E(Y)$，会随着时间、月份、天气状况等因素而变化。因此，比起将骑车人数 Y 建模为有固定均值比如 $\lambda=5$ 的泊松分布，分析师更想建立一个均值随协变量变化的模型。特别地，考虑下面的模型，将均值 $\lambda=E(Y)$ 改写为协变量 $X_1, X_2, \cdots, X_p$ 的函数 $\lambda(X_1, X_2, \cdots, X_p)$：

$$\log(\lambda(X_1, X_2, \cdots, X_p)) = \beta_0 + \beta_1 X_1 + \cdots + \beta_p X_p \tag{4.36}$$

或者等价地表示为

$$\lambda(X_1, X_2, \cdots, X_p) = e^{\beta_0 + \beta_1 X_1 + \cdots + \beta_p X_p} \tag{4.37}$$

其中，$\beta_0, \beta_1, \cdots, \beta_p$ 是待估参数。式（4.35）和式（4.36）合起来，就构成了泊松回归模型。注意到在式（4.36）中，将 $\lambda(X_1, X_2, \cdots, X_p)$ 的**对数**（log）而不是它本身表示为 $X_1, X_2, \cdots, X_p$ 的线性组合，这样做是为了确保在协变量取任意值时，$\lambda(X_1, X_2, \cdots, X_p)$ 都是非负的。

为了估计系数 $\beta_0, \beta_1, \cdots, \beta_p$，采用极大似然方法，与 4.3.2 节中估计逻辑斯谛回归系数类似。具体来说，给定 n 个来自泊松回归模型的独立观测值，似然函数如下所示

$$\ell(\beta_0, \beta_1, \cdots, \beta_p) = \prod_{i=1}^{n} \frac{e^{-\lambda(x_i)}\lambda(x_i)^{y_i}}{y_i!} \tag{4.38}$$

由式（4.37）可知，$\lambda(x_i)=e^{\beta_0+\beta_1 x_{i1}+\cdots+\beta_p x_{ip}}$。使得似然值 $\ell(\beta_0, \beta_1, \cdots, \beta_p)$ 最大的系数是最有可能得到观测数据的系数。

接下来在 Bikeshare（共享单车）数据集上拟合泊松回归模型，结果如表 4-11 和图 4-15 所示。从定性的角度，泊松回归的结果与 4.6.1 节中线性回归的结果相似。从结果中同样发现，自行车使用量在春季和秋季以及高峰时段最高，而在冬季和凌晨时段最低。此外，自行车的使用量会随着气温的升高而增加，随着天气的变糟而减少。有趣的是，与 workingday（是否工作日）相对应的系数在泊松回归模型下是显著的，而在线性回归模型下不显著。

表 4-11 对于 Bikeshare（共享单车）数据，使用泊松回归模型来预测 bikers（骑行人数）的拟合结果。由于空间限制，预测因子 mnth（月份）和 hr（小时）没有在该表中进行展示，这两个变量的结果可见图 4-15。就定性变量 weathersit（天气）而言，基类水平为晴天

	系数	标准误差	z 统计量	p 值
截距	4.12	0.01	683.96	0.00
workingday	0.01	0.00	7.5	0.00
temp	0.79	0.01	68.43	0.00
weathersit（多云或雾天）	−0.08	0.00	−34.53	0.00
weathersit（小雨或小雪）	−0.58	0.00	−141.91	0.00
weathersit（大雨或大雪）	−0.93	0.17	−5.55	0.00

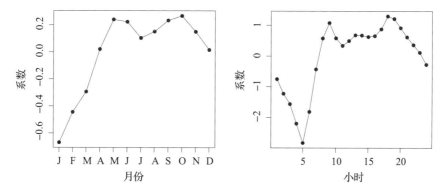

图 4-15 对 Bikeshare（共享单车）数据集中的 bikers（骑车人数）变量，拟合泊松回归模型来进行预测。左：与月份相对应的系数。自行车使用量在春秋最高，在冬季最低。右：与小时相对应的系数。自行车使用量在通勤高峰期最高，在夜间最低

泊松回归模型与线性回归模型之间的一些重要区别如下。

- **解释**。为了解释泊松回归模型中的系数，必须关注式（4.37），该式表明 X_j 每增加一个单位，$E(Y) = \lambda$ 会增加一个因子 $\exp(\beta_j)$。例如，天气从晴天变为多云，平均自行车使用量会变为原来的 $\exp(-0.08) = 0.923$ 倍，即多云时的用户数只有晴天时的 92.3%。如果天气进一步恶化，开始下雨，那么平均自行车使用量会进一步增加一个因子 $\exp(-0.5) = 0.607$，即下雨天时的用户数只有多云时的 60.7%。
- **均值与方差的关系**。如前所述，在泊松模型下，$\lambda = E(Y) = \text{Var}(Y)$。因此，对自行车使用量构建泊松模型时，只需假定在给定时间时，自行车使用量的均值与方差相等。而在线性回归模型下，需要假定自行车使用量的方差为一个常数值。回顾图 4-14，在 Bikeshare（共享单车）数据中，当骑行条件较好时，自行车使用量的均值和方差都比条件较差时要高得多。因此，泊松回归模型能够更好地应对 Bikeshare（共享单车）数据中的均值与方差的关系，而线性回归模型不适用。⊖
- **非负拟合值**。使用泊松回归模型不会得到负预测。这是因为泊松模型本身只允许非负值，见式（4.35）。相比之下，当对 Bikeshare（共享单车）数据拟合线性回归模型时，将近 10% 的预测值都是负值。

4.6.3 更通用的广义线性模型

我们已经讨论了三种回归模型：线性回归、逻辑斯谛回归和泊松回归。这些方法有一些共同的特点。

⊖ 事实上，Bikeshare（共享单车）数据的方差似乎比均值高得多，这种情况被称为**过度离散**（overdispersion）。这导致表 4.11 中的 z 值膨胀。为了获得更精确的 z 值，应该对这种过度离散进行更详细的分析。有多种方法可以做到这一点，但这不在本书的讨论范围之内。

(1) 每种方法都使用预测因子 $X_1, X_2, \cdots, X_p$ 来预测响应 Y,并且假定,在 X_1, $X_2, \cdots, X_p$ 下,Y 属于某个分布族。在线性回归中,通常假定 Y 服从高斯分布或正态分布。在逻辑斯谛回归中,假定 Y 服从伯努利分布。最后,在泊松分布中,假定 Y 服从泊松分布。

(2) 每种方法都将 Y 的均值作为预测因子的函数来建模。在线性回归中,Y 的均值建模如下:

$$E(Y|X_1, X_2, \cdots, X_p) = \beta_0 + \beta_1 X_1 + \cdots + \beta_p X_p \tag{4.39}$$

即均值为预测因子的线性函数。在逻辑斯谛回归中,均值建模如下:

$$E(Y|X_1, X_2, \cdots, X_p) = \Pr(Y = 1|X_1, X_2, \cdots, X_p)$$
$$= \frac{e^{\beta_0 + \beta_1 X_1 + \cdots + \beta_p X_p}}{1 + e^{\beta_0 + \beta_1 X_1 + \cdots + \beta_p X_p}} \tag{4.40}$$

泊松回归建模如下:

$$E(Y|X_1, X_2, \cdots, X_p) = \lambda(X_1, X_2, \cdots, X_p) = e^{\beta_0 + \beta_1 X_1 + \cdots + \beta_p X_p} \tag{4.41}$$

式 (4.39)~式 (4.41) 可以用一个**连接函数** (link function) η 表示,通过对 $E(Y|X_1, X_2, \cdots, X_p)$ 进行变换,使得变换后的均值是预测因子的线性函数,如下式所示,

$$\eta(E(Y|X_1, X_2, \cdots, X_p)) = \beta_0 + \beta_1 X_1 + \cdots + \beta_p X_p \tag{4.42}$$

线性回归、逻辑斯谛回归和泊松回归的连接函数分别是 $\eta(\mu) = \mu$、$\eta(\mu) = \log(\mu/(1-\mu))$ 和 $\eta(\mu) = \log(\mu)$。

高斯分布、伯努利分布和泊松分布都属于一个更广义的分布族,称为**指数族** (exponential family)。该分布族中其他的成员如**指数分布** (exponential distribution)、**伽马分布** (Gamma distribution) 和**负二项分布** (negative binomial distribution)。一般来说,可以对来自指数分布族的响应 Y 建立回归模型,然后参照式 (4.42) 对均值进行变换,使得变换后的均值是预测变量的线性函数。任何遵循这一通用方法的回归模型都称为**广义线性模型** (generalized linear model, GLM)。因此,线性回归、逻辑斯谛回归和泊松回归是广义线性模型的三个例子。这里没有涉及的例子包括**伽马回归** (Gamma regression) 和**负二项回归** (negative binomial regression)。

4.7 实验:分类方法

4.7.1 股票市场数据

首先对 ISLR2 库的 smarket(股票市场)数据的数值和图像进行描述统计分析。该数据集里包括从 2001 年年初至 2005 年年末 1 250 天里 S&P 500 股票指数的投资回报率。数据中记录了过去 5 个交易日中的每个交易日的投资回报率,从 Lag1 到 Lag5,同时也记录了 Volume(前一日股票成交量,单位为十亿)、Today(当日的投资回报率)以及 Direction [这些数据在市场的走势方向,或 Up(涨)或 Down(跌)]。我们的目标是用其他变量预测 Direction(定性响应)。

```
> library(ISLR2)
> names(Smarket)
[1] "Year"      "Lag1"      "Lag2"      "Lag3"      "Lag4"
[6] "Lag5"      "Volume"    "Today"     "Direction"
> dim(Smarket)
[1] 1250    9
> summary(Smarket)
      Year           Lag1               Lag2
 Min.   :2001   Min.   :-4.92200   Min.   :-4.92200
 1st Qu.:2002   1st Qu.:-0.63950   1st Qu.:-0.63950
 Median :2003   Median : 0.03900   Median : 0.03900
 Mean   :2003   Mean   : 0.00383   Mean   : 0.00392
 3rd Qu.:2004   3rd Qu.: 0.59675   3rd Qu.: 0.59675
 Max.   :2005   Max.   : 5.73300   Max.   : 5.73300
      Lag3                Lag4               Lag5
 Min.   :-4.92200   Min.   :-4.92200   Min.   :-4.92200
 1st Qu.:-0.64000   1st Qu.:-0.64000   1st Qu.:-0.64000
 Median : 0.03850   Median : 0.03850   Median : 0.03850
 Mean   : 0.00172   Mean   : 0.00164   Mean   : 0.00561
 3rd Qu.: 0.59675   3rd Qu.: 0.59675   3rd Qu.: 0.59700
 Max.   : 5.73300   Max.   : 5.73300   Max.   : 5.73300
     Volume            Today            Direction
 Min.   :0.356   Min.   :-4.92200   Down:602
 1st Qu.:1.257   1st Qu.:-0.63950   Up  :648
 Median :1.423   Median : 0.03850
 Mean   :1.478   Mean   : 0.00314
 3rd Qu.:1.642   3rd Qu.: 0.59675
 Max.   :3.152   Max.   : 5.73300
> pairs(Smarket)
```

cor()函数可以计算所有预测变量两两之间相关系数的矩阵。下面第一行命令运行错误，是因为Direction变量是定性的。

```
> cor(Smarket)
Error in cor(Smarket) : 'x' must be numeric
> cor(Smarket[,-9])
         Year     Lag1      Lag2      Lag3      Lag4      Lag5
Year   1.0000  0.02970   0.03060   0.03319   0.03569   0.02979
Lag1   0.0297  1.00000  -0.02629  -0.01080  -0.00299  -0.00567
Lag2   0.0306 -0.02629   1.00000  -0.02590  -0.01085  -0.00356
Lag3   0.0332 -0.01080  -0.02590   1.00000  -0.02405  -0.01881
Lag4   0.0357 -0.00299  -0.01085  -0.02405   1.00000  -0.02708
Lag5   0.0298 -0.00567  -0.00356  -0.01881  -0.02708   1.00000
Volume 0.5390  0.04091  -0.04338  -0.04182  -0.04841  -0.02200
Today  0.0301 -0.02616  -0.01025  -0.00245  -0.00690  -0.03486
        Volume    Today
Year    0.5390   0.03010
Lag1    0.0409  -0.02616
Lag2   -0.0434  -0.01025
Lag3   -0.0418  -0.00245
Lag4   -0.0484  -0.00690
Lag5   -0.0220  -0.03486
Volume  1.0000   0.01459
Today   0.0146   1.00000
```

正如所预料的,前几日的投资回报变量与当日的回报率之间的相关系数接近于零。这也就是说,当前的投资回报率与先前的投资回报率之间相关性很小。唯一一对强相关是 Year 和 Volume。通过画图可以观察到 Volume 随时间一直增长,也就是说从 2001 年至 2005 年平均每日股票成交量在增长。

```
> attach(Smarket)
> plot(Volume)
```

4.7.2 逻辑斯谛回归

接下来,通过 Lag1 到 Lag5 和 Volume 拟合逻辑斯谛回归模型来预测 Direction。glm()函数用于拟合**广义线性模型**(generalized linear model),其中包含了逻辑斯谛回归模型。glm()函数的用法与 lm()类似,不同在于必须输入参数设置 family= binomial。该命令的功能是请求 R 软件执行逻辑斯谛回归,不使用其他类型的广义线性模型。

```
> glm.fit <- glm(Direction∼Lag1+Lag2+Lag3+Lag4+Lag5+Volume,
    data = Smarket,family=binomial)
> summary(glm.fit)

Call:
glm(formula = Direction ∼ Lag1 + Lag2 + Lag3 + Lag4 + Lag5
    + Volume, family = binomial, data = Smarket)

Deviance Residuals:
    Min      1Q   Median      3Q     Max
  -1.45   -1.20     1.07    1.15    1.33

Coefficients:
             Estimate  Std. Error  z value  Pr(>|z|)
(Intercept)  -0.12600    0.24074    -0.52      0.60
Lag1         -0.07307    0.05017    -1.46      0.15
Lag2         -0.04230    0.05009    -0.84      0.40
Lag3          0.01109    0.04994     0.22      0.82
Lag4          0.00936    0.04997     0.19      0.85
Lag5          0.01031    0.04951     0.21      0.83
Volume        0.13544    0.15836     0.86      0.39

(Dispersion parameter for binomial family taken to be 1)

    Null deviance: 1731.2  on 1249  degrees of freedom
Residual deviance: 1727.6  on 1243  degrees of freedom
AIC: 1742

Number of Fisher Scoring iterations: 3
```

这里最小的 p 值是 Lag1 的系数。预测变量的负系数表明如果市场昨天的投资回报率是正的,那么今日市场可能不会上涨。然而,p 值 0.15 仍然是比较大的,所以没有充分的证据表明 Lag1 和 Direction 之间有确切的关联。

调用 coef()函数可获取拟合模型的系数,同时也可以用 summary()函数来获取拟合模型的其他方面的信息,比如系数的 p 值。

```
> coef(glm.fits)
(Intercept)         Lag1         Lag2         Lag3         Lag4
   -0.12600     -0.07307     -0.04230      0.01109      0.00936
       Lag5       Volume
    0.01031      0.13544
> summary(glm.fits)$coef
             Estimate Std. Error z value Pr(>|z|)
(Intercept) -0.12600     0.2407  -0.523    0.601
Lag1        -0.07307     0.0502  -1.457    0.145
Lag2        -0.04230     0.0501  -0.845    0.398
Lag3         0.01109     0.0499   0.222    0.824
Lag4         0.00936     0.0500   0.187    0.851
Lag5         0.01031     0.0495   0.208    0.835
Volume       0.13544     0.1584   0.855    0.392
> summary(glm.fits)$coef[,4]
(Intercept)         Lag1         Lag2         Lag3         Lag4
      0.601        0.145        0.398        0.824        0.851
       Lag5       Volume
      0.835        0.392
```

predict() 函数可用来预测在给定预测变量值下市场上涨的概率。选项 type="response" 是明确告诉 R 输出概率 $P(Y=1 \mid X)$，而不必输出其他信息，比如发生比。如果不能提供数据集给 predict() 函数，那么它会计算拟合逻辑斯谛回归模型的训练数据的概率。这里，输出前 10 个预测概率。这些值对应的是市场上涨而不是下跌的概率，因为 contrasts() 函数表明 R 创建了一个哑变量，1 代表 Up（上涨）。

```
> glm.probs<-predict(glm.fits,type="response")
> glm.probs[1:10]
    1     2     3     4     5     6     7     8     9    10
0.507 0.481 0.481 0.515 0.511 0.507 0.493 0.509 0.518 0.489
> contrasts(Direction)
     Up
Down  0
Up    1
```

为预测特定某一天市场上涨还是下跌，必须将预测的概率转化为类别，Up 或 Down。下面两行命令建立了一个类向量预测，以预测的市场上涨概率比 0.5 大还是小为依据。

```
> glm.pred<-rep("Down",1250)
> glm.pred[glm.probs>.5]="Up"
```

第一行命令创建了一个由 1 250 个 Down 元素组成的向量。第二行将预测市场上涨概率超过 0.5 的元素转变为 Up。对这些预测，table() 函数可以产生混淆矩阵来判断有多少观测被正确或错误分类了。

```
> table(glm.pred,Direction)
        Direction
glm.pred Down  Up
    Down  145 141
    Up    457 507
> (507+145)/1250
[1] 0.5216
> mean(glm.pred==Direction)
[1] 0.5216
```

混淆矩阵中对角线元素表示正确的预测,而非对角线元素代表了错误的预测。由此可知模型正确预测了市场 507 天上涨,145 天下跌,总共 507+145=652 天正确预测。mean() 函数可以计算正确预测的比例。在这种情况下,逻辑斯谛回归正确预测了市场 52.2% 时间的动向。

乍一看,逻辑斯谛回归模型比随意猜测的效果稍好一点。然而,这个结论是错误的,因为训练模型和测试模型用了同一个由 1 250 个观测组成的数据集。换句话说,100%-52.2%=47.8% 是训练误差率。正如先前所看到的,训练误差率通常比较乐观——偏向低估测试误差率。为了得到逻辑斯谛回归模型的准确性,可以用一部分数据来拟合模型,然后用余下的数据检验模型预测的效果。这会产生一个更合理的误差率,因为在实践中,我们对拟合模型在训练数据上的效果不感兴趣,而对未来日子里不确定的变动更感兴趣。

为达到这个目的,首先建立一个向量表示 2001 年至 2004 年之间的观测,然后由这个向量定义余下的 2005 年观测数据集。

```
> train<-(Year<2005)
> Smarket.2005<-Smarket[!train,]
> dim(Smarket.2005)
[1] 252   9
> Direction.2005<-Direction[!train]
```

对象 train 是一个有 1 250 个元素的向量,对应数据集中的每一条观测。该向量对数据集中 2005 年之前的数据设置为 TRUE,对 2005 年的数据标记为 FALSE。train 是一个**布尔向量**(Boolean vector),因为其元素只取 TRUE 和 FALSE 两个值。布尔向量可用于获取某个矩阵的行和列子集。例如,Smarket[train,] 这个命令,会选出对应 2005 年之前的股票市场数据集的子矩阵,因为这些 train 元素都是 TRUE。符号"!"是对布尔向量中所有元素取反,也就是说,!train 和 train 向量相似,只是 train 中为 TRUE 的元素在 !train 中为 FALSE,而 train 中为 FALSE 的元素在 !train 中为 TRUE。因此,Smarket[!train] 产生了一个只包含 train 中为 FALSE 的观测的股票市场数据集的子矩阵,即 2005 年的观测数据。输出结果显示出一共获取了 252 个这样的观测。

现在,根据 subset 参数对 2005 年之前的观测数据的子集拟合一个逻辑斯谛回归模型。得到测试集中每一天(即 2005 年的每天)的股票市场上涨的预测概率。

```
> glm.fit <- glm(Direction~Lag1+Lag2+Lag3+Lag4+Lag5+Volume,
    data = Smarket,family=binomial,subset=train)
> glm.probs <- predict(glm.fits,Smarket.2005,type="response")
```

注意我们训练模型和测试模型是在两组完全独立的数据集上进行的:训练只用 2005 年之前的数据,而测试则用 2005 年的数据。最后计算出 2005 年的预测并与真实的市场走势做比较。

```
> glm.pred <- rep("Down",252)
> glm.pred[glm.probs >.5] <- "Up"
> table(glm.pred,Direction.2005)
         Direction.2005
glm.pred  Down Up
    Down   77  97
    Up     34  44
> mean(glm.pred==Direction.2005)
[1] 0.48
> mean(glm.pred!=Direction.2005)
[1] 0.52
```

符号!=表示**不等**,所以最后一行的命令是计算测试误差率。结果比较令人失望:测试误差率为52%,比随机猜想更糟糕!当然这个结果并不意外,因为人们一般很少用前几日的投资回报率来预测未来市场的表现。(毕竟,如果真能如此,那么本书的作者会相当富有,也就没有精力去撰写一本统计教科书。)

回顾逻辑斯谛回归模型中所有预测变量中那些令人印象深刻的 p 值,其中最小的 p 值(虽然也不小),对应的预测变量为 Lag1。如果去除看上去对 Direction 预测作用较小的变量,可能得到一个更有效的模型。毕竟,加入与响应变量无关的预测变量会造成测试误差率的增大(因为这样的预测变量会增大模型方差,但不会相应地降低模型偏差),所以去除这样的预测变量可能会优化模型。下面重新拟合逻辑斯谛回归模型,只用 Lag1 和 Lag2 两个预测变量,因为它们在原逻辑斯谛回归模型中表现出了最佳预测能力。

```
> glm.fits <- glm(Direction ~ Lag1 + Lag2, data = Smarket,
    family = binomial, subset = train)
> glm.probs <- predict(glm.fits, Smarket.2005, type = "response")
> glm.pred <- rep("Down",252)
> glm.pred[glm.probs >.5] <- "Up"
> table(glm.pred,Direction.2005)
         Direction.2005
glm.pred  Down  Up
    Down   35   35
    Up     76  106
> mean(glm.pred==Direction.2005)
[1] 0.56
> 106/(106+76)
[1] 0.582
```

现在的结果似乎改进了:56%的市场动向能够被正确预测。值得注意的是,在这种情况下,一种更简单策略——预测市场每天都会上涨——也有56%的时间是正确的!因此,就总体错误率而言逻辑斯谛回归方法并不比朴素方法好。然而混淆矩阵表明,当逻辑斯谛回归预测市场上涨时,它的准确率达到58%。这表明可能的交易策略是,在模型预测市场上涨的日子买入,在预测市场下跌的日子避免交易。当然,我们需要进一步仔细考查,这个细微的改进是真实的,还是由于偶然因素导致的。

下面的程序是在特定的 Lag1 和 Lag2 值下预测投资回报率。例如,当 Lag1 和 Lag2 分别为1.2和1.1时与分别为1.5和−0.8时,这里运用 predict() 函数预测 Direction。

```
> predict(glm.fitt,newdata=data.frame(Lag1=c(1.2,1.5),
    Lag2=c(1.1,-0.8)),type="response")
        1        2
   0.4791   0.4961
```

4.7.3 线性判别分析

现在对 Smarket 数据做线性判别分析（LDA）。在 R 中，用 MASS 库中的 lda() 函数拟合一个 LDA 模型。注意 lda() 函数与 lm() 函数语句是相同的，也和 glm() 类似，除了缺少 family 选项。现在对 2005 年以前的观测进行拟合。

```
> library(MASS)
> lda.fit <- lda(Direction~Lag1+Lag2,data=Smarket,subset=train)
> lda.fit
Call:
lda(Direction ~ Lag1 + Lag2, data = Smarket, subset = train)

Prior probabilities of groups:
 Down    Up
0.492 0.508

Group means:
       Lag1    Lag2
Down  0.0428  0.0339
Up   -0.0395 -0.0313

Coefficients of linear discriminants:
        LD1
Lag1 -0.642
Lag2 -0.514
> plot(lda.fit)
```

LDA 输出表明 $\hat{\pi}_1=0.492$，$\hat{\pi}_2=0.508$；也就是说，49.2% 的训练观测对应着市场下降的时期。同时 LDA 也输出了类均值，即每类中每个预测变量的平均，用来估计 μ_k。这表明当市场上涨时，前两天的投资回报率会趋向负值；当市场下跌时，前两天的投资回报率会趋向正值。线性判别系数输出给出了线性判别函数中 Lag1 和 Lag2 的组合系数，用来形成 LDA 的决策准则。换句话说，该决策函数是由式（4.24）中 $X=x$ 的元素与系数相乘的组合表示的，如果 $-0.642 \times$ Lag1$-0.514 \times$ Lag2 很大，则 LDA 分类器预测市场上涨；如果很小，则 LDA 分类器预测市场下跌。plot() 函数生成的线性判别图像，可以通过对每个训练观测计算 $-0.642 \times$ Lag1$-0.514 \times$ Lag2 获得。Up 和 Down 观测分别展示。

predict() 函数返回一个三元列表。第一个元素 class 存储了 LDA 关于市场动向的预测。第二个元素 posterior 是一个矩阵，其中第 k 列是观测属于第 k 类的后验概率，通过式（4.15）可以计算。最后，x 包含着线性判别，这在之前描述过。

```
> lda.pred<-predict(lda.fit, Smarket.2005)
> names(lda.pred)
[1] "class"      "posterior" "x"
```

就像在 4.5 节所研究的，LDA 和逻辑斯谛回归预测结果几乎一样。

```
> lda.class <- lda.pred$class
> table(lda.class,Direction.2005)
         Direction.2005
lda.pred Down  Up
    Down   35  35
    Up     76 106
> mean(lda.class==Direction.2005)
[1] 0.56
```

当后验概率使用50%的阈值时，重新预测，结果包含在lda.pred$class中。

```
> sum(lda.pred$posterior[,1]>=.5)
[1] 70
> sum(lda.pred$posterior[,1]<.5)
[1] 182
```

注意到模型的后验概率对应着市场下跌的概率：

```
> lda.pred$posterior[1:20,1]
> lda.class[1:20]
```

如果要用一个非50%的后验概率阈值做预测，可以很容易做到。例如，假设希望对市场下跌的预测非常精准，也就是说，预测市场下跌当且仅当市场确实以很大可能性真会下跌，例如，如果后验概率至少为90%。

```
> sum(lda.pred$posterior[,1]>.9)
[1] 0
```

该阈值2005年没有一天满足！事实上，2005全年最高的下跌后验概率为52.02%。

4.7.4 二次判别分析

现在对smarket数据拟合QDA模型。QDA在R中可以调用MASS库中的qda()函数来实现，其语句与lda()一样。

```
> qda.fit <- qda(Direction~Lag1+Lag2,data=Smarket,subset=train)
> qda.fit
Call:
qda(Direction ~ Lag1 + Lag2, data = Smarket, subset = train)

Prior probabilities of groups:
 Down    Up
0.492 0.508

Group means:
         Lag1    Lag2
Down   0.0428  0.0339
Up    -0.0395 -0.0313
```

输出包含类均值，但是不包含线性判别系数，因为QDA分类器是一个二次函数，不是预测变量的线性函数。predict()函数与LDA执行方式完全一样。

```
> qda.class <- predict(qda.fit,Smarket.2005)$class
> table(qda.class,Direction.2005)
```

```
             Direction.2005
qda.class Down  Up
     Down   30  20
     Up     81 121
> mean(qda.class==Direction.2005)
[1] 0.599
```

有趣的是,即使没有用 2005 年的数据来拟合模型,在几乎 60% 的时间里 QDA 预测也都是准确的。这个准确性水平对难以精准建模的股票市场数据而言令人兴奋不已。这表明 QDA 所假设的二次型比 LDA 和逻辑斯谛回归的线性假设更接近真实情况。然而,在确信这种方法会始终战胜市场之前,还是建议在一个大的测试集上评估这种方法的表现。

4.7.5 朴素贝叶斯

接下来,用朴素贝叶斯模型拟合 Smarket (股票市场) 数据。朴素贝叶斯在 R 中用 naiveBayes() 函数实现,该函数是 e1071 库的一部分。语法与 lda() 和 qda() 的语法相同。在默认情况下,朴素贝叶斯分类器的这种实现是使用高斯分布对每个定量特征进行建模。然而,核密度方法也可用于估计分布。

```
> library(e1071)
> nb.fit <- naiveBayes(Direction ∼ Lag1 + Lag2, data = Smarket,
    subset = train)
> nb.fit
Naive Bayes Classifier for Discrete Predictors

Call:
naiveBayes.default(x = X, y = Y, laplace = laplace)

A-priori probabilities:
Y
 Down    Up
0.492 0.508

Conditional probabilities:
      Lag1
Y          [,1] [,2]
  Down  0.0428 1.23
  Up   -0.0395 1.23
      Lag2
Y          [,1] [,2]
  Down  0.0339 1.24
  Up   -0.0313 1.22
```

输出包含每个类中每个变量的估计均值和标准差。例如,对于 Direction = Down,Lag1 的均值为 0.0428,标准差为 1.23。我们可以很容易验证这一点:

```
> mean(Lag1[train][Direction[train] == "Down"])
[1] 0.0428
> sd(Lag1[train][Direction[train] == "Down"])
[1] 1.23
```

内置的 predict() 函数很方便。

```
> nb.class <- predict(nb.fit, Smarket.2005)
> table(nb.class, Direction.2005)
        Direction.2005
nb.class Down  Up
    Down   28  20
    Up     83 121
> mean(nb.class == Direction.2005)
[1] 0.591
```

朴素贝叶斯在这些数据上的表现非常好，准确率超过 59%。这比 QDA 稍差，但比 LDA 好得多。

predict()函数还可以生成每个观测值属于特定类别的概率估计值。

```
> nb.preds <- predict(nb.fit, Smarket.2005, type = "raw")
> nb.preds[1:5, ]
      Down    Up
[1,] 0.487 0.513
[2,] 0.476 0.524
[3,] 0.465 0.535
[4,] 0.475 0.525
[5,] 0.490 0.510
```

4.7.6 K 最近邻法

KNN 可以使用 class 库中的 knn()函数来实现。这个函数与迄今为止碰到的其他模型拟合函数的用法有很大不同。不像两步方法，第一步先拟合模型，然后再根据模型做预测，knn()只用一个简单的命令做预测。这个函数需要四个输入参数：

（1）包含与训练数据相关的预测变量矩阵，以下记为 train.X。
（2）包含与预测数据相关的预测变量矩阵，以下记为 test.X。
（3）包含训练观测类标签的向量，以下记为 train.Direction。
（4）K 的值，分类器中使用的最近邻观测的数量。

使用 cbind()函数（column bind 的缩写）将 Lag1 和 Lag2 两个变量合并成两个不同的矩阵，一个为训练集，另一个为测试集。

```
> library(class)
> train.X <- cbind(Lag1,Lag2)[train,]
> test.X <- cbind(Lag1,Lag2)[!train,]
> train.Direction <- Direction[train]
```

现在可以调用 knn()函数来预测 2005 年的市场动向。在使用 knn()之前设置一个随机种子，这样先将几个观测作为最近邻点，然后 R 会随机破坏近邻关系。因此，设置种子点是为了保证结果的可复制性。

```
> set.seed(1)
> knn.pred <- knn(train.X,test.X,train.Direction,k=1)
> table(knn.pred,Direction.2005)
        Direction.2005
knn.pred Down Up
    Down   43 58
    Up     68 83
> (83+43)/252
[1] 0.5
```

$K=1$ 时的结果不理想，只有 50% 的观测得到正确的预测。当然，这可能因为 $K=1$ 的模型过于光滑，下面使用 $K=3$ 重复上述分析。

```
> knn.pred <- knn(train.X,test.X,train.Direction,k=3)
> table(knn.pred,Direction.2005)
        Direction.2005
knn.pred Down Up
    Down   48 54
    Up     63 87
> mean(knn.pred==Direction.2005)
[1] 0.536
```

结果略有改进，但是之后随着 K 的增加，结果不会有更进一步的改进。似乎对这个数据而言，QDA 提供了到目前为止所研究模型中最好的结果。

KNN 在 Smarket（股票市场）数据上表现并不好，但的确提供了一些亮眼的结果。作为一个例子，我们对 ISLR2 库中的 Caravan（大篷车）数据集运用 KNN 方法。该数据集包括 85 个预测变量，测量了 5 822 人的人口特征。响应变量为 Purchase（购买状态），表示一个人是否会购买大篷车保险险种。在该数据集中，只有 6% 的人购买了大篷车保险。

```
> dim(Caravan)
[1] 5822   86
> attach(Caravan)
> summary(Purchase)
  No  Yes
5474  348
> 348/5822
[1] 0.0598
```

由于 KNN 分类器在对一个指定的测试观测进行预测的原理是通过圈定距离最近的观测来实现，于是变量的尺度将对结果产生影响。任意一个在较大范围内取值的变量会比一个在小范围内取值的变量对距离有更大影响，继而也将对 KNN 分类器本身产生更大影响，例如，假设一个数据集包含两个变量：salary（薪水）和 age（年龄）（分别以美元和年为单位）。根据 KNN 可知，salary 变量 1 000 美元的差距相对 age 上 50 岁的差距来说是差异巨大，所以 salary 变量对 KNN 分类结果影响作用会更大，而 age 则影响微弱。这和直觉的认识正好相反，薪水上 1 000 美元的差距远小于年龄上 50 岁的差距。此外，变量尺度对 KNN 分类器的影响程度还引发了另一个问题：如果以日元来衡量 salary，或者用分钟来衡量 age，则会得到一个与以美元和年为单位时完全不同的分类结果。

解决这类问题的一个好办法就是标准化数据，这样所有变量都以 0 为均值、以 1 为标准差，那么所有变量都处在一个可比较的范围里。scale() 函数可以实现标准化的想法。在标准化的数据中排除列 86，因为它是定性的 Purchase（购买状态）变量。

```
> standardized.X <- scale(Caravan[,-86])
> var(Caravan[,1])
[1] 165
> var(Caravan[,2])
[1] 0.165
> var(standardized.X[,1])
[1] 1
> var(standardized.X[,2])
[1] 1
```

命令 standardized.X 将每列均值置为 0，标准差置为 1。

将观测分成一个包含前 1 000 个观测的测试集和一个由其余观测构成的训练集。对训练数据拟合一个 KNN 模型，其中 $K=1$，并在测试集上评估其表现。

```
> test<-1:1000
> train.X<-standardized.X[-test,]
> test.X<-standardized.X[test,]
> train.Y<-Purchase[-test]
> test.Y<-Purchase[test]
> set.seed(1)
> knn.pred<-knn(train.X,test.X,train.Y,k=1)
> mean(test.Y!=knn.pred)
[1] 0.118
> mean(test.Y!="No")
[1] 0.059
```

向量 test 是数值类型的，其值从 1 到 1 000。输入 standardized.X[test,]，生成序号从 1 到 1 000 的观测的子矩阵，而输入 standardized.X[-test,] 则生成序号在 1 到 1 000 的观测的子矩阵。KNN 误差率在 1 000 个测试观测下略低于 12%。乍一看，结果相当理想。但是，因为只有 6% 的顾客购买保险，无论预测变量的预测值是多少，都可以通过预测为"No"使错误率降到 6%！

假设向某些特定的人群销售保险确实要产生一些不可节省的成本，比如，销售员可能要拜访每个潜在客户。如果公司随机挑选顾客去销售保险，那么成功率只有 6%，考虑到必须支出的销售成本，这个概率确实太低了。因此，公司更愿意向有购买倾向的客户推销保险。这样销售员对总的误差率不感兴趣，而对正确预测出买保险客户的比例更感兴趣。

事实表明，当 $K=1$ 时，在被预测为有购买倾向的客户上 KNN 模型比随机猜测效果好得多，在 77 名这样的客户中有 9 名，也就是 11.7% 事实上购买了保险。这个结果的概率是随机猜测得到结果的概率的两倍。

```
> table(knn.pred,test.Y)
        test.Y
knn.pred  No Yes
     No  873  50
     Yes  68   9
> 9/(68+9)
[1] 0.117
```

当 $K=3$ 时，成功率增加至 19%，而当 $K=5$ 时，成功率变为 26.7%。这比随机猜想所得成功率的四倍还多。这似乎表明 KNN 在一个复杂数据集中可以发现一些真实的模式。

```
> knn.pred <- knn(train.X,test.X,train.Y,k=3)
> table(knn.pred,test.Y)
        test.Y
knn.pred  No Yes
     No  920  54
     Yes  21   5
> 5/26
[1] 0.192
> knn.pred <- knn(train.X,test.X,train.Y,k=5)
> table(knn.pred,test.Y)
        test.Y
```

```
knn.pred  No  Yes
     No  930   55
     Yes  11    4
> 4/15
[1] 0.267
```

尽管这一策略是有效的，值得关注的是，$K=5$ 下的 KNN 模型预测只有 15 个客户会去购买保险。在现实中，保险公司可能希望拓展资源使得更多客户购买保险。

作为比较，对数据拟合一个逻辑斯谛回归模型。如果用 0.5 作为分类器的预测概率的阈值，则出现一个问题：预测只有 7 个测试观测会购买保险。更糟糕的是，这 7 个预测都是错误的！但现在不要求阈值为 0.5。如果预测购买概率超过 0.25 时就预测购买的话，结果会好很多：预测有 33 人将会购买保险，而在这些人中正确预测率为 33%，这比随机猜测的五倍还多！

```
> glm.fits <- glm(Purchase ~ ., data = Caravan,
    family = binomial, subset = -test)
Warning message:
glm.fits: fitted probabilities numerically 0 or 1 occurred
> glm.probs <- predict(glm.fits, Caravan[test, ],
    type = "response")
> glm.pred <- rep("No", 1000)
> glm.pred[glm.probs > .5] <- "Yes"
> table(glm.pred, test.Y)
        test.Y
glm.pred  No  Yes
     No  934   59
     Yes   7    0
> glm.pred <- rep("No", 1000)
> glm.pred[glm.probs > .25] <- "Yes"
> table(glm.pred, test.Y)
        test.Y
glm.pred  No  Yes
     No  919   48
     Yes  22   11
> 11 / (22 + 11)
[1] 0.333
```

4.7.7 泊松回归

最后，我们为 Bikeshare 数据集拟合一个泊松回归模型，该数据集度量华盛顿特区的每小时自行车租赁（骑手：bikers）数量。这些数据已经内置在 ISLR2 库中。

```
> attach(Bikeshare)
> dim(Bikeshare)
[1] 8645   15
> names(Bikeshare)
 [1] "season"      "mnth"        "day"         "hr"
 [5] "holiday"     "weekday"     "workingday"  "weathersit"
 [9] "temp"        "atemp"       "hum"         "windspeed"
[13] "casual"      "registered"  "bikers"
```

我们先通过最小二乘线性回归模型拟合数据。

```
> mod.lm <- lm(
    bikers ∼ mnth + hr + workingday + temp + weathersit,
    data = Bikeshare
  )
> summary(mod.lm)
Call:
lm(formula = bikers ∼ mnth + hr + workingday + temp +
  weathersit, data = Bikeshare)

Residuals:
    Min     1Q  Median     3Q     Max
-299.00 -45.70   -6.23  41.08  425.29

Coefficients:
             Estimate Std. Error t value Pr(>|t|)
(Intercept)   -68.632      5.307 -12.932  < 2e-16 ***
mnthFeb         6.845      4.287   1.597 0.110398
mnthMarch      16.551      4.301   3.848 0.000120 ***
mnthApril      41.425      4.972   8.331  < 2e-16 ***
mnthMay        72.557      5.641  12.862  < 2e-16 ***
```

由于篇幅限制,我们省略了 summary(mod.lm) 的输出。在 mod.lm 函数中,hr 的第一个水平 (0) 和 mnth 的第一个水平 (Jan) 都可以视为基线值,因此没有为它们提供系数估计:这表明它们的系数估计为零,所有其他水平的系数都是相对于这些基线水平来测量的。例如,Feb 的系数 6.845 表明,在保持所有其他变量不变的情况下,二月份的平均骑手数量比一月份多约 7 人。类似地,三月份的骑手数量比一月份多约 16.5 人。

结果显示在 4.6.1 节中,在程序中使用了与上文不同的两个变量 hr 和 mnth,程序代码如下:

```
> contrasts(Bikeshare$hr) = contr.sum(24)
> contrasts(Bikeshare$mnth) = contr.sum(12)
> mod.lm2 <- lm(
    bikers ∼ mnth + hr + workingday + temp + weathersit,
    data = Bikeshare
  )
> summary(mod.lm2)
Call:
lm(formula = bikers ∼ mnth + hr + workingday + temp +
  weathersit, data = Bikeshare)
Residuals:
    Min     1Q  Median     3Q     Max
-299.00 -45.70   -6.23  41.08  425.29

Coefficients:
             Estimate Std. Error t value Pr(>|t|)
(Intercept)    73.597      5.132  14.340  < 2e-16 ***
mnth1         -46.087      4.086 -11.281  < 2e-16 ***
mnth2         -39.242      3.539 -11.088  < 2e-16 ***
mnth3         -29.536      3.155  -9.361  < 2e-16 ***
mnth4          -4.662      2.741  -1.701  0.08895 .
```

这个程序跟之前的程序区别在哪里呢?在 mod.lm2 模型中,报告了除最后一个水平以外的其他所有 hr 和 mnth 水平的系数估计。重要的是,在 mod.lm2 中,最后一个 mnth 水平的系数估计不是零；相反，它等于所有其他水平的系数估计之和的相反数。类似地，在 mod.lm2 中，最后一个 hr 水平的系数估计也是所有其他水平的系数估计之和的相反数。这意味着在 mod.lm2 中，hr 和 mnth 的系数总是相加为零，可以解释为与平均水平的差异。例如，一月份的系数为 -46.087，表明在保持所有其他变量不变的情况下，一月份的骑手数量通常比全年平均水平少 46 人。

值得注意的是，选择哪一个程序并不是最关键的，只要根据所使用的模型能够对输出正确解释。下面的程序显示，两个模型的预测效果相差无几：

```
> sum((predict(mod.lm) - predict(mod.lm2))^2)
[1] 1.426e-18
```

在训练集上拟合值的离差平方和为零。还可以使用 all.equal() 函数看到这一点：

```
> all.equal(predict(mod.lm), predict(mod.lm2))
```

为复现图 4-13 的左图，首先需要获得与 mnth 相关的系数估计。从 mod.lm2 对象中可以直接获得 1 月到 11 月的系数。12 月的系数必须显式计算为所有其他月份系数相反数的总和。

```
> coef.months <- c(coef(mod.lm2)[2:12],
    -sum(coef(mod.lm2)[2:12]))
```

绘图时，我们手动给 x 轴标注了月份的名称。

```
> plot(coef.months, xlab = "Month", ylab = "Coefficient",
    xaxt = "n", col = "blue", pch = 19, type = "o")
> axis(side = 1, at = 1:12, labels = c("J", "F", "M", "A",
    "M", "J", "J", "A", "S", "O", "N", "D"))
```

复现图 4-13 右图也遵循类似的过程。

```
> coef.hours <- c(coef(mod.lm2)[13:35],
    -sum(coef(mod.lm2)[13:35]))
> plot(coef.hours, xlab = "Hour", ylab = "Coefficient",
    col = "blue", pch = 19, type = "o")
```

现在，考虑为 Bikeshare 数据拟合一个泊松回归模型。只对程序稍做调整，我们现在使用函数 glm()，通过 family = poisson 指定拟合泊松回归模型：

```
> mod.pois <- glm(
    bikers ~ mnth + hr + workingday + temp + weathersit,
    data = Bikeshare, family = poisson
  )
> summary(mod.pois)
Call:
glm(formula = bikers ~ mnth + hr + workingday + temp +
  weathersit, family = poisson, data = Bikeshare)

Deviance Residuals:
    Min       1Q   Median       3Q      Max
-20.7574  -3.3441  -0.6549   2.6999  21.9628

Coefficients:
```

```
             Estimate Std. Error  z value Pr(>|z|)
(Intercept)  4.118245   0.006021  683.964  < 2e-16 ***
mnth1       -0.670170   0.005907 -113.445  < 2e-16 ***
mnth2       -0.444124   0.004860  -91.379  < 2e-16 ***
mnth3       -0.293733   0.004144  -70.886  < 2e-16 ***
mnth4        0.021523   0.003125    6.888 5.66e-12 ***
```

通过绘制与 mnth 和 hr 相关的系数，可以复现图 4-15：

```
> coef.mnth <- c(coef(mod.pois)[2:12],
    -sum(coef(mod.pois)[2:12]))
> plot(coef.mnth, xlab = "Month", ylab = "Coefficient",
    xaxt = "n", col = "blue", pch = 19, type = "o")
> axis(side = 1, at = 1:12, labels = c("J", "F", "M", "A", "M",
    "J", "J", "A", "S", "O", "N", "D"))
> coef.hours <- c(coef(mod.pois)[13:35],
    -sum(coef(mod.pois)[13:35]))
> plot(coef.hours, xlab = "Hour", ylab = "Coefficient",
    col = "blue", pch = 19, type = "o")
```

可以使用 predict() 函数从泊松回归模型中获取拟合值（预测值）。然而，需要通过参数 type = "response" 要求 R 输出 $\exp(\hat{\beta}_0 + \hat{\beta}_1 X_1 + \cdots + \hat{\beta}_p X_p)$，而不是默认的输出 $\hat{\beta}_0 + \hat{\beta}_1 X_1 + \cdots + \hat{\beta}_p X_p$。

```
> plot(predict(mod.lm2), predict(mod.pois, type = "response"))
> abline(0, 1, col = 2, lwd = 3)
```

泊松回归模型的预测与线性模型的预测相关，但前者是非负的。因此，对于骑行量非常低或非常高的情况，泊松回归预测往往比线性模型的预测要大。

在本节中，参数 family = poisson 表明 glm() 函数进行泊松回归。在前面的实验中，参数 family = binomial 表明 glm() 函数进行逻辑斯谛回归。family 参数还可以给 GLMs 选择其他参数。比如，可以使用 family = Gamma 拟合伽马回归模型。

4.8 习题

概念

1. 用代数知识，证明式 (4.2) 等价于式 (4.3)。也就是说，逻辑斯谛函数表达式和对数发生比表达式对于逻辑斯谛回归模型是等价的。

2. 正文中表示将一个观测归入使式 (4.17) 最大的类与把观测归入使式 (4.18) 最大的类是等价的，请给出相关证明。也就是说，在假设第 k 类观测服从 $N(\mu_k, \sigma^2)$ 的情况下，贝叶斯分类器将观测归入判别函数最大的类。

3. 该问题是有关 QDA 模型的，假设每一类观测都服从均值向量不同、协方差矩阵不等的正态分布。考虑 $p=1$ 的简单情况，即只有一元变量。

   假设有 K 类，每一个属于第 k 类的观测服从一元正态分布，即 $X \sim N(\mu_k, \sigma_k^2)$。结合式 (4.16) 所给出的一元正态分布的密度函数，证明在这种情况下，贝叶斯分类器不是线性的，事实上应该是二次的。

   提示：对该问题，应该仿照 4.4.1 节的证明，而不用假设 $\sigma_1^2 = \sigma_2^2 = \cdots = \sigma_K^2$。

4. 当变量维数 p 很大时，KNN 与其他类似的只用测试观测附近的观测去做预测的局部方法效果都不理想。这种现象称为**维数灾难**（curse of dimensionality），这一现象揭示了一个事实：当 p 很大时，非参数模型效果很差。本题对维数灾难进行研究。
   (a) 假设有一个观测集，每个观测依赖于 $p=1$ 个特征 X 的测量值。假设 X 是 $[0,1]$ 上的均匀分布。每个观测对应一个响应值。若只用测试观测在 X 附近 10% 范围内的观测去预测一个测试观测的响应值。例如，为预测一个 $X=0.6$ 的测试观测的响应值，则用范围在 $[0.55, 0.65]$ 之间的观测。平均来说，预测模型需要观测中多大比例的数据？
   (b) 假设现在有一个观测集，每个观测在 $p=2$ 个特征 X_1 和 X_2 上取得测量值。假设 (X_1, X_2) 服从 $[0,1] \times [0,1]$ 上的均匀分布，假设只用测试观测在 X_1 附近 10% 范围内和 X_2 附近 10% 范围内的观测去预测一个测试观测的响应值。例如，为了预测一个测试观测 $X_1=0.6$, $X_2=0.35$ 的响应值，则用 X_1 在 $[0.55, 0.56]$ 和 X_2 在 $[0.3, 0.4]$ 范围内的观测。平均来说，预测模型需要观测中多大比例的数据？
   (c) 假设现在有 $p=100$ 个特征变量的观测集。同样假设观测在每个特征上都服从 $[0,1]$ 均匀分布。若只用测试观测附近每个特征 10% 范围内的观测去预测一个测试观测，那么预测模型需要观测中多大比例的数据？
   (d) 根据 (a)~(c) 中的回答，说明当 p 很大时，KNN 的缺点是对任何给定的测试观测，附近都很少有训练观测。
   (e) 现在假设对一个测试观测做预测，以测试观测为中心，建立一个 p 维超立方体，而这个立方体中平均包含了 10% 的训练观测。对 $p=1, 2, 100$，分别指出超立方体每边的边长并给出解释。
   提示：超立方体是立方体在任意维的一般化表示。当 $p=1$ 时，超立方体是一条简单线段，当 $p=2$ 时，它是一个正方形，而当 $p=100$ 时，它是一个 100 维的立方体。
5. 本题比较 LDA 和 QDA 之间的差异。
   (a) 如果贝叶斯决策边界是线性的，那么在训练集上 LDA 效果更好还是 QDA 效果更好？在测试集上呢？
   (b) 如果贝叶斯决策边界是非线性的，那么在训练集上 LDA 效果更好还是 QDA 效果更好？在测试集上呢？
   (c) 在一般情况下，当样本量 n 增大时，相比于 LDA 的测试预测率，QDA 的预测率变得更好，更差，还是没有变化？为什么？
   (d) 判断正误：对一个给定问题，即使贝叶斯决策边界是线性的，仍可为了降低测试误差率而选择 QDA 而不是 LDA，因为 QDA 更加柔性，完全可以表示一个线性决策边界。对你的回答给予证明。
6. 假设收集了一组学生在一门统计课上的数据，其中变量 X_1=学习时长，X_2=本科 GPA，Y=得到成绩 A。对此拟合了一个逻辑斯谛回归并得到估计系数分别为 $\hat{\beta}_0 = -6$, $\hat{\beta}_1 = 0.05$, $\hat{\beta}_2 = 1$。

(a) 如果有一名学生,学习时长为 40 小时,本科 GPA 为 3.5,估计该学生最终在该门课上得到 A 的概率。

(b) 该学生如果有 50% 可能性获得成绩 A,需要学习多少小时才能保证?

7. 假设基于去年利润率 X 预测一只股票是否会分红("会"或"不会")。通过调查大量公司发现会分红公司的 X 均值 $\overline{X}=10$,而不分红的公司均值为 $\overline{X}=0$。另外,两类公司 X 变量的方差都是 $\hat{\sigma}^2=36$。最后,80% 的公司分红了。假设 X 服从正态分布,已知一家公司去年利润率 $X=4$,预测这家公司今年会分红的概率。

提示:回顾正态随机变量的密度函数为 $f(x)=\dfrac{1}{\sqrt{2\pi\sigma^2}}e^{-(x-\mu)^2/2\sigma^2}$,需要用贝叶斯定理。

8. 将一个数据集分成大小相同的训练集和测试集,尝试两种不同的分类过程。首先应用逻辑斯谛回归,在训练集上得到误差率为 20%,在测试集上误差率为 30%。其次应用 1 最近邻法($K=1$),得到平均误差率(在训练集和测试集上的平均)为 18%。基于这些结果,对新的观测应采取何种分类方法比较好?为什么?

9. 该问题与发生比有关。

(a) 平均来说,信用卡违约发生比为 0.37 的人群中违约的比例是多少?

(b) 假设某人有 16% 的信用卡违约概率,那么其违约的发生比是多少?

10. 式(4.32)推导出了对数表达式 $\log\left(\dfrac{\Pr(Y=k\mid X=x)}{\Pr(Y=K\mid X=x)}\right)$ 在 $p>1$ 条件下的形式,因此第 k 类的均值向量 μ_k 为 p 维向量,k 个类别共同的协方差矩阵 Σ 为 $p\times p$ 维矩阵。然而,当 $p=1$ 时,由于均值 $\mu_1,\mu_2,\cdots,\mu_K$ 和方差 σ 都变成了标量,式(4.32)具有更加简洁的表达式。请在 $p=1$ 的条件下,重复式(4.32)的推导过程,并使用 π_k,π_K,μ_k,μ_K 和 σ^2 给出 a_k 和 b_{kj} 的表达式。

11. 推导式(4.33)中 a_k,b_{kj} 和 b_{kjl} 的具体形式。答案中应包含 $\pi_k,\pi_K,\mu_k,\mu_K,\Sigma_k$ 和 Σ_K。

12. 假设你将观测 $X\in\mathbb{R}$ 分为 apple(苹果)和 orange(橘子),拟合的逻辑斯谛回归结果如下:

$$\hat{\Pr}(Y=\text{orange}\mid X=x)=\dfrac{\exp(\hat{\beta}_0+\hat{\beta}_1 x)}{1+\exp(\hat{\beta}_0+\hat{\beta}_1 x)}$$

而你的朋友使用式(4.13)中的 softmax 公式对相同的数据拟合逻辑斯谛回归,结果为

$$\hat{\Pr}(Y=\text{orange}\mid X=x)=\dfrac{\exp(\hat{\alpha}_{\text{orange0}}+\hat{\alpha}_{\text{orange1}}x)}{\exp(\hat{\alpha}_{\text{orange0}}+\hat{\alpha}_{\text{orange1}}x)+\exp(\hat{\alpha}_{\text{apple0}}+\hat{\alpha}_{\text{apple1}}x)}$$

(a) 你的模型中 orange 对 apple 的对数发生比是多少?

(b) 你的朋友的模型中 orange 对 apple 的对数发生比是多少?

(c) 假设你的模型中 $\hat{\beta}_0=2,\hat{\beta}_1=-1$,那么你的朋友的模型系数为多少呢?请尽可能详细地给出计算过程。

(d) 假设你和你的搭档在另一个数据集上拟合了同样的两个模型。这次,你的搭档得到的系数估计是 $\hat{\alpha}_{\text{orange0}}=1.2,\hat{\alpha}_{\text{orange1}}=-2,\hat{\alpha}_{\text{apple0}}=3,\hat{\alpha}_{\text{apple1}}=0.6$,求解模型

的系数估计?

(e) 如果将 (d) 中得到的两个模型应用于包含 2 000 个观测的测试数据集上。预计你的模型预测的类标签与你的搭档的模型预测的类标签一致的结果的比例是多少?对结果进行解释。

应用

13. 请根据 ISLR2 库里的 Weekly (周投资回报) 数据集回答下列问题。数据和本章实验部分的 Smarket (股票市场) 数据集结构相似,唯一的不同在于它的投资收益是 1990 年年初到 2010 年年末 21 年间 1089 个星期的数据。

    (a) 对 Weekly 数据进行数值和图像描述统计,这些结果中是否存在一些模式?

    (b) 用整个数据集建立逻辑斯谛回归,将 5 个滞后时间变量加上 Volume 作为预测变量,Direction 作为响应变量。用一些汇总统计功能列出结果。其中是否存在一些统计显著的预测变量?如果有,是哪些?

    (c) 计算混淆矩阵和整体预测准确率,对混淆矩阵中关于逻辑斯谛回归所犯错误的类型信息进行解释。

    (d) 根据 1990 年至 2008 年这段时间的训练数据拟合逻辑斯谛回归模型,只把 Lag2 作为预测变量,计算混淆矩阵和测试集 (2009 年至 2010 年) 中总体预测准确率。

    (e) 应用 LDA 重复 (d) 中的过程。

    (f) 应用 QDA 重复 (d) 中的过程。

    (g) 应用 $K=1$ 的 KNN 重复 (d) 中的过程。

    (h) 应用朴素贝叶斯重复 (d) 中的过程。

    (i) 对该数据而言,哪种方法的结果最好?

    (j) 对每种方法用不同预测变量的组合进行拟合,包括可能的变换和交互作用。指出在数据集中给出最好结果的变量、方法和相关的混淆矩阵。注意拟合中 KNN 分类器 K 值的选择。

14. 在 Auto (汽车) 数据集中,对给定的一辆汽车建立一个模型预测油耗的高低。

    (a) 建立一个二元变量 mpg01,1 表示 mpg 在中位数以上,0 表示 mpg 在中位数以下。注意:median() 函数可以计算中位数。data.frame() 函数可以建立一个简单的数据集,由 mpg01 和 Auto 中其他变量构成。

    (b) 作图探索 mpg01 与其他特征之间的关系。哪些特征对预测 mpg01 有影响?根据散点图和箱线图来回答该问题,描述数据分析的发现。

    (c) 将数据集分为训练集和测试集。

    (d) 根据从 (b) 中图像得到的与 mpg01 相关的变量,在训练集上应用 LDA 预测 mpg01,模型得到的测试误差为多少?

    (e) 根据从 (b) 中图像得到的与 mpg01 相关的变量,在训练集上应用 QDA 预测 mpg01,模型得到的测试误差为多少?

    (f) 根据从 (b) 中图像得到的与 mpg01 相关的变量,在训练集上应用逻辑斯谛回归预测 mpg01,模型得到的测试误差为多少?

(g) 对训练数据用（b）中与 mpg01 最相关的变量执行朴素贝叶斯预测 mpg01，获得的模型的测试误差是多少？

(h) 根据从（b）中图像得到的与 mpg01 相关的变量，在训练集上尝试多个 K，应用 KNN 方法预测 mpg01。模型得到的测试误差为多少？K 取何值 KNN 在数据集上效果最好？

15. 编写 R 函数。

    (a) 编写一个函数，命名为 Power()，输出 2 的 3 次方。换句话说，该函数能够计算 2^3，并且将结果显示出来。

    提示：回顾 x^a 结果为 x 的 a 次幂。利用 print() 函数输出结果。

    (b) 创建一个新函数，命名为 Power2()，输入任意两个数 x 和 a，显示出 x^a 的值。可以通过如下形式开始函数的编写：

    ```
    > Power2=function(x,a){
    ```

    然后可通过输入来调用函数，例如：输入

    ```
    > Power2(3,8)
    ```

    在命令行上，函数应该输出 3^8 的值，即 6 561。

    (c) 根据刚才写的 Power2() 函数，计算 $10^3, 8^{17}, 131^3$。

    (d) 创建一个新函数，命名为 Power3()，计算 x^a 的结果并返回一个 R 对象，而不是简单地把结果打印在屏幕上，即函数在对象 result 里存储值 x^a，可通过 return() 返回结果，使用以下命令：

    ```
    return(result)
    ```

    这应该是所编写函数中的最后一行，在符号"}"之前。

    (e) 使用 Power3() 函数，画出 $f(x)=x^2$ 的图像。x 轴所显示的范围是 1 到 10 的整数，y 轴值为 x^2。对两个轴进行正确标注，给这个图像设定恰当的标题。考虑坐标轴显示可以是 x 轴、y 轴，或者是它们的对数坐标轴，比如在 plot() 函数中讨论 log="x"，log="y" 或者 log="xy" 坐标轴的编写方式。

    (f) 创建一个函数，命名为 PlotPower()，使其可以画出 x 与 x^a 的关系，其中 a 是固定的，x 取值可以在一定的范围。例如，调用

    ```
    > PlotPower(1:10,3)
    ```

    则在图像中，x 轴取值 $1, 2, \cdots, 10$，y 轴取值 $1^3, 2^3, \cdots, 10^3$。

16. 对 Boston 数据集拟合分类模型来预测人口普查区犯罪率高于中位数还是低于中位数。用几个不同的预测变量子集，比较逻辑斯谛回归、LDA、朴素贝叶斯和 KNN 模型，描述你的发现。

    提示：用 Boston 数据集中的变量创造响应变量。

第 5 章 重抽样方法

现代统计学中，**重抽样方法**（resampling method）是一种不可或缺的工具。这种方法通过反复从训练集中抽取样本，对每一个样本拟合一个感兴趣的模型，来获取关于拟合模型的变异信息。比如说，为了估计一个线性回归拟合模型的变异性，可以反复地从训练数据中抽取不同的样本，对每一个样本拟合一个线性回归模型，然后考察拟合结果会有多大的不同。通过这种方法可以获得那些只用原始训练样本来拟合模型所没有的信息。

重抽样方法可能会产生计算量上的代价，因为这种方法要用同一种统计方法对训练数据的不同子集拟合多次。然而，由于当前计算机计算能力的提高，大部分重抽样方法的计算要求已不成问题。在本章中，主要讨论两种最常用的重抽样方法，即**交叉验证法**（cross-validation，CV）和**自助法**（bootstrap）。这两种方法在许多统计学习方法的实际应用中都是十分重要的工具。比如说，交叉验证法可以用来估计一种指定的统计学习方法的测试误差，从而来评价这种方法的表现，或者为这种方法选择合适的柔性。评价一个模型表现的过程被称为**模型评价**（model assessment），而为一个模型选择合适的柔性的过程则被称为**模型选择**（model selection）。自助法的应用范围很广，最常用于为一个参数估计或者一个指定的统计学习方法提供关于准确度的度量。

5.1 交叉验证法

在第 2 章中，主要讨论了**测试误差率**（test error rate）和**训练误差率**（training error rate）的区别。测试误差是用一种统计学习方法预测在一个新的观测（在训练模型时没有用到的一个测量）上的响应值所产生的平均误差。对于一个数据集而言，如果用一种统计学习方法产生了一个较小的测试误差，那么这种统计学习方法的可用性是值得肯定的。如果能够事先指定一个测试数据集，那么很容易计算出测试误差。但是一般无法事先指定一个测试数据集。相反，只要将统计学习方法用于训练观测上，训练误差是很容易计算的。但正如在第 2 章所见，训练误差率通常跟测试误差率有很大差别，尤其表现为前者可能会严重地低估后者。

尽管缺少可直接用于估计测试误差率的一个非常大的指定测试数据集，但还是有很多方法可以用训练数据估计测试误差率。一些方法通过对训练误差率做数学修正来估计测试误差率。这类方法将在第 6 章中讨论。在本节中，只考虑这样一类方法：在拟合过程中，**保留**（holding out）训练观测的一个子集，然后对保留的观测运用统计学习方法，从而来估计其测试误差率。

在 5.1.1 节～5.1.4 节中，我们主要考虑响应变量为定量变量的回归模型。而在 5.1.5

节中，我们主要考虑响应变量为定性变量的分类问题。但无论响应变量是定量的还是定性的，其原理都是一样的。

5.1.1 验证集方法

假设想要估计在一个观测集上，拟合一种指定的统计学习方法所产生的测试误差。图 5-1 所展示的**验证集方法**（validation set approach）就是一个非常简单的办法。这种方法首先随机地把可获得的观测集分为两部分：一个**训练集**（training set）和一个**验证集**（validation set），或者说**保留集**（hold-out set）。模型在训练集上拟合，然后用拟合的模型来预测验证集中观测的响应变量。最后得到的验证集误差率——通常用均方误差作为定量响应变量的误差度量——提供了对于测试误差率的一个估计。

图 5-1 验证集方法的原理图。一个有 n 个观测的集合被随机地分为一个训练集（图中左下角部分，包含了观测 7,22,13 以及其他观测）和一个验证集（图中右下角部分，包含了观测 91 以及其他观测）。验证集方法是在训练集上拟合统计学习方法，然后在验证集上评价其表现的方法

下面在 Auto（汽车）数据集上说明验证集方法的原理。回顾一下在第 3 章中，mpg 和 horsepower 之间似乎存在非线性关系，而用 horsepower 和 horsepower^2 来预测 mpg 的模型比只用线性项拟合的模型的预测效果更好。那么很自然就会产生这样一个疑问：用三次或更高次项来拟合模型的效果是不是更好呢？在第 3 章中，通过考察用三次及更高次多项式来做线性回归所得到的 p 值回答了这个问题。但也可以用验证法来解决这个问题。首先随机地将 392 个观测分为两个集合，一个是包含 196 个数据点的训练集，另一个是包含其余 196 个数据点的验证集。图 5-2（见彩插）的左边部分为验证集误差率，它是首先在训练样本上拟合多个回归模型，然后在验证样本评价其表现所得到的，其中用均方误差作为衡量验证集误差的度量指标。用二次拟合所得到的验证集均方误差要比用线性拟合的小得多。不过，用三次拟合所得到的验证集均方误差却比用二次拟合的稍大一点。这表示用三次拟合回归模型并不比只用二次拟合模型的预测效果更好。

回顾一下，为了得到图 5-2 左边部分的结果，随机地将数据集分为两部分，一个训练集和一个验证集。如果重复执行将样本集随机地分为两部分这一步骤的话，就会得到不同的测试均方误差估计。举个例子，图 5-2 的右边部分展示了对 Auto 数据集用 10 种不同的随机分割，把观测分为训练集和验证集，所得到的 10 条不同的验证集均方误差曲线。10 条曲线都说明了用二次拟合模型所得到的验证集均方误差要比只用线性拟合模型的小得多。而且，10 条曲线还都说明了，用三次或更高次拟合的效果并没有显著提升。但值得一提的是，每一条曲线都对应了每一个回归模型不同的测试均方误差估计。这些曲线并不能说明哪个模型有最小的验证集均方误差。基于这些曲线的变异性，只能确定对这个数据做线性拟合是不恰当的。

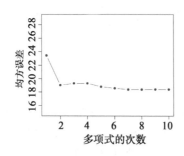 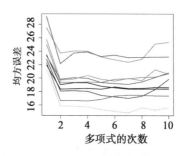

图 5-2 在 Auto 数据集上，用验证集方法来估计用 horsepower 的多项式函数来预测 mpg 所产生的测试误差。左：用一种分割把数据分为训练数据集和验证数据集，所产生的验证误差估计。右：重复运用验证集方法十次，每次用一种不同的随机分割把观测分为一个训练集和一个验证集。这表现了用验证集方法所产生的测试均方误差估计的变异性

验证集方法的原理很简单，且易于执行。但它有两个潜在的缺陷：

1. 正如在图 5-2 中右边部分所见，测试误差率的验证法估计的波动很大，这取决于具体哪些观测被包括在训练集中，哪些观测被包括在验证集中。

2. 在验证法中，只有一部分观测——那些被包含在训练集而非验证集中的观测——被用于拟合模型。由于被训练的观测越少，统计方法的表现越不好，这意味着，验证集误差率可能会高估在整个数据集上拟合模型所得到的测试误差率。

在下面的小节中，将会给出**交叉验证法**（cross-validation），它是针对这两个问题对验证集方法的改进。

5.1.2 留一交叉验证法

留一交叉验证法（leave-one-out cross-validation，LOOCV）与 5.1.1 节中的验证集方法非常相似，但这种方法尝试去解决验证集方法遗留的缺陷问题。

与验证集方法一样，LOOCV 也将观测集分为两部分。但不同于把观测集分为两个相当大小的子集，留一交叉验证法将一个单独的观测 (x_1, y_1) 作为验证集，剩下的观测 $\{(x_2, y_2), \cdots, (x_n, y_n)\}$ 组成训练集。然后在 $n-1$ 个训练观测上拟合统计学习方法，再对余下的观测根据它的值 x_1 来做预测 $\hat{y}_1$。由于在拟合过程中没有用到 (x_1, y_1)，所以 $\mathrm{MSE}_1 = (y_1 - \hat{y}_1)^2$ 提供了对于测试误差的一个渐近无偏估计。尽管 MSE_1 对测试误差是无偏的，但它仍不是一个好的估计，由于它是基于一个单独的观测计算得出的，具有高度的波动性。

重复这个步骤，把 (x_2, y_2) 选为验证数据，在剩下的 $n-1$ 个观测 $\{(x_1, y_1), (x_3, y_3), \cdots, (x_n, y_n)\}$ 上训练统计学习方法，然后计算 $\mathrm{MSE}_2 = (y_2 - \hat{y}_2)^2$。重复这个方法 n 次会得到 n 个均方误差，$\mathrm{MSE}_1, \cdots, \mathrm{MSE}_n$。对测试均方误差的 LOOCV 估计是这 n 个测试误差估计的均值：

$$\mathrm{CV}_{(n)} = \frac{1}{n} \sum_{i=1}^{n} \mathrm{MSE}_i \qquad (5.1)$$

图 5-3 解释了 LOOCV 方法的原理。

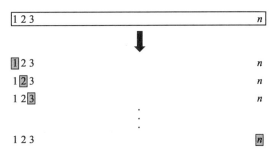

图 5-3 LOOCV 的原理图。一个有 n 个数据点的集合被反复地分割为一个训练集——包含除了一个观测（加框灰底）之外的全部观测，以及一个验证集——只包含剩下的那个观测（图中加框灰底）。测试误差通过对 n 个所得到的均方误差求平均来估计。第一个训练集包含除了观测 1 之外的全部观测，第二个训练集包含除了观测 2 之外的全部观测，以此类推

相对于验证集方法，LOOCV 方法有以下几个主要的优点。第一，它的偏差较小。在 LOOCV 方法中，反复地用包含 $n-1$ 个观测的训练集来拟合统计学习方法，观测数几乎与整个数据集中的数据量相等。这与训练集通常占原始数据集一半左右的验证集方法不同。因此，LOOCV 方法比验证集方法更不容易高估测试误差率。第二，在验证集方法中，由于训练集和验证集分割的随机性，反复运用时会产生不同的结果。而在多次运用 LOOCV 方法总会得到相同的结果：这是因为 LOOCV 方法在训练集和验证集的分割上不存在随机性。

下面在 Auto 数据集上用 LOOCV 方法，得到用 horsepower 的多项式函数拟合线性回归模型，来预测 mpg 所产生的测试集均方误差的一个估计。结果在图 5-4 的左边部分显示（见彩插）。

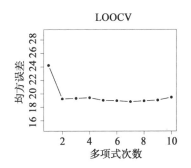 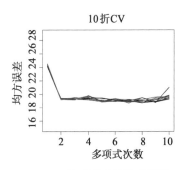

图 5-4 在 Auto 数据集上，用交叉验证法来估计用 horsepower 的多项式函数来预测 mpg 所产生的测试误差。左：LOOCV 误差曲线。右：分别运用 10 折 CV 方法 9 次，每次用一种不同的随机分割把数据分为 10 个部分。图中展示了 9 条略微不同的 CV 误差曲线

LOOCV 方法的计算量可能很大，因为模型需要被拟合 n 次。如果 n 很大，或者每个单独的模型拟合起来很慢的话，这种方法将会非常耗时。而用最小二乘法来拟合线性或者多项式回归模型时，LOOCV 方法所花费的时间将被神奇地缩减至与只拟合一个模型相同。

公式如下：

$$\mathrm{CV}_{(n)} = \frac{1}{n}\sum_{i=1}^{n}\left(\frac{y_i - \hat{y}_i}{1 - h_i}\right)^2 \tag{5.2}$$

其中 $\hat{y}_i$ 为用原始最小二乘拟合的第 i 个拟合值，h_i 为式（3.37）中所定义的杠杆值。⊖ 这类似于一般的均方误差，区别仅在于第 i 个残差除了一个系数 $1-h_i$。杠杆值的大小在 $1/n$ 和 1 之间，反映了一个观测对它自己拟合值的影响大小。因此，该公式表明高杠杆点的残差根据它本身偏离数据的程度进行了等量的放大。

留一交叉验证法是一种十分常用的方法，可以在任何一种预测模型的建模过程中使用。比如说，可以将它用于逻辑斯谛回归、线性判别分析，以及后面将要讨论的任何一种方法。但式（5.2）并不适用于所有问题，在这种情况下只能选择重复拟合模型 n 次。

5.1.3 k 折交叉验证法

k **折交叉验证法**（k-fold CV）是 LOOCV 方法的一个替代。这种方法将观测集随机地分为 k 个大小基本一致的组，或者说折（fold）。第一折作为验证集，然后在剩下的 $k-1$ 折上拟合模型。均方误差（MSE_1）由保留折的观测计算得出。重复这个步骤 k 次，每一次把不同的观测组作为验证集。整个过程会得到 k 个测试误差的估计，$\mathrm{MSE}_1, \mathrm{MSE}_2, \cdots, \mathrm{MSE}_k$。$k$ 折 CV 估计由这些值求平均计算得到，

$$\mathrm{CV}_{(k)} = \frac{1}{k}\sum_{i=1}^{k}\mathrm{MSE}_i \tag{5.3}$$

图 5-5 解释了 5 折 CV 方法的原理。

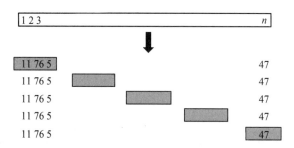

图 5-5　5 折 CV 方法的原理图。一个有 n 个观测的集合被随机地分为 5 个不重叠的组。每一个组轮流作为验证集（加框灰底），剩下的组作为训练集。测试误差通过对 5 个所得到的均方误差估计求平均来估计

不难发现，当 k 等于 n 时，LOOCV 方法是 k 折 CV 方法的一个特例。在实践中，使用 k 折 CV 方法时，一般令 $k=5$ 或 $k=10$。令 $k=5$ 或 $k=10$ 而不是 $k=n$ 的优势在哪里呢？最明显的优势在于计算方便。LOOCV 方法需要对一种统计学习方法拟合 n 次。它的计算量可能很大［除了用最小二乘法来拟合线性模型时，可以使用式（5.2）之外］。但交叉验

⊖ 在多元线性回归的情况下，杠杆的形式比式（3.37）稍微复杂一些，但是式（5.2）仍成立。

证法是一种十分常用的方法，几乎可以对任何一种统计学习方法使用。一些统计学习方法的拟合过程需要很大的计算量，因此用 LOOCV 方法可能会产生计算上的问题，尤其是如果 n 特别大的时候。相反，使用 10 折 CV 方法只需要把这个学习步骤拟合十次，可行性更高。下面将会在 5.1.4 节中看到，使用 5 折或者 10 折 CV 方法还有其他非计算上的优点，这涉及偏差-方差权衡的问题。

图 5-4 的右边部分展示了对 Auto 数据集的九个不同的 10 折 CV 估计，每一个估计通过用不同的随机分割将观测分为 10 折后计算得出。正如图中所见，CV 估计存在一定的变异性，这是由于将观测分为 10 折的分割不同所造成的。但这种变异性通常比用验证集方法所得的测试误差的变异性要小得多（图 5-2 的右边部分）。

当检验真实数据时，测试均方误差的**真值**（true）是未知的，因此很难衡量交叉验证估计的精度。但假如是考察模拟数据的话，那么测试均方误差的真值是可以得到的，因此就可以衡量交叉验证结果的精度了。图 5-6 画出了对第 2 章图 2-9～图 2-11 所描述的模拟数据集用光滑样条法所得到的测试误差率的交叉验证估计及真值（见彩插）。蓝色实线为测试均方误差的真值。黑色虚线和橙色实线分别表示 LOOCV 估计和 10 折 CV 估计。在三个图中，两种交叉验证估计都非常接近。在图 5-6 的右边部分，测试均方误差的真值和交叉验证估计的曲线几乎重合了。在图 5-6 的中间部分，当模型柔性较低时，两条曲线比较接近，而当模型柔性较高时，CV 曲线高估了测试集均方误差。在图 5-6 的左边部分，CV 曲线的形状大致正确，但都低估了测试均方误差的真值。

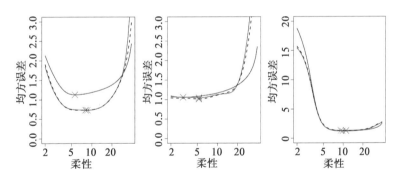

图 5-6 图 2-9（左）、图 2-10（中）和图 2-11（右）中模拟数据集的测试均方误差的真值和估计值。蓝色实线为测试均方误差的真值，黑色虚线为 LOOCV 估计值，橙色实线为 10 折 CV 估计值。用"×"标注的点表示每条均方误差曲线的最小值点

使用交叉验证法时，我们的目的可能是想评价某一种指定的统计学习方法独立数据上的表现。在这种情况下，我们感兴趣的是测试均方误差的估计精度。而在其他的一些情况下，可能仅仅**对测试均方误差曲线的最小值点**（minimum point in the estimated test MSE curve）的位置感兴趣。这是因为我们可能对几种统计学习方法，或者一种统计学习方法在不同柔性水平上使用交叉验证法，想要找到测试误差最小的方法。出于这个目的，需要的是估计的测试均方误差估计曲线的最小值点的位置，而不是测试均方误差的真值。图 5-6

表明，尽管有时会低估测试均方误差的真值，但所有的 CV 曲线都非常接近于确定正确柔性水平的模型，即对应最小的测试均方误差的模型柔性水平。

5.1.4 k 折交叉验证的偏差-方差权衡

在 5.1.3 节中曾经提到，当 $k<n$ 时，k 折 CV 方法相对于 LOOCV 方法有计算上的优势。现在不考虑计算问题，k 折 CV 方法还有一个不明显但可能更重要的优势，那就是它相对于 LOOCV 方法，对测试误差率的估计通常来说更加准确。而这就涉及偏差-方差权衡的问题。

在 5.1.1 节中曾经提到，验证集方法往往会高估测试误差率，因为在这个方法中，用来拟合统计学习方法的训练集仅包含整个数据集中一半的观测。根据这个逻辑，不难发现 LOOCV 方法能提供近似无偏的测试误差估计，因为每个训练集包含了 $n-1$ 个观测，这几乎相当于整个数据集中观测的数目。而用 k 折 CV 方法，比如令 $k=5$ 或 $k=10$，则会产生一个中等程度的偏差，因为每个训练集包含 $(k-1)n/k$ 个观测——比 LOOCV 方法少，但比验证集方法多得多。因此，从减小偏差的角度考虑的话，显然 LOOCV 方法比 k 折 CV 方法更好。

但是，在估计过程中，偏差并不是唯一需要考虑的问题，估计量的方差也是需要考虑的问题。而当 $k<n$ 时，LOOCV 方法的方差要比 k 折 CV 方法的方差大。为何如此？在使用 LOOCV 方法时，实际上是在平均 n 个拟合模型的结果，每一个模型都是在几乎相同的观测集上训练的；因此，这些结果相互之间是高度（正）相关的。相反，在使用 $k<n$ 的 k 折 CV 方法时，由于每个模型的训练集之间的重叠部分相对较小，因此是在平均 k 个相关性较小的拟合模型的结果。由于许多高度相关的量的均值要比相关性相对较小的量的均值具有更高的波动性，因此用 LOOCV 方法所产生的测试误差估计的方差要比用 k 折 CV 方法所产生的测试误差估计的方差大。

总而言之，在选择 k 折交叉验证的折数 k 时，涉及偏差-方差的权衡的问题。通常来说，考虑到上述因素，使用 k 折交叉时一般令 $k=5$ 或 $k=10$，因为从经验上来说，这些值使得测试误差率的估计不会有过大的偏差或方差。

5.1.5 交叉验证法在分类问题中的应用

本章至此，已经介绍了在回归问题上，当响应变量 Y 为定量变量时，交叉验证法的使用，并且用均方误差作为衡量测试误差的指标。而在分类问题上，当响应变量 Y 为定性变量时，交叉验证法同样也是一种非常有用的方法。在这种问题背景下，交叉验证法的使用与本章之前所描述的一样，区别仅在于，用被误分类的观测的数量，而不是均方误差来作为衡量测试误差的指标。比如说，在分类问题的背景下，LOOCV 方法的误差率的形式为

$$\mathrm{CV}_{(n)} = \frac{1}{n}\sum_{i=1}^{n} \mathrm{Err}_i \tag{5.4}$$

其中 $\mathrm{Err}_i=I(y_i\neq \hat{y}_i)$。$k$ 折 CV 误差率和验证集误差率也是类似定义的。

作为一个例子，下面对图 2-13 中展示的二维分类数据拟合多个逻辑斯谛回归模型。在图 5-7（见彩插）的左上角，黑色实线表示对这个数据集拟合一个标准逻辑斯谛回归模

型所产生的决策边界估计。由于这是模拟生成的数据,因此可以计算出测试误差率的**真值**(true),其结果为 0.201,这比贝叶斯误差率 0.133 大得多。显然,在这个问题上,逻辑斯谛回归柔性不够,不能对贝叶斯决策边界建模。正如在 3.3.2 节中回归问题背景下做的那样,可以利用预测变量的多项式函数,扩展逻辑斯谛回归模型来得到非线性的决策边界。比如说,可以拟合一个如下的**二次**(quadratic)逻辑斯谛回归模型

$$\log\left(\frac{p}{1-p}\right) = \beta_0 + \beta_1 X_1 + \beta_2 X_1^2 + \beta_3 X_2 + \beta_4 X_2^2 \tag{5.5}$$

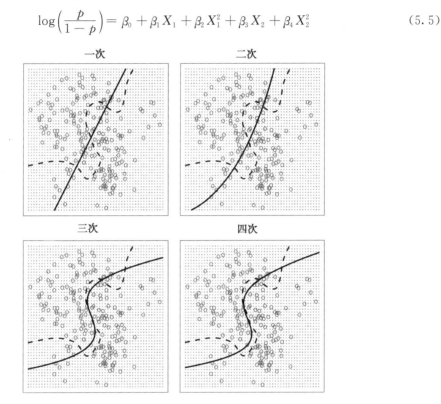

图 5-7 对图 2-13 展示的二维分类数据做逻辑斯谛回归拟合。虚线为贝叶斯决策边界。实线为分别用线性、二次、三次、四次多项式做逻辑斯谛回归拟合所得到的决策边界的估计。四个逻辑斯谛回归拟合模型的测试误差率分别为 0.201, 0.197, 0.160 和 0.162,而贝叶斯误差率为 0.133

图 5-7 的右上角展示了最终得到的曲线决策边界。但是,测试误差率只是稍微地改善到了 0.197。图 5-7 的左下角则改善得更明显,这里用了预测变量的三次多项式来拟合逻辑斯谛回归模型。现在的测试误差率缩减至 0.160。用四次多项式来拟合模型(右下角)则稍微地提高了测试误差率。

在实践中,对于真实数据而言,贝叶斯决策边界和测试误差率是未知的。那么应该如何从图 5-7 所展示的四个逻辑斯谛回归模型中选择呢?交叉验证法可以为这个问题的决策提供帮助。图 5-8(见彩插)的左边黑色实线为用预测变量的一次到十次多项式函数,对数据拟合十个逻辑斯谛回归模型所得到的 10 折 CV 误差率。咖啡色实线为测试误差率的真值,蓝色

实线为训练误差率。正如之前所见，当拟合模型的柔性增加时，训练误差率往往会降低。（图像表明，尽管训练误差率不是严格单调递减的，但当模型的复杂度增加时，训练误差率在整体上是减小的。）相反，测试误差率呈现为典型的 U 形分布。10 折 CV 误差率提供了对于测试误差率的一个非常好的近似。尽管它有些低估了误差率，但它在用四次多项式拟合模型时达到了最小值点，与测试曲线的最小值点是非常接近的，而测试曲线的最小值点是在用三次多项式拟合模型时达到的。实际上，用四次多项式拟合模型很可能在测试集上会有好的表现，因为三次、四次、五次和六次多项式拟合模型的真实测试误差率大致相等。

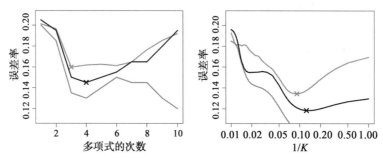

图 5-8　在图 5-7 中展示的二维分类数据的测试误差率（咖啡色）、训练误差率（蓝色）和 10 折 CV 误差率（黑色）。左：用预测变量的多项式方程做逻辑斯谛回归。X 轴为所用多项式的次数。右：KNN 分类器在不同 K 值下的表现，其中 K 为 KNN 分类器中邻近点的数目

图 5-8 的右边部分展示了用 KNN 方法来分类，以 K 值为自变量的函数的三条误差率曲线（这里 K 值说的是 KNN 分类器中的邻近点个数，而不是 CV 的折数）。再一次，当方法的柔性增加时，训练误差率降低了，所以训练误差率不能用于选择最优的 K 值。尽管交叉验证误差率曲线稍微低估了测试误差率，但它最接近选取最优的 K 值。

5.2 自助法

自助法（bootstrap）是一个广泛应用且非常强大的统计工具，可以用它来衡量一个指定的估计量或统计学习方法中不确定的因素。举一个简单的例子，自助法可以用来估计一个线性回归拟合模型的系数的标准误差。在线性回归的情况下，自助法可能不是特别有用，因为正如在第 3 章中所见，标准的统计软件如 R 都会自动输出标准误差的结果。但是，自助法的强大体现在它可以简便地应用于很多统计学习方法，其中包括一些对变异性的度量指标要么很难获得，要么不会由统计软件自动输出的方法。

本节通过一个简单的例子来说明自助法的原理，这个例子的目标是希望能够确定一个简单模型下最优的投资分配。5.3 节将使用自助法估计线性拟合模型的回归系数的变异性。

假设希望用一笔固定数额的钱对于两个收益分别为 X 和 Y 的金融资产进行投资，其中 X 和 Y 是随机变量。打算把所有钱的 α 部分投资到 X，把剩下的 $1-\alpha$ 部分投资到 Y。由于这两笔投资的收益存在变异性，所以希望选择一个 α，使得投资的总风险或者说方差最小。换句话说，希望使得 $\text{Var}(\alpha X+(1-\alpha)Y)$ 最小。使得风险最小的 α 值为

$$\alpha = \frac{\sigma_Y^2 - \sigma_{XY}}{\sigma_X^2 + \sigma_Y^2 - 2\sigma_{XY}} \tag{5.6}$$

其中 $\sigma_X^2 = \mathrm{Var}(X)$，$\sigma_Y^2 = \mathrm{Var}(Y)$，以及 $\sigma_{XY} = \mathrm{Cov}(X, Y)$。

在现实中，σ_X^2，σ_Y^2 和 σ_{XY} 的值是不知道的。于是可以用包含过去 X 和 Y 值的数据集，来计算这些量的估计 $\hat{\sigma}_X^2$，$\hat{\sigma}_Y^2$ 和 $\hat{\sigma}_{XY}$。那么就可以估计使得投资的方差最小的 α 值

$$\hat{\alpha} = \frac{\hat{\sigma}_Y^2 - \hat{\sigma}_{XY}}{\hat{\sigma}_X^2 + \hat{\sigma}_Y^2 - 2\hat{\sigma}_{XY}} \tag{5.7}$$

图 5-9 展示了在一个模拟数据集上用这个方法来估计 α 的结果。在每个部分，模拟生成了 100 对投资 X 和 Y 的收益。用这些收益来估计 σ_X^2，σ_Y^2 和 σ_{XY}，然后代入式（5.7）来得到 α 的估计。从每个模拟数据集中计算得到的 $\hat{\alpha}$ 值的范围从 0.532 到 0.657。

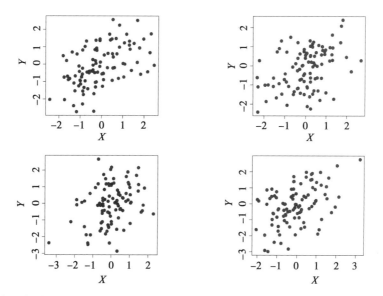

图 5-9 每一部分展示了 100 对模拟生成的投资 X 和 Y 的收益。从左到右，从上到下，所得到的 α 的估计为 0.576，0.532，0.657 和 0.651

下面希望评估一下 α 估计的精度。为了估计 $\hat{\alpha}$ 的标准差，重复模拟生成了 100 对 X 和 Y 的观测，然后用式（5.7）来估计 α，这一步骤进行 1 000 次。因此得到了 1 000 个 α 的估计，记为 $\hat{\alpha}_1, \hat{\alpha}_2, \cdots, \hat{\alpha}_{1\,000}$。图 5-10（见彩插）的左边部分展示了所得估计的直方图。模拟生成这些数据时，参数设定为 $\sigma_X^2 = 1$，$\sigma_Y^2 = 1.25$ 和 $\sigma_{XY} = 0.5$，所以 α 的真值为 0.6。在直方图中用一条竖直的实线把这个值表示出来。1 000 个 α 估计的均值为

$$\overline{\alpha} = \frac{1}{1\,000} \sum_{r=1}^{1\,000} \hat{\alpha}_r = 0.599\,6$$

这与 $\alpha = 0.6$ 非常接近，而估计量的标准差为

$$\sqrt{\frac{1}{1\,000 - 1} \sum_{r=1}^{1\,000} (\hat{\alpha}_r - \overline{\alpha})^2} = 0.083$$

这样对 $\hat{\alpha}$ 的精度有一个很好的认识：$SE(\hat{\alpha}) \approx 0.083$。所以大致上说，对于总体的一个随机样本，可以认为 $\hat{\alpha}$ 跟 α 的平均差距大致为 0.08。

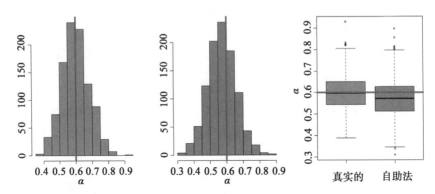

图 5-10 左：由真实的总体生成的 1 000 个模拟数据集所计算得到的 α 估计的直方图。中：由一个数据集生成的 1 000 个自助法样本所得到的 α 估计的直方图。右：左图和中图展示的 α 估计的箱线图。在每一个部分中，粉色的线表示了 α 的真值

但在实际中，以上大致地估计 $SE(\hat{\alpha})$ 的这个步骤是不能实现的，因为对于真实数据，不能从原始的总体中生成新的样本。不过，我们可以用自助法在计算机上模拟得到新样本集这一过程，从而可以估计 $\hat{\alpha}$ 的变异性而不用生成额外的样本。不用从总体中反复地得到独立的数据集，自助法通过反复地从**原始数据集**（original data set）中抽取观测得到数据集。

图 5-11 在一个只包含 $n=3$ 个观测的简单数据集 Z 上展示了自助法的原理。首先随机地从数据集中选择 n 个观测，来产生一个自助法数据集 Z^{*1}。抽样通过**有放回**（replacement）的方式执行，也就意味着同一个观测可能多次出现在自助法数据集中。在这个例子中，Z^{*1} 包含了第三个观测两次，第一个观测一次，而没有第二个观测。这里要注意的是，如果一个观测被包含在 Z^{*1} 里，它的 X 和 Y 的值都应该被包括在内。这里可以用 Z^{*1} 来产生一个新的对 α 的自助法估计，记作 $\hat{\alpha}^{*1}$。这个步骤重复 B 次，其中 B 是一个很大的值，就可以产生 B 个不同的自助法数据集 $Z^{*1}, Z^{*2}, \cdots, Z^{*B}$ 和 B 个相应的 α 估计 $\hat{\alpha}^{*1}, \hat{\alpha}^{*2}, \cdots, \hat{\alpha}^{*B}$。然后可以用下面的公式计算这些自助法估计的标准误差：

$$SE_B(\hat{\alpha}) = \sqrt{\frac{1}{B-1} \sum_{r=1}^{B} \left(\hat{\alpha}^{*r} - \frac{1}{B} \sum_{r'=1}^{B} \hat{\alpha}^{*r'} \right)^2} \tag{5.8}$$

这可以作为原始数据集中所估计的 $\hat{\alpha}$ 的标准误差的估计。

图 5-10 的中图为自助法的应用，展示了 α 的 1 000 个自助法估计的直方图，每个估计由一个不同的自助法数据集计算得出。这部分是基于一个单独的数据集创建的，因此可以用真实的数据来产生。注意一下，这个直方图与左图展示的那个理想的直方图非常相似，那个是从真实总体中生成 1 000 个模拟数据集所得到的 α 估计的直方图。特别地，由式 (5.8) 所得到的自助法估计 $SE(\hat{\alpha})$ 为 0.087，这与用 1 000 个模拟数据集得到的估计 0.083 非常接近。右图通过分别用真实总体生成的 1 000 个模拟数据集和用自助法所得到的

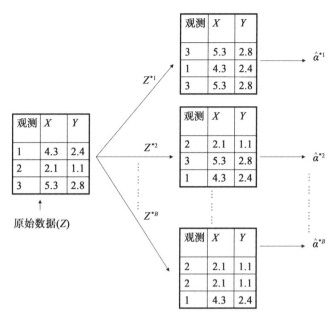

图 5-11 在一个包含 $n=3$ 个观测的小样本上阐述自助法的原理。每一个自助法数据集包含 n 个观测,从原始数据集中有放回地抽样得到。用每个自助法数据集得到一个 α 的估计

α 估计的箱线图,从另一方面展示了中图和左图的信息。同样,箱线图相互之间也非常相似,这表明自助法可以用来有效地估计 $\hat{\alpha}$ 的变异性。

5.3 实验:交叉验证法和自助法

在这个实验中,主要研究本章中涉及的重抽样技术。实验中的一些命令可能在计算机上运行较长时间。

5.3.1 验证集方法

为了估计在 Auto 数据集上拟合多个线性模型所产生的测试误差率,现在研究验证集方法的使用。

在开始之前,用 set.seed() 函数来为 R 的随机数生成器设定一个**种子**(seed),这样本书的读者就可以得到与下面展示的完全相同的结果。通常来说,使用一种如同交叉验证法这样包含随机性的分析方法时,可以设定一个随机种子,这样下次就可以得到完全相同的结果。

首先用 sample() 函数把观测集分为两半,从原始的 392 个观测中随机地选取一个有 196 个观测的子集,作为训练集。

```
> library(ISLR2)
> set.seed(1)
> train <- sample(392, 196)
```

（这里在 sample 命令中使用了缩写，不妨输入?sample 了解更多细节。）然后用 lm() 函数中的 subset 选项，只用训练集中的观测来拟合一个线性回归模型。

```
> lm.fit <- lm(mpg ~ horsepower, data = Auto, subset = train)
```

现在用 predict() 函数来估计全部 392 个观测的响应变量，再用 mean() 函数来计算验证集中 196 个观测的均方误差。注意一下，下面的 -train 指标意味着只选取不在训练集中的观测。

```
> attach(Auto)
> mean((mpg - predict(lm.fit, Auto))[-train]^2)
[1] 23.27
```

因此，用线性回归拟合模型所产生的测试均方误差估计为 23.27。下面用 poly() 函数来估计用二次和三次多项式回归所产生的测试误差。

```
> lm.fit2 <- lm(mpg ~ poly(horsepower, 2), data = Auto,
    subset = train)
> mean((mpg - predict(lm.fit2, Auto))[-train]^2)
[1] 18.72
> lm.fit3 <- lm(mpg ~ poly(horsepower, 3), data = Auto,
    subset = train)
> mean((mpg - predict(lm.fit3, Auto))[-train]^2)
[1] 18.79
```

这两个误差率分别为 18.72 和 18.79。如果选择了一个不同的训练集，那么就会在验证集上得到一个不同的误差。

```
> set.seed(2)
> train <- sample(392, 196)
> lm.fit <- lm(mpg ~ horsepower, subset = train)
> mean((mpg - predict(lm.fit, Auto))[-train]^2)
[1] 25.73
> lm.fit2 <- lm(mpg ~ poly(horsepower, 2), data = Auto,
    subset = train)
> mean((mpg - predict(lm.fit2, Auto))[-train]^2)
[1] 20.43
> lm.fit3 <- lm(mpg ~ poly(horsepower, 3), data = Auto,
    subset = train)
> mean((mpg - predict(lm.fit3, Auto))[-train]^2)
[1] 20.39
```

用另一种分割把观测分为一个训练集和一个验证集，用线性、二次和三次多项式拟合的模型的验证集误差率分别为 25.73，20.43，20.39。

这些结果与之前的结论一致：用 horsepower 的二次函数来拟合的模型预测 mpg 的效果比仅用 horsepower 的线性函数拟合模型的效果要好，而几乎没有证据表明用 horsepower 的三次函数拟合模型的效果更好。

5.3.2 留一交叉验证法

对于任意一个广义线性模型，都可以用 glm() 和 cv.glm() 函数来自动地计算其 LOOCV 估计。在第 4 章的实验中，曾将 glm() 函数中的参数设为 family="binomial"

来执行逻辑斯谛回归。但如果用 glm() 函数拟合模型时没有设定 family 参数，那么它就跟 lm() 函数一样执行的是线性回归。举个例子，

```
> glm.fit <- glm(mpg ~ horsepower, data = Auto)
> coef(glm.fit)
(Intercept)   horsepower
     39.936       -0.158
```

和

```
> lm.fit <- lm(mpg ~ horsepower, data = Auto)
> coef(lm.fit)
(Intercept)   horsepower
     39.936       -0.158
```

得到的是相同的线性回归模型。在这里的实验中，将使用 glm() 函数而不是 lm() 函数来做线性回归，因为前者可以跟 cv.glm() 函数一起使用。使用 cv.glm() 函数需要安装 boot 程序包。

```
> library(boot)
> glm.fit <- glm(mpg ~ horsepower, data = Auto)
> cv.err <- cv.glm(Auto, glm.fit)
> cv.err$delta
    1     1
24.23 24.23
```

cv.glm() 函数会生成一个有几个组成部分的列表。delta 向量中的两个数字为交叉验证的结果。在这种情况下，这两个数字是相等的（取两位小数），对应式（5.1）中的 LOOCV 统计量。下面将会讨论一种两个数字不同的情况。对于测试误差的交叉验证估计大致为 24.23。

下面用递增的多项式次数来重复这个步骤。为了使这个过程自动进行，这里用 for() 函数来开始一个 for 循环 (for loop)，用 $i=1$ 到 $i=10$ 次的多项式来拟合多项式回归模型，计算相应的交叉验证误差，然后把它储存在 cv.error 向量的第 i 个元素。首先初始化这个向量。

```
> cv.error <- rep(0, 10)
> for (i in 1:10) {
+   glm.fit <- glm(mpg ~ poly(horsepower, i), data = Auto)
+   cv.error[i] <- cv.glm(Auto, glm.fit)$delta[1]
+ }
> cv.error
[1] 24.23 19.25 19.33 19.42 19.03 18.98 18.83 18.96 19.07 19.49
```

如同图 5-4 中一样，在线性拟合和二次拟合之间，测试均方误差估计有大幅下降，但在用更高次的多项式拟合时，拟合效果并没有显著的提升。

5.3.3 k 折交叉验证法

cv.glm() 函数同样可以用于实现 k 折 CV。下面用 $k=10$ 这样一个通常的选择，然后在 Auto 数据集上使用 k 折交叉验证。同样，下面设定一个随机种子，并创建一个向量，把一次到十次多项式拟合模型所产生的 CV 误差储存在这个向量中。

```
> set.seed(17)
> cv.error.10 <- rep(0, 10)
> for (i in 1:10) {
+   glm.fit <- glm(mpg ~ poly(horsepower, i), data = Auto)
+   cv.error.10[i] <- cv.glm(Auto, glm.fit, K = 10)$delta[1]
+ }
> cv.error.10
 [1] 24.27 19.27 19.35 19.29 19.03 18.90 19.12 19.15 18.87 20.96
```

注意到 k 折交叉验证法的计算时间要比 LOOCV 的计算时间短得多。[理论上来说，由于 LOOCV 的式（5.2），用 LOOCV 方法拟合最小二乘线性模型的计算时间应该比 k 折 CV 方法要短才对。但不幸的是，cv.glm() 函数并没有使用这个公式。] 同样，没有证据表明用三次或者更高次的多项式拟合模型所产生的测试误差要比仅仅用二次拟合模型的小。

在 5.3.2 节中可以看到，使用 LOOCV 方法时，delta 向量中两个数字是完全相同的。而当使用 k 折 CV 方法时，delta 向量中的两个数字略有差别。第一个数字是式（5.3）中的标准 k 折 CV 估计。而第二个数字是偏差校正后的结果。在这个数据集上，这两个估计非常接近。

5.3.4 自助法

本节通过 5.2 节中的简单例子，还有一个估计在 Auto 数据集上拟合线性回归模型的精度的例子，来说明自助法的使用。

估计一个感兴趣的统计量的精度

自助法的优点之一是它几乎可以被用于所有情形，而并不要求复杂的数学计算。在 R 中使用自助法只需要两个步骤。第一，创建一个计算感兴趣的统计量的函数。第二，用 boot 库中的 boot() 函数，通过反复地从数据集中有放回地抽取观测来执行自助法。

在 5.2 节中曾经描述过 ISLR2 程序包中的 Portfolio（金融资产）数据集。为了在这个数据集上说明自助法的使用，首先必须创建一个函数 alpha.fn()，来输入数据 (X, Y)，以及一个表明用哪些观测来估计 α 的向量，然后输出由入选的观测计算得到的 α 估计的结果。

```
> alpha.fn <- function(data, index) {
+   X <- data$X[index]
+   Y <- data$Y[index]
+   (var(Y) - cov(X, Y)) / (var(X) + var(Y) - 2 * cov(X, Y))
+ }
```

这个函数返回（return）或者说输出，对参数 index 选中的观测用式（5.7）计算得到的 α 的一个估计。比如说，下面的命令让 R 用全部 100 个观测来估计 α。

```
> alpha.fn(Portfolio, 1:100)
[1] 0.576
```

下面的命令用 sample() 函数来随机地从 1 到 100 中有放回地选取 100 个观测。这相当于创建了一个新的自助法数据集，然后在新的数据集上重新计算 $\hat{\alpha}$。

```
> set.seed(7)
> alpha.fn(Portfolio, sample(100, 100, replace = T))
[1] 0.539
```

可以通过多次运行这个命令,把所有相应的 α 估计记录下来,然后计算其标准差,来实现自助法分析。但是,boot()函数可以让这个方法自动进行。下面产生 $R=1\,000$ 个 α 的自助法估计。

```
> boot(Portfolio,alpha.fn,R=1000)

ORDINARY NONPARAMETRIC BOOTSTRAP

Call:
boot(data = Portfolio, statistic = alpha.fn, R = 1000)

Bootstrap Statistics :
      original      bias     std. error
t1*   0.5758        0.001    0.0897
```

最终的输出结果表明,对于原始数据,$\hat{\alpha}=0.575\,8$,以及 $\mathrm{SE}(\hat{\alpha})$ 的自助法估计为 $0.089\,7$。

估计线性回归模型的精度

自助法可以用来衡量一种统计学习方法的估计和预测的系数的变异性。下面用自助法来衡量 β_0 和 β_1 估计的变异性,这是在 Auto 数据集上用 horsepower 来预测 mpg 的线性回归模型的截距和斜率项。我们将会比较用自助法和用 3.1.2 节中 $\mathrm{SE}(\hat{\beta}_0)$ 和 $\mathrm{SE}(\hat{\beta}_1)$ 的公式得到的估计的区别。

首先创建一个简单的函数 boot.fn(),这个函数先输入 Auto 数据集和观测的索引集合,然后返回线性回归模型的截距和斜率的估计。再将这个函数用于全部 392 个观测,对整个数据集用第 3 章的一般线性回归系数估计的公式,来计算 β_0 和 β_1 的估计。注意一下,在函数的开头和结尾并不需要 { 和 },因为这函数只有一行。

```
> boot.fn <- function(data, index)
+   coef(lm(mpg ~ horsepower, data = data, subset = index))
> boot.fn(Auto, 1:392)
(Intercept) horsepower
   39.936      -0.158
```

boot.fn()函数还可以通过随机有放回地从观测里抽样,来产生对截距和斜率项的自助法估计。下面给出两个例子。

```
> set.seed(1)
> boot.fn(Auto, sample(392, 392, replace = T))
(Intercept) horsepower
   40.341      -0.164
> boot.fn(Auto, sample(392, 392, replace = T))
(Intercept) horsepower
   40.119      -0.158
```

接下来,用 boot()函数来计算 1 000 个截距和斜率项的自助法估计的标准误差。

```
> boot(Auto, boot.fn, 1000)

ORDINARY NONPARAMETRIC BOOTSTRAP

Call:
boot(data = Auto, statistic = boot.fn, R = 1000)
```

```
Bootstrap Statistics :
     original    bias      std. error
t1*   39.936    0.0545      0.8413
t2*   -0.158   -0.0006      0.0073
```

这表明 SE($\hat{\beta}_0$) 的自助法估计为 0.841 3，SE($\hat{\beta}_1$) 的自助法估计为 0.007 3。正如在 3.1.2 节中讨论的那样，可以用标准公式来计算线性模型中回归系数的标准误差。这可以通过 summary() 函数得到。

```
> summary(lm(mpg~horsepower,data=Auto))$coef
             Estimate  Std. Error  t value  Pr(>|t|)
(Intercept)   39.936     0.71750     55.7   1.22e-187
horsepower    -0.158     0.00645    -24.5   7.03e-81
```

用 3.1.2 节中的公式所得到的截距 $\hat{\beta}_0$ 估计的标准误差为 0.717，斜率 $\hat{\beta}_1$ 估计的标准误差为 0.006 4。有趣的是，这与用自助法得到的估计有些区别。难道这说明自助法有问题吗？事实上，情况恰恰相反。回顾一下式（3.8）给出的标准公式，它是基于某些假设的。例如，公式依赖于未知的参数 σ^2，即噪声方差。然后用 RSS 来估计 σ^2。尽管标准误差的公式并不依赖于线性模型的正确性，但 σ^2 的估计却依赖于线性模型的正确性。可以在图 3-8 中看到，数据存在非线性的关系，因此用线性拟合所得到的残差和 $\hat{\sigma}^2$ 都被放大了。其次，标准公式假定 x_i 是固定的（有点不现实），所有的变异性都是由误差 ϵ_i 产生的。而自助法并不依赖于这些假设，所以相对于 summary() 函数，它对 $\hat{\beta}_0$ 和 $\hat{\beta}_1$ 的标准误差的估计将更加准确。

下面计算用二次模型拟合数据所得到的标准线性回归系数的估计和标准误差的自助法估计。由于这个模型对数据的拟合效果很好（图 3-8），所以现在 SE($\hat{\beta}_0$)，SE($\hat{\beta}_1$) 和 SE($\hat{\beta}_2$) 的自助法估计和标准估计更加接近了。

```
> boot.fn <- function(data, index)
+   coef(
       lm(mpg ~ horsepower + I(horsepower^2),
          data = data, subset = index)
     )
> set.seed(1)
> boot(Auto, boot.fn, 1000)

ORDINARY NONPARAMETRIC BOOTSTRAP

Call:
boot(data = Auto, statistic = boot.fn, R = 1000)

Bootstrap Statistics :
     original     bias       std. error
t1*   56.9001    3.51e-02    2.0300
t2*   -0.4661   -7.08e-04    0.0324
t3*    0.0012    2.84e-06    0.0001

> summary(
     lm(mpg ~ horsepower + I(horsepower^2), data = Auto)
   )$coef
```

```
                  Estimate Std. Error t value Pr(>|t|)
(Intercept)        56.9001     1.8004      32  1.7e-109
horsepower         -0.4662     0.0311     -15  2.3e-40
I(horsepower^2)     0.0012     0.0001      10  2.2e-21
```

5.4 习题

概念

1. 用方差的基本统计性质以及一元微积分推导式 (5.6)。换句话说，证明由式 (5.6) 给出的 α 确实使得 $\mathrm{Var}(\alpha X+(1-\alpha)Y)$ 达到最小值。

2. 推导一个给定的观测被包含在一个自助法样本中的概率。假如从一个有 n 个观测的集合中得到了一个自助法样本。
   (a) 第一个自助法观测不是原始样本中第 j 个观测的概率是多少？证明你的结论。
   (b) 第二个自助法观测不是原始样本中第 j 个观测的概率是多少？
   (c) 证明第 j 个观测不在自助法样本里的概率为 $(1-1/n)^n$。
   (d) 当 $n=5$ 时，第 j 个观测在自助法样本里的概率是多少？
   (e) 当 $n=100$ 时，第 j 个观测在自助法样本里的概率是多少？
   (f) 当 $n=10\,000$ 时，第 j 个观测在自助法样本里的概率是多少？
   (g) 作图展示，对于 n 从 1 到 100 000 的每个整数，第 j 个观测在自助法样本里的概率。讨论观察到的结果。
   (h) 现在研究一个样本量为 $n=100$ 的自助法样本包含第 j 个观测的概率。这里 $j=4$。首先反复地产生自助法样本，然后每次把第四个观测是否包含在自助法样本里记录下来。

   ```
   > store <- rep(NA, 10000)
   > for(i in 1:10000){
        store[i] <- sum(sample(1:100, rep=TRUE)==4)>0
   }
   > mean(store)
   ```

   讨论得到的结果。

3. 复习 k 折交叉验证法。
   (a) 阐述 k 折交叉验证法的步骤。
   (b) k 折交叉验证法相对于以下方法的优势和劣势在哪？
      i. 验证集方法。
      ii. LOOCV 方法。

4. 假设要用一些统计学习方法，用预测变量 X 的一个特定的值，对响应变量 Y 做预测。详细说明可以如何估计预测结果的标准差。

应用

5. 在第 4 章中，在 Default 数据集上用 income 和 balance 做逻辑斯谛回归来预测 default 的概率。现在要用验证集方法来估计这个逻辑斯谛回归模型的测试误差率。在分析之前不要忘记设置一个随机种子。
(a) 拟合一个用 income 和 balance 来预测 default 的逻辑斯谛回归模型。
(b) 用验证集方法，估计这个模型的测试误差率。步骤如下：
  i. 把样本集分为一个训练集和一个验证集。
  ii. 只用训练集的观测来拟合一个多元逻辑斯谛回归模型。
  iii. 计算每个个体违约的后验概率，如果后验概率大于 0.5，就将这个个体分到 default 类，通过这种方法得到验证集中每个个体是否违约的一个预测。
  iv. 计算验证集误差率，即验证集中被错误分类的观测所占的比例。
(c) 重复步骤（b）三次，用三种不同的分割把观测分为一个训练集和一个验证集。讨论得到的结果。
(d) 现在考虑一个用 income、balance 和哑变量 student 来预测 default 的概率的逻辑斯谛回归模型。用验证集方法来估计这个模型的测试误差率。讨论包括哑变量 student 对于减小测试误差率是否有影响。

6. 继续考虑在 Default 数据集上用 income 和 balance 来预测 default 的概率的逻辑斯谛回归模型。特别地，下面要用两种方法来计算 income 和 balance 的逻辑斯谛回归系数的标准误差的估计：(1) 用自助法；(2) 用 glm() 函数中计算标准误差的标准公式。在分析之前不要忘记设置一个随机种子。
(a) 用 summary() 和 glm() 函数，计算用 income 和 balance 这两个预测变量拟合的多元逻辑斯谛回归方程中 income 和 balance 系数的标准误差估计。
(b) 编写函数 boot.fn()，使其输入 Default 数据集，以及观测的索引，然后输出在多元逻辑斯谛回归模型中 income 和 balance 系数的估计。
(c) 用 boot() 函数和你的 boot.fn() 函数来估计逻辑斯谛回归模型中 income 和 balance 系数的标准误差。
(d) 讨论用 glm() 函数和你的自助法函数所得到的标准误差估计的区别。

7. 在 5.3.2 节和 5.3.3 节中看到，可以用 cv.glm() 函数来计算 LOOCV 方法的测试误差率估计。同样，也可以只用 glm() 和 predict.glm() 函数，以及一个循环来计算这些量。现在要用这种方法来计算在 Weekly（周投资回报）数据集上拟合一个简单的逻辑斯谛回归模型所产生的 LOOCV 误差率。回顾一下，在分类问题的背景下，LOOCV 误差率由式（5.4）给出。
(a) 拟合一个用 Lag1（滞后 1 期）和 Lag2（滞后 2 期）来预测 Direction（市场走势）的逻辑斯谛回归模型。
(b) 用除了第一个观测外的所有观测，拟合一个用 Lag1 和 Lag2 来预测 Direction 的逻辑斯谛回归模型。
(c) 用（b）中的模型来预测第一个观测的走势。
  假如 $P(\text{Direction}= \text{"Up"} \mid \text{Lag1}, \text{Lag2}) > 0.5$，则预测第一个观测会上升。这个观测被正确地分类了吗？
(d) 编写一个从 $i=1$ 到 $i=n$ 的循环，其中 n 为数据集中的观测数，然后进行下列步骤：

i. 用除了第 i 个观测外的所有观测，拟合一个用 Lag1 和 Lag2 来预测 Direction 的逻辑斯谛回归模型。
ii. 计算第 i 个观测，市场上升的后验概率。
iii. 用第 i 个观测的后验概率来预测市场是否上升。
iv. 判断在预测第 i 个观测的变化方向时，是否产生了误差。如果产生了一个错误，则为 1，否则为 0。

(e) 取 (d) iv 中所得到的 n 个数字的均值为 LOOCV 的测试误差率估计。讨论得到的结果。

8. 在一个模拟数据集上使用交叉验证法。
 (a) 生成一个模拟数据集如下：

```
> set.seed(1)
> x <- rnorm(100)
> y <- x-2*x^2+rnorm(100)
```

在这个数据集中，n 和 p 分别是多少？用方程的形式写出生成这个数据的模型。
 (b) 画 X 对 Y 的散点图。讨论结果。
 (c) 设置一个随机种子数，然后计算用最小二乘法来拟合下面四个模型所产生的 LOOCV 误差：
 i. $Y = \beta_0 + \beta_1 X + \varepsilon$
 ii. $Y = \beta_0 + \beta_1 X + \beta_2 X^2 + \varepsilon$
 iii. $Y = \beta_0 + \beta_1 X + \beta_2 X^2 + \beta_3 X^3 + \varepsilon$
 iv. $Y = \beta_0 + \beta_1 X + \beta_2 X^2 + \beta_3 X^3 + \beta_4 X^4 + \varepsilon$
 注意，可以用 data.frame() 函数来创建一个同时包含 X 和 Y 的数据集。
 (d) 用另外一个随机种子来重复步骤 (c)，并讨论结果。结果跟步骤 (c) 中所得到的结果一样吗？为什么？
 (e) 步骤 (c) 中的哪个模型有最小的 LOOCV 误差？这跟你预计的结果一样吗？解释你的结论。
 (f) 讨论用最小二乘法拟合 (c) 中的每个模型所得到的系数估计的统计意义。这些结果与用交叉验证法所得到的结论一致吗？

9. 考虑 ISLR2 库中的 Boston 房屋数据集。
 (a) 基于这个数据集，给出一个对 medv（房价中位数）的总体均值的估计，记为 $\hat{\mu}$。
 (b) 给出一个对 $\hat{\mu}$ 的标准误差的估计。解释这个结果。
  提示：可以用样本的标准差除以观测数的平方根来计算样本均值的标准误差。
 (c) 用自助法来估计 $\hat{\mu}$ 的标准误差。这与在 (b) 中所得到的结果相比如何？
 (d) 基于 (c) 中得到的自助法估计，给出对 medv 均值的 95% 置信区间。将这个置信区间与用 t.test(Boston$ medv) 所得到的结果相比较。
  提示：可以用公式 $[\hat{\mu} - 2\text{SE}(\hat{\mu}), \hat{\mu} + 2\text{SE}(\hat{\mu})]$ 来得到近似的 95% 置信区间。
 (e) 基于这个数据集，给出 medv 总体中位数的估计 $\hat{\mu}_{\text{med}}$。

(f) 现在想要估计 $\hat{\mu}_{med}$ 的标准误差。但并没有一个简单的公式来计算中位数的标准误差。不过，可以用自助法来估计中位数的标准误差。讨论计算的结果。

(g) 基于这个数据集，给出波士顿人口普查区的 medv 的 10% 分位数的估计，记为 $\hat{\mu}_{0.1}$。（这里可以使用 quantile()函数。）

(h) 用自助法来估计 $\hat{\mu}_{0.1}$ 的标准误差。讨论结果。

第 6 章 线性模型选择与正则化

标准线性回归模型如下所示：
$$Y = \beta_0 + \beta_1 X_1 + \cdots + \beta_p X_p + \varepsilon \tag{6.1}$$
通常用于描述响应变量 Y 和一系列预测变量 $X_1, X_2, \cdots, X_p$ 之间的线性关系。第 3 章介绍了一种用于拟合此模型的典型方法：最小二乘法。

接下来的章节介绍线性模型基础上的几种扩展形式及其估计方法。第 7 章将推广式（6.1）中的模型以使其适用于关系为非线性但形式仍可加的情况。第 8 章和第 10 章将考虑更加普适的非线性模型。尽管如此，线性模型在解决现实世界问题时仍然具备非线性模型无法超越的推断能力。因此，在介绍非线性模型之前，本章先介绍几种可替代普通最小二乘拟合的其他一些拟合方法，这些方法是对简单线性模型的改进。

为什么要采用其他拟合方法替代最小二乘法呢？因为与最小二乘法相比，其他拟合方法具有更高的**预测准确性**（prediction accuracy）和**模型解释性**（model interpretability）。

- **预测准确性**：若响应变量和预测变量的真实关系近似线性，则最小二乘估计的偏差较低。若 $n \gg p$，即观测个数 n 远远大于变量个数 p，则最小二乘估计的方差通常也较低，从而在测试样本集上会有较好的表现。然而，在不满足 n 远远大于 p 的情况下，最小二乘估计得到的结果可能存在较大变异，导致过拟合，从而使模型在测试样本集上表现较差。此外，若 $p > n$，最小二乘方法得到的系数估计结果不唯一：此时方差**无穷大**（infinite），无法使用最小二乘方法。通过**限制**（constraining）或**缩减**（shrinking）待估计系数，以牺牲偏差为代价显著减小估计量方差。这种方法可以显著提高模型在测试样本集上的预测准确性。
- **模型解释性**：在多元回归模型中，常常存在一个或多个预测变量与响应变量不存在线性关系的情况，比如，包括一些增加了模型的复杂性、却与模型**无关**（irrelevant）的变量。通过将这些无关变量的系数设置为 0 的方式移除这些变量，可以使模型更有解释力，但运用最小二乘方法很难将系数缩减至零。本章，将介绍几种自动进行**特征选择**（feature selection）或**变量选择**（variable selection）的方法，能够在多元回归模型中实现对无关变量的筛选。

除了最小二乘方法，还有多种方法可用于估计式（6.1），既有经典方法又有现代方法。本章主要讨论以下三类重要的方法。

- **子集选择**。该方法从 p 个预测变量中挑选出与响应变量相关的变量形成子集，再对缩减后的变量集合使用最小二乘方法。
- **压缩估计**。该方法基于全部 p 个预测变量进行模型的拟合。与最小二乘方法相比，该方法可以将估计系数往零的方向进行压缩。通过系数缩减［又称**正则化**（regularization）］减少方差。通过选择不同的系数缩减方法，某些回归系数可以被缩减为零。因此压缩估计方法可用于变量选择。
- **降维法**。该方法将 p 维预测变量投影至 M 维子空间中，$M<p$。这通常通过计算这 p 个变量的 M 种不同的**线性组合**（linear combination）或称**投影**（projection）来实现。将这 M 个不同的投影作为预测变量，再使用最小二乘法拟合线性回归模型。

本章将详细介绍上述方法，并介绍这些方法各自的优缺点。虽然本章讨论的是第 3 章中线性回归模型方法的拓展和改进，但其中涉及的概念同样适用于其他方法，例如第 4 章中介绍的分类模型。

6.1 子集选择

本节将介绍筛选预测变量子集的几种方法，包括最优子集选择和逐步模型选择。

6.1.1 最优子集选择

最优子集选择（best subset selection），即对 p 个预测变量的所有可能组合分别使用最小二乘回归进行拟合。对含有一个预测变量的模型，拟合 p 个模型；对含有两个预测变量的模型，拟合 $\binom{p}{2}=p(p-1)/2$ 个模型，依次类推。最后在所有可能模型中选取一个最优模型。

在 2^p 个模型中进行最优模型选择的过程通常可以分解为两个阶段，具体过程见算法 6.1。

算法 6.1 最优子集选择

1. 记不含预测变量的零模型为 $\mathcal{M}_0$，只用于估计各观测的样本均值。
2. 对于 $k=1,2,\cdots,p$：
   (a) 拟合 $\binom{p}{k}$ 个包含 k 个预测变量的模型；
   (b) 在 $\binom{p}{k}$ 个模型中选择 RSS 最小或 R^2 最大的作为最优模型，记为 $\mathcal{M}_k$。
3. 根据交叉验证预测误差、C_p（AIC）、BIC 或者调整 R^2 从模型 $\mathcal{M}_0,\mathcal{M}_1,\cdots,\mathcal{M}_p$ 中选择出一个最优模型。

在算法 6.1 中，步骤 2 先是在大小相同的子集中进行模型选择（基于训练样本集），将从 2^p 个模型中选择一个模型的问题转化为从 $p+1$ 个备选模型中选择一个模型的问题。图 6-1 显示，在变量数目给定的情况下，这些备选模型的残差平方和最小，R^2 最大，由图中的实线表示。

接下来，从这 $p+1$ 个模型中选择出一个最优模型。随着纳入模型的特征数目的增加，这 $p+1$ 个模型的 RSS 单调下降，R^2 单调增加。如果只使用这些统计量进行模型选择，最终选出的模型将包含所有变量。低 RSS 及高 R^2 表明模型的**训练**（training）误差低，但是我们的目标是选择一个**测试**（test）误差低的模型，这就是问题所在。（第 2 章的图 2-9～

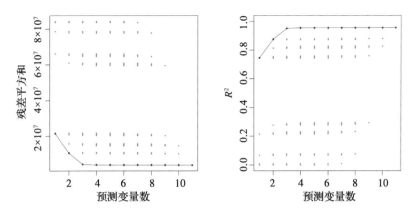

图 6-1 图中展示了 Credit 数据集 10 个预测变量所有可能子集构成的模型的 RSS 及 R^2 值。折线是给定预测变量数情况下，最优模型的 RSS 和 R^2 值轨迹。数据集包含 10 个预测变量，而 x 轴的范围在 1 到 11 之间，这是由于其中有一个分类变量有三种不同取值，引入了两个哑变量所致

图 2-11 显示，训练误差通常要比测试误差低，低的训练误差不能保证模型能有低的测试误差。）因此，步骤 3 中，应使用交叉验证预测误差、C_p、BIC 或者调整 R^2 从 $\mathcal{M}_0, \mathcal{M}_1, \cdots,$ $\mathcal{M}_p$ 中进行模型选择。6.1.3 节将讨论这些方法。

图 6-1 是应用最优子集选择的一个例子。图中的每个点都对应一个用第 3 章中 Credit（信用）数据集 10 个预测变量的不同子集建立的最小二乘回归模型。其中 region 是一个三值分类变量，因此用两个哑变量表示，分别对这两个哑变量进行选择。因此，这个模型中总共包括 11 个变量。横坐标表示模型中包含的预测变量数，在散点图中绘制每个模型对应的 RSS 及 R^2 值，用折线将不同模型复杂度下的 RSS 及 R^2 值对应的点连起来，果然，随着变量个数增加，RSS 和 R^2 都有改进。然而，在模型引入第三个变量之后再增加变量，模型的 RSS 及 R^2 值仅有很小的改进。

这个例子是对最小二乘回归进行最优子集选择，然而我们也可以对其他模型进行最优子集选择，例如逻辑斯谛回归模型。在逻辑斯谛回归模型中使用最优子集选择方法时，算法 6.1 步骤 2 中应当使用**偏差**（deviance）替代原先的 RSS 对模型进行选择，偏差与 RSS 作用相同，但适用范围更广。偏差定义为 -2 与最大似然函数值的乘积，偏差越小，拟合优度越高。

虽然最优子集选择方法简单直观，但是计算效率不高。随着变量数 p 的增加，可选模型的数量也在迅速增加。p 个变量可以构造 2^p 个可用于建模的子集。若 $p=10$，则有 1 000 多个可选模型，若 $p=20$，则有超过 100 万种可选模型。即便是使用最快的现代计算机，当 p 大于 40 以后，该方法已不具计算可行性。虽然存在一些提升运算效率的算法，例如运用**分支定界方法**（branch-and-bound techniques）可以缩小选择范围，但当 p 增大时该算法也存在缺陷，此外，这些方法只对最小二乘线性回归模型有效。下一节介绍比最优子集选择方法运算效率更高的其他变量选择方法。

6.1.2 逐步选择

由于运算效率的限制,当 p 很大时,最优子集选择方法不再适用,而且也存在一些统计学上的问题。随着搜索空间的增大,通过此方法找到的模型虽然在训练数据上有较好的表现,但对新数据并不具备良好的预测能力。从一个巨大搜索空间中得到的模型通常会有过拟合和系数估计方差高的问题。

基于上述的两大原因,跟最优子集选择相比,逐步选择的优点是限制了搜索空间,从而提高了运算效率。

向前逐步选择

与最优子集选择方法相比,**向前逐步选择**(forward stepwise selection)具有更高的运算效率。最优子集选择的搜索空间由 p 个预测变量构成的 2^p 个可能模型构成,向前逐步选择方法考虑的模型集合则要小很多。向前逐步选择以一个不包含任何预测变量的零模型为起点,依次往模型中添加变量,直至所有的预测变量都包含在模型中。特别之处在于,每次只将能够最大限度地提升模型效果的变量加入模型中。向前逐步选择方法的具体步骤见算法 6.2。

算法 6.2 向前逐步选择

1. 记不含预测变量的零模型为 $\mathcal{M}_0$。
2. 对于 $k=0,1,2,\cdots,p-1$:
   (a) 从 $p-k$ 个模型中进行选择,每个模型都在模型 $\mathcal{M}_k$ 的基础上增加一个变量;
   (b) 在 $p-k$ 个模型中选择 RSS 最小或 R^2 最大的模型作为最优模型,记为 $\mathcal{M}_{k+1}$。
3. 根据交叉验证预测误差、C_p(AIC)、BIC 或者调整 R^2,从模型 $\mathcal{M}_0, \mathcal{M}_2, \cdots, \mathcal{M}_p$ 中选择出一个最优模型。

与最优子集选择对 2^p 个模型进行拟合不同,向前逐步选择只需要对零模型以及第 k 次迭代包含的 $p-k$ 个模型进行拟合,其中 $k=0,1,2,\cdots,p-1$。相当于拟合 $1+\sum_{k=0}^{p-1}(p-k) = 1+p(p+1)/2$ 个模型。这是一个实质性的变化:当 $p=20$,最优子集选择需要拟合 1 048 567 个模型,而向前逐步选择只需要拟合 211 个模型⊖。

在算法 6.2 步骤 2(b)中,需要从 $p-k$ 个模型中选出一个最优模型,在 $\mathcal{M}_k$ 基础上增加一个变量。这可以简单地通过选择具有最低 RSS 或最高 R^2 值的模型进行选择。然而在步骤 3,需要对含有不同变量个数的一系列模型进行选择,更具挑战性。这部分内容将在 6.1.3 节中讨论。

与最优子集选择相比,向前逐步选择在运算效率上的优势很明显。虽然向前逐步选择在实际中有很好的应用,但是该方法无法保证找到的模型是所有 2^p 个模型中最优的。例如,在给定的包含三个变量的数据集中,最优的单变量模型只包含变量 X_1,最优的双变量模型包含 X_2 与 X_3。但是通过向前逐步选择方法无法得到双变量最优模型,因为 $\mathcal{M}_1$ 包含

⊖ 向前逐步选择方法在模型空间中进行有指导的搜索,考虑 $p(p+1)/2+1$ 个模型,因此实际有效的模型空间包含的模型数大于 $p(p+1)/2+1$。

变量 X_1，从而 $\mathcal{M}_2$ 只能包含 X_1 和另一变量，X_2 或 X_3。

表 6-1 是对 Credit 数据使用最优子集选择和向前逐步选择的前四个模型的结果。最优子集选择和向前逐步选择在最优单变量模型中都引入了 rating 变量，紧接着在双变量和三变量模型中依次引入了 income 和 student 变量。最优子集选择在四变量模型中将 rating 变量替换为 cards 变量，然而在向前逐步选择中必须要在四变量模型中依然保留 rating 变量。从图 6-1 来看，本例的三变量和四变量模型在 RSS 值上并没有太大差别，因此，这两个方法选出的四变量模型都是可以使用的。

表 6-1 对 Credit 数据使用最优子集选择和向前逐步选择的前四个模型的结果。前三个模型选择结果相同，第四个模型选择结果不同

变量数	最优子集选择	向前逐步选择
1	rating	rating
2	rating, income	rating, income
3	rating, income, student	rating, income, student
4	cards, income, student, limit	rating, income, student, limit

在高维数据中，甚至 $n < p$ 的情况下，依然可以使用向前逐步选择方法；在这种情况下，可以建立子模型 $\mathcal{M}_0, \mathcal{M}_1, \cdots, \mathcal{M}_{n-1}$，因为每个子模型都使用最小二乘法进行拟合，若 $p \geqslant n$，结果将是不唯一的。

向后逐步选择

与向前逐步选择类似，**向后逐步选择**（backward stepwise selection）比最优子集选择更高效。然而，与向前逐步选择不同，它以包含全部 p 个变量的全模型为起点，逐次迭代，每次移除一个对模型拟合结果最不利的变量。具体细节见算法 6.3。

算法 6.3 向后逐步选择

1. 记包含全部 p 个预测变量的全模型为 $\mathcal{M}_p$。
2. 对于 $k = p, p-1, \cdots, 1$：
   (a) 在 k 个模型中进行选择，在模型 $\mathcal{M}_k$ 的基础上减少一个变量，则模型只含 $k-1$ 个变量；
   (b) 在 k 个模型中选择 RSS 最小或 R^2 最大的模型作为最优模型，记为 $\mathcal{M}_{k-1}$。
3. 根据交叉验证预测误差、C_p(AIC)、BIC 或者调整 R^2，从模型 $\mathcal{M}_0, \mathcal{M}_1, \cdots, \mathcal{M}_p$ 中选择出一个最优模型。

与向前逐步选择类似，向后逐步选择方法共需要对 $1 + p(p+1)/2$ 个模型进行搜索，在 p 太大不适合使用最优子集选择方法时可以采用该方法[⊖]。同样，向后逐步选择方法无法保证得到的模型是包含 p 个预测变量子集的最优模型。

向后选择方法需要满足样本量 n 大于变量个数 p（保证全模型可以被拟合）的条件。相反，向前逐步选择即使在 $n < p$ 的情况下也可以使用，因此当 p 非常大的时候，向前逐步选择是唯一可行的方法。

⊖ 与向前逐步选择相似，向后逐步选择在模型空间上进行有指导的搜索，因此有效的模型空间包含的模型数大于 $p(p+1)/2 + 1$。

混合方法

最优子集选择、向前逐步选择和向后逐步选择方法通常能得到相似但不完全一致的模型。还有一种将向前和向后逐步选择方法进行结合的方法。与向前逐步选择类似，该方法逐次将变量加入模型中，然而在加入新变量的同时，该方法也移除不能提升模型拟合效果的变量。这种方法在试图达到最优子集选择效果的同时也保留了向前和向后逐步选择在计算效率上的优势。

6.1.3 选择最优模型

最优子集选择、向前逐步选择和向后逐步选择方法产生一系列由 p 个预测变量的子集所构成的模型。为了实现这些方法，需要找到一种确定最优模型的方法。在 6.1.1 节中已经讨论过，包含所有预测变量的模型总是有最小的 RSS 和最大的 R^2 值，因为这些统计量与训练误差有关。然而，我们希望找到具有最小测试误差的模型。显然，在前面第 2 章也已经介绍过，训练误差可能是测试误差的一个较差估计。因此，RSS 和 R^2 并不适用于对包含不同预测变量数的模型进行模型选择。

为了根据测试误差选择最优模型，需要估计测试误差。通常有两种方法：

1. 根据过拟合导致的偏差对训练误差进行调整，间接地估计测试误差。
2. 采用第 5 章介绍的方法，通过验证集方法或交叉验证方法，直接估计测试误差。

C_p、AIC、BIC 与调整 R^2

通过第 2 章了解到，训练集的均方误差（MSE，MSE = RSS/n）通常比测试样本的均方误差要低。这是因为在使用最小二乘方法对训练数据进行模型拟合时，通过使训练数据的 RSS 尽可能低（而不是测试数据的 RSS）来估计回归模型系数。特别地，训练误差随着更多变量纳入模型将逐渐降低，因此，不能使用训练集的 RSS 和 R^2 值对预测变量数不同的模型进行模型选择。

根据模型大小对训练误差进行调整的方法有很多，这些方法可以用于选择包含不同变量数的模型。本节采用三种方法对 Credit 数据集在不同模型大小下进行最优子集选择：C_p、**赤池信息准则**（Akaike information criterion，AIC）、**贝叶斯信息准则**（Bayesian information criterion，BIC）**与调整 R^2**（adjusted R^2）。

采用最小二乘法拟合一个包含 d 个预测变量的模型，C_p 值的计算公式如下：

$$C_p = \frac{1}{n}(\text{RSS} + 2d\hat{\sigma}^2) \tag{6.2}$$

其中 $\hat{\sigma}^2$ 是式（6.1）中各个响应变量观测误差的方差 ε 的估计值⊖。通常 $\hat{\sigma}^2$ 通过包含全部预测变量的全模型估计。实质上，C_p 统计量是在训练集 RSS 的基础上增加了惩罚项 $2d\hat{\sigma}^2$，用于调整训练误差倾向于低估测试误差的这一现象。显然，惩罚项的大小随着模型中变量个数的增加而增加；用于调整由于变量个数的增加而不断降低的训练集 RSS。虽然这超出了本书的范围，但是显然如果 $\hat{\sigma}^2$ 是式（6.2）中 σ^2 的无偏估计，则 C_p 是测试均方误差的

⊖ Mallow 的 C_p 定义为 $C_p' = \text{RSS}/\hat{\sigma}^2 + 2d - n$。根据上述定义知二者等价，$C_p = \frac{1}{n}\hat{\sigma}^2(C_p' + n)$，因此具有最小 C_p 值的模型也有最小的 C_p' 值。

无偏估计。因此，测试误差较低的模型 C_p 统计量取值也较低，故而可以选择具有最低 C_p 的模型作为最优模型。在图 6-2 中，运用 C_p 原则选出的六变量模型包含预测变量：income、limit、rating、cards、age 和 student。

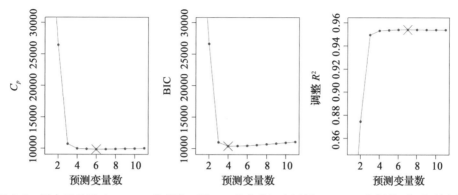

图 6-2 图中显示了对 Credit 数据集（图 6-1 的实线）中运用 C_p、BIC 和调整 R^2 对不同大小的模型进行最优子集选择的结果。C_p 和 BIC 是测试均方误差的估计值。中间的图显示，BIC 作为测试误差的估计在模型引入四个变量后开始增加。其他两个图在模型引入四个变量之后变得相对平坦

AIC 准则适用于许多使用极大似然法进行拟合的模型。若式（6.1）的模型误差项服从高斯分布，极大似然估计和最小二乘估计是等价的。在本例中，AIC 由下式给出：

$$\mathrm{AIC} = \frac{1}{n}(\mathrm{RSS} + 2d\hat{\sigma}^2)$$

其中，为了简化，没有加上不相关的常数项。⊖ 对于最小二乘模型，C_p 和 AIC 彼此成比例，所以图 6-2 中只给出了模型的 C_p 值。

BIC 是从贝叶斯观点中衍生出来的，然而最终亦与 C_p（及 AIC）准则十分相似。对于包含 d 个预测变量的最小二乘模型，BIC 通常由下式给出：

$$\mathrm{BIC} = \frac{1}{n}(\mathrm{RSS} + \log(n)d\hat{\sigma}^2) \qquad (6.3)$$

类似 C_p，测试误差较低的模型 BIC 统计量取值也较低，因此通常选择具有最低 BIC 的模型作为最优模型。注意，BIC 将 C_p 中的 $2d\hat{\sigma}^2$ 项替换为 $\log(n)d\hat{\sigma}^2$，其中 n 是观测数。因为对于任意的 $n>7$，有 $\log n>2$，BIC 统计量通常给包含多个变量的模型施以较重的惩罚，故而与 C_p 相比，得到的模型规模更小。在图 6-2 中可以看到，在 Credit 数据集的例子中，BIC 准则选择的模型仅包含四个预测变量：income、limit、cards 和 student。在本例中，曲线在加入四个变量后变得十分平坦，四变量模型和六变量模型在精度上并无太大差异。

调整 R^2 统计量是另一种常用的对一系列具有不同变量数的模型进行选择的方法。回

⊖ 最小二乘回归的 AIC 有两个公式。此处给出的公式中含有 σ^2，需要使用包含所有预测变量的全模型来进行估计。当 σ^2 未知且不想显式估计 σ^2 时，可以采用第二个公式，这个公式用 $\log(\mathrm{RSS})$ 替代 RSS。这两个公式的详细推导不在本书的讨论范围之内。

顾一下，在第 3 章中，R^2 定义为 $1-\mathrm{RSS}/\mathrm{TSS}$，其中 $\mathrm{TSS}=\sum(y_i-\bar{y})^2$ 是响应变量的总平方和。由 RSS 随着模型包含的变量数的增加而降低，可知 R^2 则随着模型包含的变量数的增加而增加。对于包含 d 个变量的最小二乘模型，调整 R^2 统计量由下式计算得到：

$$\text{调整 } R^2 = 1 - \frac{\mathrm{RSS}/(n-d-1)}{\mathrm{TSS}/(n-1)} \tag{6.4}$$

与 C_p、AIC、BIC 值越低表明模型测试误差越低不同，调整 R^2 的值越大，模型测试误差越低。最大化 R^2 等价于最小化 $\frac{\mathrm{RSS}}{n-d-1}$。RSS 随着模型包含的变量数的增加而减小，然而由于 d 在分母中，$\frac{\mathrm{RSS}}{n-d-1}$ 可能增加也有可能减小。

调整 R^2 背后的想法是当模型包含了所有正确的变量，再增加其他冗余变量只会导致 RSS 小幅度的减小。由于加入这些冗余变量的同时增加了 d 的值，因此这些变量的加入会导致 $\frac{\mathrm{RSS}}{n-d-1}$ 的增加，从而降低调整 R^2 的值。因此，在理论上，拥有最大调整 R^2 的模型只包含了正确的变量，而没有冗余变量。与 R^2 统计量不同，调整 R^2 统计量对纳入不必要变量的模型引入了惩罚。图 6-2 展示了 Credit 数据集的调整 R^2 值。使用该统计量进行模型选择得到的模型包含七个变量，在 C_p 和 AIC 准则得到的模型基础上增加了 own 变量。

C_p、AIC 和 BIC 都有严格的理论证明，但这超出了本书的范围。这些证明涉及参数的渐近性质（当样本量 n 十分大的情形）。调整 R^2 虽然广泛适用，并且很直观，然而与 AIC、BIC 和 C_p 准则相比，缺乏统计理论的严格证明。以上的几种统计量的使用和计算都十分简单，这里已经给出了使用最小二乘方法对线性模型进行拟合它们的计算公式；但是，AIC 和 BIC 还可以适用于更广范围下的模型。

验证与交叉验证

作为上述几种方法的补充，接下来使用第 5 章讨论的验证集方法和交叉验证方法直接估计测试误差。为每个可能最优的模型计算验证集误差或者交叉验证误差，然后选择测试误差估计值最小的模型。与 AIC、BIC、C_p 和调整 R^2 相比，这些方法的优势在于，它给出了测试误差的一个直接估计，并且对真实的潜在模型有较少的假设。验证与交叉验证方法的适用范围更广，即便在很难确定模型自由度（模型中的预测变量数），或者难以估计误差方差 σ^2 的情况下仍可使用。

过去，当 p 和（或者）n 很大时，交叉验证方法因存在很多计算上的问题而无法实现。因此 AIC、BIC、C_p 与调整 R^2 在进行多个模型选择时更加常用。然而如今，计算机运行速度已经很快，能够满足交叉验证的计算需求。因此交叉验证方法成为一种非常具有吸引力的、用于多个模型筛选的方法。

图 6-3 显示了 Credit 数据集包含 d 个变量的最优模型，曲线表示了 BIC、验证集误差和交叉验证误差作为 d 的函数的取值。验证误差通过随机选择四分之三的观测作为训练集，其余观测作为验证集计算得到。交叉验证误差按 $k=10$ 折进行计算。在这种情况下，验证和交叉验证方法得到的模型都包含 6 个变量。这三种方法都表明 4 个、5 个及 6 个变量的模型在测试误差上大致相等。

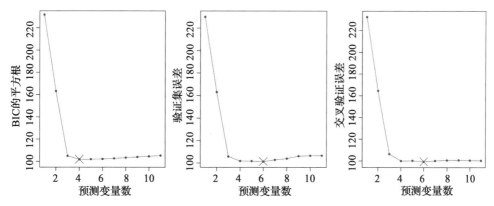

图 6-3 图中显示了 Credit 数据集包含 d 个变量的最优模型三种统计量的值，d 的范围在 1 到 11 之间。基于各统计量得到的全局最优模型用叉号标识。左：BIC 的平方根，中：验证集误差，右：交叉验证误差

事实上，图 6-3 中图及右图中测试误差估计值曲线均比较平坦。与二变量模型相比，三变量模型拥有明显更低的测试误差估计值，而当模型变量数在 3 到 11 之间变化时，测试误差估计值相差不大。此外，如果对不同的训练集和验证集重复使用验证集方法，或者对于不同的交叉验证折数重复使用交叉验证方法，会得到不同的具有最低测试误差的精确模型。针对这种情况，可以使用**一倍标准误差准则**（one-standard-error rule）进行模型选择。首先计算不同规模下模型测试均方误差估计值的标准误差，然后选择测试样本集误差估计值在曲线最低点一倍标准误差之内且规模最小的模型。这样做的原因是，在一系列效果近似相同的模型中，总是倾向于选择最简单的模型，也就是说，具有最少预测变量的模型。在这种情况下，对验证集方法和交叉验证方法使用一倍标准误差准则选择出的模型包含三个变量。

6.2 压缩估计方法

6.1 节介绍的子集选择方法包括使用最小二乘法对包含预测变量子集的线性模型进行拟合。除此之外，我们还可以使用对系数进行约束或正则化的技巧对包含 p 个预测变量的模型进行拟合，也就是说，将系数估计值往零的方向压缩。引入这种约束会提升拟合效果，但其背后的原理并不是显而易见的，后面将介绍，这种方法通过压缩系数估计值，显著减少了估计量方差。两种最常用的将回归系数往零的方向进行压缩的方法是**岭回归**（ridge regression）和 lasso。

6.2.1 岭回归

第 3 章中通过最小化如下函数对 $\beta_0, \beta_1, \cdots, \beta_p$ 进行估计来拟合最小二乘回归：

$$\text{RSS} = \sum_{i=1}^{n} \left(y_i - \beta_0 - \sum_{j=1}^{p} \beta_j x_{ij} \right)^2$$

岭回归与最小二乘十分相似，除了其系数是通过最小化一个略有不同的式子进行估计的。

特别地，岭回归系数估计值 $\hat{\beta}^R$ 通过最小化下式得到：

$$\sum_{i=1}^{n}\left(y_i - \beta_0 - \sum_{j=1}^{p}\beta_j x_{ij}\right)^2 + \lambda\sum_{j=1}^{p}\beta_j^2 = \text{RSS} + \lambda\sum_{j=1}^{p}\beta_j^2 \tag{6.5}$$

其中 $\lambda \geqslant 0$ 是一个**调节参数**（tuning parameter），将单独确定。式（6.5）是两个不同标准的权衡。与最小二乘相同，岭回归通过最小化 RSS 寻求能较好地拟合数据的估计量。此外，另一项 $\lambda\sum_{j=1}^{p}\beta_j^2$，称为**压缩惩罚**（shrinkage penalty），当 $\beta_1, \beta_2, \cdots, \beta_p$ 接近零时比较小，因此具有将 β_j 估计值往零的方向进行压缩的作用。调节参数 λ 的作用是控制这两项对回归系数估计的相对影响程度。当 $\lambda = 0$ 时，惩罚项不产生作用，岭回归与最小二乘估计结果相同。随着 $\lambda \to \infty$，压缩惩罚项的影响力增加，岭回归系数估计值越来越接近零。与最小二乘得到唯一的估计结果不同，岭回归得到的系数估计结果 $\hat{\beta}_\lambda^R$ 随 λ 的变化而变化。选择合适的 λ 值十分重要，6.2.3 节将使用交叉验证方法讨论这个问题。

注意式（6.5）对 $\beta_1, \beta_2, \cdots, \beta_p$ 施加了压缩惩罚，但未对常数项 β_0 进行惩罚。我们要缩减与响应变量存在关联的预测变量的系数但是并不缩减截距项，因为截距项用于测量当 $x_{i1} = x_{i2} = \cdots = x_{ip} = 0$ 时响应变量的均值。假如这些变量，即数据矩阵 $\boldsymbol{X}$ 的列，在岭回归之前已经进行了中心化，均值为 0，则截距项估计值的形式为：$\hat{\beta}_0 = \bar{y} = \sum_{i=1}^{n} y_i/n$。

对 Credit 数据集的一个应用

图 6-4 显示了 Credit 数据集的岭回归系数估计值（见彩插）。左图中，岭回归各个预测变量的系数估计值作为 λ 的函数，由不同的曲线给出。在本例中，黑色实线代表随着 λ 的变化，income 系数的岭回归估计值。左图的最左方，λ 为 0，因此岭回归系数估计值和最小二乘回归估计值相同。但是随着 λ 的增加，岭回归估计值朝 0 的方向缩减。当 λ 极大的时候，所有的岭回归系数估计值几乎为 0，此时得到的模型相当于不包含任何变量的零模型。在此图中，系数估计值最大的变量 income、limit、rating 和 student 用特定的颜色表示。虽然岭回归系数估计值倾向于随着 λ 增加而降低，但是个别系数，例如 rating 和 income，偶尔会随着 λ 的增加而增加。

图 6-4 的右边与左边相同，也显示了岭回归系数估计值，只是 x 轴由 λ 变为 $\|\hat{\beta}_\lambda^R\|_2 / \|\hat{\beta}\|_2$，其中 $\hat{\beta}$ 是最小二乘系数估计值向量，记号 $\|\beta\|_2$ 代表向量的 l_2 范数，定义为：$\|\beta\|_2 = \sqrt{\sum_{j=1}^{p}\beta_j^2}$，度量 β 与原点的距离。随着 λ 的增加，$\hat{\beta}_\lambda^R$ 的 l_2 范数降低，从而 $\|\hat{\beta}_\lambda^R\|_2 / \|\hat{\beta}\|_2$ 也降低。后者的取值范围在 1（当 $\lambda = 0$ 时，岭回归系数估计结果与最小二乘估计结果相同，故二者的 l_2 范数相同）到 0（当 $\lambda = \infty$ 时，岭回归系数估计值是一个零向量，则 l_2 范数值也为零）之间。因此，可以将图 6-4 中右图的 x 轴看作岭回归系数估计值向 0 方向缩减的程度，数值较小意味着已经压缩得十分接近零。

第 3 章讨论过最小二乘系数估计是**尺度不变的**（scale invariant）：X_j 乘以常数 c，最小二乘系数估计结果是原来的值乘以 $1/c$。也就是说，无论第 j 个预测变量如何按比例变化，$X_j \hat{\beta}_j$ 保持不变。与此不同，若将预测变量乘以一个常数，岭回归系数估计值可能发生

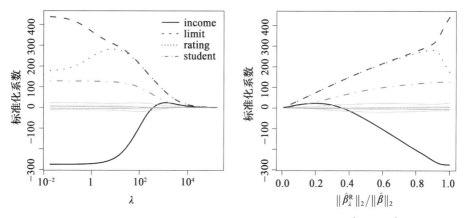

图6-4 图中显示了Credit数据集标准化后岭回归系数估计值随着λ和$\|\hat{\beta}^R_\lambda\|_2/\|\hat{\beta}\|_2$的变化情况

显著的改变。例如，考虑income变量，单位为美元，该变量也能以1千美元为单位，这样会使income变量的观测值都缩小到原来的1/1 000。由于岭回归式（6.5）中系数平方和项的存在，单位的变化并不只是简单地导致income向量的系数估计值增加一个因子1/1 000。也就是说，$X_j\hat{\beta}^R_{j,\lambda}$的值不只是取决于$\lambda$，也取决于第$j$个预测变量的尺度。事实上，$X_j\hat{\beta}^R_{j,\lambda}$的值甚至可能受到其他预测变量尺度的影响！因此，在使用岭回归之前，最好先用如下公式对预测变量进行**标准化**：

$$\widetilde{x}_{i,j} = \frac{x_{ij}}{\sqrt{\dfrac{1}{n}\sum_{i=1}^{n}(x_{ij}-\overline{x}_j)^2}} \tag{6.6}$$

这样所有的变量都具有同一尺度。在式（6.6）中，分母是第j个估计变量的标准差的估计值，故而所有标准化后的变量的标准差为1。因此，最后的拟合将不受变量度量尺度的影响。在图6-4中，纵轴显示了标准化后岭回归系数估计值，也就是说，系数估计结果是对标准化后的变量使用岭回归得到的。

为什么使用岭回归会提升最小二乘的效果？

与最小二乘相比，岭回归的优势在于它综合权衡了误差与方差。随着λ的增加，岭回归拟合结果的柔性降低，虽然方差降低，但是偏差在增加。图6-5使用了一个包含$p=45$个预测变量，$n=50$个观测的模拟数据（见彩插）。左图绿色曲线显示了岭回归预测值方差作为λ的函数的变化曲线。$\lambda=0$对应最小二乘估计，此时方差很高但是没有偏差。随着λ增加，以偏差略微增加为代价，岭回归系数的缩减使预测值方差显著减少。测试均方误差（MSE）是方差加上偏差的平方，图中用紫色的线表示。随着λ的值增加到10左右，方差在快速减小，偏差的平方仅有小幅度的增加，用图中黑色的线表示。因此，随着λ从0增加到10，均方误差在不断下降。在这个点之后，方差随着λ增加减少的速度变慢，系数的缩减使系数被显著地低估，导致偏差大幅增加。在$\lambda=30$左右均方误差达到最小值。有趣的是，当$\lambda=0$时，由于方差很大，最小二乘拟合的均方误差的值和$\lambda=\infty$时对应的所有系数为0的零模型一样大。然而，当λ取值落在中间时，均方误差的值要更低一些。

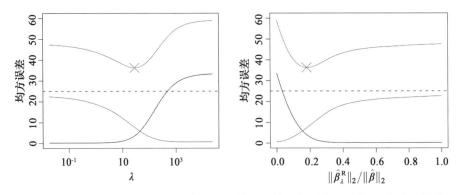

图 6-5 图中显示了岭回归在模拟测试集上预测结果的偏差的平方（黑线）、方差（绿线）和测试均方误差（紫线）随着 λ 和 $\|\hat{\beta}_\lambda^R\|_2/\|\hat{\beta}\|_2$ 的变化情况。水平的虚线表示 MSE 可能的最低水平。紫色的"×"表示均方误差最低时对应的岭回归模型

图 6-5 中的右图显示了与左图相同的曲线，横轴为岭回归的 l_2 范数除以最小二乘估计的 l_2 范数。与右图相比，左图拟合效果更加柔性，因此偏差下降，方差上升。

通常来说，当响应变量和预测变量关系近似线性时，最小二乘估计会有较低的偏差但是方差较大。这意味着训练集数据一个微小的改变可能导致最小二乘系数的较大改变。特别地，当变量个数 p 和观测个数 n 差不多大的时候，如图 6-5 所示，最小二乘估计方差会很大。如果 $p>n$，则最小二乘估计没有唯一解，此时岭回归仍然能够通过偏差小幅增加来换取方差大幅下降，通过这种权衡获得比较好的模型效果。因此，当最小二乘估计方差很大时，岭回归效果更好。

与需要搜索 2^p 个模型的最优子集选择方法相比，岭回归在运算上也具有显著的优势。如前面所说，即使对于不大的 p 值，全局搜索方式在运算上也不可行。与此不同，对于任意给定的 λ 值，岭回归只需要拟合一个单独的模型就可以快速地完成模型的拟合。事实上，可以看到若对 λ 所有可能取值求解式（6.5），所需的计算量与使用最小二乘方法进行拟合差不多。

6.2.2 lasso

岭回归一个显著的劣势在于：最优子集选择、向前逐步回归和向后逐步回归通常会选择出变量的一个子集进行建模，而岭回归的最终模型包含全部的 p 个变量。在式 (6.5) 中的惩罚项 $\lambda \sum \beta_j^2$ 可以将系数往 0 的方向进行缩减，但是不会把任何一个变量的系数确切地压缩至 0（除非 $\lambda=\infty$）。这种设定不影响预测精度，但是当变量数 p 非常大时，不便于模型解释。例如，在 Credit 数据集中，一系列分析表明最重要的变量为 income、limit、rating 和 student。因此我们希望建立一个只包含这些变量的模型。然而，岭回归产生的模型总包含 10 个变量。增加 λ 的值会减小系数绝对值，但是依然无法剔除任何变量。

lasso 是一种近年来常用的用于克服岭回归上述缺点的方法。lasso 的系数 $\hat{\beta}_\lambda^L$ 通过求解

下式的最小值得到：

$$\sum_{i=1}^{n}\left(y_i - \beta_0 - \sum_{j=1}^{p}\beta_j x_{ij}\right)^2 + \lambda\sum_{j=1}^{p}|\beta_j| = \text{RSS} + \lambda\sum_{j=1}^{p}|\beta_j| \quad (6.7)$$

比较式（6.7）与式（6.5）可以发现 lasso 和岭回归具有相似的拟合公式。唯一的区别是岭回归式（6.5）中的 β_j^2 项在 lasso 中被替换为式（6.7）的 $|\beta_j|$。用统计的说法，lasso 采用 l_1 惩罚项，而不采用 l_2 惩罚项。系数向量 β 的 l_1 范数定义为：$\|\beta\|_1 = \Sigma|\beta_j|$。

与岭回归相同，lasso 也将系数估计值往 0 的方向进行缩减。然而，当调节参数 λ 足够大时，l_1 惩罚项具有将其中某些系数的估计值强制设定为 0 的作用。因此，与最优子集选择方法相似，lasso 也完成了变量选择。故而 lasso 建立的模型与岭回归建立的模型相比更易于解释。所以说 lasso 得到了**稀疏模型**（sparse model）——只包含所有变量的一个子集的模型。与岭回归相同，选择一个合适的 λ 值对 lasso 十分重要。6.2.3 节交叉验证将对此进行讨论。

图 6-6 显示了在 Credit 数据集上运用 lasso 进行拟合得到的系数曲线（见彩插）。当 $\lambda=0$ 时，lasso 与最小二乘等价，当 λ 足够大时，lasso 估计得到一个零模型，所有系数估计值均为 0。然而，在这两个极端之间，岭回归和 lasso 模型的表现具有很大的差异。从左至右看图 6-6 的右图，可以看到 lasso 首先得到一个只包含 rating 变量的模型，student 和 limit 变量几乎同时进入模型，income 变量紧随其后。最后剩余变量也进入模型。于是，根据不同的 λ 取值，lasso 可以得到包含不同变量个数的模型。而岭回归得到的模型自始至终包含所有变量，虽然系数估计值大小会随着 λ 变化。

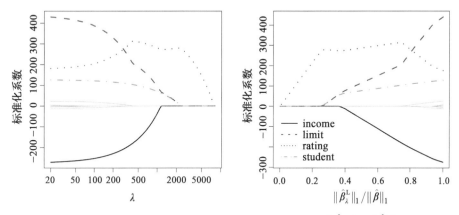

图 6-6 图中显示了 Credit 数据集的标准化 lasso 系数随着 λ 和 $\|\hat{\beta}_\lambda^L\|_1 / \|\hat{\beta}\|_1$ 的变化情况

岭回归和 lasso 的其他形式

可以证明，lasso 和岭回归的系数估计分别等价于求解以下问题

$$\min_{\beta}\left\{\sum_{i=1}^{n}\left(y_i - \beta_0 - \sum_{j=1}^{p}\beta_j x_{ij}\right)^2\right\}, \quad \sum_{j=1}^{p}|\beta_j| \leqslant s \quad (6.8)$$

和

$$\min_{\beta}\left\{\sum_{i=1}^{n}\left(y_{i}-\beta_{0}-\sum_{j=1}^{p}\beta_{j}x_{ij}\right)^{2}\right\},\quad \sum_{j=1}^{p}\beta_{j}^{2}\leqslant s \qquad (6.9)$$

也就是说，对每一个 λ 值，都有一些 s 使得式 (6.7) 和式 (6.8) 得到相同的 lasso 系数估计。同样，对每一个 λ 值，也有对应的 s 使得式 (6.5) 和式 (6.9) 得到相同的岭回归系数估计。当 $p=2$ 时，式 (6.8) 表示在 $|\beta_1|+|\beta_2|\leqslant s$ 所确定的菱形区域里，lasso 系数估计可以得到最小的 RSS。同样，在 $\beta_1^2+\beta_2^2\leqslant s$ 所确定的圆形区域里，岭回归系数估计可以得到最小的 RSS。

可以这样思考式 (6.8)，当使用 lasso 时，在 s 控制 $\sum_{j=1}^{p}|\beta_j|$ 大小的限制下，尽可能寻找使得 RSS 最小的系数。当 s 非常大时，这个条件就不么严格，那么系数可以很大。实际上，当 s 足够大，最小二乘系数就会落在 lasso 的限制区域里，那么式 (6.8) 就会得到最小二乘的结果。相反，如果 s 很小，那么 $\sum_{j=1}^{p}|\beta_j|$ 必须足够小才可以满足限制条件。类似地，式 (6.9) 表示进行岭回归时，在 $\sum_{j=1}^{p}\beta_j^2$ 不超过 s 的条件下，尽可能寻找使得 RSS 最小的系数。

式 (6.8) 和式 (6.9) 揭示了 lasso、岭回归和最优子集选择的密切联系。考虑这样一个问题

$$\min_{\beta}\left\{\sum_{i=1}^{n}\left(y_{i}-\beta_{0}-\sum_{j=1}^{p}\beta_{j}x_{ij}\right)^{2}\right\},\quad \sum_{j=1}^{p}I(\beta_{j}\neq 0)\leqslant s \qquad (6.10)$$

这里 $I(\beta_j\neq 0)$ 是一个示性变量：当 $\beta_j\neq 0$，该变量等于 1，否则等于零。这样，式 (6.10) 就等同于在满足至多 s 个系数不为零的条件下，寻找使得 RSS 最小的系数。式 (6.10) 这个问题就等同于最优子集选择。不幸的是，当 p 非常大时，式 (6.10) 问题的求解并不可行，因为这需要考虑所有 $\binom{p}{s}$ 个包含 s 个预测变量的模型。因此可以把 lasso 和岭回归看作替代最优子集选择的可计算方法，它们代替了式 (6.10) 中的困难形式。当然，lasso 与最优子集选择更为相似，因为 lasso 可以根据式 (6.8) 中较小的 s 进行变量特征选择，而岭回式不可以。

lasso 的变量选择特征

为什么 lasso 可以将系数估计完全压缩至零，而岭回归不可以呢？式 (6.8) 和式 (6.9) 可以用来解释这个问题。图 6-7 对此进行了刻画。最小二乘估计系数记为 $\hat{\beta}$，菱形和圆形分别代表式 (6.8) 中 lasso 和式 (6.9) 中岭回归的限制条件区域。如果 s 足够大，那么限制条件区域将包含 $\hat{\beta}$，并且岭回归和 lasso 系数估计将同最小二乘系数一致。[这样的 s 与式 (6.5) 和式 (6.7) 中 $\lambda=0$ 对应。] 然而，在图 6-7 中，最小二乘系数落在了菱形和圆形区域之外，所以它不同于 lasso 和岭回归结果。

以 $\hat{\beta}$ 为中心的每个椭圆代表了某一个 RSS 数值。也就是说，在一个给定的椭圆上，

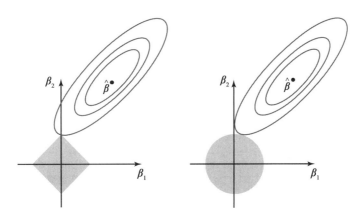

图 6-7　误差等高线和限制条件区域（左：lasso；右：岭回归）。灰色区域是限制条件 $|\beta_1|+|\beta_2|\leqslant s$ 和 $\beta_1^2+\beta_2^2\leqslant s$，椭圆是 RSS 等高线

每个点所代表的 RSS 是相同的。随着椭圆与最小二乘系数估计 $\hat{\beta}$ 越来越远，RSS 逐渐增大。式（6.8）和式（6.9）表示，lasso 和岭回归系数估计是由其条件区域与椭圆第一次相交的点所决定的。因为岭回归的条件区域是没有尖点的圆形，所以这个交点一般不会出现在坐标轴上，所以岭回归系数估计不为零。而 lasso 的条件区域在每个坐标轴上都有拐角，所以椭圆经常在坐标轴上与条件区域相交。这种情况下，其中一个系数就会为零。在高维情况下，会有很多系数为零。在图 6-7 中，相交点出现在 $\beta_1=0$ 处，所以这个模型的结果将只包含 β_2。

图 6-7 表示的是 $p=2$ 的简单情况。当 $p=3$ 时，岭回归的限制条件区域将变成一个球体，而 lasso 的限制条件区域将变成多面体。当 $p>3$ 时，岭回归的限制条件区域将变成超球面，而 lasso 的将变成多面体。然而，图 6-7 所描述的关键思想仍然成立。特别地，在 $p>2$ 时，由于多面体存在尖角，lasso 将执行变量选择。

对比 lasso 和岭回归

很明显，lasso 较岭回归有较大的优势，因为它可以得到只包含部分变量的简单易解释模型。但是，哪个模型的预测精度更高呢？图 6-8 展示了图 6-5 中模拟数据在 lasso 上的应用，包括偏差平方和、方差和测试均方误差（见彩插）。显然，lasso 的结果和岭回归在性质上相似：随着 λ 增大，方差减小而偏差平方和增大。在图 6-8 右边，虚线标记的曲线代表岭回归。这里，我们画出了两种方法在训练数据上的 R^2。这是另一种描述模型的有效方法，可以用来对比不同类型的模型。然而，岭回归的方差稍小于 lasso 的方差，导致其最小均方误差同样稍小于 lasso。

然而，图 6-8 数据中的 45 个预测变量是模拟生成的，它们与响应变量相关，也就是说，任何一个真实系数 $\beta_1,\beta_2,\cdots,\beta_{45}$ 都不等于零。而 lasso 潜在地假设一些系数的真值为零。这样，从误差角度来看，岭回归的表现比 lasso 好就不足为奇了。图 6-9 解释了类似的情况：响应变量只是 45 个预测变量中 2 个变量的函数（见彩插）。在这种情况下，lasso 在偏差平方和、方差和测试均方误差等方面的表现要好于岭回归。

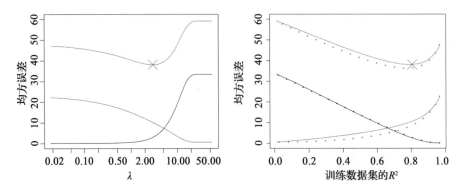

图 6-8 左：模拟数据集上 lasso 得到的偏差平方和（黑）、方差（绿）以及测试均方误差（紫）。右：对比 lasso（实线）和岭回归（虚线）的偏差平方和、方差和测试均方误差，都是相对训练数据集的 R^2 作图，这是一个常见的指标。图中"×"表示均方误差最小的 lasso 模型

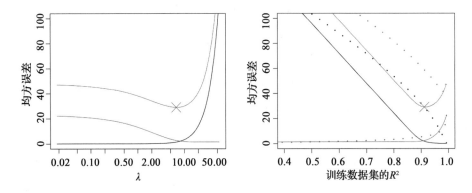

图 6-9 左：lasso 的偏差平方和（黑）、方差（绿）、测试均方误差（紫）。模拟数据只有两个预测变量与响应变量有关，其余与图 6-8 中的数据一样。右：对比 lasso（实线）和岭回归（虚线）的偏差平方和、方差和测试均方误差，都相对训练数据集的 R^2 作图，这是一个常见的指标。图中"×"表示均方误差最小的 lasso 模型

这两个例子说明了岭回归和 lasso 并没有哪个是绝对好的。一般情况下，当一小部分预测变量是真实有效的而其他预测变量系数非常小或者等于零时，lasso 要更为出色；当响应变量是很多预测变量的函数并且这些变量系数大致相等时，岭回归较为出色。然而，对于一个真实的数据集，与响应变量有关的变量数无法事先知道，因此提出了像交叉验证这样的方法，用于决定哪个方法更适合某个特定数据集。

与岭回归一样，当最小二乘估计出现较大方差时，lasso 以牺牲偏差为代价去降低方差，从而得到更为精确的预测结果。与岭回归不同的是，lasso 进行变量选择，因此得到的模型更容易解释。

存在可以同时拟合岭回归和 lasso 的高效算法；每个算法的系数估计运算与一个最小二乘拟合运算的计算量基本一致。本章后面的实验将进一步探讨这个问题。

一个岭回归和 lasso 的简单例子

为了更好地理解岭回归和 lasso 的原理，考虑一个简单而特殊的例子，即 $n=p$，X 是对角线都为 1、非对角线位置都为零的对角矩阵。进一步简化问题，假设考虑的是没有截距的回归。在这些假设之下，普通的最小二乘问题就简化为寻找 $\beta_1,\beta_2,\cdots,\beta_p$ 来最小化

$$\sum_{j=1}^{p}(y_j-\beta_j)^2 \tag{6.11}$$

此时，最小二乘的解是 $\hat{\beta}_j=y_j$。

在这种情况下，岭回归等同于寻找 $\beta_1,\beta_2,\cdots,\beta_p$，使得

$$\sum_{j=1}^{p}(y_j-\beta_j)^2+\lambda\sum_{j=1}^{p}\beta_j^2 \tag{6.12}$$

达到最小；lasso 则相当于寻找 $\beta_1,\beta_2,\cdots,\beta_p$ 使得

$$\sum_{j=1}^{p}(y_j-\beta_j)^2+\lambda\sum_{j=1}^{p}|\beta_j| \tag{6.13}$$

达到最小。可以证明在这种情况下，岭回归估计有如下形式：

$$\hat{\beta}_j^R = y_j/(1+\lambda) \tag{6.14}$$

而 lasso 估计形式如下：

$$\hat{\beta}_j^L = \begin{cases} y_j-\dfrac{\lambda}{2}, & y_j>\dfrac{\lambda}{2} \\ y_j+\dfrac{\lambda}{2}, & y_j<-\dfrac{\lambda}{2} \\ 0, & |y_j|\leqslant\dfrac{\lambda}{2} \end{cases} \tag{6.15}$$

图 6-10 表示了这种情况。可以看到，岭回归和 lasso 表现出两种不同的系数压缩方式。岭回归中每个最小二乘系数以相同比例压缩。相比而言，lasso 中每个最小二乘系数以 $\lambda/2$ 为阈值压缩至零，即那些绝对值小于 $\lambda/2$ 的系数被完全压缩至零。在简单设置式（6.15）下，lasso 这样的压缩方式被称为**软阈值**（soft-thresholding）。部分系数被完全压缩至零的事实也解释了为什么 lasso 可以做到变量选择。

对更一般的矩阵 X，情况就要比图 6-10 中复杂一些，但主要思想仍然是这样：岭回归以相同比例压缩每个维度，然而 lasso 以相同绝对数量压缩所有的系数，结果使得足够小的系数被压缩至零。

岭回归和 lasso 的贝叶斯解释

现在，从贝叶斯角度去看岭回归和 lasso 回归。对于回归，贝叶斯理论假设回归系数向量 β 具有**先验**（prior）分布 $p(\beta)$，其中 $\beta=(\beta_0,\beta_1,\cdots,\beta_p)^T$。似然函数可以写为 $f(Y|X,\beta)$，其中 $X=(X_1,X_2,\cdots,X_p)$ 将先验分布与似然函数相乘可以得到**后验**（posterior）分布（与后验分布成比例）。形式如下

$$p(\beta|X,Y) \propto f(Y|X,\beta)p(\beta|X) = f(Y|X,\beta)p(\beta)$$

这里的比例服从贝叶斯定理，并且上面的等式在 X 固定的假设下成立。

假设普通线性模型为

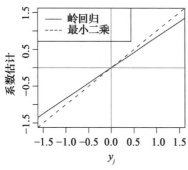 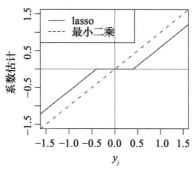

图 6-10 $n=p$ 以及 $\boldsymbol{X}$ 是对角线为 1 的对角矩阵时的岭回归系数和 lasso 回归系数。左：与最小二乘相比，岭回归系数以相同比例向零处压缩；右：lasso 系数在软阈值内压缩为零

$$Y = \beta_0 + X_1\beta_1 + \cdots + X_p\beta_p + \varepsilon$$

残差独立并且服从正态分布。进一步假设 $p(\beta) = \prod_{j=1}^{p} g(\beta_j)$，$g$ 是密度函数。岭回归和 lasso 的密度函数 g 是以下两种特殊形式的情况。

- 如果 g 是高斯分布，均值为零，标准差为 λ，那么给定数据，β 后验形式最可能为岭回归所得到的结果。（事实上，岭回归结果也是后验分布均值。）
- 如果 g 是双指数（拉普拉斯）分布，均值为零，尺度参数为 λ，那么它的后验形式最可能是 lasso 的结果。（然而，lasso 的结果并不是后验均值。实际上后验分布均值无法得到一个稀疏的系数向量。）

图 6-11 展示了高斯分布和双指数先验分布。因此从贝叶斯角度，岭回归和 lasso 也与普通线性模型相同，假设 β 具有简单先验分布，残差正态。值得注意的是，lasso 的先验分布在零处存在尖峰，而高斯分布在零处越来越平坦。因此，lasso 倾向于得到一个许多系数（完全）为零的分布，而岭回归假设系数关于零随机分布。

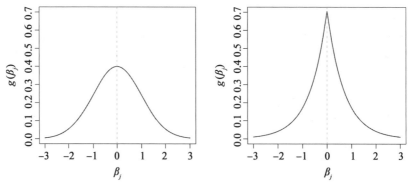

图 6-11 左：在高斯分布假设下，岭回归系数 β 的后验形式；右：在双指数先验分布假设下，lasso 系数 β 的后验形式

6.2.3 选择调节参数

同 6.1 节中考虑的子集选择理论需要有一种能够确定哪个模型最优的方法一样，岭回归和 lasso 同样需要一种方法来选择式（6.5）和式（6.7）中的调节参数 λ，或者式（6.8）和式（6.9）中的限制条件 s。交叉验证提供了处理这个问题的简单方法。如同第 5 章所介绍的，选择一系列 λ 的值，计算每个 λ 的交叉验证误差。然后选择使得交叉验证误差最小的参数值。最后，用所有可用变量和选择的调节参数对模型进行重新拟合。

图 6-12 显示了用岭回归对 Credit 数据集进行留一交叉验证的结果（见彩插）。竖直的虚线代表选择的参数 λ。在这个案例中，λ 相对较小，说明相对于最小二乘拟合，这里的最优拟合只进行了少量的压缩。除此之外，下降并不显著也说明存在很多产生很小的误差的系数。在这种情况下，可以简单地使用最小二乘方法。

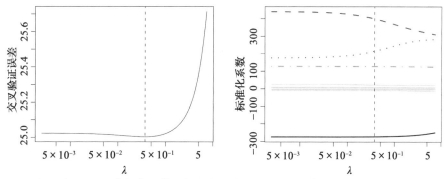

图 6-12　左：对 Credit 数据集用岭回归的交叉验证误差，λ 取各种不同值。右：系数估计作为 λ 的函数。竖直虚线表示根据交叉验证选择的参数 λ

图 6-13 显示了 lasso 的 10 折交叉验证应用于图 6-9 中的稀疏模拟数据得到的结果（见彩插）。左边的图表示交叉验证误差，右边的图表示系数估计。竖直虚线表示交叉验证误差最小处。右图中两条彩色的线表示与响应变量有关的两个变量，灰色线表示无关变量，它们分别叫作**信号变量**（signal variable）和**噪声变量**（noise variable）。lasso 不仅正确地给予两个信号变量较大的系数，而且具有最小验证误差的模型中只有信号变量系数不为零。因此，交叉验证和 lasso 的结合可以正确地识别模型的两个信号变量，即使这是一个具有 45 个变量（$p=45$）而只有 50 个观测（$n=50$）的困难问题。相反，在图 6-13（右）可以看出，最小二乘的结果中只有一个信号变量的系数较大。

6.3　降维方法

到目前为止，本章所讨论的方法对方差的控制有两种不同的方式：一种是只用原变量集的子集，另一种是将变量系数压缩至零。但这些方法都是用原始预测变量 $X_1, X_2, \cdots, X_p$ 得到的。现在，我们将探讨一类新的方法，将预测变量进行转换，然后用转换之后的变量拟合最小二乘模型。这种技术称为**降维**（dimension reduction）方法。

令 $Z_1, Z_2, \cdots, Z_M$ 表示原始预测变量的 M 个线性组合（$M < p$，共有 p 个原始变

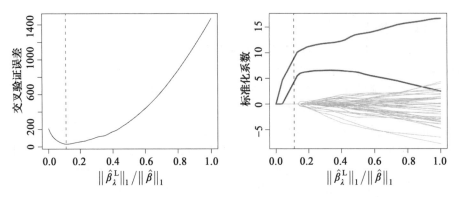

图 6-13 左：lasso 的 10 折交叉验证应用于图 6-9 稀疏模拟数据。右：相应的 lasso 系数。竖直虚线表示使得交叉验证误差最小的系数

量），即

$$Z_m = \sum_{j=1}^{P} \phi_{jm} X_j \qquad (6.16)$$

其中，$\phi_{1m}, \phi_{2m}, \cdots, \phi_{pm}$ 是常数，$m=1,2,\cdots,M$。可以用最小二乘拟合线性回归模型

$$y_i = \theta_0 + \sum_{m=1}^{M} \theta_m z_{im} + \varepsilon_i, \ i=1,2,\cdots,n \qquad (6.17)$$

注意，在式（6.17）中回归系数是 $\theta_0, \theta_1, \cdots, \theta_M$。如果常数 $\phi_{1m}, \phi_{2m}, \cdots, \phi_{pm}$ 是经过认真选择的，那么这样的降维方法效果通常比最小二乘回归更好。也就是说，用最小二乘去拟合式（6.17）可以得到比最小二乘拟合式（6.1）更好的效果。

"降维"这个术语是指某种方法可以使估计 $p+1$ 个系数 $\beta_0, \beta_1, \cdots, \beta_p$ 的问题简化为估计 $M+1$ 个系数 $\theta_0, \theta_1, \cdots, \theta_M$ 的问题，这里 $M<p$。也就是说，问题的维数从 $p+1$ 降至 $M+1$。

注意式（6.16），

$$\sum_{m=1}^{M} \theta_m z_{im} = \sum_{m=1}^{M} \theta_m \sum_{j=1}^{p} \phi_{jm} x_{ij} = \sum_{j=1}^{p} \sum_{m=1}^{M} \theta_m \phi_{jm} x_{ij} = \sum_{j=1}^{p} \beta_j x_{ij}$$

其中

$$\beta_j = \sum_{m=1}^{M} \theta_m \phi_{jm} \qquad (6.18)$$

因此，式（6.17）可以看作原始线性回归模型式（6.1）的一个特例。降维起到约束系数 β_j 的作用，所以它必须有式（6.18）的形式。系数形式上的约束很可能使估计结果有偏。但当 p 远大于 n 时，选择一个 $M \ll p$ 可以显著地降低拟合系数的方差。如果 $M=p$，所有的 Z_m 线性无关，那么式（6.18）其实没有施加任何约束。这种情况并没有实现降维，所以式（6.17）等同于在原先 p 个变量上进行最小二乘拟合。

所有的降维方法都有两个步骤。首先，将原始变量转换为 $Z_1, Z_2, \cdots, Z_M$，用这 M 个变量建立模型。然而，选择 $Z_1, Z_2, \cdots, Z_M$，也就是选择 ϕ_{jm} 可以通过很多不同的方法。这一章考虑两种方法：**主成分**（principal components）和**偏最小二乘**（partial least squares）。

6.3.1 主成分回归

主成分分析（principal components analysis，PCA）是一种可以从多个变量中得到低维变量的有效方法。第 12 章把 PCA 当做无监督学习的一种工具进行更详细的讨论，这里将它作为回归降维方法进行介绍。

主成分分析综述

PCA 是一种对 $n \times p$ 维数据矩阵 $\boldsymbol{X}$ 降维的技术。在第一主成分方向上，数据变化最大。例如，图 6-14 表示了 100 个城市的 pop（人口：单位为千）和某公司的 ad（广告支出：单位为千美元）之间的关系。⊖ 绿色实线代表数据的第一主成分方向，在这个方向上数据的波动性最大。也就是说，如果把 100 个观测投影到此方向，那么投影的方差是最大的，而投影到其他方向的方差只会比这个小。将一个点投影到一条线可以简单地理解为在这条线上寻找离这个点最近的位置。

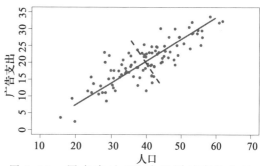

图 6-14 圆点表示 100 个不同城市的人口（pop）和某公司的广告支出（ad）。实线代表第一主成分方向，虚线代表第二主成分方向

第一主成分的图形表示如图 6-14 所示，但是怎样用数学语言描述呢？可以由下面公式表示：

$$Z_1 = 0.839 \times (\text{pop} - \overline{\text{pop}}) + 0.544 \times (\text{ad} - \overline{\text{ad}}) \tag{6.19}$$

这里，$\phi_{11} = 0.839$，$\phi_{12} = 0.544$ 是主成分载荷，它定义了上面提到的主成分方向。在式 (6.19) 中，$\overline{\text{pop}}$ 代表数据集中所有人口规模的均值，$\overline{\text{ad}}$ 代表了所有广告支出的均值。在满足 $\phi_{11}^2 + \phi_{21}^2 = 1$ 的条件下所有可能的 pop 和 ad 线性组合里，这个组合产生最大方差；也就是说，这个线性组合使得 $\text{Var}(\phi_{11} \times (\text{pop} - \overline{\text{pop}}) + \phi_{21} \times (\text{ad} - \overline{\text{ad}}))$ 达到最大。值得注意的是，$\phi_{11}^2 + \phi_{21}^2 = 1$ 的条件必须满足，否则可以通过人为地通过增大 ϕ_{11} 和 ϕ_{21} 来增加方差。在式 (6.19) 中，两个载荷都是正数且大小相近，所以 Z_1 几乎是两个变量的平均。

因为 $n = 100$，pop 和 ad 是长度为 100 的向量，所以式 (6.19) 中的 Z_1 也是长度为 100 的向量。例如

$$z_{i1} = 0.839 \times (\text{pop}_i - \overline{\text{pop}}) + 0.544 \times (\text{ad}_i - \overline{\text{ad}}) \tag{6.20}$$

其中，$z_{11}, z_{21}, \cdots, z_{n1}$ 是主成分得分，即图 6-15 的右图所示。

主成分分析有另一种解释：第一主成分向量定义了与数据最接近的那条线。例如在图 6-14 中，第一主成分线使得所有点到该线的垂直距离平方和最小。在图 6-15（见彩插）左图中，虚线表示这些距离，虚线与实线的交点就是这些点在主成分线上的投影。第一主成分的选择使得投影得到的观测与原始观测最为接近。

图 6-15 的右图是将左图旋转，使第一主成分方向同横轴一致。可以看到，式 (6.20)

⊖ 这里的数据集与第 3 章的 Advertising 数据不同。

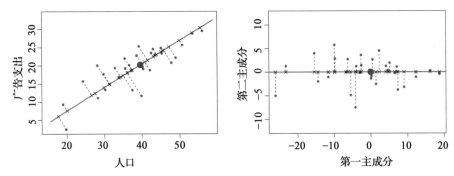

图 6-15 广告数据子集。pop 和 ad 的均值用蓝色圆点表示。左:第一主成分方向用绿线表示,这是数据变动最大的方向,同时它定义了与全部 n 个观测最接近的直线。每个观测与主成分的距离用黑色虚线表示。右:经过旋转的左图,第一主成分方向同横轴一致

中第 i 个观测的第一主成分得分就是在横方向上第 i 个交点与零点的距离。例如,右图中最左角的点的主成分得分是较大的负分 $z_{i1} = -26.1$,最右的点的得分是较大的正分 $z_{i1}=18.7$。得分可以由式(6.20)直接计算得到。

可以将主成分 Z_1 看作在每个位置上对 pop 和 ad 的数值汇总(number summary)。在这个例子中,如果 $z_{i1}=0.839\times(\text{pop}_i-\overline{\text{pop}})+0.544\times(\text{ad}_i-\overline{\text{ad}})<0$,表明这个城市的人口和广告支出低于平均水平。一个正得分则代表相反的情况。一个数字怎么能有效地代表 pop 和 ad 两个变量呢?在这个案例中,图 6-14 显示 pop 和 ad 近似线性关系,因此得到一个有效的数值汇总是可能的。图 6-16 显示了 z_{i1} 与 pop 和 ad 的关系。[⊖]这张图说明第一主成分与两个变量高度相关。也就是说,第一主成分捕捉到了 pop 和 ad 两个变量所包含的大部分信息。

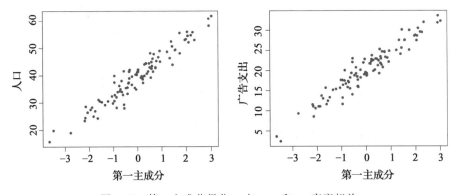

图 6-16 第一主成分得分 z_{i1} 与 pop 和 ad 高度相关

⊖ 此处对 pop(人口)和 ad(广告支出)进行标准化之后,再计算主成分。因此,图 6-15 和图 6-16 的横轴尺度不同。

到目前为止,都是关于第一主成分的讨论。通常可以构造 p 个不同的主成分。第二主成分 Z_2 是所有与 Z_1 无关的原始变量的线性组合中方差最大的。图 6-14 用蓝色虚线表示第二主成分方向。Z_1 与 Z_2 的零相关关系等价于 Z_1 的方向垂直或者正交于 Z_2。第二主成分由以下式子给出:

$$Z_2 = 0.544 \times (\text{pop} - \overline{\text{pop}}) - 0.839 \times (\text{ad} - \overline{\text{ad}})$$

因为广告数据只有这两个预测变量,所以前两个主成分包含了 pop 和 ad 所有的信息。然而,构造过程使得第一主成分包含了大部分信息。例如,在图 6-15 的右图中,z_{i1}(横轴)方向的方差要比 z_{i2}(纵轴)方向更大。事实上,第二主成分得分更接近零也表示它携带较少的信息。另一种解释是第二主成分与两个变量相关性很小,正如图 6-17 中 z_{i2} 与 pop、z_{i2} 与 ad 的散点图表示的那样。这也再一次证明了只需要第一主成分就可以准确地代表 pop 和 ad。

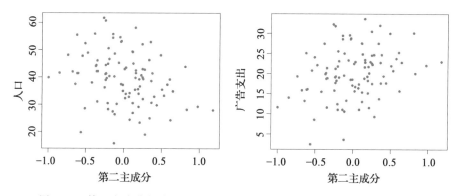

图 6-17　第二主成分得分 z_{i2} 与 pop、ad 的散点图。它们之间的相关性很弱

像广告数据这样的二维数据,至多可以构造两个主成分。然而,当有更多变量时,比如年龄、收入水平、教育等,可以构造更多主成分。它们将使方差最大化,并且满足与之前主成分不相关的限制条件。

主成分回归方法

主成分回归(principal components regression,PCR)是指构造前 M 个主成分 Z_1,$Z_2,\cdots,Z_M$,然后以这些主成分作为预测变量,用最小二乘拟合线性回归模型。其主要思想是,少数的主成分足以解释大部分的数据变异性和数据与响应变量之间的关系。也就是说,假设与 Y 有关的方向就是 $X_1,X_2,\cdots,X_p$ 变动最为剧烈的方向,但是无法确保这个假设始终成立,所以为了得到良好的结果,常常需要合理的近似。

如果主成分回归的假设条件成立,那么用 $Z_1,Z_2,\cdots,Z_M$ 拟合一个最小二乘模型的结果要优于用 $X_1,X_2,\cdots,X_p$ 拟合的结果,因为大部分甚至全部与响应变量相关的数据信息都包含在 $Z_1,Z_2,\cdots,Z_M$ 中,估计 $M \ll p$ 个系数会减轻过拟合。在广告数据里,第一主成分解释了 pop 和 ad 大部分的方差信息,所以用这个单变量的主成分回归模型来预测像 sales 这样的响应变量时,会表现得更好。

图 6-18 展示了主成分回归模型在图 6-8 和图 6-9 中的模拟数据上的拟合结果(见彩插)。两个数据集都有 $n=50$ 个观测和 $p=45$ 个变量。然而,第一个数据集中的响应变量是所有变量的

函数,而第二个数据集中的响应变量只由两个变量得到。图中的曲线是 M 的一个函数,即主成分数作为回归模型的预测变量。随着引入回归模型的主成分越来越多,偏差随之降低,而方差随之增大。这使得均方误差呈现出 U 形。当 $M=p=45$ 时,主成分回归就简单地等于用所有原始变量进行最小二乘拟合。图 6-18 表示,在主成分回归中选择一个合适的 M 可以明显提升最小二乘的拟合效果,这一点在图 6-18 的左图特别明显。然而,对比图 6-5、图 6-8 和图 6-9 中岭回归和 lasso 的结果,可以发现这个例子中的主成分回归并没有比前两种方法的效果更好。

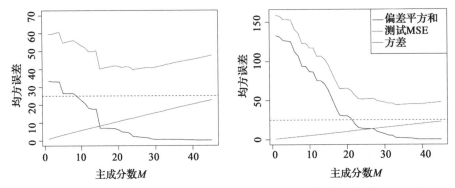

图 6-18 主成分回归在两个模拟数据集上的应用。左:图 6-8 中的模拟数据;右:图 6-9 中的模拟数据

图 6-18 中主成分回归效果相对较差,这可能是数据生成机制导致的:需要很多主成分才能对响应变量进行充分建模。相反,如果只需要前几个主成分就可以充分捕捉预测变量的变异及其与响应变量的关系,主成分回归的效果会更好。图 6-19(见彩插)左图表示了在另一个数据集上的结果,这个数据集更适合主成分分析。这里,响应变量只由前五个主成分决定。随着主成分数 M 的增大,偏差迅速降为零。均方误差明显在 $M=5$ 时达到最低。图 6-19 右图展示了岭回归和 lasso 在这个数据上的结果。与最小二乘相比,三种方法的结果都有显著提升,其中主成分回归和岭回归比 lasso 更好一些。

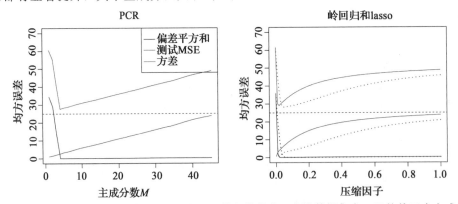

图 6-19 主成分回归、岭回归和 lasso 应用于模拟数据集。在该数据集中,X 的前五个主成分包含了关于响应变量 Y 的所有信息。图中不可约误差 $Var(\varepsilon)$ 用一条水平的虚线表示。左:主成分回归结果;右:lasso(实线)和岭回归(虚线)的结果。横轴表示系数估计的压缩因子,定义为压缩后系数的 l_2 范数除以最小二乘系数的 l_2 范数

注意，虽然主成分回归提供了一个用 $M<p$ 个预测变量进行回归的简单方法，但它不是特征选择方法。因为用于回归的 M 个主成分都是全部 p 个原始变量的线性组合。例如在式（6.19）中，Z_1 是 pop 和 ad 的线性组合。因此，尽管主成分分析在实践中效果不错，但当模型只包含特征变量的一个小子集时，它对模型的提升效果并不明显。从这个角度来看，主成分回归更接近岭回归，而不是 lasso。实际上，可以证明主成分回归和岭回归极其相似，我们甚至可以认为岭回归是连续型的主成分回归！[⊖]

在主成分回归里，主成分数量 M 一般通过交叉验证确定。将主成分回归应用于 Credit 数据集上的结果由图 6-20 展示（见彩插）。右图表示交叉验证均方误差，它是 M 的函数。在这个数据上，最小交叉验证误差出现在有 $M=10$ 个主成分的情况下，这几乎没有实现降维，因为当 $M=11$ 时主成分回归与简单最小二乘等价。

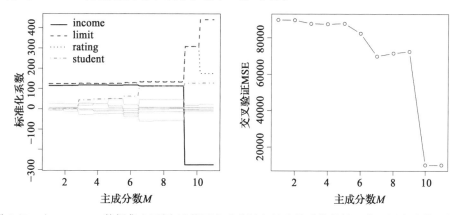

图 6-20　左：Credit 数据集上不同 M 值下主成分回归标准化系数估计；右：用主成分回归获得的 10 折交叉验证均方误差随 M 的变化

应用主成分回归时，通常建议在构造主成分之前，用式（6.6）对每个变量进行标准化处理。标准化保证了所有变量在相同尺度上。如果不做标准化，方差较大的变量将在主成分中占主导地位，变量的尺度将最终影响主成分回归模型。如果变量使用同一单位度量（如千克或英寸），可以不进行标准化处理。

6.3.2　偏最小二乘

上一节提到的主成分回归方法涉及能够最大限度地代表预测变量 $X_1, X_2, \cdots, X_p$ 的线性组合或方向。这些方向是通过无监督方法得到的，因此响应变量 Y 对选择主成分方向并无帮助。也就是说，响应变量没有监督主成分的构造过程。这就给主成分回归带来一个弊端：无法保证那些很好地解释预测变量的方向同样可以很好地预测响应变量。无监督方法将在第 12 章进一步讨论。

现在，我们将讲述**偏最小二乘**（partial least squares，PLS），这是一种有监督的主成分回归替代方法。同主成分回归一样，偏最小二乘是一种降维手段，它将原始变量的线性

⊖　更多内容请参考 *Elements of Statistical Learning* 一书的 3.5 节。

组合 $Z_1, Z_2, \cdots, Z_M$ 作为新的变量集,然后用这 M 个新变量拟合最小二乘模型。与主成分回归不同,偏最小二乘通过监督方法进行新特征提取,也就是说,偏最小二乘利用了响应变量 Y 的信息筛选新变量。这不仅很好地近似了原始变量,还与响应变量相关,简单来说,偏最小二乘方法试图寻找一个可以同时解释响应变量和预测变量的方向。

下面将说明如何计算第一个偏最小二乘方向 Z_1。对 p 个预测变量进行标准化之后,偏最小二乘方法把式(6.16)中各系数 ϕ_{j1} 设定为 Y 对 X_j 简单线性回归的系数。可以证明此系数同 Y 和 X_j 的相关系数成比例。因此,在计算 $Z_1 = \sum_{j=1}^{p} \phi_{j1} X_j$ 时,偏最小二乘将最大权重赋给与响应变量相关性最强的变量。

图 6-21 展示了在一个合成数据集上进行偏最小二乘回归的例子,其中 100 个地区的销量作为响应变量,人口和广告支出作为预测变量。绿色实线代表第一偏最小二乘方向,虚线表示第一主成分方向。与主成分方向相比,偏最小二乘方向上 pop 每变化一单位时 ad 的变化较小。这也说明 pop 与响应变量的相关性高于 ad。偏最小二乘方向在预测变量的拟合上不如主成分那么接近,但是它更好地解释了响应变量。

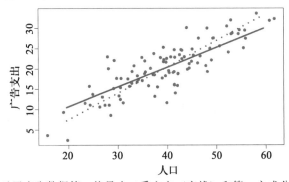

图 6-21 展示了广告数据第一偏最小二乘方向(实线)和第一主成分方向(虚线)

为确定第二偏最小二乘方向,首先用 Z_1 中的每个变量对 Z_1 做回归,取其残差来调整每个变量。残差可以认为是没有被第一偏最小二乘方向解释的剩余信息。然后利用这些**正交**(orthogonalized)数据计算 Z_2,形式上同基于原始数据计算 Z_1 的完全一致。这个迭代过程重复进行 M 次来确定多个偏最小二乘成分 $Z_1, Z_2, \cdots, Z_M$。最后,同主成分回归一样,用 $Z_1, Z_2, \cdots, Z_M$ 拟合线性最小二乘模型来预测 Y。

同主成分回归一样,偏最小二乘方向数 M 也是一个需要调整的参数,一般通过交叉验证选择。一般情况下,偏最小二乘回归前应对预测变量和响应变量标准化处理。

偏最小二乘在化学统计学领域应用广泛,许多变量是数字化的光谱数据。在实践中,它的表现经常没有岭回归或主成分回归好。作为监督降维技术,PLS 虽然可以减小偏差,但它可能同时增大方差,所以总体来说 PLS 与 PCR 各有优劣。

6.4 高维问题

6.4.1 高维数据

大多数用于回归和分类的传统统计方法是在低维情况下发展而来,也就是观测数 n 远

远大于特征数 p。这是因为在大部分领域的历史中，需要使用统计方法的科学问题一直处于低维水平。例如建立一个根据年龄、性别和体质指数（BMI）预测病人血压的模型。这里只有三个预测变量，算上截距项也只有四个，而提供血压、年龄、性别和 BMI 数据的病人或许有几千人。因此 $n \gg p$，这是个低维问题。（这里的维数指的是 p 的大小。）

过去的 20 年，新技术改变了金融、市场和医学等领域中数据收集的方式。现在收集无限量的（p 非常大）特征数据已经很常见。虽然 p 可以很大，但是观测数 n 却常常受到成本、抽样能力和其他因素的限制。下面是两个例子。

1. 不只根据年龄、性别和 BMI 来预测血压，还可以收集约 50 万个单核苷酸多态性（SNPs；人体中较为常见的独立 DNA 突变）指标加入预测模型。那么 $n \approx 200$，$p \approx 500\,000$。

2. 一个对人们网络购物模式感兴趣的市场分析师可以把用户在搜索引擎上输入的搜索词汇当作特征。这有时被称作"词袋（bag-of-words）"模型。研究者可以获得几百或者几千个搜索引擎用户的搜索历史数据，这些用户同意把他们的信息分享给研究者。对一个特定的用户在各搜索词汇上打分，没有此词汇搜索记为 1，否则记为 0，从而产生二元特征向量。那么此时 $n \approx 1\,000$，p 非常大。

特征数比观测数大的数据被称作高维数据。像线性最小二乘回归这样的传统方法不再适合解决这种情况。分析高维数据时产生的许多问题已经在本书的前面部分进行了讨论，因为这些问题在 $n > p$ 时也会出现，这些问题包括方差-偏差权衡、过拟合等。尽管这些问题常常是相关的，但当变量数目远远大于观测数目时，它们变得尤其重要。

我们已经把高维定义为变量数目 p 大于观测数目 n。但是在进行监督学习时，应当记住所讨论的内容也适用于 p 略小于 n 的情况。

6.4.2 高维下出现的问题

当 $p > n$ 时，为什么回归和分类都需要额外考虑用专门的技术进行处理呢？首先检查对高维数据采用不适用的统计方法会导致什么问题。为此，先检查最小二乘回归。当然还可以检查逻辑斯谛回归、线性判别分析和其他经典统计方法。

当变量个数 p 大于或者等于观测数 n 时，第 3 章介绍的最小二乘将无法实施。原因很简单：不管特征变量与响应变量是否真正存在关系，最小二乘估计的系数都能很好地拟合数据，而且模型的残差为零。

图 6-22 展示了特征变量 $p = 1$（再加上一个截距项）的两种情况：20 个观测时和 2 个观测时。当有 20 个观测时，$n > p$，最小二乘回归线没有很好地拟合数据，但已经尽可能地靠近了这 20 个观测。当只有 2 个观测时，不管观测的数值如何，回归线总可以精确地拟合数据。如此完美的拟合几乎必然导致过拟合问题。也就是说，虽然它可以很好地拟合高维训练数据，但是得到的线性模型在独立的测试数据集上将表现很差，所以这样的模型并不是有用的。事实上，如图 6-22 表示：右图的最小二乘线在由左图观测构成的测试集上将表现很差。这个问题并不难：当 $p > n$ 或者 $p \approx n$ 时，简单最小二乘回归线非常**柔性**（flexible），因此导致了过拟合。

图 6-23 进一步阐释了当 p 很大时随意使用最小二乘时的风险。模拟产生 20 个观测数据，用 1 到 20 个特征变量分别进行回归，这些变量与响应变量完全不相关。如图所示，即

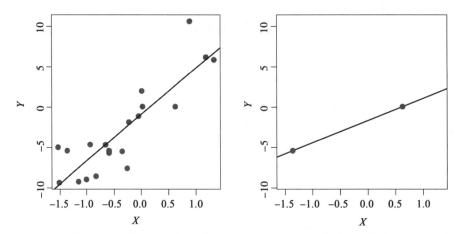

图 6-22　左：低维最小二乘回归；右：$n=2$ 个观测和两个系数估计（1 个截距和 1 个系数）的最小二乘回归

使特征变量与响应变量完全不相关，模型的 R^2 随着预测变量数的增加而增长到 1，相应的训练数据集均方误差降为 0。但是，在独立测试集上的均方误差随着模型预测变量的增多变得非常大，因为引入新的预测变量将增加系数估计的方差。观察测试集的均方误差，可以很清楚地发现最好的模型只包含几个变量。所以只考虑 R^2 和训练数据集均方误差将很可能错误地得到这样的结论：包含变量最多的模型是好的。这表明当分析有大量变量的数据集和总是在独立测试集上评估模型性能时，给予更多的考虑是非常重要的。

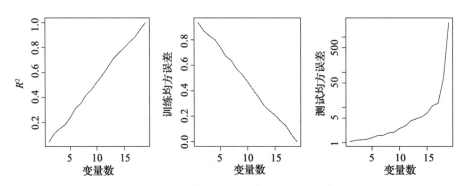

图 6-23　一个模拟的例子，$n=20$ 个训练观测，向模型中引入与输出变量完全不相关的特征。左：随着特征增多，R^2 增加到 1。中：随着特征增多，训练均方误差下降为 0。右：测试均方误差随着特征增多而逐渐增大

为了确定用来拟合最小二乘模型的变量数，6.1.3 节介绍了一些方法来调整训练数据集的 RSS 或者 R^2。但是 C_p、AIC 和 BIC 方法并不适合高维数据，因为 $\hat{\sigma}^2$ 的估计存在问题。（例如，第 3 章中 $\hat{\sigma}^2$ 的估计公式的结果将是 $\hat{\sigma}^2=0$。）类似地，在高维数据中应用调整 R^2 也会出现这样的问题，因为很容易得到调整 $R^2=1$ 的模型。因此，需要更适合高维数据的替代方法。

6.4.3 高维数据的回归

事实证明，本章所介绍的向前逐步选择、岭回归、lasso 和主成分回归等用于拟合柔性不高的最小二乘模型的方法，在高维回归中作用很大。与最小二乘法相比，这些方法有效地避免了过拟合问题。

图 6-24 展示了 lasso 在一个简单模拟数据中的表现。特征变量有 $p=20, 50, 2\,000$ 个，其中 20 个与输出相关。使用 $n=100$ 个训练观测数据进行 lasso 回归，然后在独立的测试数据集上得到均方误差。随着特征变量的增多，测试集误差增大。当 $p=20$，式（6.7）中 λ 很小时，验证集误差达到最小。然而，当 p 很大时，验证集误差在较大的 λ 处达到最小。箱线图的横轴展示的并不是模型最终的 λ 值，而是 lasso 模型的自由度，即 lasso 估计出的系数中非零系数的个数，是对 lasso 柔性的一种度量。图 6-24 强调了三个要点：（1）正则或压缩在高维问题中至关重要；（2）合适的调节参数对于得到好的预测非常关键；（3）测试误差随着数据维数（即特征或预测变量的个数）的增加而增大，除非新增的特征变量与响应变量确实相关。

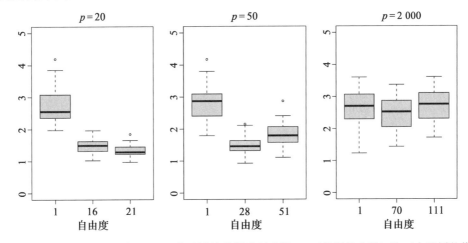

图 6-24　使用 lasso 对具有 $n=100$ 个观测的数据进行建模，p（特征的个数）取三个不同的值。p 个特征中只有 20 个与响应变量有关。箱线图的纵轴表示使用式（6.7）中三个不同调节参数 λ 时的测试集均方误差。为了方便解释，横轴表示的是自由度而不是 λ 的取值；对 lasso 来讲，自由度就是估计的非零系数的个数。当 $p=20$ 时，我们在最小数量的正则化的情况下得到最小的测试均方误差。当 $p=50$ 时，我们在较大数量正则化的情况下得到最小的测试均方误差。当 $p=2\,000$ 时，不管正则化数量的大小，lasso 的表现都很差，因为事实上 $2\,000$ 个特征变量中只有 20 个与输出变量真正相关

实际上，第三点是分析高维数据的关键问题，被称为**维数灾难**（curse of dimensionality）。人们或许这样认为，随着用于拟合模型的特征的数量增加，模型的拟合质量也会随之提高。然而，对比图 6-24 中的左右两图可以发现，事实并非如此：在这个例子中，随着 p 从 20 增大到 $2\,000$，测试集的均方误差增大了一倍。通常，与响应变量真正相关的新增特征将通过降低测试集误差而提高模型的拟合质量。但是，与响应变量并不真正相关的新增噪

声将使模型的拟合质量下降，测试集误差增大。这是因为噪声特征增大了问题的维数，从而增大了过拟合的风险（由于训练数据集中噪声特征与响应变量会偶然相关，所以其系数可能非零），同时它对降低测试误差也没有任何贡献。因此，允许模型引入成千上万个特征变量的新方法是一把双刃剑：如果特征变量与问题确实相关，那么它们将改进预测模型，否则将导致更糟糕的结果。即使它们确实与问题相关，拟合系数时，偏差的降低也可能无法弥补方差的增大。

6.4.4 高维数据分析结果的解释

使用 lasso、岭回归或其他回归过程拟合高维数据时，必须非常谨慎地解释模型的结果。第 3 章介绍了多重共线性，即回归分析中变量可能是互相相关的。在高维情况下，存在非常极端的共线性问题：模型中的任何一个变量都可以写成其他所有变量的线性组合。实际上这就意味着我们无法准确地知道哪个变量（如果存在）可以预测输出变量，也无法确定最优系数。我们最多可以做到，增大那些可以预测输出变量的变量的系数。

例如，尝试使用 50 万个 SNP（单核苷酸多态性）来预测血压，向前逐步选择表明其中 17 个 SNP 能够在训练数据集上得到一个良好的模型。但是这并不是说这 17 个变量就比其他变量的预测更有效。可能有很多个类似的 17 个变量的集合可以达到这样的效果。如果上述数据集是独立的，那么使用向前逐步选择就可能得到一个不同的 SNP 集合，它甚至包含与上述模型结果完全不同的 SNP。但这并不影响得到的模型的价值——例如，模型可能在一个独立的病人集合中有效地预测血压，也可能为医生带来临床上的应用。但是，我们必须注意不能夸大得到的结果，而是要明白得到的模型只是很多个可以用来预测血压的模型中的一个，并且需要在独立数据集上进一步验证。

在解释高维数据拟合模型的误差和拟合效果的时候，也应该特别注意。前面提到，当 $p>n$ 时很容易得到一个残差为零的但是没有用的模型。因此，绝对不能在训练数据集上用误差平方和、p 值、R^2 统计量或者其他传统的模型拟合效果的度量方法来证明高维情况下模型拟合的效果。例如图 6-23 中，当 $p>n$ 时可以容易地得到 $R^2=1$ 的模型。这个现象可能会误导其他人认为已经得到了一个统计有效、可以使用的模型，然而事实并非如此。重要的是在独立的测试集进行验证或者进行交叉验证。例如，独立测试集的均方误差或 R^2 就是对模型拟合效果的有效度量，而训练均方误差则不是。

6.5 实验：线性模型和正则方法

6.5.1 子集选择方法

最优子集选择

本节将使用 Hitters（棒球）数据集实践最优子集选择方法。本实验旨在使用若干个与棒球运动员上一年比赛成绩相关的变量来预测该棒球运动员的 Salary（薪水）。

首先，注意到数据集中 Salary 变量存在缺失值。R 语言中的 is.na() 函数可以用于识别有缺失值的观测：该函数返回一个与输入向量等长的向量，其中元素 TRUE 表示输入向量该位置的元素缺失，元素 FALSE 表示输入向量该位置的元素非缺失。sum() 函数可以用于计算所有缺失值的个数。

```
> library(ISLR2)
> View(Hitters)
> names(Hitters)
 [1] "AtBat"    "Hits"     "HmRun"    "Runs"     "RBI"
 [6] "Walks"    "Years"    "CAtBat"   "CHits"    "CHmRun"
[11] "CRuns"    "CRBI"     "CWalks"   "League"   "Division"
[16] "PutOuts"  "Assists"  "Errors"   "Salary"   "NewLeague"
> dim(Hitters)
[1] 322  20
> sum(is.na(Hitters$Salary))
[1] 59
```

从以上程序运行结果可知，数据集中 59 个运动员的 Salary 变量值缺失。使用 na.omit() 函数可以删除在任何变量上存在缺失值的观测。

```
> Hitters=na.omit(Hitters)
> dim(Hitters)
[1] 263  20
> sum(is.na(Hitters))
[1] 0
```

R 语言中的 regsubsets() 函数（源于 leaps 库）通过建立一系列包含给定数目预测变量的最优模型，来实现最优预测变量子集的筛选。其中，"最优"这一概念使用 RSS 来量化。regsubsets() 函数在 R 语言中的语法与 lm() 函数的语法一样。使用 summary() 命令可以输出不同模型大小的最优预测变量子集。

```
> library(leaps)
> regfit.full<-regsubsets(Salary~.,Hitters)
> summary(regfit.full)
Subset selection object
Call: regsubsets.formula(Salary ~ ., Hitters)
19 Variables  (and intercept)
...
1 subsets of each size up to 8
Selection Algorithm: exhaustive
         AtBat Hits HmRun Runs RBI Walks Years CAtBat CHits
1  ( 1 ) " "   " "  " "   " "  " " " "   " "   " "    " "
2  ( 1 ) " "   "*"  " "   " "  " " " "   " "   " "    " "
3  ( 1 ) " "   "*"  " "   " "  " " " "   " "   " "    " "
4  ( 1 ) " "   "*"  " "   " "  " " " "   " "   " "    " "
5  ( 1 ) "*"   "*"  " "   " "  " " " "   " "   " "    " "
6  ( 1 ) "*"   "*"  " "   " "  " " "*"   " "   " "    " "
7  ( 1 ) " "   "*"  " "   " "  " " "*"   " "   "*"    "*"
8  ( 1 ) "*"   "*"  " "   " "  " " "*"   " "   " "    " "
         CHmRun CRuns CRBI CWalks LeagueN DivisionW PutOuts
1  ( 1 ) " "    " "   "*"  " "    " "     " "       " "
2  ( 1 ) " "    " "   "*"  " "    " "     " "       " "
3  ( 1 ) " "    " "   "*"  " "    " "     " "       "*"
4  ( 1 ) " "    " "   "*"  " "    " "     "*"       "*"
5  ( 1 ) " "    " "   "*"  " "    " "     "*"       "*"
6  ( 1 ) " "    " "   "*"  " "    " "     "*"       "*"
7  ( 1 ) "*"    " "   " "  " "    " "     "*"       "*"
```

```
8  ( 1 )  "*"     "*"    " "    "*"    " "    "*"    " "    "*"
             Assists Errors NewLeagueN
1  ( 1 )    " "      " "     " "
2  ( 1 )    " "      " "     " "
3  ( 1 )    " "      " "     " "
4  ( 1 )    " "      " "     " "
5  ( 1 )    " "      " "     " "
6  ( 1 )    " "      " "     " "
7  ( 1 )    " "      " "     " "
8  ( 1 )    " "      " "     " "
```

星号表示列对应的变量包含于行对应的模型当中。例如，以上输出结果表示最优的两变量模型仅包含 Hits 和 CRBI 两个变量。在 regsubsets() 的默认设置下，输出结果只给出最多有 8 个变量的最优变量模型的筛选结果。使用该函数中的 nvmax 选项可以设置用户所需的预测变量个数。该实验拟合了最多有 19 个变量的最优变量模型。

```
> regfit.full<-regsubsets(Salary~.,data=Hitters,nvmax=19)
> reg.summary<-summary(regfit.full)
```

summary() 函数返回了相应模型的 R^2、RSS、调整 R^2、C_p 及 BIC。可以通过对比这些统计指标来选出整体上最优的模型。

```
> names(reg.summary)
[1] "which"  "rsq"    "rss"    "adjr2"  "cp"     "bic"
[7] "outmat" "obj"
```

例如，当模型中只含有一个变量时，R^2 约为 32%，当模型包含所有变量时，R^2 增大到约 55%。R^2 随着模型中引入变量个数的增多而单调递增。

```
> reg.summary$rsq
 [1] 0.321 0.425 0.451 0.475 0.491 0.509 0.514 0.529 0.535
[10] 0.540 0.543 0.544 0.544 0.545 0.545 0.546 0.546 0.546
[19] 0.546
```

同时画出所有模型的 RSS、调整 R^2、C_p 及 BIC 的图像可以辅助确定最终选择哪一个模型。注意，type= "l" 选项在 R 中表示使用实线来连接图像上的点。

```
> par(mfrow=c(2,2))
> plot(reg.summary$rss,xlab="Number of Variables",ylab="RSS",
    type="l")
> plot(reg.summary$adjr2,xlab="Number of Variables",
    ylab="Adjusted RSq",type="l")
```

points() 命令与 plot() 命令相似，但 points() 只用于将点加在已有图像上，而非用于作新的图像。which.max() 函数可以用于识别一个向量中最大值所对应点的位置。以下程序使用一个红色的点来标示调整 R^2 最大的模型。

```
> which.max(reg.summary$adjr2)
[1] 11
> points(11,reg.summary$adjr2[11], col="red",cex=2,pch=20)
```

用类似的方式，可以作出 C_p 和 BIC 两个统计量的图像，并结合 which.min() 函数标示出这两个统计量最小的模型。

```
> plot(reg.summary$cp,xlab="Number of Variables",ylab="Cp",
    type="l")
> which.min(reg.summary$cp)
[1] 10
> points(10,reg.summary$cp[10],col="red",cex=2,pch=20)
> which.min(reg.summary$bic)
[1] 6
> plot(reg.summary$bic,xlab="Number of Variables",ylab="BIC",
    type="l")
> points(6,reg.summary$bic[6],col="red",cex=2,pch=20)
```

regsubsets()函数有一个内置的plot()命令，使用该命令可以输出按照BIC、C_p、调整R^2或AIC排序后，包含给定预测变量数的最优模型所含变量的情况。如果读者需要了解更多该函数的使用细节，可以在R中输入？plot.regsubsets命令。

```
> plot(regfit.full,scale="r2")
> plot(regfit.full,scale="adjr2")
> plot(regfit.full,scale="Cp")
> plot(regfit.full,scale="bic")
```

每个图像的第一行的黑色方块表示根据相应统计指标选择的最优模型所包含的变量。例如，多个模型的BIC都接近−150。而BIC指标最小的模型为包含变量AtBat、Hits、Walks、CRBI、DivisionW和PutOuts的六变量模型。使用coef()函数可以提取该模型的参数估计值。

```
> coef(regfit.full,6)
(Intercept)        AtBat         Hits        Walks         CRBI
     91.512       -1.869        7.604        3.698        0.643
   DivisionW      PutOuts
   -122.952        0.264
```

向前逐步选择和向后逐步选择

向前逐步选择和向后逐步选择可以分别通过设定regsubsets()函数中的参数method="forward"和method="backward"来实现。

```
> regfit.fwd<-regsubsets(Salary~.,data=Hitters,nvmax=19,
    method="forward")
> summary(regfit.fwd)
> regfit.bwd<-regsubsets(Salary~.,data=Hitters,nvmax=19,
    method="backward")
> summary(regfit.bwd)
```

例如，使用向前逐步选择筛选变量时，最优的单变量模型只包含预测变量CRBI，最优的两变量模型在此基础上引入了预测变量Hits。对于这个数据集而言，使用最优子集选择方法和向前逐步选择所得的单变量模型到六变量模型的结果是完全一致的。但是，使用向前逐步选择、向后逐步选择和最优子集选择所得的最优七变量模型是不同的。

```
> coef(regfit.full,7)
(Intercept)         Hits        Walks        CAtBat        CHits
     79.451        1.283        3.227        -0.375        1.496
```

```
              CHmRun    DivisionW     PutOuts
               1.442     -129.987       0.237
> coef(regfit.fwd,7)
     (Intercept)        AtBat          Hits         Walks         CRBI
         109.787       -1.959         7.450         4.913        0.854
          CWalks    DivisionW       PutOuts
          -0.305     -127.122         0.253
> coef(regfit.bwd,7)
     (Intercept)        AtBat          Hits         Walks         CRuns
         105.649       -1.976         6.757         6.056        1.129
          CWalks    DivisionW       PutOuts
          -0.716     -116.169         0.303
```

使用验证集方法和交叉验证选择模型

从前两节的程序输出结果可知,在建模过程中可以使用 C_p、BIC 和调整 R^2 来选择不同大小的模型。本节中将考虑如何使用验证集方法和交叉验证来完成相同的任务。

为了使两种方法能够准确估计检验误差,实验中只能使用训练集完成所有的模型拟合步骤——包括变量选择,即在确定哪个包含给定数目预测变量的模型是最优模型时,只能使用训练集。这是建模过程中一个十分重要的细节。如果所有的数据都用于选择变量的最优子集,那么验证集误差和交叉验证误差都不能准确估计检验误差。

为了实践验证集方法,首先需要将数据分为训练集和测试集。在 R 中,可以通过定义一个随机向量 train 来完成数据集的拆分:随机向量 train 中的元素为 TRUE 表示对应的观测在训练集当中,FALSE 表示对应的观测在测试集当中。向量 test 中的元素为 TRUE 表示对应的观测在测试集当中,FALSE 表示对应的观测在训练集当中。注意,命令!用于定义 test 向量将 TURE 转化为 FALSE,反之亦然。在这个实验中,我们生成了随机种子以保证读者可获得同样的训练集和测试集。

```
> set.seed(1)
> train<-sample(c(TRUE,FALSE), nrow(Hitters),rep=TRUE)
> test<-(!train)
```

以下程序使用 regsubsets() 函数,在训练集上完成了模型的最优子集选择。

```
> regfit.best<-regsubsets(Salary~.,data=Hitters[train,],
    nvmax=19)
```

注意,上面的程序在调用函数 regsubsets() 时,使用表达式 Hitters[train,] 直接调用了数据的训练集。以下程序将计算在不同模型大小的情况下,最优模型的验证集误差。首先,需要使用测试数据生成一个回归设计矩阵。

```
> test.mat<-model.matrix(Salary~.,data=Hitters[test,])
```

model.matrix() 函数在很多回归程序包中都用于生成回归设计矩阵 "X"。完成以上步骤后,实验使用循环语句进行参数估计和预测。第 i 次循环从 regfit.best 中提取模型大小为 i 时最优模型的参数估计结果,并将提取的参数估计向量乘以测试集生成的回归设计矩阵,从而计算出预测值和测试均方误差。

```
> val.errors<-rep(NA,19)
> for(i in 1:19){
+   coefi<-coef(regfit.best,id=i)
+   pred<-test.mat[,names(coefi)]%*%coefi
+   val.errors[i]<-mean((Hitters$Salary[test]-pred)^2)
}
```

通过验证集方法，可以得出最优的模型含有 7 个预测变量。

```
> val.errors
 [1] 164377 144405 152176 145198 137902 139176 126849 136191
 [9] 132890 135435 136963 140695 140691 141951 141508 142164
[17] 141767 142340 142238
> which.min(val.errors)
[1] 7
> coef(regfit.best, 7)
(Intercept)        AtBat         Hits        Walks        CRuns
     67.109       -2.146        7.015        8.072        1.243
     CWalks    DivisionW      PutOuts
     -0.834     -118.436        0.253
```

以上程序较为冗长，在一定程度上是因为 regsubsets() 函数没有 predict() 命令。由于之后的实验会再次使用以上的预测方法，所以可以根据前面程序中的步骤来编写预测函数。

```
> predict.regsubsets<-function(object,newdata,id,...){
+   form<-as.formula(object$call[[2]])
+   mat<-model.matrix(form,newdata)
+   coefi<-coef(object,id=id)
+   xvars<-names(coefi)
+   mat[,xvars]%*%coefi
+ }
```

以上预测函数中的大部分步骤与之前实验中计算测试集预测值的步骤相似，唯一不同的部分在于调用 regsubsets() 函数提取回归模型的方程。这个差异将在以下交叉验证的部分详细讲解。

最后，对整个数据集使用最优子集选择，选出最优的七变量模型。使用整个数据集来获得更为精确的参数估计值这一过程非常重要。注意，实验是对整个数据集使用最优子集选择法并选出最优的七变量模型，而并不是仅仅使用对训练集建模所得的变量，这是因为基于整个数据集建立的最优七变量模型可能不同于训练集上的对应模型。

```
> regfit.best <- regsubsets(Salary ~ ., data = Hitters,
    nvmax = 19)
> coef(regfit.best, 7)
(Intercept)         Hits        Walks       CAtBat        CHits
     79.451        1.283        3.227       -0.375        1.496
     CHmRun    DivisionW      PutOuts
      1.442     -129.987        0.237
```

从以上输出结果可知，基于整个数据集建立的最优七变量模型包含的变量不同于基于训练集建立的最优七变量模型。

后续的实验将使用交叉验证在不同大小的模型中选择最优模型。由于实验需要在 k 个训练集中分别使用最优子集选择法，所以交叉验证方法显得有些复杂。但是 R 语言中的子集划分句法使得这个过程变得比较简单。在使用交叉验证时，首先需要定义一个向量将数据集中的每个观测归为 $k=10$ 折中的某一折；此外，还需要定义一个存储计算结果的矩阵。

```
> k <- 10
> n <- nrow(Hitters)
> set.seed(1)
> folds <- sample(rep(1:k, length = n))
> cv.errors <- matrix(NA, k, 19,
    dimnames = list(NULL, paste(1:19)))
```

接下来的程序通过一个循环语句实现了交叉验证。在第 j 折中，数据集中对应于 folds 向量中等于 j 的元素归于测试集，其他元素归于训练集中。对于不同的模型大小，实验给出基于测试集的预测值［使用了刚编写的 predict()方法］，计算相应的测试误差，并将测试误差储存于矩阵 cv.errors 中的相应位置。

```
> for(j in 1:k){
+   best.fit<-regsubsets(Salary~.,data=Hitters[folds!=j,],
      nvmax=19)
+   for(i in 1:19){
+     pred<-predict(best.fit,Hitters[folds==j,],id=i)
+     cv.errors[j,i]<-mean( (Hitters$Salary[folds==j]-pred)^2)
+   }
+ }
```

以上程序得到了一个 10×19 的矩阵，其中矩阵的 (i,j) 元素对应于最优 i 变量模型的第 j 折交叉验证的测试均方误差。可以使用 apply() 函数求该矩阵的列平均，从而得到一个向量，该列向量的第 i 个元素表示 i 变量模型的交叉验证误差。

```
> mean.cv.errors<-apply(cv.errors,2,mean)
> mean.cv.errors
     1      2      3      4      5      6      7      8
143440 126817 134214 131783 130766 120383 121443 114364
     9     10     11     12     13     14     15     16
115163 109366 112738 113617 115558 115853 115631 116050
    17     18     19
116117 116419 116299
> par(mfrow = c(1, 1))
> plot(mean.cv.errors, type = "b")
```

从以上输出结果可知，交叉验证选择了十变量模型。现在，对整个数据集使用最优子集选择，以获得该十变量模型的参数估计结果。

```
> reg.best <- regsubsets(Salary ~ ., data = Hitters,
    nvmax = 19)
> coef(reg.best, 10)
(Intercept)        AtBat         Hits        Walks       CAtBat
    162.535       -2.169        6.918        5.773       -0.130
      CRuns         CRBI       CWalks    DivisionW      PutOuts
      1.408        0.774       -0.831     -112.380        0.297
    Assists
      0.283
```

6.5.2 岭回归和lasso

我们将使用程序包 glmnet 来实现岭回归和 lasso。该程序包的主要函数为 glmnet()，可以使用这个函数拟合岭回归模型和 lasso 模型等。glmnet() 函数的 R 程序句法与目前为止此书中用到的函数句法稍有不同。在使用这个函数时，必须要输入一个 x 矩阵和一个 y 向量，但并不会用到 y~x 这个句法。下面的实验将基于 Hitters 数据集使用岭回归模型和 lasso 模型来预测 Salary 这一变量。在开始预测之前，必须剔除数据集中的缺失值，数据处理方法见 6.5.1 节。

```
> x<-model.matrix(Salary~.,Hitters)[,-1]
> y<-Hitters$Salary
```

model.matrix() 函数对于构造回归设计矩阵 x 十分有用：该函数不仅能够生成一个与 19 个预测变量相对应的矩阵，并且还能自动将定性变量转化为哑变量。对于 glmnet() 函数而言，自动转化定性变量这一功能十分重要，因为该函数只能处理数值型输入变量。

岭回归

glmnet() 函数中的 alpha 参数用于确定拟合哪一种模型。如果 alpha= 0，则拟合岭回归模型；如果 alpha= 1，则拟合 lasso 模型。本实验首选拟合了一个岭回归模型。

```
> library(glmnet)
> grid<-10^seq(10,-2,length=100)
> ridge.mod<-glmnet(x,y,alpha=0,lambda=grid)
```

在 glmnet() 函数的默认设置下，该函数自动选择参数 λ 值的范围进行岭回归。但这个实验中我们选择在 $\lambda=10^{10}$ 到 $\lambda=10^{-2}$ 的范围内进行岭回归，该范围覆盖了只含截距项的零模型到最小二乘估计拟合模型的所有情况。当然，也可以使用不属于 grid 取值范围内的某个 λ 值来拟合模型。注意，在 glmnet() 函数的默认设置下，该函数将所有的变量进行了标准化，消除了变量尺度上的差别。使用参数 standardize=FALSE 可以关闭标准化变量的默认设置。

参数 λ 的每个取值对应一个岭回归的系数向量，在 R 语言中可以使用 coef() 来提取存储这些系数向量的矩阵。在本实验中，系数向量存储在一个 20×100 矩阵中：20 行（每行对应一个预测变量，含截距项）和 100 列（每列对应参数 λ 的一个取值）。

```
> dim(coef(ridge.mod))
[1]  20 100
```

在使用 l_2 范数的情况下，一般认为使用较大 λ 值所得的系数估计值要远小于使用较小 λ 值所得的系数估计值。以下为使用 l_2 范数，λ=11 498 时的系数估计结果：

```
> ridge.mod$lambda[50]
[1] 11498
> coef(ridge.mod)[,50]
(Intercept)         AtBat            Hits         HmRun            Runs
    407.356         0.037           0.138         0.525           0.231
        RBI         Walks           Years         CAtBat          CHits
      0.240         0.290           1.108         0.003           0.012
     CHmRun         CRuns            CRBI         CWalks         LeagueN
```

```
            0.088           0.023           0.024           0.025           0.085
        DivisionW         PutOuts         Assists          Errors       NewLeagueN
           -6.215           0.016           0.003          -0.021           0.301
> sqrt(sum(coef(ridge.mod)[-1,50]^2))
[1] 6.36
```

与以上结果形成对比的是使用 l_2 范数，$\lambda = 705$ 时的系数估计结果。注意，这个 λ 值较小，因此与之对应的 l_2 范数系数更大。

```
> ridge.mod$lambda[60]
[1] 705
> coef(ridge.mod)[,60]
      (Intercept)           AtBat            Hits           HmRun            Runs
           54.325           0.112           0.656           1.180           0.938
              RBI           Walks           Years          CAtBat           CHits
            0.847           1.320           2.596           0.011           0.047
           CHmRun           CRuns            CRBI          CWalks         LeagueN
            0.338           0.094           0.098           0.072          13.684
        DivisionW         PutOuts         Assists          Errors       NewLeagueN
          -54.659           0.119           0.016          -0.704           8.612
> sqrt(sum(coef(ridge.mod)[-1,60]^2))
[1] 57.1
```

实验进行到这一步，使用 predict() 函数可以完成多种任务。例如，可以使用这个函数来获得新的 λ 值对应的岭回归系数，如 $\lambda = 50$：

```
> predict(ridge.mod,s=50,type="coefficients")[1:20,]
      (Intercept)           AtBat            Hits           HmRun            Runs
           48.766          -0.358           1.969          -1.278           1.146
              RBI           Walks           Years          CAtBat           CHits
            0.804           2.716          -6.218           0.005           0.106
           CHmRun           CRuns            CRBI          CWalks         LeagueN
            0.624           0.221           0.219          -0.150          45.926
        DivisionW         PutOuts         Assists          Errors       NewLeagueN
         -118.201           0.250           0.122          -3.279          -9.497
```

下面的程序将数据集分割为训练集和测试集，用于估计岭回归和 lasso 的测试误差。分割一个数据集有两种常用方法。一是生成一个由 TRUE 和 FALSE 两种元素构成的随机向量，将数据集中对应为 TRUE 的观测选入训练集；二是随机生成 1 到 n 之间的数字子集，将这个子集中的数字作为训练集中观测的索引。两种方法效果相同。本书的 6.5.1 节中使用了第一种方法，本实验将使用第二种方法来分割数据集。

首先，生成一个随机种子，以保证实验结果的可重复性。

```
> set.seed(1)
> train<-sample(1:nrow(x), nrow(x)/2)
> test<-(-train)
> y.test<-y[test]
```

然后，基于训练集建立岭回归模型，并且计算 $\lambda=4$ 时测试集的 MSE。这段程序中再次使用了 predict() 函数。通过将 type="coefficients" 替换为 newx 参数，可获得测试集上的预测值。

```
> ridge.mod<-glmnet(x[train,],y[train],alpha=0,lambda=grid,
    thresh=1e-12)
> ridge.pred<-predict(ridge.mod,s=4,newx=x[test,])
> mean((ridge.pred-y.test)^2)
[1] 142199
```

测试集的 MSE 为 142 199。注意，如果拟合了只含有截距项的模型，那么模型对测试集中的每个观测给出的预测值为训练集数据的均值。在本次实验中，可以按如下方法计算测试集的 MSE：

```
> mean((mean(y[train])-y.test)^2)
[1]  224670
```

可以通过使用一个非常大的 λ 值来拟合岭回归模型以获得同样的 MSE。程序中 1e10 表示 10^{10}。

```
> ridge.pred<-predict(ridge.mod,s=1e10,newx=x[test,])
> mean((ridge.pred-y.test)^2)
[1]  224670
```

根据以上结果可知，使用 $\lambda=4$ 拟合的岭回归模型的测试 MSE 要远小于只含有截距项模型的测试 MSE。以下实验将检验使用 $\lambda=4$ 拟合的岭回归模型是否优于最小二乘回归模型。最小二乘回归是 $\lambda=0$ 时的岭回归模型[⊖]。

```
> ridge.pred <- predict(ridge.mod, s = 0, newx = x[test, ],
    exact = T, x = x[train, ], y = y[train])
> mean((ridge.pred - y.test)^2)
[1] 168589
> lm(y ~ x, subset = train)
> predict(ridge.mod, s = 0, exact = T, type = "coefficients",
    x = x[train, ], y = y[train])[1:20, ]
```

一般而言，如果想要拟合一个（不加惩罚的）最小二乘模型，则应该使用 lm() 函数，因为这个函数的输出结果更为实用，例如输出结果中有回归系数估计值的标准误差和 p 值。

在实际的建模过程中，使用交叉验证来选择调节参数 λ 比直接选择 $\lambda=4$ 更好。在 R 中，可以使用 R 语言的内置交叉验证函数 cv.glmnet() 来选择调节参数 λ。在默认设置下，cv.glmnet() 函数使用十折交叉验证选择参数，可以使用 nfolds 参数来设置交叉验证的折数。注意，以下的程序设置了随机种子以保证实验结果的可重复性，因为在交叉验证的过程中选择哪几折数据建模是随机的。

```
> set.seed(1)
> cv.out<-cv.glmnet(x[train,],y[train],alpha=0)
> plot(cv.out)
> bestlam<-cv.out$lambda.min
> bestlam
[1]  326
```

⊖ 为了使 glmnet() 函数在 $\lambda=0$ 时得到准确的最小二乘参数估计值，在调用 predict() 函数时，需要使用参数 exact= T。否则，predict() 函数将会对拟合 glmnet() 模型的 λ 值进行插值，得出系数的近似估计值。当使用 exact= T 时，glmnet() 函数在 $\lambda=0$ 时的参数估计结果与 lm() 函数的参数估计结果从小数点后三位起稍有差别，这种差别主要源于 glmnet() 函数的数值近似设置。

从以上输出结果可知，使得交叉验证误差最小的 λ 为 326。那么与该 λ 值相对应的测试 MSE 为多少呢？

```
> ridge.pred<-predict(ridge.mod,s=bestlam,newx=x[test,])
> mean((ridge.pred-y.test)^2)
[1] 139857
```

该结果表明，当 λ=4 时，测试 MSE 会有进一步的改善。最终，实验基于整个数据集，使用交叉验证所得的 λ 值重新拟合岭回归模型，并给出了模型的系数估计的情况。

```
> out <- glmnet(x, y, alpha = 0)
> predict(out, type = "coefficients", s = bestlam)[1:20, ]
(Intercept)        AtBat         Hits        HmRun         Runs
      15.44         0.08         0.86         0.60         1.06
        RBI        Walks        Years       CAtBat        CHits
       0.88         1.62         1.35         0.01         0.06
     CHmRun        CRuns         CRBI       CWalks      LeagueN
       0.41         0.11         0.12         0.05        22.09
  DivisionW      PutOuts      Assists       Errors   NewLeagueN
     -79.04         0.17         0.03        -1.36         9.12
```

根据程序的输出结果，没有一个预测变量的系数为 0——岭回归并没有执行变量选择！

lasso

根据上一节的实验，可以看出基于 Hitters 数据集建立岭回归模型时，通过设定不同的 λ 参数值可以获得最小二乘模型或者零模型。本节的问题是：lasso 是否能拟合一个比岭回归模型更准确或更易于解释的模型。为了拟合一个 lasso 模型，我们将再一次使用 glmnet() 函数；但是使用参数 alpha= 1 拟合模型。除了这个改变以外，拟合 lasso 模型的句法与拟合岭回归模型的一样。

```
> lasso.mod<-glmnet(x[train,],y[train],alpha=1,lambda=grid)
> plot(lasso.mod)
```

从系数图像可知，随着调节参数的选择不同，某些预测变量的系数会变为 0。现在，使用交叉验证并计算相应的测试误差。

```
> set.seed(1)
> cv.out<-cv.glmnet(x[train,],y[train],alpha=1)
> plot(cv.out)
> bestlam<-cv.out$lambda.min
> lasso.pred<-predict(lasso.mod,s=bestlam,newx=x[test,])
> mean((lasso.pred-y.test)^2)
[1] 143674
```

以上输出结果的测试 MSE 明显小于零模型和最小二乘模型，与使用交叉验证选择 λ 值建立的岭回归模型的测试 MSE 非常相近。

但是，lasso 有一点明显优于岭回归：lasso 的系数估计结果是稀疏的。在这个实验中，可以看到 19 个预测变量中 8 个的系数为 0。也就是说，使用交叉验证选择 λ 值建立的 lasso 模型仅包含 11 个预测变量。

```
> out <- glmnet(x, y, alpha = 1, lambda = grid)
> lasso.coef <- predict(out, type = "coefficients",
    s = bestlam)[1:20, ]
> lasso.coef
(Intercept)        AtBat         Hits        HmRun         Runs
       1.27        -0.05         2.18         0.00         0.00
        RBI        Walks        Years        CAtBat        CHits
       0.00         2.29        -0.34         0.00         0.00
     CHmRun        CRuns         CRBI        CWalks      LeagueN
       0.03         0.22         0.42         0.00        20.29
  DivisionW      PutOuts      Assists        Errors    NewLeagueN
    -116.17         0.24         0.00        -0.86         0.00
> lasso.coef[lasso.coef != 0]
(Intercept)        AtBat         Hits        Walks        Years
       1.27        -0.05         2.18         2.29        -0.34
     CHmRun        CRuns         CRBI      LeagueN    DivisionW
       0.03         0.22         0.42        20.29      -116.17
    PutOuts       Errors
       0.24        -0.86
```

6.5.3 PCR 和 PLS 回归

主成分回归

使用 pls 库中的 pcr() 函数实现主成分回归（PCR）。本次实验使用 Hitters 数据集实践 PCR 方法，以预测变量 Salary。实验前再一次提醒读者，在建立模型之前要确保删除数据集中的缺失值，如 6.5.1 节。

```
> library(pls)
> set.seed(2)
> pcr.fit<-pcr(Salary~., data=Hitters,scale=TRUE,
    validation="CV")
```

pcr() 函数的句法与 lm() 函数的句法相似，但 pcr() 函数中还有一些额外的选项。设置 scale= TRUE 可以在生成主成分之前标准化每个预测变量，如式（6.6）所示，通过这样的处理可以使得模型的拟合结果不受变量尺度的影响。设置 validation= "CV" 可以使得 pcr() 函数使用十折交叉验证计算每个可能的主成分数 M 所对应的交叉验证误差。最终的拟合结果可使用 summary() 函数进行查看。

```
> summary(pcr.fit)
Data:   X dimension: 263 19
        Y dimension: 263 1
Fit method: svdpc
Number of components considered: 19

VALIDATION: RMSEP
Cross-validated using 10 random segments.
        (Intercept)  1 comps  2 comps  3 comps  4 comps
CV              452    351.9    353.2    355.0    352.8
adjCV           452    351.6    352.7    354.4    352.1
...

TRAINING: % variance explained
```

```
            1 comps   2 comps   3 comps   4 comps   5 comps
X            38.31     60.16     70.84     79.03     84.29
Salary       40.63     41.58     42.17     43.22     44.90
...
```

每个可能的主成分数 M 所对应的交叉验证得分在函数的结果中给出,其中 M 的取值从 0 开始。(这里仅给出了 $M=4$ 时的交叉验证得分。)注意,pcr() 给出了**均方根误差**(root mean square error);为了得到常用的 MSE,必须对这个值取平方。例如,352.8 的均方根误差对应的 MSE 为 $352.8^2 = 124\ 468$。

读者也可以使用 validationplot() 函数画出交叉验证得分的图像。在该函数中使用 val.type=" MSEP" 可以画出交叉验证 MSE 的图像。

```
> validationplot(pcr.fit,val.type="MSEP")
```

从程序结果可以看到,当使用 $M=18$ 个主成分时,交叉验证误差最小。这个取值稍小于 $M=19$,$M=19$ 时 PCR 模型中相当于简单最小二乘估计,因为此时在 PCR 模型中使用了所有的成分,并没有降低数据的维数。但是,从图像可以看到当模型中只纳入一个成分时,交叉验证误差基本相同。这表明使用仅纳入少量成分的模型就足够了。

summary() 函数也能给出预测变量的**被解释方差百分比**(percentage of variance explained)和在不同数目成分下响应变量的被解释方差的百分比。这个概念将会在第 12 章中详细讨论。简要来说,可以把这个概念视为预测变量所提供的信息量或者是从 M 个主成分中提取的响应变量中的信息量。例如,设定 $M=1$ 仅能提取响应变量的 38.81% 的方差(或信息量)。相比之下,$M=6$ 可以把这个值提高到 88.63%。如果使用所有的 $M=p=19$ 个成分,这个值就会增加到 100%。

现在,在训练集上使用 PCR,并评价该方法在测试集上的使用情况。

```
> set.seed(1)
> pcr.fit<-pcr(Salary~., data=Hitters,subset=train,scale=TRUE,
    validation="CV")
> validationplot(pcr.fit,val.type="MSEP")
```

通过程序输出结果,可以发现当使用 $M=5$ 个成分时,交叉验证误差最小。可以按照如下程序计算测试集 MSE。

```
> pcr.pred<-predict(pcr.fit,x[test,],ncomp=5)
> mean((pcr.pred-y.test)^2)
[1] 142812
```

将该测试集 MSE 与岭回归和 lasso 的模型结果相比,可以认为 PCR 模型的拟合效果是很有竞争力的。但是,由于 PCR 模型的建模机制,最终所建立的模型会比岭回归模型或 lasso 模型更难以解释,因为 PCR 模型并没有进行变量筛选或直接估计出系数值。

最后,在整个数据集上使用交叉验证选择出的 $M=5$ 个主成分拟合 PCR 模型。

```
> pcr.fit <- pcr(y ~ x, scale = TRUE, ncomp = 5)
> summary(pcr.fit)
Data:    X dimension: 263 19
         Y dimension: 263 1
Fit method: svdpc
```

```
Number of components considered: 5
TRAINING: % variance explained
    1 comps  2 comps  3 comps  4 comps  5 comps
X   38.31    60.16    70.84    79.03    84.29
y   40.63    41.58    42.17    43.22    44.90
```

偏最小二乘回归

使用 plsr() 函数可以拟合偏最小二乘回归模型,该函数也在 pls 库中,其句法与 pcr() 函数的句法相似。

```
> set.seed(1)
> pls.fit<-plsr(Salary~., data=Hitters,subset=train,scale=TRUE,
    validation="CV")
> summary(pls.fit)
Data:    X dimension: 131 19
         Y dimension: 131 1
Fit method: kernelpls
Number of components considered: 19

VALIDATION: RMSEP
Cross-validated using 10 random segments.
       (Intercept)  1 comps  2 comps  3 comps  4 comps
CV         428.3    325.5    329.9    328.8    339.0
adjCV      428.3    325.0    328.2    327.2    336.6
...

TRAINING: % variance explained
         1 comps  2 comps  3 comps  4 comps  5 comps
X          39.13    48.80    60.09    75.07    78.58
Salary     46.36    50.72    52.23    53.03    54.07
...
> validationplot(pls.fit, val.type = "MSEP")
```

当只使用 $M=1$ 个偏最小二乘方向时,交叉验证误差最小。现在,需要计算与之相应的测试集 MSE。

```
> pls.pred<-predict(pls.fit,x[test,],ncomp=1)
> mean((pls.pred-y.test)^2)
[1] 151995
```

该测试集 MSE 值虽然比岭回归模型、lasso 模型和 PCR 模型的测试集 MSE 稍大,但基本相当。

最后,实验使用了交叉验证选取的 $M=1$ 个成分在整个数据集上建立 PLS 模型。

```
> pls.fit<-plsr(Salary~., data=Hitters,scale=TRUE,ncomp=1)
> summary(pls.fit)
Data:    X dimension: 263 19
         Y dimension: 263 1
Fit method: kernelpls
Number of components considered: 1
TRAINING: % variance explained
         1 comps
X          38.08
Salary     43.05
```

注意,一个 PLS 成分解释的变量 Salary 的方差百分比为 43.05%,与最终选取的 5 个成分的 PCR 模型解释的变量 Salary 的方差百分比 44.90% 基本相同。这是因为 PCR 的目的仅在于使预测变量可解释的方差最大化，但 PLS 旨在寻找一个可以同时解释预测变量方差和响应变量方差的方向。

6.6 习题

概念

1. 在单个数据集上使用最优子集选择、向前逐步选择和向后逐步选择。对于每种方法，可获得 $p+1$ 个模型，每个模型分别包含 $0, 1, 2, \cdots, p$ 个预测变量。回答以下问题并给出你的解释：
   (a) 含有 k 个预测变量的三个模型中，哪个模型的训练集 RSS 最小？
   (b) 含有 k 个预测变量的三个模型中，哪个模型的测试集 RSS 最小？
   (c) 判断对错：
      i. 使用向前逐步选择法选取的 k 变量模型中的预测变量是使用向前逐步选择法选取的 $(k+1)$ 变量模型中预测变量的子集。
      ii. 使用向后逐步选择法选取的 k 变量模型中的预测变量是使用向后逐步选择法选取的 $(k+1)$ 变量模型中预测变量的子集。
      iii. 使用向后逐步选择法选取的 k 变量模型中的预测变量是使用向前逐步选择法选取的 $(k+1)$ 变量模型中预测变量的子集。
      iv. 使用向前逐步选择法选取的 k 变量模型中的预测变量是使用向后逐步选择法选取的 $(k+1)$ 变量模型中预测变量的子集。
      v. 使用最优子集选择法选取的 k 变量模型中的预测变量是使用最优子集选择法选取的 $(k+1)$ 变量模型中预测变量的子集。

2. 判断以下（a）到（c）中，i 到 iv 的陈述是否正确。证明你的判断。
   (a) 与最小二乘相比，lasso 模型：
      i. 柔性更好，并且当 lasso 模型的预测结果的偏差的增量小于其方差的减量时，lasso 模型给出的预测值更精确。
      ii. 柔性更好，并且当 lasso 模型的预测结果的方差的增量小于其偏差的减量时，lasso 模型给出的预测值更精确。
      iii. 柔性更差，并且当 lasso 模型的预测结果的偏差的增量小于其方差的减量时，lasso 模型给出的预测值更精确。
      iv. 柔性更差，并且当 lasso 模型的预测结果的方差的增量小于其偏差的减量时，lasso 模型给出的预测值更精确。
   (b) 与最小二乘相比，对岭回归模型重复（a）。
   (c) 与最小二乘相比，对非线性方法重复（a）。

3. 假设通过最小化以下式子来估计一个线性回归模型中的回归系数：

$$\sum_{i=1}^{n}\left(y_i - \beta_0 - \sum_{j=1}^{p}\beta_j x_{ij}\right), \quad \sum_{j=1}^{p}|\beta_j| \leqslant s$$

s 为某给定值。以下（a）到（e）中，i 到 v 的陈述是否正确，给出证明。

(a) 随着 s 从 0 开始增加，训练集 RSS 会：
  i. 最初增长，然后开始减小，图像呈现一个倒 U 形。
  ii. 最初减小，然后开始增加，图像呈现一个 U 形。
  iii. 稳定增长。
  iv. 稳定减小。
  v. 保持不变。

(b) 对测试集 RSS 重复（a）。

(c) 对方差重复（a）。

(d) 对（平方）偏差重复（a）。

(e) 对不可约误差重复（a）。

4. 假设通过最小化以下式子来估计一个线性回归模型中的回归系数：

$$\sum_{i=1}^{n}(y_i-\beta_0-\sum_{j=1}^{p}\beta_j x_{ij})+\lambda\sum_{j=1}^{p}\beta_j^2$$

λ 为某给定值。以下（a）到（e）中，i 到 v 的陈述是否正确，给出证明。

(a) 随着 λ 从 0 开始增加，训练集 RSS 会：
  i. 最初增长，然后开始减小，图像呈现一个倒 U 形。
  ii. 最初减小，然后开始增加，图像呈现一个 U 形。
  iii. 稳定增长。
  iv. 稳定减小。
  v. 保持不变。

(b) 对测试集 RSS 重复（a）。

(c) 对方差重复（a）。

(d) 对（平方）偏差重复（a）。

(e) 对不可约误差重复（a）。

5. 大家普遍认为，岭回归倾向于对相关的变量给出相似的系数，但 lasso 会对相关的变量给出非常不一样的系数。以下题目将在一个相对简单的背景设置下来探索这一性质。

假设 $n=2$，$p=2$，$x_{11}=x_{12}$，$x_{21}=x_{22}$，并且假设 $y_1+y_2=0$ 且 $x_{11}+x_{21}=0$，$x_{12}+x_{22}=0$，则最小二乘模型、岭回归模型和 lasso 模型中，截距项的估计值为 0：$\hat{\beta}_0=0$。

(a) 写出在这一个背景设置下岭回归模型的回归系数最优化问题。

(b) 证明在这样的背景设置下，岭回归模型的系数估计满足 $\hat{\beta}_1=\hat{\beta}_2$。

(c) 写出在这一个背景设置下 lasso 模型的回归系数最优化问题。

(d) 证明在这样的背景设置下，lasso 模型的参数估计结果 $\hat{\beta}_1$ 和 $\hat{\beta}_2$ 并不唯一，即（c）中的最优化问题有多个可能的解。请描述这些解的特点。

6. 本题将进一步探索式（6.12）和式（6.13）。

(a) 考虑式（6.12）$p=1$ 的情况。选择适当的 y_1 和 $\lambda>0$，将式（6.12）视为 β_1 的函数，作出其图像。你所作出的图像应该验证：式（6.12）可以通过式（6.14）解出。

(b) 考虑式 (6.13) $p=1$ 的情况。选择适当的 y_1 和 $\lambda>0$，将式 (6.13) 视为 β_1 的函数，作出其图像。你所作出的图像应该验证：式 (6.13) 可以通过式 (6.15) 解出。

7. 在本题中，请推导出 6.2.2 节中 lasso 和岭回归在贝叶斯统计下的联系。

   (a) 假设 $y_i = \beta_0 + \sum_{j=1}^{p} x_{ij} \beta_j + \varepsilon_i$，其中 $\varepsilon_1, \varepsilon_2, \cdots, \varepsilon_n$ 独立同分布地来自正态分布 $N(\mu, \sigma^2)$。写出数据集的似然函数。

   (b) 假设 $\beta: \beta_1, \beta_2, \cdots, \beta_p$ 的先验独立同分布，且先验分布是均值为 0，常数项参数为 b 的双指数分布：$p(\beta) = \frac{1}{2b} \exp(-|\beta|/b)$。写出在这样的背景下 β 的后验分布。

   (c) 证明 lasso 对 β 的参数估计是 (b) 中 β 后验分布下的众数。

   (d) 现在假设 $\beta: \beta_1, \beta_2, \cdots, \beta_p$ 的先验独立同分布，且先验分布是均值为 0，方差为 c 的正态分布。写出在这样的背景下 β 的后验分布。

   (e) 证明岭回归对 β 的参数估计是 (d) 中 β 后验分布下的均值和众数。

应用

8. 在本题中，通过生成模拟数据集，学习最优子集选择法。

   (a) 使用 rnorm() 函数生成长度为 $n=100$ 的预测变量 X 和长度为 $n=100$ 的噪声向量 ε。

   (b) 依据以下模型产生长度为 $n=100$ 的响应变量 Y：
   $$Y = \beta_0 + \beta_1 X + \beta_2 X^2 + \beta_3 X^3 + \varepsilon$$
   其中，$\beta_0, \beta_1, \beta_2, \beta_3$ 是你自己选定的常数。

   (c) 利用 regsubsets() 函数对数据集使用最优子集选择法，从包含预测变量 X，$X^2, \cdots, X^{10}$ 的模型中选出最优的模型。根据 C_p、BIC 和调整 R^2 选择出的最优模型分别是什么？选择一些图像来说明你选择的模型，并给出最优模型的系数估计值。注意，你将会使用 data.fram() 函数来构造一个同时包含 X 和 Y 的数据集。

   (d) 使用向前逐步选择法和向后逐步选择法重复 (c) 中的步骤。你现在所得到的答案与 (c) 中有何不同？

   (e) 现在使用 lasso 来拟合模拟数据集，同样使用 $X, X^2, \cdots, X^{10}$ 作为预测变量。使用交叉验证选择参数 λ 的值。将交叉验证误差视为 λ 的函数并作出图像。给出最终的系数估计结果，并针对这个结果进行讨论。

   (f) 现在依据以下模型产生响应变量 Y：
   $$Y = \beta_0 + \beta_7 X^7 + \varepsilon$$
   使用最优子集选择法和 lasso。讨论所得结果。

9. 在本题中，请用 College 数据集中的变量来预测申请人数。

   (a) 将数据集分割为训练集和测试集。

   (b) 在训练集上拟合最小二乘模型，并给出该模型的测试误差。

   (c) 在训练集上拟合岭回归模型，请使用交叉验证选择参数 λ 的值。给出该模型的测试误差。

   (d) 在训练集上拟合 lasso 模型，请使用交叉验证选择参数 λ 的值。给出该模型的测试误差和非零系数估计值的个数。
(e) 在训练集上拟合 PCR 模型，请使用交叉验证选择参数 M 的值。给出该模型的测试误差和交叉验证选择的 M 的取值。
(f) 在训练集上拟合 PLS 模型，请使用交叉验证选择参数 M 的值。给出该模型的测试误差和交叉验证选择的 M 的取值。
(g) 解释以上模型结果。模型预测的申请人数的准确性如何？五种方法的测试误差是否有很大差别？

10. 随着模型中引入的特征数的增加，训练误差必然会减小，但测试误差却不一定减小。现在将使用一个模拟的数据集来探索这一问题。
    (a) 生成一个含有 $p=20$ 个特征，$n=1\,000$ 个观测的数据集，与之对应的数值型响应向量按如下模型产生：
    $$Y = X\beta + \varepsilon$$
    其中 β 的某些元素恰好为 0。
    (b) 将模型的数据集分割为含有 100 个观测的训练集和含有 900 个观测的测试集。
    (c) 基于训练集数据使用最优子集选择法，并画出不同模型大小下最优模型的训练集 MSE 图像。
    (d) 画出不同模型大小下最优模型的测试集 MSE 图像。
    (e) 当模型含有多少个特征时，测试集 MSE 取值最小？解释你的结论。如果对应最小测试集 MSE 的模型只含有截距项或者含有所有特征，那么改变你产生数据集的方法直到你得到的测试集 MSE 最小的模型介于这两种情况之间。
    (f) 测试集 MSE 最小的模型与真实模型比较起来有何不同？解释模型的系数。
    (g) 画出 r 在一定范围内取值时 $\sqrt{\sum_{j=1}^{p}(\beta_j - \hat{\beta}_j^r)^2}$ 的图像，其中 $\hat{\beta}_j^r$ 是包含 r 个预测变量的最优模型中第 j 个系数的估计值。解释你所观察到的结果。这个图像与（d）中测试集 MSE 图像相比如何？

11. 预测 Boston 数据集中人均犯罪率这一变量。
    (a) 基于数据集尝试本章中探索过的几种回归方法，例如最优子集选择法、lasso、岭回归和 PCR。给出你所考虑的方法得到的结果并进行讨论。
    (b) 提出一个（或一系列）在这个数据集上预测效果好的模型，并证明你的选择。确保你使用验证集误差、交叉验证或其他合理的方法来评价模型的预测效果，而不是只使用训练集误差来评价模型。
    (c) 你是否选择了包含所有特征的模型？为什么？

第 7 章 非线性模型

截至目前，本书讨论的内容大多集中于线性模型。相较于其他模型而言，线性模型更易于描述，实现简便，解释性和推断理论相对成熟。即便如此，也不能回避标准线性回归模型在预测上明显不足的问题。这是因为模型的线性假设通常只是对真实函数的一种近似，有时这种近似效果并不理想。第 6 章介绍了一些用于提升预测效果的模型，比如基于最小二乘的岭回归、lasso 回归、主成分回归及其他模型。这些模型在降低线性模型复杂度的同时也降低了估计的方差。但事实上线性模型的形式仍未改变，目前为止所能做的只是改进。本章的模型力图在保持模型良好的解释性的前提下，放松线性假设，比如之后陆续介绍的多项式回归和阶梯函数，以及更精细的模型如样条、局部回归和广义可加模型，这些都是在线性模型基础上的简单推广。

- **多项式回归**（polynomial regression）对线性模型的推广思路是以预测变量的幂作为新的预测变量以替代原始变量。举例来说，一个三次回归模型有三个预测变量 X, X^2, X^3。这是一种简单实用的表达数据非线性关系的模型。
- **阶梯函数**（step function）拟合是将某个预测变量的取值空间切割成 K 个不同区域，以此来生成一个新的定性变量，分段拟合一个常量函数。
- **回归样条**（regression spline）方法在形式上比多项式回归和阶梯拟合方法更灵活，实际上回归样条可以看作这两类方法的推广。首先将 X 的取值范围切割成 K 个区域，在每个区域分别独立拟合一个多项式函数。回归样条的多项式一般有一些限制以保证在区域边界或称为结点的位置，这些多项式得到光滑的连接。只要 X 被切割成尽可能多的区域，这个方法就能产生非常光滑的拟合效果。
- **光滑样条**（smoothing spline）与回归样条类似，但是产生机理略有不同，一般是通过最小化一个带光滑惩罚项的残差平方和的式子来得到光滑样条的结果。
- **局部回归**（local regression）与样条结果比较相近，最大的差别在于局部回归中的区域之间是可以重叠的，这个条件保证了局部回归整体光滑的拟合结果。
- **广义可加模型**（generalized additive model）实际上是将上述模型推广到有多个预测变量的情形。

7.1 节～7.6 节将展现一批关于建立一个响应变量 Y 和一个预测变量 X 关系的建模方法。7.7 节将介绍这些方法可以自然地整合并推广到有多个预测变量 $X_1, X_1, \cdots, X_p$ 的情形。

7.1 多项式回归

为了体现响应变量和预测变量之间的非线性关系，推广线性模型最自然的方法是将标

准线性模型

$$y_i = \beta_0 + \beta_1 x_i + \varepsilon_i$$

换成一个多项式函数

$$y_i = \beta_0 + \beta_1 x_i + \beta_2 x_i^2 + \beta_3 x_i^3 + \cdots + \beta_d x_i^d + \varepsilon_i \tag{7.1}$$

其中 ε_i 是误差项。这种方法称为**多项式回归**，在 3.3.2 节已经介绍了该方法的一个例子。对于阶数比较大的 d，多项式回归将呈现明显的非线性曲线。注意到式（7.1）本质上可视为预测变量 $x_i, x_i^2, x_i^3, \cdots, x_i^d$ 的标准线性模型，因此用最小二乘回归的方法就能求解得到式（7.1）的系数。多项式次数 d 的选择不宜过大，一般不大于 3 或者 4，这是因为 d 越大，多项式曲线就会越柔性甚至会在 X 变量定义域的边界处呈现异样的形状。

图 7-1 的左图是 Wage 数据集中的 wage（工资）变量关于 age（年龄）变量的散点图，其中包含了居住在美国亚特兰大中部地区男性的收入和人口信息。图中蓝色实线是使用最小二乘法拟合的四次多项式回归的结果。尽管表面上看，这个模型与其他线性回归模型并无明显差异，但每个变量的系数不再是模型关注的重点。相反，通过观察 age 在 18 岁到 80 岁之间 63 个观测值的函数拟合结果，我们可以更好地理解 age 和 wage 的关系。

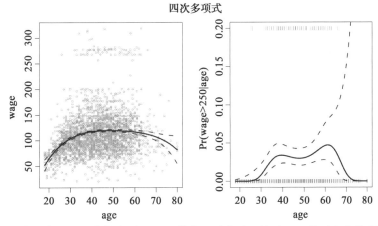

图 7-1 Wage 数据集。左：实线表示 wage（单位：千美元）关于 age 的四次多项式模型曲线，用最小二乘法拟合；虚线表示 95% 置信区间。右：针对二元变量 wage> 250 的逻辑斯谛回归模型建模结果，通常采用四次多项式，实线表示 wage> 250 的后验概率，虚线则是估计的 95% 置信区间

在图 7-1 中，配合拟合曲线的是散点图和两条两倍标准误差曲线。接下来，我们来看看这两条标准误差曲线是如何产生的。给定某个特定的 age 值 x_0，计算得到其拟合值：

$$\hat{f}(x_0) = \hat{\beta}_0 + \hat{\beta}_1 x_0 + \hat{\beta}_2 x_0^2 + \hat{\beta}_3 x_0^3 + \hat{\beta}_4 x_0^4 \tag{7.2}$$

那么拟合方差 $\text{Var}\,\hat{f}(x_0)$ 是多少呢？最小二乘法能得到每一个系数 $\hat{\beta}_j$ 的方差估计以及每一对系数估计值之间的协方差。通过这些值可以计算得到 $\hat{f}(x_0)$ 的方差⊖。这样 $\hat{f}(x_0)$ 的

⊖ 如果 $\hat{\boldsymbol{C}}$ 是 $\hat{\beta}_j$ 的 5×5 协方差矩阵，而且 $\boldsymbol{\ell}_0^\mathrm{T} = (1, x_0, x_0^2, x_0^3, x_0^4)$，那么 $\text{Var}[\hat{f}(x_0)] = \boldsymbol{\ell}_0^\mathrm{T} \hat{\boldsymbol{C}} \boldsymbol{\ell}_0$。

逐点标准误差就是其方差的平方根。在每个点计算相应位置的标准误差，然后画出拟合曲线以及拟合曲线的两倍标准误差曲线。之所以取两倍标准误差是因为对于正态分布的误差项来说，这个值对应的大约是95%的置信区间。

从图7-1中可以看出，工资好像是来自两个不同的总体：一个总体是年收入高于250 000美元的高收入组，而另一个则是低收入组。把wage看作一个二元变量就能将数据分成两个组。这样以age的多项式函数作为预测变量的逻辑斯谛回归就能用来预测这个二元响应变量。换句话说，实际上需要拟合的是下面这个模型：

$$\Pr(y_i > 250 \mid x_i) = \frac{\exp(\beta_0 + \beta_1 x_i + \beta_2 x_i^2 + \cdots + \beta_d x_i^d)}{1 + \exp(\beta_0 + \beta_1 x_i + \beta_2 x_i^2 + \cdots + \beta_d x_i^d)} \tag{7.3}$$

图7-1的右半部分展示的就是这个结果。图7-1右图的上部和下部的灰色部分分别对应高收入人群和低收入人群。蓝色实线表示高收入人群的拟合概率值，它是关于age的函数。估计的95%置信区间在图中也同样被显示出来。从图中可以看出其置信区间更宽些，特别是对于图的右半部分。尽管建模数据总的样本量是足够的（$n=3\,000$），但是只有79个高收入的人，这导致了估计系数有较大的方差，因而置信区间也较宽。

7.2 阶梯函数

在线性模型中使用特征变量的多项式形式作为预测变量得到了在X取值空间全局皆非线性的拟合函数。如果不希望得到全局的模型，可以使用阶梯函数拟合。这里，把X的取值范围分成一些区间，每个区间拟合一个不同的常数。这相当于将一个连续变量转换成一个有序的分类变量。

具体来说，首先在X取值空间上创建分割点$c_1, c_2, \cdots, c_K$，然后构造$K+1$个新变量如下：

$$\begin{aligned}
C_0(X) &= I(X < c_1) \\
C_1(X) &= I(c_1 \leqslant X < c_2) \\
C_2(X) &= I(c_2 \leqslant X < c_3) \\
&\vdots \\
C_{K-1}(X) &= I(c_{K-1} \leqslant X < c_K) \\
C_K(X) &= I(c_K \leqslant X)
\end{aligned} \tag{7.4}$$

其中$I(\cdot)$是示性函数，当条件成立时返回1否则返回0。例如，当$c_k \leqslant X$时，$I(c_k \leqslant X)$等于1，否则为0。这样定义的变量有时候也称为哑变量。注意，由于X只能落在$K+1$个区间中的某一个，于是对任意X的取值，$C_0(X) + C_1(X) + \cdots + C_K(X) = 1$。以$C_1(X)$，$C_2(X), \cdots, C_K(X)$为预测变量用最小二乘法来拟合线性模型⊖：

$$y_i = \beta_0 + \beta_1 C_1(x_i) + \beta_2 C_2(x_i) + \cdots + \beta_K C_K(x_i) + \varepsilon_i \tag{7.5}$$

⊖ 在式（7.5）中预测变量没有包含$C_0(X)$，因为有了截距，$C_0(X)$是多余的。这类似于如果模型中包含截距，只需要两个哑变量给三个水平的定性变量编码。式（7.5）不包含$C_0(X)$，也可以不包别的$C_k(X)$，这是任意的。或者，可以包含$C_0(X), C_1(X), \cdots, C_K(X)$，而不包含截距。

对于 X 的一个给定值,$C_1(X),C_2(X),\cdots,C_K(X)$ 中至多只有一项系数非零。注意,当 $X<c_1$ 时,式(7.5)中的每个预测变量都为零,所以 β_0 即为 $X<c_1$ 时的 Y 的平均值。相应的,在式(7.5)中,当 $c_j\leqslant X<c_{j+1}$ 时,预测值为 $\beta_0+\beta_j$,这样 β_j 就被解释为当 X 由 $X<c_1$ 增至 $c_j<X<c_{j+1}$ 时响应变量的平均增量。

图 7-2 左图是以图 7-1 中的 Wage 数据拟合阶梯函数的效果。用 wage 对 age 拟合逻辑斯谛回归如下:

$$\Pr(y_i>250\mid x_i)=\frac{\exp(\beta_0+\beta_1 C_1(x_i)+\cdots+\beta_K C_K(x_i))}{1+\exp(\beta_0+\beta_1 C_1(x_i)+\cdots+\beta_K C_K(x_i))} \tag{7.6}$$

并用该模型预测一个人是高收入者的概率。图 7-2 的右图显示使用这种方法得到的拟合后验概率。

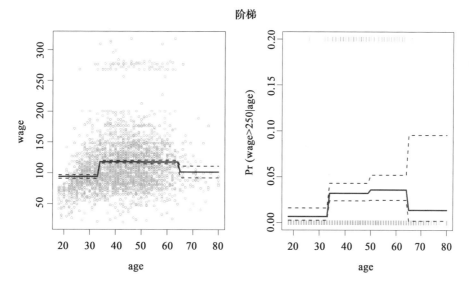

图 7-2 Wage 数据。左:实线表示用 age 的阶梯函数拟合 wage(单位千美元)的最小二乘回归的拟合结果。虚线为相应的 95% 置信区间。右:使用阶梯函数,对二元变量 wage>250 建立逻辑斯谛回归模型。实线为 wage>250 的后验概率,虚线为相应的 95% 置信区间

遗憾的是,如果预测变量本身不具有明显的分割点,那么用分段固定值拟合就不十分恰当。例如,图 7-2 的左图,在第一区间内 wage 随 age 本来应有的增长趋势没有得到体现。不过,阶梯函数拟合方法在生物统计和生态学等领域很受欢迎。例如,一些研究习惯将每五年作为一个年龄组来定义预测区间。

7.3 基函数

多项式回归模型和阶梯函数回归模型实际上是特殊的基函数方法。基本原理是对变量 X 的函数或变换 $b_1(X),b_2(X),\cdots,b_K(X)$ 进行建模。用模型

$$y_i=\beta_0+\beta_1 b_1(x_i)+\beta_2 b_2(x_i)+\beta_3 b_3(x_i)+\cdots+\beta_K b_K(x_i)+\varepsilon_i \tag{7.7}$$

来替代线性模型。注意基函数 $b_1(\cdot), b_2(\cdot), \cdots, b_K(\cdot)$ 的值是给定的而且是已知的。（换句话说，在建模之前就选定了基函数的形式。）例如对于多项式回归来说，基函数就是 $b_j(x_i) = x_i^j$，而对于阶梯函数其基函数则为 $b_j(x_i) = I(c_j \leqslant x_i < c_{j+1})$。我们可以认为式（7.7）就是以 $b_1(x_i), b_2(x_i), \cdots, b_K(x_i)$ 为预测变量的标准线性模型。因此，可以使用最小二乘法来估计式（7.7）中未知的回归系数。重要的是，这还表示第 3 章所讨论的有关线性模型的各种推断结果，如系数估计值的标准误差和用于模型整体显著性检验的 F 统计量，都可以用。

到目前为止，多项式函数和阶梯函数都可以看作模型的基函数。其实，换成其他的基函数也是可以的。例如，可以用小波变换或傅里叶级数构建基函数。接下来将探讨一类广泛采用的基函数：**回归样条**（regression spline）。

7.4 回归样条

这一部分讨论一类光滑的基函数，它是前面多项式回归和阶梯函数回归方法的延伸和推广。

7.4.1 分段多项式

分段多项式回归在 X 的不同区域拟合独立的低阶多项式函数，以此取代在 X 全部取值范围内拟合高阶多项式。例如，分段三次多项式函数在 X 的不同区域拟合形式如下的模型：

$$y_i = \beta_0 + \beta_1 x_i + \beta_2 x_i^2 + \beta_3 x_i^3 + \varepsilon_i \tag{7.8}$$

其中不同区域内的系数 $\beta_0, \beta_1, \beta_2, \beta_3$ 不相同。系数发生变化的临界点称为**结点**（knot）。

例如，无结点的分段三次多项式就是式（7.1）中当 $d=3$ 时的标准三次多项式。只有一个结点 c 的分段三次多项式具有如下形式：

$$y_i = \begin{cases} \beta_{01} + \beta_{11} x_i + \beta_{21} x_i^2 + \beta_{31} x_i^3 + \varepsilon_i, & x_i < c \\ \beta_{02} + \beta_{12} x_i + \beta_{22} x_i^2 + \beta_{32} x_i^3 + \varepsilon_i, & x_i \geqslant c \end{cases}$$

换句话说，模型要求拟合两个不同的多项式函数，其中一个在 $x_i < c$ 的子集上，另一个在 $x_i \geqslant c$ 的子集上。第一个多项式函数有系数 $\beta_{01}, \beta_{11}, \beta_{21}, \beta_{31}$，第二个的系数则为 $\beta_{02}, \beta_{12}, \beta_{22}, \beta_{32}$。每一个多项式函数都使用最小二乘法来拟合。

采用更多的结点可以得到更柔性的分段多项式。一般情况下，如果在 X 的整个范围内有 K 个不同的结点，那么最终将得到 $K+1$ 个不同的三次多项式。请注意，除了使用三次多项式，也可以改为使用分段线性函数。事实上，在 7.2 节中的阶梯函数就是阶数为 0 的分段多项式。

图 7-3 的左上图显示了使用分段三次多项式且只有一个结点 age=50 的函数来拟合 Wage 数据的结果。图中的问题非常明显：该函数是不连续的且看起来很滑稽！由于每个多项式有四个参数，所以总共使用了 8 个自由度构建这个分段多项式模型。

7.4.2 约束条件与样条

图 7-3 的左上图看起来并未得到正确的拟合，这是因为拟合曲线柔性太大了。为了修正这个问题，需要添加确保拟合曲线连续的约束条件来拟合分段多项式。换句话说，在

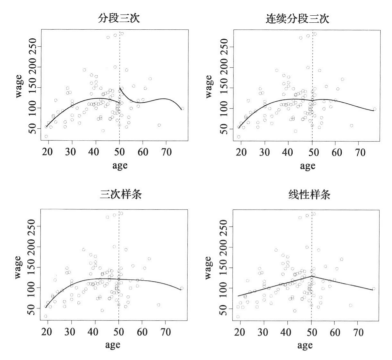

图 7-3 设定结点为 age=50，在 Wage 数据的一个子集上拟合多个分段多项式模型。左上角：没有加限制条件的三次多项式。右上角：限定多项式在 age=50 处连续的三次多项式。左下角：限定多项式在 age=50 处连续，且一阶导数和二阶导数都存在的三次多项式。右下角：线性样条，同时限定其在 age=50 处连续

age=50 不能有跳跃。图 7-3 的右上图显示出所得到的拟合结果。这张图看起来比左上图好一些。但 V 形连接仍然看起来不自然。

左下图添加了两个额外的限制：现在分段多项式在 age=50 的一阶导数和二阶导数都是连续的。换句话说，左下图要求分段多项式不仅在 age=50 处是连续的而且是光滑的。对分段三次多项式施加的每个约束都有效地释放了一个自由度，减少了模型的复杂性。综上所述，左上图使用的是 8 个自由度。而左下图施加了三个约束（连续性、一阶导数的连续性和二阶导数的连续性），这样就只有 5 个自由度。左下图形通常称为**三次样条**。㊀ 在一般情况下，有 K 个结点的三次样条会产生 $4+K$ 个自由度。

在图 7-3 中，右下图是线性样条，它在 age=50 处连续。d 阶样条的一般定义是分段 d 次多项式，同时在每个结点直到 $d-1$ 阶导数都是连续的。因此，线性样条可以通过以下方式得到：在每个区域内拟合一条直线，同时要求在各结点处满足连续性。

在图 7-3 中只有一个结点 age=50。当然，模型允许添加更多的结点并对每个结点都要求连续性。

㊀ 三次样条很有用，因为我们很难用眼睛判断结点的不连续性。

7.4.3 样条基函数

前一节中所述的回归样条略显复杂,保证多项式自身或者它的前 $d-1$ 阶导数连续来拟合 d 阶分段多项式函数有的时候并不轻松。实际上,我们可以使用式(7.7)中的基函数模型来表示回归样条。通过选择合适的基函数 $b_1, b_2, \cdots, b_{K+3}$,一个有 K 个结点的三次样条函数可以表示成如下形式:

$$y_i = \beta_0 + \beta_1 b_1(x_i) + \beta_2 b_2(x_i) + \cdots + \beta_{K+3} b_{K+3}(x_i) + \varepsilon_i \tag{7.9}$$

这个模型也可以使用最小二乘法来拟合。

正如可以有许多方式来表示多项式一样,在式(7.9)中也可以选择不同的基函数得到等价的三次样条。最直接的表示式(7.9)中三次样条的方法是先以三次多项式的基(即 x, x^2, x^3)为基础,然后在每个结点添加一个**截断幂基**(truncated power basis)函数。截断幂基函数可以定义为

$$h(x, \xi) = (x-\xi)_+^3 = \begin{cases} (x-\xi)^3, & x > \xi \\ 0, & \text{否则} \end{cases} \tag{7.10}$$

其中 ξ 是结点。可以证明在式(7.8)添加一项 $\beta_4 h(x, \xi)$ 只会使得三次多项式在 ξ 处的三阶导数不连续;而在每个结点,函数本身、一阶导数、二阶导数都是连续的。

换句话说,为了对数据集拟合有 K 个结点的三次样条,只需要针对截距项和 $3+K$ 个预测项[即 $X, X^2, X^3, h(X, \xi_1), h(X, \xi_2), \cdots, h(X, \xi_K)$] 运用最小二乘回归,其中 $\xi_1, \xi_2, \cdots, \xi_K$ 是结点。这样一共需要估计 $K+4$ 个系数,因此拟合三次样条总共需要 $K+4$ 个自由度。

遗憾的是,样条在预测变量之外的区域,也就是当 X 取较大值或较小值时,有较大的方差。图7-4是有三个结点的 Wage 数据的拟合图(见彩插)。从图中看到,在边界区域出现的置信带相当宽。**自然样条**(natural spline)是附加了边界约束的回归样条:函数在边界区域应该是线性的,这里的边界区域指的是 X 的值比最小的结点处的值小或比最大的结点处的值大的地方。这个附加的约束条件使得自然样条的估计在边界处更稳定。图7-4中的红线显示了一个自然三次样条。值得注意的是,红线的置信区间更窄。

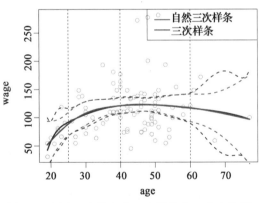

图7-4 用有三个结点的三次样条和三次自然样条拟合 Wage 数据的一个子集

7.4.4 确定结点数和位置

在拟合样条时一个自然的问题是:结点应该选在什么位置呢?对于回归样条来说,由于在包含许多结点的区域多项式的系数跌宕起伏,这时回归样条非常曲折。这就需要在选择多个结点但会引起曲线急速变化和选择较少的结点令函数变得更平稳之间做出权衡。实践证明,令结点在数据上呈现均匀分布是一种比较有效的结点选择方式。这种方法的一种实现方式是:首先确定需要的自由度,然后依靠软件自动在数据的均匀分位数点上设置相

应个数的结点。

图 7-5 是以 Wage 数据作为例子的拟合结果。与图 7-4 中一样，图中拟合了带三个结点的自然三次样条函数，只是这一次模型自动地选择了 25%、50%、75% 分位数作为结点的位置。三个结点是由自由度 4 来确定的。当然这里为什么自由度选为 4 而有 3 个内结点的原因需要相应的说明[⊖]。

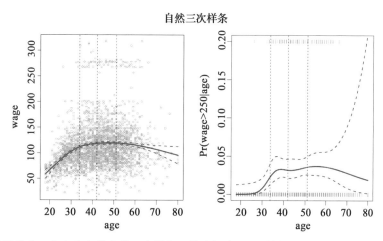

图 7-5 采用带有 4 个自由度的自然三次样条函数来拟合 Wage 数据。左：以 wage 为响应变量和 age 为预测变量构造样条来拟合。右：以 wage>250 作为响应变量和 age 为预测变量得到的逻辑斯谛回归模型来拟合。实线表示 wage>250 的后验概率

需要使用几个结点呢，或者说样条函数的自由度选定在多少呢？一种方法是尝试不同的结点数，然后从中选择"形状最理想"的曲线。另一种较为客观的方法是使用在第 5 章和第 6 章讨论过的交叉验证方法。使用交叉验证时，首先移除一部分数据（比如说 10%），然后用其余的数据来拟合样条函数，接着用拟合得到的样条函数来对移除的那一部分数据做预测。这样不断重复多次直到所有的数据都被移除过一次，最后计算整体的交叉验证 RSS。整个步骤对不同的结点数 K 不断重复，选择 RSS 最小的样条函数对应的 K。

图 7-6 给出了 Wage 数据不同自由度下的 10 折交叉验证的均方误差。其中左图是自然三次样条，右图是三次样条。这两种方法的结果相差不大，并且都明确指出自由度为 1 的拟合（即线性回归）是不够的。两条曲线都快速下降呈平稳状态。因此，对于自然样条来说自由度为 3 就足够了，三次样条自由度为 4 就足够了。

7.7 节将拟合具有多个变量的可加样条模型。这就需要对每一个变量都选择合适的自由度。处理这类问题时，通常会采用一种比较实用的方法，即把每个变量的自由度都设定为固定的数值，比如说 4。

⊖ 实际上应该有包括 2 个边界点在内的 5 个结点。有 5 个结点的三次样条可能有 9 个自由度。但是自然样条在边界点上为了保持线性性质而增加了自然约束，于是自由度为 9−4=5。由于其中包含了一个常数项，于是一般对自由度计数时就显示为 4 了。

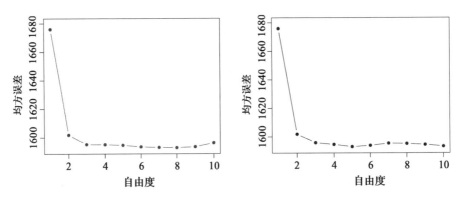

图 7-6 Wage 数据的不同自由度下的 10 折交叉验证的均方误差。响应变量是 wage，预测变量是 age。左：自然三次样条；右：三次样条

7.4.5 与多项式回归做对比

图 7-7 展示了自然三次样条函数（拥有 15 个自由度）与 Wage 数据集上的 15 阶多项式之间的差异（见彩插）。多项式的过度灵活性在数据集的边缘导致了不期望的结果，而自然三次样条函数保持了对数据较为满意的整体拟合效果。回归样条通常得到的结果比多项式回归更好。不像多项式回归通常需要设定较高的阶（最高指数，比如 X^{15}）才能获得较柔性的拟合效果，样条函数通过增加结点数但保持自由度固定的方法来使结果变得柔性。一般来说，这种方法能得到更稳定的估计结果。样条函数允许我们在函数 f 变动较快的区域设置多个结点，在函数 f 较稳定的地方设置较少的结点来保证光滑性。图 7-7 对比了 Wage 数据的具有 15 个自由度的自然三次样条和幂次为 15 的多项式函数。多项式函数附加的自由度使其在边界处的估计不够满意，相反自然三次样条对数据的拟合维持了比较合理的结果。

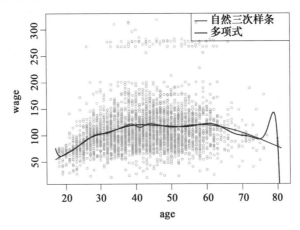

图 7-7 自由度为 15 的自然三次样条和最高幂次为 15 的多项式回归在 Wage 数据的比较结果。多项式回归在尾部区域的结果比较反常

7.5 光滑样条

在上一节中讨论了回归样条,首先设定一些结点,然后产生一系列基函数,最后使用最小二乘法估计样条函数的系数。这里讨论与之前不太一样的产生样条的方式。

7.5.1 光滑样条简介

为了对给定数据拟合光滑的曲线,实际上需要做的是找到某个函数,比如说 $g(x)$,使它能很好地拟合观测到的数据。这就是说,使 RSS $= \sum_{i=1}^{n}(y_i - g(x_i))^2$ 尽量小。但是,这样做有个问题:如果对 $g(x_i)$ 不添加任何约束条件,只能得到一个取值为零的 RSS,而只要选择 g 在每个 y_i 处做插值即可。这样的函数对数据严重过拟合,因而会变得异常光滑。而实际上,真正需要的 g 是满足 RSS 尽量小的同时,曲线也尽量光滑。

那么该如何保证 g 是光滑的呢?有许多方法能满足这一点,一个很自然的方法是寻找最小化

$$\sum_{i=1}^{n}(y_i - g(x_i))^2 + \lambda \int g''(t)^2 \mathrm{d}t \tag{7.11}$$

的函数 g,其中 λ 是一个非负**调节参数**(tuning parameter)。最小化式(7.11)的函数 g 就是一个光滑样条。

那么式(7.11)有什么含义呢?式(7.11)采用的"损失函数+惩罚项"的形式,我们在第 6 章的岭回归和 lasso 中也碰到了。$\sum_{i=1}^{n}(y_i - g(x_i))^2$ 是损失函数,使得 g 能更好地拟合数据,而 $\lambda \int g''(t)^2 \mathrm{d}t$ 则对函数 g 的波动性进行惩罚。$g''(t)$ 指的是函数 g 的二阶导数。一阶导数 $g'(t)$ 衡量的是函数在位置 t 处的斜率,而二阶导数则对应了斜率的变化程度。一般而言,二阶导数衡量的是函数的**粗糙度**(roughness)。如果 $g(t)$ 在 t 处波动很剧烈则其二阶导数的绝对值大,反之则接近于 0。(一条直线的二阶导数是 0,那么显然直线是非常光滑的。)$\int$ 表示积分,当然可以认为它是在 t 的取值区域上求和。换句话说,$\int g''(t)^2 \mathrm{d}t$ 衡量的是函数 $g'(t)$ 在整个取值区域内整体的变化情况。如果 g 非常光滑,那么 $g'(t)$ 就比较接近于常数,$\int g''(t)^2 \mathrm{d}t$ 就会取较小的值。相反,如果 g 的跳跃性大,那么 $g'(t)$ 就变动非常大,这样 $\int g''(t)^2 \mathrm{d}t$ 就倾向于取较大的值。因此,在式(7.11)中,$\lambda \int g''(t)^2 \mathrm{d}t$ 会使 g 变光滑。λ 的值越大,函数 g 越光滑。

当 $\lambda = 0$ 时,式(7.11)中的惩罚项不起作用,因此函数 g 会很跳跃并且会在每个训练数据点上做插值。当 $\lambda \to \infty$ 时,g 会变得非常平稳,也就是说会变成一条尽可能接近所有训练点的直线。实际上,在这种情况下,g 是最小二乘直线,因为式(7.11)的损失函数就是最小化残差平方和。对于一个比较适中的 λ 值,g 会尽可能地接近训练点但同时也比较光滑。λ 在这里就是控制光滑样条的偏差-方差的权衡。

最小化式（7.11）的 $g(x)$ 有一些特殊的性质：它是分段三次多项式，不同的 x_1，$x_2,\cdots,x_n$ 是其结点，并且在每个结点处一阶导数和二阶导数都连续。另外，它在边界的结点之外的区域是线性的。换句话说，最小化式（7.11）的 $g(x)$ 是一个有结点 $x_1,x_2,\cdots,x_n$ 的自然三次样条。然而，这里的自然三次样条与在 7.4.3 中给定结点 $x_1,x_2,\cdots,x_n$ 然后确定基函数得到的自然三次样条是不同的。可以认为这是自然三次样条的收缩版本，而调节参数 λ 的值控制了收缩的程度。

7.5.2 选择光滑参数 λ

光滑样条简单地说就是将每一个不同的 x_i 都设为结点的自然三次样条。但是因为将每个数据点都作为一个结点会使得光滑样条的自由度太高，从而柔性太大。调节参数 λ 控制光滑样条的粗糙度，同时也控制着**有效自由度**（effective degree of freedom）。随着 λ 的值从 0 增加到 ∞，有效自由度（记作 df_λ）就从 n 降至 2。

那么对于光滑样条，为什么不讨论自由度转而讨论有效自由度呢？在通常情况下，自由度指的是自由参数的个数，比如在多项式回归或者三次样条中需要拟合的系数的个数。尽管光滑样条有 n 个参数，也就是说名义自由度是 n，但是这 n 个参数受到大量限制或者压缩。因而 df_λ 是用来衡量光滑样条的柔性的，其值越大说明光滑样条柔性越大（即低偏差高方差）。有效自由度的定义比较复杂，令

$$\hat{g}_\lambda = S_\lambda y \tag{7.12}$$

其中 $\hat{g}$ 是式（7.11）对于一个特定的 λ 的解，也就是说，$\hat{g}$ 是一个 n 维向量，其元素是训练集 $x_1,x_2,\cdots,x_n$ 对应的光滑样条的拟合值。式（7.12）表明光滑样条的拟合值向量可以写成一个 $n\times n$ 的矩阵 S_λ 乘以响应向量 y。于是，有效自由度的定义就是

$$df_\lambda = \sum_{i=1}^{n} \{S_\lambda\}_{ii} \tag{7.13}$$

有效自由度是矩阵 S_λ 的对角元素之和。

在拟合光滑样条时，不需要事先选择结点的个数或者位置，实际上在每一个训练观测点 $x_1,x_2,\cdots,x_n$ 处都有一个结点。但是，我们无法回避另一个问题：需要确定 λ 的值。对这个问题的一个很自然的解决方案是使用交叉验证。换句话说，选择能够使得交叉验证的 RSS 尽量小的 λ 作为这个问题的解。实际上，利用下面这个式子，可以有效地计算光滑样条的留一交叉验证误差（LOOCV），代价与计算一个拟合模型时是一样的。

$$\text{RSS}_{cv}(\lambda) = \sum_{i=1}^{n}(y_i - \hat{g}_\lambda^{(-i)}(x_i))^2 = \sum_{i=1}^{n}\left[\frac{y_i - \hat{g}_\lambda(x_i)}{1-\{S_\lambda\}_{ii}}\right]^2$$

这里 $\hat{g}_\lambda^{(-i)}(x_i)$ 指的是光滑样条在 x_i 处的拟合值，拟合过程使用的是剔除观测点 (x_i,y_i) 外的所有训练观测。相反，$\hat{g}_\lambda(x_i)$ 指的是光滑样条用所有训练数据集拟合的结果。这个公式的特别之处是：计算每个点的留一交叉验证结果，相当于计算每一个点用所有数据的原始拟合值 $\hat{g}_\lambda{}^\ominus$。这个结果与第 5 章的最小二乘回归的式（5.2）很类似。利用式（5.2），就

⊖ 实际上计算 $\hat{g}_\lambda$ 和 S_λ 的公式非常复杂，但是存在有效的数值计算算法。

能快速计算本章前面讨论过的回归样条的 LOOCV，同样也能对最小二乘回归用任意的基函数来计算 LOOCV。

图 7-8 是应用光滑样条拟合 Wage 数据的结果（见彩插）。红线是用预先设定的有效自由度为 16 的光滑样条的拟合结果。蓝线则是应用 LOOCV 选择 λ 后得到的拟合的光滑样条。在这个例子中，根据式（7.13）选择参数，用选定的 λ 值得到的有效自由度为 6.8。对于这个数据，两种方法得到的光滑样条之间的差异几乎难以分辨，仔细观察会发现自由度为 16 的光滑样条看起来波动稍微大一些。尽管两个拟合结果只有微小的差异，但通常更倾向于有效自由度为 6.8 的光滑样条，这是因为除非有足够的理由支持一个更复杂的模型，一般来说，以简为佳。

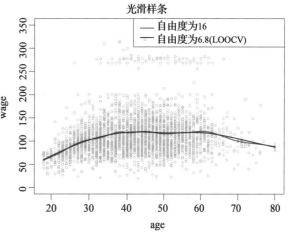

图 7-8 使用光滑样条拟合 Wage 数据。红线表示有效自由度为 16 时的结果。蓝线则是 λ 自动根据留一交叉验证得到的结果，这里得到的有效自由度为 6.8

7.6 局部回归

局部回归是拟合光滑非线性函数的另外一种方法，在对一个目标观测点 x_0 拟合时，该方法只用到这个点附近的训练观测。图 7-9 通过一些模拟数据表达了这个思想，其中一个目标观测点在 0.4 附近，另一个则在边界处 0.05 的位置（见彩插）。图中的蓝线是产生模拟数据的真实函数 $f(x)$ 的曲线，浅橙色线是用局部回归拟合得到的 $\hat{f}(x)$ 的曲线。局部回归的具体描述见算法 7.1。

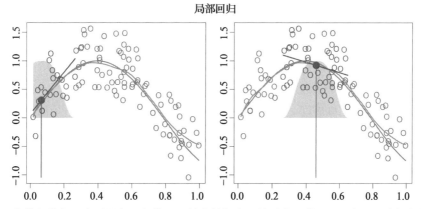

图 7-9 在模拟数据上演示局部回归模型，其中数据由蓝线对应函数 $f(x)$ 产生，浅橙色曲线是根据局部回归拟合得到的结果 $\hat{f}(x)$。橙色的空心点表示的是橙色直线指示的点 x_0 的邻居，黄色的钟形区域代表赋值给 x_0 的邻居的权重，权重随着距 x_0 的距离越远降至 0。在 x_0 的拟合值 $\hat{f}(x_0)$ 是通过拟合一个加权线性回归得到的（也就是橙色线段），将 x_0（橙色实心点）代入这个橙色线段对应的函数就得到其拟合值 $\hat{f}(x_0)$

算法 7.1　在 $X=x_0$ 处的局部回归模型

1. 选取占所有数据 $s=k/n$ 比例的最靠近 x_0 的数据 x_i。
2. 对选出的数据点赋予其权重 $K_{i0}=K(x_i,x_0)$。离 x_0 最远的点的权重为 0，而最近的点权重最高。那些没有被选中的数据点的权重为 0。
3. 用定义好的权重在 x_i 处拟合加权最小二乘回归，也就是对下式最小化：

$$\sum_{i=1}^{n} K_{i0}(y_i-\beta_0-\beta_1 x_i)^2 \tag{7.14}$$

4. 根据 $\hat{f}(x_0)=\hat{\beta}_0+\hat{\beta}_1 x_0$ 得到 x_0 的拟合结果。

在算法 7.1 的第 3 步中，x_0 的每一个值的权重 K_{i0} 都不相同。换句话说，为了在一个新的点计算局部回归的拟合值，需要对一组新的权重值来最小化式（7.14）。局部回归有时也称为基于内存的过程，这是因为像最近邻一样，当对一个点做出预测时需要所有的训练数据。本章不会赘述局部回归的技术细节，因为有许多书籍专门论述这方面的主题。

为了实现局部回归，需要确定许多细节，比如如何定义权重函数 K，在第 3 步应该使用一个线性回归函数、单值回归函数还是二次回归函数 [式（7.14）对应的是一个线性回归函数]。尽管不同的选择结果会不一样，但最重要的是第 1 步中定义的间距 (span)s。间距在这里的作用相当于调节参数 λ 在光滑样条中的作用，它控制着非线性拟合的柔性。实际上，选择一个较小的 s 相当于使用局部观测建模，拟合的效果会剧烈起伏，相反，当 s 很大时相当于使用所有的观测数据做一个全局拟合。同样可以使用交叉验证来选择 s，或者可以直接给定 s。图 7-10 是用两个不同的 s 值 0.7 和 0.2 分别画出了 Wage 数据的局部线性回归（见彩插）。正如预料的一样，用 $s=0.7$ 得到的拟合的结果比用 $s=0.2$ 得到的结果更光滑。

局部回归的原理可以通过很多方式进行推广。在多变量的情形下，一种比较有用的推广涉及多元线性回归模型，它是对某些变量使用全局回归，另一些变量比如时间则使用局部回归。这种**变系数模型**（varying coefficient model）是一种将模型扩展至最近收集数据上的有效方式。当需要针对一对变量 X_1,X_2 而不是一个变量建模时，局部回归也能很自然地得到推广。只需要简单地使用二维近邻，在二维空间内选择每一个目标点附近的观测点拟合二元线性回归模型。理论上说，这种方法也可以用在高维空间中，比如在 p 维空间做线性拟合。但是，当 p 远大于 3 或 4 时，局部回归的拟合结果就会很差，这是因为这时与 x_0 相邻的观测值较少。在第 3 章中讨论的最近邻回归在高维情况也有类似的问题。

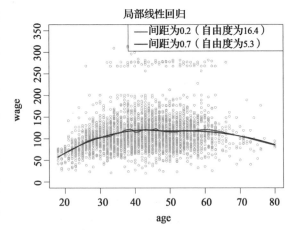

图 7-10　对 Wage 数据拟合局部线性模型。间距表示在目标点进行拟合所使用的数据点的比例

7.7 广义可加模型

7.1~7.6 节介绍了几种基于单个预测变量 X 预测响应变量 Y 的光滑模型。这些模型可以被看作简单线性回归模型的推广。这里我们讨论基于多个变量 $X_1, X_2, \cdots, X_p$ 预测 Y 的光滑模型,这些模型是对多元线性回归的推广。

广义可加模型(generalized additive model,GAM)提供了一种对标准线性模型进行推广的框架,在这个框架中,每一个变量用一个非线性函数替换,同时保持着模型的整体可加性。与线性模型一样,GAM 既可以用于响应变量是定性的情形也可以用于响应变量是定量的情形。我们先在 7.7.1 节中讨论响应变量是定量的情况,之后的 7.7.2 节讨论定性的情况。

7.7.1 用于回归问题的 GAM

为了使模型的响应变量和预测变量之间具有非线性关系,对多元线性回归模型

$$y_i = \beta_0 + \beta_1 x_{i1} + \beta_2 x_{i2} + \cdots + \beta_p x_{ip} + \varepsilon_i$$

一种自然的推广方法是用一个光滑的非线性函数 $f_j(x_{ij})$ 替代 $\beta_j x_{ij}$。于是模型可以重新写成如下形式:

$$\begin{aligned} y_i &= \beta_0 + \sum_{j=1}^{p} f_j(x_{ij}) + \varepsilon_i \\ &= \beta_0 + f_1(x_{i1}) + f_2(x_{i2}) + \cdots + f_p(x_{ip}) + \varepsilon_i \end{aligned} \tag{7.15}$$

这就是 GAM 的一个例子,这个模型称为**可加**(additive)模型,原因之一是对每一个 X_j 对应一个独立的计算单元 f_j,然后将分项计算结果加在一起。

在 7.1~7.6 节中,讨论了许多种拟合单个变量的模型。GAM 的魅力就在于可以将每个单独的函数作为一个基础计算模块来拟合一个可加模型。实际上,将本章中所介绍的大部分方法应用到多变量的模型中并不难。以自然样条为例,假设要对 Wage 数据拟合这样一个模型:

$$\text{wage} = \beta_0 + f_1(\text{year}) + f_2(\text{age}) + f_3(\text{education}) + \varepsilon \tag{7.16}$$

这里的 year 和 age 是定量变量,而 education 是一个可以取五个水平的定性变量。五个水平 <HS, HS, <Coll, Coll, >Coll 指的是某个人高中和大学的履历记录。尝试用自然样条来拟合前两个函数。对于第三个函数,通过 3.3.1 节中介绍的哑变量方法对每一个水平设置一个单独的常量来解决。

图 7-11 是使用最小二乘方法拟合模型式(7.16)的结果。做到这些并不难,因为正如 7.4 节中讨论的那样,自然样条的拟合可以通过选择合适的基函数来实现。因此整个模型就是将样条基变量和哑变量都放在一起的大回归模型,然后全部都整合到一个大的回归矩阵中。

图 7-11 也很容易理解。左图表明,对给定的 age 和 education,wage 会随着 year 的增长略有增长,这可能是受到通货膨胀的影响。中图表明固定 education 和 year,wage 在 age 取中间值时最高,职员很年轻或年纪很大时都是最低值会出现的位置。右图表明固定 year 和 age,wage 随着 education 的提高而增加。平均来说,一个人的受教育水平越高他的工资就越高,这些结果都与直觉是相符的。

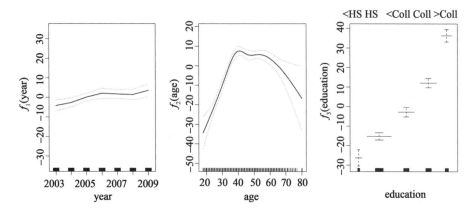

图 7-11 对于 Wage 数据,拟合模型式 (7.16) 并绘出响应变量 wage 与其他预测变量的关系图。每个图同时绘出拟合曲线和逐点标准误差。左图和中图对应 year 和 age 自由度分别为 4 和 5 的自然样条。右图则是对定性变量 education 拟合的阶梯函数

图 7-12 反映的信息与前面三幅图是相似的,但这一次 f_1 和 f_2 分别使用了自由度为 4 和 5 的光滑样条。拟合带光滑样条的 GAM 比拟合带自然样条的 GAM 更复杂一些。这是因为在拟合光滑样条时,不能使用最小二乘法。即便如此,一些标准的软件比如 R 中的 gam() 函数可以使用一种叫作**向后拟合**(backfitting)的方法来拟合带光滑样条的 GAM。这种方法通过循环依次对每个变量更新系数并保持其他系数不变来拟合模型。这种方法的好处在于,每一次更新函数时,只要将拟合方法应用到变量的**部分残差**(partial residual)⊖上。

图 7-11 和图 7-12 的拟合过程非常类似。在大部分情况下,用光滑样条和用自然样条的方法得到的 GAM 的差异其实不大。

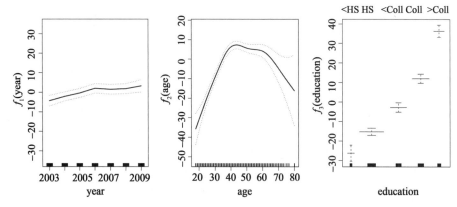

图 7-12 其他细节信息与图 7-11 一样,仅将 f_1, f_2 分别换成自由度为 4 和 5 的光滑样条

⊖ 部分残差指的是,比如要拟合 X_3,当前的模型已经有残差 $r_i = y_i - f_1(x_{i1}) - f_2(x_{i2})$,如果 f_1 和 f_2 已知,可以应用这个残差来对 X_3 建立非线性回归,从而拟合 f_3。

在基础模块的选定上,样条并非 GAM 的唯一选择。局部回归、多项式回归或者本章前面的一些函数的组合都可以用来产生 GAM。在本章最后部分的实验环节,会更详尽地讨论 GAM。

GAM 的优点与不足

在进一步讨论之前,首先来总结一下 GAM 的优点和局限性:

- GAM 模型可以允许对每一个 X_j 都拟合一个非线性 f_j,这样就可自动地对被标准线性回归模型所忽略的非线性关系进行建模。这就意味着不需要手动尝试为每一个变量做许多不同的变换。
- 非线性拟合模型能将响应变量预测得更精准。
- 由于模型是可加的,所以可以在保持其他变量不变的情况下,研究每个变量 X_j 对 Y 的单独影响效果。因此如果对推断感兴趣,那么 GAM 的表达方式同样也适用。
- 针对变量 X_j 的函数 f_j 的光滑性也能通过对自由度的分析得到。
- GAM 模型的主要局限在于模型的形式被限定为可加形式。在多变量的情况下,这类模型通常会忽略有意义的交互项。不过,就像线性回归一样,也可以通过增加形式为 $X_j \times X_k$ 的交互项使得 GAM 也能够表达交互效应。另外可以增加形式为 $f_{jk}(X_j, X_k)$ 的低维交互项,这样的交互项可以应用一些二维光滑方法如局部回归或者二维样条(这里没提到)来拟合。

如果想摆脱形式上的限定,就需要在第 8 章即将讨论的随机森林和提升法之类更为灵活的方法。GAM 可以视为介于线性模型和完全非参数模型之间的一类折中建模方法。

7.7.2 用于分类问题的 GAM

GAM 也可以用于 Y 为定性变量的时候。简单起见,假设 Y 只取 0 或者 1,令 $p(X) = \Pr(Y=1|X)$ 是给定预测变量值时响应变量为 1 的条件概率。回忆式(4.6)的逻辑斯谛回归模型,

$$\log\left(\frac{p(X)}{1-p(X)}\right) = \beta_0 + \beta_1 X_1 + \beta_2 X_2 + \cdots + \beta_p X_p \tag{7.17}$$

这里的**对数发生比**(logit)是发生比 $P(Y=1|X)/P(Y=0|X)$ 的对数,其中式(7.17)表示的是关于预测变量的线性模型。一种自然的推广式(7.17)的方法是应用模型

$$\log\left(\frac{p(X)}{1-p(X)}\right) = \beta_0 + f_1(X_1) + f_2(X_2) + \cdots + f_p(X_p) \tag{7.18}$$

来进行非线性关系的建模。式(7.18)是一个 GAM 逻辑斯谛回归模型。上一节所讨论的响应变量定量时模型的优点和缺点也适用于这类模型。

用 GAM 模型来预测 Wage 数据中个人年收入超过 250 000 美元的可能性。这里拟合的 GAM 的模型是

$$\log\left(\frac{p(X)}{1-p(X)}\right) = \beta_0 + \beta_1 \times \text{year} + f_2(\text{age}) + f_3(\text{education}) \tag{7.19}$$

其中

$$p(X) = \Pr(\text{wage} > 250 | \text{year, age, education})$$

同样，f_2 通过自由度为 5 的光滑样条拟合；通过对 education 的每一个水平构造一个哑变量，用阶梯函数来拟合 f_3。拟合的结果如图 7-13。最后一张图中的结果看起来有点反常，图中显示对于水平< HS 的人群来说收入的置信区间非常宽。但实际的情况是，这个组别内没有可用的观测，也就是说，最高学历里只有高中水平的人的年收入不可能达到 250 000 美元。因此需要删除那些最高学历高中以下的人后重新拟合 GAM 模型。重新拟合模型的结果反映在图 7-14 中，三张图的纵坐标刻度设为一致，这样就能从图形上比较每个变量各自的贡献。从图 7-11 和图 7-12 中可以知道，age 和 education 比 year 对跻身高收入人群有更大的影响。

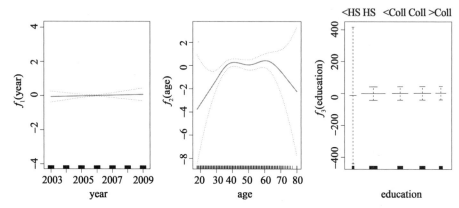

图 7-13　Wage 数据，对二元响应变量 I(wage>250) 拟合 GAM 的逻辑斯谛回归。每一张图都绘制了拟合曲线和标准误差。第一张图是关于 year 的线性函数，第二张是关于 age 自由度为 5 的光滑样条，第三张图是关于 education 的阶梯函数，education 的第一个水平< HS 的标准误差很大

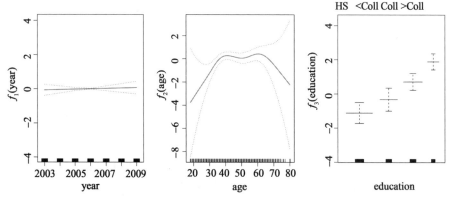

图 7-14　模型的拟合方法与图 7-13 一样，这里的数据中排除了< HS 的观测，如此绘图能够凸显教育水平越高收入越高的趋势

7.8　实验：非线性建模

本节将再现贯穿于本章的 Wage 数据这个分析实例，说明本章所述的非线性拟合模型的计算在 R 中是非常容易实现的。在分析数据之前，首先载入包含所需数据的 ISLR2 库。

```
> library(ISLR2)
> attach(Wage)
```

7.8.1 多项式回归和阶梯函数

现在来看看图 7-1 是怎样产生的。首先使用以下命令来拟合模型

```
> fit<-lm(wage~poly(age,4),data=Wage)
> coef(summary(fit))
                Estimate Std. Error t value Pr(>|t|)
(Intercept)      111.704      0.729  153.28   <2e-16
poly(age, 4)1    447.068     39.915   11.20   <2e-16
poly(age, 4)2   -478.316     39.915  -11.98   <2e-16
poly(age, 4)3    125.522     39.915    3.14   0.0017
poly(age, 4)4    -77.911     39.915   -1.95   0.0510
```

这段代码使用 lm() 函数拟合了 wage 的关于 age 的 4 次多项式模型,即 ploy(age,4),从而达到预测 wage 的目的。poly() 函数的使用避免了编辑带有 age 幂项的烦琐公式。poly() 函数返回的结果是一个矩阵,其每一列都是正交多项式的基,也就是说矩阵的每一列都是 age,age^2,age^3 和 age^4 的线性组合。

当然如果读者希望的话,也能用 poly() 函数来直接估计 age,age^2,age^3 和 age^4。通过在 poly() 函数内加一个 raw= TRUE 的参数就很容易地实现了。后面将看到,这样做对模型没有实质影响——尽管基的选择会影响系数的估计,但是并没有影响到拟合的结果。

```
> fit2 <-lm(wage~poly(age,4,raw=T),data=Wage)
> coef(summary(fit2))
                         Estimate Std. Error t value Pr(>|t|)
(Intercept)              -1.84e+02   6.00e+01   -3.07 0.002180
poly(age, 4, raw = T)1    2.12e+01   5.89e+00    3.61 0.000312
poly(age, 4, raw = T)2   -5.64e-01   2.06e-01   -2.74 0.006261
poly(age, 4, raw = T)3    6.81e-03   3.07e-03    2.22 0.026398
poly(age, 4, raw = T)4   -3.20e-05   1.64e-05   -1.95 0.051039
```

由于 R 的灵活性,在拟合这类模型时可以采用几种等价的表示方法。如

```
> fit2a<-lm(wage~age+I(age^2)+I(age^3)+I(age^4),data=Wage)
> coef(fit2a)
(Intercept)          age        I(age^2)       I(age^3)       I(age^4)
 -1.84e+02      2.12e+01       -5.64e-01       6.81e-03      -3.20e-05
```

这种记法在快速编辑一条语句中定义了一个多项式函数,采用封装函数 I() 将类似于 age^2 这样的项保护起来(公式中的符号^有另外的含义)。

```
> fit2b<-lm(wage~cbind(age,age^2,age^3,age^4),data=Wage)
```

cbind() 函数通过一系列的向量来构造矩阵,这一程式看上去比上一种方式显得更紧凑。调用类似 cbind() 这样的函数时,函数内的表达式也是内封装的。

接下来构造一组 age 值,并调用 predict() 函数进行预测,同时给出相应的标准误差。

```
> agelims <- range(age)
> age.grid <- seq(from=agelims[1],to=agelims[2])
> preds <- predict(fit,newdata=list(age=age.grid),se=TRUE)
> se.bands <- cbind(preds$fit+2*preds$se.fit,preds$fit-2*preds$se.fit)
```

最后画出数据散点图以及用 4 次多项式函数拟合的结果。

```
> par(mfrow=c(1,2),mar=c(4.5,4.5,1,1),oma=c(0,0,4,0))
> plot(age,wage,xlim=agelims,cex=.5,col="darkgrey")
> title("Degree-4 Polynomial",outer=T)
> lines(age.grid,preds$fit,lwd=2,col="blue")
> matlines(age.grid,se.bands,lwd=1,col="blue",lty=3)
```

这里 par() 函数中的 mar 和 oma 参数能调整图的边界，而 title() 函数将产生整个图的标题，该标题不同于每张子图的标题。

前面曾提到过，是否用 poly() 函数生成正交基并不影响模型的拟合结果。这是为什么呢？在两种情况下模型产生的拟合值是相同的。

```
> preds2<-predict(fit2,newdata=list(age=age.grid),se=TRUE)
> max(abs(preds$fit-preds2$fit))
[1] 7.82e-11
```

在采用多项式回归前必须确定多项式的次数。假设检验是确定次数的一种方法。依次拟合线性模型到 5 次多项式模型，然后确定能够解释 wage 和 age 之间关系的最简单的模型。anova() 函数实现方差分析（ANOVA），它可以比较模型 M_1 是不是比一个更复杂的模型 M_2 更好地解释了数据。需要注意的是，在 anova() 函数中 M_1 和 M_2 必须有包含关系，也就是说，M_1 的预测变量集必须是 M_2 的预测变量集的子集。这里同时比较了 5 个不同的模型，根据模型的复杂性，从最简单到最复杂依次列出。

```
> fit.1<-lm(wage~age,data=Wage)
> fit.2<-lm(wage~poly(age,2),data=Wage)
> fit.3<-lm(wage~poly(age,3),data=Wage)
> fit.4<-lm(wage~poly(age,4),data=Wage)
> fit.5<-lm(wage~poly(age,5),data=Wage)
> anova(fit.1,fit.2,fit.3,fit.4,fit.5)
Analysis of Variance Table

Model 1: wage ~ age
Model 2: wage ~ poly(age, 2)
Model 3: wage ~ poly(age, 3)
Model 4: wage ~ poly(age, 4)
Model 5: wage ~ poly(age, 5)
  Res.Df     RSS Df Sum of Sq      F    Pr(>F)
1   2998 5022216
2   2997 4793430  1    228786 143.59   <2e-16 ***
3   2996 4777674  1     15756   9.89   0.0017 **
4   2995 4771604  1      6070   3.81   0.0510 .
5   2994 4770322  1      1283   0.80   0.3697
---
Signif. codes:  0 '***' 0.001 '**' 0.01 '*' 0.05 '.' 0.1 ' ' 1
```

比较线性模型 Model 1 和二次模型 Model 2 的 p 值接近于 0（$<10^{-15}$），这表明线性拟

合的解释力是不够的。类似的二次模型 Model 2 和三次模型 Model 3 的 p 值也很小（0.001 7），也就是说，二次模型同样也是不充足的。Model 3 和 Model 4 的 p 值接近 0.05，而五次模型 Model 5 就不必要了，因为其 p 值为 0.37。因此，三次或者二次多项线性模型能对数据给出一个合理的拟合结果，但更低次或者更高次的模型就不合适了。

在本例中，没有使用 anova() 函数，由于 poly() 产生的是正交多项式，因而 p 值能从五次模型的拟合结果中得到。

```
> coef(summary(fit.5))
                Estimate Std. Error   t value   Pr(>|t|)
(Intercept)      111.70      0.7288  153.2780  0.000e+00
poly(age, 5)1    447.07     39.9161   11.2002  1.491e-28
poly(age, 5)2   -478.32     39.9161  -11.9830  2.368e-32
poly(age, 5)3    125.52     39.9161    3.1446  1.679e-03
poly(age, 5)4    -77.91     39.9161   -1.9519  5.105e-02
poly(age, 5)5    -35.81     39.9161   -0.8972  3.697e-01
```

值得注意的是，这里的 p 值和 anova() 的结果是一样的。原因是这里的 t 统计量和 anova() 函数得到的 F 统计量是一致的，比如

```
> (-11.983)^2
[1] 143.6
```

然而，ANOVA 方法在使用或不使用正交多项式的情况都是有效的。如果模型中有其他项也同样有效。举例来说，应用 anova() 函数可以比较以下三个模型：

```
> fit.1<-lm(wage~education+age,data=Wage)
> fit.2<-lm(wage~education+poly(age,2),data=Wage)
> fit.3<-lm(wage~education+poly(age,3),data=Wage)
> anova(fit.1,fit.2,fit.3)
```

除了使用假设检验和 ANOVA 方法，还能应用第 5 章中讨论的交叉验证方法来选择合适的多项式次数。

下面的任务是预测某位职员的年收入能否超过 250 000 美元。具体做法和前面的例子类似，主要区别在于当应用 glm() 函数以及 family=" binomial" 参数来拟合多项式逻辑斯谛回归模型前，需要生成一个响应向量。

```
> fit<-glm(I(wage>250)~poly(age,4),data=Wage,family=binomial)
```

注意，在这里 I() 函数也被用于生成一个二元响应变量。表达式 wage> 250 的结果是一个仅取两个值 TRUE 和 FALSE 的逻辑变量。在 glm() 中，这一逻辑变量被自然地转换成 0—1，即 TRUE 变成 1，FALSE 变成 0。

类似地，predict() 被用于预测新的结果。

```
> preds<-predict(fit,newdata=list(age=age.grid),se=T)
```

然而，计算置信区间可没有线性回归那么容易。glm() 模型的默认预测类型是 type="link"，这就意味着程序输出的是对数发生比做预测的结果，这就相当于拟合了如下形式的模型：

$$\log\left(\frac{\Pr(Y=1\mid X)}{1-\Pr(Y=1\mid X)}\right) = X\beta$$

而预测的结果则是 $X\hat{\beta}$，标准误差也同样是这种形式。为了得到 $\Pr(Y=1\mid X)$ 的置信区间，使用转换表达式

$$\Pr(Y=1\mid X) = \frac{\exp(X\beta)}{1+\exp(X\beta)}$$

```
> pfit <- exp(preds$fit)/(1+exp(preds$fit))
> se.bands.logit = cbind(preds$fit+2*preds$se.fit, preds$fit-2*
    preds$se.fit)
> se.bands <- exp(se.bands.logit)/(1+exp(se.bands.logit))
```

实际上如果是仅仅为了得到预测的概率，那么使用 `predict()` 函数中的 `type="response"` 就可以了。

```
> preds <- predict(fit,newdata=list(age=age.grid),type="response",
    se=T)
```

但是这种方法得到的置信区间有时是无意义的，因为会有负概率产生。

最后，图 7-1 的右图可以根据以下代码画出。

```
> plot(age,I(wage>250),xlim=agelims,type="n",ylim=c(0,.2))
> points(jitter(age), I((wage>250)/5),cex=.5,pch="|",
    col="darkgrey")
> lines(age.grid,pfit,lwd=2, col="blue")
> matlines(age.grid,se.bands,lwd=1,col="blue",lty=3)
```

图 7-1 的右图以 age 为横坐标，wage 为纵坐标，观测点用灰色标出。处在图上半部分的是 wage 大于 250 的观测，而下半部分的是 wage 小于 250 的观测。为了避免相同的 age 值相互重叠，用 `jitter()` 函数做一点小处理。因此这种类型的图通常被称为**地毯图**（rug plot）。

在拟合 7.2 节中的阶梯函数前，对数据用 `cut()` 做处理。

```
> table(cut(age,4))
(17.9,33.5]    (33.5,49]    (49,64.5]   (64.5,80.1]
       750         1399          779            72
> fit<-lm(wage~cut(age,4),data=Wage)
> coef(summary(fit))
                        Estimate Std. Error t value  Pr(>|t|)
(Intercept)                94.16       1.48   63.79  0.00e+00
cut(age, 4)(33.5,49]       24.05       1.83   13.15  1.98e-38
cut(age, 4)(49,64.5]       23.66       2.07   11.44  1.04e-29
cut(age, 4)(64.5,80.1]      7.64       4.99    1.53  1.26e-01
```

这里 `cut()` 函数自动对年龄变量进行分割点的选择，分割点为 33.5，49，64.5。也可以用 breaks 选项手动对分割点赋值。`cut()` 返回的实际是一个有序分类变量，之后 `lm()` 据此生成一系列回归中的哑变量。age<33.5 被独立出来了，因此截距项就解释成小于 33.5 岁的人的平均年薪是 94 160 美元。其他系数则被解释为相应年龄组的平均年薪。阶梯函数的预测和画图操作都与前面多项式拟合一样做就可以。

7.8.2 样条

R 中 splines 库提供拟合回归样条的函数。在 7.4 节，回归样条是通过构建一个合适的基函数矩阵来拟合的。而 bs() 函数能用来生成针对给定结点的所有样条基函数的矩阵。bs() 默认生成三次样条。以下代码可以方便地实现 wage 对 age 的回归样条。

```
> library(splines)
> fit<-lm(wage~bs(age,knots=c(25,40,60)),data=Wage)
> pred<-predict(fit,newdata=list(age=age.grid),se=T)
> plot(age,wage,col="gray")
> lines(age.grid,pred$fit,lwd=2)
> lines(age.grid,pred$fit+2*pred$se,lty="dashed")
> lines(age.grid,pred$fit-2*pred$se,lty="dashed")
```

这里，结点设定为 25，40 和 60。这样就产生了 6 个样条基函数。（注意有三个结点的三次样条有 7 个自由度，这些自由度通过截距项加 6 个样条基函数来实现。）也可以使用 df 选项将等分分位数点设为样条的结点。

```
> dim(bs(age,knots=c(25,40,60)))
[1] 3000    6
> dim(bs(age,df=6))
[1] 3000    6
> attr(bs(age,df=6),"knots")
  25%  50%  75%
 33.8 42.0 51.0
```

这段代码中，R 选择 33.8，42.0 和 51.0 为结点，它们对应于 age 的 25%，50% 和 75% 分位数。bs() 函数的 degree 参数方便模型自由选择样条的阶数，而不仅仅是使用默认的阶数 degree=3 (即三次样条)。

为了代替拟合自然样条，我们使用 ns() 函数。下面代码拟合了自由度为 4 的自然样条。

```
> fit2<-lm(wage~ns(age,df=4),data=Wage)
> pred2<-predict(fit2,newdata=list(age=age.grid),se=T)
> lines(age.grid, pred2$fit,col="red",lwd=2)
```

与 bs() 函数一样，ns() 函数中的 knots 选项也可以方便地手动确定结点。

光滑样条的拟合用 smooth.splines() 就能实现了，图 7-8 可以用以下代码得到。

```
> plot(age,wage,xlim=agelims,cex=.5,col="darkgrey")
> title("Smoothing Spline")
> fit<-smooth.spline(age,wage,df=16)
> fit2<-smooth.spline(age,wage,cv=TRUE)
> fit2$df
[1] 6.8
> lines(fit,col="red",lwd=2)
> lines(fit2,col="blue",lwd=2)
> legend("topright",legend=c("16 DF","6.8 DF"),
    col=c("red","blue"),lty=1,lwd=2,cex=.8)
```

注意，在这段代码中使用了两次 smooth.spline() 函数。第一次设定 df=16，此时函数确定自由度为 16 的相应的 λ 值。第二次调用，通过交叉验证选择合适的 λ 值，最终得到自由度为 6.8 的 λ。

局部回归的拟合结果用 loess() 函数就能得到。

```
> plot(age,wage,xlim=agelims,cex=.5,col="darkgrey")
> title("Local Regression")
> fit<-loess(wage~age,span=.2,data=Wage)
> fit2<-loess(wage~age,span=.5,data=Wage)
> lines(age.grid,predict(fit,data.frame(age=age.grid)),
    col="red",lwd=2)
> lines(age.grid,predict(fit2,data.frame(age=age.grid)),
    col="blue",lwd=2)
> legend("topright",legend=c("Span=0.2","Span=0.5"),
    col=c("red","blue"),lty=1,lwd=2,cex=.8)
```

设定参数 span=0.2 和 span=0.5，也就是说，局部回归时使用了预测点的邻域分别囊括 20% 和 50% 的数据，得到两个线性模型。span 越大拟合结果越光滑。R 中 locfit 包也可以用于拟合局部回归模型。

7.8.3 GAM

根据式 (7.16)，用 year 和 age 的自然样条函数和 education 作为定性预测变量拟合广义可加模型。因为这可以视作使用了合适的基函数的线性回归模型，因此用 lm() 函数就能得到结果。

```
> gam1<-lm(wage~ns(year,4)+ns(age,5)+education,data=Wage)
```

接下来改用光滑样条而不是自然样条来拟合模型 (7.16)。应用光滑样条或者其他不能表示成基函数的模型和最小二乘法来拟合 GAM 时，R 包 gam 库就派上用场了。

gam 库中的 s() 函数能够用来拟合光滑样条。首先设定 year 的自由度为 4，age 的自由度为 5。由于 education 是一个定性变量，模型自动将其转化成 4 个哑变量而不需要其他处理。接下来，式 (7.16) 中的所有项都在 gam() 函数中同时被估计，并与其他的协变量一起解释响应变量。

```
> library(gam)
> gam.m3 <- gam(wage~s(year,4)+s(age,5)+education,data=Wage)
```

图 7-12 通过 plot() 就简单地画出来了。

```
> par(mfrow=c(1,3))
> plot(gam.m3, se=TRUE,col="blue")
```

实际上通用函数 plot() 能识别出 gam.m3 是类 Gam 的一个对象，因此实际上所使用的函数是 plot.Gam() 方法。即使 gam1 不属于 Gam 类而属于 lm 类，plot.Gam() 同样也可以画出图。图 7-11 就是用这种方法画出的。

```
> plot.Gam(gam1, se=TRUE, col="red")
```

注意这里使用的是 plot.gam() 而不是通用函数 plot()。

在这些图中，关于 year 的函数看起来是线性的。应用一系列 ANOVA 检验，就能确定这三种模型哪个最好：不包含 year 的 GAM(M_1)，包含 year 的线性函数的 GAM(M_2) 以及 year 的样条函数 GAM(M_3)。

```
> gam.m1<-gam(wage~s(age,5)+education,data=Wage)
> gam.m2<-gam(wage~year+s(age,5)+education,data=Wage)
> anova(gam.m1,gam.m2,gam.m3,test="F")
Analysis of Deviance Table

Model 1: wage ~ s(age, 5) + education
Model 2: wage ~ year + s(age, 5) + education
Model 3: wage ~ s(year, 4) + s(age, 5) + education
  Resid. Df Resid. Dev Df Deviance      F  Pr(>F)
1      2990    3711730
2      2989    3693841  1    17889   14.5 0.00014 ***
3      2986    3689770  3     4071    1.1 0.34857
---
Signif. codes:  0 '***' 0.001 '**' 0.01 '*' 0.05 '.' 0.1 ' ' 1
```

很显然，带有 year 线性函数项的模型比不包含 year 项的模型更好（p 值为 0.000 14），但是却没有理由支持 year 的非线性函数项是必需的（p 值为 0.349）。换句话说，ANOVA 的结果显示 $\mathcal{M}_2$ 是最好的。

summary() 函数同样也给出了 gam 拟合的一个统计汇总。

```
> summary(gam.m3)

Call: gam(formula = wage ~ s(year, 4) + s(age, 5) + education,
    data = Wage)
Deviance Residuals:
    Min      1Q  Median      3Q     Max
-119.43  -19.70   -3.33   14.17  213.48

(Dispersion Parameter for gaussian family taken to be 1236)

    Null Deviance: 5222086 on 2999 degrees of freedom
Residual Deviance: 3689770 on 2986 degrees of freedom
AIC: 29888

Number of Local Scoring Iterations: 2

Anova for Parametric Effects
             Df  Sum Sq Mean Sq F value  Pr(>F)
s(year, 4)    1   27162   27162      22 2.9e-06 ***
s(age, 5)     1  195338  195338     158 < 2e-16 ***
education     4 1069726  267432     216 < 2e-16 ***
Residuals  2986 3689770    1236
---
Signif. codes:  0 '***' 0.001 '**' 0.01 '*' 0.05 '.' 0.1 ' ' 1

Anova for Nonparametric Effects
            Npar Df Npar F  Pr(F)
(Intercept)
s(year, 4)        3    1.1   0.35
s(age, 5)         4   32.4 <2e-16 ***
education
---
Signif. codes:  0 '***' 0.001 '**' 0.01 '*' 0.05 '.' 0.1 ' ' 1
```

参数效应的 ANOVA 的 p 值明确显示，即使我们仅考虑线性关系，year、age 和 education 仍然表现出高度的统计显著性。而非参数效应的 year 和 age 的 p 值分别对应着零假设为线性关系而备择假设为非线性关系的比较。year 的 p 值越大表示从 ANOVA 检验中得到的 year 为线性关系的结论越可信。但是，age 的结果却表示非线性关系更适合。

对 Gam 类也可以使用 predict() 方法来预测。以下是在训练集上预测的结果。

```
> preds<-predict(gam.m2,newdata=Wage)
```

局部线性回归也能作为 GAM 模型中的一部分，用 lo() 就很容易实现。

```
> gam.lo<-gam(wage~s(year,df=4)+lo(age,span=0.7)+education,
        data=Wage)
> plot.gam(gam.lo, se=TRUE, col="green")
```

对于局部回归中的 age 项设定 span=0.7。首先应用 lo() 函数产生交互效应，然后应用 gam() 函数来拟合模型。

```
> gam.lo.i<-gam(wage~lo(year,age,span=0.5)+education,
        data=Wage)
```

以上代码拟合了一个包含两项的模型，第一项是用局部回归模型拟合 year 和 age 的交互效应，第二项是定性变量 education。如果 R 中已经安装了 akima 包，就能展现二维曲面拟合结果。

```
> library(akima)
> plot(gam.lo.i)
```

对于逻辑斯谛回归 GAM，同样应用 I() 函数生成二值响应变量，然后设 family=binomial。

```
> gam.lr<-gam(I(wage>250)~year+s(age,df=5)+education,
    family=binomial,data=Wage)
> par(mfrow=c(1,3))
> plot(gam.lr,se=T,col="green")
```

从结果中可以清楚看出在< HS 类中没有高收入者。

```
> table(education,I(wage>250))
                    
education           FALSE TRUE
  1. < HS Grad        268    0
  2. HS Grad          966    5
  3. Some College     643    7
  4. College Grad     663   22
  5. Advanced Degree  381   45
```

因此，拟合逻辑斯谛回归 GAM 时需要剔除这一类。这样才能得到有意义的结果。

```
> gam.lr.s<-gam(I(wage>250)~year+s(age,df=5)+education,family=
    binomial,data=Wage,subset=(education!="1. < HS Grad"))
> plot(gam.lr.s,se=T,col="green")
```

7.9 习题

概念

1. 在本章提到，在 ξ 处有一个结点的三次回归样条能够用形式为 $x, x^2, x^3, (x-\xi)^3_+$ 的基函数得到，如果 $x > \xi$，$(x-\xi)^3_+ = (x-\xi)^3$，否则为 0。接下来要证明无论 $\beta_0, \beta_1, \beta_2, \beta_3, \beta_4$ 取什么值，$f(x) = \beta_0 + \beta_1 x + \beta_2 x^2 + \beta_3 x^3 + \beta_4 (x-\xi)^3_+$ 都是三次回归样条。
   (a) 找出一个三次多项式 $f_1(x) = a_1 + b_1 x + c_1 x^2 + d_1 x^3$，对于任意 $x \leqslant \xi$ 满足 $f(x) = f_1(x)$。用 $\beta_0, \beta_1, \beta_2, \beta_3, \beta_4$ 表示 a_1, b_1, c_1, d_1。
   (b) 找出一个三次多项式 $f_2(x) = a_2 + b_2 x + c_2 x^2 + d_2 x^3$，对于任意 $x > \xi$ 满足 $f(x) = f_2(x)$。用 $\beta_0, \beta_1, \beta_2, \beta_3, \beta_4$ 表示 a_2, b_2, c_2, d_2。这样就将 $f(x)$ 表示成一个分段多项式了。
   (c) 证明当 $f(x)$ 在 ξ 处连续时，$f_1(\xi) = f_2(\xi)$。
   (d) 证明当 $f'(x)$ 在 ξ 处连续时，$f'_1(\xi) = f'_2(\xi)$。
   (e) 证明当 $f''(x)$ 在 ξ 处连续时，$f''_1(\xi) = f''_2(\xi)$。
   这样就证明了 $f(x)$ 是三次样条。
   提示：(d) 和 (e) 的证明需要应用单变量微积分知识。举例来说，三次多项式 $f_1(x) = a_1 + b_1 x + c_1 x^2 + d_1 x^3$ 的一阶导数是 $f'_1(x) = b_1 + 2c_1 x + 3d_1 x^2$，而二阶导数则是 $f''_1(x) = 2c_1 + 6d_1 x$。

2. 假设曲线 $\hat{g}$ 是由式子 $\hat{g} = \arg\min_g \left(\sum_{i=1}^n (y_i - g(x_i))^2 + \lambda \int [g^{(m)}(x)]^2 dx \right)$ 光滑拟合 n 个点得到的，其中 $g^{(m)}$ 是 g 的 m 阶导数（$g^{(0)} = g$）。请举例说明如下情形下的 $\hat{g}$。
   (a) $\lambda = \infty$，$m = 0$
   (b) $\lambda = \infty$，$m = 1$
   (c) $\lambda = \infty$，$m = 2$
   (d) $\lambda = \infty$，$m = 3$
   (e) $\lambda = 0$，$m = 3$

3. 应用基函数 $b_1(X) = X$，$b_2(X) = (X-1)^2 I(X \geqslant 1)$ 拟合曲线。[注意，当 $X \geqslant 1$ 时，$I(X \geqslant 1)$ 等于 1，否则为 0。] 拟合线性回归模型
$$Y = \beta_0 + \beta_1 b_1(X) + \beta_2 b_2(X) + \varepsilon$$
得到系数 $\hat{\beta}_0 = 1$，$\hat{\beta}_1 = 1$，$\hat{\beta}_2 = -2$。画出 $X = -2$ 和 $X = 2$ 之间的拟合曲线。注意使用截距、斜率和其他相关信息。

4. 根据基函数 $b_1(X) = I(0 \leqslant X \leqslant 2) - (X-1)I(1 \leqslant X \leqslant 2)$，$b_2(X) = (X-3)I(3 \leqslant X \leqslant 4) + I(4 < X \leqslant 5)$ 拟合曲线。[注意，当 $X \geqslant 1$ 时，$I(X \geqslant 1)$ 等于 1，否则为 0。] 拟合线性回归模型
$$Y = \beta_0 + \beta_1 b_1(X) + \beta_2 b_2(X) + \varepsilon$$
得到系数 $\hat{\beta}_0 = 1$，$\hat{\beta}_1 = 1$，$\hat{\beta}_2 = 3$。画出 $X = -2$ 和 $X = 2$ 之间的拟合曲线。注意使用截距、斜率和其他相关信息。

5. 考虑通过以下式子定义的两条曲线 $\hat{g}_1$，$\hat{g}_2$

$$\hat{g}_1 = \arg\min_g \Big(\sum_{i=1}^n (y_i - g(x_i))^2 + \lambda \int [g^{(3)}(x)]^2 \mathrm{d}x\Big)$$

$$\hat{g}_2 = \arg\min_g \Big(\sum_{i=1}^n (y_i - g(x_i))^2 + \lambda \int [g^{(4)}(x)]^2 \mathrm{d}x\Big)$$

其中 $g^{(m)}$ 表示 g 的 m 阶导数。

(a) 当 $\lambda \to \infty$ 时，$\hat{g}_1$ 和 $\hat{g}_2$，哪一个的训练 RSS 更小？

(b) 当 $\lambda \to \infty$ 时，$\hat{g}_1$ 和 $\hat{g}_2$，哪一个的测试 RSS 更小？

(c) 当 $\lambda = 0$ 时，$\hat{g}_1$ 和 $\hat{g}_2$，哪一个的训练 RSS 更小，哪一个的测试 RSS 更小？

应用

6. 在本习题中，本章使用的 Wage 数据会得到更细致的分析。

    (a) 应用多项式回归，用 age 预测 wage。用交叉验证法选择多项式的最优阶数 d。回答以下问题：最终选择的阶数是多少，用 ANOVA 假设检验的结果如何。最后画出数据拟合曲线图。

    (b) 应用阶梯函数拟合，用 age 预测 wage。选择分割的方法是交叉验证。最后画出拟合曲线图。

7. 本章中 Wage 数据集还包含一些其他没有使用的特征，如 maritl（婚姻状况），jobclass（工作类型）等。探索这些预测变量和 wage 之间的关系，并应用非线性模型更光滑地拟合数据。对所得的结果作图并总结你的分析发现。

8. 应用本章中讨论的非线性模型来拟合 Auto 数据集，看看能否发现数据集中存在非线性关系的证据。同时画出图来佐证你的观点。

9. 本题中使用 Boston 数据集中的两个变量：一个是 dis（到波士顿五个就业中心的加权平均距离），另一个变量是 nox（每十万分之一的氮氧化物颗粒浓度）。将 dis 作为预测变量，nox 作为响应变量。

    (a) 用 poly() 函数对 dis 和 nox 拟合三次多项式回归模型。输出回归结果并画出数据点及拟合曲线。

    (b) 尝试不同阶数（如，从 1 到 10）的多项式模型拟合数据，画出拟合结果，同时画出相应的残差平方和曲线。

    (c) 应用交叉验证或者其他方法选择合适的多项式模型的阶数并解释你的结果。

    (d) 用 bs() 函数对 dis 和 nox 拟合回归样条，并输出自由度为 4 时的结果。同时阐述选择结点的过程，最后画出拟合曲线。

    (e) 尝试一组不同的自由度拟合回归样条，同时画出拟合曲线图和相应的 RSS，并解释你得到的结果。

    (f) 应用交叉验证或者其他方法选择合适的回归样条模型的自由度并解释结果。

10. 本题使用 College（大学）数据集。

    (a) 将 out-of-state tuition（州外学费）作为响应变量，其他变量作为预测变量。使用逐步回归得到一组合适的预测变量的子集。

(b) 将观测数据分成训练集和测试集。在训练集上拟合 GAM 模型，将 out-of-state tuition 作为响应变量，逐步回归得到的结果作为预测变量。画出拟合结果，并解释你的发现。

(c) 在测试集上评价前面得到的模型，并解释结果。

(d) 如果有的话，观察哪些变量和响应变量有非线性关系。

11. 7.7 节曾提及 GAM 模型是用向后拟合的方法来求解的。蕴含在向后拟合中的思想实际上很简单。下面应用多元线性模型来研究向后拟合。

　　假设要拟合多元线性回归模型，但没有软件可以完成这一任务。不过，手上有软件可以拟合一元线性回归。因此，采用以下循环方法：除一个系数之外保持其他系数不变，使用简单线性回归参数拟合方法得到这个系数，然后依次循环所有系数。整个过程一直循环至收敛，也就是直到所有系数都不再发生变化为止。

　　接下来在一个简单的例子上尝试这一方法。

(a) 随机产生一个响应变量 Y 和两个预测变量 X_1，X_2，观测数目为 $n=100$。

(b) 随机选择一个数来初始化 $\hat{\beta}_1$，至于数字是多少不必太在意。

(c) 保持 $\hat{\beta}_1$ 不变，拟合模型

$$Y - \hat{\beta}_1 X_1 = \beta_0 + \beta_2 X_2 + \varepsilon$$

可以用以下代码：

```
> a<-y-beta1*x1
> beta2<-lm(a~x2)$coef[2]
```

(d) 保持 $\hat{\beta}_2$ 不变，拟合模型

$$Y - \hat{\beta}_2 X_2 = \beta_0 + \beta_1 X_1 + \varepsilon$$

可以用以下代码：

```
> a<-y-beta2*x2
> beta1<-lm(a~x1)$coef[2]
```

(e) 写一个 for 循环重复（c）和（d）1 000 次。输出每一次 $\hat{\beta}_0$, $\hat{\beta}_1$, $\hat{\beta}_2$ 的估计结果。画出这些值的曲线，以不同颜色来标记 $\hat{\beta}_0$, $\hat{\beta}_1$, $\hat{\beta}_2$。

(f) 将（e）中所得的结果与多元线性回归用 X_1 和 X_2 预测 Y 的拟合结果做比较。用 abline() 函数来覆盖（e）中得到的系数估计结果。

(g) 最后，在本数据中，思考向后迭代多少次才能得到对多元线性回归模型较好的近似结果呢？

12. 本题是上一个习题的推广。在一个 $p=100$ 的简单例子中，证明多元线性回归的系数能够通过不断向后拟合的迭代过程得到近似。同时，回答需要迭代多少次才能得到一个较好的系数估计的近似结果？画图来佐证你的答案。

第 8 章 基于树的方法

本章将介绍**基于树**（tree-based）的回归和分类方法，这些方法主要根据**分层**（stratifying）和**分割**（segmenting）的方式将预测变量空间划分为一系列简单区域。对某个给定待预测的观测值，用它所属区域中训练集的响应值的均值或众数对其进行预测。由于划分预测变量空间的分裂规则可以被概括为一棵树，所以这类方法被称为**决策树**（decision tree）方法。

基于树的方法简便且易于解释。但预测准确性通常低于第 6 章和第 7 章介绍的监督学习方法。本章还将介绍**装袋法**（bagging）、**随机森林**（random forest）、**提升法**（boosting），以及贝叶斯加性回归树（Bayesian additive regression tree），它们都是先建立多棵树，再将这些树综合，最后根据表决产生预测。我们将看到，将大量的树集成后会极大地提升预测准确性，虽然与此同时会损失一些解释性。

8.1 决策树基本原理

决策树在回归问题和分类问题中都有用武之地。下面先介绍回归树，再介绍分类树。

8.1.1 回归树

为引入回归树（regression tree），首先从一个简单的例子开始。

用回归树预测棒球运动员薪水

使用 Hitters 数据集，根据变量 Years（年数）和 Hits（上一年的击球数）预测棒球运动员的 Salary。首先剔除 Salary 值有缺失的观测数据，并对 Salary 变量做对数变换，使其分布曲线更接近典型的钟形分布。（薪水 Salary 以千美元为单位。）

图 8-1 表示了该数据集对应的回归树。它是由从树顶端开始的一系列分裂规则构成的。顶部分裂点将年数 Years<4.5 的观测值分配到左边的分支⊖。符合 Years<4.5 的运动员的薪水的均值即为他们的薪水预测值。这部分运动员的平均对数化薪水是 5.107，所以薪水预测值是 $e^{5.107}$（单位：千美元），即 165 174 美元。而 Years>=4.5 的观测值被分到右边的分支后，再根据 Hits 的取值进一步细分。总体来说，这棵树将运动员归入三个预测变量空间：效力 4 年及以下的，效力 5 年以上（包括 5 年）且在上一年击出少于 118 安打的，效力 5 年以上（包括 5 年）且上一年击出少于 118 安打的。这三个区域可以记为 $R_1 = \{X | \text{Years}<4.5\}, R_2 = \{X | \text{Years}>=4.5, \text{Hits}<117.5\}, R_3 = \{X | \text{Years}>=4.5, \text{Hits}>=117.5\}$。

⊖ 本数据集中的 Years 和 Hits 都是整数变量；R 中的函数 tree() 可以在两个临近点之间的中点处标出分裂点。

图 8-2 将这些区域表示为 Years 和 Hits 的函数。这三组的薪水预测值分别是 $1\,000\times e^{5.107}=165\,174$,$1\,000\times e^{5.999}=402\,834$ 和 $1\,000\times e^{6.740}=845\,346$(单位:美元)。

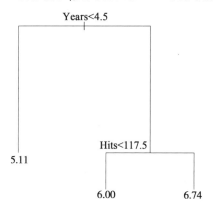

图 8-1 基于 Hitters 数据集的回归树,根据运动员在职业棒球大联盟效力的年数和上一年击球安打数预测运动员的对数薪水。内部节点上的标记(形式为 $X_j<t_k$)表示的是从这个分裂点发散出的左分支,右侧的分支则对应 $X_j\geqslant t_k$。以这棵树为例,树顶部的分裂点产生出两个大分支。左边的分支对应效力于职业棒球大联盟的年数 Years<4.5,右边的分支对应效力于职业棒球大联盟的年数 Years>=4.5。这棵树有两个内部节点和三个终端节点(树叶)。每个树叶上的数字表示落在这个树叶处观测值的平均响应值

与自然界中的树类似,区域 R_1、R_2 和 R_3 称为树的**终端节点**(terminal node)或**树叶**(leaf)。如图 8-1 所示,决策树通常是从上到下绘制的,树叶位于树的底部。沿树将预测变量空间分开的点称为**内部节点**(internal node)。在图 8-1 中,文字 Years< 4.5 和 Hits< 117.5 标示出了两个内部节点。树内部各个节点的连接部分称为**分支**(branch)。

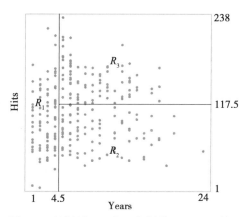

图 8-2 根据图 8-1 的回归树将 Hitters 数据集划分成三个区域

图 8-1 中的回归树解读如下:Years 是决定 Salary 的最重要因素,和有经验的运动员相比,经验少的运动员薪水更低。如果一名运动员效力年数少,那么他前一年的击球数对薪水几乎没有影响。但对在联盟效力 5 年及以上的运动员来说,前一年的击球数对薪水是有影响的,对他们来说,去年完成更多击球的人往往会得到更高的薪水。图 8-1 中的回归树或许是对变量 Years,Hits 和 Salary 之间真实关系的一种过度简化。但相对于其他形式的回归模型(见第 3 章和第 6 章),它的优势在于解释起来更简便,且能很好地用图形来表示。

通过特征空间分层预测

建立回归树的过程大致可以分为两步。

(1) 将预测变量空间（即 $X_1, X_2, \cdots, X_p$ 的可能取值构成的集合）分割成 J 个互不重叠的区域 $R_1, R_2, \cdots, R_J$。

(2) 对落入区域 R_j 的每个观测值做同样的预测，预测值等于 R_j 上训练集的响应值的简单算术平均。

举个例子，若在第一步中得到两个区域 R_1 和 R_2，R_1 上训练集的平均响应值为 10，R_2 上训练集的平均响应值为 20。那么，对给定的观测值 $X=x$，若 $x \in R_1$，给出的预测值为 10，若 $x \in R_2$，则预测值为 20。

现在详细说明上面的第一步。如何构建区域 $R_1, R_2, \cdots, R_J$？理论上，区域的形状是任意的，但出于模型简化和增强可解释性的考虑，这里将预测变量空间划分成高维矩形，或称**盒子**（box）。划分区域的目标是找到使模型的残差平方和 RSS 最小的矩形区域 $R_1, R_2, \cdots, R_J$。RSS 的定义为

$$\sum_{j=1}^{J} \sum_{i \in R_j} (y_i - \hat{y}_{R_j})^2 \tag{8.1}$$

上式中的 $\hat{y}_{R_j}$ 是第 j 个矩形区域中训练集的平均响应值。遗憾的是，要想考虑将特征空间划分为 J 个矩形区域的所有可能性，在计算上是不可行的。因此一般采用一种**自上而下**（top-down）的**贪婪**（greedy）方法：**递归二叉分裂**（recursive binary splitting）。"自上而下"指的是从树的顶端（在此处，所有观测值都属于同一个空间）开始依次分裂预测变量空间，每个分裂点都产生两个新的分支。"贪婪"意指在建立树的每一步中，**最优**（best）分裂确定仅限于这一步进程，而不是针对全局去选择那些能够在未来进程中构建出更好的树的分裂点。

在执行递归二叉分裂时，先选择预测变量 X_j 和分割点 s，将预测变量空间分为两个区域 $\{X | X_j < s\}$ 和 $\{X | X_j \geqslant s\}$，使 RSS 尽可能地减小。（$\{X | X_j < s\}$ 表示 X_j 的取值小于 s 的观测值所在的区域。）也就是说，考虑所有预测变量 $X_1, X_2, \cdots, X_p$ 和与每个预测变量对应的 s 的所有取值，然后选择预测变量和分割点，使构造出的树具有最小的 RSS。更详细地，对 j 和 s，定义一对半平面：

$$R_1(j,s) = \{X | X_j < s\} \quad \text{和} \quad R_2(j,s) = \{X | X_j \geqslant s\} \tag{8.2}$$

寻找 j 和 s，使下式取得最小值：

$$\sum_{i:x_i \in R_1(j,s)} (y_i - \hat{y}_{R_1})^2 + \sum_{i:x_i \in R_2(j,s)} (y_i - \hat{y}_{R_2})^2 \tag{8.3}$$

上式中的 $\hat{y}_{R_1}$ 是 $R_1(j,s)$ 中训练集的平均响应值，$\hat{y}_{R_2}$ 是 $R_2(j,s)$ 中训练集的平均响应值。使式 (8.3) 最小的 j 和 s 可以很快找到，尤其是当特征数 p 不太大的时候。

重复上述步骤，寻找继续分割数据集的最优预测变量和最优分割点，使随之产生的区域中的 RSS 达到最小。此时被分割的不再是整个预测变量空间，而是之前确定的两个区域之一。如此一来就能得到 3 个区域。接着进一步分割 3 个区域之一以最小化 RSS，这一过程不断持续，直到符合某个停止准则；譬如，当所有区域包含的观测值个数都不大于 5 时，

分裂停止。

区域 $R_1, R_2, \cdots, R_J$ 产生后，就可以确定某一给定测试数据所属的区域，并用这一区域的训练集平均响应值对其进行预测。

一个将预测变量空间划分为五个区域的例子如图 8-3 所示（见彩插）。

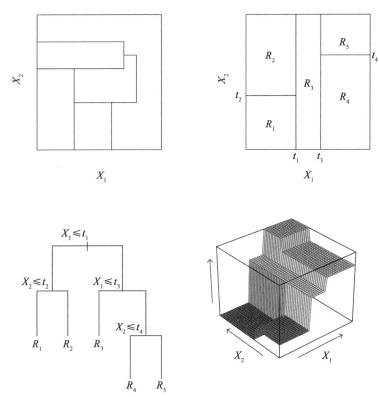

图 8-3　左上：一种不能由递归二叉分裂得到的二维特征空间划分。右上：二维例子中的递归二叉分裂结果。左下：右上图对应的回归树。右下：回归树所对应的预测平面的透视图

树的剪枝

上述方法会在训练集中取得良好的预测效果，却很有可能造成数据的过拟合，导致在测试集上效果不佳。原因在于这种方法产生的树可能过于复杂。一个分裂点更少、规模更小（区域 $R_1, R_2, \cdots, R_J$ 的个数更少）的树会有更小的方差和更好的可解释性（以增加微小偏差为代价）。针对上述问题，一种可能的解决办法是：仅当分裂使残差平方和 RSS 的减小量超过某阈值时，才分裂树节点。这种策略能生成较小的树，但可能产生过于短视的问题，一些起初看来不值得的分裂后面可能产生非常好的分裂，也就是说，在下一步中，RSS 大幅减小。

因此，更好的策略是生成一个很大的树 T_0，然后通过**剪枝**（prune）得到**子树**（subtree）。如何剪枝最好？直观上看，剪枝的目的是选出使测试集预测误差最小的子树。子树的测试误差可以通过交叉验证或验证集来估计。但由于可能的子树数量极其庞大，对每一

个子树都用交叉验证来估计误差太过复杂。因此需要从所有可能的子树中选出一小部分再进行考虑。

代价复杂性剪枝（cost complexity pruning）——也称**最弱链接剪枝**（weakest link pruning）——可以完成这一任务。这种方法不是考虑每一个可能的子树，而是考虑以非负调整参数 α 标记的一系列子树。每一个 α 的取值对应一个子树 $T \subset T_0$，当 α 一定时，其对应的子树使下式最小：

$$\sum_{m=1}^{|T|} \sum_{i: x_i \in R_m} (y_i - \hat{y}_{R_m})^2 + \alpha |T| \tag{8.4}$$

这里的 $|T|$ 表示树 T 的终端节点数，R_m 是第 m 个终端节点对应的矩形（预测向量空间的一个子集），$\hat{y}_{R_m}$ 是与 R_m 对应的预测值，也就是 R_m 中训练集的平均值。调整系数 α 在子树的复杂性和子树与训练数据的拟合度之间控制权衡。当 $\alpha=0$ 时，子树 T 等于原树 T_0，因为此时式（8.4）只度量了训练误差。而当 α 增大时，终端节点数多的树将为它的复杂性付出代价，所以使式（8.4）取到最小值的子树会变得更小。由式（8.4）可以联想到第 6 章式（6.7）中的 lasso，在那一节中，有一个相似的公式被用来控制线性模型的复杂性。

在式（8.4）中，当 α 从 0 开始逐渐增加时，树枝以一种嵌套的、可预测的模式被修剪，因此获得与 α 对应的所有子树序列是很容易的。可以用交叉验证或验证集确定 α，然后在整个数据集中找到与之对应的子树。算法 8.1 概括了这一过程。

算法 8.1　建立回归树

---

1. 利用递归二叉分裂在训练集中生成一个大树，只有当终端节点包含的观测值个数低于某个最小值时才停止。
2. 对大树进行代价复杂性剪枝，得到一系列最优子树，子树是 α 的函数。
3. 利用 K 折交叉验证选择 α。具体做法是将训练集分为 K 折。对所有 $k=1,2,\cdots,K$，有：
   (a) 对训练集上所有不属于第 k 折的数据重复步骤 1 和步骤 2，得到与 α 一一对应的子树。
   (b) 求出上述子树在第 k 折上的均方预测误差。
   上述操作结束后，每个 α 会有相应的 K 个均方预测误差，对这 K 个值求平均，选出使平均误差最小的 α。
4. 找出选定的 α 值在步骤 2 中对应的子树即可。

图 8-4 和图 8-5 展现了在 Hitters 数据集上生成和修剪回归树所得的结果。首先，将数据集随机分为两半，训练集中包含 132 个观测值，测试集中包含 131 个观测值。然后在训练集上建立一个很大的回归树，再取式（8.4）中不同的 α 值，得到终端节点数各不相同的子树。最后用 6 折交叉验证法估计交叉验证的均方误差（MSE），均方误差是 α 的函数。（因为 132 是 6 的整数倍，所以交叉验证的折数为 6。）图 8-4 显示的是未剪枝的回归树。图 8-5 中的绿色曲线将 CV（cross validation，交叉验证）误差表示为树叶数的函数⊖，橙色曲线代表测试均方误差（见彩插）。图中还绘制了均方误差周围的标准误差带。作为参考，黑色曲线代表训练误差。CV 误差是对测试误差的一种合理估计：当终端节点数为 3 时 CV 误差达到最小，此时测试误差也呈现出显著的下降趋势（虽然终端节点数为 10 时它才达到最小值）。

⊖ 虽然 CV 误差是作为 α 的函数计算的，但也能表示成树叶数 $|T|$ 的函数；这一表示的改变基于 α 与 $|T|$ 的关系，而这是由在整个训练集需要建立一个怎样的树所决定的。

剪枝后的树见图 8-1，它包含三个终端节点。

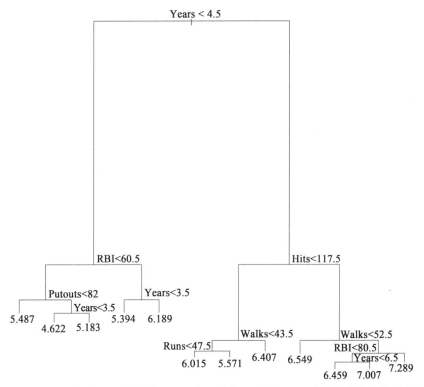

图 8-4　Hitters 数据集的回归树分析。图为训练集上由递归二叉分裂生成的未剪枝的树

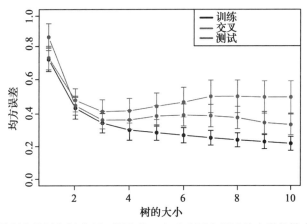

图 8-5　Hitters 数据集的回归树分析。训练集、交叉验证和测试均方误差被表示为剪枝后终端节点数的函数。标准误差带也标在图中。当终端节点数为 3 时，CV 误差最小

8.1.2　分类树

分类树（classification tree）和回归树十分相似，它们的区别在于：分类树被用于预测

定性变量而非定量变量。在回归树中，对一给定观测值，响应预测值取它所属的终端节点内训练集的平均响应值。与之相对，对分类树来说，给定观测值被预测为它所属区域内的训练集中**最常出现的类**（most commonly occurring class）。在解释分类树的结果时，我们不仅对特定终端节点对应的预测类感兴趣，也关注落入此区域的训练集中各个类所占的比例。

分类树的构造过程和回归树也很像。与回归树一样，分类树采用递归二叉分裂。但在分类树中，RSS 无法作为确定二叉分裂点的准则。一个很自然的替代指标是**分类错误率**（classification error rate）。既然要将给定区域内的观测值都分到此区域的训练集上最常出现的类中，那么分类错误率的定义为：此区域的训练集中非最常见类所占的比例。其表达式如下：

$$E = 1 - \max_k(\hat{p}_{mk}) \tag{8.5}$$

上式中的 $\hat{p}_{mk}$ 代表第 m 个区域的训练集中第 k 类所占比例。但事实证明，分类错误率这一指标在构建树时不够敏感。在实践中，另外两个指标更有优势。

基尼系数（Gini index）定义如下：

$$G = \sum_{k=1}^{K} \hat{p}_{mk}(1 - \hat{p}_{mk}) \tag{8.6}$$

它度量的是 K 个类别的总方差。不难发现，如果所有 $\hat{p}_{mk}$ 的取值都接近 0 或 1，基尼系数会很小。因此基尼系数被视为度量节点**纯度**（purity）的指标——如果它较小，就意味着某个节点包含的观测值几乎都来自同一类。

可以替代基尼系数的指标是**熵**（entropy），定义如下：

$$D = -\sum_{k=1}^{K} \hat{p}_{mk} \log \hat{p}_{mk} \tag{8.7}$$

由 $0 \leqslant \hat{p}_{mk} \leqslant 1$，可知 $0 \leqslant -\hat{p}_{mk} \log \hat{p}_{mk}$。显然，如果所有 $\hat{p}_{mk}$ 取值都接近 0 或 1，熵接近 0。因此，与基尼系数类似，如果第 m 个节点纯度较高，则熵值较小。事实上，基尼系数和熵在数值上是相当接近的。

在建立分类树的过程中，无论基尼系数还是熵通常都用于度量某特定分裂点的分类质量，因为与分类错误率相比，这两种方法对节点纯度更敏感。上述三种方法都可以用于树的剪枝，不过若想追求较高的预测准确性，最好选择分类错误率。

图 8-6 显示了基于 Heart（心脏）数据集的一个例子（见彩插）。数据中包含一个关于 303 位有胸痛症状的病人的二元变量 HD（是否患病）。Yes 表示经血管造影诊断，病人患有心脏病，No 表示未患心脏病。预测变量有 13 个，包括 Age（年龄）、Sex（性别）、Chol（胆固醇指标）和其他一些心肺功能指标。根据交叉验证，最终得到一个有 6 个终端节点的树。

在此前的讨论中，一直假定预测变量是连续的。然而当预测变量为定性变量时，也可以建立决策树。以 Heart 数据集为例，变量 Sex、Thal（Thallium 压力测试）和 ChestPain（胸痛）都是定性的。因此，在这些变量上的分裂点意味着将定性变量的某些值分到一个分支，将其余值分到另一个分支。图 8-6 中，某些内部拆分节点对应着对定性变量的分割。举例来说，顶部节点表示分割变量 Thal。Thal：a 表示其左侧分支由 Thal 的第一个值（正常）的观测值构成，而右侧分支则由非左侧的观测值（既可以是固定的值，也可以是其他值）构成。ChestPain:bc 拆分出的左侧分支由变量 ChestPain 第二个或第三个值的观测构成，ChestPain 可能的取值有：典型心绞痛、非典型心绞痛、非心疼痛、无临床症状。

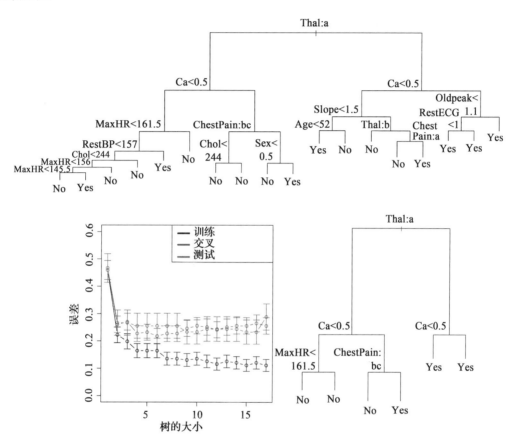

图 8-6 Heart 数据集。上：未剪枝的树。左下：剪枝后不同规模的树对应的交叉验证误差、训练误差和测试误差。右下：根据交叉验证误差最小化剪枝的树

图 8-6 出现了一些看似匪夷所思的结果：某些分裂点产生的两个终端节点具有相同的预测值。例如位于未剪枝的树右下端的分裂点 RestECG<1。无论 RestECG 取何值，对这些观测值的预测都是 Yes。这些结果存在的意义在于增加该节点的纯度。也就是说，在右侧叶节点内，全部 9 个观测值的响应值均为 Yes，而左侧叶节点中，响应值为 Yes 的观测值只占 7/11。那么，节点纯度的重要性何在？假设某测试数据属于右侧叶节点划出的区域，那么就可以相当肯定地认为它的响应值是 Yes。但如果测试数据属于左侧区域，虽然响应值很有可能还是 Yes，但此时不确定性却大大增加了。分裂点 RestECG<1 的存在显然不是为了降低分类错误，它的存在是为了对基尼系数和熵这两个对节点纯度更为敏感的指标产生积极影响。

8.1.3 树与线性模型的比较

回归树和分类树与第 3 章和第 4 章介绍的传统回归和分类非常不同。具体而言，线性回归假设了如下的模型形式：

$$f(X) = \beta_0 + \sum_{j=1}^{P} X_j \beta_j \tag{8.8}$$

而回归树模型的形式为：

$$f(X) = \sum_{m=1}^{M} c_m \cdot 1_{(X \in R_m)} \tag{8.9}$$

式（8.9）中的 $R_1, R_2, \cdots, R_M$ 表示特征空间的划分，如图 8-3 所示。

这两种模型哪一种更好，这要视具体情况而定。如果预测变量和响应变量间的关系能很好地用式（8.8）中的线性模型来拟合，那么线性回归通常有不错的预测效果，拟合效果将优于不能揭示这种线性结构的回归树。反之，若预测变量和响应变量的关系如式（8.9）所示，呈现出复杂的高度非线性，那么树方法则比传统方法略胜一筹。图 8-7（见彩插）中的例子可以很好地说明这个问题，可以采用交叉验证或验证集（第 5 章）估计树方法和传统方法的测试误差，比较二者的优劣。

当然，测试误差之外的其他因素也会影响模型选择，例如在特定情况下，出于可解释性和可视化考虑而选择树方法。

8.1.4 树的优缺点

与第 3 章和第 4 章中的传统方法相比，用于回归和分类的决策树有很多优点。
- 决策树解释性强，在解释性方面甚至比线性回归更方便。
- 有人认为与传统的回归和分类方法相比，决策树更接近人的决策模式。
- 树可以用图形表示，非专业人士也可以轻松解释（尤其是当树的规模较小时）。
- 树可以直接处理定性预测变量而不需要创建哑变量。
- 遗憾的是，树的预测准确性一般无法达到其他回归和分类方法的水平。
- 此外，树模型通常缺乏稳健性。这意味着，即使数据中的细微变动，也可能导致最终构建的树模型出现显著的调整。

不过，通过用装袋法、随机森林和提升法等方法组合大量决策树，可以显著提升树的预测效果。下一节将介绍这些内容。

8.2 装袋法、随机森林、提升法和贝叶斯加性回归树

集成（ensemble）方法是一种将许多简单的"积木式"模型结合起来，以获得一个可能非常强大的单一模型的方法。这些简单的构件模型有时被称为**弱学习器**（weak learner），因为它们本身可能导致平庸的预测。

下面将介绍的装袋法、随机森林、提升法和贝叶斯加性回归树都是集成方法，其中的每个简单构件都是一个回归树模型或分类树模型。

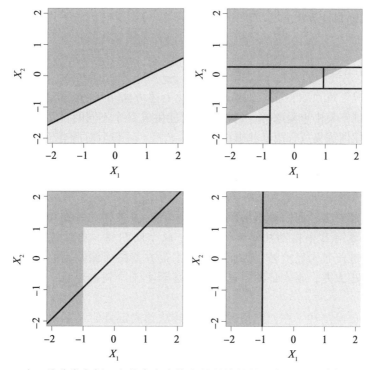

图 8-7 上：一个二维分类实例，它的真实决策边界是线性的，由阴影区域标出。假定了线性边界的传统方法（左图）比用平行线划分区域的决策树（右图）效果更好。下：这里的真实决策边界是非线性的。此时线性模型没有捕捉到真实的决策边界（左图），决策树则相当成功（右图）

8.2.1 装袋法

第 5 章中介绍的自助法是一种很有效的方法。它适用于许多很难甚至无法直接计算变量标准差的场合。这里将看到，自助法可以被应用到完全不同的情境中，对统计学习方法（比如决策树）进行改进。

8.1 节中提到的决策树有**高方差**（high variance）。这意味着如果把训练集随机分成两部分，对这两个子集分别建立回归树，可能得到截然不同的两个树。相反，若将一个低方差的学习方法反复应用到不同的数据集上，则会得到相似的结果；当 n 与 p 的比值适中时，线性回归往往有较低的方差。本节将介绍一种减小统计学习方法方差的通用做法，叫作**自助法聚集**（bootstrap aggregation），或称**装袋法**（bagging），它在决策树情境下效果很好，颇为常用。

回忆前文，给定 n 个独立观测值 $Z_1, Z_2, \cdots, Z_n$，每个观测值的方差都是 σ^2，它们的均值 $\bar{Z}$ 的方差为 σ^2/n。也就是说，对一组观测值求平均可以减小方差。因此，要减小某种统计学习方法的方差从而增加预测准确性，有一种很自然的方法：从总体中抽取多个训练集，对每个训练集分别建立预测模型，再对由此得到的多个预测值求平均。换言之，可以

用 B 个独立的训练集计算出 $\hat{f}^1(x), \hat{f}^2(x), \cdots, \hat{f}^B(x)$，对它们求平均，以得到如下的低方差统计学习模型：

$$\hat{f}_{\text{avg}}(x) = \frac{1}{B}\sum_{b=1}^{B}\hat{f}^b(x)$$

显然，在一般情况下难以取得多个训练集，因此上述方法不可行。但自助法可以作为替代，即从某个单一的训练集中重复取样。这样一来就能生成 B 个不同的自助抽样训练集。接下来，用第 b 个自助抽样训练集拟合模型并求得预测值 $\hat{f}^{*b}(x)$，最后对所有预测值求平均得：

$$\hat{f}_{\text{bag}}(x) = \frac{1}{B}\sum_{b=1}^{B}\hat{f}^{*b}(x)$$

这就是装袋法。

装袋法可以改善多种回归模型的预测效果，它对决策树尤其有用。要将装袋法应用到回归树中，只需要用 B 个自助抽样训练集构造 B 个回归树，再计算相应预测值的平均即可。这些树根深叶茂且未经剪枝。因此每个树都是方差高而偏差小的。对这 B 个树的拟合值求平均可以减小方差。事实证明，通过成百甚至上千个树的组合，装袋法能大幅提升预测准确性。

至此，上文已经描述了在回归情况下用装袋法预测定量的 Y 的过程。那么当 Y 为定性变量时，如何将装袋法推广到分类问题中？最简单的办法如下：对一个给定的测试值，记录 B 个树各自给出的预测类别，然后采取**多数投票**（majority vote）：将 B 个预测中出现频率最高的类作为总体预测。

图 8-8 显示了用装袋法树预测 Heart 数据集的结果（见彩插）。测试误差率被表示成 B 的函数，B 是由自助抽样训练集建立的树的个数。这里装袋法的测试误差率略低于单个树的测试误差率。树的个数 B 并不是一个对装袋法起决定作用的参数，B 值很大时也不会产生过拟合。在实践中，我们取足够大的 B 值，使误差能够稳定下来。在这个例子里，令 $B=100$ 就足以得到很好的预测效果。

袋外误差估计

事实上，有一种无须使用交叉验证就能直接估计装袋模型测试误差的方法。回忆前文可知，装袋法的关键是用自助法得到观测值的若干子集，并对它们建立相应的树。可以证明，平均每个树能利用约三分之二的观测值[⊖]。对一个特定的树来说，剩余三分之一没有使用的观测值被称为此树的**袋外**（out-of-bag，OOB）观测值。可以用所有将第 i 个观测值作为 OOB 的树来预测第 i 个观测值的响应值。这样，便会生成约 $B/3$ 个对第 i 个观测值的预测。我们可以对这些预测响应值求平均（回归情况下）或执行多数投票（分类情况下），得到第 i 个观测值的一个 OOB 预测。用这种方法可以求出每个观测值的 OOB 预测，根据这些就可以计算总体的 OOB 均方误差（对回归问题）或分类误差（对分类问题）。由此得到的 OOB 误差是对装袋法模型测试误差的有效估计。图 8-8 展现了 Heart 数据集的 OOB 误差。事实证明，当 B 足够大时，OOB 误差实质上与留一法交叉验证误差是等价的。在大

⊖ 参见第 5 章的习题 2。

数据集上使用装袋法时，使用交叉验证会让计算变得相当麻烦，此时用 OOB 方法估计测试误差特别方便。

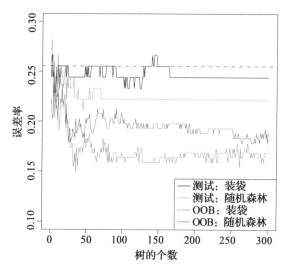

图 8-8 基于 Heart 数据集的装袋法和随机森林结果。测试误差率（黑色线和橙色线）被表示为 B 的函数，B 是自助抽样训练集的个数。随机森林的参数取 $m = \sqrt{p}$。虚线表示单个分类树的测试误差率。绿色和蓝色曲线表示 OOB 误差率，在本例中它明显低于测试误差率

变量重要性的度量

如前所述，与单个树相比，装袋法通常能提高预测的准确性。但遗憾的是，由此得到的模型可能难以解释。回忆前文可知，决策树的优点之一是它能得到漂亮且易于解释的图形，如图 8-1 所示。然而，当大量的树被装袋后，就无法仅用一个树展现相应的统计学习过程，也不清楚哪些变量在分类过程中最为重要。因此，装袋法对预测准确性的提升是以牺牲解释性为代价的。

即使装袋法树的集合比单个树解释数据要困难得多，也可以用 RSS（针对装袋法回归树）或基尼系数（针对装袋法分类树）对各预测变量的重要性做出整体概括。在装袋回归树建模过程中，可以记录下任一给定预测变量引发的分裂而减小的 RSS［见式 (8.1)］的总量，对每个减小总量在所有 B 个树上取平均。结果值越大则说明预测变量越重要。同样的道理，在装袋法分类树建模过程中，可以对某一给定的预测变量在一个树上因分裂而使基尼系数的减小［见式 (8.6)］量加总，再取所有 B 个树的平均。

Heart 数据集的**变量重要性**（variable importance）见图 8-9。从图中可以看到每个变量对基尼系数的平均减小值（相对于使基尼系数减小最多的变量）。使基尼系数平均减小最多的变量是 Thal、Ca 和 ChestPain。

8.2.2 随机森林

随机森林（random forest）通过对树做去相关处理，实现了对装袋法树的改进。在随

机森林中需要对自助抽样训练集建立一系列决策树,这与装袋法类似。不过,在建立这些决策树时,每考虑树上的一个分裂点,都要从全部的 p 个预测变量中选出一个包含 m 个预测变量的随机样本作为候选变量。这个分裂点所用的预测变量只能从这 m 个变量中选择。在每个分裂点处都重新进行抽样,选出 m 个预测变量,通常 $m \approx \sqrt{p}$,也就是说,每个分裂点所考虑的预测变量的个数约等于预测变量总数的平方根(例如 Heart 数据集共有 13 个预测变量,则取 $m=4$)。

换言之,在建立随机森林的过程中,对树上的每一个分裂点来说,算法将大部分可用的预测变量排除在考虑范围之外。这听起来可能有些疯狂,但它的基本原理是很巧妙的。假设数据集中有一个很强的预测变量和其他一些中等强度的预测变量。那么在装袋法树的集合中,大多(甚至可能是所有)树都会将最强的预测变量用于顶部分裂点。这造成所有的装袋法树看起来都很相似。因为这些装袋法树中的预测变量是高度相关的。问题是,与对不相关的量求平均相比,对许多高度相关的量求平均带来的方差减小程度是无法与前者相提并论的。具体而言,在这种情况下,这意味着装袋法与单个树相比不会带来方差的明显降低。

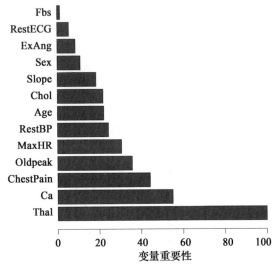

图 8-9 Heart 数据集的变量重要性图。变量重要性是根据基尼系数的平均减少量计算出的,用与最大值的相对数值来表达

随机森林通过强迫每个分裂点仅考虑预测变量的一个子集,克服了这一困难。如此一来有平均 $(p-m)/p$ 的分裂点甚至连最强的预测变量也不去考虑,所以其他预测变量就有更多的机会。这一过程可以被认为是对树**去相关**(decorrelate),这样得到的树的平均值有更小的方差,因而树的可信度也更高。

装袋法和随机森林最大的不同在于预测变量子集的规模 m。举个例子,若取 $m=p$ 建立随机森林,其实等同于建立装袋法树。在 Heart 数据集上,用 $m=\sqrt{p}$ 构建随机森林会使测试误差和 OOB 误差同时降低(见图 8-8)。

当许多预测变量相关时,取较小的 m 值建立随机森林通常很有效。我们对一组包含 4 718 个基因的表达量的高维生物学数据应用随机森林,这些基因来自 349 位病人的组织样本。人类有大约 20 000 个基因,每个基因在特定的细胞、组织和生理环境中有不同程度的表达。在这个数据集中,每个病人样本含有一个定性变量,此变量有 15 个不同的水平:正常或 14 种不同癌症中的一种。分析的目标是用随机森林方法,在训练集上根据 500 个方差最大的基因预测癌症种类。

将观测值随机分为训练集和测试集两部分,并用三个不同的 m 值在训练集上建立随机森林,m 是可用于分裂的变量的个数。结果显示在图 8-10 中(见彩插)。单个树的分类误差率是 45.7%，初始错误率[⊖]为 75.4%。可以看到，用 400 个树构建随机森林就足以得到很好的预测效果，另外，较之装袋法（$m=p$），本例中选择的 $m=\sqrt{p}$ 使测试误差得到了小小的改善。随机森林和装袋法一样，不会因为 B 的增大而造成过拟合，所以在实践中应取足够大的 B，使分类误差率能降低到一个稳定的水平。

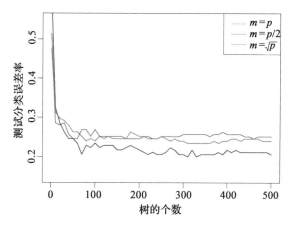

图 8-10 15 类基因表达数据集的随机森林结果，数据集含有 $p=500$ 个预测变量。测试误差率被表示为树的个数的函数。每条线对应 m 的不同取值，m 是每个内部分割点可用的预测变量数目。随机森林（$m<p$）的预测效果略优于装袋法（$m=p$）。单个分类树的分类错误率是 45.7%

8.2.3 提升法

下面讨论另一种提升决策树预测效果的方法：**提升法**（boosting）。与装袋法类似，提升法也是一种通用方法，能改进许多用于解决回归或分类问题的统计学习方法。这里仅关注提升法在决策树中的应用。

回忆前文，装袋法利用自助抽样创建初始训练集的多个副本，再对每个副本建立决策树，最后将这些树结合起来建立一个预测模型。值得注意的是，每一个树都建立在一个自助抽样数据集之上，与其余树独立。提升法也采用相似的方式，只是这里的树都是**顺序**（sequentially）生成的：每个树的构建都需要用到之前生成的树中的信息。提升法中并不包含自助抽样的步骤；每个树是根据原始数据集的某一修正版本，而非自助抽样训练集生成的。

首先考虑回归情形。与装袋法类似，提升法将众多决策树 $\hat{f}^1,\cdots,\hat{f}^B$ 结合。提升法的具体步骤见算法 8.2。

算法 8.2 对回归树应用提升法

1. 对训练集中的所有的 i，令 $\hat{f}(x)=0$，$r_i=y_i$。
2. 对 $b=1,2,\cdots,B$ 重复以下过程：

[⊖] 初始错误率源于简单地把所有观测值统一分到在总体中出现次数最多的类中，本例中这一类别是 normal（正常）。

(a) 对训练数据 (X, r) 建立一个有 d 个分裂点（$d+1$ 个终端节点）的树 $\hat{f}^b$。

(b) 将压缩后的新树加入模型以更新 $\hat{f}$：

$$\hat{f}(x) \leftarrow \hat{f}(x) + \lambda \hat{f}^b(x) \tag{8.10}$$

(c) 更新残差：

$$r_i \leftarrow r_i - \lambda \hat{f}^b(x_i) \tag{8.11}$$

3. 输出经过提升的模型：

$$\hat{f}(x) = \sum_{b=1}^{B} \lambda \hat{f}^b(x) \tag{8.12}$$

这一过程背后的理论依据是什么？提升法与生成一个大规模的决策树不同，生成大树意味着**对数据的严格契合**（fitting a data hard）和可能的过拟合，而提升法则是一种**舒缓**（learning slowly）的训练模型的方法。我们用现有模型的残差生成决策树。也就是说，将现有残差而不是结果 Y 作为响应值。然后再把这个新生成的树加到相应的函数式（8.11）中以更新残差。算法中的参数 d 控制着树的规模，通过对 d 的调整，所有这些树都可以变得更小，只有少数终端节点。通过对残差生成小型的树，在 $\hat{f}$ 效果不佳的地方进行改进。压缩参数 λ 允许更多不同结构的树改变残差，它的存在让学习过程进一步变慢。一般而言，学习舒缓的统计学习方法往往有较好的预测效果。与装袋法不同，提升法中每个树的建立都在很大程度上依赖已有的树。

上面介绍了生成提升回归树的过程。提升分类树的生成与之相似但更加复杂，这里不做详述。

提升方法有三个调整参数：

(1) 树的总数 B。与装袋法和随机森林不同，如果 B 值过大，提升法可能出现过拟合，不过即使出现过拟合，其发展也很缓慢。我们用交叉验证来选择 B。

(2) 取极小正值的压缩参数 λ。它控制着提升法的学习速度。λ 通常取 0.01 或 0.001，合适的取值视具体问题而定。若 λ 值很小，则需要很大的 B 才能获得良好的预测效果。

(3) 每个树的分裂点数 d，它控制着整个提升模型的复杂性。用 $d=1$ 构建模型通常能得到极佳效果，此时每个树都是一个**树桩**（stump），仅由一个分裂点构成。这种情况下的提升法整体与加性模型相符，因为每个树只包含一个变量。更多情况下，d 表示**交互深度**（interaction depth），它控制着提升模型的交互顺序，因为 d 个分裂点最多包含 d 个变量。

在图 8-11 中，对 15 类癌症基因表达数据集使用提升法，以得到能从 14 类癌症中识别出正常水平的分类器（见彩插）。将测试误差表示为树总数和交互深度 d 的函数。若树的数量足够多，则交互深度为 1 的树桩在预测中效果很好。这个模型的预测效果优于深度为 2 的模型，它们都优于随机森林模型。这一事实突出了提升法和随机森林的一个不同点：提升法需要的树往往更小，因为生成一个特定的树需要考虑其他已有的树。用更小的树还有助于提高模型的可解释性，例如，用树桩会得到加性模型。

8.2.4 贝叶斯加性回归树

最后讨论贝叶斯加性回归树（Bayesian additive regression tree，简称 BART），这是另

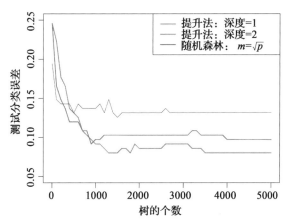

图 8-11 提升法和随机森林在 15 类基因表达数据集上的预测结果。测试误差表示为树的个数的函数。比较两个提升模型（均取 $\lambda=0.01$）的预测效果，深度为 1 模型的略优于深度为 2 的模型，二者均优于随机森林，虽然低至 0.02 左右的标准误差使这些区别并不显著。单个树的测试误差率是 24%

一种以决策树为组件的集成方法。为了简单起见，这里将 BART 用于回归，而不是分类。

回忆前文，装袋法和随机森林是通过回归树的平均值进行预测的，而每个回归树都是使用随机的数据样本和（或）预测变量建立的，且建立过程均与其他树独立。相比之下，提升法使用了树的加权和，其中每个树都是通过对当前总体残差进行拟合来构建的，每一个新的树都会试图捕捉当前树组尚未考虑到的信号。BART 与这两种方法都有关系：每个树都是以随机的方式构建的，这与装袋法和随机森林的做法一致；每个树都会试图捕捉当前模型尚未考虑到的信号，这一点与提升法一致。BART 的主要创新之处在于生成新树的方式。

在介绍 BART 算法之前，需要先定义一些符号。K 表示回归树的数量，B 表示 BART 算法迭代的次数，$\hat{f}_k^b(x)$ 表示在第 b 次迭代中第 k 个回归树对 x 的预测结果。在每次迭代的最后，对 K 棵回归树的结果求和，即对于 $b=1,2,\cdots,B$，有 $\hat{f}^b(x)=\sum_{k=1}^{K}\hat{f}_k^b(x)$。

在 BART 算法的第一次迭代中，所有树都被初始化为单个的根节点，输出为响应变量的均值除以树的总数，即有 $\hat{f}_k^1(x)=\frac{1}{nK}\sum_{i=1}^{n}y_i$。因此，$\hat{f}^1(x)=\sum_{k=1}^{K}\hat{f}_k^1(x)=\frac{1}{n}\sum_{i=1}^{n}y_i$。

在接下来的迭代中，BART 会对 K 个树依次进行更新。在第 b 次迭代中，为了更新第 k 个树，BART 对响应变量减去除了第 k 个树外所有树的预测值来计算**偏残差**（partial residual）。即对于第 i 个观测样本，$i=1,2,\cdots,n$，有

$$r_i = y_i - \sum_{k'<k}\hat{f}_{k'}^b(x_i) - \sum_{k'>k}\hat{f}_{k'}^{b-1}(x_i)$$

BART 并没有使用一个新树来拟合偏残差，而是从一组可能的扰动中随机选择一种扰动，并施加到上一次迭代的树（$\hat{f}_k^{b-1}$）中。BART 倾向于选择那些能够更好地拟合偏残差

的扰动。这类扰动包含以下两种形式：

（1）通过增枝或剪枝改动树的结构。

（2）改动树的终端节点的预测值。

图 8-12 给出了一个树可能遇到的扰动的例子。

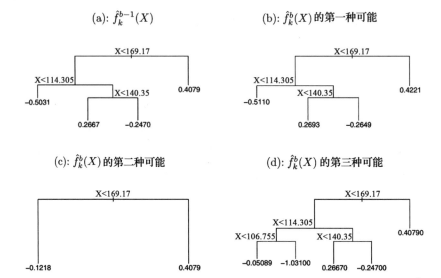

图 8-12　BART 算法中受到扰动的树的示意图。(a)：第 $b-1$ 次迭代中的第 k 个树，即 $\hat{f}_k^{b-1}(X)$。(b)~(d) 显示了在给定 $\hat{f}_k^{b-1}(X)$ 的前提下，$\hat{f}_k^b(X)$ 的多种可能结果中的三种。(b)：一种可能性是 $\hat{f}_k^b(X)$ 具有与 $\hat{f}_k^{b-1}(X)$ 相同的结构，但在终端节点有不同的预测值。(c)：另一种可能性是 $\hat{f}_k^b(X)$ 是由 $\hat{f}_k^{b-1}(X)$ 剪枝得到的。(d)：$\hat{f}_k^b(X)$ 也有可能比 $\hat{f}_k^{b-1}(X)$ 有更多的终端节点

BART 的输出是预测模型的集合，即对于 $b=1,2,\cdots,B$，

$$\hat{f}^b(x) = \sum_{k=1}^{K} \hat{f}_k^b(x)$$

BART 算法通常会舍弃这些预测模型中的前几个，因为在早期的迭代 [被称为**预热**（burn-in）] 中得到的模型往往不能提供很好的结果。让 L 表示预热的迭代次数；例如，可以取 $L=200$。然后，为了得到一次预测，只需要在预热后取均值，$\hat{f}(x) = \frac{1}{B-L} \sum_{b=L+1}^{B} \hat{f}^b(x)$。除此之外，还可以计算均值以外的指标。例如，$\hat{f}^{L+1}(x), \cdots, \hat{f}^B(x)$ 的分位数提供了最终预测的不确定性的度量。算法 8.3 对 BART 的算法流程进行了总结。

BART 算法的关键在于，在步骤 3(a)ii 中，BART 没有用新树对当前的偏残差进行拟合，而是试图通过略微修改前一次迭代中获得的树来更好地拟合当前的偏残差（见图 8-12）。一般而言，这可以防止过拟合，因为它限制了在每次迭代中**严格**（hard）契合数据的程度。此外，单个树通常是相当小的。限制树的大小是为了避免过度拟合数据。如果建立非常大

的树,就更有可能发生过拟合现象。

图 8-13 展示了 Heart(心脏病)数据集上 BART 的结果(见彩插)。其中,BART 使用了 $K=200$ 个树,迭代次数为 10 000。在最初的迭代过程中,测试误差和训练误差会有一些波动。经过最初的预热之后,误差率就会逐渐稳定。我们注意到训练误差和测试误差之间只有很小的差别。这说明树的扰动在很大程度上避免了过拟合。

图 8-13 中还展示了提升法的训练误差和测试误差。可以看出,提升法的测试误差接近 BART 的测试误差,但是随着迭代次数的增加,测试误差开始上升。此外,随着迭代次数的增加,提升法的训练误差在下降,这表明提升法对训练数据进行了过拟合。

虽然 BART 算法的细节超出了本书的讨论范围,但是事实证明,它可以被看作一种拟合树群的**贝叶斯**方法:每次 BART 随机扰动一个树以拟合偏残差时,实际上是在从**后验**(posterior)分布中抽取一个新树。(这种贝叶斯式的联系就是算法取名为 BART 的动机。)此外,算法 8.3 可以被看作拟合 BART 模型的**马尔可夫链蒙特卡罗**(Markov chain Monte Carlo)算法。

在应用 BART 的时候,必须选择树的数量 K、迭代次数 B 和预热的迭代次数 L。通常 B 和 K 会选择大的值,而 L 选择一个适中的值:例如,$K=200$,$B=1\,000$,$L=100$ 就是一个合理的选择。BART 已被证明具有非常好的开箱即用的性质,也就是说,它在极小的改动下就能有良好的表现。

算法 8.3　贝叶斯加性回归树

1. 令 $\hat{f}_1^1(x) = \hat{f}_2^1(x) = \cdots = \hat{f}_K^1(x) = \frac{1}{nK}\sum_{i=1}^{n} y_i$。
2. 计算 $\hat{f}^1(x) = \sum_{k=1}^{K} \hat{f}_k^1(x) = \frac{1}{n}\sum_{i=1}^{n} y_i$
3. 对 $b=2,\cdots,B$ 重复以下过程:
    (a) 对 $k=1,2,\cdots,K$ 重复以下过程:
        i. 对 $i=1,2,\cdots,n$,计算当前的偏残差:
        $$r_i = y_i - \sum_{k'<k} \hat{f}_{k'}^b(x_i) - \sum_{k'>k} \hat{f}_{k'}^{b-1}(x_i)$$
        ii. 通过随机扰动上一次迭代中的第 k 个树 $\hat{f}_k^{b-1}(x)$,对 r_i 拟合一个新树 $\hat{f}_k^b(x)$。更倾向于选择提升拟合效果的扰动。
    (b) 计算 $\hat{f}^b(x) = \sum_{k=1}^{K} \hat{f}_k^b(x)$。
4. 计算预热 L 次迭代后的均值:
$$\hat{f}(x) = \frac{1}{B-L}\sum_{b=L+1}^{B} \hat{f}^b(x)$$

8.2.5　树的集成方法的总结

由于决策树的灵活性和具备处理混合类型(即定性和定量)预测因子的能力,树是一类在集成方法中备受欢迎的弱学习器。本章介绍了四种拟合树集成的方法:装袋法、随机森林、提升法和 BART。

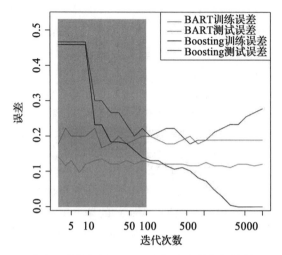

图 8-13 对 Heart（心脏病）数据集用 BART 和提升法训练的结果，图中展示了各类方法的训练误差和测试误差。在经过 100 次迭代的预热（以灰色显示）后，BART 的误差率稳定下来。提升法在几百次迭代后开始过度拟合

- 在**装袋法**（bagging）中，树是在观测值的随机样本上独立生成的。所以这些树彼此之间会比较相似。因此，装袋法可能会陷入局部最优状态，无法彻底搜索模型空间。
- 在**随机森林**（random forest）算法中，树也是在观测值的随机样本上独立生成的。然而，每个树上的每一次分裂都是使用随机的特征子集进行的，因此它去除了树之间的相关性。相对于装袋法来说，随机森林对模型空间的探索更加彻底。
- 在**提升法**（boosting）中，算法只使用了原始数据而没有抽取随机样本。树是连续生成的，使用了一种"舒缓"的学习方法：每个新的树都拟合了先前生成的树留下的信号，并且这些信号在使用前被适当压缩。
- 在 BART 中，算法也仅利用原始数据连续地生成树。然而，每个树都进行了扰动，从而避免了取到局部最小值，并实现了对模型空间更彻底的探索。

8.3 实验：决策树

8.3.1 构建分类树

加载 tree 包以建立分类树和回归树。

```
> library(tree)
```

首先用分类树分析 Carseats（座椅）数据集。由于数据中的 Sales（销量）是一个连续变量，所以需要将它记为二元变量。用函数 ifelse() 创建一个名为 High（高销量）的变量，若 Sales 的值大于 8，变量 High 就取 Yes，否则取 No。

```
> library(ISLR2)
> attach(Carseats)
> High <- factor ifelse(Sales <=8,"No","Yes"))
```

最后用函数 data.frame() 将变量 High 与 Carseats 数据集中的其他数据合并。

> Carseats<-data.frame(Carseats,High)

现在用函数 tree() 建立分类树，用除 Sales 之外的所有变量预测 High。函数 tree() 的语法与函数 lm() 类似。

> tree.carseats<-tree(High~.-Sales,Carseats)

函数 summary() 列出了用于生成终端节点的所有变量、终端节点个数和（训练）误差率。

```
> summary(tree.carseats)

Classification tree:
tree(formula = High ~ . - Sales, data = Carseats)
Variables actually used in tree construction:
[1] "ShelveLoc"   "Price"       "Income"      "CompPrice"
[5] "Population"  "Advertising" "Age"         "US"
Number of terminal nodes:  27
Residual mean deviance:  0.4575 = 170.7 / 373
Misclassification error rate: 0.09 = 36 / 400
```

可知训练误差率是 9%。函数 summary() 输出的分类树偏差由下式给出：
$$-2\sum_m \sum_k n_{mk} \log \hat{p}_{mk}$$
这里的 n_{mk} 是第 m 个终端节点处属于第 k 类的观测值的个数。这与式 (8.7) 中定义的熵紧密相关。偏差小说明一个树很好地拟合了（训练）数据。输出的平均残差是用偏差除以 $(n-|T_0|)$ 得到的，在这里为 $400-27=373$。

树最吸引人的特点之一就是它可以用图形表示。用函数 plot() 显示树的结构，用函数 text() 显示节点标记。参数 pretty= 0 使 R 输出所有定性预测变量的类名称，而不是仅仅展示各个类的首字母。

> plot(tree.carseats)
> text(tree.carseats,pretty=0)

对 Sales 最重要的指标应该是货架位置，因为第一个分支就将 Good 位置与 Bad 和 Medium 位置进行了区分。

如果只输入树对象的名字，R 会输出树的每个分支的结果。R 将分裂规则（例如 Price<92.5）、这一分支上的观测值的数量、偏差、这一分支的整体预测（Yes 或 No）和这一分支中取 Yes 和 No 的观测值的比例都显示出来。引出终端节点的分支用星号标出。

```
> tree.carseats
node), split, n, deviance, yval, (yprob)
      * denotes terminal node
 1) root 400 541.5 No ( 0.590 0.410 )
   2) ShelveLoc: Bad,Medium 315 390.6 No ( 0.689 0.311 )
     4) Price < 92.5 46  56.53 Yes ( 0.304 0.696 )
       8) Income < 57 10  12.22 No ( 0.700 0.300 )
```

为合理评价分类树在这个数据集上的分类效果，必须估计测试误差，而不是仅仅计算训练误差。将所有观测值分为训练集和测试集两部分，用训练集建立分类树，在测试集上评估此树的预测效果。可以用函数 predict() 完成这一任务。在分类树情况下,参数 type="class" 使 R 返回真实的预测类别。这种方法能对测试集上约 71.5% 的数据做出正确预测。

```
> set.seed(2)
> train<-sample(1:nrow(Carseats), 200)
> Carseats.test<-Carseats[-train,]
> High.test<-High[-train]
> tree.carseats<-tree(High~.-Sales,Carseats,subset=train)
> tree.pred<-predict(tree.carseats,Carseats.test,type="class")
> table(tree.pred,High.test)
         High.test
tree.pred No  Yes
      No  104  33
      Yes  13  50
> (104+50)/200
[1] 0.77
```

接下来,考虑剪枝能否改进预测结果。用函数 cv.tree() 执行交叉验证以确定最优的树复杂性,用成本复杂性剪枝选择要考虑的一系列树。选择对象属性 FUN=prune.misclass 表明,用分类误差率而不是函数 cv.tree() 的默认值偏差来控制交叉验证和剪枝过程。函数 cv.tree() 给出了所考虑的每个树的终端节点个数(size)、相应的分类误差率,以及使用的成本复杂性参数值(k,对应图 8-4 中的 α)。

```
> set.seed(7)
> cv.carseats <- cv.tree(tree.carseats, FUN = prune.misclass)
> names(cv.carseats)
[1] "size"   "dev"    "k"      "method"
> cv.carseats
$size
[1] 21 19 14  9  8  5  3  2  1
$dev
[1] 75 75 75 74 82 83 83 85 82
$k
[1]  -Inf   0.0   1.0   1.4   2.0   3.0   4.0   9.0  18.0
$method
[1] "misclass"
attr(,"class")
[1] "prune"          "tree.sequence"
```

注意,与其变量名不同,dev 此时对应的是交叉验证误差率。当终端节点数为 9 时,交叉验证误差率最低,共有 74 个交叉验证误差。我们画出误差率对 size 和 k 的函数。

```
> par(mfrow=c(1,2))
> plot(cv.carseats$size,cv.carseats$dev,type="b")
> plot(cv.carseats$k,cv.carseats$dev,type="b")
```

用函数 prune.misclass() 剪枝以得到有 9 个节点的树。

```
> prune.carseats <-prune.misclass(tree.carseats,best=9)
> plot(prune.carseats)
> text(prune.carseats,pretty=0)
```

剪枝后的树在测试集上的效果如何?再一次使用函数 predict()。

```
> tree.pred<-predict(prune.carseats,Carseats.test,type="class")
> table(tree.pred,High.test)
         High.test
tree.pred No Yes
      No  97  25
      Yes 20  58
> (97+58)/200
[1] 0.775
```

现在 77.5% 的测试观测被分到正确的类中，所以剪枝过程不仅生成了一个更易于解释的树，而且提高了分类准确性。

如果增大 best 的值，剪枝后的树会更大，同时分类正确率也更低。

```
> prune.carseats<-prune.misclass(tree.carseats,best=14)
> plot(prune.carseats)
> text(prune.carseats,pretty=0)
> tree.pred<-predict(prune.carseats,Carseats.test,type="class")
> table(tree.pred,High.test)
         High.test
tree.pred No Yes
      No 102  31
      Yes 15  52
> (102+52)/200
[1] 0.77
```

8.3.2 构建回归树

这里用 Boston 数据集建立回归树。首先，创建训练集并根据训练数据生成树。

```
> set.seed(1)
> train <- sample(1:nrow(Boston), nrow(Boston) / 2)
> tree.boston <- tree(medv ~ ., Boston, subset = train)
> summary(tree.boston)
Regression tree:
tree(formula = medv ~ ., data = Boston, subset = train)
Variables actually used in tree construction:
[1] "rm"    "lstat" "crim"  "age"
Number of terminal nodes:  7
Residual mean deviance:  10.4 = 2550 / 246
Distribution of residuals:
    Min. 1st Qu.  Median    Mean 3rd Qu.    Max.
 -10.200  -1.780  -0.177   0.000   1.920  16.600
```

注意，summary() 的输出结果意味着在创建树时只用了四个变量。在回归树情况下，偏差是树的预测值的平方误差的简单相加。现在画出这个树。

```
> plot(tree.boston)
> text(tree.boston,pretty=0)
```

变量 lstat（社区财富水平）代表社会经济地位低的个体所占比例。而 rm 则代表的是平均房间数。树形图揭示了一个趋势：房间数 rm 越多或者 lstat 值越低，通常意味着房价更高。具体来说，当 rm 的值达到或超过 7.553 时，模型预测的普查区房价中位数约为 45 400 美元。

值得注意，我们可以通过在函数 `tree()` 中输入 `control=tree.control (nobs= length (train), mindev=0)` 拟合一个更大的树。

用函数 `cv.tree()` 观察剪枝是否提升了树的预测效果。

```
> cv.boston<-cv.tree(tree.boston)
> plot(cv.boston$size,cv.boston$dev,type="b")
```

在本例中，最复杂的树是由交叉验证选出的。但如果我们希望对树剪枝，可以用函数 `prune.tree()`：

```
> prune.boston<-prune.tree(tree.boston,best=5)
> plot(prune.boston)
> text(prune.boston,pretty=0)
```

为了与交叉验证的结果相符，用未剪枝的树对测试集进行预测。

```
> yhat<-predict(tree.boston,newdata=Boston[-train,])
> boston.test<-Boston[-train,"medv"]
> plot(yhat,boston.test)
> abline(0,1)
> mean((yhat-boston.test)^2)
[1] 35.29
```

换句话说，回归树的测试均方误差是 35.29。因此均方误差的平方根是 5.941，这意味着这个模型的测试预测值与真实房价的中位数之差在 5 941 美元之内。

8.3.3 装袋法和随机森林

这里用 R 中的 randomForest 包在 Boston 数据集上实现装袋法和随机森林。所得到的具体结果取决于 randomForest 包和 R 的具体版本。回忆前文，装袋法是随机森林在 $m=p$ 时的一种特殊情况。因此函数 `randomForest()` 既可以用来实现随机森林，也可以执行装袋法。应用装袋法如下：

```
> library(randomForest)
> set.seed(1)
> bag.boston<-randomForest(medv~.,data=Boston,subset=train,
    mtry=12,importance=TRUE)
> bag.boston

Call:
 randomForest(formula = medv ~ ., data = Boston, mtry = 12,
     importance = TRUE,      subset = train)
               Type of random forest: regression
                     Number of trees: 500
No. of variables tried at each split: 12

        Mean of squared residuals: 11.40
                  % Var explained: 85.17
```

参数 `mtry=12` 意味着树上的每一个分裂点都应该考虑全部 12 个预测变量，也就是说，应该执行装袋法。那么，装袋法模型在测试集上效果如何呢？

```
> yhat.bag <- predict(bag.boston,newdata=Boston[-train,])
> plot(yhat.bag, boston.test)
> abline(0,1)
> mean((yhat.bag-boston.test)^2)
[1] 23.42
```

装袋法回归树的测试均方误差是 23.42，几乎仅为经剪枝后最好的单个树的测试均方误差的 2/3。可以用参数 ntree 改变由 randomForest() 生成的树的数目。

```
> bag.boston <- randomForest(medv~.,data=Boston,subset=train,
    mtry=12,ntree=25)
> yhat.bag <- predict(bag.boston,newdata=Boston[-train,])
> mean((yhat.bag-boston.test)^2)
[1] 25.75
```

生成随机森林的过程和生成装袋法模型的过程一样，区别只是所取的 mtry 值更小。函数 randomForest() 默认在用回归树建立随机森林时取 $p/3$ 个变量，而用分类树建立随机森林时取 $\sqrt{p}$ 个变量。这里取 mtry= 6。

```
> set.seed(1)
> rf.boston<- randomForest(medv~.,data=Boston,subset=train,
    mtry=6,importance=TRUE)
> yhat.rf <- predict(rf.boston,newdata=Boston[-train,])
> mean((yhat.rf-boston.test)^2)
[1] 20.07
```

测试均方误是 20.07，这意味着在这种情况下，随机森林会对装袋法有所提升。

可以用函数 importance() 浏览各变量的重要性。

```
> importance(rf.boston)
        %IncMSE IncNodePurity
crim     19.436       1070.42
zn        3.092         82.19
indus     6.141        590.10
chas      1.370         36.70
nox      13.263        859.97
rm       35.095       8270.34
age      15.145        634.31
dis       9.164        684.88
rad       4.794         83.19
tax       4.411        292.21
ptratio   8.613        902.20
lstat    28.725       5813.05
```

上面列出了变量重要性的两个度量。前者基于当一个给定的变量被排除在模型之外时，预测袋外样本的准确性的平均减小值。后者度量的是由此变量导致的分裂使节点不纯度减小的总量（见图 8-9）。在回归树中，节点不纯度是由训练集 RSS 度量的，而分类树的节点不纯度是由偏差度量的。反映这些变量重要程度的图可由函数 varImpPlot() 画出。

```
> varImpPlot(rf.boston)
```

结果表明，在随机森林考虑的所有变量中，lstat 和 rm 是最重要的两个变量。

8.3.4 提升法

用 gbm 包和其中的 gbm() 函数对 Boston 数据集建立回归树。由于是回归问题，在执行 gbm() 时选择 distribution="gaussian"；如果是二分类问题，应选择 distribution="bernoulli"。对象 n.trees=5000 表示提升法模型共需要 5000 个树，选项 interaction.depth=4 限制了每个树的深度。

```
> library(gbm)
> set.seed(1)
> boost.boston<-gbm(medv~.,data=Boston[train,],distribution=
        "gaussian",n.trees=5000,interaction.depth=4)
```

用函数 summary() 生成一张相对影响图，并输出相对影响统计数据。

```
> summary(boost.boston)
            var  rel.inf
rm           rm   44.482
lstat     lstat   32.703
crim       crim    4.851
dis         dis    4.487
nox         nox    3.752
age         age    3.198
ptratio ptratio    2.814
tax         tax    1.544
indus     indus    1.034
rad         rad    0.876
zn           zn    0.162
chas       chas    0.097
```

可见 lstat 和 rm 是目前最重要的变量。还可以画出这两个变量的**偏相关图**（partial dependence plot）。这些图反映的是排除其他变量后，所选变量对响应值的边际影响。在这个例子中，住宅价格中位数随 rm 的增大而增大，随 lstat 的增大而减小。

```
> plot(boost.boston,i="rm")
> plot(boost.boston,i="lstat")
```

用提升法模型在测试集上预测 medv。

```
> yhat.boost<-predict(boost.boston,newdata=Boston[-train,],
        n.trees=5000)
> mean((yhat.boost-boston.test)^2)
[1] 18.39
```

所得的测试均方误差是 18.39，这个结果比随机森林和装袋法略好。如果需要，可以在式（8.10）中取不同的压缩参数 λ 做提升法。λ 的默认值是 0.001，但很容易修改。这里取 $\lambda=0.2$。

```
> boost.boston<-gbm(medv~.,data=Boston[train,],distribution=
        "gaussian",n.trees=5000,interaction.depth=4,shrinkage=0.2,
        verbose=F)
> yhat.boost<-predict(boost.boston,newdata=Boston[-train,],
        n.trees=5000)
> mean((yhat.boost-boston.test)^2)
[1] 16.55
```

在本例中，用 λ=0.2 得到的测试均方误差比 λ=0.001 略低。

8.3.5 贝叶斯加性回归树

在本节中，使用 BART 包，以及其中的 gbart() 函数，对 Boston（波士顿房屋）数据集进行贝叶斯加性回归树模型拟合。gbart() 函数是为定量响应变量设计的。对于二元结果，可以使用 lbart() 和 pbart()。

要运行 gbart() 函数，必须首先为训练数据和测试数据创建预测变量矩阵。以默认设置运行 BART。

```
> library(BART)
> x <- Boston[, 1:12]
> y <- Boston[, "medv"]
> xtrain <- x[train, ]
> ytrain <- y[train]
> xtest <- x[-train, ]
> ytest <- y[-train]
> set.seed(1)
> bartfit <- gbart(xtrain, ytrain, x.test = xtest)
```

接下来，计算 BART 的测试误差。

```
> yhat.bart <- bartfit$yhat.test.mean
> mean((ytest - yhat.bart)^2)
[1] 15.95
```

在这个数据集上，BART 算法的测试误差比随机森林和提升法的测试误差都要小。现在对每个变量在树的集合中出现的次数进行检查。

```
> ord <- order(bartfit$varcount.mean, decreasing = T)
> bartfit$varcount.mean[ord]
    nox   lstat     tax     rad      rm   indus    chas ptratio
  22.95   21.33   21.25   20.78   19.89   19.82   19.05   18.98
    age      zn     dis    crim
  18.27   15.95   14.46   11.01
```

8.4 习题

概念

1. 画出一个可以由递归二叉分裂得到的二维特征空间划分。例子中至少包含六个区域。画出与这一划分相对应的决策树。确保图中的所有要点都被标出，包括 $R_1, R_2, \cdots$ 和分割点 $t_1, t_2, \cdots$，等等。

   提示：结果应与图 8-1 和图 8-2 相似。

2. 8.2.3 节中提到，用深度为 1 的树（或树桩）构建提升法会得到加性模型，也就是如下形式的模型：

$$f(X) = \sum_{j=1}^{p} f_j(X_j)$$

   解释这种情况出现的原因。可以从算法 8.2 中的式（8.12）开始。

3. 在一个仅有两个类别的简单分类情况下考虑基尼系数、分类误差和熵。创建一张图，将这几个量分别表示为 $\hat{p}_{m1}$ 的函数。$\hat{p}_{m1}$ 在 x 轴上，取值范围是从 0 到 1。y 轴应展示基尼系数、分类误差和熵的值。

   提示：在仅有两个类别的情况下，$\hat{p}_{m1} = 1 - \hat{p}_{m2}$。可以手工作图，但在 R 中完成这一工作要简单得多。

4. 本题与图 8-14 相关。

   (a) 简述与图 8-14（左）的预测变量空间划分相对应的树。矩形区域内的数字表示各个区域中 Y 的均值。

   (b) 用图 8-14（右）中的树创建一个与图 8-14（左）类似的图。将预测变量空间正确地划分为多个区域，并标出每个区域的均值。

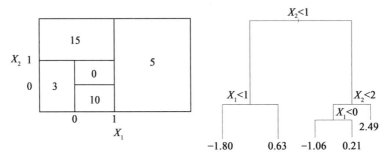

图 8-14　左：习题 4(a) 中的预测变量空间划分；右：习题 4(b) 中的树

5. 假设我们从包含红、绿两个类的数据集中产生 10 个自助抽样样本。然后对每个自助抽样样本建立一个分类树，并对特定的 X 值，产生 P（类是 Red$|X$）的 10 个估计：

   $$0.1, 0.15, 0.2, 0.2, 0.55, 0.6, 0.6, 0.65, 0.7, 0.75$$

   有两种常用的方法可以将这些结果结合成一个预测类。其一是本章讨论的多数投票。其二是根据平均概率进行分类。在本例中，两种方法的最终分类结果分别是什么？

6. 对用于回归树的算法做详细说明。

应用

7. 在实验中，取 `mtry= 6`，分别用 `ntree= 25` 和 `ntree= 500` 对 Boston 数据集建立随机森林。画出在这个数据集上用更广范围的 `mtry` 和 `ntree` 生成的随机森林的测试误差的图。可以模仿图 8-10 来画图。描述得到的结果。

8. 在实验中，将变量 `Sales` 转化为定性响应变量后对 Carseats 数据集建立分类树。现在把响应变量视作定量变量，用回归树及其相关方法预测 `Sales`。

   (a) 将数据集分为训练集和测试集。

   (b) 对训练集建立回归树。画出树并解释结果。得到的测试误差率是多少？

   (c) 用交叉验证确定最优的树复杂性。剪枝会减小测试误差率吗？

   (d) 用装袋法分析数据。得到的测试误差率是多少？用函数 `importance()` 确定哪些变量最重要。

   (e) 用随机森林分析数据。得到的测试误差率是多少？用函数 `importance()` 确定哪些变量最重要。描述每个分裂点处考虑的变量个数 m 对测试误差率的影响。

(f) 用 BART 分析数据，写出所得结果。

9. 本题使用 ISLR2 包中的 OJ（橘汁销售）数据集。

(a) 创建一个包含 800 个观测值的随机样本的训练集，用其余的观测值建立测试集。

(b) 对训练集建立一个树，将 Purchase（购买量）作为响应变量，其余的变量作为预测变量。用函数 summary() 得到树的汇总统计数据，描述得到的结果。训练误差率是多少？树的终端节点数是多少？

(c) 输入树对象的名称以得到详细的输出文本。选择其中一个终端节点，解释得到的信息。

(d) 对树画图并解释其结果。

(e) 预测测试数据的响应值，并建立混淆矩阵比较测试响应值和预测的测试响应值。测试误差率是多少？

(f) 在训练集上用函数 cv.tree() 确定最优的树的大小。

(g) 画图，x 轴表示树的大小，y 轴表示交叉验证的分类误差率。

(h) 多大的树对应的交叉验证分类误差率是最低的？

(i) 用交叉验证得出最优的树的大小，据此生成经剪枝的树。如果交叉验证无法对剪枝后的树进行选择，就建立一个有 5 个终端节点的树。

(j) 比较剪枝前后的训练误差率。哪个更高？

(k) 比较剪枝前后的测试误差率。哪个更高？

10. 用提升法在 Hitters 数据集上预测 Salary。

(a) 剔除缺失 Salary 信息的观测值，再对 Salary 做对数变换。

(b) 创建一个有 200 个观测值的训练集，用余下的观测值建立测试集。

(c) 用 1 000 个树对训练集执行提升法，选择不同的压缩参数 λ。在 x 轴上画出不同的压缩参数值，在 y 轴上画出对应的测试均方误差。

(d) 画出 x 轴上不同的压缩参数值和 y 轴上对应的测试均方误差。

(e) 比较提升法的测试均方误差与第 3 章和第 6 章中两种回归方法的测试均方误差。

(f) 在提升法模型中，哪些变量是最重要的预测变量？

(g) 现在对训练集使用装袋法。这种方法的测试均方误差是多少？

11. 本题使用 Caravan（大篷车）数据集。

(a) 建立一个由 1 000 个观测值构成的训练集，用余下的观测值构建测试集。

(b) 将变量 Purchase（购买量）作为响应变量，其余变量作为预测变量，在训练集上建立提升法模型。使用 1 000 个树，压缩值取 0.01。哪些预测变量最重要？

(c) 用提升模型预测测试数据的响应值。如果估计出的购买可能大于 20%，则预测为购买。建立一个混淆矩阵。有多少被预测为购买的人真的进行了购买？这一结果与用 KNN 或逻辑斯谛回归在此数据集上得到的结果相比如何？

12. 选择一个数据集，对其应用提升法、装袋法、随机森林和 BART。用训练集建立模型，并评估模型在测试集上的效果。与线性回归和逻辑斯谛回归这些简单方法相比，树方法的预测准确性如何？这些方法中，谁的预测效果最好？

第 9 章 支持向量机

这一章讨论**支持向量机**（support vector machine，SVM），它是 20 世纪 90 年代在计算机界发展起来的一种分类方法，自推出以后变得越来越受欢迎。支持向量机在许多问题中都被证实有较好的效果，被认为是适应性最广的分类器之一。

支持向量机可以看作一类简单直观的**最大间隔分类器**（maximal margin classifier）的推广，9.1 节将介绍最大间隔分类器。尽管最大间隔分类器设计巧妙、原理简单，但对于大部分数据，该分类器都容易应用，因为该分类器要求不同类观测数据之间的边界是线性分隔。9.2 节会介绍**支持向量分类器**（support vector classifier），它是最大间隔分类器的一个扩展，其应用范围比最大间隔分类器广。9.3 节介绍狭义的**支持向量机**（support vector machine），它是支持向量分类器的进一步扩展，能适用于非线性边界分隔的数据。支持向量机是专为二分类响应变量设计的方法，即响应变量只有两个类别。9.4 节讨论支持向量机在响应变量类别数大于 2 的情况下的扩展。9.5 节讨论支持向量机与其他统计方法的密切关系，比如逻辑斯谛回归。

通常把最大间隔分类器、支持向量分类器和支持向量机都简单地叫作"支持向量机"。为了避免混淆，这一章会严格区分这三个概念。

9.1 最大间隔分类器

这一节将定义超平面，并介绍最优分割超平面的概念。

9.1.1 什么是超平面

在 p 维空间中，**超平面**（hyperplane）是 $p-1$ 维的平面仿射子空间[⊖]。例如，在二维空间中，超平面是一个平直的一维子空间，换句话说，就是一条直线。在三维空间中，超平面是一个平坦的二维子空间，也就是一个平面。在 $p>3$ 维的空间中，很难可视化超平面，但是超平面仍然是一个 $p-1$ 维的平面子空间。

超平面的数学定义非常简单。在二维空间中，超平面可以定义为

$$\beta_0 + \beta_1 X_1 + \beta_2 X_2 = 0 \tag{9.1}$$

β_0、β_1 和 β_2 为参数。式（9.1）"定义"了超平面，即任何使得式（9.1）成立的 $X=(X_1, X_2)^T$ 都是超平面上的一个点。注意式（9.1）是一条直线的方程，因为在二维空间中，超平面就是一条直线。

⊖ 仿射表明子空间并不需要经过原点。

式（9.1）很容易扩展到多维的情况：
$$\beta_0 + \beta_1 X_1 + \beta_2 X_2 + \cdots + \beta_p X_p = 0 \tag{9.2}$$
式（9.2）定义了一个 p 维的超平面。同样，在 p 维空间中，任何满足式（9.2）的点 $X=(X_1, X_2, \cdots, X_p)^{\mathrm{T}}$（即长度为 p 的向量）都落在超平面上。

假设 X 并不满足式（9.2），如果
$$\beta_0 + \beta_1 X_1 + \beta_2 X_2 + \cdots + \beta_p X_p > 0 \tag{9.3}$$
说明 X 位于超平面的一侧。如果
$$\beta_0 + \beta_1 X_1 + \beta_2 X_2 + \cdots + \beta_p X_p < 0 \tag{9.4}$$
说明 X 位于超平面的另一侧。因此可以认为超平面将 p 维空间分成了两部分。只要简单地计算一下式（9.2）中等号左边项的符号，就可以很容易地找出一个点究竟落在超平面的哪一侧。图 9-1 给出了二维空间中的一个超平面（见彩插）。

9.1.2 使用分割超平面分类

假设 $\boldsymbol{X}$ 为 $n \times p$ 的数据矩阵，由 p 维空间中的 n 个训练观测组成，
$$x_1 = \begin{pmatrix} x_{11} \\ x_{12} \\ \vdots \\ x_{1p} \end{pmatrix}, \begin{pmatrix} x_{21} \\ x_{22} \\ \vdots \\ x_{2p} \end{pmatrix}, \cdots, x_n = \begin{pmatrix} x_{n1} \\ x_{n2} \\ \vdots \\ x_{np} \end{pmatrix} \tag{9.5}$$

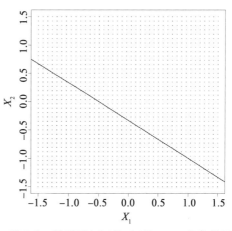

图 9-1 超平面 $1+2X_1+3X_2=0$。蓝色的区域是满足不等式 $1+2X_1+3X_2>0$ 的点集，紫色的区域是满足不等式 $1+2X_1+3X_2<0$ 的点集

这些观测分为两个类，即 $y_1, y_2, \cdots, y_n \in \{-1, 1\}$，其中 -1 代表一个类，1 代表另外一类。还有一个测试观测，它的特征为一个长度为 p 的向量 $x^* = (x_1^*, x_2^*, \cdots, x_p^*)^{\mathrm{T}}$。我们的目标是根据训练观测建立一个能够将测试观测正确分类的分类器。有很多方法可以完成这个目标，比如第 4 章的线性判别分析和逻辑斯谛回归，以及第 8 章的分类树、装袋法和提升法。接下来介绍一种基于**分割超平面**（separating hyperplane）的方法。

假设可以构建一个超平面，把类别标签不同的训练观测分割开来。图 9-2 的左图给出了三个**分割超平面**的例子（见彩插）。标记为蓝色的观测属于 $y_i=1$ 的类，而标记为紫色的观测属于 $y_i=-1$ 的类。分割超平面具有如下性质：
$$\beta_0 + \beta_1 x_{i1} + \beta_2 x_{i2} + \cdots + \beta_p x_{ip} > 0, \quad \text{如果 } y_i = 1 \tag{9.6}$$
并且
$$\beta_0 + \beta_1 x_{i1} + \beta_2 x_{i2} + \cdots + \beta_p x_{ip} < 0, \quad \text{如果 } y_i = -1 \tag{9.7}$$
等价于对所有 $i=1, 2, \cdots, n$，
$$y_i(\beta_0 + \beta_1 x_{i1} + \beta_2 x_{i2} + \cdots + \beta_p x_{ip}) > 0 \tag{9.8}$$

如果分割超平面存在，就可以用它来构造分类器：测试观测会被判定为哪个类别完全取决于它落在分割超平面的哪一侧。图 9-2 的右图就是这种分类器的一个例子。也就是说，可以根据 $f(x^*) = \beta_0 + \beta_1 x_1^* + \beta_2 x_2^* + \cdots + \beta_p x_p^*$ 的符号来对测试观测分类。如果 $f(x^*)$ 的符号为正，则测试观测就被分入 1 类；如果 $f(X^*)$ 的符号为负，则测试观测就被分入

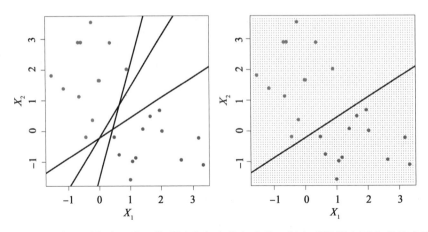

图9-2 左:所有观测分成两类,分别用蓝色和紫色表示,每个观测都由两个变量来度量。可能的分割超平面有许多个,图中用黑色实线标出了其中三个分割超平面。右:黑色实线代表分割超平面。蓝色和紫色的网格表示基于这个分割超平面的分类器的判定规则;落在蓝色网格中的测试观测会被判定为蓝色所代表的类,而落在紫色网格区域中的测试观测则会被判定为紫色代表的类

−1类。还可以利用$f(x^*)$的值的**大小**(magnitude)对测试观测分类,如果$f(x^*)$的值距离零很远,即x^*距离分割超平面很远,我们能非常确信对x^*的类别归属的判断。相反,如果$f(x^*)$的值很接近零,x^*就落在分割超平面周围,我们就会更加不确定对x^*的类别归属的判断是否正确。很容易看出,图9-2中基于分割超平面的分类器产生了线性决策边界。

9.1.3 最大间隔分类器

通常来说,如果数据可以被超平面分割开,那么事实上存在无数个这样的超平面。这是因为给定一个分割超平面,稍微上移、下移或者旋转这个超平面,只要不接触这些观测点,仍然能够将数据区分开。图9-2的左图已经展示了三种可能的超平面。为了构建一个基于分割超平面的分类器,必须寻找一种方法,能够从无数个超平面中合理地选择出一个。

一个很自然的方法是**最大间隔超平面**(maximal margin hyperplane),也叫作**最优分离超平面**(optimal separating hyperplane),最大间隔超平面是离训练观测最远的那个分割超平面。也就是说,首先计算每个训练观测到一个特定分割超平面的(垂直)距离;这些距离的最小值就是训练观测与分割超平面的距离,这个距离被称作**间隔**(margin)。最大间隔超平面就是间隔最大的分割超平面,也就是说,最大间隔超平面使得训练观测到分割超平面的间隔达到最大。接下来,通过判断测试观测落在最大间隔超平面的哪一侧来判断测试观测的类别归属。这就是**最大间隔分类器**(maximal margin classifier)。我们希望在训练数据上间隔较大的分类器,在测试数据上的间隔也能较大,这样才能正确地对测试观测进行分类。尽管最大间隔分类器通常都表现很好,但是当p过大时,最大间隔分类器也容易出现过拟合。

如果$\beta_0,\beta_1,\cdots,\beta_p$是最大间隔超平面的系数,那么最大间隔分类器就根据$f(x^*)=$

$\beta_0+\beta_1 x_1^*+\beta_2 x_2^*+\cdots+\beta_p x_p^*$ 的符号对测试观测 x^* 进行分类。

图 9-3 给出了图 9-2 中数据的最大间隔超平面（见彩插）。比较图 9-2 中的左图和图 9-3，可以发现图 9-3 中的最大间隔超平面确实增大了观测和分割超平面的最小距离，即产生了更大的间隔。从某种意义上来说，最大间隔超平面是能够插入两个类之间的最宽的"平板"的中线。

仔细观察图 9-3，有三个训练观测到最大间隔超平面的距离是一样的，并且都落在虚线上，虚线表明了间隔的宽度。这三个训练观测就叫作**支持向量**（support vector），它们是 p（在图 9-3 中，$p=2$）维空间中的向量，并且它们"支持"最大间隔超平面，因为从某种意义上来说，只要这三个点的位置稍微改变，最大间隔超平面也会随之移动。有意思的是，最大间隔超平面正好由支持向量决定，跟其他的观测无关：只要其他观测点在移动的时候不越过间隔的边界，那么其位置的改变就不会影响分割超平面。最大间隔超平面只由观测的一个小子集确定，这是非常重要的性质，本章在讨论支持向量分类器和支持向量机的时候还会提及。

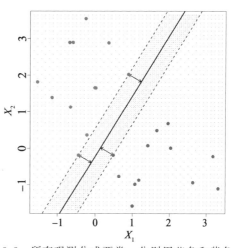

图 9-3 所有观测分成两类，分别用蓝色和紫色表示。最大间隔超平面是图中的黑色实线。间隔是指图中黑色实线与任意一条虚线的距离。落在虚线上的两个蓝色点和一个紫色点是支持向量，箭头标识了这些点到间隔的距离。蓝色网格区域和紫色网格区域标出了基于这个分割超平面的分类器的判定规则

9.1.4 构建最大间隔分类器

下面考虑基于 n 个训练观测 $x_1, x_2, \cdots, x_n \in \mathbb{R}^p$ 和类标签 $y_1, y_2, \cdots, y_n \in \{-1, 1\}$ 的最大间隔分类器的构建。简单地说，最大间隔超平面就是如下优化问题的解：

$$\underset{\beta_0, \beta_1, \cdots, \beta_p}{\text{maximize}} M \tag{9.9}$$

满足

$$\sum_{j=1}^{p} \beta_j^2 = 1 \tag{9.10}$$

$$y_i(\beta_0 + \beta_1 x_{i1} + \beta_2 x_{i2} + \cdots + \beta_p x_{ip}) \geqslant M, \quad i = 1, 2, \cdots, n \tag{9.11}$$

式（9.9）~式（9.11）的优化问题实际上比较简单。首先，对约束条件（9.11）

$$y_i(\beta_0 + \beta_1 x_{i1} + \beta_2 x_{i2} + \cdots + \beta_p x_{ip}) \geqslant M, \quad i = 1, 2, \cdots, n$$

来说，M 是正数时，式（9.11）保证每个观测都落在了超平面的正确的一侧。［实际上，$y_i(\beta_0 + \beta_1 x_{i1} + \beta_2 x_{i2} + \cdots + \beta_p x_{ip}) > 0$ 成立就可以保证观测落在超平面的正确的一侧，所以约束条件式（9.11）假设 M 是正数实际上是要求每个观测和超平面之间保持一定的距离。］

其次，注意式（9.10）并不是真正在对超平面进行约束，因为如果 $\beta_0 + \beta_1 x_{i1} + \beta_2 x_{i2} + \cdots +$

$\beta_p x_{ip} = 0$ 定义了一个超平面,那么对于任意 $k \neq 0$, $k(\beta_0 + \beta_1 x_{i1} + \beta_2 x_{i2} + \cdots + \beta_p x_{ip}) = 0$ 都成立。但是,式 (9.10) 加强了式 (9.11) 的意义,可以证明,有了这个约束条件,第 i 个观测到超平面的垂直距离为

$$y_i(\beta_0 + \beta_1 x_{i1} + \beta_2 x_{i2} + \cdots + \beta_p x_{ip})$$

因此,约束条件式 (9.10) 和式 (9.11) 保证了每个观测都落在超平面的正确的一侧,并且与超平面的距离至少为 M。所以 M 代表了超平面的间隔,优化问题就是要找出最大化 M 的 $\beta_0, \beta_1, \cdots, \beta_p$。而这恰恰是最大间隔超平面的定义!式 (9.9)~式 (9.11) 的优化问题可以高效地得到解决,但其细节超出了本书的范围。

9.1.5 线性不可分的情况

如果分割超平面确实存在,那么最大间隔分类器是一种非常自然的分类方法。但在许多情况下,并不存在分割超平面,因此也就没有最大间隔分类器。在这种情况下,优化问题式 (9.9)~(9.11) 在 $M>0$ 时无解。图 9-4 给出了一个例子(见彩插)。这时,我们并不能完全把这两个类区分开来。下一节将扩展分割超平面的概念,只要求超平面**几乎**能够把类区分开,即使用所谓的**软间隔**(soft margin)。最大间隔分类器在线性不可分情况下的推广叫作**支持向量分类器**(support vector classifier)。

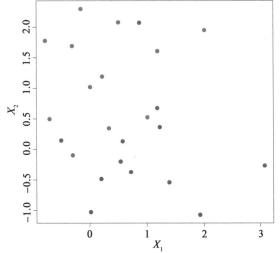

图 9-4 所有观测分成两类,分别用蓝色和紫色表示。在这种情况下,观测不能被超平面分开,最大间隔分类器不可用

9.2 支持向量分类器

9.2.1 支持向量分类器概述

在图 9-4 中,两个类的观测不一定能够用超平面区分开。事实上,即使分割超平面确实存在,但基于分割超平面的分类器仍有不可取的时候,因为基于分割超平面的分类器需要将所有的训练观测都正确分类;这样分类器对观测个体是很敏感的。图 9-5 给出了一个例子(见彩插)。在图 9-5 的右图中,只增加一个观测点就使得最大间隔超平面发生了巨大的变化,而且最后得到的最大间隔超平面是不尽如人意的——因为其间隔很小。这是有问题的,因为一个观测到超平面的距离可以看作分类的准确性的度量。此外,最大间隔超平面对单个观测的变化极其敏感,这也说明它可能过拟合了训练数据。

在这种情况下,为了提高分类器对单个观测分类的稳健性以及为了使大部分训练观测更好地被分类,暂且考虑不能完美分类的超平面分类器。也就是说,允许小部分训练观测误分以保证分类器对其余大部分观测实现更好地分类,这样的误分是值得的。

支持向量分类器(support vector classifier),也称为**软间隔分类器**(soft margin classifier),就是在做这么一件事。与其寻找可能的最大间隔,要求每个观测不仅落在超平面外正确的

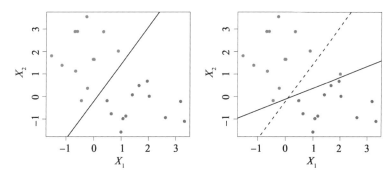

图 9-5　左：所有观测分为两类，分别用蓝色和紫色表示，黑色实线代表最大间隔超平面。
　　　　右：额外增加了一个蓝色的观测点，导致黑色实线所代表的最大间隔超平面发生了巨大的移动。虚线是在没有增加蓝色的观测点时的最大间隔超平面

一侧，而且还必须满足正确地落在某一间隔以外，不如允许一些观测落在间隔错误的一侧，甚至超平面错误的一侧。（间隔是软的，是因为可以允许有些训练观测点越过间隔。）图 9-6 的左图给出了这样的一个例子（见彩插）。大部分的观测都落在间隔以外正确的一侧，小部分观测落在了错误的一侧。

一个观测不仅可能落在间隔的错误的一侧，还可能落在超平面的错误的一侧。事实上，在没有分割超平面的时候，这种状况是不可避免的。落在超平面的错误一侧的观测相当于是被支持向量分类器误分的训练观测。图 9-6 的右图举例说明了这样的情况。

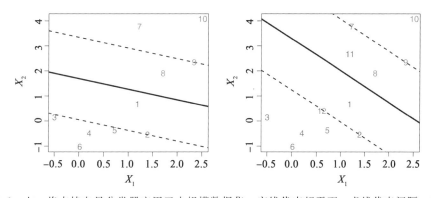

图 9-6　左：将支持向量分类器应用于小规模数据集。实线代表超平面，虚线代表间隔。紫色的观测：观测 3～6 都落在了间隔的正确的一侧，观测 2 落在间隔上，但是观测 1 落在了间隔的错误的一侧。蓝色的观测：观测 7 和 10 都落在了间隔的正确的一侧，9 落在间隔上，但是 8 落在了间隔的错误的一侧。没有任何一个观测落在超平面的错误的一侧。右：与左图相同，只是额外增加了两个点，11 和 12。这两个点不仅落在超平面的错误的一侧，还落在间隔的错误的一侧

9.2.2　支持向量分类器的细节

支持向量分类器依据测试观测落在超平面的哪一侧来判定测试观测的类别。所选的超

平面能够将大部分的训练观测正确区分开来，但是可能会误分小部分训练观测。所选超平面是如下优化问题的解：

$$\max_{\beta_0, \beta_1, \cdots, \beta_p, \varepsilon_1, \varepsilon_2, \cdots, \varepsilon_n} M \tag{9.12}$$

满足

$$\sum_{j=1}^{p} \beta_j^2 = 1 \tag{9.13}$$

$$y_i(\beta_0 + \beta_1 x_{i1} + \beta_2 x_{i2} + \cdots + \beta_p x_{ip}) \geqslant M(1 - \varepsilon_i) \tag{9.14}$$

$$\varepsilon_i \geqslant 0, \quad \sum_{i=1}^{n} \varepsilon_i \leqslant C \tag{9.15}$$

其中，C 是非负的调节参数。跟式（9.11）中一样，M 是间隔的宽度，目标是最大化 M。在式（9.14）中，$\varepsilon_1, \varepsilon_2, \cdots, \varepsilon_n$ 是**松弛变量**（slack variable），松弛变量的作用是允许训练观测中有小部分观测落在间隔的错误的一侧或是超平面的错误的一侧，后面会介绍更多松弛变量的细节。只要解出了式（9.12）～式（9.15），就可以根据测试观测 x^* 落在超平面的哪一侧来判定 x^* 的类别，即可以根据 $f(x^*) = \beta_0 + \beta_1 x_1^* + \cdots + \beta_p x_p^*$ 的符号来对测试观测进行分类。

式（9.12）～式（9.15）的求解看起来很复杂，但是通过以下一系列简单观察就可以看出这些式子的含义。首先，松弛变量 ε_i 指出了第 i 个观测相对于间隔和超平面的位置。如果 $\varepsilon_i = 0$，那么第 i 个观测就落在间隔的正确的一侧，正如在 9.1.4 节中看到的那样。如果 $\varepsilon_i > 0$，那么第 i 个观测就落在间隔的错误的一侧，这时候第 i 个观测穿过了间隔。如果 $\varepsilon_i > 1$，则第 i 个观测就落在超平面的错误的一侧。

接下来考虑调节参数 C 的作用。在式（9.15）中，C 是所有 ε_i 之和的上界，它代表了我们能够容忍的穿过间隔（以及超平面）的观测的数目和严重程度。可以把 C 看作在 n 个观测中穿过间隔的观测的数量的"约束"。如果 $C = 0$，那么就不允许存在穿过间隔的观测，同时 $\varepsilon_1 = \varepsilon_2 = \cdots = \varepsilon_n = 0$ 必然成立，在这种情况下，式（9.12）～式（9.15）就等价于最大间隔超平面的优化问题式（9.9）～式（9.11）。（当然，最大间隔超平面存在的前提是所有观测都能够被超平面分割开。）如果 $C > 0$，那么只有不超过 C 个观测可以落在超平面的错误的一侧，因为如果一个观测落在超平面的错误的一侧，那么就有 $\varepsilon_i > 1$，而式（9.14）要求 $\sum_{i=1}^{n} \varepsilon_i \leqslant C$。随着 C 的增加，我们越来越能够容许观测穿过间隔，因此间隔也会变得越来越宽。相反，随着 C 的减小，我们越来越不能容许观测穿过间隔，从而间隔变窄。图 9-7 给出了一个例子（见彩插）。

实际上，调节参数 C 通常是通过交叉验证来选择的。与本书涉及的其他调节参数一样，C 控制了统计学习中偏差-方差的权衡。如果 C 比较小，间隔就比较窄，并且几乎不会出现穿过间隔的观测；这时分类器会高度拟合训练数据，虽然降低了偏差，但可能导致较大的方差。相反，如果 C 较大，间隔就会变宽，允许较多的观测穿过间隔；这时分类器可能对数据拟合不足，虽然能够降低方差，但是可能带来较大的偏差。

式（9.12）～式（9.15）的优化问题有一个非常有意思的性质：可以证明，只有落在间隔上的观测以及穿过间隔的观测会影响超平面，根据这些观测就能得到分类器。也就是说，落在间隔的正确一侧的观测对支持向量分类器没有任何影响！只要这些观测仍然是落在间隔的正确的一侧，改变这些观测的位置就完全不会对分类器产生任何影响。刚好落在间隔上和落在间隔的错误一侧的观测叫作**支持向量**（support vector）。只有这些观测能够影响支持向量分类器。

只有支持向量能对支持向量分类器产生影响这一结论与先前的调节参数 C 控制了支持向量分类器中偏差-方差的权衡这一结论是一致的。在调节参数 C 较大的时候，间隔比较宽，穿过间隔的观测也比较多，从而支持向量的数目也多。在这种情况下，超平面的确定涉及许多观测。图 9-7 的左上图举例说明了这种情况：这个分类器具有较低的方差（因为许多观测都是支持向量），但是可能具有较大的偏差。相反，如果 C 较小，那么支持向量的个数就会比较少，因此分类器的方差较小而偏差较大。图 9-7 的右下图举例说明了这种情况，图中只有八个支持向量。

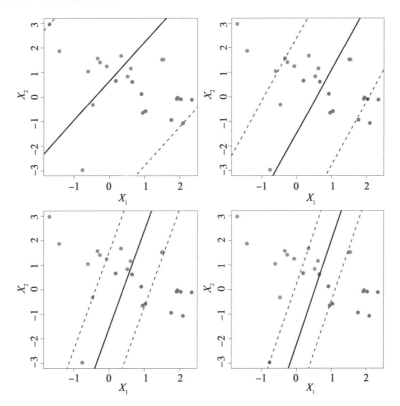

图 9-7 当式 (9.12)~式(9.15) 中调节参数 C 取四个不同的值时，使用支持向量分类器拟合相同数据的不同结果。左上图中调节参数 C 的值最大，其他三个图中调节参数 C 的值都较小。当 C 较大时，落在间隔的错误的一侧的观测数目较多，因此间隔也较大。随着调节参数 C 的减小，落在间隔的错误一侧的观测数目也越来越少，因此间隔也越来越小

支持向量分类器的判定规则只由训练观测的一个部分（支持向量）确定，这意味着对于距离超平面较远的观测来说，分类器是非常稳健的。支持向量分类器的这一特性使得它完全不同于本书在前几章介绍过的一些方法，比如线性判别分析（LDA）。LDA 的判别规则取决于组内观测的均值以及根据所有的观测计算的组内协方差矩阵。不同于 LDA，逻辑斯谛回归对于远离决策边界的观测的敏感性较低。事实上，在 9.5 节会发现逻辑斯谛回归和支持向量分类器是密切相关的。

9.3 狭义的支持向量机

这一节首先介绍把线性分类器转换成能够生成非线性决策边界的分类器的大致过程，然后介绍能够自动生成非线性决策边界的支持向量机。

9.3.1 使用非线性决策边界分类

在响应变量只有两个类的情况下，如果两个类边界是线性的，使用支持向量分类器进行分类是非常自然的方法。但在实际中，有时候会碰到非线性的分类边界。例如，考虑图 9-8 中左图的数据（见彩插）。很明显，支持向量分类器或者任何其他的线性分类器应用到这个数据上，分类效果都不佳。图 9-8 的右图使用支持向量分类器对数据进行了分类，从分类效果上来看，支持向量分类器对这个数据确实是没有用的。

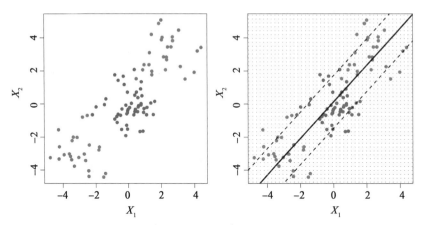

图 9-8　左：所有观测分成两类，两类之间的分类边界是非线性的。右：支持向量分类器寻求线性的分类边界，所以分类效果非常不理想

第 7 章出现了类似的情况。第 7 章提到如果预测变量和响应变量之间的关系是非线性的，线性回归的效果会大打折扣。在这种情况下，为了解决非线性的问题，可以使用预测变量的函数来扩大特征空间，例如使用二次多项式和三次多项式。而在支持向量分类器中，可以用类似的方法来解决类别之间的边界可能非线性的问题，使用预测变量的二次多项式、三次多项式甚至是更高阶的多项式来扩大特征空间。例如，可以使用 $2p$ 个特征

$$X_1, X_1^2, X_2, X_2^2, \cdots, X_p, X_p^2$$

来得到支持向量分类器，而不是使用 p 个特征

$$X_1, X_2, \cdots, X_p$$

从而式 (9.12)～式(9.15) 就会变成

$$\underset{\beta_0,\beta_{11},\beta_{12},\cdots,\beta_{p1},\beta_{p2},\epsilon_1,\epsilon_2,\cdots,\epsilon_n}{\text{maximize}} M \tag{9.16}$$

满足 $y_i \left(\beta_0 + \sum_{j=1}^p \beta_{j1} x_{ij} + \sum_{j=1}^p \beta_{j2} x_{ji}^2 \right) \geqslant M(1-\epsilon_i)$

$$\sum_{i=1}^n \epsilon_i \leqslant C, \epsilon_i \geqslant 0, \sum_{j=1}^p \sum_{k=1}^2 \beta_{jk}^2 = 1$$

为什么这样就能生成非线性的决策边界呢？在扩大的特征空间中，根据式 (9.16) 计算的决策边界实际上是线性的。但是在原始特征空间中，决策边界的形式为 $q(x)=0$，其中 q 为二次多项式，而它的解通常都是非线性的。还可以使用更高阶的多项式来扩大特征空间或者引入形式为 $X_j X_{j'} (j \neq j')$ 的交互项。除了多项式，还可以使用预测变量的其他函数来扩大特征空间。不难发现，扩大特征空间的方式有很多，但是如果处理不当，就会得到数量庞大的特征。这时，求解的计算将无法实现。下一节介绍的支持向量机在支持向量分类器的基础上扩大了特征空间，同时具有高效的求解算法。

9.3.2 支持向量机

支持向量机（support vector machine，SVM）是支持向量分类器的一个扩展，通过一种特殊方式即**核函数**（kernel）来扩大特征空间。接下来介绍这种扩展，具体细节比较复杂，超出了本书的范围。但是，支持向量机的主要思想已经在 9.3.1 节中介绍过了：为了适应类之间的非线性边界而扩大特征空间。这里描述的核函数方法是实现这种想法的有效计算方法。

本章并不详细讨论支持向量分类器的计算，因为计算的细节技术性太强。但是，可以证明支持向量分类器的优化问题式 (9.12)～式(9.15) 的解只涉及观测的**内积**（inner product）（而不是观测本身）。两个 r 维向量 $\boldsymbol{a}$ 和 $\boldsymbol{b}$ 的内积的定义为 $\langle \boldsymbol{a}, \boldsymbol{b} \rangle = \sum_{i=1}^r a_i b_i$。因此两个观测 x_i 和 $x_{i'}$ 的内积为

$$\langle x_i, x_{i'} \rangle = \sum_{j=1}^p x_{ij} x_{i'j} \tag{9.17}$$

可以证明：

- 线性支持向量分类器可以描述为

$$f(x) = \beta_0 + \sum_{i=1}^n \alpha_i \langle x, x_i \rangle \tag{9.18}$$

这个式子有 n 个参数 α_i，$i=1,2,\cdots,n$，每个训练观测对应一个参数。

- 为了估计参数 $\alpha_1, \alpha_2, \cdots, \alpha_n$ 和 β_0，只需要所有训练观测的 $\binom{n}{2}$ 个成对组合的内积 $\langle x_i, x_{i'} \rangle$。$\left[\binom{n}{2} \text{ 即 } n(n-1)/2\text{，代表 } n \text{ 个训练观测的所有成对组合的个数。} \right]$

注意，在式（9.18）中，为了计算 $f(x)$ 的值，需要计算新的观测点 x 与每个训练观测 x_i 的内积。但是，事实证明，支持向量对应的 α_i 非零，并且只有支持向量对应的 α_i 非零，也就是说，如果一个训练观测并不是支持向量，那么它的 α_i 就等于 0。因此如果 $\mathcal{S}$ 代表支持向量观测点的指标的集合，式（9.18）可以改写成

$$f(x) = \beta_0 + \sum_{i \in \mathcal{S}} \alpha_i \langle x, x_i \rangle \tag{9.19}$$

式（9.19）的求和项比式（9.18）要少很多⊖。

总而言之，为了估计系数，表示线性分类器 $f(x)$，所需的仅仅是内积。

现在假设每次内积式（9.17）出现在式（9.18）的时候，或者是在求支持向量分类器的解的时候，我们用一种一般化的形式

$$K(x_i, x_{i'}) \tag{9.20}$$

来代替内积。在这里，K 是一个函数，通常称为**核函数**（kernel）。核函数是一类用来度量观测之间的相似性的函数。例如，我们可以使用简单的核函数

$$K(x_i, x_{i'}) = \sum_{j=1}^{p} x_{ij} x_{i'j} \tag{9.21}$$

如果使用这种核函数，就等于使用支持向量分类器。式（9.21）称为线性核函数，因为支持向量分类器关于特征是线性的。从本质上来说，线性核函数是用皮尔逊（标准）相关系数来衡量变量之间的相似性的。也可以选择其他形式的核函数。例如

$$K(x_i, x_{i'}) = \left(1 + \sum_{j=1}^{p} x_{ij} x_{i'j}\right)^d \tag{9.22}$$

可用来代替 $\sum_{j=1}^{p} x_{ij} x_{i'j}$。这就是阶数为 d 的**多项式核函数**（polynomial kernel），其中 d 是正整数。跟标准的线性核函数式（9.21）比起来，在支持向量分类器的算法中使用 $d>1$ 的多项式核函数，能够生成柔性更高的决策边界。从本质上来说，它是在与多项式的阶数 d 有关的高维空间中拟合支持向量分类器，而不是在原始的特征空间中拟合支持向量分类器。支持向量分类器与式（9.22）这样的非线性核函数的结合，就是支持向量机。在这种情况下，（非线性）核函数的形式为

$$f(x) = \beta_0 + \sum_{i \in \mathcal{S}} \alpha_i K(x, x_i) \tag{9.23}$$

图 9-9 的左图显示把多项式核的支持向量机应用在图 9-8 中的非线性数据上（见彩插）。跟线性支持向量分类器比起来，支持向量机的分类效果有了巨大的提升。当 $d=1$ 时，多项式核的支持向量机就是支持向量分类器。

式（9.22）中的多项式核函数只是一种可能的非线性核函数，还有很多其他的非线性核函数。一个广受欢迎的选择是**径向核函数**（radial kernel），它的形式为

⊖ 把式（9.19）中的每一项内积都展开之后，很容易发现 $f(x)$ 是 x 坐标的线性函数。同时也能够把 α_i 和原始参数 β_j 对应起来。

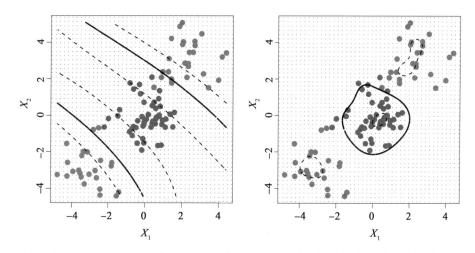

图 9-9 左：把支持向量机应用在图 9-8 中的非线性数据上，选取的是阶数为 3 的多项式核函数，得到了更加合适的判别规则。右：使用径向核函数的支持向量机。这两种核函数的支持向量机都能够捕捉到决策边界

$$K(x_i, x_{i'}) = \exp\Big(-\gamma \sum_{j=1}^{p}(x_{ij}-x_{i'j})^2\Big) \tag{9.24}$$

其中 γ 是一个正常数。图 9-9（见彩插）的右图展示的是径向核函数的支持向量机应用在非线性数据上的例子。径向核函数的支持向量机也能很好地把两类观测区分开。

径向核函数式（9.24）到底是如何起作用的呢？以欧氏距离度量，如果测试观测 $x^* = (x_1^*, \cdots, x_p^*)^T$ 距离训练观测 x_i 非常远，那么 $\sum_{j=1}^{p}(x_j^* - x_{ij})^2$ 的值就会非常大，从而 $K(x^*, x_i) = \exp\Big(-\gamma \sum_{j=1}^{p}(x_j^* - x_{ij})^2\Big)$ 会很小。这就意味着在式（9.23）中 x_i 对 $f(x^*)$ 几乎没有任何影响。回想一下，对测试观测 x^* 的类的预测是基于 $f(x^*)$ 的符号的。也就是说，距离 x^* 远的训练观测对测试观测 x^* 的类的预测几乎没有任何帮助。从某种意义上说，径向核函数是一种局部方法，因为只有测试观测周围的训练观测对测试观测的预测类有影响。

使用核函数而不用类似式（9.16）那样的原始特征的函数的优势是什么呢？第一个优势是计算量。使用核函数，只需要为 $\binom{n}{2}$ 个不同的配对 i, i' 计算 $K(x_i, x_i')$。而在扩大的特征空间中，没有明确的计算量。这一点是非常重要的，因为在许多支持向量机的应用中，扩大的特征空间是如此大以至于几乎无法解决计算问题。而对于一些核函数来说，例如径向核函数式（9.24），特征空间是不确定的，并且可扩展到无限维，因此无论如何都无法对特征空间做这样的计算。

9.3.3 心脏数据的应用

第 8 章用决策树和相关方法对 Heart 数据进行了分析。分析的目标是使用 13 个预测变量，比如 Age、Sex 和 Chol 等来预测一个人是否患有心脏病。现在比较 SVM 和 LDA 应用到这个数据上的差异。删去 6 个缺失观测后，数据包含 297 个样本观测，随机地把数据分成 207 个训练观测以及 90 个测试观测。

首先用 LDA 和支持向量分类器来拟合训练观测。注意，支持向量分类器等价于使用阶数 $d=1$ 的多项式核函数的支持向量机。图 9-10（见彩插）的左图给出了 LDA 和支持向量分类器对训练集的预测结果的 ROC 曲线（见 4.4.2 节）。这两种分类器都为每个观测计算了得分 $\hat{f}(X) = \hat{\beta}_0 + \hat{\beta}_1 X_1 + \hat{\beta}_2 X_2 + \cdots + \hat{\beta}_p X_p$。对于任何一个给定的临界值 t，根据 $\hat{f}(X) > t$ 和 $\hat{f}(X) \leqslant t$ 把观测分成患有心脏病或者不患心脏病两种类型。ROC 曲线是通过先得到预测类别，然后再计算假阳性率和真阳性率而获得的。理想分类器的 ROC 曲线是非常贴近图的左上角的。在这个例子中，LDA 和支持向量分类器表现都不错，但是似乎支持向量分类器的分类效果更好一点。

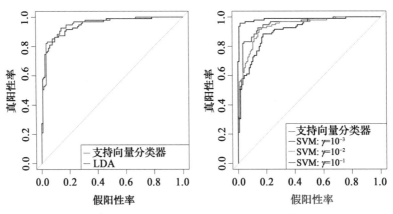

图 9-10 Heart 数据训练集的 ROC 曲线。左：支持向量分类器与 LDA 的比较。右：支持向量分类器与支持向量机比较，支持向量机选取的核函数为 $\gamma = 10^{-3}, 10^{-2}, 10^{-1}$ 的径向核函数

图 9-10 的右图是取径向核函数的支持向量机的 ROC 曲线，只是在径向核函数中，常数 γ 取值不同。随着 γ 值的增加，拟合边界变得越来越非线性，ROC 曲线得到改善。当 $\gamma = 10^{-1}$ 时，ROC 曲线几乎是完美的。但是这些曲线仅仅代表训练集的分类误差率，可能会误导测试集的分类。图 9-11 给出了由 90 个观测组成的测试集的 ROC 曲线，跟训练集的 ROC 曲线有一些差异（见彩插）。在图 9-11 的左图中，支持向量分类器比 LDA 的分类效果稍好一点（尽管差异不显著）。而在右图中，在训练集上，$\gamma = 10^{-1}$ 的支持向量机对训练集的分类效果最好，但是对测试集的分类效果最差。这一点再次说明虽然柔性大的方法能够改善训练集的分类效果，但是并不意味着这些方法一定能够提升测试集的分类效果。对 SVM 来说，在 $\gamma = 10^{-2}$ 以及 $\gamma = 10^{-3}$ 时，分类的效果与支持向量分类器差不多，而且这三

种的分类效果都优于 $\gamma=10^{-1}$ 时 SVM 的分类效果。

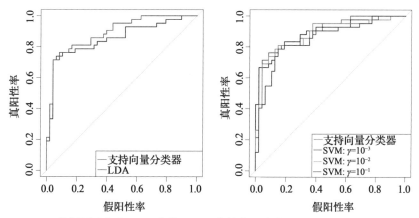

图 9-11　Heart 数据测试集的 ROC 曲线。左：支持向量分类器与 LDA 比较。右：支持向量分类器与支持向量机（SVM）比较，支持向量机选取的核函数为 $\gamma=10^{-3},10^{-2}$, 10^{-1} 的径向核函数

9.4　多分类的支持向量机

到目前为止，所有的讨论都局限在二分类的情况：即两个类的分类问题。如何把 SVM 推广到更加普遍的情况，即响应变量有任意多个不同类的情况？人们发现 SVM 的基础，即分割超平面的概念，并不能自然地应用到类数大于 2 的情况。尽管把 SVM 扩展到 K 类的情况的方法有很多，但是最普遍的两种方法是**一对一**（one-versus-one）的多分类支持向量机方法和**一对多**（one-versus-all）的多分类支持向量机方法。这里简要讨论这两种方法。

9.4.1　一对一分类方法

使用 SVM 对样本进行分类，假设响应变量的类数 $K>2$。**一对一**（one-versus-one）分类方法，或称**所有成对**（all-pairs）分类方法需要构建 $\binom{K}{2}$ 个 SVM，每个 SVM 用来分隔两个类。例如，其中一个 SVM 可能用来比较第 k 个类（记为 +1 类）和第 k' 个类（记为 -1 类）。使用所有 $\binom{K}{2}$ 个 SVM 对一个测试观测进行分类，然后记录这个测试观测被分到每个类的次数。这个测试观测的最终预测类就是预测次数最多的那一类。

9.4.2　一对多分类方法

一对多（one-versus-all）分类方法是将 SVM 应用到 $K>2$ 的情况下的另一种方法。我们用 K 个 SVM 来拟合数据，每个 SVM 对 K 个类别中的 1 个类的观测和其他 $K-1$ 个类的观测进行比较。记 $\beta_{0k},\beta_{1k},\cdots,\beta_{pk}$ 为使用 SVM 比较第 k 类（记为 +1 类）与其他 $k-1$ 类（记为 -1 类）的时候，拟合的参数的结果。记 x^* 为一个测试观测。我们把这个观测预测

为使得 $\beta_{0k}+\beta_{1k}x_1^*+\beta_{2k}x_2^*+\cdots+\beta_{pk}x_p^*$ 最大化的那个类，这意味着，把这个测试观测预测为第 k 类而不是其他的类的信心最大。

9.5 与逻辑斯谛回归的关系

20 世纪 90 年代中叶，当 SVM 首次被提出时，在统计学和机器学习领域都是非常引人注目的。这主要归功于 SVM 的良好的表现、良好的推广以及其背后既新颖又神秘的方法。找一个超平面尽可能将数据分隔开，同时允许一些数据点穿过超平面的想法，似乎与传统的分类方法（比如逻辑斯谛回归和线性判别分析）完全不同。此外，使用核函数扩展特征空间以适应非线性分类边界似乎也是一个独特且有价值的想法。

然而，也是从那时起，SVM 与其他更多的经典统计分类方法的深层次联系也逐渐浮现。人们后来发现，拟合支持向量分类器 $f(X)=\beta_0+\beta_1X_1+\beta_2X_2+\cdots+\beta_pX_p$ 的式（9.12）～（9.15）可以改写成

$$\underset{\beta_0,\beta_1,\cdots,\beta_p}{\text{minimize}}\left\{\sum_{i=1}^n\max[0,1-y_if(x_i)]+\lambda\sum_{j=1}^p\beta_j^2\right\} \tag{9.25}$$

其中，λ 为非负的调节参数。当 λ 较大的时候，$\beta_1,\beta_2,\cdots,\beta_p$ 较小，能够容忍的穿过间隔的观测就越多，我们就会得到一个方差较小但是偏差较大的分类器。当 λ 很小的时候，穿过间隔的观测就会很少。因此式（9.25）中较小的 λ 值等价于式（9.15）中较小的 C 值。注意，式（9.25）中的 $\lambda\sum_{j=1}^p\beta_j^2$ 是 6.2.1 节中岭回归的惩罚项，相似地，这一项在支持向量分类器中也是用来控制偏差-方差权衡的。

式（9.25）依旧是采用了"损失函数+惩罚项"的形式，本书反复提到了这种形式：

$$\underset{\beta_0,\beta_1,\cdots,\beta_p}{\text{minimize}}\{L(\boldsymbol{X},\boldsymbol{y},\boldsymbol{\beta})+\lambda P(\boldsymbol{\beta})\} \tag{9.26}$$

在式（9.26）中，$L(\boldsymbol{X},\boldsymbol{y},\beta)$ 是损失函数，是模型对数据的拟合程度的某种量化，其参数为 β，待拟合的数据为 $(\boldsymbol{X},\boldsymbol{y})$。$P(\beta)$ 为惩罚函数，其参数向量为 $\boldsymbol{\beta}$，$\boldsymbol{\beta}$ 的效应由非负的调节参数 λ 控制。例如，岭回归和 lasso 采用的损失函数都是

$$L(\boldsymbol{X},\boldsymbol{y},\boldsymbol{\beta})=\sum_{i=1}^n\left(y_i-\beta_0-\sum_{j=1}^px_{ij}\beta_j\right)^2$$

岭回归的惩罚函数为 $P(\boldsymbol{\beta})=\sum_{j=1}^p\beta_j^2$，而 lasso 的惩罚函数为 $P(\boldsymbol{\beta})=\sum_{j=1}^p|\beta_j|$。如果写成式（9.25）的形式，那么损失函数为

$$L(\boldsymbol{X},\boldsymbol{y},\boldsymbol{\beta})=\sum_{i=1}^n\max[0,1-y_i(\beta_0+\beta_1x_{i1}+\cdots+\beta_px_{ip})]$$

这个损失函数称为**铰链损失**（hinge loss），具体的描述见图 9-12 中（见彩插）。后来发现铰链损失函数和在逻辑斯谛回归中使用的损失函数非常接近，逻辑斯谛回归中所使用的损失函数同样也显示在图 9-12 中。

支持向量分类器有一个非常有意思的特点：只有支持向量在构建分类器时发挥实际作用，落在间隔以外被正确分类的观测并不影响分类器。这主要是因为对于满足不等式 $y_i(\beta_0+$

$\beta_1 x_{i1} + \cdots + \beta_p x_{ip}) \geqslant 1$ 的观测来说，图 9-12 所示的损失函数的值刚好为零；而这些观测正是那些落在间隔以外得到正确分类的观测⊖。与之不同，图 9-12 中逻辑斯谛回归的损失函数在任何时候都不为零。但这两个损失函数非常相似，通常来说，逻辑斯谛回归和支持向量分类器得到的结果也非常相近。当不同类的观测可以很好地被分离时，SVM 的表现比逻辑斯谛回归好。但是如果不同类存在较多重叠，选择逻辑斯谛回归是比较合适的。

我们在首次提到支持向量分类器和 SVM 的时候，式 (9.15) 中的调节参数 C 可能会被认为是一个不重要的"滋扰参数"，可以赋一个默认值，如 1 即可。支持向量分类器的"损失函数+罚函数"的公式 (9.25) 说明事实并不是这样。调节参数的选择很重要，能够决定模型对数据过拟合或者拟合不足的程度，正如图 9-7 中显示的那样。

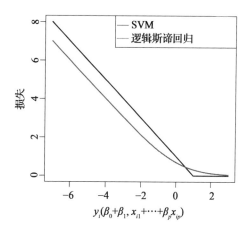

图 9-12 把损失函数看作 $y_i(\beta_0 + \beta_1 x_{i1} + \cdots + \beta_p x_{ip})$ 的一个函数，比较 SVM 和逻辑斯谛回归的损失函数。当 $y_i(\beta_0 + \beta_1 x_{i1} + \cdots + \beta_p x_{ip})$ 大于或等于 1 时，SVM 的损失函数的值为零，因为这对应着那些位于间隔正确一侧的观测。总的来说，这两种损失函数的表现很相似

前面已经提到支持向量分类器和逻辑斯谛回归以及其他早已存在的统计方法之间实际上是紧密相连的。SVM 是唯一一种使用核函数扩大特征空间以适应非线性分类边界的方法吗？当然不是。还可以在逻辑斯谛回归以及本书中的其他许多分类方法中使用非线性核函数；这与第 7 章的一些非线性方法都是紧密相连的。但由于历史原因，非线性核函数在 SVM 中的应用比在逻辑斯谛回归以及其他方法中要广泛。

SVM 还可以扩展到回归中（也就是说，响应变量是定量变量而不是定性变量），叫作**支持向量回归**（support vector regression）。这里不做详细介绍。在第 3 章中，最小二乘回归是寻找使残差平方和尽可能小的系数 $\beta_0, \beta_1, \cdots, \beta_p$（在第 3 章中，残差的定义为 $y_i - \beta_0 - \beta_1 x_{i1} - \cdots - \beta_p x_{ip}$），但支持向量回归寻找的是另外一种使损失函数最小化的系数，这类损失函数与回归的损失函数不同，不是绝对值较大的残差而是一个正的固定的值对损失函数起作用，支持向量回归是将间隔的思想从支持向量分类器移植到回归的应用。

9.6 实验：支持向量机

R 中的 e1071 库可以实现支持向量分类器和 SVM。LiblineaR 库也可以，而且它在处理复杂的回归问题时非常有用。

⊖ 对于铰链损失+惩罚项这种形式，间隔对应的值是 1，间隔的宽度由 $\sum \beta_j^2$ 决定。

9.6.1 支持向量分类器

e1071库能够实现许多统计学习方法。特别地，如果在参数设置中使用 kernel="linear"，svm()函数可以用来拟合支持向量分类器。这个函数使用的公式与支持向量分类器的式（9.14）和式（9.25）稍微有点不同。cost参数用来设置观测穿过间隔的成本。如果cost参数值设置较小，那么间隔就会很宽，许多支持向量会落在间隔上或者穿过间隔。如果cost参数值设置较大，那么间隔就会很窄，更少的支持向量会落在间隔上或者穿过间隔。

接下来使用svm()函数来拟合给定cost参数值的支持向量分类器。这里展示的是这个函数在二维数据上的应用，并依此画出决策边界。首先生成属于两个不同类的观测，检查不同类是否线性可分。

```
> set.seed(1)
> x<-matrix(rnorm(20*2), ncol=2)
> y<-c(rep(-1,10), rep(1,10))
> x[y==1,]=x[y==1,] + 1
> plot(x, col=(3-y))
```

结果显示，数据不是线性可分的。接下来使用支持向量分类器拟合数据。注意，为了用svm()函数进行分类（与基于SVM的回归相比），需要把响应变量编码为因子变量。现在创建一个把响应变量转化成因子变量的数据框。

```
> dat <- data.frame(x=x, y=as.factor(y))
> library(e1071)
> svmfit <- svm(y~., data=dat, kernel="linear", cost=10,
    scale=FALSE)
```

参数scale=FALSE意味着svm()函数并不把每个特征转换成均值为零、标准差为1的向量；根据不同的情况，有些人可能更偏好用scale=TRUE。

然后画出得到的支持向量分类器：

```
> plot(svmfit, dat)
```

注意SVM plot()函数的两个参数，一个是调用函数svm()的结果，另一个是调用函数svm()使用的数据。落在浅黄色的特征空间区域的观测会被预测为−1类，而落在红色的特征空间区域的观测会被预测为+1类。这两个类别的决策边界是线性的（因为使用的参数是kernel="linear"），这个库中画图函数所使用的画图的方式使得决策边界看起来像是锯齿形的。（注意，第二个特征画在x轴上，而第一个特征画在y轴上，与R中常用的plot()函数形成对照。）支持向量用十字表示，而其他的观测用圈表示，可以看到总共有7个支持向量。可以确定这7个支持向量：

```
> svmfit$index
[1]  1  2  5  7 14 16 17
```

使用summary()命令可以获得支持向量分类器拟合的一些基本信息：

```
> summary(svmfit)
Call:
svm(formula = y ~ ., data = dat, kernel = "linear", cost = 10,
    scale = FALSE)
Parameters:
   SVM-Type:  C-classification
 SVM-Kernel:  linear
       cost:  10
Number of Support Vectors:  7
 ( 4 3 )
Number of Classes:  2
Levels:
 -1 1
```

例如，如果使用线性核函数并且取 cost=10，那么就有 7 个支持向量，其中 4 个是一类，另外 3 个是一类。

如果使用一个更小的 cost 参数的值会怎么样呢？

```
> svmfit<-svm(y~., data=dat, kernel="linear", cost=0.1,
    scale=FALSE)
> plot(svmfit, dat)
> svmfit$index
[1]  1  2  3  4  5  7  9 10 12 13 14 15 16 17 18 20
```

使用了更小的 cost 参数的值，就得到了更多的支持向量，因为现在间隔更宽了。可是 svm() 函数并不会明确地输出用支持向量分类器拟合的决策边界的系数，也不会输出间隔的宽度。

e1071 库还有一个内置的函数 tune()，这个函数可以实现交叉验证。tune() 默认的是 10 折交叉验证。为了使用这个函数，首先介绍所考虑的一组模型的一些相关信息。以下命令表示的是在 cost 参数取不同值的情况下，比较线性核函数的 SVM 的表现。

```
> set.seed(1)
> tune.out<-tune(svm,y~.,data=dat,kernel="linear",
    ranges=list(cost=c(0.001, 0.01, 0.1, 1,5,10,100)))
```

使用 summary() 命令，可以很容易得到每个模型的交叉验证误差：

```
> summary(tune.out)
Parameter tuning of 'svm':
- sampling method: 10-fold cross validation
- best parameters:
 cost
  0.1
- best performance: 0.05
- Detailed performance results:
   cost  error  dispersion
1 1e-03  0.55   0.438
2 1e-02  0.55   0.438
3 1e-01  0.55   0.438
4 1e+00  0.15   0.242
5 5e+00  0.15   0.242
6 1e+01  0.15   0.242
7 1e+02  0.15   0.242
```

结果显示，在 cost=0.1 的时候，交叉验证的误差率最低。tune() 函数存储了交叉验证获得的最好的模型，方法如下：

```
> bestmod<-tune.out$best.model
> summary(bestmod)
```

predict() 函数可以用来预测在 cost 参数值给定的情况下，一组测试观测的类标签。首先生成一个测试数据集。

```
> xtest<-matrix(rnorm(20*2), ncol=2)
> ytest<-sample(c(-1,1), 20, rep=TRUE)
> xtest[ytest==1,]<-xtest[ytest==1,] + 1
> testdat<-data.frame(x=xtest, y=as.factor(ytest))
```

然后预测这些测试观测的类标签。为了做出预测，通常使用通过交叉验证获得的最好的模型。

```
> ypred<-predict(bestmod,testdat)
> table(predict=ypred, truth=testdat$y)
       truth
predict -1  1
     -1  9  1
      1  2  8
```

因此，cost 取这个值的时候，有 17 个测试观测被正确分类了。如果我们使用 cost=0.01 会怎么样呢？

```
> svmfit<-svm(y~., data=dat, kernel="linear", cost=.01,
    scale=FALSE)
> ypred<-predict(svmfit,testdat)
> table(predict=ypred, truth=testdat$y)
       truth
predict -1  1
     -1 11  6
      1  0  3
```

在这种情况下，又有另外 3 个观测被误分了。

现在考虑两个类线性可分的情况。仍然可以使用 svm() 函数寻找分割超平面。先对模拟数据进行进一步的分割，使得它们是线性可分的：

```
> x[y==1,]=x[y==1,]+0.5
> plot(x, col=(y+5)/2, pch=19)
```

现在观测几乎是线性可分的了。拟合支持向量分类器并且画出得到的超平面，使用了更大的 cost 值，结果没有观测被误分。

```
> dat<-data.frame(x=x,y=as.factor(y))
> svmfit<-svm(y~., data=dat, kernel="linear", cost=1e5)
> summary(svmfit)
Call:
svm(formula = y ~ ., data = dat, kernel = "linear", cost = 1e
   +05)
Parameters:
```

```
    SVM-Type:  C-classification
 SVM-Kernel:  linear
       cost:  1e+05
Number of Support Vectors:  3
 ( 1 2 )
Number of Classes:  2
Levels:
 -1 1
> plot(svmfit, dat)
```

训练集没有出现分类错误，而且只使用了 3 个支持向量。但是从图中可以看出，间隔很窄（因为那些不是支持向量的观测，用圈表示的，离决策边界较近）。这个模型在测试数据上的表现似乎会很差。现在尝试使用更小的 cost 值。

```
> svmfit <- svm(y~., data=dat, kernel="linear", cost=1)
> summary(svmfit)
> plot(svmfit,dat)
```

cost=1 时一个训练观测被误分了。但是间隔更宽，并且使用了 7 个支持向量。在测试数据上，这个模型的表现比 cost=1e5 的模型更好。

9.6.2 支持向量机

使用 svm() 函数拟合非线性核函数的 SVM。现在对 kernel 参数取不同的值。使用 kernel="polynomial" 拟合多项式核函数的 SVM，使用 kernel="radial" 拟合径向基核函数的 SVM。如果选择前者，还需要设定 degree 参数来指定多项式核函数的阶数〔也就是式（9.22）中的 d〕，如果选择后者，还需要使用 gamma 参数为径向核函数式（9.24）中的 γ 赋值。

首先生成一些具有非线性类边界的数据，如下：

```
> set.seed(1)
> x <- matrix(rnorm(200*2), ncol=2)
> x[1:100,] <- x[1:100,]+2
> x[101:150,] <- x[101:150,]-2
> y <- c(rep(1,150),rep(2,50))
> dat <- data.frame(x=x,y=as.factor(y))
```

把这些数据画出来，确保类边界是非线性的。

```
> plot(x, col=y)
```

数据被随机地分成训练集和测试集。然后使用 svm() 函数拟合训练数据，其中核函数取径向核函数，且 $\gamma=1$：

```
> train <- sample(200,100)
> svmfit <- svm(y~., data=dat[train,], kernel="radial", gamma=1,
    cost=1)
> plot(svmfit, dat[train,])
```

结果显示，SVM 有个明显非线性的决策边界。SVM 拟合的一些信息可以通过 summary() 函数获得：

```
> summary(svmfit)
Call:
svm(formula = y ~ ., data = dat[train,], kernel = "radial",
    gamma = 1, cost = 1)
Parameters:
   SVM-Type:  C-classification
 SVM-Kernel:  radial
       cost:  1
Number of Support Vectors:  31
 ( 16 15 )
Number of Classes:  2
Levels:
 1 2
```

从图中可以看出，使用这个 SVM 进行预测，有相当一部分训练观测被误分了。如果增大 cost 的值，就可减少训练数据的误差。但是，这样做的代价是得到一个更加不规则的决策边界，而这会产生过拟合数据的风险。

```
> svmfit <- svm(y~., data=dat[train,], kernel="radial",gamma=1,
    cost=1e5)
> plot(svmfit,dat[train,])
```

还可以对 SVM 运用 tune() 函数，即使用交叉验证来选择径向核函数最优的 γ 值以及 cost 的值：

```
> set.seed(1)
> tune.out <- tune(svm, y ~ ., data = dat[train, ],
    kernel = "radial",
    ranges = list(
      cost = c(0.1, 1, 10, 100, 1000),
      gamma = c(0.5, 1, 2, 3, 4)
    )
  )
> summary(tune.out)
Parameter tuning of 'svm':
- sampling method: 10-fold cross validation
- best parameters:
 cost gamma
    1   0.5
- best performance: 0.07
- Detailed performance results:
    cost gamma error dispersion
1  1e-01   0.5  0.26  0.158
2  1e+00   0.5  0.07  0.082
3  1e+01   0.5  0.07  0.082
4  1e+02   0.5  0.14  0.151
5  1e+03   0.5  0.11  0.074
6  1e-01   1.0  0.22  0.162
7  1e+00   1.0  0.07  0.082
...
```

因此，最优的选择为 cost=1 和 gamma=0.5。使用 prediction() 函数可以查看这个模型在测试集上的预测结果。注意，在这个过程中，以 -train 为索引集把数据框 dat 分成子集。

```
> table(
    true = dat[-train, "y"],
    pred = predict(
      tune.out$best.model, newdata = dat[-train, ]
    )
  )
```

这个 SVM 误分了 12% 的测试观测。

9.6.3 ROC 曲线

ROCR 包可以用来生成图 9-10 和图 9-11 中的 ROC 曲线。为了画出 ROC 曲线，首先需要生成一个函数，在给定的包含每个观测数值得分的 pred 向量和包含每个观测的类标签的 truth 向量前提下，这个函数能够画出 ROC 曲线。

```
> library(ROCR)
> rocplot <- function(pred, truth, ...){
+   predob <- prediction(pred, truth)
+   perf <- performance(predob, "tpr", "fpr")
+   plot(perf,...)+}
```

SVM 和支持向量分类器会输出每个观测的预测的类标签。但是，获得每个观测的**拟合值**（fitted value）也是可能的，而拟合值正是用来获得类标签的数值得分。例如，在支持向量分类器中，观测 $X=(X_1, X_2, \cdots, X_p)^T$ 的拟合值的形式为 $\hat{\beta}_0 + \hat{\beta}_1 X_1 + \hat{\beta}_2 X_2 + \cdots + \hat{\beta}_p X_p$。对于非线性核函数的 SVM，计算拟合值的式子为式 (9.23)。从本质上来说，拟合值的符号决定了观测落在决策边界的哪一侧。因此，对于一个给定的观测来说，拟合值和预测类的关系是非常简单的：如果拟合值大于 0，那么观测就被分为一类，如果拟合值小于 0，则观测被分为另一类。为了得到一个给定的 SVM 模型的拟合值，在拟合 svm() 的时候使用 decision.value= TRUE。然后 predict() 函数会输出拟合值。

```
> svmfit.opt <- svm(y~., data=dat[train,], kernel="radial",
      gamma=2, cost=1,decision.values=T)
> fitted <- attributes(predict(svmfit.opt,dat[train,],decision.
    values=TRUE))$decision.values
```

接下来就可以画 ROC 曲线了。此时使用的拟合值为负值，所以负值对应类 1，正值对应类 2。

```
> par(mfrow=c(1,2))
> rocplot(fitted,dat[train,"y"],main="Training Data")
```

SVM 似乎能给出精确的预测。但是增加 γ 可以产生一个更有柔性的拟合，并且可以进一步提高预测的准确度。

```
> svmfit.flex <- svm(y~., data=dat[train,], kernel="radial",
    gamma=50, cost=1, decision.values=T)
> fitted <- attributes(predict(svmfit.flex,dat[train,],decision.
    values=T))$decision.values
> rocplot(-fitted,dat[train,"y"],add=T,col="red")
```

然而这些都是训练数据的 ROC 曲线。通常我们更关注测试数据的预测精度。根据测试数据的 ROC 曲线来评价，γ=2 的模型似乎能够提供更准确的预测结果。

```
> fitted <- attributes(predict(svmfit.opt,dat[-train,],decision.
    values=T))$decision.values
> rocplot(-fitted,dat[-train,"y"],main="Test Data")
> fitted <- attributes(predict(svmfit.flex,dat[-train,],decision.
    values=T))$decision.values
> rocplot(-fitted,dat[-train,"y"],add=T,col="red")
```

9.6.4 多分类 SVM

如果响应因子的水平数超过 2，那么 svm() 函数就会使用 "一对一" 方法进行分类。首先生成第三类观测。

```
> set.seed(1)
> x <- rbind(x, matrix(rnorm(50*2), ncol=2))
> y <- c(y, rep(0,50))
> x[y==0,2] <- x[y==0,2]+2
> dat <- data.frame(x=x, y=as.factor(y))
> par(mfrow=c(1,1))
> plot(x,col=(y+1))
```

现在用 SVM 来拟合这个数据：

```
> svmfit <- svm(y~., data=dat, kernel="radial", cost=10, gamma=1)
> plot(svmfit, dat)
```

如果输入函数 svm() 的响应变量是数值变量而不是因子变量的话，e1071 库也可以用来做支持向量回归。

9.6.5 基因表达数据的应用

以下分析都使用 Khan 数据集，这个数据集由许多组织样本构成，这些样本对应四种不同的蓝色小圆细胞肿瘤。对于每个组织样本，基因表达测定都是可用的。数据集由训练数据 xtrain 和 ytrain，以及测试数据 xtest 和 ytest 组成。

首先看数据的维数：

```
> library(ISLR2)
> names(Khan)
[1]    "xtrain"   "xtest"   "ytrain"   "ytest"
> dim(Khan$xtrain)
[1]    63 2308
> dim(Khan$xtest)
[1]    20 2308
> length(Khan$ytrain)
[1] 63
> length(Khan$ytest)
[1] 20
```

数据集由 2 308 个基因的表达测定组成。训练集和测试集分别由 63 个和 20 个观测组成。

```
> table(Khan$ytrain)
 1  2  3  4
 8 23 12 20
> table(Khan$ytest)
1 2 3 4
3 6 6 5
```

对基因表达测定数据，使用支持向量机方法来预测癌症亚型。在这个数据集中，相对于观测的数目，特征的数目非常大。基于这一特点建议使用线性核函数，因为使用多项式核函数和径向核函数得到更高柔性是没有必要的。

```
> dat<-data.frame(x=Khan$xtrain, y=as.factor(Khan$ytrain))
> out<-svm(y~., data=dat, kernel="linear",cost=10)
> summary(out)
Call:
svm(formula = y ~ ., data = dat, kernel = "linear",
    cost = 10)
Parameters:
   SVM-Type:  C-classification
 SVM-Kernel:  linear
       cost:  10
Number of Support Vectors:  58
 ( 20 20 11 7 )
Number of Classes:  4
Levels:
 1 2 3 4
> table(out$fitted, dat$y)

    1  2  3  4
 1  8  0  0  0
 2  0 23  0  0
 3  0  0 12  0
 4  0  0  0 20
```

结果显示，训练集的误差为 0。事实上，这并不奇怪，因为相对于观测的数目，变量的数目较多意味着很容易找到把这些类别完全分开的超平面。我们最关注的并不是支持向量分类器在训练观测上的分类效果，而是在测试观测上的分类效果。

```
> dat.te <- data.frame(x=Khan$xtest, y=as.factor(Khan$ytest))
> pred.te <- predict(out, newdata=dat.te)
> table(pred.te, dat.te$y)

pred.te 1 2 3 4
      1 3 0 0 0
      2 0 6 2 0
      3 0 0 4 0
      4 0 0 0 5
```

可见，如果使用 cost=10，那么测试集中只有两个观测被误分了。

9.7 习题

概念

1. 这个问题涉及二维空间的超平面。

    (a) 画出超平面 $1+3X_1-X_2=0$。指出 $1+3X_1-X_2>0$ 的点集，以及 $1+3X_1-X_2<0$ 的点集。

    (b) 在同一张图中，画出超平面 $-2+X_1+2X_2=0$。指出 $-2+X_1+2X_2>0$ 的点集，以及 $-2+X_1+2X_2<0$ 的点集。

2. 已知当 $p=2$ 维时,线性决策边界的形式为 $\beta_0+\beta_1 X_1+\beta_2 X_2=0$。现在研究非线性决策边界。
   (a) 画出曲线 $(1+X_1)^2+(2-X_2)^2=4$。
   (b) 在所画的图上,指出 $(1+X_1)^2+(2-X_2)^2>4$ 的点集。再指出 $(1+X_1)^2+(2-X_2)^2\leqslant 4$ 的点集。
   (c) 假设分类器在 $(1+X_1)^2+(2-X_2)^2>4$ 时,把观测分为蓝色的类,否则分为红色的类。那么 (0,0) 会被分为哪一类? (-1,1)? (2,2)? (3,8)?
   (d) 证明(c)中的决策边界对 X_1 和 X_2 来说不是线性的,但是对 X_1,X_1^2,X_2 和 X_2^2 来说是线性的。

3. 用一个小型数据集来探索最大间隔分类器。

观测	X_1	X_2	Y
1	3	4	Red
2	2	2	Red
3	4	4	Red
4	1	4	Red
5	2	1	Blue
6	4	3	Blue
7	4	1	Blue

   (a) 在 $p=2$ 维的空间中,有 $n=7$ 个观测。每个观测都有对应的类标签。画出所有的观测。
   (b) 画出最优分割超平面,并且给出超平面的式子[格式见式(9.1)]。
   (c) 描述最大间隔分类器的分类规则。按照这样的格式"如果 $\beta_0+\beta_1 X_1+\beta_2 X_2>0$,则把观测分为红色的类,否则分为蓝色的类"。给出 β_0,β_1 和 β_2 的值。
   (d) 在你的图上,指出最大间隔超平面的间隔。
   (e) 指出最大间隔分类器的支持向量。
   (f) 证明第 7 个观测点的轻微移动并不会影响最大间隔超平面。
   (g) 画出一个不是最优分割超平面的超平面,并且给出这个超平面的式子。
   (h) 在图上额外画一个观测点,使得这两个类不能再被一个超平面分离。

应用

4. 生成一个包含 100 个观测和 2 个特征的两类的模拟数据,要求两个类之间有可见的但非线性的分隔。证明在这种情况下,多项式核函数的支持向量机(多项式的阶数大于 1)和径向核函数的支持向量机在训练集上的表现比支持向量分类器好。哪种方法在测试集上的表现最好? 为了证明你的结论,画出以及指出训练集和测试集的误差率。

5. 前面提到,为得到非线性的决策边界,拟合一个非线性核函数的 SVM。接下来将会看到还可以通过逻辑斯谛回归,对特征进行非线性变换来获得非线性决策边界。
   (a) 生成一个 $n=500$,$p=2$ 的数据集,要求观测分为两类,并且两个类之间的决策边界是二次的。举个例子,你可以这样完成这件事情:

```
> x1<-runif(500)-0.5
> x2<-runif(500)-0.5
> y<-1*(x1^2-x2^2 > 0)
```

(b) 画出观测，并且根据类标签用不同的颜色标记观测数据。把 X_1 放在 x 轴，把 X_2 放在 y 轴。

(c) 用逻辑斯谛回归模型拟合数据，以 X_1 和 X_2 为预测变量。

(d) 利用这个模型预测训练数据中每个训练观测的类。画出所有的训练观测，并根据预测的类标签用不同的颜色标记。要求决策边界是线性的。

(e) 使用 X_1 和 X_2 的非线性函数［比如 X_1^2，$X_1 \times X_2$，$\log(X_2)$ 等］作为预测变量，用逻辑斯谛回归模型拟合数据。

(f) 利用这个模型预测训练数据中每个训练观测的类。画出所有的训练观测，并根据预测的类标签用不同的颜色标记。要求决策边界明显是非线性的。如果决策边界不是非线性的，重复 (a)~(e)，直到决策边界明显非线性为止。

(g) 用支持向量分类器拟合数据，以 X_1 和 X_2 为预测变量。得到每个训练观测的预测类标签。画出所有的训练观测，并根据预测的类标签用不同的颜色标记。

(h) 用非线性核函数的 SVM 拟合数据。得到每个训练观测的预测类标签。画出所有的训练观测，并根据预测的类标签用不同的颜色标记。

(i) 评价你得到的结果。

6. 9.6.1 节的结尾部分表明，在数据几乎可以线性可分的情况下，cost 值较小的支持向量分类器虽然误分了几个训练观测，但是在测试数据上的表现比 cost 值大的支持向量分类器更好，尽管后者几乎没有误分任何训练观测。现在继续研究这个命题。

(a) 生成一个 $p=2$ 的二分类数据集，要求两个类几乎是线性可分的。

(b) 当 cost 取一定范围内的值时，计算支持向量分类器的交叉验证误差率。每个 cost 值对应的训练观测的误分数目是多少，这个数目是怎么和得到的交叉验证的误差率联系起来的？

(c) 生成一个合适的测试数据集，计算每个 cost 值对应的测试误差。cost 取何值时对应的测试误差最小？如何将这个值与使得训练误差最小的 cost 值以及使得交叉验证误差最小的 cost 值进行比较？

(d) 讨论你的结果。

7. 在这个题目中，基于 Auto 数据集，利用支持向量的方法预测一辆车的每英里耗油量高低。

(a) 创建一个二分变量，把每英里耗油量大于中位数的车记为 1，低于中位数的车记为 0。

(b) 为了预测汽车的每英里耗油量的高低，使用支持向量分类器拟合数据，采用不同的 cost 值。给出这个参数在不同的取值下对应的交叉验证误差。评价你的结果。

(c) 重复步骤 (b)，这次使用径向核函数和多项式核函数的 SVM，gamma、degree 和 cost 取不同的值。评价你的结果。

(d) 画一些图来说明你在（b）和（c）中得到的结论。

提示：在实验中，只在 $p=2$ 的情况下对 svm 对象使用了 plot()函数。当 $p>2$ 时，虽然还是可以使用 plot()函数，但是每次只能展示一对变量。$p=2$ 时，应该输入

> plot(svmfit, dat)

其中，svmfit 是你的拟合模型，dat 表示数据的数据框。$p>2$ 时，应该输入

> plot(svmfit, dat, x1~x4)

画出第一个和第四个变量。但是，还可以把 x_1 和 x_4 替换成其他的变量名。如果想了解更多，可以在 R 中输入？plot.svm。

8. 这个题目涉及 ISLR2 包中的 OJ 数据集。
   (a) 创建一个训练集，即包含 800 个观测的一个随机样本，把剩下的观测作为测试集。
   (b) 使用支持向量分类器拟合训练数据，cost= 0.01，把 purchase 作为响应变量，其他的变量都作为预测变量。使用 summary()函数来生成描述统计量，并且描述你得到的结果。
   (c) 训练集和测试集的预测误差率分别是多少？
   (d) 使用 tune()函数来选择最优的 cost。cost 的取值从 0.01 到 10。
   (e) 使用 cost 的新值计算训练集和测试集的预测误差率。
   (f) 使用径向核函数的 SVM 重复（b）到（e）的过程。gamma 取默认值。
   (g) 使用多项式核函数的 SVM 重复（b）到（e）的过程。degree=2。
   (h) 从总体来看，对于这个数据来说，哪种方法能够得到最好的结果？

第 10 章　深度学习

本章将讲述深度学习领域重要的基础内容。截至撰写本书时（2020 年），深度学习已经成为机器学习和人工智能领域的热门研究方向。深度学习的基石正是**神经网络**（neural network）。

神经网络在 20 世纪 80 年代末已经崭露头角。彼时，神经网络作为振奋人心的新技术，受到大肆宣传，人们对神经网络的热情促成了一年一度的神经信息处理系统大会（Conference and Workshop on Neural Information Processing Systems，NIPS）（值得一提的是，该会议经常在一些意想不到的地点举行，比如滑雪场）。历经最初的火热后，神经网络进入了平稳发展期，在这段时期，数学家、统计学家和机器学习学者持续研究神经网络的特性，改进算法，稳固了深度学习的方法论。然而，随着支持向量机、提升法和随机森林等算法的出现，神经网络逐渐为研究者所冷落。部分原因在于神经网络需要大量的调试，而上述新方法所需的人工调试更少。此外，由于各种限制，当时的神经网络往往未能充分训练，因此在许多场景下，新方法优于训练不足的神经网络。这便是神经网络在 21 世纪的前十年面对的窘境。

尽管如此，仍有一批核心的神经网络爱好者，不断尝试使用更大规模的网络架构和数据集推动神经网络的发展。2010 年后，神经网络以新形象 **"深度学习"**（deep learning）重回人们的视野。此时神经网络引入新的架构和额外的功能，并在诸如图像和视频分类、语音和文本建模等热门问题上取得一系列优异的成果。许多相关领域的学者认为，近来神经网络取得成功的主要原因在于，科研和工业领域向数字化转型，为神经网络提供了越来越丰富的训练样本。

本章将讲述神经网络和深度学习的基础知识，并深入讨论一些常见问题，例如，使用卷积神经网络（CNN）进行图像分类，或使用递归神经网络（RNN）处理时间序列或其他序列数据。本章还将使用 R 包 keras 演示这些模型，该包是谷歌开发的 tensorflow 深度学习框架的接口。⊖

本章的难度比其他章高。

10.1　单隐层神经网络

神经网络以一个 p 维向量 $X=(X_1,X_2,\cdots,X_p)$ 为输入变量，通过构建非线性函数

⊖ 有关 keras 的更多信息请参阅 Chollet 等（2005）的 "Keras"（见 https://keras.io），有关 tensorflow 的更多信息请参阅 Abadi 等（2015）的 "TensorFlow: Large-scale machine learning on heterogeneous distributed systems"（见 https://www.tensorflow.org/）。

$f(X)$ 预测响应变量 Y。前几章用树模型、提升法和广义加性模型建立非线性预测模型,神经网络与这些方法的区别在于其特殊的模型**结构**(structure)。图 10-1 展示了一个简单的**前馈神经网络**(feed-forward neural network),使用四维输入向量对定量因变量建模。在神经网络的术语中,输入向量中的 4 个特征 X_1, X_2, X_3, X_4 称为**输入层**(input layer)的单元。图中箭头表示输入层的每个输入都会传送至 K 个**隐藏单元**(hidden layer)中的每个单元中(K 为网络的可选参数,此处以 5 为例)。该神经网络可以用如下公式表示:

$$\begin{aligned} f(X) &= \beta_0 + \sum_{k=1}^{K} \beta_k h_k(X) \\ &= \beta_0 + \sum_{k=1}^{K} \beta_k g\left(w_{k0} + \sum_{j=1}^{p} w_{kj} X_j\right) \end{aligned} \quad (10.1)$$

上式可经过两步推导得到:首先根据输入层的特征计算得到 K 个**激活**(activation)A_k,作为隐藏层中的 K 个隐藏单元,

$$A_k = h_k(X) = g\left(w_{k0} + \sum_{j=1}^{p} w_{kj} X_j\right) \quad (10.2)$$

其中 $g(z)$ 是预先定义的非线性**激活函数**(activation function)。可以将每个 A_k 视为原始特征的各种变换 $h_k(X)$(类似第 7 章的基函数)。将来自隐藏层的 K 个激活传递至输出层,得到

$$f(X) = \beta_0 + \sum_{k=1}^{K} \beta_k A_k \quad (10.3)$$

上式是一个基于 $K=5$ 个激活的线性模型。在上述步骤中使用到的所有参数 $\beta_0, \beta_1, \cdots, \beta_K$ 以及 $w_{10}, \cdots, w_{Kp}$ 都需要从数据中学习得到。

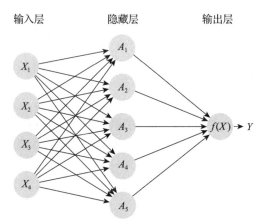

图 10-1 单隐层神经网络。隐藏层对输入值 $X_1, X_2, \cdots, X_p$ 的线性组合进行非线性变换,得到激活 $A_k = h_k(X)$。A_k 无法直接观测。函数 $h_k(\cdot)$ 的参数不必事先给定,而是在网络训练期间通过学习得到。输出层是一个线性模型,以激活 A_k 为输入,生成函数 $f(X)$

早期的神经网络常使用 Sigmoid 激活函数:

$$g(z) = \frac{e^z}{1+e^z} = \frac{1}{1+e^{-z}} \tag{10.4}$$

这个函数与逻辑斯谛回归中将线性函数转换成概率值所使用的函数相同［见图 10-2（见彩插）］。而现代神经网络更倾向使用**修正线性单元**（rectified linear unit，ReLU）激活函数，其形式如下：

$$g(z) = (z)_+ = \begin{cases} 0, & z < 0 \\ z, & \text{其他} \end{cases} \tag{10.5}$$

相比 sigmoid 函数，ReLU 激活函数在计算和存储上更高效。虽然 ReLU 激活函数原始表达式的拐点阈值为 0，但由于将其用于线性函数式（10.2），因此常数项 w_{k0} 将决定函数的实际拐点。

简而言之，图 10-1 所示的模型首先计算输入向量 X 的 5 种不同的线性组合，得到 5 个新特征，然后使用激活函数 $g(\cdot)$ 对每个新特征进行压缩变换，得到衍生变量。最终以 5 个衍生变量的线性组合作为模型的输出。

神经网络得名于这样的构思：将网络中的隐藏单元想象成大脑中的神经元——激活值 $A_k = h_k(X)$ 接近 1 代表该神经元处于**激活**状态，而接近 0 则代表该神经元处于**未激活**状态。

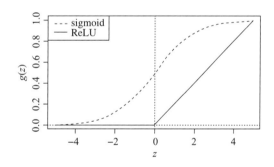

图 10-2 激活函数。分段线性函数 ReLU 因其高效性和可计算性得到广泛使用。为了便于对比，此处将 ReLU 函数的图像压缩为原来的 1/5

激活函数 $g(\cdot)$ 的非线性性质对神经网络至关重要。如果激活函数是线性的，式（10.1）中的模型 $f(X)$ 将退化为 $X_1, X_2, \cdots, X_p$ 的简单线性组合。此外，非线性激活函数使得模型具有捕捉复杂的非线性关系和交互效应的能力。例如，对于 $p = 2$ 的输入变量 $X = (X_1, X_2)$，$K = 2$ 个隐藏单元 $h_1(X)$ 和 $h_2(X)$，令 $g(z) = z^2$，并将其他参数设为

$$\begin{aligned} &\beta_0 = 0, \beta_1 = \frac{1}{4}, \beta_2 = -\frac{1}{4} \\ &w_{10} = 0, w_{11} = 1, w_{12} = 1 \\ &w_{20} = 0, w_{21} = 1, w_{22} = -1 \end{aligned} \tag{10.6}$$

由式（10.2），可以得到

$$\begin{aligned} h_1(X) &= (0 + X_1 + X_2)^2 \\ h_2(X) &= (0 + X_1 - X_2)^2 \end{aligned} \tag{10.7}$$

再将式（10.7）代入式（10.1）中，得到

$$f(X) = 0 + \frac{1}{4} \cdot (0 + X_1 + X_2)^2 - \frac{1}{4} \cdot (0 + X_1 - X_2)^2$$

$$= \frac{1}{4}[(X_1 + X_2)^2 - (X_1 - X_2)^2] \tag{10.8}$$

$$= X_1 X_2$$

上例中线性函数的两种非线性变换可以用于表达两个变量间的交互作用。在实际应用中，一般不会将二次函数作为激活函数，因为从原始输入 $X_1, X_2, \cdots, X_p$ 总能生成二次多项式。无论是 sigmoid 还是 ReLU 激活函数，完全不用担心它们不能表示二次函数。

拟合神经网络的过程等同于估计式（10.1）中的未知参数。当响应变量为定量变量时，常使用误差平方和作为损失函数。此时参数选择的目标是最小化

$$\sum_{i=1}^{n}(y_i - f(x_i))^2 \tag{10.9}$$

10.7 节将详细论述如何调整参数并最小化该损失函数

10.2 多隐层神经网络

现代神经网络通常包含多个隐藏层，且每层通常有许多隐藏单元。理论上，只要隐藏单元足够多，单层神经网络就能够近似拟合绝大部分函数。然而，具有多个隐藏层、各层规模适中的神经网络（相比单层网络）往往更加容易完成特定任务。

本节将演示在著名的 MNIST（手写体数字）数据集[⊖]上构建的大型密集网络。图 10-3 为数据集中部分图像的示例。分析的目标是建立一个模型，将输入的手写数字图像准确分类为 0~9。每张图像都有 $p = 28 \times 28 = 784$ 个像素，每个像素是一个 0 到 255 之间的 8 位灰度值，表示该像素点上（小正方形）的相对暗度[⊖]。输入向量 X 为这些像素值（按顺序将矩阵中的各列拼接为向量），模型输出为类标签，用包含 10 个哑变量的向量 $Y = (Y_0, Y_1, \cdots, Y_9)$ 表示，令该标签对应的哑变量为 1，其余变量为 0。在机器学习中，这种标签表示方法称为**独热**（one-hot）编码。数据集包含 60 000 张用于训练的图像及 10 000 张用于测试的图像。

20 世纪 80 年代后期，数字识别问题大大促进了贝尔实验室及学界对神经网络技术的研究。这种模式识别任务对人类而言相对简单。这是因为视觉系统占据人类大脑的相当一部分容量。为了生存，人类演化出了优秀的分辨能力。然而这类任务对于机器而言较为困难，过去的三十多年中，人们仍在不断努力优化神经网络，使其接近人类的表现。

图 10-4 展示了一个多隐层网络结构，该网络结构在数字分类任务上表现良好。它与图 10-1 的不同之处在于：

- 该网络有两个隐藏层 L_1（256 个单元）和 L_2（128 个单元）（而非一个）。后续读者

⊖ 见 LeCun、Cortes 和 Burges（2010）的"The MNIST database of handwritten digits"，可于 http://yann.lecun.com/exdb/mnist 获取该文。

⊖ 在模拟-数字转换过程中，只有图像的部分可能落在代表特定像素的正方形中。

图 10-3 图为 MNIST（手写体数字）数据集中手写数字图像示例。每个灰度图像由 28×28 个像素构成，每个像素为一个 8 位灰度值（0~255），表示该像素点的暗度。放大第一行的 3,5,8，以便读者可以清楚地看到每张图片的 784 个像素

还会见到一个 7 个隐藏层的神经网络。
- 该网络有 10 个输出变量（而非一个）。在本案例中，10 个变量共同表示了 1 个定性变量，因此这 10 个输出变量彼此高度相关（为了清晰起见，使用 0~9 而不是 1~10 标记每个数字）。一般而言，在**多任务学习**（multi-task learning）中，可以用单个网络同时预测多个响应，每个学习任务都会影响隐藏层的构成。
- 使用更适用于多分类任务的损失函数用于训练。

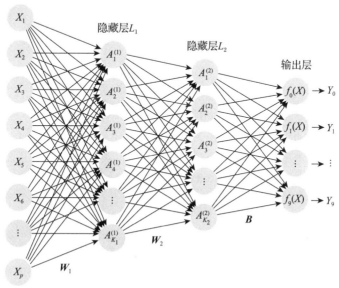

图 10-4 具有两个隐藏层和多个输出结果的神经网络示意图，可用于 MNIST（手写体数字）数据集识别问题。输入层共有 784 个神经单元，两个隐藏层分别有 $K_1 = 256$ 个和 $K_2 = 128$ 个隐藏单元。输出层共包含 10 个输出单元。包括截距（在深度学习中也称偏差项）在内，整个网络共有 235 146 个参数（也称权重）

第一个隐藏层与式（10.2）中类似：

$$A_k^{(1)} = h_k^{(1)}(X)$$
$$= g\Big(w_{k0}^{(1)} + \sum_{j=1}^{p} w_{kj}^{(1)} X_j\Big) \quad (10.10)$$

其中 $k=1,2,\cdots,K_1$。第二个隐藏层以第一个隐藏层的激活 $A_k^{(1)}$ 为输入继续计算新的激活

$$A_l^{(2)} = h_l^{(2)}(X)$$
$$= g\Big(w_{l0}^{(2)} + \sum_{k=1}^{K_1} w_{lk}^{(2)} A_k^{(1)}\Big) \quad (10.11)$$

其中 $l=1,2,\cdots,K_2$。需要注意，第二层中的每个激活值 $A_l^{(2)} = h_l^{(2)}(X)$ 仍然是输入向量 X 的函数。这是因为第二层的激活是第一层的激活 $A_k^{(1)}$ 的函数，而第一层激活又是输入向量 X 的函数。即使隐藏层继续增加，最终的激活也仍是输入向量的函数。因此，通过一系列变换，多层网络能够对 X 构建相当复杂的变换，并将变换后的结果作为特征传递至输出层。

式（10.10）和式（10.11）中引入了上标符号 $\big[$如 $h_l^{(2)}(X)$ 和 $w_{lj}^{(2)}\big]$，用于表示激活和**权重**（weight, coefficient）来自网络中的哪一层（$w_{lj}^{(2)}$ 代表该权重值来自第2层）。

图 10-4 中的标注 W_1 表示输入向量从输入层传递到第一个隐藏层 L_1 过程中使用的权重矩阵。该矩阵具有 $785 \times 256 = 200\,960$ 个元素 [这里取 785 而非 784 是因为还要考虑**偏差**（bias）项⊖]。

第一层的每个激活 $A_k^{(1)}$ 经过 257×128 维的权重矩阵 W_2 变换后输入第二个隐藏层中。

此时数据即将进入输出层，输出层将计算 10 个响应值。首先分别构建不同的线性模型计算各个响应值，该步与式（10.1）代表的单变量模型相似：

$$Z_m = \beta_{m0} + \sum_{l=1}^{K_2} \beta_{ml} h_l^{(2)}(X)$$
$$= \beta_{m0} + \sum_{l=1}^{K_2} \beta_{ml} A_l^{(2)} \quad (10.12)$$

其中 $m=0,1,\cdots,9$，矩阵 B 共有 $129 \times 10 = 1\,290$ 个权重值。

如果目标响应值彼此无关，只需要令每个 $f_m(X) = Z_m$ 即可。然而，对数字 $0,1,2,\cdots,9$ 的识别任务是要估计概率 $f_m(X) = \Pr(Y=m \mid X)$（类似 4.3.5 节中的多类逻辑斯谛回归）。因此，使用特殊的 softmax 激活函数 [见式（4.13）] 对输出值进行转换：

$$f_m(X) = \Pr(Y=m \mid X) = \frac{e^{Z_m}}{\sum_{l=0}^{9} e^{Z_l}} \quad (10.13)$$

其中 $m=0,1,2,\cdots,9$，从而确保获得的 10 个响应值具有概率的性质（非负且相加和为 1）。尽管目标是构建一个分类器，但是模型实际计算了图像属于 10 个类中每个类的概率。然后，分类器将图像分配给概率最高的类。

⊖ 在机器学习社区中，经常用名词"权重"替代式（10.2）中的"系数"，用名词"偏差"替代式（10.2）中的"截距"。此处使用的"偏差"与书中提到的另一个名词"偏差-方差"中的"偏差"含义不同。

由于目标值是定性的，难以对其进行直接的优化表示，于是选择将网络训练的目标设定为最小化负多项对数似然函数

$$-\sum_{i=1}^{n}\sum_{m=0}^{9} y_{im} \log(f_m(x_i)) \tag{10.14}$$

上式有时也称为**交叉熵函数**（cross-entropy），是二分类逻辑斯谛回归准则［见式（4.5）］的推广。10.7 节将详细讲述如何最小化该目标函数。对于定量响应变量，则通常用式（10.9）中的误差平方和作为损失函数。

表 10-1 比较了神经网络与第 4 章中使用的两种简单模型（多类逻辑斯谛回归和线性判别分析，两种模型都使用线性决策边界）的表现。与线性模型相比，神经网络提升显著：在 10 000 张测试图像上，使用随机失活正则化的神经网络误差率低于 2%（将在 10.7.3 节中讲述随机失活正则化）。在 10.9.2 节中将给出用于拟合模型的代码。

表 10-1 表中展示了采用两种正则化的神经网络、多类逻辑斯谛回归和线性判别分析在 MNIST 数据集上的测试误差率。在本案例中，神经网络的高复杂度换来了极为显著的性能提升

模型	测试误差率
神经网络＋岭正则化	2.3%
神经网络＋随机失活正则化	1.8%
多类逻辑斯谛回归	7.2%
线性判别分析	12.7%

在上述网络中，矩阵 W_1，W_2 和 B 中共有 235 146 个参数，比类逻辑斯谛回归使用的 $785 \times 9 = 7065$ 个参数的 33 倍还多。训练集有 60 000 张图像，但神经网络模型中的参数几乎是样本数量的 4 倍。为了避免过拟合，需要对网络进行正则化。在本例中，使用两种正则化方法：岭正则化（类似第 6 章中的岭回归）和随机失活正则化。10.7 节对这两种正则化形式展开讨论。

10.3 卷积神经网络

神经网络的热度在 2010 年前后迎来了一波反弹，并在图像分类问题上取得了巨大成功。大量带标注的图像数据集问世，数据集的类也不断增加。图 10-5 展示了从 CIFAR100 数据集中抽取的 75 张图像[一]（见彩插）。该数据库包含 60 000 张标注图像。数据集共有 20 个超类（例如水生哺乳动物），每个超类下含 5 个子类（例如海狸、海豚、水獭、海豹、鲸鱼）。每张图像都标注为某个超类下的某个子类。每张图像的分辨率为 32×32，像素由 3 个 8 位数字构成，3 个 8 位数字分别代表红色、绿色和蓝色。图像以三维数组［也称**特征图**（feature map）］的形式存储。数组的前两个轴为空间轴（均为 32 维），第三个轴则为**通道**（channel）轴[二]，用于表示三种颜色。整个数据集分为训练集（50 000 张图像）和测试集（10 000 张图像）。

[一] 更多信息请参阅 Krizhevsky（2009）的 "Learning multiple layers of feautures from tiny images"（见 https://www.cs.toronto.edu/~kriz/leaning-features-2009-TR.pdf）。

[二] 通道一词是信号处理领域的术语。每个通道都是不同的信息源。

图 10-5　图为 CIFAR100 数据集样本，CIFAR100 数据集包含日常生活中的自然图像共 100 类

卷积神经网络（CNN）及其变体广泛运用于上述的图像分类问题中，并取得显著的效果。卷积神经网络模拟人类对图像进行分类的方式：关注并提取图像中具有辨识度的特征用于分类。本节将简要论述卷积神经网络的工作原理。

图 10-6 借助一张老虎的图像⊖说明卷积神经网络背后的思想。

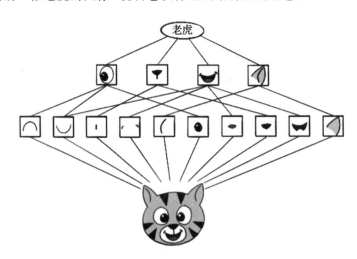

图 10-6　卷积神经网络对老虎图像进行分类过程的示意图。网络接收图像并识别局部特征。然后将局部特征整合成整体特征（例如眼睛和耳朵等部位）。通过这些整体特征输出标签"老虎"

该网络首先识别输入图像中的低层特征，例如线条、色块等。然后将这些细微特征整合成高层特征，例如耳朵、眼睛等的部位。最终，通过分析这些高层特征是否存在确定对应类的概率。

卷积神经网络通过如下方式建立上述的层次结构：网络结合了两种特殊的隐藏层：**卷积**（convolution）层和**池化**（pooling）层。卷积层负责搜索图像的细微特征，池化层对这

⊖　感谢 Elena Tuzhilina 提供这张示意图。读者可于 https://www.cartooning4kids.com/获取该图像的使用许可。

些特征进行下采样,保留较突出的特征。为了提高准确率,现代神经网络结构常引入大量卷积层和池化层。接下来将分别讲述卷积层和池化层。

10.3.1 卷积层

卷积层(convolution layer)由许多**卷积滤波器**(convolution filter)组成,卷积滤波器用于确定图像中是否存在特定局部特征。卷积滤波器对图像进行的操作称为**卷积**,即将矩阵元素重复相乘,然后将结果相加。

下面用一个简单的例子说明卷积的过程,假设有一张 4×3 的图像

$$\text{原始图像} = \begin{bmatrix} a & b & c \\ d & e & f \\ g & h & i \\ j & k & l \end{bmatrix}$$

和一个 2×2 卷积滤波器

$$\text{卷积滤波器} = \begin{bmatrix} \alpha & \beta \\ \gamma & \delta \end{bmatrix}$$

在该图像上进行卷积将得到如下结果[一]:

$$\text{卷积后的图像} = \begin{bmatrix} a\alpha + b\beta + d\gamma + e\delta & b\alpha + c\beta + e\gamma + f\delta \\ d\alpha + e\beta + g\gamma + h\delta & e\alpha + f\beta + h\gamma + i\delta \\ g\alpha + h\beta + j\gamma + k\delta & h\alpha + i\beta + k\gamma + l\delta \end{bmatrix}$$

在本案例中,卷积后的图像左上角元素是将 2×2 滤波器中的每个元素分别乘以图像左上角 2×2 子矩阵中的相应元素,然后将结果相加得到。其他元素的获取方式类似:将原始图像的每个 2×2 子矩阵与卷积滤波器对应位置的元素相乘并相加,最终获得卷积图像。如果原始图像的 2×2 子矩阵取值与卷积滤波器越相近,则在卷积后的图像中值越大,反之越小。因此,卷积图像突出了原始图像中与卷积滤波器相似区域的信息。例中的卷积滤波器大小为 2×2,不失一般性,常记卷积滤波器为一个 $l_1 \times l_2$ 矩阵,其中 l_1 和 l_2 取较小的正整数即可,且二者不必相等。

图 10-7 演示了对左图中的 192×179 老虎图像,应用两个滤波器进行卷积的结果[二](见彩插)。每个滤波器都可以视为大小为 15×15 的图像,大部分像素为黑色(对应像素值取 0),仅有一条竖直或水平的白线(对应像素值取 1)。当滤波器与老虎图像卷积时,与滤波器相似的区域(即具有竖直或水平条纹的区域)被赋予较大的值,而不相似的区域被赋予较小的值。右图为卷积后的图像。可以看到,水平卷积滤波器保留了原始图像在水平方向上的细节,而竖直卷积滤波器保留了竖直方向的细节。

图 10-7 中使用了一张大图像和两个较大的滤波器。而对于 CIFAR100 数据集,由于每张图像仅有 32×32 个彩色像素,使用 3×3 滤波器即可。

[一] 卷积后的图像比原始图像小,其维数由原始图像中 2×2 子矩阵的数量决定。注意,2×2 正是卷积滤波器的维数。若希望卷积图像与原始图像维数相同,则需要对图像进行填充。

[二] 图 10-7~图 10-9 中使用的图像来自公共图像资源库 https://www.needpix.com/。

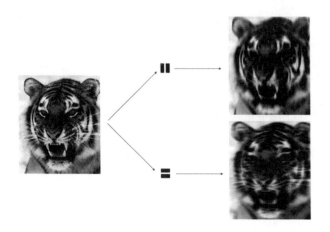

图 10-7 卷积滤波器能够提取图像的局部特征，例如线条和细节。使用图中间的两个卷积滤波器对左边的老虎图像进行卷积。经过卷积处理的图像将保留与滤波器图像相似的信息。具体来说，右上方的卷积图像突出显示老虎的竖直条纹，而右下方的卷积图像突出显示老虎的水平条纹。可以将原始图像视为卷积神经网络的输入层，卷积图像视为第一个隐藏层的输出结果

卷积层使用一系列滤波器过滤图像中各种方向的线条和形状。在传统的图像处理中，滤波器一般是事先确定的。相比之下，CNN 中的卷积滤波器并非事先确定，而是针对不同的分类任务通过**学习**获得。可以将卷积滤波器的权重视为从输入层到隐藏层的参数，卷积图像中的每个像素对应一个隐藏单元。事实上，卷积神经网络的权重高度结构化并受到限制（参见习题 4）。在一次卷积操作中，同一个卷积滤波器对输入图像中的多个子区域进行计算（所以有许多 0），这些子区域共享同一个卷积滤波器的权重（即权重受到约束）⊖。

为了更完整地理解这个过程，还需要补充一些额外的细节。

- 输入的彩色图像由三个通道构成，三个通道用一个三维特征图表示。每个颜色通道分别用一个二维（32×32）特征图表示，一个代表红色，一个代表绿色，一个代表蓝色。三个二维特征图合并为一个三维特征图。因此每个卷积滤波器同样需要三个通道（每种颜色一个），每个通道的维数为 3×3，并具有单独的权重。将三次卷积的结果累加，形成二维特征图输出。请注意，此时颜色信息已经通过卷积提取，不必再通过多个通道分别传递。
- 如果在第一个隐藏层使用 K 个不同的卷积滤波器，卷积后将得到 K 个二维特征图，这些二维特征图可以组合成一个三维特征图。每张二维特征图都可以单独视为一个通道，因此卷积后图像的通道数从 3 变为 K。三维特征图可以视为简单神经网络隐藏层中的激活值以数组的方式输出。
- 通常在卷积中使用 ReLU 激活函数式（10.5）。该步骤有时单独作为网络中的一个层结构，称为**检测层**（detector layer）。

⊖ 在神经网络的早期研究中，这种现象也称为权重共享。

10.3.2 池化层

池化（pooling）层用于将大图像压缩为较小图像。池化有许多实现方法，最大池化是从每个不重叠的 2×2 像素块取最大值构成新图像。这种方法使图像的大小在每个维度上缩小为原来的一半，并保持**位置不变性**（location invariance）：只要 2×2 像素块中存在一个较大的像素值，整个像素块就会在池化后的图像中获得较大的值。

下面为最大池化的一个简单示例：

$$\text{最大池化}\begin{bmatrix}1 & 2 & 5 & 3\\3 & 0 & 1 & 2\\2 & 1 & 3 & 4\\1 & 1 & 2 & 0\end{bmatrix}\rightarrow\begin{bmatrix}3 & 5\\2 & 4\end{bmatrix}$$

10.3.3 卷积神经网络的结构

我们已经给出了卷积层的定义：每个滤波器都会在原图像上卷积生成一个新的二维特征图。卷积层中卷积滤波器的数量可以视为全连接神经网络（见 10.2 节）中隐藏层的隐藏单元数量。卷积滤波器的数量还将决定输出的三维特征图中的通道数。我们也已经讲述了池化层，池化层可以减少三维特征图中每个通道的大小。一个深层卷积神经网络往往有许多卷积层和池化层。图 10-8（见彩插）展示了一个用于 CIFAR100 数据集图像分类任务的深层卷积神经网络结构（见彩插）。

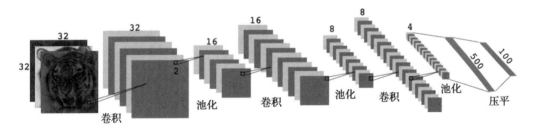

图 10-8　用于 CIFAR100 数据集分类任务的深层卷积神经网络结构。卷积层中穿插着 2×2 最大池化层，（这些池化层）可以将图像大小减少一半

在输入层中，彩色图像可以视为一个三维特征图，其中每个通道对应一种颜色，用一个 32×32 二维特征图表示。每个卷积滤波器在第一个隐藏层生成一个新的通道，每个通道是一个 32×32 的特征图（对边缘进行填充之后）。经过第一轮的卷积，网络将生成一张新的"图像"，该"图像"相比原始图像具有更多通道（由于该网络使用了 6 个卷积滤波器，故图中有 6 个通道）。

新的特征图经过池化层，该层将每个通道中的像素数量减少为原来的 1/4（每个维度上各减少 1/2）。

随后的两层网络重复了上述的卷积-池化操作，细节如下：

- 后续的每个卷积层都与上述的卷积层类似。将前一层的三维特征图视为一个多通道图像。每个卷积滤波器的通道数与输入特征图的通道数相同。

- 由于在池化之后，特征图的大小都会缩小，因此通常会在下一个卷积层中增加过滤器的数量以进行补偿。
- 有时会在池化之前进行多次卷积。这将大大增加滤波器的维数。

重复如上操作，直到池化层将每个通道的特征图减少到仅有若干个像素。此时，将三维特征图压平（每个像素作为一个单独的单元），并送至一个或多个全连接层中，最终在输出层中通过 softmax 激活函数转化为 100 个类对应的概率［如式 (10.13) 所示］。

在构建类似的卷积神经网络时，除了各层的卷积滤波器数量、大小之外，还有许多参数需要调试。此外还可以使用随机失活、lasso 或岭正则化（见 10.7 节）。构建一个卷积神经网络涉及极多细节。幸而目前有很多优秀的软件可供读者使用，这些软件提供大量的示例指导用户选择参数。截至撰写至此时，CIFAR100 官方测试集的最高准确率略高于 75%。这表明该成绩还有提升的空间。

10.3.4 数据增强

数据增强（data augmentation）是图像处理任务中常用的技巧。数据增强的本质是将每张图像重复呈现多次，在不影响人类识别的前提下对原图进行随机化的变形处理。图 10-9 提供了一些数据增强的示例（见彩插）。常用的图像变形方法包括缩放、水平或竖直移动、裁剪、小角度旋转和水平翻转等。数据增强增大了训练集的规模，从而减少过拟合，其本质上是对模型进行正则化：围绕每张原始图像建立一系列具有相同标签的图像集合。这种数据处理方法在思想上与岭正则化类似。

图 10-9　数据增强。原始图像（最左的图像）通过各种方式变形，用于扩充相同类标签下的图像数量。图像的变形程度不会影响人类识别，且在拟合卷积神经网络时，数据增强还可以起到正则化的作用

10.7.2 节将讲述随机梯度下降算法，该算法每次仅处理从数据集中随机选择的一批图像（比如一次处理 128 张）。随机梯度下降与数据增强常常搭配使用，因为在拟合过程中可以只对当前选择的那批数据进行数据增强，而不必消耗存储资源对所有图片同时进行数据增强。

10.3.5 使用预训练分类器进行分类

本节将演示如何使用一个企业级的预训练分类器对一批新图像进行分类。resnet50 分类器是一个用 imagenet[⊖] 数据集预训练的卷积神经网络，该数据集包含数百万张图像，

⊖ 有关 resnet50 的更多信息请参阅 He、Zhang、Ren 和 Sun（2015）的 "Deep residual learning for image recognition"（见 https://arxiv.org/abs/1512.03385）。有关 imagenet 的更多信息请参阅 Russakovsky 和 Deng 等（2015）在 *International Journal of Computer Vision* 发表的 "ImageNet Large Scale Visual Recognition Challenge"。

且数据集中图像的类还在不断扩充。图 10-10 展示了 resnet50 对 6 张照片的分类结果（照片来自本书作者日常拍摄）⊖（见彩插）。该 CNN 对第二张图像的鹰的分类很准确。但当第二张图像缩小成第三张图像后，分类结果出现极大错误，将鹰误判为喷泉。在最后一张图像中，"jacamar" 是一种栖息在南美洲和中美洲的热带食虫鸟，其颜色与南非织鸟相似（10.9.4 节中将详细分析此例）。

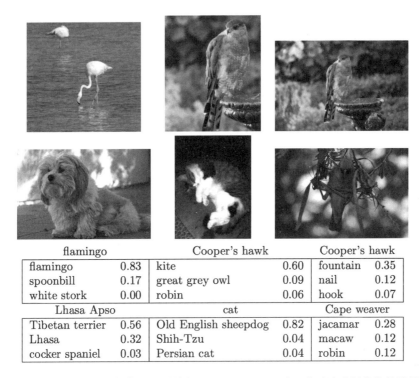

图 10-10　在 imagenet 数据集上预训练的 resnet50 CNN 对 6 张照片进行分类的结果。图像下方表格的第一行代表图像真实的类别，后三行则为分类器输出的最有可能的 3 个类及其概率，数字表示对应的概率估计值

训练 CNN 的大部分工作在于训练卷积滤波器的参数；在大规模、多类数据集（如 imagenet）上训练出的模型，往往可以迁移到一般自然图像的分类。只需要用较小的训练集对这些经过预训练模型的最后几层重新进行训练［该过程也称为**权重冻结**（weight freezing）］，就可以将这些模型应用于新的分类任务中。keras 包附带的概述和参考书目⊖对这种迁移方法做出了详细说明。

⊖ 由于预训练模型 resnet 会进行周期性更新，文中基于 resnet 的预测结果可能随时间变化。
⊖ *Deep learning with R*，F. Chollet 和 J. J. Allaire，2018，Manning Publications。

10.4 文本分类

本节将讲述一种在工业和科学研究中都发挥着重要作用的学习任务：预测文本属性。文本可以包括医学期刊上的文章、路透社新闻提要、电子邮件以及推特等。本节以 IMDb（互联网电影数据库）评论为例，该数据库包含了众多观众对电影的短评[○]。对应的因变量是评论表现出的 sentiment（情感）：正面或负面。

下面是一条有趣的负面评论的开头：

This has to be one of the worst films of the 1990s. When my friends and I were watching this film (being the target audience it was aimed at) we just sat and watched the first half an hour with our jaws touching the floor at how bad it really was. The rest of the time, everyone else in the theater just started talking to each other, leaving or generally crying into their popcorn...

数据集中的评论长度不同，包括俚语，还可能有拼写错误。需要找到一种方法对这样的文本进行特征化，即定义一组预测变量。

最简单也是最常见的特征化方法是**词袋**（bag-of-words）模型。根据词典（本例中是英语词典）中每个单词在文本中是否出现对每段文本进行评分：如果词典包含 M 个单词，就为每段文本创建一个长度为 M 的 0-1 特征向量，并将每个出现在文本中的单词记为 1，未出现在文本中的单词记为 0。该方法容易导致特征向量过长，因此需要限制词典的范围——在本例中可以将词典的范围限制为 25 000 条评论中最常出现的 10 000 个单词。以下是一条正面评论经处理后的开头：

⟨START⟩ this film was just brilliant casting location scenery story direction everyone's really suited the part they played and you could just imagine being there robert ⟨UNK⟩ is an amazing actor and now the same being director ⟨UNK⟩ father came from the same scottish island as myself so i loved...

可以看到处理后的文本省略了许多单词，未知的单词标记为 ⟨UNK⟩。这将特征向量的长度缩减为 10 000，向量中包含很多 0，1 出现在文档中的单词相对应的位置上。训练集和测试集各有 25 000 段文本，且两种 sentiment（情感）标签的数量相近。训练集数据经过如上处理将得到维数为 25 000×10 000 的训练特征矩阵 X，但矩阵中只有 1.3% 的元素非零。我们称这种矩阵为稀疏矩阵，在计算机中，这类矩阵可以使用**稀疏矩阵格式**（sparse matrix format）[○]存储。文档长度有多种计算方法。上述方法只根据单词是否在文本中出现进行评分，还可以记录单词出现的相对频率。从训练集中分离出一个大小为 2 000

[○] 更多信息请参阅 Maas 等（2011）在 *Proceedings of the 49th Annual Meeting of the Association for computational Linguistic: Human Language Techologies* 发表的 "Learning word vectors for sentiment analysis"（见第 142~150 页）。

[○] 系数矩阵格式存储矩阵非零项的位置和值，而非存储整个矩阵。在本案例中，由于非零项的值都是 1，因此只存储位置即可。

的验证集（用于模型调整），分别拟合如下两个模型：
- 使用 glmnet 包实现 lasso 逻辑斯谛回归；
- 构造一个包含两个隐藏层的二分类神经网络，每个隐藏层包含 16 个神经元，并使用 ReLU 激活函数。

两种方法都有若干个解。lasso 的解取决于正则化参数 λ。神经网络的解取决于拟合过程中使用的梯度下降迭代次数（迭代次数通常用训练轮数计算，见 10.7 节）。需要注意，两个模型的训练准确率（图 10-11 中的黑点）都会单调增加（见彩插）。可以使用验证误差（图中的蓝点）作为选取模型的依据，最终选择的模型将用于对测试集进行预测。

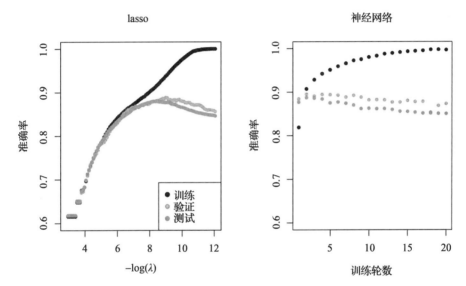

图 10-11 lasso 回归和双隐层神经网络在 IMDb（互联网电影数据库）数据集的准确率。左图对应 lasso 回归的准确率，其 x 轴代表 $-\log(\lambda)$。右图对应神经网络的准确率，其 x 轴代表训练轮数（拟合算法遍历训练集的次数）。两者都表现出过拟合趋势，最终的测试集准确率大致相同

需要注意，二分类神经网络相当于一个非线性逻辑斯谛回归模型。从式（10.12）和式（10.13）可以看出：

$$\log\left(\frac{\Pr(Y=1 \mid X)}{\Pr(Y=0 \mid X)}\right) = Z_1 - Z_0$$
$$= (\beta_{10} - \beta_{00}) + \sum_{l=1}^{K_2}(\beta_{1l} - \beta_{0l})A_l^{(2)} \quad (10.15)$$

（上式表明了 softmax 函数的冗余性；对于 K 类问题，只需要估计 $K-1$ 组系数即可，见 4.3.5 节。）图 10-11 展示了模型的**准确率**（以正确分类数量为分子）而非分类误差率（以错误分类的数量为分子），前者在机器学习中更常用。两种模型在测试集上都达到 88% 左右的准确率。

词袋模型仅仅以单词是否出现作为特征化的依据，而忽略了上下文。常用的考虑上下文的文本特征化方法还包括：
- **n 元词袋**（bag-of-n-grams）模型。以二元词袋模型为例，二元词袋模型可以记录文本中所有连续出现的两个单词组合。例如"blissfully long（非常长）"可以视为一个正面评语，而"blissfully short（非常短）"则是一个负面评语。
- 将文档视为一个序列数据，考虑上下文出现的所有单词。

下一节将探讨序列数据建模。序列数据模型在天气预报、语音识别、翻译和时间序列预测等场景都有广泛应用。以下将继续使用 IMDb 数据集作为示例。

10.5 循环神经网络

许多数据本质上是连续的序列数据，在构建预测模型时需要进行特殊处理。例如：
- 书籍、电影评论、报纸文章和推特等文本数据。文本中各个单词的出现顺序和相对位置反映了文本的主题和情感等信息。这些信息可用于主题分类、情感分析和翻译等任务。
- 气温、降雨量、风速和空气质量等时间序列数据。可以基于当前数据预测几天后的天气或几十年后的气候。
- 金融时间序列，例如市场指数、交易量、股票、债券价格和汇率等序列数据。尽管金融数据的预测往往很困难，但仍可以对某些指标建模并取得优秀的预测结果。
- 演讲、音乐作品等音频数据。可以建立模型获取一段演讲音频对应的文本，或者对其进行翻译。也可以建立模型评估一段音乐的质量，或判断其情感倾向。
- 手写病历、手写邮政编码等手写文本数据。可以将手写文本转化为数字文本，或直接读取数字文本（光学字符识别）。

循环神经网络（recurrent neural network，RNN）以序列数据为输入值。对于文本数据集（例如 IMDb 数据集）而言，每段文本都可以看作 L 个单词组成的序列，即 $X = \{X_1, X_2, \cdots, X_L\}$（其中 X_l 表示一个单词）。单词的出现顺序和句子中各单词的距离远近传递了语义信息。设计循环神经网络的出发点正是为了充分利用输入数据的序列性质（就像卷积神经网络是为了适应图像数据的空间结构而设计）。在大部分情况下，输出值为一个标量（比如电影评论的情感二分类）。但在某些学习任务中，输出 Y 为序列（例如翻译任务）。

图 10-12 展示了一个基本的循环神经网络结构，其中序列 $X = \{X_1, X_2, \cdots, X_L\}$ 为输入，Y 为输出，隐藏层序列 $\{A_l\}_1^L = \{A_1, A_2, \cdots, A_L\}$。每个 X_l 都是一个向量。以文本数据为例，X_l 可以是用于表示第 l 个单词在词典中的位置的独热编码向量（参见图 10-13 上半部分）。在网络处理序列中的每个向量 X_l 时，结合上一期输入的激活 A_{l-1} 和当期输入 X_l 更新当期隐藏层的激活 A_l。每期激活 A_l 都传递至输出层，生成 Y 的预测值 O_l。最后一个输出值 O_L 是最有价值的输出。

具体而言，假设输入序列中的每个向量 X_l 有 p 个分量 $X_l^T = (X_{l1}, X_{l2}, \cdots, X_{lp})$，隐藏层包含 K 个隐藏单元 $A_l^T = (A_{l1}, A_{l2}, \cdots, A_{lK})$。如图 10-12 所示，用矩阵 W 表示输入数据的

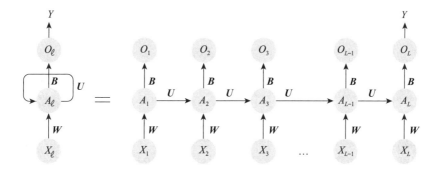

图 10-12 循环神经网络的示意图。该网络接受输入向量 $\{X_l\}_1^L$，输出单个响应变量。网络将输入 X 作为序列处理：将当期 X_l 和上一期激活 A_{l-1} 共同输入当前的隐藏层中，得到当期激活 A_l，每次计算都使用相同的权重 W，U，B。输出层不断根据当前的激活 A_l 生成预测序列 O_l，但是大部分任务只需要最后一个预测值 O_L。上图等号左侧为循环神经网络结构的简明示意图，右侧则是网络按运算过程展开后的示意图

权重 w_{ij} 组成的 $K\times(p+1)$ 维矩阵，用 U 表示隐藏层之间的权重 u_{ks} 组成的 $K\times K$ 维矩阵，用 B 表示输出层的权重 β_k 组成的 $K+1$ 维向量，则

$$A_{lk} = g\Big(w_{k0} + \sum_{j=1}^{p} w_{kj} X_{lj} + \sum_{s=1}^{K} u_{ks} A_{l-1,s}\Big) \tag{10.16}$$

此时定量输出值 O_l 可以表示为

$$O_l = \beta_0 + \sum_{k=1}^{K} \beta_k A_{lk} \tag{10.17}$$

此处 $g(\cdot)$ 为激活函数（如 ReLU 函数）。还可以使用 Sigmoid 函数将输出值转换为二分类概率值。需要注意，在处理序列中的每个元素 X_l 时，模型反复使用相同的权重 W、U 和 B（即使用的权重矩阵不随 l 变化）。这种形式称为循环神经网络的**权重共享**（weight sharing），与卷积神经网络中卷积滤波器的权重共享非常相似（见 10.3.1 节）。随着模型从头到尾处理完整条序列数据，激活 A_l 存储了从历史信息中学习到的内容，随后将这些信息用于预测。

在回归问题中，观测值 (X,Y) 的损失函数为

$$(Y - O_L)^2 \tag{10.18}$$

式（10.18）仅与模型最终的输出 $O_L = \beta_0 + \sum_{k=1}^{K} \beta_k A_{Lk}$ 有关，而不考虑此前的输出 O_1，$O_2, \cdots, O_{L-1}$。在模型训练过程中，输入序列 X 的每个元素 X_l 都会通过式（10.16）的链式关系影响 O_L，进而通过损失函数式（10.18）间接影响共享参数 W、U 和 B。对 n 组输入-响应数据 (x_i, y_i)（其中 x_i 为序列数据），训练目标通常为最小化误差平方和

$$\sum_{i=1}^{n} (y_i - o_{iL})^2 = \sum_{i=1}^{n} \Big(y_i - \Big(\beta_0 + \sum_{k=1}^{K} \beta_k g\Big(w_{k0} + \sum_{j=1}^{p} w_{kj} x_{iLj} + \sum_{s=1}^{K} u_{ks} a_{i,L-1,s}\Big)\Big)\Big)^2 \tag{10.19}$$

此处使用小写字母表示不同样本的观测值 y_i 和向量序列 $x_i=\{x_{i1},x_{i2},\cdots,x_{iL}\}$⊖ 及其对应的激活值。

尽管最终的输出结果与输出值 $O_l(l\neq L)$ 无关，但是式（10.19）还是将其放入损失函数中，其原因如下：首先，计算 O_l 不需要消耗额外的计算资源，它们是最终输出值 O_L 在迭代过程中的副产品；其次，在某些学习任务中，响应值也是序列数据，因此需要综合考虑输出序列 $\{O_1,O_2,\cdots,O_L\}$。

如果不加以限制，循环神经网络可以会变得极为复杂。接下来将展示循环神经网络的两种简单应用。第一个案例将对 IMDb（互联网电影数据库）数据集进行情感分析（将评论中的各个单词视为序列）。第二个案例将展示循环神经网络在金融时间序列预测中的应用。

10.5.1 用于文本分类的序列模型

回到 IMDb 数据集的分类任务中。10.4 节中使用词袋模型处理文本数据，而本节将使用整段文本的单词序列进行分类。

该方法首先面临维度难题：如果文档中的每个单词都用独热编码向量表示，那么最终的数据维度将极高（若每个向量都由 10 000 个元素组成）。针对这一问题，最常见的处理方法是将单词向量投射至低维嵌入（embedding）空间中。此时单词的表示方式由独热向量变为 m 个任意实数，这 m 个数一般都不为 0。此时 m 称为嵌入维数（m 一般为几百或者更小）。在本案例中，这意味着需要创建一个 $m\times 10\,000$ 维词典矩阵 E。矩阵的每一列都代表词典包含的 10 000 个单词中的某个单词，该列的值则代表单词在 m 维嵌入空间中的坐标。

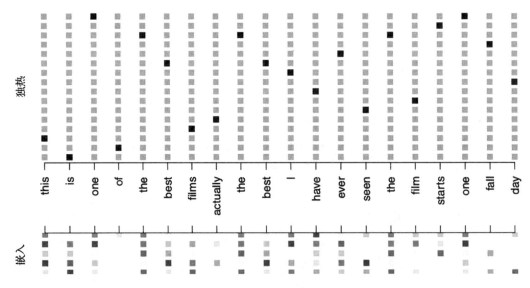

图 10-13　一段包含 20 个单词的文本：用其中 16 个单词组成词典，上、下图分别是词典采用独热编码和采用 m 维嵌入后的结果

⊖ x_i 是向量构成的序列，序列中的每个元素 x_{il} 都是一个 p 维向量。

图 10-13 展示了嵌入背后的思想（对一个包含 16 个单词的词典进行 $m=5$ 维嵌入）（见彩插）。该如何获得嵌入矩阵 E 呢？如果有大型的语料库，可以将 E 作为神经网络优化过程中的待学习参数。在这种情况下，矩阵 E 也称为**嵌入层**（embedding layer），且对于每个特定的任务，网络学习得到的 E 是不同的。此外，还可以引入一个已经在其他数据集上完成预训练的嵌入矩阵 E 作为嵌入层，该方法称为**权重冻结**（weight freezing）。word2vec 和 GloVe 是两种常用的预训练嵌入模型[⊖]。这两个模型通过主成分分析（见 12.2 节）的变体在大规模文本语料库上构建得到。其基本思想是单词在嵌入空间中的位置应当代表其语义，因此同义词在嵌入空间中应彼此接近。

引入嵌入层后，每段文本都表示为若干个代表词序列的 m 维向量组成的序列。保留每段文本的最后 L 个单词以统一长度（若文本长度不足 L，则通过在开头补 0 补齐长度）。最终得到的每段文本都用一个长为 L 的序列 $X=\{X_1, X_2, \cdots, X_L\}$ 表示，每个 X_l 都有 m 个分量。

接下来训练图 10-12 中所示的循环神经网络结构。训练语料库由 n 段长度为 L 的序列（即文本）组成，训练过程中将序列中的单词依次送入模型。在此过程中，模型生成对应的激活向量序列［见式（10.16）］A_l，$l=1, 2, \cdots, L$。A_l 依次传递至输出层生成预测值 O_l。使用最后一个预测值 O_L 作为响应变量的预测值：评论文本对应的情感。

上述过程是一个简单循环神经网络，参数相对较少。若网络中有 K 个隐藏单元，则权重矩阵 W 共有 $K\times(m+1)$ 个参数，矩阵 U 有 $K\times K$ 个参数，B 有 $2(K+1)$ 个参数［用于式（10.15）所示的二分类逻辑斯谛回归］。模型按顺序处理序列 $X=\{X_l\}_1^L$ 时将反复使用这 3 个矩阵（类似 10.3.1 节中卷积神经网络反复使用同一个卷积滤波器处理图像中的每个子矩阵）。如果网络还需要学习嵌入层 E 的参数，则待训练参数数量还要增加 $m\times D$（此处 $D=10\,000$），成本很大。

在 IMDb 数据集上拟合图 10-12 所示的循环神经网络。该模型使用 $m=32$ 的嵌入矩阵 E（该矩阵由网络学习得到），嵌入得到的向量传递至含有 32 个隐藏单元的循环层。在训练集（25\,000 段评论文本）上结合随机失活正则化训练模型。模型在 IMDb 测试数据上取得了 76% 的准确率，该结果并不理想。而使用 GloVe 预训练嵌入矩阵 E 的网络准确率更低。

为了便于展示，案例中只使用了非常简单的循环神经网络结构。稍复杂的网络结构通常会包含**长短期记忆**（long term and short term memory，LSTM）。长短期记忆循环神经网络将隐藏层的激活值分解为长期记忆和短期记忆分别计算保存，在计算新的激活值 A_l 时，将长期记忆和短期记忆同时引入输入值中。在长序列中，后续出现的信息往往容易冲淡较早出现的信息，导致其对最终的激活值 A_L 影响有限，长短期记忆循环神经网络很好地解决了这个问题。

将隐藏层中的循环单元换为长短期记忆单元后，模型在 IMDb 测试集上的准确率提高至 87%。该成绩与 10.4 节使用的词袋模型所达到的 88% 的准确率相当接近。我们将在 10.9.6 节中讲述拟合过程中的细节。

尽管引入长短期记忆单元增加了模型复杂度，但是上述的循环神经网络结构仍然只是"入门级"。如果继续改变模型的大小、改变正则化方式、添加额外的隐藏层，可能得到更好

[⊖] word2vec 模型的细节见 Mikolov、Chen、Corrado 和 Dean（2013）（https://code.google.com/archive/word2vec）。GloVe 模型的细节见 Pennington、Socher 和 Manning（2014）（https://nlp.stanford.edu/projects/glove）。

的结果。然而，LSTM 模型训练时间极长，大大增加了尝试不同模型和参数的时间成本。

各类循环神经网络为序列数据建模提供了丰富的框架，且循环神经网络本身在网络结构、数据增强和学习算法等方面都在不断取得新的进展。截至撰写本书时（2020 年初），循环神经网络在 IMDb（互联网电影数据库）数据集上取得的最高准确率已经超过了 95%。当然，这部分内容已经超出本书的范围。㊀

10.5.2 时间序列预测

图 10-14 为纽约证券交易所的历史交易统计数据。图中展示了 1962 年 12 月 3 日至 1986 年 12 月 31 日三个日均指标的时间序列数据：㊁

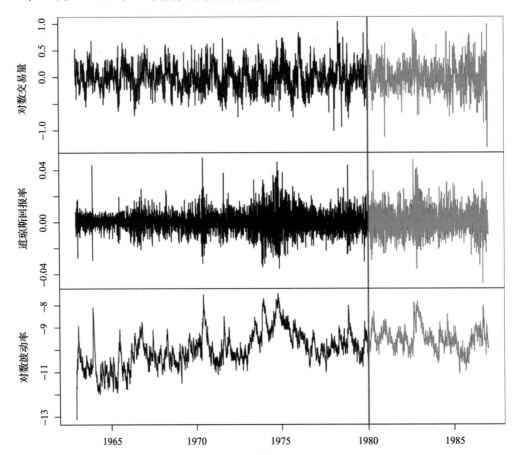

图 10-14 纽约证券交易所的历史交易统计数据。上图展示了 1962 年至 1986 年 24 年的对数交易量（已标准化）、道琼斯回报率、对数波动率的日值。在给定之前所有交易日的记录的情况下，希望建立模型预测任意一天的对数交易量。图中竖线（1980 年 1 月 2 日）左侧为训练数据，右侧为测试数据

㊀ IMDb 数据集预测准确率排行榜可见 https://paperswithcode.com/sota/sentiment-analysis-on-ibdb。
㊁ 数据来自 LeBaron 和 Weigend（1998），参见 *IEEE Transaction on Neural Networks*，9（1）：213-220。

❏ Log trading volume（对数成交量）。该指标以当天所有已发行股票的成交量为分子，以过去 100 天成交量的移动平均为分母，对比值进行对数变换获得。
❏ Dow Jones return（道琼斯回报率）。该指标为相邻交易日的道琼斯工业指数的对数之差。
❏ Log volatility（对数波动率）。该指标基于每日价格变动的绝对值计算得到。

尽管预测股价是一个公认的难题，但事实证明，根据往期的信息预测交易量是可行的（有助于股票研究员规划交易策略）。

记时间 t 的观测值为 (v_t, r_t, z_t)，分别对应 log_volume（对数成交量）、DJ_return（道琼斯回报率）、log_volatility（对数波动率）。数据集总共有 $T=6\,051$ 个类似的三元组观测值，图 10-14 展示了每个变量的时间序列图。从图中可以发现，日观测值之间并不独立，时间相近的观测值取值趋同，序列展现出**自相关性**（auto-correlation），自相关性是时间序列数据与其他数据（通常假设观测值间彼此独立）的显著区别。若取**滞后**（lag）阶数为 l（即相隔 l 天）的观测值组合 (v_t, v_{t-l})，则称其相关系数为 l 阶自相关系数。图 10-15 为数据的 1 至 37 阶自相关函数，可以看到数据有明显的自相关性。

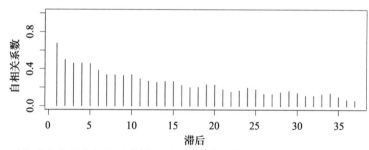

图 10-15　对数成交量的自相关函数图。可以看出序列表现出极强的自相关性：即使间隔 20 天，序列的自相关系数仍超过 0.2

该预测任务还有一个特点：响应变量 v_t——log_volume——同时也是预测变量。这表示需要使用历史成交量来预测未来的成交量。

RNN 预测模型

希望根据 v_t 往期的观测值 $v_{t-1}, v_{t-2}, \cdots$ 以及其他序列的往期观测值 $r_{t-1}, r_{t-2}, \cdots$ 和 $z_{t-1}, z_{t-2}, \cdots$ 预测当期 v_t。尽管案例中的序列数据长达 6 051 个交易日，但是该问题与 10.4 节中的文本分类问题大有不同：

❏ 数据集中仅有一组序列数据，而文本分类问题中有 25 000 组序列。
❏ 响应变量值序列 v_t 是已知的，且模型输入中包含了响应变量序列的往期值。

如何使用图 10-12 所示的循环神经网络结构解决该问题呢？首先给定长度 L（此处称为滞后），将原本的单个长输入序列分解为若干个短序列 $X=\{X_1, X_2, \cdots, X_L\}$ 以及对应的目标值 Y，其格式如下：

$$X_1 = \begin{pmatrix} v_{t-L} \\ r_{t-L} \\ z_{t-L} \end{pmatrix}, X_2 = \begin{pmatrix} v_{t-L+1} \\ r_{t-L+1} \\ z_{t-L+1} \end{pmatrix}, \cdots, X_L = \begin{pmatrix} v_{t-1} \\ r_{t-1} \\ z_{t-1} \end{pmatrix}, Y = v_t \qquad (10.20)$$

此时目标值 Y 为 `log_volume`（对数成交量）v_t 在时间 t 的取值，输入 X 则是从 $t-L$ 到 $t-1$ 的 `log_volume`（对数成交量）、`DJ_return`（道琼斯回报率）和 `log_volatility`（对数波动率）组成的三维序列。在每个时间 t 都创建一组 (X,Y)，$t=L+1,\cdots,T$。对于 NYSE（纽约证券交易所）数据集，使用过去 5 天的历史数据预测未来一天的交易量（即 $L=5$），因此可以从长度 $T=6\,051$ 的序列中创建 6 046 组 (X,Y)。显然自变量序列长度 L 会影响模型性能，应当结合背景知识和模型在验证数据上合理挑选。

使用 1980 年 1 月 2 日之前的 4 281 期训练序列（见图 10-14）拟合一个包含 12 个隐藏单元的循环神经网络模型，并用该模型预测 1980 年 1 月 2 日之后共 1 770 期的 `log_volume`（对数交易量）。该模型在测试集上达到了 $R^2=0.42$（详见 10.9.6 节）。选用一个简单模型：直接使用前一天的交易量作为当天预测值，得到 $R^2=0.18$。图 10-16 展示了预测结果，以黑线表示 1980 年到 1986 年的日 `log_volume`（对数交易量），用橙线表示预测序列（见彩插）。

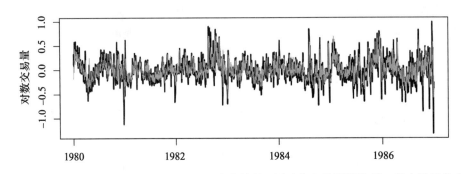

图 10-16　循环神经网络在 NYSE（纽约证券交易所）测试集上的预测结果。其中黑线代表真实的 `log_volume`（对数交易量），橙线代表预测值。预测值序列能够解释 `log_volume`（对数交易量）序列中 42% 的方差

在预测测试集的 `log_volume`（对数交易量）时，模型将测试数据本身作为输入序列 X。这似乎有作弊嫌疑，事实上不会，因为我们总是用过去数据预测未来。

自回归

上述循环神经网络与本节将讲述的自回归线性模型有许多相似之处。先单独考虑因变量序列 v_t，构建如下自变量矩阵 $\boldsymbol{M}$ 和响应变量响量 $\boldsymbol{y}$ 用于最小二乘回归：

$$\boldsymbol{y}=\begin{bmatrix} v_{L+1} \\ v_{L+2} \\ v_{L+3} \\ \vdots \\ v_T \end{bmatrix},\quad \boldsymbol{M}=\begin{bmatrix} 1 & v_L & v_{L-1} & \cdots & v_1 \\ 1 & v_{L+1} & v_L & \cdots & v_2 \\ 1 & v_{L+2} & v_{L+1} & \cdots & v_3 \\ \vdots & \vdots & \vdots & & \vdots \\ 1 & v_{T-1} & v_{T-2} & \cdots & v_{T-L} \end{bmatrix} \qquad (10.21)$$

$\boldsymbol{M}$ 和 $\boldsymbol{y}$ 各有 $T-L$ 行，每行对应一组观测值。可以发现用于预测当期响应变量 v_t 的预测变量恰好是响应变量前 L 期的子序列，$\boldsymbol{y}$ 在 $\boldsymbol{M}$ 上的回归等同于拟合模型

$$\hat{v}_t=\hat{\beta}_0+\hat{\beta}_1 v_{t-1}+\hat{\beta}_2 v_{t-2}+\cdots+\hat{\beta}_L v_{t-L} \qquad (10.22)$$

式（10.22）也称为 L 阶自回归模型，或简写为 AR(L)。若要在 NYSE（纽约证券交易所）数据集上使用自回归模型，只须将 DJ_return（道琼斯回报率）和 log_volatility（对数波动率）的滞后数据并入自变量矩阵 M 中（此时 M 共有 $3L+1$ 列）。当取滞后 $L=5$ 时，上述自回归模型在测试集数据上得到 $R^2=0.41$，略低于循环神经网络得到的 $R^2=0.41$。

显然，RNN 和 AR 模型之间存在显著的相似性。在这项研究中，它们都采用了相同的长度为 $L=5$、维度为 $p=3$ 的响应 Y 和输入序列 X。RNN 采用相同的权重 W 处理序列，从左至右进行运算，而 AR 模型则将整个序列作为单个 $L\times p$ 维的向量处理，这在神经网络领域被称作"压平"过程。RNN 模型额外包含了隐藏层激活 A_l，这有助于信息在序列中传递，并增加了模型的非线性特征。当 K 设置为 12 个隐藏单元时，RNN 的参数数量为 $13+12\times(1+3+12)=205$，远多于 AR(5) 模型的 16 个参数。

AR 模型的一个自然扩展是将其中的滞后预测器集合作为标准前馈神经网络式（10.1）的输入向量，这样做进一步提高了模型的灵活性。采用这种扩展方法，模型的测试 R^2 值达到了 0.42，略高于线性 AR 模型，与 RNN 模型的性能持平。

所有模型都可以通过引入变量 day.of.week 来提升性能，这个变量是目标事件 v_t 发生的日期 t（可以从提供的日历日期中获取）。由于周一和周五的交易量通常较高，且一周有五个交易日，因此这个独热编码可以转换成 5 个二进制变量。AR 模型的表现因此提升至 $R^2=0.46$，RNN 模型的表现同样提升至 $R^2=0.46$，非线性 AR 模型的表现则提升至 $R^2=0.47$。

我们在这里用了 RNN 的最简单版本。RNN 的 LSTM 扩展的额外实验产生了小的改进，对 R^2 的改进通常可以达到 1%。

我们将在 10.9.6 节中详细介绍如何安装这三个模型。

10.5.3 对各类循环神经网络的总结

上文通过两个简单的案例讲述了循环神经网络的应用（尽管只涉及了一些皮毛）。

用于序列建模的简单 RNN 存在许多变体及改进方法。例如可以构建一维卷积神经网络，将向量（如嵌入空间中的单词）序列视为图像处理。卷积滤波器沿序列方向移动，学习提取与任务相关的特定短语或子序列。

还可以在 RNN 中继续添加隐藏层。例如使用两个隐藏层，第一个隐藏层的激活值 A_l 作为下一个隐藏层的输入序列。

案例中使用的 RNN 从头到尾遍历文本，而**双向**（bidirectional）循环神经网络则从头到尾、从尾到头两个方向遍历文本。

在语言翻译任务中，任务目标同样是一个单词序列。输入序列和目标序列都用类似图 10-12 所展示的结构表示，并共享网络中的隐藏单元。在这种所谓的**序列至序列**（Seq2Seq）学习任务中，我们希望用隐藏单元捕捉句子的语义。近来，得益于此类循环神经网络的改进，许多语言模型和翻译任务都取得重大突破。

用于拟合循环神经网络的算法往往十分复杂，计算成本极高。幸运的是，有许多软件可以帮助读者轻松实现模型的定义和训练。许多在日常生活使用的模型（如谷歌翻译），都采用最新网络架构，并且进行了大量的计算和数据训练。

10.6 深度学习适用场景

在前几节，深度学习展现出的强大的学习能力令人印象深刻。深度学习不仅能够轻松解决数字识别任务，以卷积神经网络为代表的深度学习对图像分类领域带来了颠覆性的影响。关于深度学习最新应用成果的报道正在席卷人们的视线。许多报道与图像分类任务有关，例如基于乳腺 X 光片或数字影像的诊断、基于眼部扫描数据的眼科疾病研究、核磁共振成影像（MRI）的医学标注等。同样，循环神经网络在语音和语言翻译、预测和文本建模等领域也取得了许多成功。随之而来的疑虑是：**抛弃所有旧方法的时代是否已经到来，深度学习能否解决所有问题？** 为了回答这些问题，再次回到第 6 章 Hitters 数据集。

Hitters 数据集提供的是一个典型的回归问题的分析场景。分析的目标是根据棒球职业选手 1986 年的能力统计数据预测 1987 年的薪水（Salary）。在移除存在缺失的观测数据后，有效的分析数据由 263 位球员和 19 个变量构成。将数据随机分成训练组（包含 176 位球员）和测试组（包含 87 位球员）。尝试使用三种方法对以上数据拟合回归模型。

- 用线性回归模型拟合训练数据，并在测试数据上进行预测。线性回归模型需要对 20 个参数进行估计。
- 采用 lasso 正则化方法拟合线性模型。在建模过程中，需要在训练数据上通过 10 折交叉验证选择调节参数。最终 lasso 模型选择了有 12 个非零系数变量的模型。
- 采用包含 64 个 ReLU 单元的单隐层神经网络对数据进行拟合。该模型需要估计 1 409 个参数⊖。

表 10-2 给出了三种拟合的比较结果。三种模型性能相近。表中显示了每种方法在测试数据上的平均绝对误差（MAE）以及测试集 R^2，三种方法均表现良好（参见习题 5）。为获得这些良好输出结果，需要花费相当多的时间调节神经网络的参数。如果期望得到更理想的结果，就需要花很多时间找到合适的正则化的形式和参数量，神经网络的表现很可能会赶上甚至超过线性回归和 lasso。相比之下，获得一个性能良好的线性模型（相比神经网络模型）要容易得多。线性模型也比神经网络更易于表示和理解（这是因为神经网络本质上是一个黑盒子）。而 lasso 仅仅使用了 19 个变量中的 12 个就完成了预测。在这种情况下，应当遵循**奥卡姆剃刀**（Occam's razor）原理：当面对性能大致持平的几种方法时，选择最简单的模型。

表 10-2 用普通最小二乘法在 Hitters 数据集上拟合的线性模型，与用随机失活正则化、随机梯度下降拟合的神经网络进行对比

模型	参数数量	平均绝对误差	测试集 R^2
线性回归	20	254.7	0.56
lasso	12	252.3	0.51
神经网络	1 409	257.4	0.54

⊖ 该模型通过随机梯度下降法拟合，批大小为 32，共进行 1000 轮训练，并采用 10% 随机失活正则化。测试误差率一开始趋于平稳，在 1 000 轮训练后缓慢增加。10.7 节将讨论拟合中的细节。

在用 lasso 模型进一步探索后，确定了一个更简单的 4 变量模型。用这 4 个变量的训练数据拟合线性模型，也称为**松弛 lasso**（relaxed lasso），测试数据上的平均绝对误差仅为 224.8，在所有模型中表现最优。由于根据训练数据选择模型，存在**选择性偏差**（selection bias），因此用测试数据重新拟合得到最终的模型。结果如表 10-3 所示。

表 10-3 在 Hitters 数据集上用 lasso 选择的四个变量对 Salary（薪水）进行最小二乘回归得到的系数估计。该模型在测试数据上的平均绝对误差仅为 224.8，超过了另外三个模型。上表是在测试数据上得到的结果（测试数据未用于拟合模型）

	系数	标准误差	t 统计量	p 值
Intercept	-226.67	86.26	-2.63	0.010 3
Hits	3.06	1.02	3.00	0.003 6
Walks	0.181	2.04	0.09	0.929 4
CRuns	0.859	0.12	7.09	$<0.000\ 1$
PutOuts	0.465	0.13	3.60	0.000 5

目前已经学习了许多高效的建模方法，其中既包括较复杂的神经网络、随机森林及提升法、支持向量机、广义加性模型，又包括较简单的线性模型及其变体。在进行数据建模或预测时，很多人倾向于使用流行的新模型。尽管这些模型往往性能优异，尤其是当数据量极大、足够拟合高维非线性模型的时候。然而，如果可以用更简单的模型获得相同性能，那么这些简单模型（相比复杂模型）不仅更容易拟合和理解，还可能更加稳健。因此在建模时，最好同时考虑简单模型和复杂模型，随后再根据性能和复杂性选择合适的模型。

通常，当训练集的样本量大，对模型的可解释性要求不高时，深度学习往往能大显身手。

10.7 拟合神经网络

拟合神经网络涉及许多复杂的细节，此处以一个简单的网络为例进行说明。例子中体现的思想可以推广到复杂网络中。这一部分内容难度较高，感到吃力的读者可以跳过，目前有许多软件能自动拟合神经网络模型，拟合过程中的细节并非必须掌握的内容。

图 10-1 展示的简单网络是一个绝佳的例子。模型式（10.1）的参数为 $\beta=(\beta_0,\beta_1,\cdots,\beta_K)$，以及 $w_k=(w_{k0},w_{k1},\cdots,w_{kp})$，$k=1,2,\cdots,K$，给定观测值 (x_i,y_i)，$i=1,2,\cdots,n$，拟合该模型等价于求解非线性最小二乘问题：

$$\underset{\{w_k\}_1^K,\beta}{\text{minimize}} \frac{1}{2}\sum_{i=1}^n (y_i-f(x_i))^2 \tag{10.23}$$

其中

$$f(x_i)=\beta_0+\sum_{k=1}^K \beta_k g\left(w_{k0}+\sum_{j=1}^p w_{kj}x_{ij}\right) \tag{10.24}$$

式（10.23）中的目标函数看似简单，但参数间的嵌套关系和隐藏单元的对称性质带来了非凸性问题，即目标函数存在多个（最小化）解，很难通过简单的求导得到最小值。图 10-17 为单变量 θ 的一个简单的非凸函数曲线图；该函数有两个解：一个解对应**局部最小值**（local minimum），另一个解对应**全局最小值**（global minimum）。

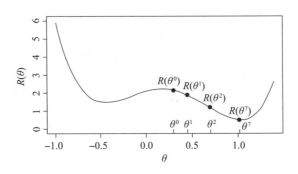

图 10-17　一维 θ 的梯度下降示意图，目标函数 $R(\theta)$ 是非凸函数，并有两个极小值，一个在 $\theta=-0.46$ 处（局部最小值），另一个在 $\theta=1.02$ 处（全局最小值）。梯度下降过程从 θ^0 处开始（θ^0 的位置通常是随机的），朝梯度的反方向移动 θ，直到 $R(\theta)$ 达到最小值。本例中目标函数经过 7 次梯度下降后到达全局最小值点

式（10.1）中的神经网络结构简单，而本章中还出现过更复杂的模型，这些模型的拟合将更加复杂。为了解决非凸性问题和过拟合问题，在拟合神经网络时一般采用两种策略。

- **慢速学习**（slow learning）：使用**梯度下降法**（gradient descent）拟合模型，缓慢迭代。当检测到过拟合时及时停止拟合。
- **正则化**（regularization）：对参数施加惩罚，通常使用 6.2 节中讲述的 lasso 惩罚或岭惩罚。

用一个长向量 $\boldsymbol{\theta}$ 表示模型的所有参数。可以将式（10.23）中的目标函数表示为

$$R(\boldsymbol{\theta}) = \frac{1}{2}\sum_{i=1}^{n}(y_i - f_{\boldsymbol{\theta}}(x_i))^2 \tag{10.25}$$

上式 f 是 $\boldsymbol{\theta}$ 的函数。梯度下降法的思想如下：

1. 记开始时所有参数为 $\boldsymbol{\theta}^0$，令 $t=0$。
2. 重复下面两步直到式（10.25）中的目标函数不再减小：
   (a) 将参数 $\boldsymbol{\theta}$ 向梯度反方向移动 $\boldsymbol{\delta}$，令 $\boldsymbol{\theta}^{t+1} = \boldsymbol{\theta}^t + \boldsymbol{\delta}$，并满足 $R(\boldsymbol{\theta}^{t+1}) < R(\boldsymbol{\theta}^t)$。
   (b) 令 $t = t+1$。

可以这样理解图 10-17 描绘的场景，站在山上的登山者需要通过若干次移动到达山谷，只要登山者确保每一次都在往下走，就一定能到达谷底。图 10-17 中 $\boldsymbol{\theta}^0$ 的位置决定了梯度下降法最终可以到达全局最小值（而非局部最小值）。但在大部分情况下，只要用梯度下降法得到一个（较合理的）局部最小值即可。

10.7.1　反向传播

朝哪个方向移动 $\boldsymbol{\theta}$，才能使式（10.25）中的 $R(\boldsymbol{\theta})$ 快速下降？用 $R(\boldsymbol{\theta})$ 在 $\boldsymbol{\theta} = \boldsymbol{\theta}^m$ 处的偏导向量来定义 $R(\boldsymbol{\theta})$ 的**梯度**（gradient）：

$$\nabla R(\boldsymbol{\theta}^m) = \frac{\partial R(\boldsymbol{\theta})}{\partial \boldsymbol{\theta}}\bigg|_{\boldsymbol{\theta}=\boldsymbol{\theta}^m} \tag{10.26}$$

下标 $\boldsymbol{\theta}=\boldsymbol{\theta}^m$ 表示偏导向量的当前值取决于 $\boldsymbol{\theta}$ 的当前值 $\boldsymbol{\theta}^m$。式（10.26）给出的梯度是 $R(\boldsymbol{\theta})$ 函数值在 $\boldsymbol{\theta}$ 空间中**上升**最快的方向。梯度下降即朝梯度相反的方向移动 $\boldsymbol{\theta}$：

$$\boldsymbol{\theta}^{m+1} \leftarrow \boldsymbol{\theta}^m - \rho \nabla R(\boldsymbol{\theta}^m) \tag{10.27}$$

当**学习速率**（learning rate）ρ 的值足够小时，以上移动将降低 $R(\boldsymbol{\theta})$ 的值，使 $R(\boldsymbol{\theta}^{m+1}) \leqslant R(\boldsymbol{\theta}^m)$。若梯度向量为零，则表明当前参数所在位置没有能使 $R(\boldsymbol{\theta})$ 变化的方向，目标函数可能已经达到了最小值。

式（10.26）的计算有多复杂？事实证明，此处的求导非常简单，甚至对于更复杂的网络来说，由于求导的链式法则，计算式（10.26）仍然很简单。

由于目标函数 $R(\boldsymbol{\theta}) = \sum_{i=1}^{n} R_i(\boldsymbol{\theta}) = \frac{1}{2}\sum_{i=1}^{n}(y_i - f_{\boldsymbol{\theta}}(x_i))^2$ 为求和形式，其梯度函数也是 n 个样本函数求和形式，此处只以其中一项为例说明如何求导：

$$R_i(\boldsymbol{\theta}) = \frac{1}{2}\left(y_i - \beta_0 - \sum_{k=1}^{K}\beta_k g\left(w_{k0} + \sum_{j=1}^{p} w_{kj} x_{ij}\right)\right)^2 \tag{10.28}$$

为了简化式（10.28），记 $z_{ik} = w_{k0} + \sum_{j=1}^{p} w_{kj} x_{ij}$，先对 β_k 求偏导：

$$\begin{aligned}\frac{\partial R_i(\boldsymbol{\theta})}{\partial \beta_k} &= \frac{\partial R_i(\boldsymbol{\theta})}{\partial f_{\boldsymbol{\theta}}(x_i)} \cdot \frac{\partial f_{\boldsymbol{\theta}}(x_i)}{\partial \beta_k} \\ &= -(y_i - f_{\boldsymbol{\theta}}(x_i)) \cdot g(z_{ik})\end{aligned} \tag{10.29}$$

再对 w_{kj} 求偏导：

$$\begin{aligned}\frac{\partial R_i(\boldsymbol{\theta})}{\partial w_{kj}} &= \frac{\partial R_i(\boldsymbol{\theta})}{\partial f_{\boldsymbol{\theta}}(x_i)} \cdot \frac{\partial f_{\boldsymbol{\theta}}(x_i)}{\partial g(z_{ik})} \cdot \frac{\partial g(z_{ik})}{\partial z_{ik}} \cdot \frac{\partial z_{ik}}{\partial w_{kj}} \\ &= -(y_i - f_{\boldsymbol{\theta}}(x_i)) \cdot \beta_k \cdot g'(z_{ik}) \cdot x_{ij}\end{aligned} \tag{10.30}$$

需要注意，式（10.29）和式（10.30）都包含残差项 $y_i - f_{\boldsymbol{\theta}}(x_i)$。在式（10.29）中，总残差值根据 $g(z_{ik})$ 的值按比例分配至每个隐藏单元中。在式（10.30）中，输入 j 对隐藏单元 k 也有类似的影响。因此，偏导的本质是通过链式法则将残差按比例反馈给各个参数，这一过程在神经网络中称为**反向传播**（back propagation）。虽然反向的计算思想十分直观，但路径上的每个环节都需要仔细推导。

10.7.2 随机梯度下降和正则化

梯度下降通常需要多次迭代才能达到局部最小值。在实际应用中，有许多方法可以加快迭代过程。此外，若样本量 n 较大，在每次计算梯度时，可以只抽取一小批样本［或称**小批量**（minibatch）］而不是用所有 n 个观测值计算式（10.29）和式（10.30）。该过程称为**随机梯度下降**（stochastic gradient descent，SGD），是深度神经网络中较新的技术。有许多优秀的软件可以完成深度学习模型的建立和拟合，使用者无须了解其中绝大部分细节。

接下来分析数字识别问题中使用的多隐层神经网络（图 10-4）。该网络有多达 23.5 万个参数，约为训练样本数量的 4 倍。此时必须使用正则化避免过拟合。表 10-1 中的第一行是使用岭正则化后的结果，岭正则化在目标函数式（10.14）的基础上增加惩罚项：

$$R(\boldsymbol{\theta};\lambda) = -\sum_{i=1}^{n}\sum_{m=0}^{9} y_{im}\log(f_m(x_i)) + \lambda\sum_{j}\theta_j^2 \qquad (10.31)$$

参数 λ 通常会预设为一个较小的值，或使用 5.3.1 节中的验证集方法确定。可以对不同隐藏层的权重使用不同的 λ 值；式（10.31）只对 W_1 和 W_2 进行惩罚，数量较少的输出层权重 B 未受惩罚。lasso 正则化也是一种常用的正则化形式，常作为岭正则化的替代。

图 10-18 展示了在 MNIST（手写体数字）数据集上训练网络的过程中相关指标的变化（见彩插）。图中结果表明随机梯度下降实现了近似二次正则化⊖。每次计算梯度使用的批量为 128。图 10-18 中的横轴为**训练轮数**（epoch），该变量记录了网络等价处理了几轮完整训练集。在本案例中，将 60 000 个训练样本中的 20% 划分为验证集，用于决定何时应该停止训练。因此，共有 48 000 个样本用于训练，每轮训练将进行 48 000/128＝375 次梯度更新。可以看出，在 30 轮训练后，验证误差开始上升，因此**早停法**（early stopping）也可以作为正则化的补充形式。

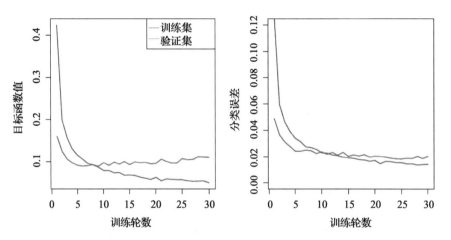

图 10-18　图 10-4 所示 MNIST 神经网络的训练误差和验证误差随着训练轮数增加的变化过程。目标函数为对数似然函数 [见式（10.14）]

10.7.3　随机失活学习

表 10-1 中第二行标签为**随机失活**（dropout）。随机失活是一种高效的正则化技术，在某些方面与岭正则化相似。受 8.2 节中随机森林的启发，随机失活的思想是在拟合模型的过程中随机屏蔽各层中的占比为 ϕ 的单元 [如图 10-19 所示（见彩插）]。每处理一批样本，都会单独进行一次随机失活。为了弥补屏蔽一部分单元造成的激活值的损失，保留的单元的权重按 $1/(1-\phi)$ 放大。随机失活可以有效防止节点在训练过程中随样本特化，故可以将其看作一种正则化方法。在计算过程中，将屏蔽的单元的激活值设置为零，这种方

⊖　截至撰写本书时，机器学习文献中对随机梯度下降的这一特性及其他特性进行了大量研究。

法并非真的"删除"了隐藏单元，可以保持网络架构的完整性。

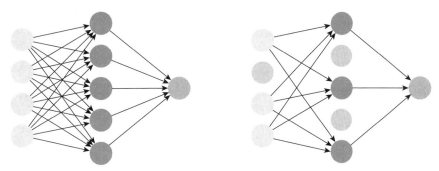

图 10-19　随机失活学习法。左图为全连接网络，右图为输入层和隐藏层采用随机失活的神经网络。右图中的灰色节点为一次训练中随机选中失活的神经元

10.7.4　网络调参

图 10-4 中的网络结构相对简单，但是仍然有许多因素会影响模型性能：

- **隐藏层数和各层的隐藏单元数**。目前流行的做法是增大各个隐藏层的隐藏单元数，再通过各种形式的正则化避免过拟合。
- **正则化参数调节**。正则化参数包括随机失活中的失活率 ϕ 和 lasso、岭回归正则化的惩罚力度 λ。网络各层的正则化参数通常需要单独设置。
- **随机梯度下降相关参数**。包括批量、训练轮数，以及可能使用的数据增强方法（见 10.3.4 节）。

诸如此类因素会影响模型的性能。在准备本章 MNIST（手写体数字）数据集案例时，进行了多次尝试，最终达到了 1.8% 的分类误差率。若对网络进行更精细的调节和训练，甚至可能得到低于 1% 的误差率，但调整过程可能非常冗长，且很可能导致过拟合。

10.8　插值和双下降

本书反复讨论偏差-方差权衡，首次讨论是在 2.2.2 节中。这些关于偏差-方差权衡的讨论表明，为了使统计学习方法在测试集误差上表现最佳，就模型复杂性而言，往往是复杂性适中的模型更符合要求。如果以模型的柔性参数作为 x 轴，以误差作为 y 轴，那么测试误差图像很多时候会呈现 U 形曲线，训练误差图像则呈现单调下降。图 2-9 的右图和图 2-17 就是两个典型的例子。偏差-方差权衡意味着，模型以训练数据为**插值**（interpolate）——得到零训练误差的拟合函数——大多数情况下并非一个明智的选择，因为这通常会带来极高的测试误差。

然而以上理解也不能过于教条，在某些特殊的情形下，插值训练数据的统计学习方法，比不完全插值训练数据的一些简单模型，可能效果更好。这种现象称为**双下降**（double descent），如图 10-20 所示（见彩插）。之所以叫"双下降"，是因为在达到插值阈值之前，测试误差曲线呈 U 形，达到阈值之后，测试误差随着模型复杂度的增加再次下降（至少下降一段时间）。

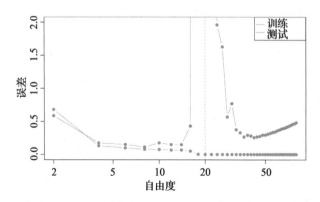

图 10-20 用单变量自然样条的误差图展示双下降现象。横轴表示对数尺度上样条基函数的个数。当自由度达到样本大小 $n=20$（即插值阈值）时，训练误差降至 0，并在此后保持为零。在这个阈值前后，测试误差先急剧增加，随后再次下降到一个合理的值，最后再次增加

用模型随机生成了 20 组数据，令
$$Y = \sin(X) + \varepsilon$$
其中 $X \sim U[-5, 5]$（均匀分布），$\varepsilon \sim N(0, \sigma^2)$（其中 $\sigma=0.3$）。我们在数据上拟合自由度为 d 的自然样条（见 7.4 节）⊖。模型的训练误差、测试误差随自由度的变化如图 10-20 所示。7.4 节中曾指出，拟合一个自由度为 d 的自然样条模型，就等同于用最小二乘拟合响应变量关于 d 个基函数的回归模型。图 10-21 的左上角展示了数据散点、真实函数 $f(X)$ 曲线和自由度 $d=8$ 的自然样条拟合函数 $\hat{f}_8(X)$ 曲线（见彩插）。

接下来，拟合自由度 $d=20$ 的自然样条。此时 $n=d$，训练误差为零（即已经对训练数据进行了插值）。从图 10-21 右上角图可知，$\hat{f}_{20}(X)$ 与真实函数偏差较大，此时测试误差很大。

若继续增大 d 的值，当 $d>20$ 时，Y 关于 d 个基函数的最小二乘回归将存在无穷多解；有无穷多个最小二乘系数使训练误差为 0。此时可以选择系数平方和最小的，即**最小范数解**（minimum-norm）。

图 10-21 下部的子图展示了自由度 $d=42$ 和 $d=80$ 时的最小范数自然样条。然而，尽管 $\hat{f}_{42}(X)$ 和 $\hat{f}_{80}(X)$ 的自由度更高，但比 $\hat{f}_{20}(X)$ 更加可控。导致这种现象的原因是，用 $d=20$ 个基函数插值 $n=20$ 个观测值只能得到唯一解，此时为了尽可能减小训练误差，拟合结果极容易受数据影响，从而导致极端的拟合结果。相比之下，用 $d=42$ 或 $d=80$ 个基函数插值有无穷多解，其中最光滑的结果（即最小范数解）自然比 $d=20$ 的结果更平稳。

图 10-20 展示了一系列 d 值下，$\hat{f}_d(X)$ 对应的训练误差和测试误差。可以看到，训练误差在 d 达到 20（即插值阈值）后便下降到零；而测试误差在 $d \leqslant 20$ 时呈 U 形，在 $d=20$

⊖ 在样条回归中选择 d 个结点，此处根据训练数据的 d 概率分位数进行选择。当 $d>n$ 时，需要通过插值寻找分位数。

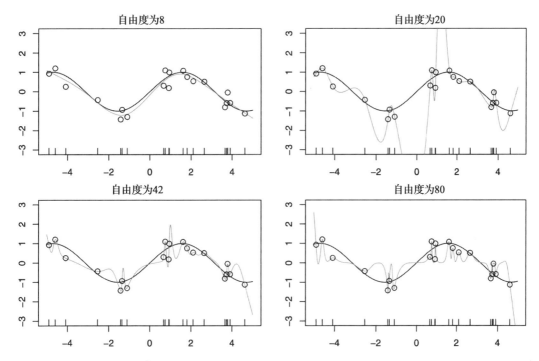

图 10-21 拟合函数 $\hat{f}_d(X)$（橙色），真实函数 $f(X)$（黑色）和观测到的 20 个训练数据点。每个子图使用不同的 d 值（自由度）。$d \geqslant 20$ 的橙色曲线由插值拟合得到，因此训练误差为零

附近急剧增大，随后在 $d > 20$ 后二次下降。在该例子中，信噪比 $\text{Var}(f(x))/\sigma^2$ 为 5.9，相当高（意味着数据点十分接近真实曲线）。因此，只要插值训练得到的曲线在数据点之间的波动相对较小，就能获得可观的效果。

在图 10-20 和图 10-21 中，以自然样条回归为例展示了一维数据场景下的双下降现象。双下降现象也会出现在深度学习（多维数据场景）中。即使训练误差为零，一些参数极多的神经网络有时也能取得好结果。双下降现象在高信噪比的数据（比如自然图像识别和语言翻译）上尤其常见。因为在高信噪比数据上，常用的拟合方法（如随机梯度下降法）总倾向于得出一个"光滑"的插值模型，从而在测试集上展现出良好的测试性能。

需要强调以下几点：

❑ **双下降现象与 2.2.2 节所示的偏差-方差权衡并不冲突**。图 10-20 的右部之所以出现双下降曲线，是因为此处 x 轴代表模型的样条基函数数量，该指标并不能准确地反映插值模型真正的"柔性"。在本例中，$d = 42$ 时最小范数自然样条的方差要比 $d = 20$ 的自然样条的方差更低。

❑ **本书中大多数统计学习方法都没有表现出双下降现象**。例如，正则化方法不会对训练数据进行插值，因而不会出现双下降。但是，即使在不进行插值的情况下，正则化模型同样能取得很好的效果。比如在上例中，如果将拟合方法由最小二乘改为岭

回归，并精心调节惩罚系数，最终在测试误差上的表现甚至比插值模型的更好。
- 在第 9 章中，在训练误差为零的情况下，最大间隔分类器和各种支持向量机在测试误差上表现优异。部分原因是这些模型会在若干个解中选择平滑的最小范数解。这与自然样条的最小范数解效果良好原理相似。
- 机器学习社区中有许多案例使用过于复杂的神经网络（层数、神经单元数量极多），并将模型拟合至零训练误差。然而，零误差并不总是最优解，数据的信噪比决定了零训练误差的结果是否可取。例如，式（10.31）中使用 ℓ_2 正则化避免过拟合，只要参数 λ 选择得当，即使不插值数据（即不会出现双下降现象），也可以获得良好的测试性能，甚至可能比插值训练数据所获得的性能更优。在使用随机梯度下降时，还可以使用早停法作为正则化方法，在保证性能良好的同时，避免插值现象发生。

综上所述，尽管双下降现象在神经网络训练过程中并不罕见，但是不能将模型效果寄望于此。谨记，偏差-方差权衡总是有效的，尽管测试误差与模型柔性的曲线不一定呈 U 形（这取决于横轴如何定义"柔性"参数）。

10.9 实验：深度学习

本节将展示本章前几节中用于建立模型的代码。我们使用 R 语言 keras 包，它是著名的 tensorflow 包的接口，后者使用更高效的 Python 语言。keras 包不仅运行速度快，且结构清晰，便于理解和使用。建议配合 *Deep Learning with R*[1] 一起学习（本章使用的大部分代码都由该书的代码改编而来）。

有的读者可能会在配置 keras 环境的过程中遇到困难。网站 www.statlearning.com[2] 为此提供了极其详细的教程。网站 keras.rstudio.com 上也提供了指导。

10.9.1 Hitters 数据集上的单层神经网络

首先导入数据，并将数据划分为训练集、测试集，拟合 10.6 节中的单层神经网络模型。

```
> library(ISLR2)
> Gitters <- na.omit(Hitters)
> n <- nrow(Gitters)
> set.seed(13)
> ntest <- trunc(n / 3)
> testid <- sample(1:n, ntest)
```

下面给出拟合线性模型的代码，对读者而言这段代码可能并不陌生。

```
> lfit <- lm(Salary ~ ., data = Gitters[-testid, ])
> lpred <- predict(lfit, Gitters[testid, ])
> with(Gitters[testid, ], mean(abs(lpred - Salary)))
[1] 254.6687
```

注意 with() 指令的用法：第一个参数应为数据框（dataframe）格式，第二个参数应

---

[1] F. Chollet and J. J. Allaire, *Deep Learning with R* (2018)，Manning Publications。
[2] 特别感谢 Balasubramanian Narasimhan 在撰写 keras 安装教程时付出的努力。

为表达式，程序通过表达式中的变量名引用数据框中的元素。在上文代码中，将测试集作为第一个参数输入，表达式则计算测试数据预测值的平均绝对误差。

接下来，使用 glmnet 包拟合套索 lasso。由于 glmnet 包不支持输入公式，需要手动构建特征 x 和 y。

```
> x <- scale(model.matrix(Salary ~ . - 1, data = Gitters))
> y <- Gitters$Salary
```

第一行调用了 model.matrix()，它生成可以用于 lm() 的矩阵（参数 -1 代表省略了截距项），分类变量将自动转换为哑变量。scale() 函数对矩阵标准化，使每一列（即每个变量）的均值为 0，方差为 1。

```
> library(glmnet)
> cvfit <- cv.glmnet(x[-testid, ], y[-testid],
    type.measure = "mae")
> cpred <- predict(cvfit, x[testid, ], s = "lambda.min")
> mean(abs(y[testid] - cpred))
[1] 252.2994
```

在拟合神经网络前，需要定义网络的模型结构。

```
> library(keras)
> modnn <- keras_model_sequential() %>%
+   layer_dense(units = 50, activation = "relu",
        input_shape = ncol(x)) %>%
+   layer_dropout(rate = 0.4) %>%
+   layer_dense(units = 1)
```

在这段代码中，调用函数 keras_model_sequential() 创建了一个名为 modnn 的初始模型对象，并按顺序逐层添加网络结构中的各层神经元及其参数。**管道**（pipe）操作符 %>% 将前一个对象作为第一个参数输入后一个函数中，并返回函数结果。在定义网络各层时使用管道操作符可以大大提高代码的可读性。

接下来，用一个简单的例子来演示管道操作符的使用。上文调用了如下命令创建了变量 x：

```
> x <- scale(model.matrix(Salary ~ . - 1, data = Gitters))
```

这行代码先建立了矩阵，再对矩阵进行中心化。这种复合指令可读性较差。若使用管道操作符，可以将这行代码改写为

```
> x <- model.matrix(Salary ~ . - 1, data = Gitters) %>% scale()
```

管道操作符的表达方法与实际操作的顺序相对应，更利于理解。

在了解管道操作符后，回到神经网络的拟合上。网络对象 modnn 有一个单独的隐藏层，包含 50 个隐藏单元，采用 ReLU 激活函数。隐藏层后接一个失活层，在随机梯度下降算法每次迭代的过程中，失活层随机将上一层 50 个激活中的 40% 设置为零。最终，失活层仅有一个神经元没有激活函数，表明模型产生一个定量输出。

接下来，定义 modnn 拟合过程的细节。将最小化误差平方和式（10.23）作为拟合目

标，算法会在训练过程中计算并优化模型在训练数据和验证数据（如果提供了验证数据）上的平均绝对误差。

```
> modnn %>% compile(loss = "mse",
 optimizer = optimizer_rmsprop(),
 metrics = list("mean_absolute_error")
)
```

在第一行中，管道操作符将 modnn 传入 compile() 函数的第一个参数。compile() 不会直接修改 R 对象 modnn 的结构，而是将参数传递给定义 modnn 时对应生成的 python 实例。

现在开始拟合函数。在拟合过程中，需要向程序提供训练数据和两个参数：训练轮数（epoch）和批量（batch_size）。batch_size=32 意味着在随机梯度下降的过程中，算法随机选取 32 个训练样本计算梯度。10.4 节和 10.7 节曾提到，一轮训练等同于处理 n 个样本所需的随机梯度下降的步数。训练集有 $n=176$ 个样本，因此一轮训练等同于进行 $176/32=5.5$ 次梯度下降。fit() 函数还包含一个参数 validation_data，该参数对应的数据并非用于拟合，而是用于追踪模型的拟合进度（在本例中，拟合进度表现为模型当前的平均绝对误差）。在这里，代码将测试数据作为 validation_data 输入，这样一来，程序便会同时反馈模型在训练数据和测试数据上的绝对平均误差。若要查看更多有关拟合的细节，可以使用指令 ?fit.keras.engine.training.Model。

```
> history <- modnn %>% fit(
    x[-testid, ], y[-testid], epochs = 1500, batch_size = 32,
    validation_data = list(x[testid, ], y[testid])
)
```

可以通过绘制 history 来展示训练数据和测试数据的平均绝对误差。为了使图像更美观，建议在调用 plot() 函数之前安装 ggplot2 包。当然，下面的代码也可以在没有 ggplot2 的情况下运行，只是图像的美观度会稍打折扣。

```
> plot(history)
```

值得注意的是，如果在同一个 R 会话中两次运行 fit() 命令，第二次 fit() 命令会在第一次拟合的基础上继续拟合（而非重新开始）。读者可以再次运行 fit() 命令和 plot() 命令，对比平均绝对误差的变化。

最后，用最终的模型进行预测，并在测试数据上评估其性能。由于使用随机梯度下降，每次拟合的模型会略有不同。该问题目前还无法用 set.seed() 函数避免，因为拟合过程是在 python 中完成的，而 R 中的 set.seed() 函数无法直接作用于 python 程序。

```
> npred <- predict(modnn, x[testid, ])
> mean(abs(y[testid] - npred))
[1] 257.43
```

10.9.2 MNIST 数据集上的多层神经网络

keras 包内附带许多数据集，其中就包括 MINST 数据集。首先使用 dataset_mnist()

函数加载数据。

```
> mnist <- dataset_mnist()
> x_train <- mnist$train$x
> g_train <- mnist$train$y
> x_test <- mnist$test$x
> g_test <- mnist$test$y
> dim(x_train)
[1] 60000    28    28
> dim(x_test)
[1] 10000    28    28
```

数据集共有 60 000 个训练样本，10 000 个测试样本。每个样本都是 28×28 的图像，以三维数组的格式存储，需要先将数据转换为矩阵形式。另外，需要对类标签进行独热编码。keras 丰富的内置函数可以完成上述操作。

```
> x_train <- array_reshape(x_train, c(nrow(x_train), 784))
> x_test <- array_reshape(x_test, c(nrow(x_test), 784))
> y_train <- to_categorical(g_train, 10)
> y_test <- to_categorical(g_test, 10)
```

神经网络对输入变量的尺度十分敏感。例如岭回归和 lasso 正则回归都会受到输入变量尺度的影响。在这个案例中，8 位灰度值⊖相当于图像的像素值在 0~255 之间，所以在做分析前需要对其尺度进行标准化处理。

```
> x_train <- x_train / 255
> x_test <- x_test / 255
```

至此，拟合神经网络的准备工作已经完成。

```
> modelnn <- keras_model_sequential()
> modelnn %>%
+   layer_dense(units = 256, activation = "relu",
       input_shape = c(784)) %>%
+   layer_dropout(rate = 0.4) %>%
+   layer_dense(units = 128, activation = "relu") %>%
+   layer_dropout(rate = 0.3) %>%
+   layer_dense(units = 10, activation = "softmax")
```

layer_dense() 函数可以为输入的 modelnn 对象添加一层网络结构，并返回修改后的 modelnn 对象。调用 layer_dense() 函数为网络构建隐藏层，该层以 $28\times 28=784$ 个变量为输入，并将输入值传递至 256 个隐藏单元中，经过 ReLU 激活函数输出。用管道操作符将 modelnn 对象传至 layer_dropout() 函数以实现随机失活正则化。重复上述操作，继续为网络添加一个包含 128 个隐藏单元的隐藏层和一个失活层。最后一层作为输出层，激活函数"softmax"式（10.13）将第二个隐藏层的激活转换为分类概率，解决该场景提出的 10 类分类问题。最后，使用 summary() 查看模型总结，确保模型结构没有出错。

⊖ 8 比特代表 2^8，即 256。由于灰度值一般从 0 开始计算，因此可能的取值为 0~255。

```
> summary(modelnn)
_____
Layer (type)              Output Shape           Param #
========================================================

dense (Dense)             (None, 256)            200960
_____

dropout (Dropout)         (None, 256)            0
_____

dense_1 (Dense)           (None, 128)            32896
_____

dropout_1 (Dropout)       (None, 128)            0
_____

dense_2 (Dense)           (None, 10)             1290
========================================================

Total params: 235,146
Trainable params: 235,146
Non-trainable params: 0
```

该模型有 235 146 个参数（包括各层的偏差项）。例如，第一个隐藏层共有 $(784+1)\times 256 = 200\ 960$ 个参数。

对于上述层名称，如 dropout_1 和 dense_2，它们的下标并非定值。重复拟合上述的模型，下标会变化，但这不会对模型产生任何影响。名称发生变化是因为指令需要转译至 python 中运行。随着每次调用 keras_model_sequential()，这些下标的数值会不断增加。

接下来，添加细节以指定模型的拟合算法。本案例将最小化式（10.14）中的交叉熵函数作为拟合目标。

```
> modelnn %>% compile(loss = "categorical_crossentropy",
    optimizer = optimizer_rmsprop(), metrics = c("accuracy")
  )
```

最后，指定训练数据并开始拟合模型。

```
> system.time(
+   history <- modelnn %>%
+     fit(x_train, y_train, epochs = 30, batch_size = 128,
+         validation_split = 0.2)
+ )
> plot(history, smooth = FALSE)
```

此处使用了一个小技巧：在代码中禁止模型输出。这样模型在训练过程中就不会在每轮训练结束后输出训练日志了。在数据集较大、训练时间较长时，该技巧非常实用。

在一台配置为 4 核 2.9GHz、32GB 内存的 MacBook Pro 上拟合该模型需要约 144 秒。除了像 10.9.1 节中一样直接提供验证数据，还可以从训练数据中分出一部分用于验证，例如此处指定了分出 20% 数据用于验证，故训练过程实际上只使用了 60 000 个样本中的 80%。（使用 ?fit.keras.engine.training 指令查看拟合过程中的所有可用参数。）随机梯度下降算法每次随机抽取 128 个样本计算梯度，随着程序运行，可以看到一轮训练中共进行 375 次梯度下降。最后一行 plot() 命令将生成类似图 10-18 的误差变化图。

为了计算表 10-1 中的测试误差，首先定义函数 accuracy()，该函数将比较预测值和真实值的差异，并评估预测的准确性。

```
> accuracy <- function(pred, truth)
+    mean(drop(pred) == drop(truth))
> modelnn %>% predict_classes(x_test) %>% accuracy(g_test)
[1] 0.9813
```

表 10-1 还比较了线性判别分析（LDA）和多类逻辑斯谛回归的结果。并不建议在此处使用 glmnet 包拟合多类逻辑斯谛回归。若数据量较大，glmnet 包拟合所需的时间极长。可以使用 keras 包轻松快速完成模型拟合：只需要建立一个没有中间隐藏层的神经网络。

```
> modellr <- keras_model_sequential() %>%
+    layer_dense(input_shape = 784, units = 10,
         activation = "softmax")
> summary(modellr)
_____
Layer (type)              Output Shape              Param #
================================================================
dense_6 (Dense)           (None, 10)                7850
================================================================
Total params: 7,850
Trainable params: 7,850
Non-trainable params: 0
```

像之前一样拟合模型即可。

```
> modellr %>% compile(loss = "categorical_crossentropy",
     optimizer = optimizer_rmsprop(), metrics = c("accuracy"))
> modellr %>% fit(x_train, y_train, epochs = 30,
     batch_size = 128, validation_split = 0.2)
> modellr %>% predict_classes(x_test) %>% accuracy(g_test)
[1] 0.9286
```

10.9.3 卷积神经网络

本节将对 keras 包中的 CIFAR100 数据集建立卷积神经网络模型。该数据集的存储结构与 MINIST（手写体数字）数据集相似。

```
> cifar100 <- dataset_cifar100()
> names(cifar100)
[1] "train" "test"
> x_train <- cifar100$train$x
```

```
> g_train <- cifar100$train$y
> x_test <- cifar100$test$x
> g_test <- cifar100$test$y
> dim(x_train)
[1] 50000    32    32     3
> range(x_train[1,,, 1])
[1]  13 255
```

x_train 数组包含 50 000 个样本,有 4 个维度。每个样本是一个三颜色图像,用一个三通道集合表示。每个通道分别由 32×32 个 8 位像素值构成。仍然将像素值的尺度标准化至 0~1,但保留数组结构(而非转换为矩阵)。对分类标签进行独热编码,生成一个包含 100 列的 0-1 矩阵。

```
> x_train <- x_train / 255
> x_test <- x_test / 255
> y_train <- to_categorical(g_train, 100)
> dim(y_train)
[1] 50000   100
```

在开始拟合前,可以先使用 jpeg 包查看数据集中的图片(图 10-5 也是用如下代码生成的)。

```
> library(jpeg)
> par(mar = c(0, 0, 0, 0), mfrow = c(5, 5))
> index <- sample(seq(50000), 25)
> for (i in index) plot(as.raster(x_train[i,,, ]))
```

as.raster() 函数用于对特征图进行转换,确保其可以绘制成彩色图像。

为了便于演示,此处定义一个规模适中的卷积神经网络模型,其结构类似于图 10-8。

```
> model <- keras_model_sequential() %>%
+   layer_conv_2d(filters = 32, kernel_size = c(3, 3),
+       padding = "same", activation = "relu",
+       input_shape = c(32, 32, 3)) %>%
+   layer_max_pooling_2d(pool_size = c(2, 2)) %>%
+   layer_conv_2d(filters = 64, kernel_size = c(3, 3),
+       padding = "same", activation = "relu") %>%
+   layer_max_pooling_2d(pool_size = c(2, 2)) %>%
+   layer_conv_2d(filters = 128, kernel_size = c(3, 3),
+       padding = "same", activation = "relu") %>%
+   layer_max_pooling_2d(pool_size = c(2, 2)) %>%
+   layer_conv_2d(filters = 256, kernel_size = c(3, 3),
+       padding = "same", activation = "relu") %>%
+   layer_max_pooling_2d(pool_size = c(2, 2)) %>%
+   layer_flatten() %>%
+   layer_dropout(rate = 0.5) %>%
+   layer_dense(units = 512, activation = "relu") %>%
+   layer_dense(units = 100, activation = "softmax")
> summary(model)
_____
Layer (type)                Output Shape              Param #
================================================================
```

```
conv2d (Conv2D)                  (None, 32, 32, 32)         896
_____
max_pooling2d (MaxPooling2D      (None, 16, 16, 32)         0
_____
conv2d_1 (Conv2D)                (None, 16, 16, 64)         18496
_____
max_pooling2d_1 (MaxPooling      (None, 8, 8, 64)           0
_____
conv2d_2 (Conv2D)                (None, 8, 8, 128)          73856
_____
max_pooling2d_2 (MaxPooling      (None, 4, 4, 128)          0
_____
conv2d_3 (Conv2D)                (None, 4, 4, 256)          295168
_____
max_pooling2d_3 (MaxPooling      (None, 2, 2, 256)          0
_____
flatten (Flatten)                (None, 1024)               0
_____
dropout (Dropout)                (None, 1024)               0
_____
dense (Dense)                    (None, 512)                524800
_____
dense_1 (Dense)                  (None, 100)                51300
=================================================================
Total params: 964,516
Trainable params: 964,516
Non-trainable params: 0
```

在 layer_conv_2D() 函数中定义参数 padding="same"，以确保输出通道与输入通道具有相同的维度。第一个隐藏层有 32 个通道，而输入层只有 3 个通道。对每一层中的每个通道都使用了一个 3×3 的卷积滤波器，并对卷积后的图像进行 2×2 最大池化。

从模型总结中可以看出：在每次最大池化操作后，通道的维数都会减半。在所有卷积-池化操作完成后，得到一个有 256 个 2×2 的通道的层。将每个 2×2 通道拉平为 4 维向量，再拼接成一个 1 024 维长向量。接着进行随机失活正则化，传入一个大小为 512 的全连接层中，最终通过 softmax 输出层得到结果。

最后，定义拟合算法，并拟合模型。

```
> model %>% compile(loss = "categorical_crossentropy",
    optimizer = optimizer_rmsprop(), metrics = c("accuracy"))
> history <- model %>% fit(x_train, y_train, epochs = 30,
```

```
      batch_size = 128, validation_split = 0.2)
> model %>% predict_classes(x_test) %>% accuracy(g_test)
[1] 0.4561
```

模型运行时间约为 10 分钟,并在测试数据集上达到 46% 的准确率。尽管 46% 的准确率对 100 类的数据并不低(相较完全随机分类模型准确率仅为 1% 而言),但已经有许多模型可以达到约 75% 的准确率。一般而言,达到高准确率需要花费大量时间研究不同的网络结构,以及尝试各种正则化方法。

10.9.4 使用预训练的卷积神经网络模型

本节将利用在 imagenet 数据集上预训练的卷积神经网络模型进行自然图片分类,并得到图 10-10 中的结果。将 6 张 jpeg 格式的图像放入 book_images 目录⊖中,并在 R 中将这些图像数据转化为数组格式(以符合 imagenet 数据集的格式)。为了程序顺利运行,需要确保将 R 的工作环境设置到图片所在的文件夹。

```
> img_dir <- "book_images"
> image_names <- list.files(img_dir)
> num_images <- length(image_names)
> x <- array(dim = c(num_images, 224, 224, 3))
> for (i in 1:num_images) {
+   img_path <- paste(img_dir, image_names[i], sep = "/")
+   img <- image_load(img_path, target_size = c(224, 224))
+   x[i,,, ] <- image_to_array(img)
+ }
> x <- imagenet_preprocess_input(x)
```

随后加载预训练的网络。该网络包含 50 层,具有足够高的模型复杂度(用于提取图像特征)。

```
> model <- application_resnet50(weights = "imagenet")
> summary(model)
```

用该网络对 book_images 目录下的 6 张图像进行分类,并返回概率最大的 3 个预测类别。

```
> pred6 <- model %>% predict(x) %>%
+   imagenet_decode_predictions(top = 3)
> names(pred6) <- image_names
> print(pred6)
```

10.9.5 IMDb 文本分类

本节将在 keras 包的 IMDb(互联网电影数据库)数据集上进行文本分类(10.4 节)。本案例将词典的范围限制为数据集中出现频率最高的 10 000 个单词。

⊖ 这些图片可以在本书网站 http://www.statlearning.com/的数据区找到。下载文件 book_images.zip 并解压便会自动创建 book_images 目录。

```
> max_features <- 10000
> imdb <- dataset_imdb(num_words = max_features)
> c(c(x_train, y_train), c(x_test, y_test)) %<-% imdb
```

第 3 行代码使用嵌套列表的方式读取了 keras 包中的 IMDb 数据集。变量 x_train 中的每个元素都是一段文本，用 0~9999 的数字组成的向量表示（每个数字对应词典中的单词）。例如 10.4 节展示的正面评论（也是第一条训练样本），前 12 个单词表示为

```
> x_train[[1]][1:12]
[1]    1   14   22   16   43  530  973 1622 1385   65  458 4468
```

为了便于查看向量对应的句子，定义函数 decode_review() 为与词典的接口。

```
> word_index <- dataset_imdb_word_index()
> decode_review <- function(text, word_index) {
+     word <- names(word_index)
+     idx <- unlist(word_index, use.names = FALSE)
+     word <- c("<PAD>", "<START>", "<UNK>", "<UNUSED>", word)
+     idx <- c(0:3, idx + 3)
+     words <- word[match(text, idx, 2)]
+     paste(words, collapse = " ")
+ }
> decode_review(x_train[[1]][1:12], word_index)
[1] "<START> this film was just brilliant casting location
    scenery story direction everyone's"
```

定义函数 one_hot()，对每段文本进行独热编码，并返回一个 0-1 稀疏矩阵。

```
> library(Matrix)
> one_hot <- function(sequences, dimension) {
+     seqlen <- sapply(sequences, length)
+     n <- length(seqlen)
+     rowind <- rep(1:n, seqlen)
+     colind <- unlist(sequences)
+     sparseMatrix(i = rowind, j = colind,
+         dims = c(n, dimension))
+ }
```

构建稀疏矩阵时，只须输入非零元素所在位置。最后一行调用函数 sparseMatrix()，并提供与每个文本对应的行索引和与每个文档中的单词对应的列索引。由于对文本进行 0-1 化处理，在一段文本出现多次的单词也只记为 1。

```
> x_train_1h <- one_hot(x_train, 10000)
> x_test_1h <- one_hot(x_test, 10000)
> dim(x_train_1h)
[1] 25000 10000
> nnzero(x_train_1h) / (25000 * 10000)
[1] 0.01316987
```

可以看出仅有 1.3% 的元素非零，在这种情景下，使用稀疏矩阵将大幅减少程序占用的内存。本案例建立了一个大小为 2 000 的验证集，将剩余的 23 000 条样本用于模型训练。

```
> set.seed(3)
> ival <- sample(seq(along = y_train), 2000)
```

首先，在训练集上应用 glmnet() 函数拟合带 ℓ_1 惩罚项的 lasso 逻辑斯谛回归模型，并在验证集数据上评估模型性能。最后绘制模型预测准确率随惩罚参数 λ 变化的图像 acclmv。将这段代码中验证集的输入值替换为测试集数据，就能绘制图 10-11 的左图。这段代码充分利用了稀疏矩阵存储占用空间小的优势，仅花费 5 秒便可运行完毕；若在密集矩阵上运行这段代码，花费的时候可能达到 5 分钟。

```
> library(glmnet)
> fitlm <- glmnet(x_train_1h[-ival, ], y_train[-ival],
    family = "binomial", standardize = FALSE)
> classlmv <- predict(fitlm, x_train_1h[ival, ]) > 0
> acclmv <- apply(classlmv, 2, accuracy, y_train[ival] > 0)
```

此处使用了 10.9.2 节中定义的 accuracy() 函数对预测结果矩阵 classlmv 每一列的准确率进行计算。由于预测结果矩阵 classlmv 是 True/False 的 0-1 矩阵，第二个参数 truth 也应该设置为 0-1 向量。

在绘图前，调整最终输出图像的窗口参数。

```
> par(mar = c(4, 4, 4, 4), mfrow = c(1, 1))
> plot(-log(fitlm$lambda), acclmv)
```

接着拟合双隐藏层全连接神经网络，每个层包含 16 个隐藏单元，并采用 ReLU 作为激活函数。

```
> model <- keras_model_sequential() %>%
+   layer_dense(units = 16, activation = "relu",
      input_shape = c(10000)) %>%
+   layer_dense(units = 16, activation = "relu") %>%
+   layer_dense(units = 1, activation = "sigmoid")
> model %>% compile(optimizer = "rmsprop",
    loss = "binary_crossentropy", metrics = c("accuracy"))
> history <- model %>% fit(x_train_1h[-ival, ], y_train[-ival],
    epochs = 20, batch_size = 512,
    validation_data = list(x_train_1h[ival, ], y_train[ival]))
```

对象 history 中的 metrics 变量记录了模型每轮训练的训练准确率、验证准确率。图 10-11 还给出模型每轮训练的测试准确率。若要计算测试准确率，只须将上述代码的最后一行改为

```
> history <- model %>% fit(
    x_train_1h[-ival, ], y_train[-ival], epochs = 20,
    batch_size = 512, validation_data = list(x_test_1h, y_test)
  )
```

10.9.6 循环神经网络

本小节将演示如何拟合 10.5 节中使用的模型。

用于文本分类的序列模型

10.5.1 节在 IMDb（互联网电影数据库）数据集上建立一个简单的长短期记忆神经网络模型用于情感分析，这里将展示如何拟合该模型。之前已经在 10.9.5 节上演示过如何导

入数据，故此处不再重复。

首先计算文本长度。

```
> wc <- sapply(x_train, length)
> median(wc)
[1] 178
> sum(wc <= 500) / length(wc)
[1] 0.91568
```

可以看到超过 91% 的评论少于 500 单词。由于案例中建立的循环神经网络要求输入的文本序列长度一致，因此选择将文本长度限制为 $L=500$ 个单词。对于不及 500 单词的文本，可以通过在开头添加空格的方式补齐长度。

```
> maxlen <- 500
> x_train <- pad_sequences(x_train, maxlen = maxlen)
> x_test <- pad_sequences(x_test, maxlen = maxlen)
> dim(x_train)
[1] 25000   500
> dim(x_test)
[1] 25000   500
> x_train[1, 490:500]
 [1]   16 4472  113  103   32   15   16 5345   19  178   32
```

最后一行代码用于展示第一段文本的最后 11 个单词。此时，文本中的单词已经替换为不同的数字，每个数字代表对应单词在文本词典中的位置（本案例中的词典为出现最频繁的 10 000 个单词）。循环神经网络的第一层是一个待训练的嵌入层，输出维度为 32。该嵌入层先对文本中的每个单词进行独热编码，生成一个 $500 \times 10\,000$ 的矩阵，再将该 10 000 维数据投影至 32 维空间中（得到输出值）。

```
> model <- keras_model_sequential() %>%
+   layer_embedding(input_dim = 10000, output_dim = 32) %>%
+   layer_lstm(units = 32) %>%
+   layer_dense(units = 1, activation = "sigmoid")
```

循环神经网络的第二层为一个包含 32 个单元的长短期记忆层。随后输出层通过 sigmoid 函数输出单个概率值用于二分类。

剩下的工作便与拟合其他网络类似了。通过追踪测试集性能评估模型的拟合进展，可以看到该模型在测试数据集上取得了 87% 的分类准确率。

```
> model %>% compile(optimizer = "rmsprop",
    loss = "binary_crossentropy", metrics = c("acc"))
> history <- model %>% fit(x_train, y_train, epochs = 10,
    batch_size = 128, validation_data = list(x_test, y_test))
> plot(history)
> predy <- predict(model, x_test) > 0.5
> mean(abs(y_test == as.numeric(predy)))
[1] 0.8721
```

时间序列预测

接下来将拟合 10.5.2 节中用于时间序列预测的神经网络，首先导入数据，并对各个变量进行标准化。

```
> library(ISLR2)
> xdata <- data.matrix(
     NYSE[, c("DJ_return", "log_volume","log_volatility")]
  )
> istrain <- NYSE[, "train"]
> xdata <- scale(xdata)
```

变量 istrain 包含了数据集涉及的所有年份，并将训练集中出现的年份标为 TRUE，将测试集中出现的年份标为 FALSE。

首先通过自定义函数为变量创建滞后序列。向该函数输入原始数据和滞后 L 后，函数会将数据向后移动 L 期，空出的前 L 期用 NA 填充，并舍弃因此多出的后 L 期。

```
> lagm <- function(x, k = 1) {
+     n <- nrow(x)
+     pad <- matrix(NA, k, ncol(x))
+     rbind(pad, x[1:(n - k), ])
+ }
```

用该函数创建所有变量的滞后序列，并将原序列与各阶滞后序列整合为数据框格式。

```
> arframe <- data.frame(log_volume = xdata[, "log_volume"],
    L1 = lagm(xdata, 1), L2 = lagm(xdata, 2),
    L3 = lagm(xdata, 3), L4 = lagm(xdata, 4),
    L5 = lagm(xdata, 5)
 )
```

此时，数据框的前 5 行包含 NA 值（由于用 NA 填充了空出的前 L 期），因此去除前 5 行。同时删除 istrain 变量中对应的数据。

```
> arframe <- arframe[-(1:5), ]
> istrain <- istrain[-(1:5)]
```

随后，使用 lm() 函数拟合线性自回归模型，并对测试数据进行预测。

```
> arfit <- lm(log_volume ~ ., data = arframe[istrain, ])
> arpred <- predict(arfit, arframe[!istrain, ])
> V0 <- var(arframe[!istrain, "log_volume"])
> 1 - mean((arpred - arframe[!istrain, "log_volume"])^2) / V0
[1] 0.4132
```

最后一行代码用于计算模型在测试集上的预测 R^2 [式（3.17）]。

加入因子变量 day_of_week 后重新拟合模型：

```
> arframed <-
    data.frame(day = NYSE[-(1:5), "day_of_week"], arframe)
> arfitd <- lm(log_volume ~ ., data = arframed[istrain, ])
> arpredd <- predict(arfitd, arframed[!istrain, ])
> 1 - mean((arpredd - arframe[!istrain, "log_volume"])^2) / V0
[1] 0.4599
```

在拟合循环神经网络之前，需要调整数据的结构。RNN 需要输入数据为 $L=5$ 维序列数据 $X=\{X_l\}_1^L$ [见式（10.20）]，即一个输入值中包含变量过去 5 期内的所有数据。

```
> n <- nrow(arframe)
> xrnn <- data.matrix(arframe[, -1])
> xrnn <- array(xrnn, c(n, 3, 5))
> xrnn <- xrnn[,, 5:1]
> xrnn <- aperm(xrnn, c(1, 3, 2))
> dim(xrnn)
[1] 6046    5    3
```

上述代码通过 4 步创建了数据。首先从变量 arframe 中提取了三个自变量的所有滞后序列，得到一个 $n\times 15$ 矩阵。随后将该矩阵转换为一个 $n\times 3\times 5$ 维数组，可以通过简单地更改维度属性做到这一点，因为新矩阵是按列填充的。接着翻转滞后变量的次序，标签 1 在时间上最远，标签 5 最近。最后改变数组的坐标轴（类似偏转置使其符合 keras 包要求）。

构建一个包含 12 个隐藏单元的循环神经网络：

```
> model <- keras_model_sequential() %>%
+    layer_simple_rnn(units = 12,
        input_shape = list(5, 3),
        dropout = 0.1, recurrent_dropout = 0.1) %>%
+    layer_dense(units = 1)
> model %>% compile(optimizer = optimizer_rmsprop(),
    loss = "mse")
```

模型对隐藏层的单元定义了两种形式的随机失活（dropout）。第一种对输入序列采用随机失活，第二种是对上一期的隐藏单元应用随机失活。输出层仅包含一个输出单元。

用与上文类似的方法拟合该模型。在 fit() 函数中将测试数据作为验证集数据输入，用于监控模型拟合的进度，并实时查看模型在测试数据上的表现。当然，根据此处的测试误差决定何时早停并不妥当，这将导致最终的测试误差有偏。

```
> history <- model %>% fit(
    xrnn[istrain,, ], arframe[istrain, "log_volume"],
    batch_size = 64, epochs = 200,
    validation_data =
        list(xrnn[!istrain,, ], arframe[!istrain, "log_volume"])
)
> kpred <- predict(model, xrnn[!istrain,, ])
> 1 - mean((kpred - arframe[!istrain, "log_volume"])^2) / V0
[1] 0.416
```

拟合该模型需要约 1 分钟。

还可以用如下代码替换 keras_model_sequential() 函数：

```
> model <- keras_model_sequential() %>%
+    layer_flatten(input_shape = c(5, 3)) %>%
+    layer_dense(units = 1)
```

layer_flatten()函数将输入序列压平为一个长向量，此时该模型等价于线性自回归模型。若要拟合非线性自回归模型，只须向上述网络添加一个隐藏层。

然而，在上文使用 lm() 函数拟合自回归模型时，已经创建了一个包含滞后变量的矩阵 asframed，故可以将该矩阵用于拟合非线性模型（而不必压平输入序列）。从变量 asframed 中提取模型矩阵 x（包含变量 day_of_week）。

```
> x <- model.matrix(log_volume ~ . - 1, data = arframed)
> colnames(x)
 [1] "dayfri"          "daymon"              "daythur"
 [4] "daytues"         "daywed"              "L1.DJ_return"
 [7] "L1.log_volume"   "L1.log_volatility"   "L2.DJ_return"
[10] "L2.log_volume"   "L2.log_volatility"   "L3.DJ_return"
[13] "L3.log_volume"   "L3.log_volatility"   "L4.DJ_return"
[16] "L4.log_volume"   "L4.log_volatility"   "L5.DJ_return"
[19] "L5.log_volume"   "L5.log_volatility"
```

公式中的 -1 能够禁止为截距项生成一列 1。由于变量 day_of_week 有 5 个取值（对应 5 个交易日），-1 使得程序最终生成 5 个哑变量（而非 4 个）。

随后的步骤与先前拟合非线性模型类似。

```
> arnnd <- keras_model_sequential() %>%
+   layer_dense(units = 32, activation = 'relu',
+     input_shape = ncol(x)) %>%
+   layer_dropout(rate = 0.5) %>%
+   layer_dense(units = 1)
> arnnd %>% compile(loss = "mse",
    optimizer = optimizer_rmsprop())
> history <- arnnd %>% fit(
    x[istrain, ], arframe[istrain, "log_volume"], epochs = 100,
    batch_size = 32, validation_data =
      list(x[!istrain, ], arframe[!istrain, "log_volume"])
  )
> plot(history)
> npred <- predict(arnnd, x[!istrain, ])
> 1 - mean((arframe[!istrain, "log_volume"] - npred)^2) / V0
[1] 0.4698
```

10.10 习题

概念

1. 假设现有一个双隐藏层神经网络：共有 $p=4$ 个输入单元，第一个隐藏层包含 2 个神经元，第二个隐藏层包含 3 个神经元，最终输出一个单值响应。
   (a) 参照图 10-1 或图 10-4 的形式，绘制上述网络的示意图。
   (b) 假设网络使用 ReLU 激活函数，请尽可能详细地写出 $f(X)$ 的表达式。
   (c) 代入网络中的系数值（由读者自行拟定），计算 $f(X)$ 的输出值。
   (d) 请计算网络中共有多少参数。

2. 对于多类模型，使用 softmax 函数 [见式 (10.13) 或式 (4.13)] 计算概率值：
   (a) 请证明，向式 (10.13) 中的每个 z_l 添加常数项 c 并不会影响最终的概率值。
   (b) 请证明，向式 (4.13) 中各个类对应的系数添加常数项 $c_j (j=0,1,\cdots,p)$ 不会影响观测值 x 的预测值。

   以上问题表明 softmax 函数是**过参数化**（over-parametrized）的。所幸，训练过程中采用的正则化及随机梯度下降能够限制解的取值范围，因此过参数化性质不会影响模型性能。

3. 证明当类数 $M=2$ 时，式（10.14）中的负多类对数似然函数等价于式（4.5）中的负对数似然函数。
4. 对于输入为 32×32 灰度值图像的卷积神经网络，若网络仅有一个卷积层，层中使用 3 个 5×5 卷积滤波器（不进行边界填充）。
   (a) 参照图 10-8，画出网络输入层和第一个隐藏层的示意图。
   (b) 模型中共有多少参数？
   (c) 卷积神经网络也可以看作一种普通的前馈神经网络，前馈神经网络的输入为图像的各个像素点，且网络隐藏单元的权重受某种约束。请解释这种考虑方式背后的原因，并指出前馈神经网络隐藏层的权重受到何种约束。
5. 在表 10-2 中，3 种方法对应的平均绝对误差的大小排序与测试集 R^2 的大小排序不同，请解释背后的原因。

应用

6. 考虑函数 $R(\beta)=\sin(\beta)+\beta/10$。
   (a) 请在 $\beta\in[-6,6]$ 上画出该函数的图像。
   (b) 写出该函数的导数。
   (c) 假设 $\beta^0=2.3$，设学习速率 $\rho=0.1$，请使用梯度下降法找到一个局部最小值。在图像中标出每次梯度下降到达的 $\beta^0,\beta^1,\cdots$ 以及找到的局部最小值。
   (d) 假设 $\beta^0=1.4$，其余条件与 (c) 一致，请重复 (c)。
7. 对 default（违约）数据集拟合一个含有 10 个神经元的单层神经网络（可以参考 10.9.1 节和 10.9.2 节的代码），并对比该网络的分类表现与线性逻辑斯谛回归的分类表现。
8. 自行选择 10 张动物的照片（狗、猫、鸟、家畜皆可），若动物在图像中的比例过小，请裁剪图像保证比例适当。将图像导入 10.9.4 节中使用的预训练神经网络进行分类，并给出每张图像预测概率最大的 5 个类对应的概率值。
9. 参照 10.9.6 节，在 NYSE（纽约股票交易所）数据集上拟合 5 阶自回归模型。随后向模型添加一个代表月份的 12 阶因子变量，该因子是否提高了模型的性能？
10. 10.9.6 节展示了使用 lm() 函数在 NYSE（纽约股票交易所）数据集上拟合线性自回归模型。然而，还可以将用于循环神经网络的短序列"拉平"，以拟合线性自回归模型。请用后一种方法在 NYSE 数据集上拟合线性自回归模型。请比较两个自回归模型的测试 R^2。并指出两种方法各自的优缺点。
11. 与上一题类似，将用于循环神经网络的短序列"拉平"，拟合非线性自回归模型。
12. 对于 10.9.6 节中在 NYSE（纽约股票交易所）数据集上拟合的 RNN，请修改代码以引入变量 day_of_week，重新拟合 RNN 并计算测试 R^2。
13. 使用结构相似的网络复现 10.9.5 节中对 IMDb（互联网电影数据库）数据集的分析。10.9.6 节使用的词典大小为 10 000，请分别尝试使用大小为 1 000, 3 000, 5 000 和 10 000 的词典，并比较各自的结果。

第 11 章 生存分析与删失数据

本章对**生存分析**（survival analysis）和**删失数据**（censored data）两个主题进行讨论，将涉及该领域特有的概念：**结局变量**（outcome variable）——**从起始事件到目标结局事件发生经历的时间**（the time until an event occurs）。[⊖]

假设研究人员正在从事一项为期 5 年的医学研究，患者在研究期间接受癌症治疗。研究者希望根据基础体检资料和治疗方案等可观测特征，拟合一个用于预测患者生存时间的模型。该问题表面来看与第 3 章中讨论的回归问题很类似，但在这项研究中，出现了一个特殊的难点——截至研究结束，部分甚至绝大多数参与研究的患者的生存状态是"存活的"。上述场景下，患者的生存时间是**删失的**（censored）——研究人员只知道这部分患者存活期超过 5 年，但无法获知患者真实的生存时间数据。研究人员不愿意对这部分幸存患者的数据采取草率抛弃的做法，因为这部分患者存活期超过 5 年的事实提供了有价值的信息。然而对于如何合理利用删失信息的问题，本书之前讲述的方法能力有限。

尽管"生存分析"一词已经形成了与医学研究关系密切的刻板印象，但生存分析的应用却远远超出了医学研究范畴。例如，一家公司希望对客户流失（即客户取消对服务的订阅）进程问题进行建模分析，该公司可能会收集一段时间内的客户数据，以便根据人口统计数据或其他预测变量对每个客户的流失时间进行建模。但在这段时间结束时，并不是所有客户都取消了对该公司服务的订阅。对于这类客户，他们的取消订阅时间是删失的。

除此之外，生存分析还可以应用在与时间无关的领域上。例如，研究者希望在一个包含大量观测数据的数据集上，通过一些协变量对人体体重进行建模。不幸的是，用于实验的体重秤无法对超过最大称量值的体重进行测量。在这种情况下，任何超过最大称量值的观测都标记为删失数据。本章提出的生存分析方法在这类数据集上可以得到有效应用。

生存分析在统计学中是一个广泛研究的话题，在医学及其他领域的大量应用中都扮演着至关重要的角色。但是在机器学习社区，生存分析受到的关注相对较少。

11.1 生存时间与删失时间

对于任意个体，均存在两个时间：一个是真实的生存时间 T（survival time），另一个是相应的删失时间 C（censoring time）。生存时间也被称为**失效时间**（failure time）或结局**事件时间**（event time）。生存时间表示结局事件发生的时间，如患者死亡的时间或客户取消订阅的时间。相比之下，删失时间是删失事件发生的时间，如患者退出研究或研究结束

[⊖] 原文中没提及起始时间，译文根据结局变量的定义进行了补充。——译者注

的时间。

在研究中,研究者观测到的是生存时间 T 还是删失时间 C,需要定义一个观测随机变量

$$Y = \min(T, C) \tag{11.1}$$

如果结局相关事件发生在删失事件之前(即 $T<C$),那么研究者观测到真正的生存时间为 T。然而,如果删失事件发生在结局事件之前(即 $T>C$),则研究者观测到的是删失时间。我们还需要一个表示结局状态的示性函数 δ:

$$\delta = \begin{cases} 1, \text{如果 } T \leqslant C \\ 0, \text{如果 } T > C \end{cases}$$

上式中,$\delta=1$ 表示研究者观测到真实生存时间,而 $\delta=0$ 表示研究者观测到的是删失时间。

现在假设研究者观测到 n 对 (Y, δ) 数据,记为 $(y_1, \delta_1), \cdots, (y_n, \delta_n)$。图 11-1 展示了一个(虚拟的)医学案例数据,该案例对 4 位患者进行了 365 天的随访记录。其中,对于患者 1 和患者 3,研究者观测到结局事件(如死亡或者病情恶化)发生的时间 $T=t_i$。直至研究结束,患者 2 仍处于存活状态,同时患者 4 在研究过程中发生了退出行为或者无法继续随访的状态。对于以上两位患者(2 和 4),研究者观测到 $C=c_i$。因此在该研究中,$y_1 = t_1$, $y_3 = t_3$, $y_2 = c_2$, $y_4 = c_4$, $\delta_1 = \delta_3 = 1$, $\delta_2 = \delta_4 = 0$。

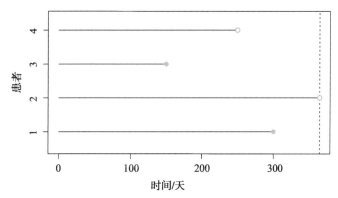

图 11-1 删失生存数据的图示。对于患者 1 和患者 3,观测到结局事件发生;患者 2 在研究结束时仍存活,而患者 4 中途退出研究

11.2 细说删失

分析生存数据之前,研究者需要对删失事件的发生原因做出某些假定。比如,对一项正在进行中的癌症研究,由于病情恶化的原因,有相当数量的病人中途退出研究。如果不细究患者数据的删失原因,数据分析极有可能高估患者的真实平均生存时间。类似地,如果重症的男性患者比重症的女性患者更倾向于中途退出研究,那么在比较研究中的男性患者与女性患者的生存时间时,极易产生男性患者比女性患者生存时间更长的错误结论。

一般来说,研究者需要假设删失事件的发生机制是独立的,也就是说,在给定特征不变的条件下,生存时间 T 与删失时间 C 的发生是独立的。上文中提及的两个例子都违背了

独立删失的假设。一般情况下，研究者不能从数据本身确定删失事件的发生机制是否具有独立性。因此研究者必须仔细考虑生存数据的收集过程，以确定数据是否符合独立删失的假设。本章的后续讨论将默认删失事件的发生机制是具有独立性的。⊖

本章重点关注**右删失**（right censoring），它发生在 $T \geqslant Y$ 时，即真实事件时间 T 至少与观测时间 Y 一样大，其中 $Y \geqslant T$ 是从式（11.1）隐含的结论。由于时间的展示通常是从左向右的（如图 11-1 所示），因此该删失情况被称为右删失。除此之外，还存在其他类型的删失。如在**左删失**（left censoring）中，真实生存时间 T 小于或等于观测时间 Y。例如，在一项关于妊娠期的研究中，假设研究者在患者怀孕 250 天后进行调查，但那时一些研究对象已经生小孩，故这些患者的妊娠期小于 250 天。除此之外，**区间删失**（interval censoring）是指研究者不知道确切的结局事件发生时间，但知道它落在某个时间间隔内。如研究者每周对患者进行一次调查，以确定结局相关事件是否发生，这就是区间删失的情况。然而左删失和区间删失的相关问题可以采用本章提出方法的变体进行解决，因此本章下面的内容将重点关注右删失的情况。

11.3 Kaplan-Meier 生存曲线

生存曲线（survival curve）或**生存函数**（survival function）的定义如下：
$$S(t) = \Pr(T > t) \tag{11.2}$$
这个递减函数度量时间 t 之前的存活概率。例如，假设一家公司希望对客户流失问题进行建模，T 表示客户取消订阅公司服务的时间，那么 $S(t)$ 表示客户在时间 t 之后取消订阅服务的概率。$S(t)$ 的值越大，客户在时间点 t 之前取消订阅的可能性越小。

在本节中，研究者将讨论如何估计生存曲线。研究者的研究基于 BrainCancer（脑癌）数据集，该数据集包含了接受立体定向放射治疗（stereotactic radiation）的原发性脑肿瘤患者的生存时间数据。⊖数据集的预测因子包括 gtv（肿瘤体积，单位为立方厘米）、sex（性别，男性或女性）、diagnosis（诊断情况，脑膜瘤、LG 胶质瘤、HG 胶质瘤等）、loc（肿瘤位置，幕下部或幕上部）、ki（Karnofsky 指数）、stereo（立体定向放射治疗或分步立体定向放射治疗，分别简称为 SRS 和 SRT）。在研究结束时，88 名患者中有 53 名患者仍存活。

研究者可以基于这些数据和式（11.2）估计生存曲线。例如在估计 $S(20) = \Pr(T > 20)$，即患者存活至少 $t=20$ 个月的概率时，可以通过简单地计算过去 20 个月已知存活的患者的比例获得（即 $Y > 20$ 的患者比例），该计算结果表明上述存活概率为 48/88（约55%）。然而，这一估计似乎并不正确，因为 Y 和 T 代表不同的量。特别地，在未能存活至 20 个月的 40 名患者中，有 17 名患者的数据是删失的。上述估计隐含地假设了所有删失的患者的生存时间 $T < 20$，然而研究者并不能确定真实情况。

⊖ 删失之间存在独立性的假定可以在删失数据不提供非信息删失（non-informative censoring）的情况下放松，但非信息删失超出了本书的范围。

⊖ 关于该数据集的详细介绍请参考文献 Selingerová, et al.（2016）Survival of patients with primary brain tumors: comparison of two statistical approaches. PLoS one 11（2）：e0148733。

为了估计 $S(20)$，可以考虑在时间点 $t=20$ 前不产生删失的 71 名患者中，计算 $Y>20$ 的患者比例，结果是 48/71（约 68%）。但并不能认为这个结果是完全正确的，因为它相当于完全忽略在 $t=20$ 之前删失的患者数据，但这些数据发生删失的时间是包含潜在信息的。例如，对于一个删失时间是 $t=19.9$ 时的患者，如果这个数据没有发生删失，该患者的生存时间很可能超过 $t=20$。

由于删失的存在，估计 $S(t)$ 的问题变得复杂且困难，而本节将阐述一种能够解决上述问题的方法。用 $d_1<d_2<\cdots<d_k$ 表示非删失患者的 K 个唯一死亡时间（即没有两个个体同时死亡），用 q_k 表示在时间 d_k 死亡的患者数量。对于 $k=1,2,\cdots,K$，用 r_k 表示在 d_k 之前的存活的参与研究的患者数量，这些患者被称为是处于风险状态的患者（at risk patient）。在给定的时间，有风险的患者集合被称为**风险集**（risk set）。

根据全概率公式，⊖

$$\Pr(T>d_k) = \Pr(T>d_k \mid T>d_{k-1})\Pr(T>d_{k-1})$$
$$+ \Pr(T>d_k \mid T\leqslant d_{k-1})\Pr(T\leqslant d_{k-1})$$

事实上，$d_{k-1}<d_k$，因此 $\Pr(T>d_k \mid T\leqslant d_{k-1})=0$（对于一位患者来说，如果他在一个更早的时间 d_{k-1} 已不是存活状态，那他不可能存活到时间 d_k）。因此，

$$S(d_k) = \Pr(T>d_k) = \Pr(T>d_k \mid T>d_{k-1})\Pr(T>d_{k-1})$$

结合式 (11.2)，有

$$S(d_k) = \Pr(T>d_k \mid T>d_{k-1})S(d_{k-1})$$

因此，

$$S(d_k) = \Pr(T>d_k \mid T>d_{k-1})\times\cdots\times\Pr(T>d_2 \mid T>d_1)\Pr(T>d_1)$$

现在简单地将每一项的估计值代入这个方程的右边。很自然地取估计值为

$$\widehat{\Pr}(T>d_j \mid T>d_{j-1}) = (r_j - q_j)/r_j$$

上式表示在时间 d_j 存活下来的患者数与处于风险中的患者数之比。至此，研究者引出生存曲线的 Kaplan-Meier 估计（Kaplan-Meier estimator）：

$$\hat{S}(d_k) = \prod_{j=1}^{k}\left(\frac{r_j-q_j}{r_j}\right) \tag{11.3}$$

对于在 d_k 与 d_{k+1} 之间的时间 t，设 $\hat{S}(t)=\hat{S}(d_k)$。因此 Kaplan-Meier 生存曲线呈现阶梯形。

BrainCancer（脑癌）数据的 Kaplan-Meier 生存曲线如图 11-2 所示。实线的阶梯形曲线中的每个点，都表示在横坐标对应时间保持存活状态的估计概率。例如存活过 20 个月的生存率估计为 71%，这比研究者之前简单估计的 55% 和 68% 要高得多。

Kaplan-Meier 估计方法使用时间序列结构（即时间从零开始，随着时间的推移，绘制出观察结果）的做法，是生存分析中许多关键技术的基础。这些关键技术包括 11.4 节的对数秩检验和 11.5.2 节的 Cox 比例风险模型。

⊖ 对于两个任意的事件 A 和 B，全概率公式为 $\Pr(A)=\Pr(A|B)\Pr(B)+\Pr(A|B^c)\Pr(B^c)$，其中 B^c 为事件 B 的补集，即 B 事件未包含的其余事件。

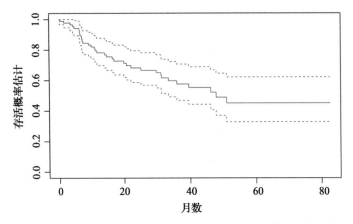

图 11-2 对于 BrainCancer（脑癌）数据，使用 Kaplan-Meier 估计的生存曲线（实线）以及其标准误差带（standard error band）

11.4 对数秩检验

现在继续分析 11.3 节的 BrainCancer（脑癌）数据，研究者希望比较男性患者和女性患者的生存时间差异。图 11-3 显示了两组患者的 Kaplan-Meier 生存曲线（见彩插）。女性患者在 50 个月前的存活数据似乎相比男性更好，但之后两条曲线都在 50% 左右趋于稳定。研究者该如何对两条生存曲线的差异进行进一步的正式检验呢？

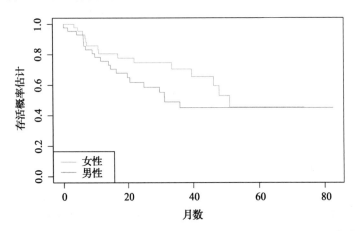

图 11-3 BrainCancer（脑癌）数据中两组患者的 Kaplan-Meier 生存曲线

粗略地看，双样本 t 检验似乎是一个显而易见的选择：研究者可以检验女性患者的平均生存时间是否等于男性患者的平均生存时间。但是，删失机制的存在使得这个问题更为复杂。为了应对这一问题引起的复杂性，研究者可以进行**对数秩检验**（log-rank test），⊖ 它

⊖ 对数秩检验也被称为 Mantel-Haenszel test 和 Cochran-Mantel-Haenszel test。

可以检验每个组别中的结局相关事件是如何在时间顺序上发生的。

在 11.3 节中，$d_1 < d_2 < \cdots < d_k$ 表示非删失患者中的 K 个唯一死亡时间（unique death time），r_k 表示在时间 d_k 处于风险中的患者数，q_k 表示在时间 d_k 死亡的患者数。研究者进一步定义 r_{1k} 和 r_{2k} 分别为组 1 和组 2 在时间 d_k 处于风险中的患者数。同样，研究者定义 q_{1k} 和 q_{2k} 分别为组 1 和组 2 患者在时间 d_k 死亡的人数。注意 $r_{1k} + r_{2k} = r_k$ 和 $q_{1k} + q_{2k} = q_k$。

在每个死亡时间 d_k，构建一个 2×2 的计数表，如表 11-1 所示。请注意，如果死亡时间是唯一的（即没有两个个体同时死亡），那么 q_{1k} 和 q_{2k} 中的一个等于 1，另一个等于 0。

表 11-1 在时间 d_k 处于风险状态的患者集合中，两组患者死亡数和存活数展示

	组 1	组 2	总数
死亡数	q_{1k}	q_{2k}	q_k
存活数	$r_{1k} - q_{1k}$	$r_{2k} - q_{2k}$	$r_k - q_k$
总数	r_{1k}	r_{2k}	r_k

对数秩检验统计量背后的主要思想如下。为了检验某个随机变量 X 的零假设 H_0：$E(X)=0$，一种方法是按 t 统计量的形式构建：

$$W = \frac{X - E(X)}{\sqrt{\operatorname{Var}(X)}} \tag{11.4}$$

此处 $E(X)$ 和 $\operatorname{Var}(X)$ 是随机变量 X 在 H_0 下的期望和方差。为了构建对数秩检验统计量，依照式（11.4）的形式，取 $X = \sum_{k=1}^{K} q_{1k}$ 来计算其统计量的值，其中，q_{1k} 是表 11-1 中左上角给出的部分。

更详细地说，在两组生存率没有差异的零假设下，并考虑到表 11-1 中对每行和每列的求和，q_{1k} 的期望值为

$$E(q_{1k}) = \frac{r_{1k}}{r_k} q_k \tag{11.5}$$

进一步，q_{1k} 的方差为[⊖]

$$\operatorname{Var}(q_{1k}) = \frac{q_k (r_{1k}/r_k)(1 - r_{1k}/r_k)(r_k - q_k)}{r_k - 1} \tag{11.6}$$

尽管 $q_{11}, \cdots, q_{1k}$ 可能是非独立的，仍可以使用近似估计

$$\operatorname{Var}\left(\sum_{k=1}^{K} q_{1k}\right) \approx \sum_{k=1}^{K} \operatorname{Var}(q_{1k}) = \sum_{k=1}^{K} \frac{q_k (r_{1k}/r_k)(1 - r_{1k}/r_k)(r_k - q_k)}{r_k - 1} \tag{11.7}$$

因此，要计算对数秩检验统计量，只须依照式（11.4），取 $X = \sum_{k=1}^{K} q_{1k}$，利用式（11.5）和式（11.7）来计算其统计量的值。也就是说，可以计算

⊖ 本章末尾的习题 7 涉及细节的推导。

$$W = \frac{\sum_{k=1}^{K}(q_{1k} - E(q_{1k}))}{\sqrt{\sum_{k=1}^{K}\text{Var}(q_{1k})}} = \frac{\sum_{k=1}^{K}\left(q_{1k} - \frac{r_{1k}}{r_k}q_k\right)}{\sqrt{\sum_{k=1}^{K}\frac{q_k(r_{1k}/r_k)(1-r_{1k}/r_k)(r_k-q_k)}{r_k-1}}} \tag{11.8}$$

当样本量较大时,对数秩检验统计量 W 近似为标准正态分布,可以用它来计算零假设下两组的生存曲线差异的 p 值。⊖

比较女性患者和男性患者在 BrainCancer(脑癌)数据上的生存时间,计算对数秩检验统计量得 $W=1.2$,在零假设下的对应双侧检验 p 值为 0.2,而在置换零假设下用 1 000 次置换得出的 p 值为 0.25。因此,研究者不能拒绝男性患者和女性患者在生存曲线上没有差异的零假设。

对数秩检验与 11.5.2 节中的 Cox 比例风险模型密切相关。

11.5 生存响应下的回归模型

我们现在考虑的任务是在生存分析数据上拟合一个回归模型。如 11.1 节所述,观测数据是以 (Y,δ) 的形式呈现的,其中 $Y=\min(T,C)$,代表生存时间(或删失时间)。δ 是一个示性变量,如果 $T\leqslant C$,则等于 1。此外,$X\in\mathbb{R}^p$ 是 p 维特征向量,我们希望预测真正的生存时间 T。

由于观测时间 Y 均是正值,且 Y 很可能呈现右偏分布,在进行线性回归时常常使用 $\log(Y)$ 对 X 进行拟合。但是,删失的存在同样使得这个回归问题变得复杂,因为真正需要预测的值是生存时间 T 而不是 Y。为了解决这个问题,我们使用序列结构的思想,11.3 节中的 Kaplan-Meier 生存曲线的估计和 11.4 节中的对数秩检验中同样涉及序列结构的思想。

11.5.1 风险函数

风险函数(hazard function)或**风险率**(hazard rate),也被称为**死亡力**(force of mortality),它的正式定义为

$$h(t) = \lim_{\Delta t \to 0} \frac{\Pr(t < T \leqslant t+\Delta t \mid T > t)}{\Delta t} \tag{11.9}$$

其中 T 为(包含未观测到的)生存时间。风险函数是在给定生存时间超过 t 的条件下,在 t 之后的瞬时死亡率。⊖式(11.9)中取 Δt 趋于 0 时的极限,因此可以认为 Δt 是一个极小的数值。对于足够小的 Δt,可以由式(11.9)得出

$$h(t) \approx \frac{\Pr(t < T \leqslant t+\Delta t \mid T > t)}{\Delta t}$$

⊖ 另外还可以根据 13.5 节中的思想进行置换操作得到 p 值。置换分布的获取是通过随机交换两组观测的类别信息得到的。

⊖ 由于式(11.9)分母中的 Δt,风险函数代表死亡率而不是死亡概率。但是,$h(t)$ 值越高反映了死亡概率越高,这与概率密度函数值越大时,对应随机变量更可能取该值的结果一致。事实上,$h(t)$ 就是在条件 $T>t$ 下 T 的概率密度函数。

为什么需要关注风险函数？首先，它与生存曲线式（11.2）关系密切，这一点将在后续内容中进行讨论。其次，将生存数据使用协变量函数建模的关键方法——Cox 比例风险模型——极其依赖风险函数，有关 Cox 比例风险模型的介绍将在 11.5.2 节中阐述。

现在对风险函数 $h(t)$ 进行进一步解释。对于两个事件 A 和 B，在 B 给定的条件下 A 发生的概率可以表示为 $\Pr(A|B)=\Pr(A\cap B)/\Pr(B)$，即 A 和 B 同时发生的概率除以 B 发生的概率。由式（11.2）可知，$S(t)=\Pr(T>t)$，因此有

$$\begin{aligned} h(t) &= \lim_{\Delta t \to 0} \frac{\Pr((t<T\leqslant t+\Delta t)\cap(T>t))/\Delta t}{\Pr(T>t)} \\ &= \lim_{\Delta t \to 0} \frac{\Pr((t<T\leqslant t+\Delta t))/\Delta t}{\Pr(T>t)} \\ &= \frac{f(t)}{S(t)} \end{aligned} \qquad (11.10)$$

其中

$$f(t) = \lim_{\Delta t \to 0} \frac{\Pr(t<T\leqslant t+\Delta t)}{\Delta t} \qquad (11.11)$$

是与 T 相关的**概率密度函数**（probability density function），是 t 时刻的瞬时死亡率。式（11.10）中的第二个等式成立是因为若 $t<T\leqslant t+\Delta t$，则 $T>t$ 一定成立。

式（11.10）表明了风险函数 $h(t)$ 与生存函数 $S(t)$ 以及瞬时死亡率 $f(t)$ 之间的关系。事实上，这三种描述 T 分布的方式是等价的。[⊖]

与第 i 个观测相关的似然函数可以表示为

$$\begin{aligned} L_i &= \begin{cases} f(y_i), & \text{第 } i \text{ 个观测不存在删失} \\ S(y_i), & \text{第 } i \text{ 个观测已发生删失} \end{cases} \\ &= f(y_i)^{\delta_i} S(y_i)^{1-\delta_i} \end{aligned} \qquad (11.12)$$

式（11.12）背后的含义是，如果 $Y=y_i$，并且第 i 个观测没有发生删失，那么在时间 y_i 附近的微小间隔内的死亡概率就是似然。如果第 i 个观测已发生删失，那么至少存活到时间 y_i 的概率就是似然。假设 n 个观测值是独立的，那么该数据的似然函数就可以记作

$$L = \prod_{i=1}^{n} f(y_i)^{\delta_i} S(y_i)^{1-\delta_i} = \prod_{i=1}^{n} h(y_i)^{\delta_i} S(y_i) \qquad (11.13)$$

其中第二个等式是代入式（11.10）中得到的。

考虑对生存时间进行建模。如果采用指数存活的假设，即生存时间 T 的概率密度函数服从指数分布 $f(T)=\lambda\exp(-\lambda t)$，那么可以很直观地对式（11.13）使用极大似然的方式估计参数 λ。[⊜] 除此之外，还可以假设生存时间来自一个更灵活的分布族，如伽马（Gamma）或韦布尔（Weibull）分布族。另一种可能方法是对生存时间进行非参数化建模，如 11.3 节中使用的 Kaplan-Meier 估计。

然而，当我们希望将生存时间表示为协变量的函数时，直接使用风险函数建模比使用

[⊖] 详见习题 8。
[⊜] 详见习题 9。

概率密度函数更为方便。一种可行的方法是为风险函数 $h(t|x_i)$ 假定一个函数形式，如 $h(t|x_i) = \exp(\beta_0 + \sum_{j=1}^{p} \beta_j x_{ij})$，使用指数函数的目的是保证风险函数的非负性。注意，指数风险函数并不随时间变化。对于给定的 $h(t|x_i)$，可以计算对应的 $S(t|x_i)$。将上述等式代入式 (11.13)，可以使用极大似然估计参数 $\boldsymbol{\beta} = (\beta_0, \beta_1, \cdots, \beta_p)^\mathrm{T}$。但是这种方法过于严格，它要求对风险函数 $h(t|x_i)$ 的函数形式给出非常严格的设定。在下一节中，本书将介绍一种更为灵活的方法。

11.5.2 比例风险

比例风险假定

比例风险假定（the proportional hazards assumption）可以表述为

$$h(t|x_i) = h_0(t) \exp\Big(\sum_{j=1}^{p} x_{ij} \beta_j \Big) \tag{11.14}$$

其中 $h_0(t) \geqslant 0$ 为未知的**基准风险**（baseline hazard）函数，是特征 $x_{i1} = \cdots = x_{ip} = 0$ 时的风险函数。"比例风险"假定的具体含义是，对于具有特征向量 x_i 的个体，该个体的风险函数是某个未知函数 $h_0(t)$ 与因子 $\exp\Big(\sum_{j=1}^{p} x_{ij}\beta_j\Big)$ 的乘积。$\exp\Big(\sum_{j=1}^{p} x_{ij}\beta_j\Big)$ 称为特征取值为 $x_i = (x_{i1}, x_{i2}, \cdots, x_{ip})^\mathrm{T}$ 时，与取值为 $x_i = (0, 0, \cdots, 0)^\mathrm{T}$ 相比的**相对风险**（relative risk）。

式 (11.14) 中的基准风险函数 $h_0(t)$ 是未知的，一般来说，对该函数的函数形式不做任何假设。至少存活至时间 t 的患者的瞬时死亡概率可以是任何形式。此时风险函数可以拟合协变量和生存时间之间的很多关系。唯一的假设是，x_i 每增加一个单位，将会引起 $h(t|x_i)$ 增加 $\exp(\beta_j)$ 倍的相对风险。

图 11-4 给出了风险比例假设式 (11.14) 的说明，此时仅有一个二元变量 $x_i \in \{0, 1\}$。在顶部的两张图中，风险比例假设式 (11.14) 成立，两组风险函数彼此相差一个固定的常数倍（见彩插）。这表明，在对数尺度上，两组函数相差一个常数，生存曲线永远不会交叉。事实上，生存曲线之间的间隔随着时间的推移而增加。相比之下，在底部的两张图中，式 (11.14) 并不成立，观察到两组的对数风险函数发生交叉，生存曲线也发生交叉。

Cox 比例风险模型

由于在比例风险假定中，$h_0(t)$ 的函数形式未知，直接将 $h(t|x_i)$ 代入式 (11.13) 中去计算似然函数来估计 $\boldsymbol{\beta} = (\beta_1, \beta_2, \cdots, \beta_p)^\mathrm{T}$ 的做法是不可行的。而 **Cox 比例风险模型**（Cox's Proportional Hazards Model）的巧妙之处在于它可以在不确定 $h_0(t)$ 函数形式的情况下去估计 $\boldsymbol{\beta}$。

借鉴 Kaplan-Meier 生存曲线和对数秩检验中运用到的时序逻辑思维可以解决这个问题。为简便起见，我们假定各失效时间或死亡时间之间并不相关，即每次失效时间发生的

⊖ 习题 8 给出了风险函数 $h(t)$ 和概率密度函数 $f(t)$ 之间的密切关系，正如上一段所述的那样，对风险函数的形式进行假定与对概率密度函数的形式进行假定是类似的。

⊖ 符号 $h(t|x_i)$ 表示第 i 个观测在变量取值为 x_i 条件下的风险函数。

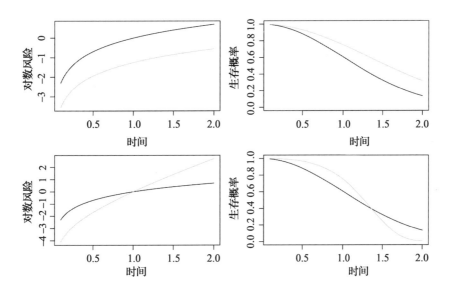

图 11-4 顶部两图展示了对于单个二元变量 $x_i \in \{0,1\}$，假定模型为式（11.14）的情况下的对数风险函数和生存函数，其中绿色和黑色曲线分别代表 $x_i=0$，$x_i=1$ 两种取值。根据比例风险假定式（11.14），两条对数风险函数之间仅相差一个常数，生存函数之间也不发生交叉。底部两图展示了同样对于上述二元变量 $x_i \in \{0,1\}$，比例风险假定式（11.14）不成立时的情况。此时对数风险函数发生交叉，生存函数也发生交叉

时间都是不同的。当 $\delta_i=1$ 时，即第 i 个样本观测不是删失的情况下，y_i 称为该样本的失效时间。第 i 个观测样本在时间 y_i 的风险函数为 $h(y_i|x_i) = h_0(y_i)\exp\left(\sum_{j=1}^{p} x_{ij}\beta_j\right)$，那么在时间 y_i 处于风险集合中的观测[⊖]的总风险为

$$\sum_{i':y_{i'}\geqslant y_i} h_0(y_i)\exp\left(\sum_{j=1}^{p} x_{i'j}\beta_j\right)$$

因此，在时间 y_i，第 i 个观测发生失效事件的概率（与处于风险集合中的其他观测相比）为

$$\frac{h_0(y_i)\exp\left(\sum_{j=1}^{p} x_{ij}\beta_j\right)}{\sum_{i':y_{i'}\geqslant y_i} h_0(y_i)\exp\left(\sum_{j=1}^{p} x_{i'j}\beta_j\right)} = \frac{\exp\left(\sum_{j=1}^{p} x_{ij}\beta_j\right)}{\sum_{i':y_{i'}\geqslant y_i} \exp\left(\sum_{j=1}^{p} x_{i'j}\beta_j\right)} \quad (11.15)$$

此时分子与分母中的未知基准风险函数 $h_0(y_i)$ 相互抵消。

偏似然（partial likelihood）函数由所有未删失观测的概率相乘得到，

⊖ 在时间 y_i 处于风险的观测指仍有风险发生失效事件的观测，即在时间 y_i 之前未发生失效或删失的观测。

$$\text{PL}(\boldsymbol{\beta}) = \prod_{i:\delta_i=1} \frac{\exp\left(\sum_{j=1}^{p} x_{ij}\beta_j\right)}{\sum_{i':y_{i'}\geq y_i} \exp\left(\sum_{j=1}^{p} x_{i'j}\beta_j\right)} \tag{11.16}$$

值得注意的是，无论$h_0(y_i)$的真实值是多少，偏似然都是有效的，这使得模型具有灵活性和稳健性。⊖

至此，可以通过极大偏似然式（11.16）的方式估计$\boldsymbol{\beta}$。与第 4 章的逻辑斯谛回归一样，没有解析解，必须使用迭代算法求解。

偏似然的作用不仅可用于估计参数$\boldsymbol{\beta}$，也可用于计算模型的其他输出，比如在第 3 章的最小二乘回归和第 4 章的逻辑斯谛回归的背景下，计算特定零假设（例如$H_0:\beta_j=0$）下对应的检验 p 值，给出回归系数的置信区间，等等。

与对数秩检验的联系

考虑仅有一个二值变量的场景，即变量$x_i\in\{0,1\}$。为了确定$\{i:x_i=0\}$和$\{i:x_i=1\}$两组观测在生存时间上是否存在差异，可以考虑两种方法：

方法 1　拟合一个 Cox 比例风险模型，并对零假设$H_0:\beta=0$进行检验，由于此时$p=1$，故β是一个标量。

方法 2　按 11.4 节步骤对两组观测进行对数秩检验。

以上两种方法，你更倾向哪一种？

这两种方式事实上很相似。具体来说，当选择方法 1 时，可以选择多种方法对H_0进行检验，其中就包含得分检验的方法。在仅包含一个二值变量的情况下，对 Cox 比例风险模型的零假设$H_0:\beta=0$进行得分检验与对数秩检验完全等价。此时无论使用以上哪种方法都会得到相同结果。

补充说明

上述对 Cox 比例风险模型的讨论忽略了一些非常重要的细节，在这里予以补充说明。

- 式（11.14）和紧随其后的式子中没有包含截距项，这是因为基准风险函数$h_0(t)$完全吸收了截距项的信息。
- 式（11.16）隐含了各失效时间完全独立的假设。对于不独立的情况，偏似然函数式（11.16）的函数形式会变得复杂，此时必须使用一系列的近似计算。
- 式（11.16）之所以被称为偏似然的原因是偏似然并不是真正意义上的似然函数。偏似然虽然并不直接与比例风险假定式（11.14）下的概率相关，然而偏似然是对似然函数的一种很好的近似。
- 上述讨论中仅对参数$\boldsymbol{\beta}=(\beta_1,\beta_2,\cdots,\beta_p)^\text{T}$进行估计，但有时研究者希望对基准风险函数$h_0(t)$进行估计，以此来推断个体的特征向量为$x$的生存曲线$S(t\mid x)$。这些细节并不在本书的讨论范围，关于$h_0(t)$的估计工具可以参考 R 中的 survival 包。

⊖ 一般在难以计算所有参数的真实似然的情况下，使用偏似然代替。此时只计算主要相关参数（在本例中为β_1，$\beta_2,\cdots,\beta_p$）的似然。可以看到，极大化偏似然函数式（11.16）为这些参数提供了良好的估计。

11.5.3 案例：脑癌数据集

表 11-2 展示了在 11.3 节的 BrainCancer（脑癌）数据集上拟合比例风险模型的结果。系数一列展示估计值 $\hat{\beta}_j$，以 sex 变量的系数为例，模型系数表明，在保持其他特征数值不变的情况下，在任何时间点，男性患者死亡风险的概率是女性患者的 $e^{0.18}=1.2$ 倍。然而 p 值为 0.61，这表明男性患者和女性患者之间的死亡风险的差异并不显著。

还可以注意到，在保持其他特征不变时，Karnofsky 指数每上升一个单位，将会导致瞬时死亡率变为原先的 $\exp(-0.05)=0.95$ 倍。以上结果表明，Karnofsky 指数越高时，在任意时间，瞬时死亡率倾向于变得越低，同时 p 值为 0.002 7 表明该效应十分显著。

表 11-2 BrainCancer（脑癌）数据集上拟合 Cox 比例风险模型的结果。其中 diagnosis（诊断）变量共包括三个取值：LG 胶质瘤、HG 胶质瘤和其他，而变量 sex（性别）、loc（肿瘤位置）和 stereo（立体定向放射治疗方法）都是二值变量

	系数	标准差	z 统计量	p 值
sex［性别］	0.18	0.36	0.51	0.61
diagnosis［LG 胶质瘤］	0.92	0.64	1.43	0.15
diagnosis［HG 胶质瘤］	2.15	0.45	4.78	0.00
diagnosis［其他］	0.89	0.66	1.35	0.18
loc［肿瘤位置］	0.44	0.70	0.63	0.53
ki	−0.05	0.02	−3.00	<0.01
gtv	0.03	0.02	1.54	0.12
stereo［SRT］	0.18	0.60	0.30	0.77

11.5.4 案例：试验结果发表时长

下面对 Publication（试验结果发表时长）数据集进行案例分析，该数据集包含由美国国家心肺血液研究所资助的 244 个临床试验结果及对应的期刊论文发表时间，[⊖] 结果发表时间以月为单位进行记录。在 244 个试验中，只有 156 个试验结果在研究期间发表，剩余的试验发表时间数据是删失的。数据集变量包括 clinend（试验是否考虑临床结局变量）、multi（试验是否涉及多个治疗中心）、mech（美国国家卫生研究院的资助途径）、sampsize（试验样本量）、budget（预算）、impact（影响力，被引用数）以及 posres（试验是否产生了积极或显著的结果）。我们关注最后一个变量，因为许多研究表明，试验结果积极的论文拥有更高的发表概率。

图 11-5 展示了 Publication（试验结果发表时长）数据集的发表时间的 Kaplan-Meier 生存曲线，并根据研究是否产生积极结果进行分类（见彩插）。注意到有微弱的证据表明，结果积极的研究发表的时间较短。然而对数秩检验得出的 p 值为 0.36，表明该差异非常不显著。

⊖ 关于该数据集的详细介绍请参考文献：Gordon et al.（2013）Publication of trials funded by the National Heart, Lung, and Blood Institute. New England Journal of Medicine, 369（20）: 1926-1934。

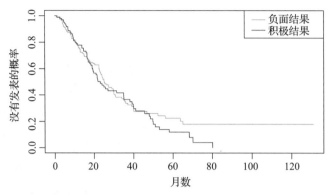

图 11-5 Publication（试验结果发表时长）数据集刊登时间的生存曲线，观测根据研究是否产生积极结果进行分类

考虑使用所有可用的变量进行更仔细的分析。使用所有可用特征拟合 Cox 比例风险模型，结果如表 11-3 所示。⊖ 注意，在其他变量保持不变的情况下，对于任意时间，研究结果积极的发表机会是研究结果负面的 $e^{0.55}=1.74$ 倍。表 11-3 中，变量 posres 的 p 值非常小，表明该变量非常显著，而这与之前使用对数秩检验得到 p 值为 0.36 的结果相悖。事实上，对数秩检验中没有考虑除该变量以外的其他变量，而表 11-3 中的结果是基于使用所有可用特征变量建立的 Cox 比例风险模型。换句话说，在考虑了所有其他协变量的影响后，研究是否产生积极结果与该论文的发表时间高度相关。

为了更深入地了解上述结果，图 11-6 展示了在使用其他预测因素进行了调整后，结果积极和结果负面两类研究相关的生存曲线估计（见彩插）。在生成这些生存曲线时，使用 R 中的 survival 包估计未知的基准风险函数 $h_0(t)$（估计的细节不在本书讨论范围内），同时需要为其他预测因素选择具有代表性的数值或水平，分类因素 mech 使用占比最大的 R01 水平，其他数值特征使用各特征的平均值。在根据其他预测因素水平进行调整后，结果积极和结果负面的两类研究的生存曲线表现出明显差异。

表 11-3 中还包含其他有趣的结果。例如，在任意给定的时间，使用临床终点作为指标的研究比使用非临床终点作为指标的研究更有可能发表，而资助机制似乎与发表时间没有显著的相关性。

表 11-3 Publication（试验结果发表时长）数据集上，利用所有可用的特征拟合的 Cox 比例风险模型的结果。其中 posres、multi、clinend 是二值变量，变量 mech 是包含 14 个水平的定性变量，它的编码以保证用于对照的基线水平值保持为 Contract（合同）

	系数	标准差	z 统计量	p 值
posres [是]	0.55	0.18	3.02	0.00
multi [是]	0.15	0.31	0.47	0.64

⊖ 若对模型系数进行解释，一般做法是根据现有结果排除不显著变量后重新拟合模型，本节仅对系数的解释进行示例。——译者注

(续)

	系数	标准差	z 统计量	p 值
clinend [是]	0.51	0.27	1.89	0.06
mech [K01]	1.05	1.06	1.00	0.32
mech [K23]	−0.48	1.05	−0.45	0.65
mech [P01]	−0.31	0.78	−0.40	0.69
mech [P50]	0.60	1.06	0.57	0.57
mech [R01]	0.10	0.32	0.30	0.76
mech [R18]	1.05	1.05	0.99	0.32
mech [R21]	−0.05	1.06	−0.04	0.97
mech [R24, K24]	0.81	1.05	0.77	0.44
mech [R42]	−14.78	3414.38	−0.00	1.00
mech [R44]	−0.57	0.77	−0.73	0.46
mech [RC2]	−14.92	2243.60	−0.01	0.99
mech [U01]	−0.22	0.32	−0.70	0.48
mech [U54]	0.47	1.07	0.44	0.66
sampsize	0.00	0.00	0.19	0.85
budget	0.00	0.00	1.67	0.09
impact	0.06	0.01	8.23	0.00

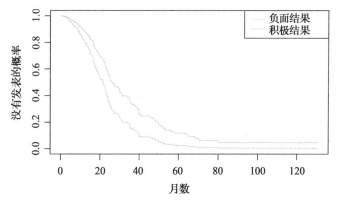

图 11-6 展示 Publication（试验结果发表时长）数据集中，在使用其他预测因素进行了调整后，用结果积极和结果负面的两类研究分类的生存曲线估计

11.6 Cox 模型的压缩

本节将阐述 6.2 节中的压缩估计方法如何应用于生存数据。参考 6.2 节的"损失＋惩罚"形式，考虑最小化引入"惩罚"的负对数偏似然函数式（11.16），即

$$-\log\left[\prod_{i:\delta_i=1}\frac{\exp\left(\sum_{j=1}^{p}x_{ij}\beta_j\right)}{\sum_{i':y_{i'}\geqslant y_i}\exp\left(\sum_{j=1}^{p}x_{i'j}\beta_j\right)}\right]+\lambda P(\boldsymbol{\beta})\qquad(11.17)$$

此处 $\boldsymbol{\beta}=(\beta_1,\beta_2,\cdots,\beta_p)^{\mathrm{T}}$，当 $P(\boldsymbol{\beta})=\sum_{j=1}^{p}\beta_j^2$ 时，对应岭惩罚项，当 $P(\boldsymbol{\beta})=\sum_{j=1}^{p}|\beta_j|$ 时，对应 lasso 惩罚项。

式（11.17）中，λ 为非负的调优参数，通常在一个确定的 λ 值范围内将式（11.17）最小化。当 $\lambda=0$ 时，最小化式（11.17）等同于最大化 Cox 偏似然式（11.16）。然而，当 $\lambda>0$ 时，最小化式（11.17）将对系数估计产生压缩。当 λ 很大时，使用岭惩罚项，会得到不为零的较小系数。相比之下，对于一个足够大的 λ 值，使用 lasso 惩罚项，会使得某些系数正好等于零。

现在将使用 lasso 惩罚的 Cox 模型应用到 11.5.4 节的 Publication（试验结果发表时长）数据集中。将 244 个试验随机分成大小相同的训练集和测试集，训练集的交叉验证结果如图 11-7 所示。纵轴上的**偏似然偏差**（partial likelihood deviance）是交叉验证的负对数偏似然函数的两倍，表示交叉验证误差。⊖注意，偏似然偏差呈现出 U 形，即交叉验证误差在模型复杂性适中时是最小的，该现象与在之前章节讲述的内容一致。当模型中只剩下 budget（预算）和 impact（影响力）这两个预测因素的估计系数不为零时，模型的偏似然的偏离度达到最小。

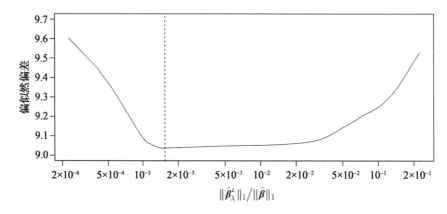

图 11-7 展示在 11.5.4 节的 Publication 数据集上使用 lasso 惩罚项后 Cox 模型的交叉验证结果。位于纵轴的偏似然偏差用于表示交叉验证误差，而横轴表示在 l_1 范数（即绝对值的总和）下，使用调优参数 λ 惩罚的 Cox 模型系数与未惩罚的 Cox 模型系数的比值，虚线表示交叉验证达到的最小误差

如何将模型应用于测试集？这个问题引发了一个需要讨论的重点：实际上，直接比较

⊖ 由于目标函数并不对所有观测样本进行求和，Cox 模型的交叉验证比线性回归或逻辑斯谛回归更复杂。

模型预测生存时间和真实生存时间的做法根本不可行。一方面的困难在于，部分观测结果属于删失数据，无法观测到这些观测的真实生存时间。另一方面，Cox 模型本身不针对每个观测样本的协变量 x 取值给出生存时间预测估计，而是估计关于 t 的生存曲线 $S(t|x)$。

为了评估模型的拟合效果，必须采取其他途径，这涉及使用系数估计对观测数据进行划分。特别地，对于每个测试集观测，计算"风险"得分

$$\text{budget}_i \cdot \hat{\boldsymbol{\beta}}_{\text{budget}} + \text{impact}_i \cdot \hat{\boldsymbol{\beta}}_{\text{impact}}$$

此处 $\hat{\boldsymbol{\beta}}_{\text{budget}}$ 和 $\hat{\boldsymbol{\beta}}_{\text{impact}}$ 是在训练集上估计的对应特征模型系数，基于这个"风险"得分可以对观测样本进行分类。比如，高风险组主要由 $\text{budget}_i \cdot \hat{\boldsymbol{\beta}}_{\text{budget}} + \text{impact}_i \cdot \hat{\boldsymbol{\beta}}_{\text{impact}}$ 得分最大的观测样本组成。根据式（11.14）可以得知，这些观测是在任意时间瞬时发表概率最大的观测，即高风险组包含的观测对应的临床试验结果的发表时间更短。对于 Publication 数据集，我们将观测划分为低风险、中风险、高风险三个水平。图 11-8 展示了三类生存曲线的拟合结果，可以看出三类观测之间的区分很明显，并按照低风险、中风险、高风险三个水平进行分层排序（见彩插）。

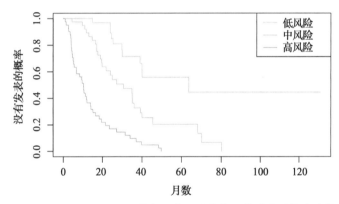

图 11-8 对 11.5.4 节的 Publication 数据，使用训练集上估计的系数来计算测试集中三类"风险"的得分，得到的生存曲线之间存在明显的区分

11.7 其他主题

11.7.1 生存曲线下的面积

第 4 章介绍了一种使用 ROC 曲线下的面积（通常称为"AUC"）来量化两类分类器性能的方法。考虑将第 i 个观测的**得分**（score）定义为分类器对 $\Pr(Y=1|X=x_i)$ 的估计，那么对于从类 1 和类 2 中各自取出一个观测组成的所有成对观测，AUC 就表示所有类 1 观测得分超过类 2 观测分数的成对观测占所有成对观测的比例。

这提供了将 AUC 的概念推广应用到生存分析中的一种思路。考虑计算 Cox 模型估计的风险得分，$\hat{\eta}_i = \hat{\beta}_1 x_{i1} + \hat{\beta}_2 x_{i2} + \cdots + \hat{\beta}_p x_{ip}$（$i=1,2,\cdots,n$）。当 $\hat{\eta}_{i'} > \hat{\eta}_i$ 时，模型预测第 i' 个观测的风险得分比第 i 个观测大，因此生存时间 t_i 将大于 $t_{i'}$。一种自然的想法是，通过计算观测中 $\hat{\eta}_{i'} > \hat{\eta}_i$ 或 $t_i > t_{i'}$ 的比例来将 AUC 泛化应用到生存分析中。但是，实验中观察

到的是删失示性函数 $\delta_1, \delta_2, \cdots, \delta_n$ 和观测时间 $y_1, y_2, \cdots, y_n$，而不是真实生存时间 $t_1, t_2, \cdots, t_n$。这导致不能采取直接计算观测中 $\hat{\eta}_{i'} > \hat{\eta}_i$ 或 $t_i > t_{i'}$ 比例的做法来推广应用 AUC。

一种可行的方法是使用 Harrell **一致性系数**（Harrell's concordance index）。Harrell 一致性系数（或 C 指标）统计所有未删失的成对观测中 $\hat{\eta}_{i'} > \hat{\eta}_i$ 或 $t_i > t_{i'}$ 的比例，即

$$C = \frac{\sum_{i,i': y_i > y_{i'}} I(\hat{\eta}_{i'} > \hat{\eta}_i)\delta_{i'}}{\sum_{i,i': y_i > y_{i'}} \delta_{i'}}$$

此处示性函数 $I(\hat{\eta}_{i'} > \hat{\eta}_i)$ 在 $\hat{\eta}_{i'} > \hat{\eta}_i$ 时取 1，否则取 0。分子和分母均包含状态指示 $\delta_{i'}$，如果第 i' 个观测是未删失的 ($\delta_{i'} = 1$)，那么 $y_i > y_{i'}$ 等价于 $t_i > t_{i'}$。反之，如果 $\delta_{i'} = 0$，则 $y_i > y_{i'}$ 并不能推出 $t_i > t_{i'}$。

在 Publication 数据的训练集上拟合 Cox 比例风险模型，并在测试集上计算一致性指数（C 指数），得到 $C=0.733$。可以简单理解为，对于给定测试集中的两篇随机论文，该模型能够以 73.3% 的准确率预测出哪篇论文先发表。

11.7.2 初始时间与失效时间的选择

考虑本章迄今为止所讨论的案例，本书对如何定义时间这个问题已经进行了清晰的阐述。例如，在 Publication 的案例中，每篇论文的**起始时间**（time zero）被定义为临床试验结束时的日历时间，而**失效时间**（failure time）被定义为从试验结束到论文发表经过的月数。

然而在其他场景中，起始时间和失效时间的定义可能更为细致。例如，在流行病学研究中，检查危险因素和疾病发生时间的关联时，我们可以使用患者的年龄来定义时间，因此起始时间是患者的出生日期。在这种设定下，年龄和存活率之间的联系虽然是无法度量的，但是在实际分析中，研究者并不需要对年龄变量进行调整。如果需要检查与无病生存期（从治疗到疾病复发的时间间隔）有关的协变量，可以使用治疗日期作为起始时间。

11.7.3 时间依存协变量

比例风险模型的一个强大之处在于其能够有效处理**时间依存协变量**（time-dependent covariate，其值可能随时间变化）。例如，假设一项医学研究仅对一位病人的每周血压进行测量。在该情景中，研究者可以认为第 i 次观察到的血压变量不是 x_i，而是 t 时刻的 $x_i(t)$。

由于式 (11.16) 中的偏似然函数是按时序构造的，一个很直接的想法是用偏似然函数解决时间依存协变量的问题，即简单地将式 (11.16) 中的 x_{ij} 和 $x_{i'j}$ 分别替换为 $x_{ij}(y_i)$ 和 $x_{i'j}(y_i)$，其中 $x_{ij}(y_i)$ 和 $x_{i'j}(y_i)$ 是特征 x_i 在时间 y_i 的当前取值。与上述方法相比，时间依存协变量的存在给传统的参数方法 [如式 (11.13)] 带来的挑战是更大的。

一个时间依存协变量的相关案例是来自斯坦福心脏移植项目的数据分析。在该情景中，需要心脏移植的患者会被列入等候名单。有些患者接受了移植手术，但剩余患者在等待的过程中就已经去世。开展该项数据分析的主要目的是确定移植手术是否与患者生存时间有关。

一种简单的想法是使用一个固定变量来表示移植状态。如果第 i 个患者接受了移植，则 $x_i=1$，否则 $x_i=0$。但是，这种想法忽略了患者必须活得足够长才有机会接受移植的客

观事实, 从总体上看, 身体更健康的患者更倾向于能够接受移植。这个问题可以通过使用时间依存协变量来解决——如果患者在时间 t 接受移植, 则 $x_i(t)=1$, 否则 $x_i(t)=0$。

11.7.4 对比例风险假定条件的讨论

Cox 比例风险模型的建立依赖于比例风险假定式 (11.14)。虽然在不满足比例风险假定的情景下, Cox 模型的结果仍然表现出优秀的稳健性, 但检查比例风险假定是否成立是一个良好习惯。对于定性变量, 可以对特征的每个水平绘制对应的对数风险函数。如果比例风险假定式 (11.14) 成立, 则各对数风险函数之间应该只相差一个常数, 如图 11-4 的左上图展示的那样。对于连续变量, 可以对变量取值进行划分 (分层) 后进行类似的操作。

11.7.5 生存树

第 8 章探讨了灵活的自适应学习程序, 如应用于回归和分类情景的决策树, 随机森林和提升法, 而这些算法大部分可以推广到生存分析的场景中。例如, 通过引入新的分裂规则, 使分类树和回归树在运行过程中最大化子节点中生存曲线的差异, 便可以得到**生存树** (survival tree)。生存树可以用来创建随机生存森林。

11.8 实验: 生存分析

本实验将对三个独立的数据集进行生存分析。11.8.1 节分析 11.3 节中首次描述的 BrainCancer (脑癌) 数据集, 11.8.2 节分析 11.5.4 节中的 Publication (试验结果发表时长) 数据集。11.8.3 节探索性地分析一个由模拟产生的呼叫中心数据集。

11.8.1 脑癌数据集

导入 BrainCancer 数据集, 该数据集包含在 R 软件的 ISLR2 包中。

```
> library(ISLR2)
```

该数据集中, 行索引指代研究中的 88 名患者, 列索引指代包含的 8 个相关变量。

```
> names(BrainCancer)
[1] "sex"      "diagnosis" "loc"    "ki"    "gtv"    "stereo"
[7] "status"   "time"
```

首先, 对数据进行总体观察。

```
> attach(BrainCancer)
> table(sex)
sex
Female   Male
    45     43
> table(diagnosis)
Meningioma  LG glioma  HG glioma   Other
        42          9         22      14
> table(status)
status
 0  1
53 35
```

在开始正式分析之前，一件必要的事情是去了解变量 status 是如何编码的。包括 R 在内的大多数软件使用的编码惯例是，使用 status=1 表示未删失的观测，status=0 表示删失的观测。但并不排除某些使用相反编码的情况。在本例中，status 变量的编码显示，在 BrainCancer 数据集中，共有 35 名患者在研究结束前死亡。

使用 survival 包中的 survfit() 函数，重新绘制图 11-2 中的 Kaplan-Meier 生存曲线。此处 time 与 y_i 相对应，表示第 i 个事件（删失或死亡）发生的时间。

```
> library(survival)
> fit.surv <- survfit(Surv(time, status) ~ 1)
> plot(fit.surv, xlab = "Months",
    ylab = "Estimated Probability of Survival")
```

接下来按 sex 变量分层，绘制 Kaplan-Meier 生存曲线，即重现图 11-3。

```
> fit.sex <- survfit(Surv(time, status) ~ sex)
> plot(fit.sex, xlab = "Months",
    ylab = "Estimated Probability of Survival", col = c(2,4))
> legend("bottomleft", levels(sex), col = c(2,4), lty = 1)
```

使用 survdiff() 函数执行 11.4 节中讨论的对数秩检验，以比较男性患者和女性患者存活率的差异。

```
> logrank.test <- survdiff(Surv(time, status) ~ sex)
> logrank.test
Call:
survdiff(formula = Surv(time, status) ~ sex)

            N Observed Expected (O-E)^2/E (O-E)^2/V
sex=Female 45       15     18.5     0.676      1.44
sex=Male   43       20     16.5     0.761      1.44

 Chisq= 1.4  on 1 degrees of freedom, p= 0.23
```

结果显示 p 值为 0.23，表明男性患者和女性患者之间的生存差异并不显著。

接下来使用 coxph() 函数拟合 Cox 比例风险模型。首先考虑一个以 sex 变量为唯一预测变量的 Cox 模型。

```
> fit.cox <- coxph(Surv(time, status) ~ sex)
> summary(fit.cox)
Call:
coxph(formula = Surv(time, status) ~ sex)
  n= 88, number of events= 35
          coef exp(coef) se(coef)     z Pr(>|z|)
sexMale 0.4077    1.5033   0.3420 1.192    0.233

        exp(coef) exp(-coef) lower .95 upper .95
sexMale     1.503     0.6652     0.769     2.939

Concordance= 0.565  (se = 0.045 )
Likelihood ratio test= 1.44  on 1 df,   p=0.23
Wald test            = 1.42  on 1 df,   p=0.233
Score (logrank) test = 1.44  on 1 df,   p=0.23
```

似然比检验、Wald 检验和对数秩检验的数值均是舍入结果，可以展示更多位。

```
> summary(fit.cox)$logtest[1]
     test
1.4388222
> summary(fit.cox)$waldtest[1]
    test
1.4200000
> summary(fit.cox)$sctest[1]
      test
1.44049511
```

不管使用哪种检验，结果均表明男性患者和女性患者之间的存活率没有明显差异。

```
> logrank.test$chisq
[1] 1.44049511
```

此时，Cox 模型的得分检验与对数秩检验完全等价。

现在纳入剩下的预测变量拟合 Cox 模型。

```
> fit.all <- coxph(
Surv(time, status) ~ sex + diagnosis + loc + ki + gtv +
    stereo)
> fit.all
Call:
coxph(formula = Surv(time, status) ~ sex + diagnosis + loc +
    ki + gtv + stereo)

                      coef exp(coef)  se(coef)     z       p
sexMale             0.1837    1.2017    0.3604  0.51  0.6101
diagnosisLG glioma  0.9150    2.4968    0.6382  1.43  0.1516
diagnosisHG glioma  2.1546    8.6241    0.4505  4.78 1.7e-06
diagnosisOther      0.8857    2.4247    0.6579  1.35  0.1782
locSupratentorial   0.4412    1.5546    0.7037  0.63  0.5307
ki                 -0.0550    0.9465    0.0183 -3.00  0.0027
gtv                 0.0343    1.0349    0.0223  1.54  0.1247
stereoSRT           0.1778    1.1946    0.6016  0.30  0.7676

Likelihood ratio test=41.4  on 8 df, p=1.78e-06
n= 87, number of events= 35
   (1 observation deleted due to missingness)
```

已经对数据集中的 diagnosis 变量进行了编码，该编码的设置使得 diagnosis 变量各水平的对比基线均为脑膜瘤（meningioma）。结果显示，HG 胶质瘤死亡风险是脑膜瘤死亡风险的 8 倍以上（$e^{2.15} = 8.62$）。这意味着，在考虑其他预测变量的影响后，HG 胶质瘤患者的生存情况比脑膜瘤患者差得多。此外，Karnofsky 指数（ki）值越大，死亡风险越低，对应生存时间越长。

最后，使用其他预测变量进行调整后，对 diagnosis 的各个类绘制生存曲线。为了绘制生存曲线，此处将其他预测变量的值固定，其中定量变量取其均值，定性变量使用其众数对应水平。首先创建一个行数为 4 的数据框，其中每一行代表一个 diagnosis 的水平。使用 survfit() 函数为数据框中的每一行生成一条曲线，然后调用 plot() 将各水平生存曲线绘制在同一张图中进行展示。

```
> modaldata <- data.frame(
    diagnosis = levels(diagnosis),
    sex = rep("Female", 4),
    loc = rep("Supratentorial", 4),
    ki = rep(mean(ki), 4),
    gtv = rep(mean(gtv), 4),
    stereo = rep("SRT", 4)
    )
> survplots <- survfit(fit.all, newdata = modaldata)
> plot(survplots, xlab = "Months",
    ylab = "Survival Probability", col = 2:5)
> legend("bottomleft", levels(diagnosis), col = 2:5, lty = 1)
```

11.8.2 试验结果发表时长数据集

ISLR2 包中也提供了 11.5.4 节中的 Publication（试验结果发表时长）数据集。首先分层绘制 posres 变量的 Kaplan-Meier 曲线（即重现图 11.5），该曲线记录了研究结果是积极的还是负面的。

```
> fit.posres <- survfit(
    Surv(time, status) ~ posres, data = Publication
    )
> plot(fit.posres, xlab = "Months",
    ylab = "Probability of Not Being Published", col = 3:4)
> legend("topright", c("Negative Result", "Positive Result"),
    col = 3:4, lty = 1)
```

与在前面的讨论一致，对 posres 二元变量拟合 Cox 比例风险模型后的 p 值相当大，结果不能证明结果积极的研究与结果负面的研究在发表时间上存在显著差异。

```
> fit.pub <- coxph(Surv(time, status) ~ posres,
    data = Publication)
> fit.pub
Call:
coxph(formula = Surv(time, status) ~ posres, data = Publication
    )

          coef exp(coef) se(coef)    z    p
posres  0.148     1.160    0.162 0.92 0.36

Likelihood ratio test=0.83  on 1 df, p=0.361
n= 244, number of events= 156
```

如上，对数秩检验也得出相同结论。

```
> logrank.test <- survdiff(Surv(time, status) ~ posres,
    data = Publication)
> logrank.test
Call:
survdiff(formula = Surv(time, status) ~ posres,data=Publication
    )

            N Observed Expected (O-E)^2/E (O-E)^2/V
posres=0  146       87     92.6     0.341     0.844
```

```
posres=1    98       69      63.4     0.498     0.844

 Chisq= 0.8   on 1 degrees of freedom, p= 0.358
```

但其他预测变量的引入会使得结果发生极大变化（此处 mech 变量不纳入模型）。

```
> fit.pub2 <- coxph(Surv(time, status) ~ . - mech,
    data = Publication)
> fit.pub2
Call:
coxph(formula = Surv(time, status) ~ . - mech, data=Publication
    )

          coef   exp(coef)  se(coef)    z       p
posres   0.571    1.770      0.176    3.24   0.0012
multi   -0.041    0.960      0.251   -0.16   0.8708
clinend  0.546    1.727      0.262    2.08   0.0371
sampsize 0.000    1.000      0.000    0.32   0.7507
budget   0.004    1.004      0.002    1.78   0.0752
impact   0.058    1.060      0.007    8.74   <2e-16

Likelihood ratio test=149  on 6 df, p=0
n= 244, number of events= 156
```

该结果表明某些变量呈现出统计显著性，这些变量包括试验是否专注于临床终点（clinend）、该研究的影响力（impact），以及研究的结果是否是积极的或负面的（posres）。

11.8.3 呼叫中心数据集

本节将使用 coxed 包内的 sim.survdata() 函数产生模拟生存数据。模拟数据表示 2 000 名客户打电话给呼叫中心（call center）后的等待时间（以秒为单位）。在该情景下，删失的发生是由于客户在被接听之前挂断电话引起的。

该数据集共包含三个变量——Operators（来电时呼叫中心空闲的接线员的数量，范围为 5~15）、Center（呼叫中心，离散变量，包括 A、B、C 三个水平）和 Time（来电时间，离散变量，包括上午、下午和晚上三个水平）。在为这些变量生成数据时，是在等概率的先验假设下进行的。例如，对于 Time 变量，来电时间为上午、下午和晚上的概率都是相等的；operators 变量中接线员的数量取 5~15 中每一个数的概率也是相同的。

```
> set.seed(4)
> N <- 2000
> Operators <- sample(5:15, N, replace = T)
> Center <- sample(c("A", "B", "C"), N, replace = T)
> Time <- sample(c("Morn.", "After.", "Even."), N, replace = T)
> X <- model.matrix( ~ Operators + Center + Time)[, -1]
```

观察设计矩阵 X，了解变量的编码规则。

```
> X[1:5, ]
  Operators CenterB CenterC TimeEven. TimeMorn.
1    12        1       0        0         1
```

2	15	0	0	0	0
3	7	0	1	1	0
4	7	0	0	0	0
5	11	0	1	0	1

下一步,指定系数和风险函数。

```
> true.beta <- c(0.04, -0.3, 0, 0.2, -0.2)
> h.fn <- function(x) return(0.00001 * x)
```

此处设置 Operators 的系数为 0.04,这意味着对于给定的 Center 和 Time,每增加一个接线员,来电被应答的"风险"就会增长为 $e^{0.04}=1.041$ 倍。这与接线员的数量越多,等待时间越短的客观事实保持一致。以 Center=A 为基线,Center=B 的相关系数为 -0.3 意味着在 B 呼叫中心来电接通概率是 A 中心接通概率的 0.74 倍。这也意味着,客户在中心 B 的等待时间相比中心 A 要长一些。

接着利用 Cox 比例风险模型生成数据。sim.survdata() 函数允许指定失效时间的上限,在本案中对应客户可能等待的最长时间。在此次模拟中,设定该上限为 1 000 秒。

```
> library(coxed)
> queuing <- sim.survdata(N = N, T = 1000, X = X,
    beta = true.beta, hazard.fun = h.fn)
> names(queuing)
[1] "data"         "xdata"          "baseline"
[4] "xb"           "exp.xb"         "betas"
[7] "ind.survive"  "marg.effect"    "marg.effect.data"
```

"观测样本"存储在 queuing$data 中,y 对应事件时间,failed 变量指代来电被应答(failed=T)和客户在被应答前挂断电话(failed=F)两类情况。可以看出约有 90% 的来电都得到了应答。

```
> head(queuing$data)
  Operators CenterB CenterC TimeEven. TimeMorn.   y failed
1        12       1       0         0         1 344   TRUE
2        15       0       0         0         0 241   TRUE
3         7       0       1         1         0 187   TRUE
4         7       0       0         0         0 279   TRUE
5        11       0       1         0         1 954   TRUE
6         7       1       0         0         1 455   TRUE
> mean(queuing$data$failed)
[1] 0.89
```

使用变量 Center 作为分类依据绘制 Kaplan-Meier 生存曲线。

```
> par(mfrow = c(1, 2))
> fit.Center <- survfit(Surv(y, failed) ~ Center,
    data = queuing$data)
> plot(fit.Center, xlab = "Seconds",
    ylab = "Probability of Still Being on Hold",
    col = c(2, 4, 5))
> legend("topright",
    c("Call Center A", "Call Center B", "Call Center C"),
    col = c(2, 4, 5), lty = 1)
```

使用变量 Time 作为分类依据绘制 Kaplan-Meier 生存曲线。

```
> fit.Time <- survfit(Surv(y, failed) ~ Time,
    data = queuing$data)
> plot(fit.Time, xlab = "Seconds",
    ylab = "Probability of Still Being on Hold",
    col = c(2, 4, 5))
> legend("topright", c("Morning", "Afternoon", "Evening"),
    col = c(5, 2, 4), lty = 1)
```

从图像中似乎可以观察到呼叫中心 B 的来电比呼叫中心 A 和 C 的来电的等待时间长。同样，来电的等待时间在上午最长，在晚上最短。这时可以使用对数秩检验来确定这些差异在统计上是否显著。

```
> survdiff(Surv(y, failed) ~ Center, data = queuing$data)
Call:
survdiff(formula = Surv(y, failed)~Center,data = queuing$data)

           N  Observed Expected (O-E)^2/E (O-E)^2/V
Center=A 683       603      579     0.971      1.45
Center=B 667       600      701    14.641     24.64
Center=C 650       577      499    12.062     17.05

 Chisq= 28.3  on 2 degrees of freedom, p= 7e-07
> survdiff(Surv(y, failed) ~ Time, data = queuing$data)
Call:
survdiff(formula = Surv(y, failed) ~ Time, data = queuing$data)

              N  Observed Expected (O-E)^2/E (O-E)^2/V
Time=After. 688       616      619    0.0135     0.021
Time=Even.  653       582      468   27.6353    38.353
Time=Morn.  659       582      693   17.7381    29.893

 Chisq= 46.8  on 2 degrees of freedom, p= 7e-11
```

对数秩检验结果显示，呼叫中心之间来电等待时间的差异显著，同时对于三类来电时间，其等待时间的差异也是显著的。

最后，在该数据上拟合 Cox 的比例风险模型。

```
> fit.queuing <- coxph(Surv(y, failed) ~ .,
    data = queuing$data)
> fit.queuing
Call:
coxph(formula = Surv(y, failed) ~ ., data = queuing$data)

             coef exp(coef) se(coef)      z        p
Operators  0.04174  1.04263  0.00759  5.500 3.8e-08
CenterB   -0.21879  0.80349  0.05793 -3.777 0.000159
CenterC    0.07930  1.08253  0.05850  1.356 0.175256
TimeEven.  0.20904  1.23249  0.05820  3.592 0.000328
TimeMorn. -0.17352  0.84070  0.05811 -2.986 0.002828

Likelihood ratio test=102.8  on 5 df, p=< 2.2e-16
n= 2000, number of events= 1780
```

结果显示，Center=B、Time=Even 和 Time=Morn 三种情况对应的 p 值非常小。同时明显看出，随着接线员人数增加，"风险"（即来电被应答的瞬时风险）也在增加。在模拟生成数据时设定 Operators、Center=B、Center=C、Time=Even 和 Time=Morn 的真实参数分别为 0.04、-0.3、0、0.2 和 -0.2，而该结果表明 Cox 模型得出的系数估计是相当准确的。

11.9 习题

概念

1. 对下列情景，说明其中删失事件的发生机制是否具有独立性，并做出解释。
   (a) 在一项关于疾病复发的研究中，由于一位研究者的疏忽，所有电话号码以数字 2 开头的患者的数据都丢失了，无法随访。
   (b) 在一项关于寿命的研究中，一个格式错误导致所有年龄超过 99 岁的患者的数据丢失（即研究者知道这些患者超过 99 岁，但不知道他们的真实年龄）。
   (c) A 医院正在进行一项对寿命的研究。然而，参与的患者中重症患者往往被转移到 B 医院，对这部分参与者可能无法随访。
   (d) 在一项关于失业持续时间的研究中，较早找到工作的人相对来说更不愿与研究者保持联系，因此这部分参与者更容易无法随访。
   (e) 在一项关于妊娠期的研究中，与分娩足月婴儿的妇女相比，早产的妇女更有可能在医院以外的地方分娩，因此更容易发生删失。
   (f) 研究人员希望对一个小镇的居民的受教育时长进行建模。相对于在该镇读大学的人，在外地上大学的居民更容易无法随访，并且也更可能攻读研究生。
   (g) 研究人员对无病生存期（即治疗后疾病复发的时间）进行研究。五年内没有复发的患者被认为已治愈，因此这部分患者的数据在 5 年的时间点上发生删失。
   (h) 研究者希望对某些电子部件的失效时间建模。该部件可以在爱荷华或匹兹堡制造，并在质量上没有差异。爱荷华州的工厂五年前开业，所以在爱荷华州生产的部件失效时间在 5 年的时间点上发生删失，而匹兹堡的工厂是两年前开业的，所以匹兹堡生产的部件失效时间在 2 年的时间点上发生删失。
   (i) 研究者希望对一款由两个工厂生产的电子元件的失效时间进行建模，而两家工厂开业的时间不同，其中一家开业时间较早，有证据表明较早开业的工厂生产的部件质量较高。

2. 为对手机更换时间进行建模，现有 $n=4$ 位刚购买手机的顾客参与研究。第一位参与者在 1.2 年后更换手机。第二位参与者在为期 2 年的研究结束时仍未更换手机，第三位参与者在研究进行 1.5 年时更改电话号码并无法随访（当时尚未更换手机），第四位参与者在 0.2 年后更换手机。对于每一位参与者（$i=1,2,3,4$），用 11.1 节中引入的符号表示回答以下问题：
   (a) 参与者更换手机的时间数据是否是删失的？
   (b) c_i 是否已知，如果是，它为何值？

(c) t_i 是否已知，如果是，它为何值？
(d) y_i 是否已知，如果是，它为何值？
(e) δ_i 是否已知，如果是，它为何值？

3. 对于习题 2，计算 $K, d_1, \cdots, d_K, r_1, \cdots, r_K, q_1, \cdots, q_K$ 的值，有关这些符号表示的具体含义可以参考 11.3 节。

4. 用图 11-9 所示的 Kaplan-Meier 生存曲线解决下列问题。绘制生存曲线的原始数据在表 11-4 中给出。本问题中不涉及表的协变量列。

表 11-4 习题 4 使用的原始数据

观测（Y）	删失示性函数（δ）	协变量（X）
26.5	1	0.1
37.2	1	11
57.3	1	−0.3
90.8	0	2.8
20.2	0	1.8
89.8	0	0.4

(a) 50 天后生存概率的估计是多少？

(b) 写出估计生存函数的解析表达式。例如，答案可能为 $\hat{S}(t)$ 的对应曲线。

$$\hat{S}(t) = \begin{cases} 0.8, & t < 31 \\ 0.5, & 31 \leqslant t < 71 \\ 0.22, & 77 \leqslant t \end{cases}$$

（以上函数表达式仅为示例，它不是正确答案！）

5. 概述由习题 4 中的函数表达式 $\hat{S}(t)$ 所表示的生存函数。答案应当与图 11-9 类似。

$$\hat{S}(t) = \begin{cases} 0.8, & t < 31 \\ 0.5, & 31 \leqslant t < 71 \\ 0.22, & 77 \leqslant t \end{cases}$$

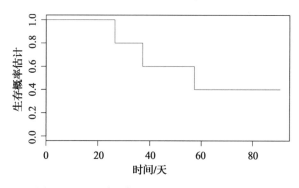

图 11-9 习题 4 中的 Kaplan-Meier 生存曲线

6. 用图 11-1 中展示的数据解决下列问题。为回答这个问题，将观测时间设为 y_1, y_2, y_3, y_4。这些观测时间的顺序可以从图 11-1 中获得，本题中并不需要确切值。
   (a) 计算 $\delta_1, \cdots, \delta_4, K, d_1, \cdots, d_K, r_1, \cdots, r_K, q_1, \cdots, q_K$ 的值。这些符号的定义可以在 11.1 节和 11.3 节中找到。
   (b) 绘制基于这一数据集的 Kaplan-Meier 生存曲线。（不需要使用任何软件来完成此操作，使用 (a) 中获得的结果手工绘制即可。）
   (c) 根据 (b) 中的生存曲线，此事件在 200 天内发生的概率是多少？事件在 310 天内没有发生的概率是多少？
   (d) 写出 (b) 中估计的生存曲线表达式。

7. 在本题中，我们将推导出式 (11.5) 和式 (11.6)，它们是构造对数秩检验统计量式 (11.8) 所需要的，本题符号表示可查阅表 11-1。
   (a) 假定两组观测的生存函数没有差别。从一个总观测样本数为 r_k，包含 q_k 个失效观测的风险集中，无放回地抽取 r_{1k} 个观测样本，并记其中失效观测数为 q_{1k}。证明 q_{1k} 服从**超几何分布**（hypergeometric distribution），并用 r_{1k}, r_k 和 q_k 表示该分布的参数。
   (b) 由 (a) 中的结论以及超几何分布的性质，q_{1k} 的期望和方差是多少？把得到的答案和式 (11.5)、式 (11.6) 做对比。

8. 回想一下生存函数 $S(t)$，风险函数 $h(t)$ 和密度函数 $f(t)$，它们定义如式 (11.2)、式 (11.9) 和式 (11.11) 所定义的。此外，定义 $F(t)=1-S(t)$。证明以下关系成立：
$$f(t) = \mathrm{d}F(t)/\mathrm{d}t$$
$$S(t) = \exp\left(-\int_0^t h(u)\mathrm{d}u\right)$$

9. 本题中假设生存时间服从指数分布。
   (a) 假设生存时间服从 $\mathrm{Exp}(\lambda)$ 分布，其密度函数为 $f(t)=\lambda\exp(-\lambda t)$。使用习题 8 中提供的关系式，证明 $S(t)=\exp(-\lambda t)$。
   (b) 现在假设 n 个相互独立的生存时间都服从 $\mathrm{Exp}(\lambda)$ 分布。写出似然函数式 (11.13) 的表达式。
   (c) 证明 λ 的最大似然估计为
$$\hat{\lambda} = \sum_{i=1}^n \delta_i \Big/ \sum_{i=1}^n y_i$$
   (d) 利用 (c) 的答案给出生存时间均值的估计。
   提示：在 (d) 中，服从 $\mathrm{EXP}(\lambda)$ 的随机变量的均值是 $1/\lambda$。

应用

10. 本题基于在 ISLR2 R 库中的脑瘤数据。
    (a) 使用 survival 包中的 survfit () 函数绘制具有 ±1 标准差带的 Kaplan-Meier 生存曲线。
    (b) 从 (y_i, δ_i) 观测样本中抽取样本量 $n=88$ 的自助样本，并计算绘制 Kaplan-Meier 生存曲线。重复此过程 $B=200$ 次，用该结果给出 Kaplan-Meier 生存曲线在每个时间点的标准差估计值。将其与（a）中得到的标准差进行比较。
- (c) 拟合 Cox 比例风险模型，使用所有变量来预测生存时间，并对结果进行总结。
- (d) 按 ki 值将数据分层。（由于只有一个观测样本的 ki=40，所以可以将该观测与 ki=60 的观测样本分在一组。）并为五类层中每一层绘制根据其他变量进行调整后的 Kaplan-Meier 生存曲线。

11. 用表 11-4 中的数据解决下列问题。
    - (a) 将观测数据分为两组，其中将 $X<2$ 纳入第一组，将 $X\geqslant 2$ 纳入第二组。对两个组分别绘制 Kaplan-Meier 生存曲线，并在图上做标记以区分两组对应曲线。凭借肉眼观察，这两组的生存曲线是否有差异？
    - (b) 拟合 Cox 比例风险模型，使用分组示性变量作为预测变量，模型的系数估计是多少？使用风险或瞬时死亡率对该系数进行解释。系数真值是否显著非零？
    - (c) 11.5.2 节讨论过，在单个二值变量的情况下，对数秩检验与 Cox 模型的得分检验应该等价。请进行对数秩检验，确定两组生存曲线是否存在差异，并将对数秩检验的 p 值与（b）中 Cox 模型的得分检验的 p 值进行比较。

第 12 章 无监督学习

本书主要内容都是有关回归和分类这样的监督学习方法。在监督学习背景下，通常能够得到 n 个观测上 p 个特征 $X_1, X_2, \cdots, X_p$，对 n 个观测中的每一个都对应一个响应变量 Y。监督学习的目的是用 $X_1, X_2, \cdots, X_p$ 去预测 Y。

本章讨论的焦点将从监督学习转向**无监督学习**（unsupervised learning）。无监督学习是一系列统计工具，研究仅包含由 n 个观测组成的 p 个特征 $X_1, X_2, \cdots, X_p$ 的情况。无监督学习的主要兴趣并非预测，因为数据中没有一个与之相关联的响应变量 Y。无监督学习旨在发现由 $X_1, X_2, \cdots, X_p$ 构成的观测空间中一些有价值的模式。常见的问题如：是否可以找到一种将数据中主要的信息集中显示出来的可视化方法？能否从变量或观测中找到一些子类？无监督学习就是回答诸如此类问题的一类技术。本章将重点介绍两种特定形式的无监督学习，即**主成分分析**（principle components analysis）和**聚类分析**（clustering），其中，主成分分析是一种用于数据可视化以及在监督学习方法之前对数据进行预处理的工具；聚类分析是一大类寻找数据中未知子类的方法。

12.1 无监督学习的挑战

监督学习迄今为止已发展得较为成熟。事实上，阅读完本书前面章节的读者应该已经对监督学习有了一个较好的理解。例如，要依据某个数据集预测一个二元结果，不仅有许多非常成熟的统计工具可供选择和调用（比如逻辑斯谛回归、线性判别分析、分类树、支持向量机等），而且对如何评估所得结果的质量也能够做到手到擒来（比如交叉验证、基于独立测试集的验证等）。

与之不同，无监督学习通常更具挑战性。无监督学习模型的训练更倾向于主观性，不设定明确的分析目标，比如预测响应变量。无监督学习通常也可视作**探索性数据分析**（exploratory data analysis）的一部分。不仅如此，评价无监督学习的结果是非常困难的，因为在无监督学习中使用交叉验证和基于独立测试集的验证的实施机制都还不够成熟。与监督学习差距如此之大的原因其实很简单，如果用一个监督学习的技术拟合一个预测模型，那么可以使用未用于模型拟合的观测数据检验响应变量 Y 的拟合效果，检查所建模型的合理性。但在无监督学习中，不可能检查模型是否合理，因为不知道确切的答案——待解的问题是没有监督的。

无监督学习技术在很多领域中变得越来越重要。比如癌症研究者在分析 100 个患乳腺癌病人的基因表达水平过程中，为了对这类疾病有一个更好的认识，可以从乳腺癌样本或基因中找到一些子类做分析。再比如某购物网站可以通过分析相似购物者浏览和购买商品的历史记录来定位某一类购物人群，并找出这类购物人群特别感兴趣的商品有哪些。在完成这些分析之后，这个网站就可以基于相似购物者的购买历史为每一个购物者优先展示他们最可能感兴趣的商品。再如一个搜索引擎可以基于搜索历史记录将搜索模式相似的人归类，给不同类的人群展示不同的搜索结果。上述例子中的这些统计学习任务及更多的其他任务都可以通过无监督学习技术来完成。

12.2 主成分分析

6.3.1 节在主成分回归的背景下讨论过**主成分**（principal component）。当处理一组相关变量的数据集时，主成分可以用少数几个典型变量综合原始数据集中大部分变异信息。在 6.3.1 节中，主成分方向被解释为特征空间中原始数据**高度变异**（highly variable）的方向，这些方向还定义了那些与数据点集尽可能接近的直线和子空间。在主成分回归的介绍中，我们也仅仅讲解了如何用主成分替换数量更多的原始变量并将其用于回归模型。

主成分分析（principal component analysis，PCA）是计算主成分并使用主成分理解数据的一种方法。PCA 是一种无监督学习方法，因为它仅包含一个变量组 $X_1, X_2, \cdots, X_p$，不包含与之相关的响应变量 Y。除了能够在监督学习模型中充当衍生变量之外，PCA 还可以作为数据可视化（观测或变量的可视化）的工具，也可以作为数据插补工具，填补数据矩阵中的缺失值。

为保持与本章的主旨一致，下面将着重对 PCA 作为一种无监督的数据探索工具对 PCA 展开详细的讨论。

12.2.1 什么是主成分

作为探索性数据分析的一部分，如果要将 p 个特征 $X_1, X_2, \cdots, X_p$ 上的 n 个观测可视化，可以绘制出数据的二维散点图，其中每张图都包含 p 个变量中任意 2 个变量的 n 个观测点。但是，这样会产生 $\binom{p}{2} = p(p-1)/2$ 个散点图。比如，当 $p = 10$ 时，就会绘制出 45 个散点图！如果 p 很大，那么要观察所有的散点图是非常困难的，而且极有可能出现的情况是，没有一个图是有价值的，因为每张图仅包含了数据集中很小的一部分信息。很明显，当 p 很大时，需要寻求一个更好的方法来可视化 n 个观测。因此，特别需要一种数据的低维表示方式，而这些表示可以尽可能多地包含数据信息。比如，如果得到一个二维表示可以获取数据中的大部分信息，那么就可以在这个低维空间中绘制观测。

PCA 就是这样一类方法，通过它能够找到一个尽可能包含足够多数据集变异信息的低维表示。PCA 的思想是 n 个观测虽然都存在于 p 维空间中，但并不是所有维度都有同样的价值。PCA 致力于寻找少数尽可能有意义的维度，而这些维度是否有意义是由 n 个观测在每一维度上的变异程度所度量的。通过 PCA 所找到的每一个维度都是原始 p 个特征的线性组合。下面将解释这些维度或者说主成分是怎么找到的。

一组变量 $X_1, X_2, \cdots, X_p$ 的**第一主成分**（first principle component）是变量标准化线性组合中方差最大的组合，如下所示：

$$Z_1 = \phi_{11}X_1 + \phi_{21}X_2 + \cdots + \phi_{p1}X_p \tag{12.1}$$

标准化(normalized)的含义是 $\sum_{j=1}^{p}\phi_{j1}^2 = 1$，其中 $\phi_{11}, \phi_{21}, \cdots, \phi_{p1}$ 指的是第一主成分的**载荷**(loading)。同时，这些载荷构成了主成分的载荷向量 $\boldsymbol{\phi}_1 = (\phi_{11} \quad \phi_{21} \quad \cdots \quad \phi_{p1})^{\mathrm{T}}$。为防止载荷绝对值任意大而导致方差变得任意大，限定这些载荷的平方和为1。

假设有一个 $n \times p$ 维数据集 $\boldsymbol{X}$，如何计算它的第一主成分呢？因为只对方差感兴趣，所以假定 $\boldsymbol{X}$ 中的每个变量都经过中心化处理，其均值均为0（即矩阵 $\boldsymbol{X}$ 在列方向上的均值均为0），然后寻求具有如下形式的样本特征值的线性组合：

$$z_{i1} = \phi_{11}x_{i1} + \phi_{21}x_{i2} + \cdots + \phi_{p1}x_{ip} \tag{12.2}$$

该线性组合在限定条件 $\sum_{j=1}^{p}\phi_{j1}^2 = 1$ 下有最大的样本方差。换言之，第一主成分的载荷向量在解如下的最优化问题：

$$\underset{\phi_{11}, \phi_{21}, \cdots, \phi_{p1}}{\text{maximize}} \left\{ \frac{1}{n} \sum_{i=1}^{n} \left(\sum_{j=1}^{p} \phi_{j1} x_{ij} \right)^2 \right\}, \quad \sum_{j=1}^{p} \phi_{j1}^2 = 1 \tag{12.3}$$

将式(12.2)代入式(12.3)中，将需要最大化的目标函数写成 $\frac{1}{n}\sum_{i=1}^{n}z_{i1}^2$。因为 $\frac{1}{n}\sum_{i=1}^{n}x_{ij}=0$，$z_{11}, z_{21}, \cdots, z_{n1}$ 的均值也为0。因此式(12.3)中需要最大化的目标函数正是 z_{i1} 的 n 个值的样本方差。$z_{11}, z_{21}, \cdots, z_{n1}$ 即为第一主成分的**得分**(score)。要解问题式(12.3)，可以通过线性代数中的一个基本技术——特征分解，但它的详细推导不在本书的讨论范围之内。

第一主成分有一个非常合理的几何解释，载荷向量 $\boldsymbol{\phi}_1 = (\phi_{11} \quad \phi_{21} \quad \cdots \quad \phi_{p1})^{\mathrm{T}}$ 定义了一个在向量空间上数据变异最大的方向。如果将这 n 个数据点 $x_1, x_2, \cdots, x_n$ 投影到这个方向上，这些投影值就是主成分的得分 $z_{11}, z_{21}, \cdots, z_{n1}$。例如本书 6.3 节图 6-14 展示了关于广告数据集第一主成分的载荷向量（绿实线）。由于数据只有2个变量，所以这些观测和第一主成分的载荷向量能够被很容易显示出来。从式(6.19)中可以看出，在广告数据集中 $\phi_{11}=0.839$，$\phi_{21}=0.544$。

当这组特征的第一主成分 Z_1 确定之后，可以继续寻找第二主成分 Z_2。第二主成分也是 $X_1, X_2, \cdots, X_p$ 的线性组合，这个线性组合是与 Z_1 不相关的各种线性组合中方差最大的一个。第二主成分得分 $z_{12}, z_{22}, \cdots, z_{n2}$ 有以下形式：

$$z_{i2} = \phi_{12}x_{i1} + \phi_{22}x_{i2} + \cdots + \phi_{p2}x_{ip} \tag{12.4}$$

当 $\boldsymbol{\phi}_2$ 是第二主成分的载荷向量时，其分量是 $\phi_{12}, \phi_{22}, \cdots, \phi_{p2}$。它表明要使得 Z_2 和 Z_1 不相关相当于使 $\boldsymbol{\phi}_2$ 的方向与 $\boldsymbol{\phi}_1$ 的方向垂直。在图 6-14 所示的例子中，观测点在一个二维空间中（因为 $p=2$），所以一旦找到 $\boldsymbol{\phi}_1$，那么 $\boldsymbol{\phi}_2$ 也就确定了，如虚线所示。（从 6.3.1 节中可知：$\phi_{12}=0.544$，$\phi_{22}=-0.839$。）但是在变量数 $p>2$ 的更大的数据集中，会有多个不同的主成分，它们可以用类似的方式来定义。要得到 $\boldsymbol{\phi}_2$，可以解决一个类似于式(12.3)的问题，只需把其中的 $\boldsymbol{\phi}_1$ 换成 $\boldsymbol{\phi}_2$，而且还要附加一个限定条件：令 $\boldsymbol{\phi}_2$ 垂直于 $\boldsymbol{\phi}_1$。⊖

⊖ 从技术上来说，主成分方向 $\phi_1, \phi_2, \phi_3, \cdots$ 是矩阵 $\boldsymbol{X}^{\mathrm{T}}\boldsymbol{X}$ 的特征向量依次排序，主成分的方差是其特征根，数据最多可以有 $\min(n-1, p)$ 个主成分。

计算出这些主成分后,将每两个主成分作为一对坐标,即可做出数据的低维图。例如把得分向量 Z_1 和 Z_2 作为一对坐标,Z_1 和 Z_3 作为一对坐标,Z_2 和 Z_3 作为一对坐标,等等。从几何上讲,这相当于把原始数据投影到由 ϕ_1, ϕ_2 和 ϕ_3 所张成的子空间上,并绘出投影点的位置。

下面来说明 PCA 在 USArrests(犯罪统计)数据集的用途。USArrests 数据集包含了美国 50 个州中每 100 000 个居民中因犯 Assault(攻击)、Murder(谋杀)和 Rape(强奸)3 种罪而被逮捕的人数以及 UrbanPop(各个州城镇居民的比例)。主成分得分向量长度 $n=50$,主成分载荷向量的长度为 $p=4$。在做 PCA 之前每个变量都经过标准化,均值为 0 而且方差为 1。图 12-1 绘制了这些数据在前两个主成分空间的分布情况(见彩插)。可以看到,一张简简单单的**双标图**(biplot)就同时可以显示主成分的得分和载荷向量的位置,其中载荷向量的具体数值在表 12-1 中给出。

表 12-1 USArrests 数据的主成分载荷向量 ϕ_1 和 ϕ_2,图 12-1 表示了相同的内容

	PC1	PC2
Murder	0.535 899 5	−0.418 180 9
Assault	0.583 183 6	−0.187 985 6
UrbanPop	0.278 190 9	0.872 806 2
Rape	0.543 432 1	0.167 318 6

如图 12-1 所示:第一载荷向量在 Assault、Murder 和 Rape 这 3 个变量上的权重大致相等,而在 UrbanPop 上的权重则相对较小。因此这个主成分大致解释了严重罪行的总体犯罪率。第二主成分向量在 UrbanPop 上有较大权重,在其他 3 个变量上权重较小。因此,这个主成分大致刻画了每个州的城市化水平。总之,与犯罪相关的变量(Assault, Murder 和 Rape)之间的位置比较接近,UrbanPop 变量与这 3 者相对较远。这表明与犯罪相关的变量彼此相关性较强,即谋杀率高的州抢劫和强奸的犯罪率也会比较高,变量 UrbanPop 与其他三者相关性较弱。

图 12-1 中所示的主成分得分向量可以检出这些州之间的差异。对载荷向量的分析结果表明在第一主成分上有较大正值的州,比如加利福尼亚州(California)、内华达州(Nevada)和佛罗里达州(Florida)有较高的犯罪率,而像北达科他州(North Dakota)这样在第一主成分上取负值的州有较低的犯罪率。加利福尼亚州同样也在第二主成分上有较大的得分,这表明该州城市化水平较高,而像密西西比(Mississippi)这样的州城市化水平相对较低。像印第安纳州(Indiana)这样在两个主成分上的值都趋于 0 的州,在犯罪率水平和城市化水平上大致处于中等水平。

12.2.2 主成分的另一种解释

图 12-2 的左图显示了一个三维模拟数据集的前两个主成分的载荷向量。这两个主成分张成一个平面,这个平面在空间中的方向是观测数据方差达到最大的方向。

在前面的介绍中,将主成分载荷向量定义为变量空间上数据变异程度最大的方向,而将主成分得分定义为在这些方向上的投影。其实,还有另外一种对主成分的理解:主成分

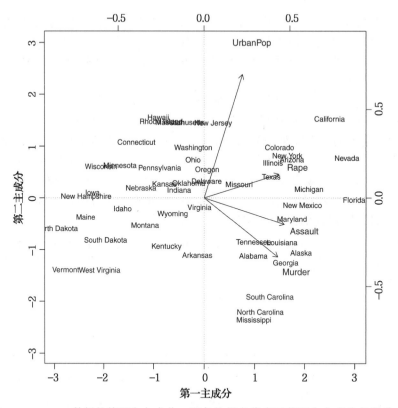

图12-1 USArrests 数据的前两个主成分。蓝色的州名代表了前两个主成分的得分。红色箭头表明了前两个主成分的载荷向量（数轴为图上方和右侧的轴）。例如，Rape 数据的第一主成分的载荷是 0.54，它的第二主成分的载荷是 0.17 [Rape 这个词就是在点 (0.54, 0.17) 上]。这幅图就是双标图，因为它同时显示了主成分得分和主成分载荷

提供了一个与观测最为接近的低维线性空间，下面详细说明这一层含义。[○]

第一主成分载荷向量有一个特殊的性质：它是 p 维空间中一条最接近 n 个观测的线（用平均欧氏平方距离度量）。在图 6-15 的左图中可以观察到对主成分的这一解释，其中的虚线表示每一个观测与第一主成分载荷向量之间的距离。这一解释之所以吸引人，其原因是显而易见的：我们希望找到一个与所有数据点尽可能接近的数据维度，因为这样一条直线非常有可能高度概括数据的信息。

与 n 个观测最接近的维度方向是对第一主成分内涵的延展。比如在欧氏平方距离意义下，数据集的前两个主成分张成了与 n 个观测最接近的平面。图 12-2 左图中的例子显示，数据的前两个主成分张成了与 n 个观测最接近的三维超平面（见彩插）。类似的例子还有很多。

○ 本节将继续假设数据矩阵 X 的每一列数据都是进行过中心化的，即每一列都已减去该列均值。

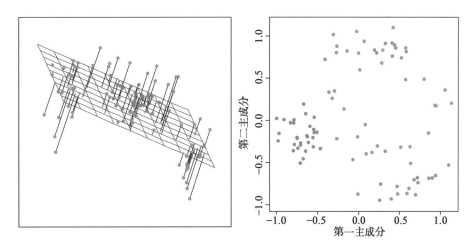

图 12-2　90 个观测的三维模拟。左：前两个主成分的方向张成了数据的最优拟合效果平面，它使每个点到这个平面的距离平方和达到最小。右：前两个主成分得分向量给出了 90 个观测在平面上的投影坐标，它们在平面上的方差可以达到最大

在这种解释下，前 M 个主成分得分向量和前 M 个主成分载荷向量为第 i 个观测 x_{ij} 提供了在 M 维欧氏距离意义下最优的近似，形式如下：

$$x_{ij} \approx \sum_{m=1}^{M} z_{im} \phi_{jm} \tag{12.5}$$

可以使用优化问题的思路对上述问题进行更为正式的阐述。假设数据矩阵 X 是经过列中心化的，对于所有的可能近似 $x_{ij} \approx \sum_{m=1}^{M} a_{im} b_{jm}$，可以求出使得误差平方和最小的：

$$\underset{A \in \mathbb{R}^{n \times M}, B \in \mathbb{R}^{p \times M}}{\text{minimize}} \left\{ \sum_{j=1}^{p} \sum_{i=1}^{n} \left(x_{ij} - \sum_{m=1}^{M} a_{im} b_{jm} \right)^2 \right\} \tag{12.6}$$

此处，A 是一个 $n \times M$ 矩阵，(i,m) 位置上的元素为 a_{im}，B 是一个 $p \times M$ 矩阵，(j,m) 位置上的元素为 b_{jm}。

可以看出，对于任意的值 M，式（12.6）的解 $\hat{A}$ 和 $\hat{B}$ 就是前 M 个主成分得分及载荷向量。换句话说，如果 $\hat{A}$ 和 $\hat{B}$ 是式（12.6）的解，那么 $\hat{a}_{im} = z_{im}$，$\hat{b}_{jm} = \phi_{jm}$。这意味着式（12.6）的最小值⊖为

$$\sum_{j=1}^{p} \sum_{i=1}^{n} \left(x_{ij} - \sum_{m=1}^{M} z_{im} \phi_{jm} \right)^2 \tag{12.7}$$

综上，当 M 足够大时，这 M 个主成分得分向量和 M 个主成分载荷向量可以给出数据的一个近似。当 $M = \min(n-1, p)$ 时，有明确的表达：$x_{ij} = \sum_{m=1}^{M} z_{im} \phi_{jm}$。

⊖ 从专业角度看，式（12.6）的解并不是唯一的。因此，更准确的说法是式（12.6）的解很容易转化为对应主成分。

12.2.3 方差的解释比例

图 12-2 显示了一个三维数据集进行 PCA 的结果（左图），并把数据投影到前两个主成分载荷向量上，从而得到了数据的一张二维图（即主成分得分向量；右图）。可以看出这个三维数据的二维表示成功地抓住了数据的主要模式：在三维空间上挨得比较近的橙色、绿色和青绿色的观测在二维表示上仍然挨得比较近。类似地，在 USArrests 数据集中，只用前两个主成分得分向量和前两个主成分载荷向量就可以归纳 50 个观测和 4 个变量的信息。

现在可以很自然地问一个问题：在一个给定的数据集中，将观测投影到前几个少数的主成分上损失了多少信息？即数据的方差中有多少是不在前两个主成分的解释范围内的？更通俗地说，我们感兴趣的是每个主成分的**方差解释比例**（proportion of variance explained, PVE）。数据集（假设变量已中心化，其均值为 0）中总方差的定义如下：

$$\sum_{j=1}^{p} \mathrm{Var}(X_j) = \sum_{j=1}^{p} \frac{1}{n} \sum_{i=1}^{n} x_{ij}^2 \tag{12.8}$$

第 m 个主成分的方差解释比例是

$$\frac{1}{n} \sum_{i=1}^{n} z_{im}^2 = \frac{1}{n} \sum_{i=1}^{n} \left(\sum_{j=1}^{p} \phi_{jm} x_{ij} \right)^2 \tag{12.9}$$

因此，第 m 个主成分的 PVE 可以由以下公式得到：

$$\frac{\sum_{i=1}^{n} z_{im}^2}{\sum_{j=1}^{p} \sum_{i=1}^{n} x_{ij}^2} = \frac{\sum_{i=1}^{n} \left(\sum_{j=1}^{p} \phi_{jm} x_{ij} \right)^2}{\sum_{j=1}^{p} \sum_{i=1}^{n} x_{ij}^2} \tag{12.10}$$

每个主成分的 PVE 都是正值。为了计算前 M 个主成分的总 PVE，可以简单地对前 M 个 PVE 进行求和。一共有 $\min(n-1, p)$ 个主成分，它们的和是 1。

12.2.2 节中展示了在残差平方和下，原始数据的 M 维最优近似由前 M 个主成分的载荷因子和得分向量构成。因此，数据的方差可以被分解为前 M 个主成分解释的方差和近似结果的误差平方和，即

$$\underbrace{\sum_{j=1}^{p} \frac{1}{n} \sum_{i=1}^{n} x_{ij}^2}_{\text{数据的方差}} = \underbrace{\sum_{m=1}^{M} \frac{1}{n} \sum_{i=1}^{n} z_{im}^2}_{\text{前}M\text{个主成分的方差}} + \underbrace{\frac{1}{n} \sum_{j=1}^{p} \sum_{i=1}^{n} \left(x_{ij} - \sum_{m=1}^{M} z_{im} \phi_{jm} \right)^2}_{M\text{维近似的误差平方和}} \tag{12.11}$$

该分解中的三项分别来自式（12.8）、式（12.9）和式（12.7）。由于等式左边是固定值，所以最大化前 M 个主成分的解释方差时，M 维近似的误差平方和取得最小（反之亦然）。这就解释了求主成分时最小化 M 维近似的误差平方和（12.2.2 节）和最大化其方差（12.2.1 节）是等价的。

进一步，基于式（12.11），式（12.10）中的 PVE 定义等价于

$$1-\frac{\sum_{j=1}^{p}\sum_{i=1}^{n}(x_{ij}-\sum_{m=1}^{M}z_{im}\phi_{jm})^2}{\sum_{j=1}^{p}\sum_{i=1}^{n}x_{ij}^2}=1-\frac{\text{RSS}}{\text{TSS}}$$

此处 TSS 表示矩阵 $\boldsymbol{X}$ 中所有元素的平方和，RSS 表示基于主成分得到的 M 维近似的误差平方和。回顾式（3.17）中 R^2 的定义，上述式子表明可以把 PVE 解释为数据矩阵 $\boldsymbol{X}$ 前 M 个主成分给出的 M 维近似的 R^2。

在 USArrests（犯罪统计）数据集中，第一主成分解释了数据的 62.0% 的方差，第二个主成分解释了 24.7% 的方差。前两个主成分一共解释了数据的将近 87% 的方差，最后两个主成分仅解释了 13% 的方差。这意味着图 12-1 仅用两个维度就提供了对数据非常精确的一个概括。每个主成分的 PVE 和累积 PVE 在图 12-3 中给出。其左图称为**碎石图**（scree plot），后面将对其进行详细的讨论。

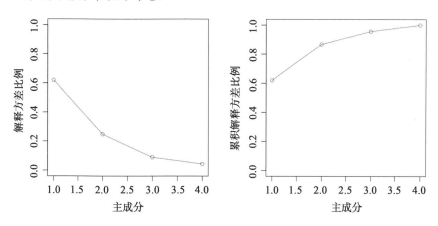

图 12-3　左：碎石图用于表示从 USArrests（犯罪统计）数据集中得到的 4 个主成分方差的解释比例。右：从 USArrests（犯罪统计）数据集中得到的 4 个主成分的累积方差贡献率

12.2.4　关于 PCA 的其他方面

变量的标准化

前面提到，在进行 PCA 之前，变量应该进行中心化处理使均值为零。此外，进行 PCA 后，得到的结果也将受到变量是否单独进行标准化处理（将每个变量乘以一个不同的常数）的影响。该特征是 PCA 与其他监督和无监督学习技术的区别所在，例如在线性回归中，变量是否标准化对结果没有影响。（在线性回归中，用因子 c 乘以一个变量只会引起相应的参数估计变为原来的 $1/c$，因此对得到的模型本身没有任何实质性的影响。）

图 12-1 是对每个变量都实施标准化变换后绘制的，图 12-4 的左图与图 12-1 相同（见彩插）。为什么要对这些变量进行标准化呢？在这些数据中，每个变量用不同的度量单位，Murder（谋杀）、Rape（强奸）和 Assault（攻击）为每 100 000 人口中出现的人数，

UrbanPop（城镇居民人数）表示每个州居住在城镇的人口所占总人口的比例。这 4 个变量的方差分别为 18.97，87.73，6945.16 和 209.5。因此，如果对非标准化变量进行 PCA，那么第一主成分载荷向量必然会在 Assault（攻击）上有非常大的载荷，因为这个变量的方差明显高于其他变量。图 12-4 的右图展示了没有经过标准化的犯罪统计（USArrests）数据集的前两个主成分。就如上述分析一样，第一主成分的载荷向量在 Assault 上赋予了几乎所有的权重，而第二主成分载荷向量则在 UrbanPop 上赋予了几乎所有的权重。比较左、右两图，可以发现是否标准化确实对所得的结果有实质性的影响。

其实，这些结果都是变量度量尺度的不同引起的。例如，如果 Assault（攻击）的度量单位是每 100 人中的犯罪人数（而不是每 100 000 人的犯罪人数）的话，这就相当于变量的每个分量都除以 1 000，从而使得这个变量的方差变得很小，因此第一主成分的载荷向量在 Assault 这个变量上的权重将非常小。主成分分析的结果不应当取决于变量度量单位的选择，所以通常在进行 PCA 之前就应将每个变量都标准化，使得它们的方差都为 1。

但在特定的情形中，变量的度量单位可能相同。在这种情况下，通常不在做 PCA 之前将变量都标准化。例如，假设在一个数据集中的变量与 p 个基因的表达水平相对应，由于每个基因的表达水平的度量单位相同，可以选择不将基因变量标准化。

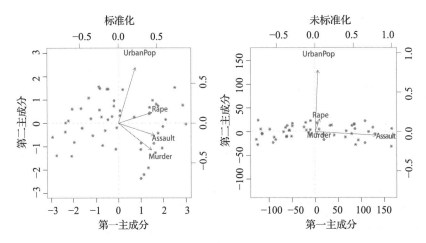

图 12-4　USArrests（犯罪统计）数据集的两个主成分的双标图。左：与图 12-1 相同，变量经过标准化。右：用未经标准化的数据产生主成分，Assault（攻击）在第一主成分上有明显的最大载荷，因为在这 4 个变量中它的方差最大。一般情况下，建议将变量标准化

主成分的唯一性

在不考虑符号的情况下，每个主成分载荷都是唯一的。这意味着虽然两个不同的软件包可能计算出来的主成分载荷向量不同，但它们的差异仅仅在载荷向量的正负号上。引起符号不同的原因是，每个主成分载荷向量代表 p 维空间中的一个方向，而变换正负符号并

不会引起方向的改变，因此不产生任何影响。（图 6-14 中，主成分载荷向量是一条在任意方向上延伸的直线，变换正负号对方向没有任何影响。）类似地，因为 Z 的方差与 $-Z$ 的方差相同，得分向量也是唯一的，最多也只在正负号上有所不同。当使用式（12.5）近似估计 x_{ij} 时，涉及的仅仅是 ϕ_{jm} 与 z_{im} 的乘积。因此，如果载荷向量和得分向量的符号同时改变，这两个量的乘积将不会改变。

决定主成分的数量

一般而言，一个 $n \times p$ 维数据矩阵 $\boldsymbol{X}$ 有 $\min(n-1, p)$ 个不同的主成分，但通常只需要用少数的前几个主成分就可以可视化和解释数据。事实上，我们希望用最少量的主成分来形成对数据的一个很好的理解。那么到底需要多少个主成分呢？不幸的是，这个问题没有唯一的（或者说简单的）答案。

通常可以通过看碎石图来决定所需的主成分数量，比如图 12-3 的左图所显示的那样。我们选择满足要求的最少数量的主成分来解释数据中的绝大部分变异。通过观察碎石图可以找到一个点，在这个点上，下一个主成分解释的方差比例突然减少。这通常被看作碎石图的 1 个**肘**（elbow）。比如，通过分析图 12-3，可能会产生如下的断言：绝大部分方差是由前两个主成分解释的，在第二主成分之后就出现了 1 个肘。毕竟第三主成分解释了数据少于 10% 的方差，第四主成分只解释了少于 5% 的方差，实际上已经不重要了。

这种可视化分析感觉有些随意。遗憾的是，没有一个被广泛认可的客观方法来决定多少主成分才够用。事实上，多少个主成分才够用这个提法就比较欠妥，这个问题取决于特定的应用领域和特定的数据集。在实践中，往往通过看前几个主成分来寻找数据中有价值的模式。如果在前几个主成分中都找不到有价值的模式，那更多的主成分也不太可能会有价值。相反，如果前几个主成分有价值，那通常会继续观察随后的主成分，直到找不到更多有价值的模式为止。这是得到一致公认的一条主观决策方法，同时这一原则也反映出以下事实：PCA 是探索性数据分析中被广泛应用的一类方法。

从另一方面讲，如果计算主成分是为了在诸如 6.3.1 节中提到的主成分回归等监督模型中应用它，那么有一种简单且客观的方法来确定主成分的数量：将用于回归中的主成分得分向量的数目作为交叉验证或类似方法的调节参数。监督学习对主成分数目的选择如此简单明了，也反映了这样一个事实：与无监督学习相比，监督学习往往定义更清晰，评价更客观。

12.2.5 主成分的其他用途

在 6.3.1 节中提到，主成分得分向量可以被用作预测变量来进行回归分析。事实上，很多诸如回归、分类和聚类这样的统计技术都可以很容易地被应用到列向量是前 $M \ll p$ 个主成分得分向量的 $n \times M$ 矩阵中，而不是应用于整个 $n \times p$ 数据矩阵。如此一来，就可以得到一个噪声较小的结果，因为数据集中的主要信号（而不是噪声）通常集中在少数几个主成分中。

12.3 缺失值与矩阵补全

在数据处理中，常会遇到数据集中存在缺失值的麻烦。例如，在分析 USArrests 数据时，发现 200 条数据中有 20 条数据因不明原因而随机损坏，这 20 条数据被标记为缺失。不幸的是，本书之前阐述的统计学习方法都未能将处理缺失值的情况考虑在内，那么如何继续开展分析呢？

一种方法是删除包含缺失值的记录，用其余记录完整的数据继续开展数据分析。然而，删除不完整记录不仅损失信息，而且分析结果与丢弃的碎片并不是毫无关系，在实际中我们并不推荐这么做。另一种做法是，对于缺失值 x_{ij}，可以用第 j 列的均值去替代（计算均值时使用未缺失的数据）。尽管这是一种常见且方便的替代策略，但在选择替代值时，考虑变量间的相关性，才可以获得比较满意的效果。

本节将讲述如何使用主成分对缺失值进行**插补**（impute）完成**矩阵补全**（matrix completion）。补全后的完整矩阵上可以使用统计学习方法，如线性回归或者线性判别分析。

若缺失是随机的，上述对缺失值进行插补的方法是合理的。例如，当对患者的体重进行测量时，由于电子秤的电池电量耗尽导致体重值缺失，使用插补法是合理的。相反，如果患者体重值的缺失是由于患者体重超出电子秤最大称重范围（过重或过轻）所导致，那么数据的缺失不能认为是随机产生的——这类缺失会携带信息，此时使用插补方式处理缺失数据并不合适。

然而，在某些情况下，数据缺失的现象是不可避免的。比如，分析 n 位观众对 Netflix 目录下所有 p 部电影的评分矩阵（评分从 1 到 5），观众仅仅对目录下的一小部分观看过的电影给予评分，这样一来，评分矩阵的大部分位置都是缺失值。如果能较准确地估算出缺失位置的评分值，就可以掌握观众对未观看过的电影的倾向性。因此，矩阵补全就可以成为**推荐系统**（recommender system）的引擎。

主成分与缺失值

12.2.2 节讨论了在式 (12.6) 的优化问题下，前 M 个主成分得分和载荷向量可以提供对原数据矩阵 $\boldsymbol{X}$ 的"最佳"近似。现在假设部分观测值 x_{ij} 发生了缺失。下面将讨论如何用数据插补解决主成分优化问题。对式 (12.6) 进行修正，

$$\underset{\boldsymbol{A}\in\mathbb{R}^{n\times M},\boldsymbol{B}\in\mathbb{R}^{p\times M}}{\operatorname{minimize}}\left\{\sum_{(i,j)\in\mathcal{O}}\left(x_{ij}-\sum_{m=1}^{M}a_{im}b_{jm}\right)^{2}\right\} \tag{12.12}$$

此处 $\mathcal{O}$ 表示所有未发生缺失的观测矩阵索引 (i,j) 的集合，它是所有 $n\times p$ 个索引对集合的一个子集。

对上述优化问题求解：

- 估计缺失观测值 x_{ij}，其中 $\hat{x}_{ij}=\sum_{m=1}^{M}\hat{a}_{im}\hat{b}_{jm}$。此处 $\hat{a}_{im}$ 和 $\hat{b}_{jm}$ 分别是式 (12.12) 中求解得到的矩阵 $\hat{\boldsymbol{A}}$ 和 $\hat{\boldsymbol{B}}$ 中 (i,m) 和 (j,m) 位置的元素。
- 参考之前在完整数据上的做法，（近似）复原前 M 个主成分得分和载荷向量。

与数据完整情况下不同的是，在缺失数据上直接求解式 (12.12) 是十分困难的——

不能在缺失数据上直接进行特征分解。算法 12.1 给出一种简单的迭代算法，在 12.5.2 节中，我们将给出具体例子来说明该算法可以产生较好的效果。[一][二]

算法 12.1　矩阵补全的迭代算法

---

1. 创建一个 $n \times p$ 维的完整数据矩阵 $\widetilde{\boldsymbol{X}}$，其 (i,j) 位置的元素为

$$\widetilde{x}_{ij} = \begin{cases} x_{ij}, & (i,j) \in \mathcal{O} \\ \overline{x}_j, & (i,j) \notin \mathcal{O} \end{cases}$$

此处 $\overline{x}_j$ 是缺失数据矩阵 $\boldsymbol{X}$ 中第 j 列变量的所有未缺失观测值的均值，$\mathcal{O}$ 是缺失数据矩阵 $\boldsymbol{X}$ 中所有未缺失的观测值的索引集合。

2. 重复步骤（a）～（c）直到式（12.14）不再衰减：

　（a）基于填充后的完整数据矩阵 $\widetilde{\boldsymbol{X}}$，求解式（12.13）所代表的优化问题，计算主成分

$$\underset{\boldsymbol{A} \in \mathbb{R}^{n \times M}, \boldsymbol{B} \in \mathbb{R}^{p \times M}}{\text{minimize}} \left\{ \sum_{j=1}^{p} \sum_{i=1}^{n} \left(\widetilde{x}_{ij} - \sum_{m=1}^{M} a_{im} b_{jm} \right)^2 \right\} \qquad (12.13)$$

　（b）对于每个 $(i,j) \notin \mathcal{O}$，计算 $\widetilde{x}_{ij} \leftarrow \sum_{m=1}^{M} \widehat{a}_{im} \widehat{b}_{jm}$。

　（c）计算目标函数

$$\sum_{(i,j) \in \mathcal{O}} \left(x_{ij} - \sum_{m=1}^{M} \widehat{a}_{im} \widehat{b}_{jm} \right)^2 \qquad (12.14)$$

3. 返回估计的缺失值 $\widetilde{x}_{ij}$，$(i,j) \notin \mathcal{O}$。

我们将算法 12.1 应用在 USArrests（犯罪统计）数据上。该数据集包括 $p=4$ 个变量和 $n=50$ 个观测（州）。首先对数据进行列标准化，使得各列变量的均值为 0，方差为 1。从 50 个州中随机挑选 20 个州，并随机设置每个州观测中的一个变量值（从 4 个变量中）为缺失状态。因此，该数据矩阵中 10% 的元素处于缺失状态。在该缺失数据上应用算法 12.1 计算 $M=1$ 的主成分。图 12-5 的结果表明，算法 12.1 能比较准确地估计缺失值（见彩插）。重复 100 次该随机实验，缺失元素的估计值与真实值的平均相关系数达到 0.63，相关系数的标准差为 0.11。这个结果是否足够好呢？为了回答这个问题，可以将上述结果的相关系数与基于完整数据估计 20 个缺失值后得到的相关系数进行比较。所谓基于完整数据估计，就是简单计算 $\widehat{x}_{ij} = z_{i1} \phi_{j1}$，其中 z_{i1} 和 ϕ_{j1} 是基于完整数据计算的第一主成分得分和载荷向量上的元素。[三]在 100 次实验中，基于完整数据估计的 20 个缺失值与真实值的相关系数均值为 0.79，标准差为 0.08。虽然上述插补方法的结果与使用完整数据的结果存在些许差距（0.63±0.11 与 0.79±0.08），但算法的表现仍然是相当不错的。（这里需要说明的是，使用完整数据估计方法在现实中有数据缺失的情况下是不可行的。）

　[一] 在 Mazumder，Hastie and Tibshirani（2010）"Spectral regularization algorithms for learning large incomplete matrices" 中，这种算法被称为 "Hard-Impute"。该文章发表在 *Journal of Machine Learning Research* 的 2287～2322 页。
　[二] 该算法第 2 步的每一次迭代都会降低目标值式（12.14）。值得注意的是，该算法不能确保达到式（12.12）的全局最优值。
　[三] 这是一个无法实施的黄金标准，因为如果缺少数据，当然无法计算出完整数据的主成分。

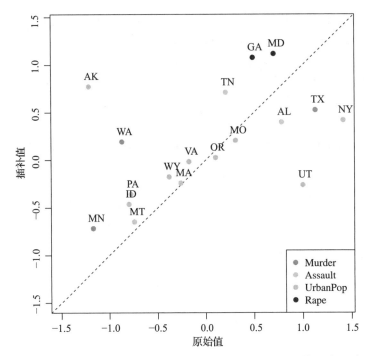

图 12-5 USArrests（犯罪统计）数据上的缺失值插补。将 20 个值（占矩阵总元素数的 10%）人为设置为缺失状态后，采用算法 12.1 进行缺失值插补，主成分数量为 $M=1$。该图显示了所有 20 个缺失值的真实值 x_{ij} 和估计值 $\hat{x}_{ij}$。对于 20 个缺失值，用颜色表示变量，标签表示州（观测）。真实值和估计值之间的相关性约为 0.63

图 12-6 进一步说明了算法 12.1 在 USArrests（犯罪统计）数据集上的卓越表现。现在结束这一节的讨论，给出两条说明：

- USArrests（犯罪统计）数据只有四个变量，变量数限制了验证算法 12.1 的插补效果。基于此，对于本例中的一个观测（州），我们仅设定其中一个变量为缺失状态，并设置主成分数量均为 $M=1$。
- 一般情况下，在使用算法 12.1 时，需要选择 M，即用于估计插补的主成分个数。一种方式是从数据矩阵中随机留出一部分额外元素，并基于这些已知留出元素的复原效果选择合适的 M。这与第 5 章中提及的基于验证集选择参数的想法是类似的。

推荐系统

数据流媒体服务提供商 Netflix 和 Amazon 的核心业务是，基于当前用户的浏览记录以及其他用户的浏览记录，给当前用户推荐其他内容。Netflix 用户给他们观看过的每一部电影评分，评分范围在 1～5 分之间。经过一段时间，就会产生一个非常大的 $n \times p$ 矩阵，矩阵中 (i, j) 位置的元素是第 i 个用户对第 j 部电影的评分。较早期的一个 Netflex 矩阵实例包括 $n=480\,189$ 名用户和 $p=17\,770$ 部电影。然而，总体上平均每个用户只观看过大约 200 部电影，所以矩阵中 99% 的元素都是缺失的，表 12-2 展示了缺失情况。

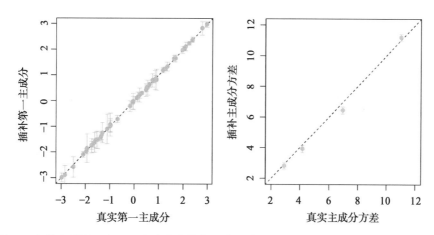

图 12-6 如前文所述,在 100 次试验中的每一次,将 USArrests(犯罪统计)数据的 20 个元素设定为缺失状态。在每次试验中,采用算法 12.1($M = 1$)对缺失元素进行插补,并计算主成分。左:对于 50 个州中的每一个州,计算出的第一主成分得分(取 100 次试验的均值,并使用标准偏差条展示)与使用完整数据计算出的第一主成分得分进行对比分析。右:估算的主成分方差(取 100 次试验的均值,用标准偏差条展示)与对应的真实主成分方差

表 12-2 Netflix 的部分电影评分数据。这些电影的评分为 1(最差)到 5(最好)。符号 · 表示该位置元素值缺失——该用户未对该部电影给出评分

	Jerry Maguire	Oceans	Road to Perdition	A Fortunate Man	Catch Me If You Can	Driving Miss Daisy	The Two Popes	The Laundromat	Code 8	The Social Network	...
用户1	·	·	·	·	4	·	·	·	·	·	...
用户2	·	·	3	·	·	·	3	·	3	·	...
用户3	·	2	·	4	·	·	·	2	·	·	...
用户4	3	·	·	·	·	·	·	·	·	·	...
用户5	5	1	·	·	4	·	·	·	·	·	...
用户6	·	·	·	·	·	2	4	·	·	·	...
用户7	·	·	5	·	·	·	3	·	·	·	...
用户8	·	·	·	·	·	·	·	·	·	·	...
用户9	3	·	·	·	5	·	1	·	·	·	...
⋮											

为了向指定用户推荐其可能感兴趣的电影,Netflix 需要一种可以填补数据矩阵中缺失值的方法。其背后的想法是,如果第 i 个用户观看的电影与其他用户观看的电影之间有交集,可以认为他们选择电影的偏好相似。于是,可以通过其他用户对电影的评分预测第 i 个用户对其未观看过的电影的评分,这是可行的。

具体来说，基于算法12.1，可以预测第i个用户对第j部电影的评分$\hat{x}_{ij} = \sum_{m=1}^{M} \hat{a}_{im} \hat{b}_{jm}$，除此之外，可以用"票友圈"和"电影类型"来解释前M个主成分：

- $\hat{a}_{im}$代表第i个用户属于第m个**票友圈**（clique）的力度。此处票友圈是指对第m种类型的电影十分痴迷的用户群组。
- $\hat{b}_{jm}$代表第j部电影属于第m个**电影类型**（genre）的力度。

电影类型如爱情片、西部片和动作片。

与算法12.1类似的主成分模型是许多推荐系统的核心。虽然所涉及的数据矩阵通常是巨量的，但是，已经开发出了用于高度缺失数据的高效计算算法。

12.4 聚类分析方法

聚类分析（clustering）是在一个数据集中寻找子群或类的技术，应用非常广泛。在对数据集中的观测进行聚类时，希望将数据划分到不同的类中，使每个类内的观测彼此非常相似，而不同类中的观测彼此差异很大。当然，为了确切地表达相似的概念，必须对2个或更多观测的相似或者相异进行定义。而这个问题必须结合问题的特殊背景，经过数据分析后才能获得答案。

例如，假设现在有一个由n个观测组成的数据集，每个观测都有p个特征。这n个观测可以是患乳腺癌病人的组织样本，p个特征对应于所收集的每个组织样本的测量；这些数据可以是临床测量值，比如肿瘤的阶段或等级，也可以是基因表达的测量。可以想象，在n个组织样本中一定会存在异质性。例如，可能有一些乳腺癌是未知亚型。聚类分析可以用于寻找这些子类，这是一个无监督学习问题，因为这是试着以一个数据集为基础发现其中的一些潜在结构——在该例中是不同的类。监督学习与之不同，其目标是尝试着预测一些结果向量，比如生存时间和用药反应。

聚类分析与主成分分析一样，都希望用少量概括性信息简化数据，但两者的机制是不同的。

- PCA试图寻找观测的一个低维表示来解释大部分方差。
- 聚类分析试图从观测中寻找同质子类。

聚类分析的另一个应用是市场研究。市场研究中常常可以获得有关人的大量观测数据（例如家庭收入中位数、职业、两个城市的最短距离等）。市场细分的一个目的是通过识别更倾向于接受某特定形式的广告或者说更可能购买特定产品的人群进行市场分割，这相当于用数据集对不同的人进行聚类。

由于聚类分析在很多领域存在广泛的应用，因此就出现了很多种聚类方法。本节将重点讨论两类最知名的聚类方法：**K 均值聚类**（K-means clustering）和**层次聚类**（hierarchical clustering）。K均值聚类试图将观测划分到事先规定数量的类中，而层次聚类并不需要事先规定所需的类数。其实，我们最后会通过分析观测的树状表示，**即谱系图**（dendrogram）来确定类数，不仅如此，通过看谱系图还可以马上获得从1类到n类类数不等的分类情况。每种聚类方法都有各自的优势和不足，这是本章所要强调的关键。

一般来说，要想从观测中找到子类，可以以特征为基础对观测进行聚类；要想从特征中找到子类，可以以观测为基础对特征进行聚类。为表述方便，下面会讨论以特征为基础对观测的聚类，只要将数据矩阵转置就可以实现以观测为基础对特征的聚类。

12.4.1 K 均值聚类

K 均值聚类是一种把数据集分成 K 个不重复类的简单快捷的方法。在进行 K 均值聚类时，必须首先确定想要得到的类数 K，然后 K 均值算法会将每个观测准确地分配到 K 个类中。图 12-7 表示了一个由 150 个二维观测构成的模拟数据案例，用 3 个不同的 K 值进行 K 均值聚类得到的聚类结果（见彩插）。

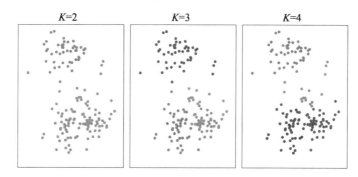

图 12-7 一个在二维空间中包含 150 个观测的模拟数据集。这些图展示了用不同的 K 值进行 K 均值聚类法的结果，其中 K 是指类数。每个观测的颜色表明它们在 K 均值聚类过程中被分到哪个类中。注意，类是没有顺序的，所以类的颜色是任意的。聚类分析并没有用到这些类标签，它们反而是这个聚类过程的输出结果

K 均值聚类法来源于一个简单直观的数学问题。首先定义一些符号：用 $C_1, C_2, \cdots, C_K$ 表示在每个类中所包含观测的指标的集合。这些集合满足两个性质：

(1) $C_1 \cup C_2 \cup \cdots \cup C_K = \{1, 2, \cdots, n\}$，即每个观测属于 K 个类中至少一个类。

(2) $C_k \cap C'_k = \emptyset$ 对每个 $k \neq k'$ 都成立，即类与类之间是无重叠的，没有一个观测同时属于两个类或更多类。

例如，如果第 i 个观测在第 k 个类中，则 $i \in C_k$。K 均值聚类法的思想是，一个好的聚类法可以使类内差异尽可能小。C_k 类的类内差异是对 C_k 类中观测互不相同程度的度量，用 $W(C_k)$ 表示。因此需要解决如下最小化问题：

$$\underset{C_1, C_2, \cdots, C_K}{\text{minimize}} \left\{ \sum_{k=1}^{K} W(C_k) \right\} \tag{12.15}$$

这个公式的意思是把观测划分到 K 个类中，使得 K 个类总的类内差异尽可能小。

通过解式（12.15）的最小化问题来聚类似乎是一个合理的想法，但为了使它能够实现，需要给类内差异一个定义。有很多种方法可以定义这个概念，但用得最多的是欧氏平方距离。也就是说，定义

$$W(C_k) = \frac{1}{|C_k|} \sum_{i, i' \in C_k} \sum_{j=1}^{p} (x_{ij} - x_{i'j})^2 \tag{12.16}$$

这里的 $|C_k|$ 表示在第 k 个类中观测的数量。换言之，第 k 个类的类内差异就等于在第 k 类中所有成对观测之间的欧氏平方距离的总和除以第 k 个类中观测的总数。结合式（12.15）和式（12.16），可以得到定义 K 均值聚类法的最优化问题：

$$\underset{C_1,C_2,\cdots,C_K}{\text{minimize}} \left\{ \sum_{k=1}^{K} \frac{1}{|C_k|} \sum_{i,i' \in C_k} \sum_{j=1}^{p} (x_{ij} - x_{i'j})^2 \right\} \tag{12.17}$$

现在需要一种算法来解决最小化问题（12.17），即找一种将观测分配到 K 个类中使得式（12.17）的目标值达到最小的分割方法。事实上要精确解决这个问题是非常困难的，因为有将近 K^n 种方法可以把 n 个观测分配到 K 个类中，除非 K 和 n 都很小，否则这会是一个天文数字！幸运的是，我们可以找到一种非常简单的局部最优算法——一种非常好的解决方法——来解决 K 均值聚类法的最优化问题式（12.17）。算法 12.2 描述了这一方法。

算法 12.2　K 均值聚类法

1. 为每个观测随机分配一个从 1 到 K 的数。这些数可以看作对这些观测的初始类分配。
2. 重复下列操作，直到聚类结果停止改变：
   (a) 分别计算 K 个类的类中心。第 k 个类中心是第 k 个类中的 p 维观测向量的均值向量。
   (b) 将每个观测分配到距离其最近的类中心所在的类中（用欧氏距离定义"最近"）。

算法 12.2 可以保证在每步结束后，目标式（12.17）的值都会减小。以下恒等式将有助于理解上述目标函数逐步衰减的过程：

$$\frac{1}{|C_k|} \sum_{i,i' \in C_k} \sum_{j=1}^{p} (x_{ij} - x_{i'j})^2 = 2 \sum_{i \in C_k} \sum_{j=1}^{p} (x_{ij} - \bar{x}_{kj})^2 \tag{12.18}$$

其中 $\bar{x}_{kj} = \frac{1}{|C_k|} \sum_{i \in C_k} x_{ij}$ 是第 C_k 类中第 j 个分量的均值。在步骤 2(a) 中，每个变量的类中心是使类内总离差平方和最小化的常数，在步骤 2(b) 中，重新分配观测只会改善式（12.18）。这意味着当算法运行时，所得到的聚类分析结果会持续改善，直到结果不再改变为止，式（12.17）的目标值不会继续变大。当结果不再改变时，分类就达到了一个**局部最优**（local optimum）的水平。图 12-8 展示了图 12-7 的数据的算法执行过程（见彩插）。之所以被称为 K 均值聚类法是因为在步骤 2(a) 的计算过程中，将类观测的均值分配给类中心。

由于 K 均值算法找到的是局部最优解，所以算法停止时的聚类未必是全局最优解，所得到的结果依赖于在算法 12.2 的步骤 1 中每个观测被随机分配到的初始类。正因为如此，有必要从不同的随机初始类的分配开始多次运行这个算法，然后选择一个最优的方案，使目标式（12.17）达到最小。图 12-9 展示了用图 12-7 中的模拟数据，在 6 种不同初始类分配方案下进行的 6 次 K 均值聚类得到的局部最优解（见彩插）。在这个例子中，最优的 K 均值聚类结果的目标值为 235.8。

可以看出，要进行 K 均值聚类必须先确定聚类的类别数，但选择 K 的问题远非那么简单。12.4.3 节将结合在进行 K 均值聚类时出现的其他实际问题一起探讨这个问题。

12.4.2　层次聚类法

K 均值聚类法的一个潜在的不足是它需要预设类数 K，层次聚类法是另一种事先不需

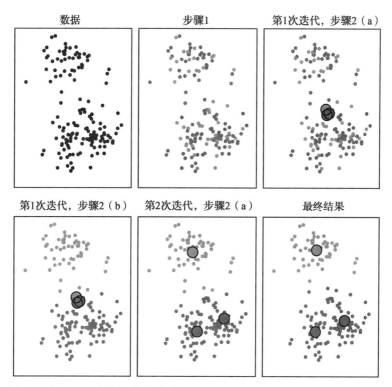

图 12-8　图 12-7 中 $K=3$ 时的 K 均值聚类过程。左上：原始观测点。上中：算法的步骤 1，每个观测被随机分配到一个类中。右上：步骤 2（a）中类中心的计算，这些类中心在图中用彩色大圆片表示。可以看到，因为 K 均值聚类的初始类分配是随机的，所以初始的类中心几乎完全重叠。左下：在步骤 2（b）中，每个观测被分配到与之最近的类中。下中：步骤 2（a）再次执行后得到了一个新的类中心。右下：10 次迭代后得到的结果

要规定类数 K 的聚类方法。与 K 均值聚类法相比，层次聚类法还有一个优点是它可以输出一个迷人的有关各个观测的树状表示，称作**谱系图**（dendrogram）。

本节将介绍**自下而上**（bottom-up）的聚类方法，也称为**凝聚法**（agglomerative）。这是一种最为常见的层次聚类法，它的谱系图（通常被描述为一个上下颠倒的树，请参看图 12-11）从叶子开始将类聚集到树干上。本节先介绍如何解释谱系图，之后再讨论层次聚类法的工作原理，即谱系图是如何绘制出来的。

解释谱系图

下面以图 12-10 中所表示的二维空间中的 45 个模拟数据为例解释谱系图（见彩插）。这些数据由一个三类模型所产生，每个观测的真实类标签用不同的颜色表示。假设这些数据被观测到时并不带有类标签，需要对这些数据进行层次聚类。用**最长距离法**（complete linkage，稍后讨论这个方法）得到的层次聚类结果显示在图 12-11 的左图中（见彩插），如何解释这个谱系图呢？

图 12-9 用图 12-7 中的数据运行 6 次 $K=3$ 的 K 均值聚类法后得到的结果。在每次运行时，K 均值聚类算法的步骤 1 都会给每个观测随机分配一个不同的初始类。以上每个图上方的数字表示聚类后目标函数（12.17）的一个值。我们得到了 3 种不同的局部最优解，其中一种局部最优解的目标值相对较小且提供了各类之间相对较好的划分。图上方数字为红色的聚类都实现了一致的最优分配，它们共同的目标值都是 235.8

在图 12-11 左图的谱系图中，每片叶子代表图 12-10 中的 45 个观测中的 1 个。沿着这个树向上看，一些树叶开始汇入某些枝条中，这表示相应的观测非常相似。继续沿着树干往上，枝条本身也开始同叶子或其他枝条汇合。越早（在树的较低处）汇合的各组观测之间越相似，而越晚（接近树顶）汇合的各组观测之间的差异会越大。更准确地说：对任意两个观测，可以在树上找到一个点，在这个点上，包含这两个观测的枝条实现初次汇合。纵轴上的枝条初次汇合高度表示两个观测的差异程度。因此，在树底汇合的观测之间会非常相似，而在接近树顶的位置汇合的观测差异总是相当大的。

这一点在解释谱系图时非常重要，但却经常被误用。图 12-12 左图展示了一张对 9 个观测进行系统聚类得到的简单谱系图。由图中可以看到观测 5 和观测 7 非常相似，因为它们在谱系图的最底层汇合。观测 1 和观测 6 彼此也比较接近。但如果将谱系图上距离接近作为两个观测的相似程度的判断依据，由此推断出观测 9 和观测 2 非常相似则是不正确的。其实根据谱系图得到的信息来看，观测 9 与观测 2 的相似程度并不比观测 9 与观测 8、观

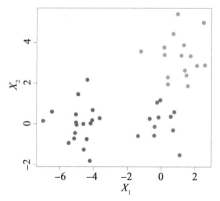

图 12-10　在二维空间中产生了 45 个观测，事实上，它们分属于 3 个不同的类，用 3 种不同的颜色表示，先将这些类别看作未知，然后尝试着对这些观测聚类以寻找数据各自的归类

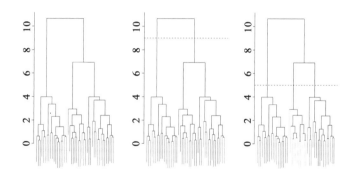

图 12-11　左：对图 12-10 中的数据用最长距离法和欧氏距离进行层次聚类法得到的谱系图。中：在左图中高度为 9 的位置切断（用虚线表示），切断后得到两个不同的类，用不同颜色表示。右：在左图中高度为 5 的位置切断，切断后得到 3 个不同的类，用不同的颜色表示。注意，在聚类过程中并没有用到这些颜色，用不同颜色表示不同类只是为了在这个图中更好地展示数据

测 5 和观测 7 的相似程度高。（从图 12-12 的右图——原始数据的散点图中可以看到这一点。）从数学上推理，谱系图有另外 2^{n-1} 种可能的排序，其中 n 是叶子的数量。这是因为在 $n-1$ 个汇合点上，2 个已汇合枝条的位置可以交换，这并不影响谱系图的意义。因此，不能根据 2 个观测在横轴上的接近程度判断它们之间的相似程度，而需要根据纵轴上包含两个观测的枝条第 1 次汇合的位置来判断这 2 个观测的相似程度。

在理解如何解释图 12-11 的左图后，下面继续讨论如何根据谱系图确定类。要根据谱系图聚类，就要像图 12-11 的中图和右图那样在谱系图上做一个水平切割，在切口下方的不同观测集就可以解释为类。比如在图 12-11 的左图高度为 9 的位置做切割，就把谱系图分割成了用不同颜色表示的两个类；在图 12-11 的左图高度为 5 的位置做切割，就把谱系图分割成了 3 个类。如果希望得到从 1（即不切割）到 n（即在高度为 0 的位置切割，使得

每个观测所在的类都只包含它自己）的任意数量的类，可以进一步到谱系图的下方做切割。换句话说，在谱系图上切割的高度扮演了同 K 均值聚类中的 K 相同的角色：它控制了类的数量。

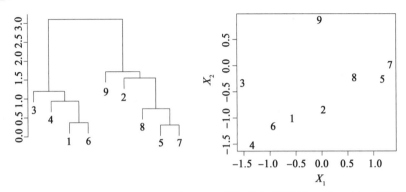

图 12-12 关于如何正确解释二维空间中的 9 个观测的谱系图的图解。左：用欧氏距离和最长距离法得到的谱系图。观测 5 和观测 7 之间非常接近，观测 1 和观测 6 也同样非常接近。虽然观测 9 与观测 2 在水平方向上非常接近，但观测 9 与观测 2 的相似程度并不比它与观测 8、观测 5 和观测 7 相似程度高。这是因为观测 2、观测 3、观测 5 和观测 7 与观测 9 都是在相同高度汇合的，这个高度大约是 1.8。右：用于绘制出谱系图的原始数据的散点图。这张图可以证明观测 9 与观测 2 的相似程度确实没有观测 9 与观测 8、观测 5 和观测 7 的相似程度高

由此可知，图 12-11 凸显了层次聚类法的一个引人注目的特性：只通过处理一张谱系图就可以得到任意数量的聚类。在实践中，人们通常根据枝条汇合的高度结合希望得到的类数，观察谱系图并选取合理的类数。在图 12-11 的例子中，选择两类或者三类相对容易。然而谱系图的切割位置的选择则不必太精确。

术语"层次"是指在一个给定的高度上通过切割谱系图得到的类必然嵌套于在更高的任意高度上切割谱系图得到的类中。但是对任意一个数据集来说，这个层次结构的假设可能不切实际。例如，假设有如下的一组观测：男性、女性各占一半，美国人、日本人和法国人各占三分之一。可以设想一种情形：将他们分成 2 类的最好办法是通过性别分类，将他们分成 3 类的最好办法是通过国籍分类。在这个例子中，真实的类不是嵌套的，所以不能通过先最优地分成两类，再把其中一类最优地分成两半得到 3 类的最优划分。因此在这种情况下，层次聚类法得到的类代表性不强。因为在这种情况下，当类数给定时，层次聚类法有时会产生比 K 均值聚类法更糟糕的（即精度更低的）结果。

层次聚类算法

层次聚类法的谱系图可以通过执行一个非常简单的算法得到。在执行该算法之前，需要先定义观测之间相异性的某种度量，其中最常用的是欧氏距离，本章后面的内容将讨论相异性度量层次的选择问题。下面介绍层次聚类法的算法。反复执行下面的算法过程：从谱系图的底部开始，n 个观测各自看作一类；再将两个最相似的类汇合到一起，就得到了 $n-1$ 个类；然后再把两个最相似的类汇合到一起，就得到了 $n-2$ 个类。如此进行下去，

到所有观测都属于某一个类时,谱系图就完成了。图 12-13 显示了用图 12-12 中的数据执行这个算法的前几步。算法 12.3 总结了层次聚类法的算法。

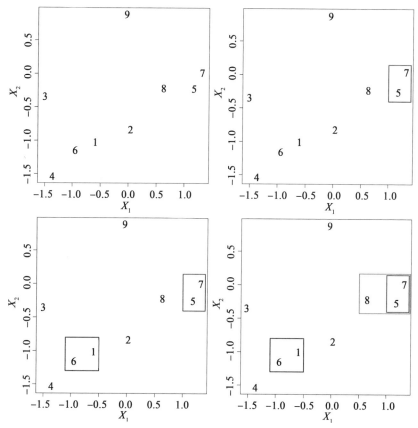

图 12-13 对图 12-12 的数据用最长距离法和欧氏距离做层次聚类算法前几步的图解。左上:开始时,有 9 个不同的类:$\{1\},\{2\},\cdots,\{9\}$。右上:两个最为接近的类 $\{5\}$ 和类 $\{7\}$ 合并成了一个类。左下:两个最近的类 $\{6\}$ 和类 $\{1\}$ 合并成了一类。右下:用最长距离法算得的两个最接近的类 $\{8\}$ 和类 $\{5,7\}$ 被合并为一类

算法 12.3 层次聚类法

1. 首先,计算 n 个观测中所有 $\binom{n}{2}=n(n-1)/2$ 对每两个数据之间的相异性(比如欧氏距离),将每个观测看作一类。
2. 令 $i=n,n-1,\cdots,2$:
   (a) 在 i 个类中,比较任意两类间的相异性,找到相异性最小的(即最相似的)那一对,将它们合并。用两个类之间的相异性表示这两个类在谱系图中交汇的高度。
   (b) 计算剩下的 $i-1$ 个新类中,每两个类间的相异性。

这个算法看似已经足够简单了,但有个问题还没解决。考虑图 12-13 的右下图,凭什么判断类 $\{5,7\}$ 应该和类 $\{8\}$ 合并?我们知道,一对变量之间的相异性是可以度量的,

但如果两个类中至少有一个类包含多个观测,那么如何定义两个类之间的相异性?于是,需要将观测之间的相异性的概念扩展到观测组的相异性上。为此,需要发展一个对两组观测相异性进行度量的概念——距离(linkage)。表 12-3 简略地列出了 4 种最常见的距离形式:**最长**(complete)**距离法**、**类平均法**(average)、**最短**(single)**距离法**和**重心法**(centroid),而统计学家比较喜欢使用类平均法、最长距离法和最短距离法。类平均法和最长距离法一般比最短距离法更常用,因为这两种方法产生的谱系图类数一般比较均衡。重心法一般在基因组学中用到,但它有一个致命的缺陷,可能会发生一种**倒置**(inversion)现象:在谱系图中两个类的合并点可以在这两个类中任意一个类的下方。这会造成绘制和解释谱系图困难。在层次聚类算法的 2(b) 步中类之间相异性的计算依赖于距离方式的选取和相异性度量方式的选择。因此,最终得到的谱系图对距离方式的依赖性非常强,如图 12-14 所示。

表 12-3　层次聚类法中的 4 种最为常用的距离形式汇总表

距离形式	描述
最长距离法	最大类间相异性。计算 A 类和 B 类之间的所有观测的相异性,并记录最大的相异性。
最短距离法	最小类间相异度。计算 A 类和 B 类之间的所有观测之间的相异性,并记录最小的相异性。最短距离法会导致延伸拖尾的类,观测一次一个地汇合。
类平均法	平均类间相异性。计算 A 类和 B 类之间的所有观测的相异性,并记录这些相异性的平均值。
重心法	A 类中心(长度为 p 的均值向量)和 B 类中心的相异性。重心法会导致倒置现象。

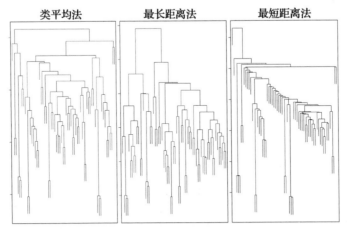

图 12-14　将类平均法、最长距离法和最短距离法应用于同一个案例数据集的结果。用类平均法和最长距离法做层次聚类往往会得到规模均衡的类

相异性度量的选择

到目前为止,本章例子中所使用的相异性度量都是欧氏距离,但有些情况下用其他相异性度量可能会更好。比如,当两个观测之间高度相关时,即使这些观测在欧氏距离的意义下可能相距很远,但用相关性的距离却可以发现它们的相似性。这虽然并非相关系数的常规用法,因为一般情况下它主要用于变量间相关性的计算。但在这里,它计算的是每对

观测的观测剖面之间的相关性。图 12-15 展示了欧氏距离和基于相关性的距离之间的差异，基于相关性的距离关注的是观测剖面的形状而不是它们的大小（见彩插）。

相异性度量的选择非常重要，因为它对所产生的谱系图有显著影响。一般来说，要综合考量待聚类数据的类型和当前要解决的科学问题。综合两者选择在层次聚类时使用哪一类相异性度量。

例如，一家网店零售商希望根据顾客过去的消费记录将顾客聚类。这项研究的目的是要找出相似消费者子类，这样就可以对每类消费群提供他们可能非常感兴趣的商品和广告。假设历史数据用矩阵表示，行表示消费者，列表示商品。数据矩阵中的元素表示某个特定消费者购买特定商品的次数（即 0 表示消费者从未购买过该商品，1 表示消费者购买过 1 次该商品，等等）。在对消费者进行聚类时，应该用怎样的相异性度量呢？如果用欧氏距离，那些消费量很低的客户（即不常使用购物网站的人）会被聚类到一起，这个结果未必是我们想要的结果。另一方面，如果用相关性距离，那么偏好相似的消费者（比如购买过商品 A 和商品 B，但从未买过商品 C 和商品 D 的那些消费者）更倾向于被聚到一起，即使偏好相似的消费者中，一些消费者比另外一些消费者购买量大很多。那么在类似这样的应用实例中，基于相关性的距离可能是一个更好的选择。

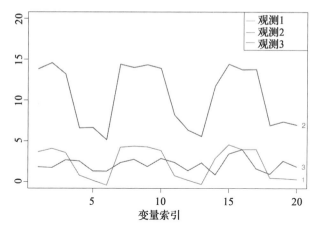

图 12-15　图中显示了 3 个观测的 20 个变量。观测 1 和观测 3 在每个变量上都有相似的取值，于是它们之间的欧氏距离会很小。但它们之间的相关性却非常弱，这样基于相关性的距离会很大。另一方面，观测 1 和观测 2 在每个变量上都有非常不同的取值，它们之间的欧氏距离会很大，但由于它们高度相关，所以它们基于相关性的距离会很小

除了在选择相异性度量时应该比较小心，还应该考虑在计算观测之间相异性之前，是否有必要对变量进行标准化处理。为说明这个问题，继续讨论刚刚介绍过的网购案例。与其他商品相比，有些商品的购买频繁可能更高。比如，某消费者一年可能会买十双袜子，但他几乎不太可能每年购买一台计算机。在这种情况下，像袜子这样购买频率较高的商品对网购者之间相异性的影响会比计算机这样购买频率较低的商品更大，这样一来，购买频率较高的商品对最终得到的聚类结果也会产生更大的影响。这可能并非我们所期望的结果。如

果在计算观测之间的相异性之前将变量标准化,那么每个变量在层次聚类过程中的地位就平等了。变量的度量单位不同,也需要考虑对它们标准化,否则一个特定变量单位的选择(比如厘米与千米)会对相异性度量有较大影响。显而易见,在计算相异性度量之前对变量是否标准化还取决于具体应用。图12-16是一个关于变量是否需要标准化的例子(见彩插)。值得注意的是,在聚类分析之前是否要对变量标准化处理这个问题同样适用于K均值聚类法。

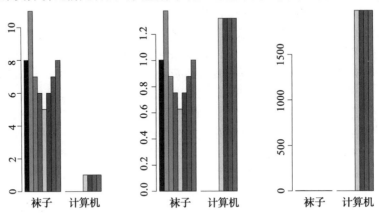

图 12-16　一家网络零售商出售两种商品:袜子和计算机。左:显示了8位网购者购买袜子的双数和计算机的台数,每位消费者用不同的颜色表示。如果用欧氏距离计算原始变量观测之间的相异性,那么购买袜子的数量将会对相异产生决定性影响,而购买计算机数量的影响会很小。这并非我们所期望的结果,原因是:(1)计算机比袜子价格更高(利润也更高),网络零售商可能更愿意鼓励消费者多购买计算机而不是袜子;(2)两位消费者在袜子购买数量上的较大差异不如其在计算机购买数量上看似较小的差异对消费结构的信息贡献大。中:与左图数据相同,但每个变量都按其各自的标准差进行了标准化。现在购买计算机的数量对观测之间的相异性呈现出较大影响。右:与前两个图数据相同,不同的是,这里的纵轴表示的是每位网购者在袜子和计算机上所花费的钱数,由于计算机比袜子的价格贵很多,于是计算机的购买历史对观测之间的相异性起到决定性作用

12.4.3　聚类分析的实践问题

对无监督学习数据集来说,聚类分析是数据分析中一个非常有用的工具。然而,在应用聚类分析时也会产生很多问题,常见的问题如下所述。

小策略撬动大结论

聚类分析之前,需要先回答如下问题。

- 观测或变量需要先经过某种标准化处理吗?比如,变量中心化后均值为0,或标准化后标准差为1。
- 层次聚类法中的问题:
  - 用什么度量相异性?
  - 选择怎样的距离?
  - 在谱系图的哪个位置切割出不同的类?

❑ 在 K 均值聚类法中，数据分成多少类比较合适？

这些问题的答案会对结果产生重大影响。在实际应用中，通常可以先尝试几种不同的参数选择，然后从中确定最有用且最容易解释的一种。至于如何选择，没有标准答案，但是，能够揭示数据某方面信息的方案都不应轻易放过。

验证获得的类

对数据集做聚类分析总能获得聚类结果。但是，找到的类确实代表了数据的真实子类，还是仅仅将噪声聚到了一起？假设有一个与训练样本独立的观测集，对这个观测集聚类会不会得到相似的结果？这是一个很难回答的问题。有很多技术可以通过给一个类指定一个 p 值的方式来评估该类是否比随意猜测的类显著性证据理性。但是对于哪一种方法是最好的还没有形成共识。

聚类分析的其他考虑

无论是 K 均值还是层次聚类都对每个观测实施了分类，但有时这么分类可能并不合适。比如，假设大部分观测真实的类是小众（未知）子类，但这些观测的一个小子群不仅彼此之间差异很大，而且与其他观测之间的差异也相当大。由于 K 均值聚类法和层次聚类法会强行把每个观测分配到一个类中，这使得找到的类可能会因为不属于任何类的离群点的存在而受到严重扭曲。混合模型因能够允许离群点的存在而获得人们的关注。混合模型相当于 K 均值聚类法的温和版，ESL 中有这类方法的介绍。

另外，聚类分析方法一般不能很有效地处理受干扰的数据。比如，假设首先对 n 个观测进行聚类，然后随机删除由这 n 个观测的部分组成的子集，对余下的观测进行聚类。我们希望前后两次聚类得到的两组类非常接近，但常常事与愿违！

解释聚类分析结果的一个适中的方法

前面讨论了一些有关聚类分析的参数选择的策略问题，如果这些策略使用得当，聚类分析会是一个非常有用且有效的统计工具。之前所提到的聚类分析的策略，如数据标准化以及距离选择等技巧都会对结果产生很大的影响。因此，建议用这些参数的不同取值进行多次聚类分析，统一进行比较，仔细查看有没有一些固定的模式反复出现。由于聚类分析有的时候不那么稳定，所以建议对数据的子集进行聚类，这样可以对所得到类的稳健性有一个整体的感知。最重要的是，在分析聚类的结果时要十分小心，这些结果不应该被视为数据集的绝对真理。相反，这些结果应该成为科学假设和深入研究的起点，对于一个独立的数据集来说就更应如此。

12.5 实验：无监督学习

12.5.1 主成分分析

在这个实验中，要对 USArrests 数据集进行 PCA，PCA 包含在基础 R 软件包中。数据集的行包含 50 个州，以字母顺序排列。

```
> states<- row.names(USArrests)
> states
```

数据集的列包含 4 个变量。

```
> names(USArrests)
[1] "Murder"   "Assault"  "UrbanPop" "Rape"
```

首先，粗略分析数据后发现变量的均值差异很大。

```
> apply(USArrests, 2, mean)
  Murder  Assault UrbanPop     Rape
    7.79   170.76    65.54    21.23
```

注意，apply() 函数是对数据集的每一行或列使用同一个函数——在本例中，使用了 mean() 函数。apply() 函数中第 2 个参数表示要计算的是行（用 1 表示）均值还是列（用 2 表示）均值。数据显示强奸案平均发生次数是谋杀案的 3 倍，袭击案平均发生次数是强奸案的 8 倍以上。此外，apply() 函数还可用于计算 4 个变量的方差。

```
> apply(USArrests, 2, var)
  Murder  Assault UrbanPop     Rape
    19.0   6945.2    209.5     87.7
```

不出意外，变量的方差之间也存在着较大的差异：变量 UrbanPop 度量的是各个州的城镇人口比例，这显然不能同各州每 100 000 个人中发生强奸案的次数相提并论。如果不对变量标准化就进行 PCA，就会导致大多数主成分会由 Assault 一个变量所决定，因为 Assault 变量的均值和方差明显是最大的。因此，在进行 PCA 之前对变量进行标准化处理是非常必要的。

现在用 prcomp() 函数进行主成分分析，这是 R 里可用于 PCA 分析的一种函数。

```
> pr.out=prcomp(USArrests, scale=TRUE)
```

prcomp() 函数默认对变量进行中心化处理。使用选项 scale= TURE 可以对变量进行标准化处理。prcomp() 函数的输出包含许多可用作继续分析的量。

```
> names(pr.out)
[1] "sdev"     "rotation" "center"   "scale"    "x"
```

其中 center 和 scale 表示在实施 PCA 之前进行标准化以后变量的均值和标准差。

```
> pr.out$center
  Murder  Assault UrbanPop     Rape
    7.79   170.76    65.54    21.23
> pr.out$scale
  Murder  Assault UrbanPop     Rape
    4.36    83.34    14.47     9.37
```

rotation 矩阵提供了主成分载荷信息，pr.out$ rotation 的列包含对应的主成分载荷向量。⊖

⊖ 函数将它命名为旋转矩阵是因为用 pr.out$ rotation 乘以矩阵 X 得到的矩阵给出了在旋转后的坐标系统中的数据坐标，这些坐标就是主成分得分。

```
> pr.out$rotation
            PC1     PC2    PC3    PC4
Murder   -0.536   0.418 -0.341  0.649
Assault  -0.583   0.188 -0.268 -0.743
UrbanPop -0.278  -0.873 -0.378  0.134
Rape     -0.543  -0.167  0.818  0.089
```

可以看到有 4 个不同的主成分。这是可以想到的,因为在一个有 n 个观测和 p 个变量的数据集中一般有 $\min(n-1, p)$ 个信息量较大的主成分。

在使用 prcomp() 函数时,不需要额外用主成分载荷向量乘以数据得到主成分得分向量,因为 50×4 矩阵 x 的列就是主成分得分向量,即 x 矩阵的第 k 列就是第 k 个主成分得分向量,如下所示。

```
> dim(pr.out$x)
[1] 50  4
```

运行下面的语句可以绘制出前两个主成分的双标图:

```
> biplot(pr.out, scale=0)
```

biplot() 函数中的参数 scale=0 表示载荷箭头所指的变量经过了标准化,使用其他 scale 值会得到略有不同的双标图,其解释也不同。

注意,这里绘制的图是图 12-1 的一个镜面反射。因为主成分有一个性质:在符号可变的意义下唯一,所以可以通过一些小的改变重新绘制出图 12-1:

```
> pr.out$rotation=-pr.out$rotation
> pr.out$x=-pr.out$x
> biplot(pr.out, scale=0)
```

prcomp() 函数还可以输出每个主成分的标准差。例如,在 USArrests 数据集中可以通过如下操作给出标准差:

```
> pr.out$sdev
[1] 1.575 0.995 0.597 0.416
```

每个主成分解释的方差可以通过将以上结果平方后得到:

```
> pr.var<-pr.out$sdev^2
> pr.var
[1] 2.480 0.990 0.357 0.173
```

要计算每个主成分的方差解释比例,只须用每个主成分解释的方差除以 4 个主成分解释的总方差即可。

```
> pve<-pr.var/sum(pr.var)
> pve
[1] 0.6201 0.2474 0.0891 0.0434
```

可以看到第一主成分解释了数据中 62.01% 的方差,第二主成分解释了数据中 24.74% 的方差等。执行以下指令可以绘制出每个主成分的 PVE 和累积 PVE 图:

```
> par(mfrow = c(1, 2))
> plot(pve, xlab = "Principal Component",
    ylab = "Proportion of Variance Explained", ylim = c(0, 1), type = "b")
> plot(cumsum(pve), xlab = "Principal Component",
    ylab = "Cumulative Proportion of Variance Explained",
    ylim = c(0, 1), type = "b")
```

上述程序的运行结果显示在图 12-3 中。注意，cumsum()函数用于计算数值向量中的元素的累积和。例如：

```
> a<-c(1,2,8,-3)
> cumsum(a)
[1]  1  3 11  8
```

12.5.2 矩阵补全

本节复现 12.3 节中对 USArrests（犯罪统计）数据上进行的分析。首先将数据框转化为矩阵形式，在进行列标准化后，每一列的均值为 0，方差为 1。

```
> X <- data.matrix(scale(USArrests))
> pcob <- prcomp(X)
> summary(pcob)
Importance of components:
                         PC1    PC2     PC3     PC4
Standard deviation     1.5749 0.9949 0.59713 0.41645
Proportion of Variance 0.6201 0.2474 0.08914 0.04336
Cumulative Proportion  0.6201 0.8675 0.95664 1.00000
```

可以看到第一主成分解释了 62% 的方差。

在 12.2.2 节中，已知在中心化矩阵 X 上求解优化问题式 (12.6) 等价于计算矩阵的前 M 个主成分。**奇异值分解**（singular value decomposition）是一种求解式 (12.6) 问题的常用算法。

```
> sX <- svd(X)
> names(sX)
[1] "d" "u" "v"
> round(sX$v, 3)
       [,1]   [,2]   [,3]   [,4]
[1,] -0.536  0.418 -0.341  0.649
[2,] -0.583  0.188 -0.268 -0.743
[3,] -0.278 -0.873 -0.378  0.134
[4,] -0.543 -0.167  0.818  0.089
```

函数 svd() 返回 3 个分量，u，d 和 v。矩阵 v 等价于主成分的载荷矩阵（至多相差正负号）。

```
> pcob$rotation
            PC1    PC2    PC3    PC4
Murder   -0.536  0.418 -0.341  0.649
Assault  -0.583  0.188 -0.268 -0.743
UrbanPop -0.278 -0.873 -0.378  0.134
Rape     -0.543 -0.167  0.818  0.089
```

矩阵 u 等价于标准化得分矩阵，有关标准差的信息包含在向量 d 中。我们可以用 svd() 的输出来恢复得分向量。它们等价于 prcomp() 函数输出的得分向量。

```
> t(sX$d * t(sX$u))
             [,1]    [,2]    [,3]    [,4]
[1,]       -0.976   1.122  -0.440   0.155
[2,]       -1.931   1.062   2.020  -0.434
[3,]       -1.745  -0.738   0.054  -0.826
[4,]        0.140   1.109   0.113  -0.182
[5,]       -2.499  -1.527   0.593  -0.339
...
> pcob$x
              PC1     PC2     PC3     PC4
Alabama    -0.976   1.122  -0.440   0.155
Alaska     -1.931   1.062   2.020  -0.434
Arizona    -1.745  -0.738   0.054  -0.826
Arkansas    0.140   1.109   0.113  -0.182
California -2.499  -1.527   0.593  -0.339
...
```

虽然直接调用 prcomp() 函数可以得到这部分实验结果，但此处仍对 svd() 函数的使用进行了说明。

首先随机从 50 x 2 的数据矩阵中删除 20 个数据值。先随机选择 20 行（州），然后在每一行中随机选择 4 个变量中的某一个进行删除。上述操作确保了每一行数据中至少包含三个观测值。

```
> nomit <- 20
> set.seed(15)
> ina <- sample(seq(50), nomit)
> inb <- sample(1:4, nomit, replace = TRUE)
> Xna <- X
> index.na <- cbind(ina, inb)
> Xna[index.na] <- NA
```

在以上程序中，ina 从整数 1~50 中随机选择 20 个数，表示要进行数据删除操作的州所在行号。inb 从 1~4 中又放回地选择 20 个整数，表示进行删除操作的 20 个州中需要删除的变量所在的列号。为执行最后的索引操作，创建一个两列矩阵 index.na，包含两列 ina 和 inb。至此，创建了索引矩阵，可以通过该矩阵对原数据矩阵进行索引！

对算法 12.1 进行编程运行。首先编写一个函数，输入矩阵，输出为通过 svd() 得到的矩阵的近似表示。该函数将在算法 12.1 中的步骤 2 中用到。正如之前所提及的那样，可以使用 prcomp() 函数直接获得结果，但是此处仍使用 svd() 函数进行演示。

```
> fit.svd <- function(X, M = 1) {
+     svdob <- svd(X)
+     with(svdob,
+       u[, 1:M, drop = FALSE] %*%
+       (d[1:M] * t(v[, 1:M, drop = FALSE]))
+     )
+ }
```

此处，不需要显式调用 return() 函数返回 fit.svd() 的结果值，R 会自动返回计算出来的数值。用 with() 函数简化 svdob 元素的索引。若不使用 with()，一种可行的替代方法是在 fit.svd() 函数中编写

```
svdob$u[, 1:M, drop = FALSE] %*%
    (svdob$d[1:M]*t(svdob$v[, 1:M, drop = FALSE]))
```

为执行算法的第 1 步，需要初始化 Xhat（这是算法 12.1 中的 $\tilde{X}$），该矩阵的缺失值用未缺失项的列均值补全。

```
> Xhat <- Xna
> xbar <- colMeans(Xna, na.rm = TRUE)
> Xhat[index.na] <- xbar[inb]
```

在开始第 2 步之前，对迭代的进程进行控制：

```
> thresh <- 1e-7
> rel_err <- 1
> iter <- 0
> ismiss <- is.na(Xna)
> mssold <- mean((scale(Xna, xbar, FALSE)[!ismiss])^2)
> mss0 <- mean(Xna[!ismiss]^2)
```

这里 ismiss 是与 Xna 维数完全一样的一个新的逻辑矩阵。对于任意给定的位置，若 ismiss 矩阵中该位置上的元素值等于 TRUE，则 Xna 对应的矩阵在这个位置上数据缺失。引入 ismiss 矩阵会使分析者对缺失数据和未缺失数据的位置一目了然。将未缺失数据取平方求均值存储在 msso 中，并将上一步 Xhat 的非缺失元素的均方误差存储在 mssold 中。将 Xhat 的非缺失元素的均方误差存储在 mss 中，然后运行迭代算法 12.1 的步骤 2，直到相对误差——定义为 (mssold-mss)/msso——低于程序控制值 thresh=1e－7 时停止迭代。⊖

在算法 12.1 的步骤 2（a）中，本实验使用 fit.svd() 近似 Xhat，并将其称之为 Xapp。在步骤 2(b) 中，使用 Xapp 更新 Xhat 中 Xna 中缺失元素的估计值。最后，在步骤 2(c) 中计算相对误差。这三个步骤包含在以下的 while() 循环程序段中：

```
> while(rel_err > thresh) {
+     iter <- iter + 1
+     # Step 2(a)
+     Xapp <- fit.svd(Xhat, M = 1)
+     # Step 2(b)
+     Xhat[ismiss] <- Xapp[ismiss]
+     # Step 2(c)
+     mss <- mean(((Xna - Xapp)[!ismiss])^2)
+     rel_err <- (mssold - mss) / mss0
+     mssold <- mss
+     cat("Iter:", iter, "MSS:", mss,
+       "Rel. Err:", rel_err, "\n")
```

⊖ 算法 12.1 需要迭代步骤 2 直到式（12.14）不再递减。为确定式（12.14）是否在减小，只需要追踪 mssold-mss。然而，在实践中，我们会跟踪 (mssold-mss)/ms0：这使得算法 12.1 收敛所需的迭代次数不会取决于原始数据 X 是否乘以一个常数因子。

```
+     }
Iter: 1 MSS: 0.3822 Rel. Err: 0.6194
Iter: 2 MSS: 0.3705 Rel. Err: 0.0116
Iter: 3 MSS: 0.3693 Rel. Err: 0.0012
Iter: 4 MSS: 0.3691 Rel. Err: 0.0002
Iter: 5 MSS: 0.3691 Rel. Err: 2.1992e-05
Iter: 6 MSS: 0.3691 Rel. Err: 3.3760e-06
Iter: 7 MSS: 0.3691 Rel. Err: 5.4651e-07
Iter: 8 MSS: 0.3691 Rel. Err: 9.2531e-08
```

可以看到，经过 8 次迭代，相对误差已经降到阈值 thresh=1e-7 以下，所以算法终止。当算法终止时，非缺失元素的均方误差等于 0.369。

最后，计算 20 个估算值与实际值的相关性：

```
> cor(Xapp[ismiss], X[ismiss])
[1] 0.6535
```

在这个实验中，出于教学目的，本实验自行实现了算法 12.1。然而，如果读者希望在自己的数据上进行矩阵补全操作，应当使用 CRAN 上的 softImpute 包，它可以提供非常有效的泛化算法的实现。

12.5.3 聚类分析

K 均值聚类

在 R 中，kmeans() 函数用于执行 K 均值聚类。下面讨论一个简单的模拟案例，这个案例中的数据确实有两个类：与后 25 个观测相比，前 25 个观测有一个均值漂移。

```
> set.seed(2)
> x<-matrix(rnorm(50*2), ncol=2)
> x[1:25,1]=x[1:25,1]+3
> x[1:25,2]=x[1:25,2]-4
```

现在进行 $K=2$ 时的 K 均值聚类。

```
> km.out<-kmeans(x,2,nstart=20)
```

50 个观测的分类结果保存在 km.out$ cluster 中。

```
> km.out$cluster
 [1] 1 1 1 1 1 1 1 1 1 1 1 1 1 1 1 1 1 1 1 1 1 1 1 1 1 2 2 2
[29] 2 2 2 2 2 2 2 2 2 2 2 2 2 2 2 2 2 2 2 2 2 2
```

K 均值聚类法把观测完美地分配到了 2 个类中，即使 kmeans() 函数中没有输入任何关于类的信息。我们也可以根据分类结果对观测着色，并绘制出包含这些分类信息的图。

```
> par(mfrow = c(1, 2))
> plot(x, col = (km.out$cluster + 1),
    main = "K-Means Clustering Results with K = 2",
    xlab = "", ylab = "", pch = 20, cex = 2)
```

如果数据是二维的，那么观测的图易于绘制。如果变量的个数多于两个，可以转而进行 PCA，绘制出前两个主成分得分向量的图。

本例中的模拟数据都是人为生成的，数据真实的聚类数确实是两类。但对于现实中的数据而言，真实的类数一般是未知的。在这个例子中，也可以对数据进行 $K=3$ 的 K 均值聚类。

```
> set.seed(4)
> km.out <- kmeans(x, 3, nstart = 20)
> km.out
K-means clustering with 3 clusters of sizes 17, 23, 10
Cluster means:
       [,1]     [,2]
1    3.7790  -4.5620
2   -0.3820  -0.0874
3    2.3002  -2.6962

Clustering vector:
 [1] 1 3 1 3 1 1 3 1 3 1 3 1 3 1 1 1 1 3 1 1 1 2 2 2
[29] 2 2 2 2 2 2 2 2 2 2 2 2 2 2 3 2 3 2 2 2 2

Within cluster sum of squares by cluster:
[1] 25.7409 52.6770 19.5614
 (between_SS / total_SS =  79.3 %)

Available components:
[1] "cluster"      "centers"       "totss"
[4] "withinss"     "tot.withinss"  "betweenss"
[7] "size"         "iter"          "ifault"
> plot(x, col = (km.out$cluster + 1),
    main = "K-Means Clustering Results with K = 3",
    xlab = "", ylab = "", pch = 20, cex = 2)
```

当 $K=3$ 时，K 均值聚类将这两个类重新拆分了。

要在 R 中 kmeans() 函数执行中试验初始类的各种分配情况，可以用 nstart 参数。如果 nstart 的值比已用过的值大，那么 R 软件将会用算法 12.2 步骤 1 中多种随机分配情况运行 K 均值聚类，而 kmeans() 函数将只记录最优的聚类结果。现在比较一下 nstart= 1 和 nstart= 20 时的情况。

```
> set.seed(4)
> km.out <- kmeans(x,3,nstart=1)
> km.out$tot.withinss
[1] 104.3319
> km.out <- kmeans(x,3,nstart=20)
> km.out$tot.withinss
[1] 97.9793
```

注意，km.out$ tot.withiness 表示总的类内平方和，可以通过 K 均值聚类 [式 (12.17)] 将其最小化，其中每个类的组内平方和也包含在 km.out$ withiness 向量中。

强烈建议在运行 K 均值聚类时取一个较大的 nstart 值，比如 20 或者 50，以避免产生不理想的局部最优解。

运行 K 均值聚类时，除了试验多种初始类分配方案以外，用 set.seed() 函数产生随机种子的方式也很有必要。如此一来，在步骤 1 初始类的分配过程可以重复进行，整个 K 均值聚类法的输出过程也会完全被重复。

层次聚类法

在 R 中，hclust() 函数用于执行分类聚类。下面的例子将分别用最长距离法、最短距离法和类平均法，并且用欧氏距离作为相异性度量绘制出前面实验中的数据的分类聚类谱系图。首先用最长距离法作为距离方式对观测进行分类聚类。dist()函数用于计算50×50观测间欧氏距离的矩阵。

```
> hc.complete<-hclust(dist(x), method="complete")
```

以此类推用类平均法和最短距离法代替最长距离法进行系统聚类。

```
> hc.average<-hclust(dist(x), method="average")
> hc.single<-hclust(dist(x), method="single")
```

调用常用的plot()函数绘出谱系图，谱系图底部的数字代表了各个观测。

```
> par(mfrow=c(1,3))
> plot(hc.complete,main="Complete Linkage", xlab="", sub="",
    cex=.9)
> plot(hc.average, main="Average Linkage", xlab="", sub="",
    cex=.9)
> plot(hc.single, main="Single Linkage", xlab="", sub="",
    cex=.9)
```

用cutree()函数根据谱系图的切割获得各个观测的类标签：

```
> cutree(hc.complete, 2)
 [1] 1 1 1 1 1 1 1 1 1 1 1 1 1 1 1 1 1 1 1 1 1 1 1 1 1 1 1 2 2 2
[30] 2 2 2 2 2 2 2 2 2 2 2 2 2 2 2 2 2 2 2 2
> cutree(hc.average, 2)
 [1] 1 1 1 1 1 1 1 1 1 1 1 1 1 1 1 1 1 1 1 1 1 1 1 1 1 1 1 1 2 2 2
[30] 2 2 1 2 2 2 2 2 2 2 2 2 1 2 1 2 2 2 2
> cutree(hc.single, 2)
 [1] 1 1 1 1 1 1 1 1 1 1 1 1 1 1 2 1 1 1 1 1 1 1 1 1 1 1 1 1 1 1
[30] 1 1 1 1 1 1 1 1 1 1 1 1 1 1 1 1 1 1 1 1
```

对这一数据来说，最长距离法和类平均法都准确地将观测分配到正确的类中。但是用最短距离法进行层次聚类时，会有一个点自成一类。而用最短距离法将数据划分为4个类时，尽管仍然有2个观测自成一类，但得到的聚类比类数为2的结果更为合理。

```
> cutree(hc.single, 4)
 [1] 1 1 1 1 1 1 1 1 1 1 1 1 1 1 2 1 1 1 1 1 1 1 1 1 1 3 3 3 3
[30] 3 3 3 3 3 3 3 3 3 3 4 3 3 3 3 3 3 3 3
```

在对观测进行层次聚类之前，可以用scale()函数对变量进行标准化处理：

```
> xsc<-scale(x)
> plot(hclust(dist(xsc), method="complete"), main="Hierarchical
    Clustering with Scaled Features")
```

可以用as.dist()函数计算基于相关性距离，这个函数可以将任意一个对称方阵转换成hclust()函数能识别的距离矩阵的形式。但这样做的前提是观测数据中至少包含3个变量，因为仅有两个变量的任意2个观测之间的相关系数绝对值恒等于1。因此，下面将对一个三维数据集进行聚类分析。

```
> x<-matrix(rnorm(30*3), ncol=3)
> dd<-as.dist(1-cor(t(x)))
> plot(hclust(dd, method="complete"), main="Complete Linkage
    with Correlation-Based Distance", xlab="", sub="")
```

12.5.4 以 NCI60 数据为例

无监督学习在基因数据分析中是常用技术，其中 PCA 和层次聚类法都是较为常用的工具。下面将基于 NCI60 癌细胞系微阵列数据来讲述这些技术的用法，其中 NCI60 数据集由 64 个细胞系的 6 830 个基因表达数据构成。

```
> library(ISLR2)
> nci.labs<-NCI60$labs
> nci.data<-NCI60$data
```

每个细胞系都用 nci.labs 中的标签表示其癌细胞类型。在进行 PCA 和聚类分析时，由于是无监督学习，不使用癌细胞的类型特征。在 PCA 和聚类分析之后，可以用这些特征检验无监督学习的结果与癌细胞类型的匹配度。

数据集包含 64 行和 6 830 列。

```
> dim(nci.data)
[1]   64 6830
```

首先，查看癌细胞系的类型。

```
> nci.labs[1:4]
[1] "CNS"    "CNS"    "CNS"    "RENAL"
> table(nci.labs)
nci.labs
     BREAST             CNS           COLON K562A-repro K562B-repro
          7               5               7           1           1
   LEUKEMIA  MCF7A-repro    MCF7D-repro     MELANOMA       NSCLC
          6               1               1           8           9
     OVARIAN       PROSTATE           RENAL     UNKNOWN
          6               2               9           1
```

基于 NCI60 数据的 PCA

虽然有经验表明不对基因变量做标准化处理更好，但本例中我们还是坚持先将变量（基因）标准化后再进行 PCA，如下所示：

```
> pr.out<-prcomp(nci.data, scale=TRUE)
```

绘制前几个主成分得分向量图将数据可视化，同一个癌症类型的观测（细胞系）以相同颜色标注，以便观察同类癌症的观测之间相似程度有多大。首先，编写一个可以给数值向量每个元素分配不同颜色的简单函数，这个函数可以根据每个观测对应的癌症类型给 64 个细胞系分配不同的颜色。

```
Cols<-function(vec){
+   cols<-rainbow(length(unique(vec)))
+   return(cols[as.numeric(as.factor(vec))])
+ }
```

注意，赋予rainbow()函数的参数是一个正整数，可以返回一个包含颜色数量的向量。下面绘制主成分的得分向量图。

```
> par(mfrow=c(1,2))
> plot(pr.out$x[,1:2], col=Cols(nci.labs), pch=19,
    xlab="Z1",ylab="Z2")
> plot(pr.out$x[,c(1,3)], col=Cols(nci.labs), pch=19,
    xlab="Z1",ylab="Z3")
```

最终输出的图在图12-17中表示出来（见彩插）。从图上来看，对应于同类癌症的细胞系在前几个主成分得分向量上的值确实更接近。这表明同一类癌症的细胞系往往有非常相似的基因表达水平。

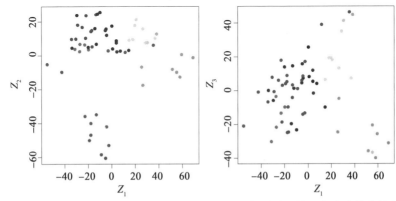

图12-17 NCI60癌细胞系在前3个主成分上的投影（换句话说，前3个主成分的得分）。总体来说，同类癌症的观测在这个低维空间中往往比较接近。如果不用诸如PCA之类的降维方法，不可能实现数据的可视化。虽然可以对数据集每两个绘制一张图，共计 $\binom{6\,830}{2}$ 个可能的散点图，但每一张的信息量都很有限

对prcomp的结果使用summary()函数得到前几个主成分的方差解释比例（PVE）的汇总表（下面输出结果只截取了其中一部分）：

```
> summary(pr.out)
Importance of components:
                         PC1     PC2     PC3     PC4     PC5
Standard deviation     27.853  21.4814 19.8205 17.0326 15.9718
Proportion of Variance  0.114   0.0676  0.0575  0.0425  0.0374
Cumulative Proportion   0.114   0.1812  0.2387  0.2812  0.3185
```

还可以用plot()函数绘制出前几个主成分解释的方差的图，如下所示：

```
> plot(pr.out)
```

注意，在柱形图中，每个柱子的高度是pr.out$sdev相应元素的平方。然而，画出每个主成分的PVE和累积PVE的图（比如碎石图）会更加直观。绘制这两个图很容易。

```
> pve<-100*pr.out$sdev^2/sum(pr.out$sdev^2)
> par(mfrow=c(1,2))
> plot(pve, type="o", ylab="PVE", xlab="Principal Component",
```

```
        col="blue")
> plot(cumsum(pve), type="o", ylab="Cumulative PVE", xlab="
    Principal Component", col="brown3")
```

(注意，pve 所需的数据也可以直接从汇总表 summary(pr.out)$ importance[2,] 中计算得出，cumsum(pve)的元素由 summary(pr.out)$ importance[3,] 得出。) 最终得到的图在图 12-18 中表示。前 7 个主成分一共解释了数据大约 40%的方差，但这个比例还不够大。然而，通过碎石图观察发现前 7 个主成分中每一个都解释了大量方差，而之后的主成分对方差的解释作用明显下降，即大约在碎石图中的第 7 个主成分的位置有一个肘。这表示没有必要考虑 7 个以上的主成分（尽管对 7 个主成分分析也已经很有挑战了）。

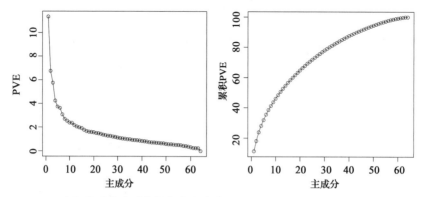

图 12-18　NCI60 癌细胞系微阵列数据集的主成分 PVE。左：显示了每个主成分的 PVE。右：主成分的累积 PVE，所有主成分共同解释了 100%的方差

NCI60 数据观测的聚类分析

对 NCI60 数据集中的细胞系数据进行分层聚类，检验观测是否被分到了不同的癌症类型中。首先，对变量进行标准化处理。正如前面提到的那样，这一步是可选的，只有当我们希望每个基因变量的尺度相同时才进行标准化操作。

```
> sd.data<-scale(nci.data)
```

分别用最长距离法、最短距离法和类平均法对观测进行系统聚类，用欧氏距离作为相异性度量。

```
> par(mfrow=c(1,3))
> data.dist<-dist(sd.data)
> plot(hclust(data.dist), labels=nci.labs, main="Complete
    Linkage", xlab="", sub="",ylab="")
> plot(hclust(data.dist, method="average"), labels=nci.labs,
    main="Average Linkage", xlab="", sub="",ylab="")
> plot(hclust(data.dist, method="single"), labels=nci.labs,
    main="Single Linkage", xlab="", sub="",ylab="")
```

运行结果显示在图 12-19 中。可以看到距离度量的不同确实会影响产生的结果。用最短距离法进行分层聚类通常会倾向于得到拖尾聚类结果：每个观测一个接一个地聚合到一些非常大的类中。而用最长距离法和类平均法进行系统聚类往往会得到类规模相对比较均

衡、分析潜力较大的分类结果。因此，最长距离法和类平均法一般比最短距离法更常用，虽然聚类不是很完美。下面以最长距离法为例做分层聚类分析。

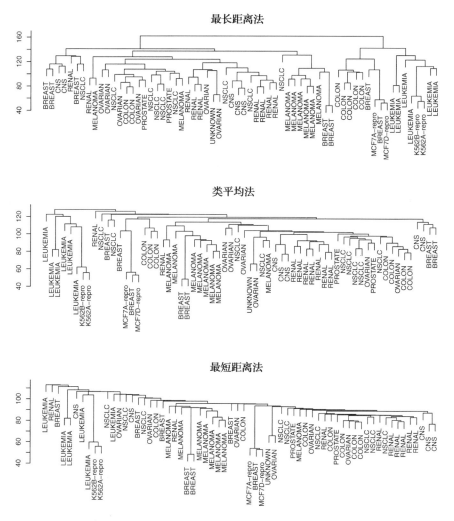

图 12-19 用最长距离法、类平均法和最短距离法对 NCI60 癌细胞系微阵列数据进行聚类分析，其中相异性度量是欧氏距离。用最长距离法和类平均法进行层次聚类更倾向于得到大小均衡的类，而用最短距离法则倾向于得到一个拖尾的类，在这些拖尾类中，每片叶子会一个接一个地汇合起来

在谱系图上某个高度切割可以产生指定类数的聚类，比如说 4 类：

```
> hc.out<-hclust(dist(sd.data))
> hc.clusters<-cutree(hc.out,4)
> table(hc.clusters,nci.labs)
```

从图中可以看出存在一些明显的模式。所有白血病细胞系都被归入了第 3 类，而乳腺癌细胞系却散布在3个不同的类中。下面绘出产生这4个类的谱系图的切割位置：

```
> par(mfrow=c(1,1))
> plot(hc.out, labels=nci.labs)
> abline(h=139, col="red")
```

在R中，abline()函数可以在任何已有的图上绘制出一条直线。参数h=139表示在谱系图中高度为139的位置绘制一条水平线，因为在这个高度做切割可以得到4个不同的类。容易证明用这个函数得到的类和用cutree(hc.out,4)函数得到的类是一样的。

打印hclust的输出结果可以得到这个参数的概要信息：

```
> hc.out

Call:
hclust(d = dist(sd.data))

Cluster method   : complete
Distance         : euclidean
Number of objects: 64
```

在12.4.2节中曾提到，即便K均值聚类法和用基于切割谱系图的层次聚类法得到相同数量的类，但两者的结果也可能大相径庭。NCI60的层次聚类结果与$K=4$的K均值聚类结果相比有什么不同呢？

```
> set.seed(2)
> km.out<-kmeans(sd.data, 4, nstart=20)
> km.clusters<-km.out$cluster
> table(km.clusters,hc.clusters)
           hc.clusters
km.clusters  1  2  3  4
          1 11  0  0  9
          2 20  7  0  0
          3  9  0  0  0
          4  0  0  8  0
```

可以看到，用层次聚类法和K均值聚类法产生的4个类确实有些不同。K均值聚类法得到的第4类与层次聚类法得到的第3类是一样的，但其他类就不同了。比如，K均值聚类得到的第2类中包含了层次聚类法得到的第1类中一部分观测和第2类中的全部观测。

可以只对前几个主成分的得分向量进行层次聚类，而不是对全部数据矩阵做层次聚类。程序如下：

```
> hc.out<-hclust(dist(pr.out$x[,1:5]))
> plot(hc.out, labels=nci.labs, main="Hier. Clust. on First
    Five Score Vectors")
> table(cutree(hc.out,4), nci.labs)
```

不出意外，产生的结果与用完整的数据集做系统聚类得到的结果有所不同。有时候对前几个主成分的得分向量进行聚类分析得到的结果可能比用完整数据集进行聚类分析的结果更好。在这种情况下，可以把得到主成分的过程看作对数据的去噪处理。同样在做K均值聚类时，只用前几个主成分的得分向量而不是完整的数据集。

12.6 习题

概念

1. 本题是有关 K 均值聚类算法的。
   (a) 证明式 (12.8);
   (b) 根据这个等式,说明 K 均值聚类算法(算法 12.2)在每一次迭代过程中是如何减小目标式 (12.17) 的值。
2. 假设现有 4 个观测,计算它们的相异性矩阵如下:
$$\begin{bmatrix} & 0.3 & 0.4 & 0.7 \\ 0.3 & & 0.5 & 0.8 \\ 0.4 & 0.5 & & 0.45 \\ 0.7 & 0.8 & 0.45 & \end{bmatrix}$$
   例如,第 1 个和第 2 个观测之间的相异性为 0.3,第 2 个和第 4 个观测之间的相异性为 0.8。
   (a) 根据相异性矩阵,绘出用最长距离法对这 4 个观测进行层次聚类后得到的谱系图,并在图中准确标出每次汇合发生的高度以及每个观测在谱系图中对应的叶子;
   (b) 重复步骤 (a),用最短距离法做层次聚类;
   (c) 通过切割 (a) 中得到的谱系图得到两个类,每个类中包含哪些观测?
   (d) 通过切割 (b) 中得到的谱系图得到两个类,每个类中包含哪些观测?
   (e) 本章提到,在谱系图中每次汇合时,汇合的两个类交换位置不会改变谱系图的含义。绘出一个等价于 (a) 中谱系图的谱系图,要求在这张图中交换 (a) 中谱系图两片或以上的叶子的位置并保持谱系图的意义不变。
3. 在该题中,需要手动对包含 2 个变量的 6 个观测进行 $K=2$ 的 K 均值聚类。观测如下:

观测	X_1	X_2
1	1	4
2	1	3
3	0	4
4	5	1
5	6	2
6	4	0

   (a) 绘出这些观测的散点图;
   (b) 随机地分配给每个观测一个类标签,可以在 R 中用 sample() 命令进行这一操作,同时记录下每个观测的类标签;
   (c) 计算每个类的类中心;
   (d) 用欧氏距离作为相异性度量,将每个观测分配到距离其最近的类中心所在的类中,记录下每个观测的类标签;

(e) 重复（c）和（d），直到得到的类标签不变为止；

(f) 在（a）部分所绘的图中，根据每个观测的类标签在图中给观测上色。

4. 假设有一个特定的数据集，用最短距离法和最长距离法对其进行层次聚类后产生两张谱系图。

   (a) {1,2,3} 和 {4,5} 两个类在用最短距离法得到的谱系图的某个位置汇合，而且这两组数据在用最长距离法得到的谱系图的某个位置也汇合。请问哪种聚类汇合的位置更高，或者两种汇合的高度相同，还是信息不充分无法回答该问题？

   (b) 如果 {5} 和 {6} 两个类在用最短距离法得到的谱系图的某个位置汇合，而且这两个点在用最长距离法得到的谱系图的某个位置也汇合。请问哪种聚类汇合的位置更高，或者两种汇合的高度相同，还是信息不充分无法回答该问题？

5. 文字阐述：如果对图 12-16 中 8 个购物者购买袜子和计算机的数量进行 $K=2$ 的 K 均值聚类，你期望得到怎样的结果？根据对变量的 3 种不同处理，分别回答，并解释原因。

6. 12.2.2 节中提及，主成分载荷因子和得分向量提供了一个矩阵的近似表示式（12.5）。同时，主成分得分和载荷向量的求解等价于求解式（12.6）的优化问题。

   现在，假设前 M 个主成分的得分向量 $z_{im}(m=1,2,\cdots,M)$ 是已知的。基于式（12.6）说明，前 M 个主成分载荷向量 $\phi_{jm}(m=1,2,\cdots,M)$ 可以通过进行 M 个独立的最小二乘线性回归获得。在每次回归中，主成分的得分向量是预测变量，而数据矩阵中的某个特征是响应变量。

应用

7. 本章曾提到过相关性距离和欧氏距离在分层聚类中都可以作为相异性度量。其实这两种度量方法几乎是等价的：如果对每个观测进行标准化处理，用 r_{ij} 表示第 i 个观测和第 j 个观测之间的相关性，那么 $1-r_{ij}$ 的值就与第 i 个观测和第 j 个观测之间的欧氏距离的平方成比例。

   试用 USArrests 数据说明该比例关系的存在性。

   提示：欧氏距离可以用 dist() 函数计算，相关性可以用 cor() 函数来计算。

8. 在 12.2.3 节的式（12.10）中给出了计算 PVE 的公式，当然 PVE 还可以用 prcomp() 函数的 sdev 输出结果得到。

   用两种方法计算 USArrests 数据的 PVE：

   (a) 与 12.2.3 节中一样，用 prcomp() 函数的 sdev 输出结果计算 PVE。

   (b) 直接应用式（12.10）。即用 prcomp() 函数计算主成分载荷，然后将载荷带入式（12.10）得到 PVE。

   这两种方法得到的结果应该完全相同。

   提示：如果在两种情况下使用同一个数据，那么用（a）和（b）两种方法得到的结果一定相同。比如，如果在（a）中用 prcomp() 函数对变量进行了标准化处理，那么在（b）中使用式（12.10）时，必须先对变量进行标准化处理。

9. 请对 USArrests 数据中的"州"进行层次聚类。

   (a) 用最长距离法和欧氏距离对"州"进行层次聚类。

(b) 在某一高度切割谱系图将数据分成 3 个不同的类后,每个州所在的类是什么?

(c) 变量标准化后,用最长距离法和欧氏距离对"州"进行层次聚类。

(d) 变量事先标准化对层次聚类的结果有什么影响?你是否同意在计算观测变量间的相异性度量前应该将变量实施标准化?证明你的观点。

10. 在该题中,需要创建一个模拟数据集并进行 PCA 和 K 均值聚类。

(a) 创建一个模拟数据集,其中有 3 个类、50 个变量,每个类有 20 个观测(即共有 60 个观测)。

提示:R 软件里有很多函数可以用来产生数据。比如 rnorm() 函数和 runif() 函数。对每个类中的观测加上均值漂移以保证得到 3 个不同的类。

(b) 对 60 个观测进行 PCA,并绘制出前两个主成分的得分向量图。用不同的颜色表示 3 个类中的观测。如果 3 个类在图中可以明显区分开,那么继续进行步骤(c)。如果不能,那继续返回步骤(a)调整模拟数据,使得到的 3 个类能够更明显地区分开。直到至少能在前两个主成分得分向量上区分出 3 个类后再进行步骤(c)。

(c) 对这些观测进行 $K=3$ 的 K 均值聚类。看看与真实的类相比,用 K 均值聚类法得到的类的分类效果如何?

提示:你可以在 R 中使用 table() 函数来比较数据的真实类标签和用聚类分析得到的类标签。注意如何解释结果:K 均值聚类法会随机地对类进行编号,所以你不能简单地检查得到的类标签和真实的类标签是否相同。

(d) 进行 $K=2$ 的 K 均值聚类,并描述你得到的结果。

(e) 进行 $K=4$ 的 K 均值聚类,并描述你得到的结果。

(f) 对前两个主成分的得分向量而不是原始数据进行 $K=3$ 的 K 均值聚类。也就是说,对第 1 列是第一主成分得分向量,第 2 列是第二主成分得分向量的 60×2 矩阵进行 K 均值聚类,并说明你的结果。

(g) 用 scale() 函数对经过标准化处理的变量进行 $K=3$ 的 K 均值聚类。这个结果与在(b)中得到的结果有什么不同?请解释原因。

11. 参考 12.5.2 节内容以及算法 12.1,编写一个 R 函数进行矩阵补全。在每次迭代中,函数应该持续关注相对误差和迭代次数。在相对误差足够小,或者达到某个最大迭代次数(为这个最大次数设置一个默认值)时停止迭代。此外,函数中应该包含输出每次迭代进度的代码。

在 Boston 数据上测试自行编写的函数。在实施前,使用 scale() 函数将特征标准化,使各列均值为 0,标准差为 1。进行如下实验:将观测数据的随机剔除比例从 5% 逐步提升至 30%,每次提升 5%。在 $M=1,2,\cdots,8$ 的不同取值下,应用算法 12.1,并展示本次实验中,在不同的剔除比例和不同 M 值下,进行 10 次重复实验得到的误差的平均值。

12. 12.5.2 节使用 svd() 实现了算法 12.1。但考虑到实验中强调 svd() 和 prcomp() 的关系,也可以使用 prcomp() 对算法进行实现。请编写一个函数来实现算法 12.1,该函数需要使用 prcomp() 而不是 svd()。

13. 在本书网站 www.statlearning.com 中找到有 1 000 个基因表达水平的 40 个组织样本的数据集（Ch12Ex13.csv）。前 20 个样本是从已康复患者中取得的，后 20 个样本是从患病组中取得的。

(a) 用 read.csv() 函数加载数据，令参数 header=F。

(b) 用基于相关性的距离对样本进行分层聚类并绘制谱系图，基因变量能否将样本分到两个指定的类中？得到的结果与距离的类型有关吗？

(c) 假设你的合作伙伴想知道哪个基因对于区分两个类最关键，提出一种回答该类问题的方法，并将它应用在该数据中。

第 13 章 多重检验

到目前为止，本书所讨论的内容主要集中在**估计**（estimation）及相关的**预测**（prediction）上，本章将着重关注假设检验问题。假设检验是进行**推断**（inference）的关键，推断的相关概念曾在第 2 章中有过简单介绍。

读者在学习本章节前，应对假设检验问题有一定的了解，13.1 节会简要回顾零假设、p 值、检验统计量，以及其他的与假设检验相关的内容。但是，本章不会关注**为什么**（why）或**怎样**（how）进行假设检验——这是一个可以（也已经）另写一整本新书的主题。因此，本章假定读者对检验某些特定的零假设集合感兴趣，并且清楚地知道如何进行检验并获得相应的 p 值。

经典统计学的重点是检验单个零假设，如 H_0：**对照组小鼠的平均血压等于实验组小鼠的平均血压**。当然，分析师更乐于发现两组小鼠的平均血压之间是存在差异的。但是为了表述清晰，通常构建均值无差异的零假设。

但在当前背景下，数据分析师经常会面临大量的数据，从而可能需要检验大量的零假设。例如，比起简单地检验一个零假设 H_0，数据分析师可能需要检验 m 个零假设，H_{01}，$H_{02}, \cdots, H_{0m}$，其中 H_{0j}：**对照组小鼠的第 j 个生物标志物的平均值等于实验组小鼠的第 j 个生物标志物的平均值**。在进行**多重检验**（multiple testing）时，对于结果的解释要非常小心，以避免错误地拒绝过多的零假设。

本章将讨论在大数据背景下进行多重检验的经典方法以及更现代的方法。13.2 节探讨多重检验带来的挑战，13.3 节给出这些挑战的经典解决方法。13.4 节和 13.5 节则介绍更为现代的解决方法。

13.4 节将重点关注**假发现率**（false discovery rate）。错误发现率的概念可以追溯到 20 世纪 90 年代，并在 21 世纪初由于基因组学大规模数据集的出现而迅速流行。这些数据集是非常独特的——不仅因为它们的规模很大⊖，也因为它们通常是出于**探索**（exploratory）目的收集的。研究人员收集这些数据集是为了检验巨大数量的零假设，而不是预先指定的小部分零假设。同样，现今的大规模数据集在采集数据时并没有预先指定零假设，这种情况几乎涵盖了所有领域。错误发现率就非常适用于上述现实情况。

本章将重点放在 p 值上。p 值是统计学中量化假设检验结果的一种经典方法，在撰写本书时（2020），p 值是当时的热门主题，并引发了社会科学研究界的大量讨论，以至于一些社会科学期刊甚至禁止使用 p 值。但是必须承认，当正确地理解和应用 p 值时，p 值会

⊖ 微阵列数据在当时被视为"大数据"，尽管以今天的标准来看，这个标签有点奇怪：一个微阵列数据集可以（而且通常是）存储在一个 Microsoft Excel 电子表格中！

是根据数据进行推断的强大工具。

13.1 假设检验的快速回顾

假设检验为回答"是"或"否"(yes-or-no)问题提供了一个严谨的统计框架,例如以下问题:

1. Y 关于 $X_1, X_2, \cdots, X_p$ 的线性回归系数 β_j 是否等于 0?[⊖]
2. 对照组小鼠和实验组小鼠的平均血压有差异吗?[⊜]

13.1.1 节将简要回顾假设检验的步骤。13.1.2 节将讨论假设检验过程中可能犯的各类错误。

13.1.1 单个假设的检验

假设检验的执行通常分为四个步骤。首先,定义零假设和备择假设。接着,构造一个检验统计量,来反映拒绝零假设的证据的强度。然后计算 p 值,以量化在零假设条件下,检验统计量的值等于观测值或比观测值更极端的概率。最后,根据 p 值决定是否拒绝零假设。接下来依次简要讨论这些步骤。

步骤 1:定义零假设和备择假设

在假设检验中,研究者会把现实问题分成两种可能进行讨论:第一种设为**零假设**(null hypothesis),第二种设为**备择假设**(alternative hypothesis)。零假设用 H_0[⊝] 表示,是对问题当前状态的默认表述。例如,与本章之前提出的两个问题有关的零假设可以表述如下:

1. Y 关于 $X_1, X_2, \cdots, X_p$ 的线性回归系数 β_j 等于 0。
2. 对照组小鼠和实验组小鼠的平均血压没有差异。

对零假设做出这样的表述体现了研究者的倾向性,即使零假设是正确的,但分析的目标不在于获得对零假设的支持,而是通过数据去推翻零假设。

备择假设,用 H_a 表示,代表着某些不同的、意想不到的情况。比如,两组小鼠的平均血压之间存在差异。通常,备择假设对应零假设不成立的情况——**如果零假设是 A 和 B 之间没有差异,那么备择假设就是 A 和 B 之间存在差异。**

值得注意的是,对 H_0 和 H_a 的处理是不对称的。H_0 被视为问题的默认状态,而研究者更倾向于使用数据来拒绝 H_0。如果研究者拒绝了 H_0,那么这就提供了有利于 H_a 的证据。可以将拒绝 H_0 看作对数据的一种**发现**(discovery),即发现 H_0 不成立。相反,如果没能拒绝 H_0,那么结果比较模糊——研究者不知道没能拒绝 H_0,是因为样本量太小(在这种情况下,在更大规模或更高质量的数据集上进行检验可能会导致拒绝 H_0)还是因为 H_0 确实成立。

⊖ 这个假设检验在第 3 章中讨论过。
⊜ "实验组"指的是接受实验治疗的一组小鼠,"对照组"指的是没有接受治疗的一组小鼠。
⊝ H_0 英文读作 "H naught" 或 "H zero",中文读作 "H 零"。

步骤 2：构造检验统计量

接下来，研究者希望利用数据来找到支持或反对零假设的证据。为了做到这一点，需要计算一个**检验统计量**（test statistic），记作 T，它体现了数据与 H_0 的一致程度。构造检验统计量 T 的方式取决于要检验的零假设的性质。

为了具体阐述检验统计量的构造过程，令 $x_1^t, x_2^t, \cdots, x_{n_t}^t$ 表示实验组的 n_t 个小鼠的血压测量值，令 $x_1^c, x_2^c, \cdots, x_{n_c}^c$ 表示对照组的 n_c 个小鼠的血压测量值，且有 $\mu_t = E(X^t)$，$\mu_c = E(X^c)$。为了检验 $H_0: \mu_t = \mu_c$，采用**两样本 t 统计量**①（two-sample-t-statistic），如下式所示

$$T = \frac{\hat{\mu}_t - \hat{\mu}_c}{s\sqrt{\frac{1}{n_t} + \frac{1}{n_c}}} \tag{13.1}$$

其中 $\hat{\mu}_t = \frac{1}{n_t}\sum_{i=1}^{n_t} x_i^t$，$\hat{\mu}_c = \frac{1}{n_c}\sum_{i=1}^{n_c} x_i^c$，

$$s = \sqrt{\frac{(n_t-1)s_t^2 + (n_c-1)s_c^2}{n_t + n_c - 2}} \tag{13.2}$$

s 是两个样本的联合标准差的估计值，②其中 s_t^2 和 s_c^2 分别是实验组小鼠和对照组小鼠的血压方差的无偏估计。统计量 T 的一个大的绝对值可以提供不利于零假设 $H_0: \mu_t = \mu_c$ 的证据，即支持备择假设 $H_a: \mu_t \neq \mu_c$ 的证据。

步骤 3：计算 p 值

前一节中指出，两样本 t 统计量的一个大的绝对值提供了不利于 H_0 的证据。这就引出了一个问题：多大的值可以看作大值？换句话说，给定的检验统计量的值可以提供多少不利于 H_0 的证据？

p 值（p-value）的概念提供了一种形式化地回答这个问题的方法。p 值定义为**在零假设为真的条件下**，检验统计量的值等于观测值或比观测值更极端的概率。因此，一个小的 p 值可以提供反对 H_0 的证据。

为了进一步说明，假设式（13.1）中的检验统计量 $T = 2.33$。那么，如果 H_0 成立，观察到这样大的 T 值的概率是多少？事实上，在 H_0 下，式（13.1）中的检验统计量 T 近似服从 $N(0,1)$ 分布③——均值为 0，方差为 1 的正态分布。该分布如图 13-1 所示。从图中可以看到绝大多数（98%）的 $N(0,1)$ 分布落在 -2.33 到 2.33 之间。这意味着在 H_0 为真的情况下，预计只有 2% 的情况会看到 $|T|$ 这么大的值。因此，$T = 2.33$ 时对应的 p 值为 0.02。

H_0 为真的情况下，检验统计量的分布（也称为检验统计量的**零假设下的分布**），取决于零假设的类型以及使用的检验统计量的类型。通常，大多数常用的检验统计量在零假设

---

① t 统计量的名字来源于事实：在 H_0 下，统计量服从 t 分布。
② 注意式（13.2）假定对照组和实验组的方差相等。如果没有这个假定，式（13.2）的形式将略有不同。
③ 更准确地说，假设观测数据来自正态分布，那么 T 服从自由度为 $n_t + n_c - 2$ 的 t 分布。假如 $n_t + n_c - 2$ 大于 40 左右，则可以很好地近似为 $N(0,1)$ 分布。在 13.5 节中，将介绍一种替代的、通常更吸引人的方法来近似 T 的分布，该方法避免了对数据做出严格的假定。

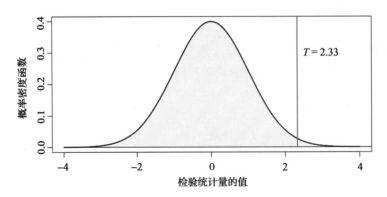

图 13-1　$N(0,1)$ 分布的密度函数，竖线对应 2.33。曲线下的区域有 1% 位于竖线右侧，所以观察到大于 2.33 或小于 -2.33 的值的概率只有 2%。因此，如果一个检验统计量在零假设下服从 $N(0,1)$ 分布，那么检验统计量 $T=2.33$ 时对应的 p 值为 0.02

下都遵循一个已知的统计分布，比如正态分布、t 分布、χ^2 分布或 F 分布，但是这些分布都需要满足样本量足够大和其他一些假定条件。通常，用于计算检验统计量的 R 函数会利用零假设下统计量的分布来输出 p 值。在 13.5 节，我们将介绍一种用于估计检验统计量的分布的重采样方法。在现今的许多情况下，这种重采样方法都很有吸引力，它利用了高性能计算机的可用性，避免对数据做出可能有问题的假设。

p 值可能是统计学中使用和滥用最多的概念之一。特别地，有时会将 p 值看作 H_0 成立即零假设为真的概率，这是不对的。p 值唯一正确的解释是，在 H_0 为真的条件下，如果进行多次重复实验，预计检验统计量出现如此极端值的次数所占的比例。⊖

在步骤 2 中，计算了检验统计量，并注意到检验统计量的一个大的绝对值提供了反对 H_0 的证据。在步骤 3 中，检验统计量被转换为 p 值，较小的 p 值提供了反对 H_0 的证据。那么，通过将检验统计量转换成 p 值，可以实现什么呢？为了回答这个问题，假设一个数据分析师进行统计检验，并计算出检验统计量 $T=17.3$。这是否提供了反对 H_0 的有力证据？如果没有更多的信息，无法判断结果的有效性：特别地，分析师需要知道在 H_0 下，期望得到的检验统计量的值是多少，才能够进行比较并做出判断。这正是 p 值存在的意义。换句话说，检验统计量是任意的不可解释的尺度下的数值，p 值可以将其转化成 0 到 1 之间的一个更容易解释和比较的数值。

步骤 4：决策是否拒绝零假设

当计算出了对应于 H_0 的 p 值，接下来就是决策是否拒绝 H_0（通常不说"接受"H_0，而是用"未能拒绝"H_0 来表述）。一个小的 p 值表明在 H_0 下不太可能会出现这么大的检验统计量，从而提供了拒绝 H_0 的证据。如果 p 值足够小，那么将会拒绝 H_0（因此，获得

⊖ 单侧 p 值是观察到如此极端的检验统计量的值的概率；例如，观察到一个检验统计量的值大于或等于 $T=2.33$ 的概率。双侧 p 值是观察到如此极端的检验统计量的绝对值的概率；例如，观察到一个检验统计量的值大于或等于 2.33 或者小于或等于 -2.33 的概率。在默认情况下，建议计算双侧 p 值而不是单侧 p 值，除非有明确且令人信服的理由表明检验统计量只有一个方向具有科学意义。

了一个发现)。但是多小才足以拒绝 H_0 呢?

事实证明,这个问题的答案很大程度上取决于研究者,或者更确切地说,是数据分析师。p 值越小,不利于 H_0 的证据越强。在一些领域,通常会在 p 值小于 0.05 时拒绝 H_0;这意味着,如果 H_0 成立,预计得到这样小的 p 值的概率不超过 5%⊖。然而,在另外一些领域,可能需要更强的证据:例如,在物理学的某些领域,通常只有当 p 值低于 10^{-9} 时,才会拒绝 H_0!

在图 13-1 所示的例子中,如果使用 0.05 作为拒绝零假设的阈值,那么会拒绝零假设。但是,如果使用 0.01 作为阈值,则无法拒绝零假设。这些说法将在下一节中正式说明。

13.1.2 第一类错误和第二类错误

如果零假设成立,那么它就是一个**真的零假设**(true null hypothesis);否则,就是一个**假的零假设**(false null hypothesis)。例如,如果检验 13.1.1 节中的零假设 $H_0: \mu_t = \mu_c$,并且实验组和对照组小鼠的平均血压在两个总体中确实没有差异,那么 H_0 是真的;否则,H_0 是假的。当然,研究者无法先验地知道 H_0 是真还是假,这正是为什么需要进行假设检验的原因。

表 13-1 总结了在检验零假设时可能出现的情况。⊖ 进行假设检验后,表的**行**(row)是已知的(基于是否拒绝 H_0 的决策);然而,研究者不可能知道处在哪一**列**(column)。如果当 H_0 为假(或 H_a 为真)的时候拒绝 H_0,或者当 H_0 为真的时候不拒绝 H_0,那么得到的结果是正确的。但是,如果当 H_0 为真的时候错误地拒绝了 H_0,那么就犯了**第一类错误**(Type I error)。**第一类错误率**(Type I error rate)定义为在 H_0 成立的条件下犯第一类错误的概率,即错误地拒绝 H_0 的概率。另外,当 H_0 为假时,如果没有拒绝 H_0,那么就犯了**第二类错误**(Type II error)。假设检验的**功效**(power)定义为在 H_a 为真的条件下不犯第二类错误的概率,即正确地拒绝 H_0 的概率。

理想情况下,研究者希望第一类错误率和第二类错误率都很小。但在实践中,这是很难实现的。研究者通常需要对两类错误进行权衡:如果只在非常确定 H_0 不成立的情况下拒绝 H_0,可以减小犯第一类错误的概率;但是,这将导致犯第二类错误的概率增加。或者,如果在只有些许证据的情况下就拒绝 H_0,可以减小犯第二类错误的概率,但这会导致犯第一类错误的概率很大。在实践中,通常认为犯第一类错误的后果比犯第二类错误更"严重",因为前者宣布零假设的发现是不正确的。因此,当进行假设检验时,通常需要保持一个较低的第一类错误率——例如,很多时候设置 $\alpha = 0.05$——同时使得犯第二类错误的概率尽可能小(或者说,功效尽可能大)。

事实表明 p 值和第二类错误率之间有直接对应关系。只有在 p 值小于 α 的时候拒绝 H_0,才能确保犯第一类错误的概率小于或等于 α。

⊖ 尽管在某些科学领域,用 0.05 作为拒绝 H_0 的阈值是普遍存在的,但我们建议不要盲目坚持这种武断的选择。此外,数据分析师通常应该报告 p 值本身,而不仅仅是 p 值是否超过了指定的阈值。

⊖ 表 13-1 和表 4-6 之间有一些相似之处,都是二分类器的输出形式。特别地,回顾表 4-6,当实际的标签是阴性(零),而预测结果是阳性(非零)时,会出现假阳性。这与第一类错误密切相关,第一类错误是在零假设成立时拒绝了零假设。

表 13-1 检验零假设 H_0 时，可能出现的情况。第一类错误也称为假阳性（false positive），第二类错误称为假阴性（false negative）

		真实（truth）	
		H_0	H_a
决策（decision）	拒绝 H_0	第一类错误	正确
	不拒绝 H_0	正确	第二类错误

13.2 多重检验的挑战

前一节提到，当 p 值低于 0.01 时拒绝 H_0，可以将检验犯第一类错误的概率控制在 0.01 水平：如果 H_0 为真，此时拒绝 H_0 的概率不超过 1%。但是如果想要检验的是 m 个零假设 $H_{01}, H_{02}, \cdots, H_{0m}$，是否也会拒绝所有 p 值低于 0.01 的零假设呢？换种说法，如果拒绝所有 p 值小于 0.01 的零假设，那么预计会犯多少第一类错误？

为了回答这个问题，考虑一个案例。有一个股票经纪人，她想利用她的交易敏锐度招揽新客户。她告诉 1 024（1 024＝2^{10}）个潜在的新客户，她可以准确预测苹果公司的股价在未来 10 天内的涨跌情况。在这 10 天内，苹果股价总共有 2^{10} 种可能的变化情况。因此，她给每个客户发的邮件内容是 2^{10} 种可能性中的一种。大部分潜在客户会发现她的预测并不比随机猜测好（许多人会发现结果甚至比随机猜测更糟糕）。但是正如一个坏了的钟每天仍会有两个时刻是正确的，其中一个潜在客户会发现她对这 10 天的预测都是正确的。从而，这个股票经纪人获得了一个新客户。

这是如何发生的？这个股票经纪人对于苹果股票的涨跌有什么实际的见解吗？没有。那么，她是如何连续 10 天完美地预测苹果股价的涨跌呢？实际上只是因为她猜测了很多次，其中恰好有一次是正确的。

这和多重检验有什么关系呢？假如抛 1024 枚均匀硬币⊖，每枚硬币抛 10 次。那么预计（平均）有一枚硬币每次都是反面朝上。（任意一枚硬币 10 次全是反面朝上的概率是 $1/2^{10}=1/1024$。如果抛 1024 枚硬币，那么预计有 1 枚硬币全是反面朝上。）如果抛一枚硬币 10 次，全是反面朝上，那么可能得出结论：这枚硬币是不均匀的。实际上，如果构建一个标准的假设检验，零假设为这枚硬币是均匀的，其对应的 p 值要小于 0.002⊖。但是这并不能说明这枚硬币是不均匀的：实际上，零假设是成立的，而连续 10 次反面朝上只是碰巧得到的结果。

这些例子说明了**多重检验**（multiple testing）的主要挑战：当检验大量的零假设时，一定会偶然得到一些非常小的 p 值。如果分析师在决定是否拒绝每一个零假设时，不考虑进行了大量的检验，那么最终可能会拒绝大量的真的零假设，也就是说，犯了大量的第一

⊖ 均匀硬币指的是抛该硬币一次，正面落地和反面落地的概率相同。

⊖ p 值指的是在零假设成立的条件下，观测值出现如此极端值的概率。如果这枚硬币是均匀的，那么观测到 10 次反面朝上的概率是 $1/2^{10}=1/1024<0.001$。因此 p 值为 $2/1024<0.002$，这是观测到 10 次正面朝上或 10 次反面朝上的概率。

类错误。

这样决策的后果有多严重？回想一下上一节对单个假设的检验，如果当检验的 p 值小于某个值，比如说，$\alpha=0.01$ 时，拒绝零假设 H_0，那么会有 1% 的概率做出的拒绝决策是错误的。现在如果检验 m 个零假设 $H_{01},\cdots,H_{0m}$，且这些零假设都是真的，如果仍然按照上述的决策方法，那么犯第一类错误的概率是多少呢？拒绝任意一个零假设时犯第一类错误的概率是 1%；因此，预计总共将会错误地拒绝大约 $0.01\times m$ 个零假设。如果 $m=10\,000$，那么预计会错误地拒绝 100 个零假设。这时犯大量的第一类错误。

问题的关键是：当 p 值低于 α 时拒绝某个零假设，可以将错误地拒绝该零假设的概率控制在 α。但是，如果对 m 个零假设都这么决策，那么错误地拒绝至少一个零假设的概率是相当高的。在 13.3 节中，我们会更详细地说明这个问题，并提出了一个解决方案。

13.3 族错误率

下面讨论在进行多重检验时，如何控制犯至少一个第一类错误的概率。

13.3.1 族错误率的定义

回想一下，第一类错误率指的是在 H_0 为真的条件下拒绝 H_0 的概率。**族错误率**（family-wise error rate，FWER）将这一概念推广到包含 m 个零假设的集合 $\{H_{01},H_{02},\cdots,H_{0m}\}$，定义为在检验这 m 个零假设时，至少犯一个第一类错误的概率。为了更详细地说明该概念，考虑表 13-2，该表总结了进行 m 个假设检验时可能产生的结果。其中，V 表示犯第一类错误的假设（也叫作假阳性或假发现）的数量，S 是真阳性的数量，U 是真阴性的数量，W 是犯第二类错误的假设（也叫作假阴性）的数量。族错误率由下式给出，

$$\text{FWER} = \Pr(V \geqslant 1) \tag{13.3}$$

拒绝所有 p 值低于 α 的零假设（即控制每个零假设犯第一类错误的概率在 α 水平）对应 FWER 如下式所示：

$$\begin{aligned}\text{FWER}(\alpha) &= 1 - \Pr(V = 0) \\ &= 1 - \Pr(\text{没有错误地拒绝任意一个零假设}) \\ &= 1 - \Pr\Big(\bigcap_{j=1}^{m} \{\text{没有错误地拒绝 } H_{0j}\}\Big)\end{aligned} \tag{13.4}$$

根据概率论，如果事件 A 和事件 B 是相互独立的，那么有 $\Pr(A\cap B)=\Pr(A)\Pr(B)$。因此，如果 m 个检验彼此独立，并且 m 个零假设都是真的，那么

$$\text{FWER}(\alpha) = 1 - \prod_{j=1}^{m}(1-\alpha) = 1 - (1-\alpha)^m \tag{13.5}$$

因此，如果只检验一个零假设，则 $\text{FWER}(\alpha)=1-(1-\alpha)^1=\alpha$，此时第一类错误率和 FWER 是相等的。但是，如果执行 $m=100$ 个独立的假设检验，则 $\text{FWER}(\alpha)=1-(1-\alpha)^{100}$。例如，取 $\alpha=0.05$，得到 FWER 为 $1-(1-0.05)^{100}=0.994$。也就是说，如果当 p 值低于 α 时拒绝零假设，那么我们相当确定会犯至少一个第一类错误。

表 13-2 执行 m 个假设检验的结果的总结。一个给定的零假设，要么为真，要么为假，对它的检验结果要么是拒绝该假设要么是不拒绝。实际上，V,S,U,W 的值是未知的。但是，等式 $V+S=R$ 和 $U+W=m-R$ 成立，它们分别是被拒绝的零假设的个数和未被拒绝的零假设的个数

	H_0 是真的	H_0 是假的	合计
拒绝 H_0	V	S	R
不拒绝 H_0	U	W	$m-R$
合计	m_0	$m-m_0$	m

图 13-2 展示了式 (13.5) 随 m 取不同值的变化情况，m 表示检验的数量，α 表示第一误率（见彩插）。从图中可知，在 $\alpha=0.05$ 时，中等大小的 m 也会导致很高的 FWER。在 $\alpha=0.01$ 时，要保证 FWER 不超过 0.05，最多检验 5 个零假设。只有在 α 取非常小的值的情况下，如 $\alpha=0.001$，才能在中等大小的 m 的情况下，确保一个较小的 FWER。

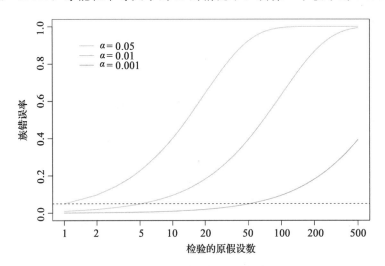

图 13-2 族错误率关于假设检验数（按对数尺度显示刻度）的函数，α 有三个水平，分别是 $\alpha=0.05$（橙线），$\alpha=0.01$（蓝线），$\alpha=0.001$（紫线）。虚线处于 0.05 位置。举个例子，当检验 $m=50$ 个零假设时，为了将 FWER 控制在 0.05 水平，我们必须将每个零假设的第一类错误率控制在 $\alpha=0.001$ 水平

现在回到 13.1.1 节中的例子，使用两样本 t 检验统计量来检验单个零假设 $H_0:\mu_t=\mu_c$。回想图 13-1，为了保证假设检验犯第一类错误的概率不超过 0.02，分析师使用 2.33 作为临界值，以此决定是否拒绝 H_0（即如果 $|T|\geqslant 2.33$，就拒绝 H_0）。现在，如果想用两样本 t 统计量来检验 10 个零假设，情况是怎样的呢？根据 13.3.2 节的内容，当只拒绝 p 值低于 0.002 的零假设时，可以保证 FWER 不超过 0.02。这相当于使用更为严格的临界值 3.09 来进行决策（即只有当 $|T_j|\geqslant 3.09$ 时，拒绝 H_{0j}，对于 $j=1,2,\cdots,10$）。换句话说，将 FWER 控制在 α 水平时拒绝零假设所需的证据，要远高于将每个假设的第一类错误控制

在 α 水平时拒绝零假设所需的证据。

13.3.2 控制族错误率的方法

在本节中，将简要介绍一些控制 FWER 的方法。本节会在 Fund（基金）数据集上说明这些方法，该数据集记录了 2 000 名基金经理的 50 个月的月超额收益率[○]。表 13-3 列出了前五名经理的相关统计摘要信息。

接下来首先介绍 Bonferroni 校正法则和 Holm 法，这两个是非常通用的控制 FWER 的方法，无论零假设是什么形式，选择了何种检验统计量，p 值间是否存在依赖关系，都可以应用这两个方法来控制 FWER。然后我们简单介绍 Tukey 法和 Scheffé 法，因为在某些情况下，采用一些专门的控制 FWER 的方法可能是更可取的。

表 13-3 前两列表示 Fund（基金）数据集中，前五名经理的超额收益率的样本均值和样本标准差。最后两列表示假设检验中的 t 统计量（$\sqrt{n} \cdot \overline{X}/S$）和相应的 p 值，其中零假设为 $H_{0j}: \mu_j = 0$，表示第 j 名经理的均值收益率等于 0

经理	均值 $\overline{x}$	标准差 s	t 统计量	p 值
1	3.0	7.4	2.86	0.006
2	−0.1	6.9	−0.10	0.918
3	2.8	7.5	2.62	0.012
4	0.5	6.7	0.53	0.601
5	0.3	6.8	0.31	0.756

Bonferroni 校正法则

与前一节一样，假如想要检验假设 $H_{01}, H_{02}, \cdots, H_{0m}$。令 A_j 表示在检验第 j 个零假设时犯了第一类错误，其中 $j = 1, 2, \cdots, m$。那么可得到下式

$$\begin{aligned} \text{FWER}(\alpha) &= \Pr(\text{错误地拒绝至少一个零假设}) \\ &= \Pr\left(\bigcup_{j=1}^{m} A_j\right) \\ &\leqslant \sum_{j=1}^{m} \Pr(A_j) \end{aligned} \quad (13.6)$$

对于任意两个事件 A 和 B，无论 A, B 是否相互独立，都有不等式 $\Pr(A \cup B) \leqslant \Pr(A) + \Pr(B)$，由此得到式（13.6）的不等式。叫作 Bonferroni 校正法则（Bonferroni correction）或者 Bonferroni 法，将假设检验的拒绝阈值设置为 α/m，即 $\Pr(A_j) \leqslant \alpha/m$。因此由式（13.6）可得

$$\text{FWER}(\alpha) \leqslant m \times \frac{\alpha}{m} = \alpha$$

所以该方法可以将 FWER 控制在 α 水平。例如，当检验 $m = 100$ 个零假设时，为了将 FWER 控制在 0.1 水平，Bonferroni 校正法则要求将每个零假设的第一类错误控制在

○ 超额收益是指基金经理在市场整体收益之外获得的额外收益。在给定时间内，如果市场增长了 5%，而基金经理实现了 7% 的收益率，那么超额收益率是 7% − 5% = 2%。

0.1/100＝0.001 水平，即在 p 值小于 0.001 时拒绝零假设。

现在考虑表 13-3 中的 Fund（基金）数据集。如果将每名基金经理对应的假设检验的第一类错误控制在 $\alpha=0.05$ 水平，那么根据表 13-3，经理 1 和经理 3 具有显著非零的超额收益率；换句话说，分析师将拒绝 $H_{01}:\mu_1=0$ 和 $H_{03}:\mu_3=0$。但是，正如之前谈到过的，这个过程没有考虑到检验了多个假设，所以这样决策会导致 FWER 大于 0.05。如果分析师想要将 FWER 控制在 0.05 水平，那么可以使用 Bonferroni 校正法则，将每名经理对应检验的第一类错误控制在 $\alpha/m=0.05/5=0.01$ 水平。这样的话，就只会拒绝经理 1 对应的零假设，因为所有其他经理对应检验的 p 值都超过 0.01。Bonferroni 校正法则使得分析师不会错误地拒绝太多的零假设，但是会因此付出其他代价——因为几乎没有拒绝任何零假设，所以通常会犯相当多的第二类错误。

到目前为止，Bonferroni 校正法则是统计中最著名和最常用的多重校正方法。Bonferroni 校正法则能够如此普及，很大程度上是因为该方法理解和实现起来很容易，同时也因为它的适用范围较广，无论 m 个假设检验是否相互独立，都能够使用 Bonferroni 校正法则成功地控制第一类错误。但是，Bonferroni 校正法则通常既不是最强大的，也不是最好的多重检验修正方法。因为 Bonferroni 校正法则相当保守，真实的 FWER 通常比名义（或目标）FWER 还低得多；这是由式（13.6）的不等式造成的。相比之下，一个不那么保守的方法允许在拒绝更多零假设的同时控制 FWER，从而产生更少的第二类错误。

Holm 法

Holm 法也称为 Holm 递减法或 Holm-Bonferroni 法，是 Bonferroni 校正法则的一个替代方法。Holm 法同样可以控制 FWER，但没有 Bonferroni 校正法则那么保守，也就是说，比起 Bonferroni 校正法则，Holm 法会拒绝更多的零假设，从而导致更少的第二类错误，获得更大的功效。算法 13.1 展示了 Holm 法的步骤。该方法控制 FWER 的证明类似于式（13.6），但要稍微更复杂一些。值得注意的是，在 Holm 法中，用来拒绝每个零假设的阈值——步骤 5 中的 $p_{(L)}$——实际上取决于所有的 m 个 p 值。〔见式（13.7）中 L 的定义。〕这与 Bonferroni 校正法则不同，在 Bonferroni 校正中，通过拒绝任何 p 值低于 α/m 的零假设，将 FWER 控制在 α 水平，而不管其他检验的 p 值如何。Holm 法不要求 m 个假设检验满足独立性假定，且比 Bonferroni 校正法则更有功效——它总是拒绝至少和 Bonferroni 校正法则一样多的零假设——因此 Holm 法总是被优先考虑。

算法 13.1　控制 FWER 的 Holm 法

---

1. 指定 α，即控制 FWER 的水平。
2. 计算 m 个零假设 $H_{01},\cdots,H_{0m}$ 的 p 值 $p_1,\cdots,p_m$。
3. 对 m 个 p 值进行排序，使得 $p_{(1)}\leqslant p_{(2)}\leqslant\cdots\leqslant p_{(m)}$。
4. 定义
$$L=\min\left\{j:p_{(j)}>\frac{\alpha}{m+1-j}\right\} \qquad (13.7)$$
5. 拒绝所有 $p_j<p_{(L)}$ 的零假设 H_{0j}。

现在考虑将 Holm 法应用于表 13-3 的 Fund（基金）数据集中的前五名基金经理，将 FWER 控制在 0.05 水平。排序后的 p 值为 $p_{(1)}=0.006$，$p_{(2)}=0.012$，$p_{(3)}=0.601$，

$p_{(4)}=0.756$，$p_{(5)}=0.918$。Holm 法拒绝前两个零假设，因为 $p_{(1)}=0.006<0.05/(5+1-1)=0.01$，$p_{(2)}=0.012<0.05/(5+1-2)=0.0125$，但 $p_{(3)}=0.601>0.05/(5+1-3)=0.167$，即 $L=3$。可以注意到，在这种情况下，Holm 法比 Bonferroni 校正法则更有功效：前者拒绝经理 1 和经理 3 对应的零假设，而后者只拒绝经理 1 对应的零假设。

图 13-3 展示了 Bonferroni 校正法则和 Holm 法在三个模拟数据集上的检验结果，每个模拟数据集包含 $m=10$ 个假设检验，其中有 $m_0=2$ 个零假设为真（见彩插）。每个图显示了从小到大排序后的 p 值，纵轴按照对数尺度显示。8 个红点代表假的零假设，2 个黑点代表真的零假设。目标是将 FWER 控制在 0.05 水平。Bonferroni 校正法则拒绝所有 p 值低于 0.005 的零假设，用黑色的水平线表示。Holm 法拒绝所有 p 值低于蓝线的零假设。蓝线总是在黑线之上，所以 Holm 法总是会比 Bonferroni 校正法则拒绝更多的零假设；两条线之间的区域对应的是只在 Holm 法中拒绝的零假设。在左图中，Bonferroni 校正法则和 Holm 法都成功拒绝了 8 个假的零假设中的 7 个。在中间的图中，Holm 法成功地拒绝了所有的假的零假设，而 Bonferroni 校正法则没能拒绝一个假的零假设。在右图中，Bonferroni 校正法则只拒绝了所有假的零假设中的 3 个，而 Holm 法拒绝了全部的假的零假设。在这些例子中，无论是 Bonferroni 校正法则还是 Holm 法都没有犯第一类错误。

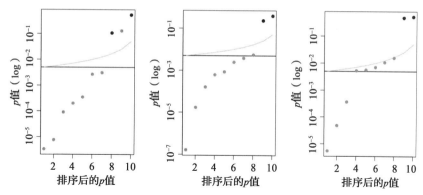

图 13-3　每个图对应一个模拟结果，展示了 $m=10$ 个假设检验排序后的 p 值。$m_0=2$ 个真的零假设对应的 p 值用黑点表示，其他 p 值用红点表示。将 FWER 控制在 0.05 水平时，Bonferroni 校正法则拒绝所有 p 值低于黑线的零假设，Holm 法拒绝所有 p 值低于蓝线的零假设。蓝线和黑线之间的区域表示只有 Holm 法拒绝的零假设。在中间的图中，Holm 法比 Bonferroni 校正法则多拒绝 1 个零假设。在右图中，Holm 法比 Bonferroni 校正法则多拒绝 5 个零假设

两种特殊情况：Tukey 法和 Scheffé 法

Bonferroni 校正法则和 Holm 法几乎可以用于任何想要控制 m 个零假设的 FWER 的情况：这两种方法对零假设的性质、检验统计量的类型和 p 值间的依赖关系没有做任何假定。但是，在某些特定的情况下，可以使用更适合手头任务的方法来控制 FWER，以获得更高的功效。Tukey 法和 Scheffé 法就是两个例子。

表 13-3 显示在 Fund（基金）数据集中，经理 1 和经理 2 的样本平均收益率差异最大。

这一发现促使分析师检验假设 $H_0:\mu_1=\mu_2$,其中 μ_j 为基金经理 j 的(总体)平均收益率。根据两样本 t 检验式(13.1)得到 p 值为 0.0349,表明有一定的证据来拒绝 H_0。但是,这个 p 值是有误导性的,因为分析师决定比较经理 1 和经理 2 的平均收益率是在检查了所有五名基金经理的收益率之后;这实际上相当于已经执行了 $m=5\times(5-1)/2=10$ 个假设检验,然后选取具有最小 p 值的那个检验做进一步分析。因此,为了在 0.05 水平上控制 FWER,分析师应该对 $m=10$ 个假设检验做 Bonferroni 校正,最终只拒绝 p 值低于 0.005 的零假设。如果这样做,则无法拒绝经理 1 和经理 2 有相同的收益率的零假设。

但是,在这个情境中,Bonferroni 校正实际上是有点过于严苛了,因为它没有考虑到 $m=10$ 个假设检验间存在一定的关联:例如,经理 2 和经理 5 的平均收益率相似,经理 2 和经理 4 的平均收益率相似;这可以确保经理 4 和经理 5 的平均收益率类似。换句话说,m 个两两比较的 p 值不是相互独立的。因此,应该用一种不那么保守的方法来控制 FWER。这正是 Tukey 法的思想:对 G 个均值进行两两比较,要进行 $m=G(G-1)/2$ 次假设检验,该方法通过拒绝所有的 p 值低于 α_T 的零假设,将 FWER 控制在 α 水平,其中 $\alpha_T > \alpha/m$。

图 13-4 显示了 Tukey 法在包含 $G=6$ 个均值的三个模拟数据集上的应用结果,其中,$\mu_1=\mu_2=\mu_3=\mu_4=\mu_5\neq\mu_6$(见彩插)。因此,在 $m=G(G-1)/2=15$ 个 $H_0:\mu_j=\mu_k$ 形式的零假设中,有 10 个是真的,5 个是假的。在每个图中,真的零假设用黑点表示,假的零假设用红点表示。蓝色横线表明 Tukey 法拒绝的零假设至少和 Bonferroni 校正法则一样多。在左图中,Tukey 法比 Bonferroni 校正法则正确地多拒绝 2 个零假设。

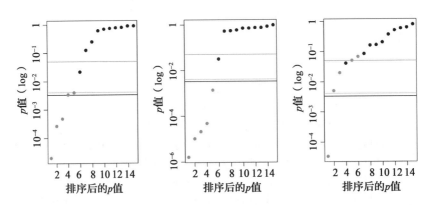

图 13-4 每个图对应一个模拟结果,展示了 $G=6$ 个均值共 $m=15$ 个假设检验排序后的 p 值。$m_0=10$ 个真的零假设对应的 p 值用黑点表示,其他 p 值用红点表示。将 FWER 控制在 0.05 水平时,Bonferroni 校正法则拒绝所有 p 值低于黑线的零假设,Tukey 法拒绝所有 p 值低于蓝线的零假设。因此,Tukey 法的功效要略高于 Bonferroni 校正法则。不进行校正,只将第一类错误控制在 0.05 水平时,会拒绝所有 p 值低于绿线的零假设

现在,假如再次检查表 13-3 中的数据,并注意到经理 1 和经理 3 的平均收益率高于经理 2、4、5。这促使分析师检验如下的零假设:

$$H_0: \frac{1}{2}(\mu_1 + \mu_3) = \frac{1}{3}(\mu_2 + \mu_4 + \mu_5) \tag{13.8}$$

（其中 μ_j 是基金经理 j 的总体平均收益率。）使用式（13.1）中的双样本 t 检验的变体来检验假设式（13.8），得出 p 值为 0.004。这有力地证明了经理 1、3 的平均收益率与经理 2、4、5 的平均收益率之间存在差异。但是，存在一个问题：分析师决定检验式（13.8）中的零假设，是在查看了表 13-3 中的数据之后。某种意义上说，这意味着分析师已经进行了多重检验。在这种情况下，如果使用 Bonferroni 校正法则将 FWER 控制在 α 水平，需要用 α/m 作为 p 值的阈值，其中 m 是一个非常大的值。⊖

Scheffé 法正是为这种情况而设计的。该方法通过计算值 α_S 将第一类错误控制在 α 水平，当 p 值小于 α_S 时，拒绝式（13.8）中的零假设 H_0。事实上，对于 Fund（基金）的例子，为了在 $\alpha = 0.05$ 水平上控制第一类错误，需要设定 $\alpha_S = 0.002$。因此，不能拒绝式（13.8）中的 H_0，尽管其 p 值很小，只有 0.004。Scheffé 法的一个重要优势是，可以使用相同的 $\alpha_S = 0.002$ 的阈值来对五名经理划分为任意两组进行两两比较：例如，可以采用相同的 0.002 阈值，来检验 $H_0: \frac{1}{3}(\mu_1 + \mu_2 + \mu_3) = \frac{1}{2}(\mu_4 + \mu_5)$ 和 $H_0: \frac{1}{4}(\mu_1 + \mu_2 + \mu_3 + \mu_4) = \mu_5$，而不需要调整阈值。

总而言之，Holm 法和 Bonferroni 校正法则是非常通用的多重检验校正方法，适用于任意情况。然而，在某些特殊情况下，为了在控制 FWER 的同时获得更高的功效（即犯较少的第二类错误），可以采用更强大的多重检验校正方法。本节我们已经举了两个例子了。

13.3.3 族错误率和功效之间的权衡

一般来说，在 FWER 阈值和拒绝零假设的**功效**（power）之间存在一个权衡。回想一下功效的定义，它等于拒绝的假的零假设的数量除以总的假的零假设的数量，使用表 13-2 的符号表示为 $S/(m-m_0)$。图 13-5 展示了包含 m 个零假设的模拟实验的结果（见彩插），其中 90% 的零假设为真，10% 为假；在图中功效显示为 FWER 的函数。在这个特别的模拟设置中，当 $m = 10$ 时，0.05 的 FWER 对应的功效大约是 60%。但是，当 m 增加时，功效会减小。当 $m = 500$ 时，0.05 的 FWER 对应的功效低于 0.2，所以仅仅成功拒绝了大约 20% 的假的零假设。

图 13-5 表明，当 m 取一个小值，比如 5 或 10 时，控制 FWER 是合理的。然而，当 $m = 100$ 或 $m = 1\,000$ 时，试图控制 FWER 会造成几乎不可能拒绝任何假的零假设。换句话说，功效将会非常低。

为什么会这样？回想一下，使用表 13-2 中的表示法，FWER 定义为 $\Pr(V \geq 1)$［式（13.3）］。换句话说，将 FWER 控制在 α 水平使得数据分析师不太可能（概率不超过 α）拒绝任何真的零假设，即不太可能出现假阳性。为了在 m 很大的情况下实现这一目的，数据分析师可能会拒绝很少的零假设，甚至可能根本不拒绝任何零假设（因为如果 $R = 0$，那么 $V = 0$；见表 13-2）。如图 13-5 所示，这样做是没有意义的，通常会导致非常低的功效。

⊖ 事实上，计算 m 的"正确"值需要一定的技术含量，超出了本书的讨论范围。

在实践中,当 m 很大时,分析师可能更愿意容忍一些假阳性,以获得更多的发现,即更多地拒绝零假设。这就是下一节要介绍的错误发现率背后的动机。

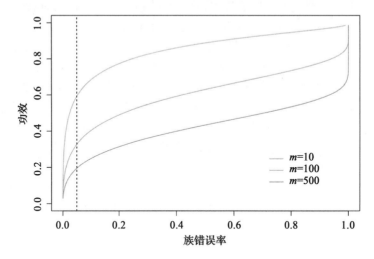

图 13-5 模拟中共有 m 个零假设,其中 90% 是真的,图中显示了功效(power)(所有假的零假设中成功拒绝的比例)关于族错误率的函数。曲线分别对应 $m=10$(橙色),$m=100$(蓝色),$m=500$(紫色)。当 m 增大时,功效会降低。竖虚线对应的 FWER 为 0.05

13.4 假发现率

13.4.1 假发现率的直观理解

正如之前所讨论过的那样,当需要检验的数量 m 很大时,想方设法控制住每个检验的假阳率(如控制 FWER)太过于理想化了,且这个条件过于严苛了。退一步讲,如果有可能将假阳数(V)与总阳性数($V+S=R$)的比值控制到足够低,这样就可以保证大多数受到拒绝的零假设都不会呈现假阳性。将 V/R 的比值称为**假发现比例**(false discovery proportion,FDP)。

数据分析师真正需要做的是控制 FDP,即控制被拒绝的零假设里假阳性的比例(比如不超过 20%)。不幸的是,在实践中对数据分析师而言,控制 FDP 是一项不可能完成的任务。这是因为在任何特定的数据集上,根本无法准确地获知哪些假设是真的,哪些假设不是真的。退而求其次数据分析师能做的实际上是控制 FWER,比如,他可以控制在任何一个事先给定的 α 下,有 $\Pr(V \geqslant 1) \leqslant \alpha$ 成立,但这并不表示可以保证 $V=0$(这种情况极其罕见,发生在当所有的零假设都没有被拒绝的时候,此时 $R=0$)。

这表明可以控制**假发现率**(false discovery rate,FDR)⊖,定义由下式给出:

$$\text{FDR} = E(\text{FDP}) = E(V/R) \tag{13.9}$$

⊖ 如果 $R=0$,那么我们取比值 V/R 为 0,避免计算 0/0。因此,FDR $= E(V/R \mid R>0)\Pr(R>0)$。

当控制 FDR 在（比方说）$q=20\%$ 水平时，表明要尽可能多地拒绝零假设，这样做也可以保证被拒绝的零假设中假阳性的比例的平均值不超过 20%。

在式（13.9）FDR 的定义中，在产生数据的总体上求期望。例如，假设将 m 个零假设的 FDR 控制在 $q=0.2$。这意味着如果重复这个实验很多次，且每次都将 FDR 控制在 $q=0.2$，那么预计，平均有 20% 的被拒绝的零假设会是假阳性。在一个给定的数据集上，控制其 FDR 在 0.2 水平上，那么实际上被拒绝的假设中假阳性的比例可能大于或小于 20%。

到目前为止，已经从实用主义的角度出发阐述了 FDR 的使用动机，即当 m 很大时，控制 FWER 过于严苛，将不会产生"足够"的发现。使用 FDR 的另一个动机是，它很符合当代应用中收集数据的方式。随着各个领域的数据集规模不断扩大，出于探索而不是验证目的进行大量假设检验的现象越来越普遍。例如，基因组研究员对个体进行基因组测序，这些个体一部分有某种特定疾病，另一部分没有，然后对测得的 20 000 个基因中的每一个，检验该基因的序列变异是否与所关注的医疗疾病有关。这相当于执行 $m=20\,000$ 个假设检验。这种分析在本质上是探索性的，因为研究员没有预先关注某个特定的假设。相反，他希望发现有一定的证据表明基因与疾病之间存在关联，并计划进一步研究存在这种证据的基因。研究员很大程度上愿意容忍在将要进一步研究的这些基因中存在一些假阳性。因此，此时控制 FWER 不是一个合适的选择。但是，对多重检验进行一些修正还是有必要的——对研究员来说，研究 p 值小于（比方说）0.05 的所有基因不是个好主意，因为即使没有基因与疾病相关，预计也会有 1000 个基因由于偶然因素而具有这样小的 p 值（因为 $0.05 \times 20\,000 = 1\,000$）。在探索性分析中，将 FDR 控制在 20% 可以保证——平均而言——不超过 20% 的进一步研究的基因是假阳性。

值得注意的是，就 p 值而言，研究者通常把阈值 0.05 视为"阳性"结果的最低证据标准，将阈值 0.01 甚至 0.001 视为更有说服力的证据，而 FDR 不同，对它的控制没有标准的可接受阈值。相反，FDR 阈值的选择通常与背景有关，甚至与数据集有关。例如，前一个例子中，如果后续分析是耗时的或高代价的，那么研究员可能会将 FDR 控制在阈值 10%；如果后续分析是低代价的，那么以 30% 为 FDR 阈值可能更合适。

13.4.2 Benjamini-Hochberg 法

接下来聚焦于如何控制 FDR，即在保证 FDR、$E(V/R)$ 小于或等于某个预先指定的值 q 的情况下做出决策。为此，需要以某种方式将来自 m 个零假设的 p 值，$p_1, p_2, \cdots, p_m$ 与指定的 FDR 阈值 q 联系起来。算法 13.2 给出了一个简单的方法，称作 Benjamini-Hochberg 法，可用于控制 FDR。

算法 13.2　控制 FDR 的 Benjamini-Hochberg 法

1. 指定 q，即控制 FDR 的水平。
2. 计算 m 个假设检验 $H_{01}, H_{02}, \cdots, H_{0m}$ 的 p 值 $p_1, p_2, \cdots, p_m$。
3. 对 m 个 p 值进行排序，使得 $p_{(1)} \leqslant p_{(2)} \leqslant \cdots \leqslant p_{(m)}$。
4. 定义
$$L = \max\{j: p_{(j)} < qj/m\} \tag{13.10}$$
5. 拒绝所有 $p_j \leqslant p_{(L)}$ 的零假设 H_{0j}。

Benjamini-Hochberg 法的关键在于式（13.10）。举个例子，再次考虑 Fund（基金）数据集中的如表 13-3 所示的前五名经理。（在该例中，$m=5$，尽管通常情况下是在涉及更多数量的零假设时控制 FDR。）根据上述算法可得，$p_{(1)}=0.006<0.05\times1/5$，$p_{(2)}=0.012<0.05\times2/5$，$p_{(3)}=0.601>0.05\times3/5$，$p_{(4)}=0.756>0.05\times4/5$，$p_{(5)}=0.918>0.05\times5/5$。因此，将 FDR 控制在 5% 的水平时，拒绝经理 1 和经理 3 的平均收益率为 0 的零假设。

只要 m 个 p 值相互独立或者依赖性很低，Benjamini-Hochberg 法就可以保证下式成立，⊖

$$\mathrm{FDR}\leqslant q$$

换句话说，该方法可以确保，被拒绝的零假设是假阳性的比例平均不超过 q。值得注意的是，不管有多少零假设是真的，也不管假的零假设的 p 值是怎样分布的，该式都是成立的。因此，在给定 m 个 p 值的时候，Benjamini-Hochberg 法提供了一种决定拒绝哪些零假设的简单方法，同时可以将 FDR 控制在水平 q。

Benjamini-Hochberg 法与 13.3.2 节中的 Bonferroni 校正法则存在根本的区别。在 Bonferroni 校正法则中，为了将 m 个零假设的 FWER 控制在水平 α，只须简单地拒绝 p 值低于 α/m 的零假设。阈值 α/m 不依赖于数据（除了值 m），也不依赖于 p 值。与之相比，Benjamini-Hochberg 法的拒绝阈值的构造更加复杂：该方法拒绝 p 值小于或等于第 L 小的 p 值的零假设，其中 L 是 m 个 p 值的函数，如式（13.10）所示。因此，在使用 Benjamini-Hochberg 法时，无法预先确定拒绝阈值，而需要先查看数据。举个抽象的例子，当 $m=100$，FDR 阈值为 0.1 时，分析师无法确定是否要拒绝一个 p 值为 0.01 的零假设；因为对该假设的决策还要依赖于其余 $m-1$ 个 p 值。Benjamini-Hochberg 法的这种性质与 Holm 法相同，Holm 法中 p 值的阈值同样要依赖于数据。

图 13-6 显示了在 Fund（基金）数据集的全部数据上应用 Bonferroni 校正法则和 Benjamini-Hochberg 法的结果（见彩插），数据集总共包括 $m=2\,000$ 名基金经理的数据，其中前五名经理的相关信息表 13-3 已经展示了。当使用 Bonferroni 校正法则将 FWER 控制在水平 0.3 时，只拒绝了一个零假设；也就是说，只有一名基金经理存在超额收益，其收益率高于市场收益率。尽管事实上，在没有进行多重检验校正的情况下，$m=2\,000$ 名基金经理中似乎有很大一部分都存在超额收益——例如，其中 13 名基金经理的 p 值低于 0.001。相比之下，当将 FDR 控制在水平 0.3 时，我们发现有 279 名基金经理存在超额收益；预计其中只有大约 $279\times0.3=83.7$ 名基金经理是出于偶然因素表现良好。因此，可以发现控制 FDR 比控制 FWER 更加温和，也更加有效，因为它允许以更多的假阳性为代价来拒绝更多的零假设。

Benjamini-Hochberg 法从 20 世纪 90 年代中期就产生了。尽管自那以后发表了许多论文，提出了 FDR 控制的其他方法，这些方法在特定情况下表现得更好，但是 Benjamini-Hochberg 法仍然是非常有用的广泛适用的方法。

⊖ 但是，该式的证明超出了本书的范围。

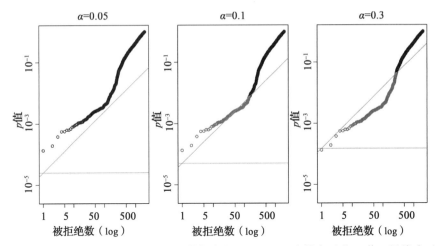

图 13-6 每个图都显示了 Fund（基金）数据集的 $m=2\,000$ 个排序后的 p 值。绿线表示使用 Bonferroni 校正法则控制 FWER 得到的 p 值的阈值，分别将 FWER 控制在 $\alpha=0.05$（左）、$\alpha=0.1$（中）和 $\alpha=0.3$（右）三个水平。橙线表示使用 Benjamini-Hochberg 法控制 FDR 得到的 p 值的阈值，分别将 FDR 控制在 $q=0.05$（左）、$q=0.1$（中）和 $q=0.3$（右）三个水平。将 FDR 控制在水平 $q=0.1$ 时，146 个零假设被拒绝（中间图）；相应的 p 值用蓝色显示。将 FDR 控制在水平 $q=0.3$ 时，279 个零假设被拒绝（右图）；相应的 p 值用蓝色显示

13.5 计算 p 值和假发现率的重采样方法

到目前为止，本章的讨论都是利用检验统计量 T 来检验零假设 H_0，该统计量在 H_0 下服从一个已知的分布，如正态分布、t 分布、χ^2 分布或 F 分布。这就是**零假设下的统计量分布**（theoretical null distribution）。计算假设检验统计量的 p 值时，往往要依赖于零假设下的统计量分布。事实上，对于大多数类型的零假设，只要对数据做出严格的假定，就可以确定零假设下的统计量分布。

但是，如果零假设 H_0 或检验统计量 T 较生僻，那么可能无法获得零假设下的统计量分布。有时，即使零假设下的统计量分布存在，但该分布需要满足的某些假定可能不成立，例如，可能由于样本量太小，而不满足分布成立的假定条件。因此，需要慎重使用零假设下的统计量分布。

针对上述问题，本节将介绍一种推断框架，利用高性能计算机的算力逼近统计量 T 在零假设下的分布，从而获得 p 值。虽然该框架适用面很广，但读者在将框架应用于特定问题时仍须做出针对性处理。因此，下文将结合一个特殊的例子介绍该框架，例子使用两样本 t 检验来检验两个随机变量的均值是否相等。

与本章前面的小节相比，本节中的讨论内容更具挑战性，如果读者更乐于使用先前介绍的零假设下的统计量分布来计算检验的 p 值，则可以放心跳过本节。

13.5.1 计算 p 值的重采样方法

回顾 13.1.1 节中的例子，假如想要检验随机变量 X 和 Y 的均值是否相等，即零假设 $H_0: E(X)=E(Y)$，备择假设 $H_a: E(X) \neq E(Y)$。给定 n_X 个来自 X 的独立观测值，n_Y 个来自 Y 的独立观测值，则两样本 t 统计量如下式所示：

$$T = \frac{\hat{\mu}_X - \hat{\mu}_Y}{s\sqrt{\frac{1}{n_X} + \frac{1}{n_Y}}} \tag{13.11}$$

其中 $\hat{\mu}_X = \frac{1}{n_X}\sum_{i=1}^{n_X} x_i$，$\hat{\mu}_Y = \frac{1}{n_Y}\sum_{i=1}^{n_Y} y_i$，$s = \sqrt{\frac{(n_X-1)s_X^2 + (n_Y-1)s_Y^2}{n_X + n_Y - 2}}$，$s_X^2$ 和 s_Y^2 是两个样本组方差的无偏估计。当 T 的绝对值足够大时，便可以作为反对 H_0 的证据。

如果 n_X 和 n_Y 很大，那么式（13.11）中的 T 在零假设下近似服从 $N(0,1)$ 分布。但是，如果 n_X 和 n_Y 很小，那么关于 X 和 Y 的分布的强假定不成立，此时无法确定 T 在零假设成立时的分布⊖。在这种情况下，可以采用**重采样**（re-sampling）方法，或者更确切地说，使用**置换**（permutation）法来近似 T 在零假设下的分布。

为了说明置换法的原理，考虑如下情况。如果 H_0 成立，即 $E(X)=E(Y)$，且假定 X 和 Y 的分布相同，那么交换 X 和 Y 的观测值时，T 的分布不变。也就是说，随机交换 X 和 Y 的某些观测值作为交换数据集，**在交换数据集和原始数据集上计算的式（13.11）中的检验统计量 T 具有相同的分布**。该性质只有当 H_0 成立且 X 和 Y 的分布相同时才会成立。

根据上述性质，为了近似 T 在零假设下的分布，可以采用以下方法。首先对 $n_X + n_Y$ 个观测值重新排列，根据重排列后的数据计算式（13.11），将以上过程重复 B 次，B 是某个较大的值。令 $T^{*1}, T^{*2}, \cdots, T^{*B}$ 表示根据重排列数据计算的式（13.11）的值。这些值可以看作对零假设 H_0 下的 T 的分布的一个近似。根据定义，p 值是在 H_0 下观测到如检验统计量的值这么极端或更极端的值的概率。因此，为了计算 T 对应的 p 值，可以计算下式

$$p \text{ 值} = \frac{\sum_{b=1}^{B} 1_{(|T^{*b}| \geq |T|)}}{B} \tag{13.12}$$

该式表示根据重排列数据计算的所有检验统计量中，如初始数据的统计量那么极端或更极端的统计量所占的比例。算法 13.3 给出了该方法的具体步骤。

算法 13.3　两样本 t 检验的重采样 p 值

1. 使用初始数据 $x_1, x_2, \cdots, x_{n_X}$ 和 $y_1, y_2, \cdots, y_{n_Y}$ 计算式（13.11）中的 T。
2. 对于 $b=1,2,\cdots,B$，其中 B 是一个较大的数（比如，$B=10\,000$）：

⊖ 如果假定 X 和 Y 服从正态分布，那么式（13.11）中的 T 在 H_0 下服从自由度为 $n_X + n_Y - 2$ 的 t 分布。然而，在实践中，已知随机变量分布的情况很少，因此，为了获得统计量的分布，最好采用重采样方法，而不是对数据强加上严格的不合理的假定。如果重采样方法的结果与零假设下的统计量分布结果不一致，则重采样方法的结果更可信。

(a) 对 n_X+n_Y 个观测值随机重新排列。将前 n_X 个重排列后的数据记作 $x_1^*, x_2^*, \cdots, x_{n_X}^*$，其余的 n_Y 个数据记作 $y_1^*, y_2^*, \cdots, y_{n_Y}^*$。

(b) 根据重排列后的数据 $x_1^*, x_2^*, \cdots, x_{n_X}^*$ 和 $y_1^*, y_2^*, \cdots, y_{n_Y}^*$ 计算式 (13.11)，将结果记作 T^{*b}。

3. p 值由下式给出，

$$\frac{\sum_{b=1}^{B} 1_{(|T^{*b}| \geqslant |T|)}}{B}$$

接下来在 Khan（小圆血细胞肿瘤）数据集上运行算法 13.3，此数据集包含四种小圆血细胞肿瘤（儿童中常见的一种癌症）的 2 308 个基因的表达水平的测量值。该数据集是 ISLR2 包的一部分。本节只关注两种观测值最多的亚型：横纹肌肉瘤（rhabdomyosarcoma）（$n_X=29$）和伯基特淋巴瘤（Burkitt's lymphoma）（$n_Y=25$）。

以两组亚型样本中第 11 个基因的平均表达值相等为零假设，对其进行两样本 t 检验，得到 $T=-2.093\,6$。零假设成立时统计量 T 服从 t_{52} 分布（$n_X+n_Y-2=52$），根据 t_{52} 分布计算得到的 p 值为 0.041。（请注意，t_{52} 分布与 $N(0,1)$ 分布几乎没有差别。）如果使用算法 13.3 进行重采样，设置 $B=10\,000$，那么计算得到的 p 值为 0.042。图 13-7 显示了零假设下的统计量分布、重采样法的统计量分布和检验统计量的实际值（$T=-2.093\,6$）。在这个例子中，使用零假设下的统计量分布和使用重采样法的统计量分布，计算得到的 p 值几乎没有差别。

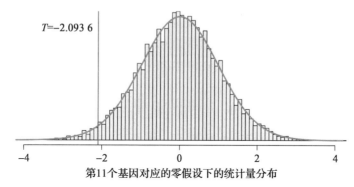

第11个基因对应的零假设下的统计量分布

图 13-7 对 Khan（小圆血细胞肿瘤）数据集中的第 11 个基因进行假设检验，对应的检验统计量的值为 $T=-2.093\,6$。该基因对应的零假设下的统计量分布和重采样方法的统计量分布几乎是相同的。根据零假设下的统计量分布计算的 p 值为 0.041，使用重采样方法计算的 p 值为 0.042

与第 11 个基因的例子做对比，图 13-8 显示了第 877 个基因的一组类似结果。此时，零假设下的统计量分布和重采样下的统计量分布差异很大，从而导致根据两个分布计算的 p 值存在差异。

一般来说，在样本量较小或数据有偏的情况下（此时零假设下的统计量分布不那么准确），根据重采样计算的 p 值和根据零假设下的统计量分布计算的 p 值具有明显的差异。事实上，图 13-8 中两种统计量分布差异如此大，是因为第 877 个基因的数据中，有一个观测值与其他观测值相差甚远，从而导致分布非常偏斜。

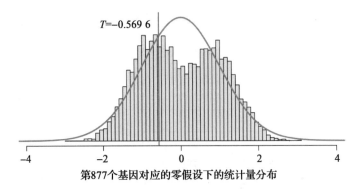

第877个基因对应的零假设下的统计量分布

图 13-8 对 Khan（小圆血细胞肿瘤）数据集中的第 877 个基因进行假设检验，对应的检验统计量的值为 $T=-0.5696$。该基因对应的零假设下的统计量分布和重采样方法的统计量分布差异很大。根据零假设下的分布计算的 p 值为 0.571，根据重采样方法计算的 p 值为 0.673

13.5.2 计算假发现率的重采样方法

现在，考虑一种情况，假如零假设下的统计量分布不存在，或者想避免使用零假设下的统计量分布，目标是控制 m 个零假设 $H_{01},H_{02},\cdots,H_{0m}$ 的 FDR。与 13.5.1 节一样，采用两样本 t 统计量，计算得到 $T_1,T_2,\cdots,T_m$。接下来可以如 13.5.1 节所述，为每个零假设计算一个 p 值，然后在这些 p 值上应用 13.4.2 节中的 Benjamini-Hochberg 法，从而控制 FDR。但实际上，有一种控制 FDR 的更直接的方法，甚至不需要计算 p 值。

在 13.4 节中，使用表 13-2 的符号，FDR 定义为 $E(V/R)$。为了通过重采样来估计 FDR，首先做如下的近似：

$$\text{FDR} = E\left(\frac{V}{R}\right) \approx \frac{E(V)}{R} \tag{13.13}$$

假如拒绝检验统计量的绝对值大于 c 的零假设，那么式（13.13）中分母的计算很简单：$R = \sum_{j=1}^{m} 1_{(|T_j| \geq c)}$。

但是，式（13.13）中分子 $E(V)$ 是假阳性数目的期望值，该值的计算存在一定难度。因为研究者无法得知 $H_{01},H_{02},\cdots,H_{0m}$ 中的哪些是真的，因此无法确定拒绝的零假设是否为假阳性，所以估计 V 比较困难。为了估计 V 可以采用重采样方法，先在 $H_{01},H_{02},\cdots,H_{0m}$ 下模拟数据，再计算检验统计量的值。重采样后，可以将绝对值大于 c 的检验统计量的数量作为 V 的估计值。

为了详细说明估计过程，仍以对零假设 $H_{01},H_{02},\cdots,H_{0m}$ 采用式（13.11）的两样本 t 统计量为例，可以按照如下步骤，估计 $E(V)$。令 $x_1^j,x_2^j,\cdots,x_{n_X}^j$ 和 $y_1^j,y_2^j,\cdots,y_{n_X}^j$ 表示第 j 个零假设的数据，其中 $j=1,2,\cdots,m$。对 n_X+n_Y 个观测值随机重排列，然后根据重排列后的数据计算 t 统计量的值。对于重排列后的数据，所有的零假设 $H_{01},H_{02},\cdots,H_{0m}$ 都是成立的；因此，可以根据重排列后绝对值大于 c 的 t 统计量的数目来估计 $E(V)$。进一步，可以将重排列过程重复 B 次，计算各次估计值的平均值，作为最终的估计结果，从而改善估计效果，其中 B 是一个较大的值。

算法 13.4 详细介绍了计算过程○。算法生成的结果是所谓的 FDR 的**插值估计**（plug-in estimate），之所以叫作插值估计，是因为式（13.13）中对 FDR 的近似估计是通过在分母上插入 R，在分子上插入 $E(V)$ 实现的。

对于 Khan（小圆血细胞肿瘤）数据集中的 $m=2\ 308$ 个基因数据，分别应用算法 13.4 中的重采样方法和算法 13.2 中的 Benjamini-Hochberg 法来控制 FDR，结果如图 13-9 所示（见彩插）。由图可知，给定拒绝的零假设的数量，两种方法估计得到的 FDR 几乎完全相等。

算法 13.4　两样本 t 检验的 FDR 插值估计

1. 指定阈值 c，其中 $c>0$。
2. 对于 $j=1,2,\cdots,m$：
   (a) 对于零假设 H_{0j}，基于原始数据 $x_1^j,x_2^j,\cdots,x_{n_X}^j$ 和 $y_1^j,y_2^j,\cdots,y_{n_Y}^j$，按照式（13.11）的两样本 t 统计量计算 $T^{(j)}$。
   (b) 对于 $b=1,2,\cdots,B$，其中 B 是一个较大的数（比如，$B=10\ 000$）：
      i. 对 n_X+n_Y 个观测值随机重新排列。将前 n_X 个重排列后的数据记作 $x_1^{*(j)},x_2^{*(j)},\cdots,x_{n_X}^{*(j)}$，其余的 n_Y 个数据记作 $y_1^{*(j)},y_2^{*(j)},\cdots,y_{n_Y}^{*(j)}$。
      ii. 根据重排列后的数据 $x_1^{*(j)},\cdots,x_{n_X}^{*(j)}$ 和 $y_1^{*(j)},\cdots,y_{n_Y}^{*(j)}$ 计算式（13.11），将结果记作 $T^{(j),*b}$。
3. 计算 $R=\sum_{j=1}^m 1_{(|T^{(j)}|\geqslant c)}$。
4. 计算 $\hat{V}=\dfrac{\sum_{b=1}^B\sum_{j=1}^m 1_{(|T^{(j),*b}|\geqslant c)}}{B}$。
5. 阈值 c 下 FDR 的估计值是 $\dfrac{\hat{V}}{R}$。

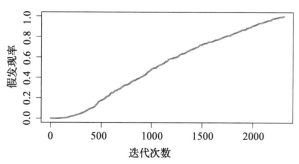

图 13-9　对于 Khan（小圆血细胞肿瘤）数据集的第 j 个基因数据，对应的零假设是伯基特淋巴瘤与横纹肌肉瘤的第 j 个基因的平均表达水平相等，其中 $j=1,2,\cdots,m=2\ 308$，对这些零假设进行检验。对于 k 从 1 到 2 308 的每一个值，纵轴显示了当拒绝 k 个最小 p 值的零假设时 FDR 的估计值。橙色的虚线表示用 Benjamini-Hochberg 法估计的 FDR，而蓝色实线表示使用算法 13.4 所述的重采样方法估计的 FDR，设置的重采样次数为 $B=10\ 000$。两种估计结果相差无几。根据任意一种估计，如果拒绝具有最小 p 值的 500 个基因对应的零假设，对应的 FDR 约为 17.7%

○ 为了有效地实现算法 13.4，m 个零假设在步骤 2(b)i 中对应的重排列顺序应该相同。在 R 包 samr 中可以找到这样的示例。

本节开头部分指出，想要使用重采样方法控制 m 个零假设的 FDR，可以先如 13.5.1 节所述计算 m 个重采样后的 p 值，然后对这些 p 值应用 13.4.2 节中提到的 Benjamini-Hochberg 法。如果不用式（13.12）的定义，而是采用如下的公式计算第 j 个假设的重采样的 p 值，

$$p_j = \frac{\sum_{j'=1}^{m}\sum_{b=1}^{B} 1_{(|T_{j'}^{*b}| \geq |T_j|)}}{Bm} \tag{13.14}$$

其中 $j=1,2,\cdots,m$，然后对这些重采样的 p 值应用 Benjamini-Hochberg 法，这样做恰好等价于算法 13.4。式（13.14）是式（13.12）的一种替代，通过汇聚所有 m 个假设检验的信息，来近似统计量的分布。

13.5.3 重采样方法的适用情况

在 13.5.1 节和 13.5.2 节中，使用两样本 t 统计量式（13.11）检验零假设 $H_0: E(X) = E(Y)$，并通过重采样方法近似统计量的分布。从前面的分析可知，在图 13-8 中，使用重采样方法计算的 p 值与使用零假设下的理论分布计算的 p 值有很大不同，但在图 13-7 中两种方法计算得到的 p 值差异很小。

一般来说，在以下两种情况下，使用重采样方法特别有用：

1. 没有零假设下的统计量分布可用。零假设的推断中出现了不常用的分布或者不常用的统计量，这都是属于零假设的理论分布不可获取的情况。

2. 也许零假设下的统计量分布存在，但数据不满足该分布成立所需的假定。例如，只有当观测值服从正态分布时，式（13.11）中的两样本 t 统计量才服从 $t_{n_X+n_Y-2}$ 分布。此外，只有当 n_X 和 n_Y 相当大时，统计量才服从 $N(0,1)$ 分布。如果数据是非正态的，并且 n_X 和 n_Y 很小，那么使用零假设下的统计量分布计算得到的 p 值将是无效的（即得到的 p 值不能正确地控制第一类错误）。

一般来说，如果能够找到一种方法来重新采样或打乱观测值，以生成符合统计量在零假设下的分布的数据，那么就可以使用算法 13.3 和算法 13.4 的变体来计算 p 值或估计 FDR。在许多现实情况中，当没有现成的假设检验可用时，或者当这些检验的统计量分布的关键假定不满足时，重采样方法是一种有效的解决手段。

13.6 实验：多重检验

13.6.1 假设检验回顾

先使用 t.test() 函数执行一些单样本 t 检验。首先创建一个包含 100 个变量，每个变量 10 个观测值的数据。前 50 个变量的均值为 0.5，方差为 1，其他变量的均值为 0，方差为 1。

```
> set.seed(6)
> x <- matrix(rnorm(10 * 100), 10, 100)
> x[, 1:50] <- x[, 1:50] + 0.5
```

t.test() 函数可以执行单样本或两样本 t 检验。在默认情况下，该函数会执行单样本

检验。接下来，检验零假设 $H_0:\mu_1=0$，该零假设的含义是第一个变量的均值为 0。

```
> t.test(x[, 1], mu = 0)
        One Sample t-test
data:  x[, 1]
t = 2.08, df = 9, p-value = 0.067
alternative hypothesis: true mean is not equal to 0
95 percent confidence interval:
 -0.05171  1.26243
sample estimates:
mean of x
   0.6054
```

输出结果显示 p 值为 0.067，不足以在 $\alpha=0.05$ 的水平上拒绝零假设。在这个例子中，因为实际上 $\mu_1=0.5$，所以零假设为假。因此，在零假设为假时，没能拒绝零假设，这表明犯了第二类错误。

现在检验 $H_{0j}:\mu_j=0$，其中 $j=1,2,\cdots,100$。首先计算出 100 个假设检验的 p 值，然后构造一个向量，用来记录第 j 个 p 值小于或等于 0.05，此时拒绝 H_{0j}，或者第 j 个 p 值大于 0.05，此时不拒绝 H_{0j}。

```
> p.values <- rep(0, 100)
> for (i in 1:100)
+   p.values[i] <- t.test(x[, i], mu = 0)$p.value
> decision <- rep("Do not reject H0", 100)
> decision[p.values <= .05] <- "Reject H0"
```

因为所用数据为模拟数据集，已知零假设的真实情况，所以可以创建一个类似于表 13-2 的 2×2 的表。

```
> table(decision,
+   c(rep("H0 is False", 50), rep("H0 is True", 50))
+ )
decision           H0 is False H0 is True
  Do not reject H0          40         47
  Reject H0                 10          3
```

因此，在 $\alpha=0.05$ 的水平上，只拒绝了 50 个假的零假设中的 10 个，且错误地拒绝了 3 个真的零假设。使用 13.3 节的表示法，可以得到 $W=40$，$U=47$，$S=10$，$V=3$。需要注意，这个表的行和列与表 13-2 是相反的。设定 $\alpha=0.05$，意味着预计会拒绝 5% 左右的真实零假设，这与上面的 2×2 表一致，该表显示拒绝了 50 个真的零假设中的 $V=3$ 个。

在上面的模拟中，对于假的零假设，均值与标准差的比值仅为 $0.5/1=0.5$。这相当于一个非常微弱的信号，会导致大量的第二类错误。如果模拟一个具有更强信号的数据，使得假的零假设的均值与标准差之比等于 1，如以下程序所示，那么只会犯 9 个第二类错误。

```
> x <- matrix(rnorm(10 * 100), 10, 100)
> x[, 1:50] <- x[, 1:50] + 1
> for (i in 1:100)
+   p.values[i] <- t.test(x[, i], mu = 0)$p.value
> decision <- rep("Do not reject H0", 100)
> decision[p.values <= .05] <- "Reject H0"
```

```
> table(decision,
    c(rep("H0 is False", 50), rep("H0 is True", 50))
  )
decision          H0 is False  H0 is True
  Do not reject H0          9          49
  Reject H0               41           1
```

13.6.2 族错误率

如果 m 个独立假设检验的零假设都是真的,那么 FWER 等于 $1-(1-\alpha)^m$。根据此表达式,可以在 $m=1,2,\cdots,500$,$\alpha=0.05,0.01,0.001$ 时计算相应的 FWER。

```
> m <- 1:500
> fwe1 <- 1 - (1 - 0.05)^m
> fwe2 <- 1 - (1 - 0.01)^m
> fwe3 <- 1 - (1 - 0.001)^m
```

为了再现图 13-2,用上面得到的三个 FWER 向量来画图。红线、蓝线和绿线分别对应 $\alpha=0.05,0.01,0.001$。

```
> par(mfrow = c(1, 1))
> plot(m, fwe1, type = "l", log = "x", ylim = c(0, 1), col = 2,
    ylab = "Family - Wise Error Rate",
    xlab = "Number of Hypotheses")
> lines(m, fwe2, col = 4)
> lines(m, fwe3, col = 3)
> abline(h = 0.05, lty = 2)
```

如前所述,即使对于中等的 m 值如 50,除非将 α 设置为一个非常低的值,例如 0.001,否则 FWER 会超过 0.05。当然,如果把 α 设得非常低,那么很可能会犯许多第二类错误,换句话说,功效会非常低。

接下来,对 Fund(基金)数据集中前 5 位经理分别进行单样本 t 检验,零假设是 H_{0j}:$\mu_j=0$,即第 j 位基金经理的平均收益等于零。

```
> library(ISLR2)
> fund.mini <- Fund[, 1:5]
> t.test(fund.mini[, 1], mu = 0)
        One Sample t-test
data:  fund.mini[, 1]
t = 2.86, df = 49, p-value = 0.006
alternative hypothesis: true mean is not equal to 0
95 percent confidence interval:
 0.8923 5.1077
sample estimates:
mean of x
        3
> fund.pvalue <- rep(0, 5)
> for (i in 1:5)
+   fund.pvalue[i] <- t.test(fund.mini[, i], mu = 0)$p.value
> fund.pvalue
[1] 0.00620 0.91827 0.01160 0.60054 0.75578
```

经理 1 和经理 3 的 p 值比较低,而其他经理的 p 值较高。但是,考虑到执行了多重检验,所以不能简单地拒绝 H_{01} 和 H_{03}。接下来，使用 Bonferroni 校正法则和 Holm 法来控制 FWER。

为控制 FWER，使用 p.adjust() 函数。给定 p 值，p.adjust() 函数输出调整后的 p 值（adjusted p-value），即经过多重检验校正的一组新的 p 值。如果给定假设的调整后的 p 值小于或等于 α，则可以拒绝该假设，同时可以保证 FWER 不超过 α。换句话说，p.adjust() 函数产生的调整后的 p 值可以直接与预期的 FWER 阈值进行比较，以决定是否要拒绝零假设。

例如，在 Bonferroni 校正法则中，为了得到调整后的 p 值，需要用原始的 p 值乘以假设的个数 m。（但是，调整后的 p 值不允许超过 1。）

```
> p.adjust(fund.pvalue, method = "bonferroni")
[1] 0.03101 1.00000 0.05800 1.00000 1.00000
> pmin(fund.pvalue * 5, 1)
[1] 0.03101 1.00000 0.05800 1.00000 1.00000
```

因此，使用 Bonferroni 校正法则，在控制 FWER 在 0.05 水平的情况下，只能拒绝经理 1 对应的零假设。

与之相对，使用 Holm 方法，调整后的 p 值表明，在控制 FWER 在水平 0.05 的情况下，可以拒绝经理 1 和经理 3 对应的零假设。

```
> p.adjust(fund.pvalue, method = "holm")
[1] 0.03101 1.00000 0.04640 1.00000 1.00000
```

如前所述，经理 1 的表现似乎特别好，而经理 2 则表现不佳。

```
> apply(fund.mini, 2, mean)
Manager1 Manager2 Manager3 Manager4 Manager5
    3.0     -0.1      2.8      0.5      0.3
```

是否有证据表明这两个经理的表现存在显著差异？使用 t.test() 函数进行配对样本 t 检验（paired t-test），得到 p 值为 0.038，表明这两个经理的表现存在显著差异。

```
> t.test(fund.mini[, 1], fund.mini[, 2], paired = T)
        Paired t-test
data:  fund.mini[, 1] and fund.mini[, 2]
t = 2.13, df = 49, p-value = 0.038
alternative hypothesis: true difference in means is not equal
   to 0
95 percent confidence interval:
 0.1725 6.0275
sample estimates:
mean of the differences
                    3.1
```

但是，需要注意，在分析过程中，首先对数据进行检查，发现经理 1 和经理 2 的表现分别对应最大均值和最小均值，然后才决定执行这个配对样本检验。正如 13.3.2 节所述，在某种意义上，这意味着隐含地执行了 $\binom{5}{2}=5(5-1)/2=10$ 个假设检验，而不是 1 个。因此，使用 TukeyHSD() 函数来应用 Tukey 法，对多重检验进行校正。这个函数的输入是 ANOVA 回归模型的输出，ANOVA 回归本质上是一个线性回归，其中所有的预测变量都是定性的。

在本例中,响应变量是每个经理的月超额收益率,预测变量指明每个收益对应的经理。

```
> returns <- as.vector(as.matrix(fund.mini))
> manager <- rep(c("1", "2", "3", "4", "5"), rep(50, 5))
> a1 <- aov(returns ~ manager)
> TukeyHSD(x = a1)
  Tukey multiple comparisons of means
    95% family-wise confidence level

Fit: aov(formula = returns ~ manager)

$manager
    diff     lwr    upr  p adj
2-1 -3.1 -6.9865 0.7865 0.1862
3-1 -0.2 -4.0865 3.6865 0.9999
4-1 -2.5 -6.3865 1.3865 0.3948
5-1 -2.7 -6.5865 1.1865 0.3152
3-2  2.9 -0.9865 6.7865 0.2453
4-2  0.6 -3.2865 4.4865 0.9932
5-2  0.4 -3.4865 4.2865 0.9986
4-3 -2.3 -6.1865 1.5865 0.4820
5-3 -2.5 -6.3865 1.3865 0.3948
5-4 -0.2 -4.0865 3.6865 0.9999
```

TukeyHSD()函数给出了每对经理超额收益率之差的置信区间(lwr 和 upr)和 p 值。这些值都经过了多重检验校正。校正后,经理 1 和经理 2 超额收益率之差的 p 值从 0.038 增加到了 0.186,因此,不再有明确的证据表明两个经理的表现之间存在差异。可以使用 plot()函数画出置信区间进行两两比较。

```
> plot(TukeyHSD(x = a1))
```

结果如图 13-10 所示。

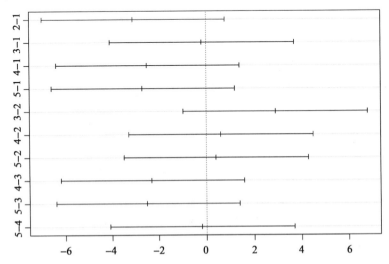

图 13-10 对于 Fund(基金)数据集,使用 Tukey 法进行多重检验校正,得到的每对经理的 95% 置信区间。所有的置信区间都覆盖 0,因此当将 FWER 控制在 0.05 的水平时,各经理之间的差异统计上均不显著

13.6.3 假发现率

现在对 Fund（基金）数据集里的所有 2 000 个经理数据执行假设检验。首先执行单样本 t 检验 H_{0j}: $\mu_j = 0$，即第 j 个基金经理的平均收益率为 0。

```
> fund.pvalues <- rep(0, 2000)
> for (i in 1:2000)
+   fund.pvalues[i] <- t.test(Fund[, i], mu = 0)$p.value
```

试图控制 FWER，需要考虑的经理非常多。相反，可以专注于控制 FDR，即被拒绝的零假设中假阳性的期望比例。p.adjust() 函数可用于执行 Benjamini-Hochberg 法。

```
> q.values.BH <- p.adjust(fund.pvalues, method = "BH")
> q.values.BH[1:10]
 [1] 0.08989 0.99149 0.12212 0.92343 0.95604 0.07514 0.07670
 [8] 0.07514 0.07514 0.07514
```

Benjamini-Hochberg 法输出的 q 值对应拒绝该假设需要设置的最小的 FDR 阈值，当指定 FDR 水平大于或等于该阈值时，可以拒绝该零假设。例如，q 值（q-value）为 0.1 表示可以拒绝 FDR 大于或等于 10% 的零假设，但不能拒绝 FDR 小于 10% 的零假设。

如果将 FDR 控制在 10%，那么会拒绝多少个 H_{0j}: $\mu_j = 0$ 这样的零假设？

```
> sum(q.values.BH <= .1)
[1] 146
```

结果发现 2 000 位基金经理中有 146 位的 q 值低于 0.1，因此可以得出结论，在 FDR 为 10% 的情况下，146 位基金经理获得了超额收益。这些基金经理中只有大约 15 位（146 的 10%）很可能是假的发现。相比之下，如果利用 Bonferroni 校正法则将 FWER 控制在 $\alpha = 0.1$ 水平，将无法拒绝任何零假设！

```
> sum(fund.pvalues <= (0.1 / 2000))
[1] 0
```

图 13-6 显示了 Fund（基金）数据集的排序后的 p 值，$p_{(1)} \leqslant p_{(2)} \leqslant \cdots \leqslant p_{(2000)}$，以及使用 Benjamini-Hochberg 法得到的 p 值的阈值。回想一下，Benjamini-Hochberg 法寻找满足 $p_{(j)} < qj/m$ 的最大 p 值 $p_{(j)}$，并拒绝所有 p 值小于或等于 $p_{(j)}$ 的假设。为了说明 Benjamini-Hochberg 法是如何工作的，在下面的代码中，手动实现 Benjamini-Hochberg 法。首先，对 p 值排序。然后，确定满足 $p_{(j)} < qj/m$ 的所有 p 值（wh.ps）。最后，用 wh 标出所有小于或等于 wh.ps 中最大 p 值的位置。因此，wh 表示 Benjamini-Hochberg 法拒绝的 p 值的索引。

```
> ps <- sort(fund.pvalues)
> m <- length(fund.pvalues)
> q <- 0.1
> wh.ps <- which(ps < q * (1:m) / m)
> if (length(wh.ps) >0) {
+   wh <- 1:max(wh.ps)
+ } else {
+   wh <- numeric(0)
+ }
```

根据以下代码重现图 13-6 中的中间图。

```
> plot(ps, log = "xy", ylim = c(4e-6, 1), ylab = "P-Value",
    xlab = "Index", main = "")
> points(wh, ps[wh], col = 4)
> abline(a = 0, b = (q / m), col = 2, untf = TRUE)
> abline(h = 0.1 / 2000, col = 3)
```

13.6.4 重采样方法

本小节中，采用重采样方法对 Khan（小圆血细胞肿瘤）数据集进行假设检验，该数据集在 13.5 节中研究过。首先，合并训练数据和测试数据，得到 83 名患者的 2 308 个基因的观测数据。

```
> attach(Khan)
> x <- rbind(xtrain, xtest)
> y <- c(as.numeric(ytrain), as.numeric(ytest))
> dim(x)
[1]   83 2308
> table(y)
y
 1  2  3  4
11 29 18 25
```

一共有 4 种类型的癌症。对于每个基因，比较其在第二类（横纹肌肉瘤）和第四类（伯基特淋巴瘤）癌症中的平均表达水平。对第 11 个基因执行标准两样本 t 检验，检验统计量的值为 -2.09，p 值为 0.041 2，表明两种癌症在该基因的平均表达水平上存在一定差异。

```
> x <- as.matrix(x)
> x1 <- x[which(y == 2), ]
> x2 <- x[which(y == 4), ]
> n1 <- nrow(x1)
> n2 <- nrow(x2)
> t.out <- t.test(x1[, 11], x2[, 11], var.equal = TRUE)
> TT <- t.out$statistic
> TT
    t
-2.0936
> t.out$p.value
[1] 0.04118
```

但是，这个 p 值依赖于一个假定，即在两组之间没有差异的零假设下，检验统计量服从 $29+25-2=52$ 个自由度的 t 分布。可以不利用零假设下的统计量分布，而是将 54 名患者随机分为两组，分别有 29 名患者和 25 名患者，并计算一个新的检验统计量。在组间无差异的零假设下，新的检验统计量应该与原来的检验统计量分布相同。重复这个过程 10 000 次，可以近似检验统计量在零假设下的分布。计算实际观察到的检验统计量大于重采样获得的检验统计量的次数所占的比例。

```
> set.seed(1)
> B <- 10000
> Tbs <- rep(NA, B)
```

```
> for (b in 1:B) {
+     dat <- sample(c(x1[, 11], x2[, 11]))
+     Tbs[b] <- t.test(dat[1:n1], dat[(n1 + 1):(n1 + n2)],
        var.equal = TRUE
      )$statistic
+ }
> mean((abs(Tbs) >= abs(TT)))
[1] 0.0416
```

这个比例是 0.041 6，是基于重采样得到的 p 值，与使用零假设下的统计量分布得到的 p 值 0.041 2 几乎相等。

为了再现图 13-7，绘制基于重采样的检验统计量的直方图。

```
> hist(Tbs, breaks = 100, xlim = c(-4.2, 4.2), main = "",
    xlab = "Null Distribution of Test Statistic", col = 7)
> lines(seq(-4.2, 4.2, len = 1000),
    dt(seq(-4.2, 4.2, len = 1000),
      df = (n1 + n2 - 2)
    ) * 1000, col = 2, lwd = 3)
> abline(v = TT, col = 4, lwd = 2)
> text(TT + 0.5, 350, paste("T = ", round(TT, 4), sep = ""),
    col = 4)
```

基于重采样的统计量分布几乎与零假设下的统计量分布完全相同，后者显示为红色。

最后，实现算法 13.4 中概述的插值重采样 FDR 方法。依赖于读者所用计算机的运算速度，计算 Khan（小圆血细胞肿瘤）数据集中所有 2 308 个基因的 FDR 可能需要一段时间。因此，接下来会在包含 100 个基因的随机子集上说明算法 13.4。对于每个基因，首先计算观察到的检验统计量，然后生成 10 000 个重采样检验统计量。这可能需要几分钟来运行。如果希望尽快得出结果，可以将 B 设为一个较小的值（例如 B= 500）。

```
> m <- 100
> set.seed(1)
> index <- sample(ncol(x1), m)
> Ts <- rep(NA, m)
> Ts.star <- matrix(NA, ncol = m, nrow = B)
> for (j in 1:m) {
+   k <- index[j]
+   Ts[j] <- t.test(x1[, k], x2[, k],
       var.equal = TRUE
     )$statistic
+   for (b in 1:B) {
+     dat <- sample(c(x1[, k], x2[, k]))
+     Ts.star[b, j] <- t.test(dat[1:n1],
        dat[(n1 + 1):(n1 + n2)], var.equal = TRUE
      )$statistic
+   }
+ }
```

接下来，给定算法 13.4 中的阈值 c，计算被拒绝的零假设的个数 R、假阳性的估计值 V 和估计的 FDR。阈值是根据 100 个基因的检验统计量的绝对值选择的。

```
> cs <- sort(abs(Ts))
> FDRs <- Rs <- Vs <- rep(NA, m)
> for (j in 1:m) {
```

```
+     R <- sum(abs(Ts) >= cs[j])
+     V <- sum(abs(Ts.star) >= cs[j]) / B
+     Rs[j] <- R
+     Vs[j] <- V
+     FDRs[j] <- V / R
+ }
```

对于任意一个给定的 FDR 水平，都能找到被拒绝的基因。例如，FDR 控制在 0.1 的水平时，拒绝了 100 个零假设中的 15 个。平均而言，预计这 15 个基因中大约有一两个（即 15 个基因中的 10%）是假发现。在 FDR 为 0.2 的情况下，可以拒绝 28 个基因的零假设，预计其中大约 6 个是假发现。这里需要使用 index 变量，因为以上分析仅限于 100 个随机选择的基因。

```
> max(Rs[FDRs <= .1])
[1] 15
> sort(index[abs(Ts) >= min(cs[FDRs < .1])])
 [1]    29   465   501   554   573   729   733  1301  1317  1640  1646
[12]  1706  1799  1942  2159
> max(Rs[FDRs <= .2])
[1] 28
> sort(index[abs(Ts) >= min(cs[FDRs < .2])])
 [1]    29    40   287   361   369   465   501   554   573   679   729
[12]   733   990  1069  1073  1301  1317  1414  1639  1640  1646  1706
[23]  1799  1826  1942  1974  2087  2159
```

下面这行代码生成图 13-11，该图与图 13-9 类似，不同之处在于所用数据只是所有基因的一个子集。

```
> plot(Rs, FDRs, xlab = "Number of Rejections", type = "l",
    ylab = "False Discovery Rate", col = 4, lwd = 3)
```

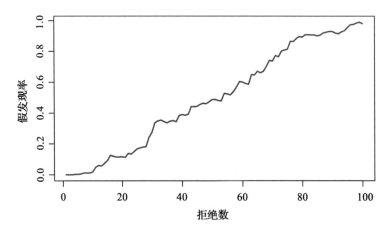

图 13-11 从 Khan（小圆血细胞肿瘤）数据集中随机选择的 100 个基因，估计的假发现率随被拒绝的零假设的数量的变化情况

如本章前面提到的，计算 FDR 的重采样方法有更有效的实现方式，例如使用 R 中的 samr 包。

13.7 习题

概念

1. 如果要检验的零假设有 m 个,且每个零假设都是真的。每个假设检验犯第一类错误的概率都控制在水平 α。对如下问题,给出答案。

   (a) 预计总共会犯多少第一类错误?

   (b) 假设这 m 个假设检验是彼此独立的。对应的族错误率是多少?

   提示:如果事件 A 和 B 相互独立,那么有 $\Pr(A\cap B)=\Pr(A)\Pr(B)$。

   (c) 假设 $m=2$,且两个检验的 p 值是正相关的。也就是说,如果一个检验的 p 值较小,那么另一个检验的 p 值也会趋向于取小值;如果一个检验的 p 值较大,那么另一个检验的 p 值也会趋向于取大值。从定性的角度看,这种情况下的族错误率与(b)相比,有哪些不同?

   提示:首先,假设两个检验的 p 值完全相关。

   (d) 再次假设 $m=2$,但是两个检验的 p 值是负相关的,也就是说,如果一个检验的 p 值较大,那么另一个检验的 p 值会趋向于取小值。此时,从定性的角度看,族错误率与(b)相比,有哪些不同?

   提示:首先,假设当一个检验的 p 值小于 α 时,另一个检验的 p 值将大于 α。换句话说,永远不能同时拒绝两个零假设。

2. 如果要检验的是 m 个零假设,且对每个假设,将犯第一类错误的概率控制在水平 α。假设 m 个检验的 p 值相互独立,且所有零假设都是真的。

   (a) 如果拒绝第 j 个零假设,则随机变量 A_j 取值为 1,否则取值为 0。A_j 的分布是怎样的?

   (b) $\sum_{j=1}^{m} A_j$ 的分布是怎样的?

   (c) 犯第一类错误的检验的数量的标准差怎样估计?

3. 如果要检验的零假设有 m 个,且对第 j 个零假设,将犯第一类错误的概率控制在水平 α_j,$j=1,2,\cdots,m$. 证明族错误率不大于 $\sum_{j=1}^{m}\alpha_j$。

4. 假设检验 $m=10$ 个零假设,得到的 p 值如表 13-4 所示。

表 13-4 13.7 节习题 4 的 p 值

零假设	p 值	零假设	p 值
H_{01}	0.001 1	H_{06}	0.90
H_{02}	0.031	H_{07}	0.07
H_{03}	0.017	H_{08}	0.006
H_{04}	0.32	H_{09}	0.004
H_{05}	0.11	H_{10}	0.000 9

(a) 假设希望在 $\alpha=0.05$ 的水平上控制每个零假设的第一类错误。那么会拒绝哪些零假设?
(b) 假设想要将 FWER 控制在水平 $\alpha=0.05$,那么会拒绝哪些零假设?证明你的答案。
(c) 假设想要将 FDR 控制在水平 $q=0.05$,那么会拒绝哪些零假设?证明你的答案。
(d) 假设想要将 FDR 控制在水平 $q=0.2$,那么会拒绝哪些零假设?证明你的答案。
(e) 将 FDR 控制在 $q=0.2$ 的水平,在所有被拒绝的零假设中,大约多少是假阳性?证明你的答案。

5. 在本题中,你需要采用 Bonferroni 校正法则和 Holm 法来生成导致一定拒绝数量的 p 值。
(a) 给出一个含 5 个 p 值的例子(即在 0 和 1 之间的 5 个数,在这里,将这些数看作 p 值),对于这个例子,Bonferroni 校正法则和 Holm 法在控制 FWER 在 0.1 的水平时都恰好拒绝了一个零假设。
(b) 给出一个包含 5 个 p 值的例子,使得当控制 FWER 在 0.1 的水平时,Bonferroni 校正法则拒绝一个零假设,Holm 法拒绝一个以上的零假设。

6. 根据图 13-3 的三个图,回答以下问题:
(a) 使用 Bonferroni 校正法则将 FWER 控制在 $\alpha=0.05$ 的水平时,假阳性、假阴性、真阳性、真阴性、第一类错误、第二类错误分别是多少?
(b) 使用 Holm 法将 FWER 控制在 $\alpha=0.05$ 的水平时,假阳性、假阴性、真阳性、真阴性、第一类错误、第二类错误分别是多少?
(c) 使用 Bonferroni 校正法则将 FWER 控制在 $\alpha=0.05$ 的水平时,假发现率是多少?
(d) 使用 Holm 法将 FWER 控制在 $\alpha=0.05$ 的水平时,假发现率是多少?
(e) 如果使用 Bonferroni 校正法则将 FWER 控制在 $\alpha=0.001$ 的水平,问题(a)和(c)的答案是怎样的?

应用

7. 本题使用的数据是 `ISLR2` 包中的 `Carseats` 数据集。
(a) 利用数据集中除 `Sales`(销量)外的每个定量变量对 `Sales`(销量)变量单独拟合一个一元线性模型用以预测 `Sales`(销量)。报告每个变量估计系数的 p 值。举例来说,如果有模型 $Y=\beta_0+\beta_1 X+\varepsilon$,报告系数 β_1 对应的 p 值。其中,Y 表示 `Sales`(销量),X 表示给定的某定量变量。
(b) 对于(a)中得到的 p 值,假设每个检验的第一类错误都控制在 $\alpha=0.05$ 的水平,会有哪些零假设被拒绝?
(c) 对于(a)中得到的 p 值,假设将 FWER 控制在 0.05 的水平,会有哪些零假设被拒绝?
(d) 对于(a)中得到的 p 值,假设将 FDR 控制在 0.2 的水平,会有哪些零假设被拒绝?

8. 在本题中,模拟 $m=100$ 位基金经理的数据。

```
> set.seed(1)
> n <- 20
> m <- 100
> X <- matrix(rnorm(n * m), ncol = m)
```

这些数据代表了每位基金经理 $n=20$ 个月的百分比收益率。想要检验的零假设是每位基金经理的百分比收益率的总体均值等于 0。根据模拟数据的方式可知，每位基金经理的百分比收益率的总体均值都为 0；换言之，所有 m 个零假设都是真的。

(a) 对每位基金经理，执行单样本 t 检验，根据得到的 p 值绘制直方图。

(b) 如果对每个零假设，将第一类错误控制在 0.05 的水平，那么会拒绝多少个零假设？

(c) 如果将 FWER 控制在 0.05 的水平，那么会拒绝多少个零假设？

(d) 如果将 FDR 控制在 0.05 的水平，那么会拒绝多少个零假设？

(e) 现在假设我们"精选"出 10 位在数据中表现最好的基金经理。如果将这 10 位基金经理的 FWER 控制在 0.05 的水平，那么会拒绝多少个零假设？如果将这 10 位基金经理的 FDR 控制在 0.05 的水平，那么会拒绝多少个零假设？

(f) 解释为什么（e）中的分析具有误导性。

提示：控制 FWER 和 FDR 的标准方法假设所有被检验的零假设都经过了多重调整，并没有"精选"最小的一部分 p 值。如果经过精心挑选，会出现什么问题？

推荐阅读

计算贝叶斯统计导论
ISBN: 978-7-111-72106-2

高维统计学：非渐近视角
ISBN: 978-7-111-71676-1

最优化模型：线性代数模型、凸优化模型及应用
ISBN: 978-7-111-70405-8

统计推断：面向工程和数据科学
ISBN: 978-7-111-71320-3

概率与统计：面向计算机专业（原书第3版）
ISBN: 978-7-111-71635-8

概率论基础教程（原书第10版）
ISBN: 978-7-111-69856-2